MYLAB | DEUTSCHE VERSION
Einführung in die Allgemeine Betriebswirtschaftslehre

Zugangscode für MyLab | Deutsche Version
umseitig

1 VORBEREITUNG

Für die Registrierung benötigen Sie
- eine gültige E-Mail-Adresse,
- die Kurs-ID Ihres Dozenten (falls Sie MyLab | Deutsche Version als Teil Ihrer Lehrveranstaltung nutzen).
- Zum Selbststudium ohne Kurs-ID des Dozenten genügt der Zugangscode. Diesen finden Sie umseitig.

Notieren Sie hier Ihre **Kurs-ID**:

2 ONLINE-REGISTRIERUNG

Für die Registrierung müssen Sie
- http://deutsch.mylab-pearson.com öffnen und der Anleitung folgen.
- Nachdem Sie die Registrierung abgeschlossen haben, können Sie sich jederzeit auf http://deutsch.mylab-pearson.com einloggen.

Der Zugangscode kann nur einmalig zur Registrierung verwendet werden und darf nicht an Dritte weitergegeben werden!

http://deutsch.mylab-pearson.com/

MYLAB | DEUTSCHE VERSION
Einführung in die Allgemeine Betriebswirtschaftslehre

Zugangscode für MyLab | Deutsche Version
Nutzungsdauer 24 Monate

RSDSEB-SMALL-VETCH-BLOBS-TERZA-LOOSE

Einführung in die
Allgemeine Betriebswirtschaftslehre

Einführung in die Allgemeine Betriebswirtschaftslehre

2., aktualisierte und erweiterte Auflage

Thomas Straub

Bibliografische Information der Deutsche Nationalbibliothek
Die Deutsche Bibliothek verzeichnet diese Publikation in der Deutschen Nationalbibliografie;
detaillierte bibliografische Daten sind im Internet über http://dnb.dnb.de abrufbar.

Die Informationen in diesem Produkt werden ohne Rücksicht auf einen eventuellen Patentschutz
veröffentlicht. Warennamen werden ohne Gewährleistung der freien Verwendbarkeit benutzt.
Bei der Zusammenstellung von Texten und Abbildungen wurde mit größter Sorgfalt vorgegangen.
Trotzdem können Fehler nicht vollständig ausgeschlossen werden. Verlag, Herausgeber und
Autoren können für fehlerhafte Angaben und deren Folgen weder eine juristische Verantwortung
noch irgendeine Haftung übernehmen. Für Verbesserungsvorschläge und Hinweise auf Fehler sind
Verlag und Herausgeber dankbar.

Alle Rechte vorbehalten, auch die der fotomechanischen Wiedergabe und der Speicherung in elektronischen Medien. Die gewerbliche Nutzung der in diesem Produkt gezeigten Modelle und Arbeiten ist nicht zulässig. Fast alle Produktbezeichnungen und weitere Stichworte und sonstige Angaben, die in diesem Buch verwendet werden, sind als eingetragene Marken geschützt.
Da es nicht möglich ist, in allen Fällen zeitnah zu ermitteln, ob ein Markenschutz besteht,
wird das ®-Symbol in der Regel nicht verwendet.

Es konnten nicht alle Rechteinhaber von Abbildungen ermittelt werden. Sollte dem Verlag gegenüber der Nachweis der Rechteinhaberschaft geführt werden, wird das branchenübliche Honorar
nachträglich gezahlt.

Der Umwelt zuliebe verzichten wir auf Einschweißfolie.

10 9 8 7 6 5 4

21 20 19

ISBN 978-3-86894-233-0 (Buch)
ISBN 978-3-86326-753-7 (E-Book)

© 2015 by Pearson Deutschland GmbH
Lilienthalstraße 2, D-85399 Hallbergmoos/Germany
Alle Rechte vorbehalten
www.pearson.de
A part of Pearson plc worldwide

Programmleitung: Martin Milbradt, mmilbradt@pearson.de
Lektorat: Elisabeth Prümm, epruemm@pearson.de
Korrektorat: Christian Schneider
Coverbild: alphaspirit, Fotolia.com
Herstellung: Philipp Burkart, pburkart@pearson.de
Satz: Gerhard Alfes, mediaService, Siegen (www.mediaservice.tv)
Druck und Verarbeitung: CPI books GmbH, Leck

Printed in Germany

Inhaltsübersicht

Vorwort 15

Teil I — Unternehmerische Ausrichtung — 25

Kapitel 1   Grundlagen der Betriebswirtschaftslehre 27
Kapitel 2   Strategisches Management 53

Teil II — Primäre Funktionen — 93

Kapitel 3   Marketing 95
Kapitel 4   Sales 129
Kapitel 5   Materialwirtschaft, Logistik und
            Supply Chain Management 165
Kapitel 6   Produktion 215
Kapitel 7   Finanzwirtschaft 255

Teil III — Unterstützende Funktionen — 299

Kapitel 8   Externes Rechnungswesen – Buchführung,
            Bilanzierung und Jahresabschluss 301
Kapitel 9   Internes Rechnungswesen – Kostenrechnung
            und Controlling 355
Kapitel 10 Organisation 401
Kapitel 11 Wissensmanagement und Informationssysteme 447
Kapitel 12 Human Resource Management 479
Kapitel 13 Leadership 513

Die Autoren 546

Glossar 553

Register 581

Inhaltsverzeichnis

Vorwort   15

    Vorwort zur ersten Auflage 15
    Vorwort zur zweiten Auflage 15
    Inhalte und Struktur 16
    Aufbau des Buches: Die Funktionen eines Unternehmens 16
       Primäre Funktionen 17
       Unterstützende Funktionen 18
    Danksagungen 20
    Autorenverzeichnis 21

Teil I   Unternehmerische Ausrichtung   25

Kapitel 1   Grundlagen der Betriebswirtschaftslehre   27

1.1   Einführung in die Betriebswirtschaftslehre 28
      1.1.1   Definitionen und Abgrenzung 28
      1.1.2   Entstehung der Betriebswirtschaftslehre 28
1.2   Wieso gibt es Unternehmen? 29
1.3   Bedürfnisse und Güter 30
      1.3.1   Bedürfnisse 30
      1.3.2   Güter 31
1.4   Die Träger der Wirtschaft 32
      1.4.1   Nach Standort 33
      1.4.2   Nach Branche 35
      1.4.3   Nach Rechtsform 35
      1.4.4   Nach Unternehmensgröße 37
      1.4.5   Nach räumlicher Struktur 40
1.5   Entscheidungstheorien 41
      1.5.1   Die Prinzipien des betriebswirtschaftlichen Denkens
             und Handelns 41
      1.5.2   Auswahl von unternehmerischen Optionen 42

Kapitel 2   Strategisches Management   53

2.1   Grundlagen und Rolle des strategischen Managements 54
      2.1.1   Herkunft und historische Entwicklungsphasen des
             strategischen Denkens 54
      2.1.2   Begrifflichkeiten des strategischen Managements 56
      2.1.3   Wie entwickelt man eine Strategie? 58
2.2   Die wesentlichen Ansätze des strategischen Managements 60
      2.2.1   Marktorientierter Ansatz: von außen nach innen (outside-in) 62
      2.2.2   Ressourcenorientierter Ansatz: von innen nach außen (inside-out) .. 69

2.3		Grundlegende strategische Herausforderungen...........	73
	2.3.1	Wahl der Wachstumsstrategie	74
	2.3.2	Wahl der Wachstumsoption...................	75
	2.3.3	Wahl der internationalen Strategie	77
	2.3.4	Optionen sozialer Verantwortung	80

Teil II Primäre Funktionen   93

Kapitel 3 Marketing   95

3.1		Grundlagen.................................	96
	3.1.1	Ziele und Aufgaben.......................	96
	3.1.2	Forschungsansätze des Marketings	98
3.2		Das Käuferverhalten	100
	3.2.1	Ausgangspunkt und Grundlage	100
	3.2.2	Faktoren des Konsumverhaltens	102
	3.2.3	Definition des Kaufverhaltens	103
3.3		Der Marketingplan als Grundlage für die Marketingstrategie....	104
	3.3.1	Schritt 1: SWOT-Analyse	105
	3.3.2	Schritt 2: Festlegung der Marketingziele	106
	3.3.3	Schritt 3: Planung der Marketingstrategie	107
	3.3.4	Schritt 4: Marketing-Mix	110
	3.3.5	Schritt 5: Budget	117
	3.3.6	Schritt 6: Kontrolle durch Marktforschung	117
3.4		Online Marketing	118
	3.4.1	Was ist Online Marketing?...................	118
	3.4.2	Elemente des Online Marketings	118

Kapitel 4 Sales   129

4.1		Grundlagen von Sales...........................	130
	4.1.1	Was versteht man unter dem Begriff Sales?.........	130
	4.1.2	Abgrenzung von Marketing und Sales	130
	4.1.3	Die verschiedenen Elemente von Sales	131
4.2		Einfluss des operativen Marketings auf Sales	134
	4.2.1	Place (Distributionspolitik)...................	136
	4.2.2	Produkt	140
	4.2.3	Preis	140
	4.2.4	Promotion	141
4.3		Salesaktivitäten	142
	4.3.1	Aufbau eines Salesteams	142
	4.3.2	Leitung des Salesteams....................	150
	4.3.3	Verkaufsgespräch	153

Kapitel 5	**Materialwirtschaft, Logistik und Supply Chain Management**		**165**
5.1	Überblick und Abgrenzung		166
5.2	Materialwirtschaft		168
	5.2.1	Stücklisten	168
	5.2.2	Bedarfsermittlung	170
	5.2.3	Teileklassifizierung	172
	5.2.4	Bestellverfahren	173
	5.2.5	Lieferantenmanagement	175
5.3	Logistiksysteme		178
	5.3.1	Grundlagen und Abgrenzung	178
	5.3.2	Transportsysteme	183
	5.3.3	Umschlagsysteme	191
	5.3.4	Lagersysteme	193
	5.3.5	Kommissionierung	197
	5.3.6	Logistik-Controlling	199
	5.3.7	IT-Systeme in der Logistik	201
5.4	Supply Chain Management (SCM)		204

Kapitel 6	**Produktion**		**215**
6.1	Grundlagen		216
	6.1.1	Begrifflichkeiten	216
	6.1.2	Produktionsfunktionen	218
6.2	Historische Entwicklung des Produktionsmanagements		220
6.3	Rolle der Produktion im Unternehmen		222
	6.3.1	Produktionstypen	223
	6.3.2	Produktionsstrategien	224
6.4	Produktionsprozess und -kosten		228
	6.4.1	Produktionsprozess	228
	6.4.2	Produktionskosten: Break-even-Analyse	231
6.5	Grundlagen der Lagerplanung		234
	6.5.1	Lagerbestand	234
	6.5.2	Bedarfsverlauf und Gütertypisierung	235
	6.5.3	Lagerplanungssystem	236

Kapitel 7	**Finanzwirtschaft**		**255**
7.1	Ursprünge und Merkmale		256
	7.1.1	Geschichtliche Entwicklung	256
	7.1.2	Definition	257
	7.1.3	Charakteristika und Abgrenzungen	259
7.2	Grundlagen		260
	7.2.1	Discounting	260
	7.2.2	Kredit und Anlage	261

	7.2.3	Substituierung	264
	7.2.4	Berechnung des Barwertfaktors	266
7.3		Investitionsentscheidungen	268
7.4		Finanzierungsentscheidungen	273
	7.4.1	Interdependenzen zur Rechnungslegung und zum Jahresabschluss	273
	7.4.2	Finanzplan	275
	7.4.3	Optimale Bilanzsteuerung	278
7.5		Risikomanagement	280
	7.5.1	Soll-Ist-Vergleich	280
	7.5.2	Berechnung der Standardabweichung	283
	7.5.3	Klassifizierung und Bewertung des Risikos	285
7.6		Fazit	288

Teil III   Unterstützende Funktionen   299

Kapitel 8   Externes Rechnungswesen – Buchführung, Bilanzierung und Jahresabschluss   301

8.1		Einführung in das betriebliche Rechnungswesen	302
	8.1.1	Aufgaben und Zwecke des betrieblichen Rechnungswesens	302
	8.1.2	Teilbereiche des betrieblichen Rechnungswesens	303
	8.1.3	Begriffliche Grundlagen des betrieblichen Rechnungswesens	305
8.2		Grundlagen des externen Rechnungswesens	305
	8.2.1	Aufgaben des externen Rechnungswesens	305
	8.2.2	Adressaten des externen Rechnungswesens	306
	8.2.3	Rechtsgrundlagen des externen Rechnungswesens	307
	8.2.4	Bestandteile des externen Rechnungswesens	308
8.3		Grundlagen der Buchführung	309
	8.3.1	Konto, Sollbuchung, Habenbuchung	310
	8.3.2	Arten von Geschäftsvorfällen I – Bilanzbuchungen	312
	8.3.3	Arten von Geschäftsvorfällen II – Erfolgswirksame Buchungen in der Gewinn- und Verlustrechnung (GuV)	320
	8.3.4	Kontenrahmen und Organisation der Buchführung	322
8.4		Bilanzierung und Jahresabschluss	323
	8.4.1	Grundsätze ordnungsmäßiger Buchführung	323
	8.4.2	Grundzüge der Bilanzierung nach deutschen Rechnungslegungsvorschriften	326
	8.4.3	Grundzüge des Jahresabschlusses	330
8.5		Besonderheiten des externen Rechnungswesens nach internationalen Rechnungslegungsvorschriften (IFRS)	342
	8.5.1	Grundlagen der internationalen Rechnungslegung	342
	8.5.2	Wesentliche Bilanzierungsgrundsätze nach IFRS	343

Kapitel 9   Internes Rechnungswesen – Kostenrechnung und Controlling   355

- 9.1 Grundlagen der Kosten- und Leistungsrechnung 356
  - 9.1.1 Aufgaben der Kosten- und Leistungsrechnung 356
  - 9.1.2 Begriffliche Grundlagen der Kosten- und Leistungsrechnung 357
  - 9.1.3 Gestaltungsvarianten der Kosten- und Leistungsrechnung 359
- 9.2 Systeme der Kosten- und Leistungsrechnung....................... 361
  - 9.2.1 Vollkostenrechnung 361
  - 9.2.2 Teilkostenrechnung 369
  - 9.2.3 Ausblick auf weitere Systeme der Kosten- und Leistungsrechnung 373
- 9.3 Grundlagen des Controllings..................................... 374
  - 9.3.1 Begriffsbestimmung Controlling 375
  - 9.3.2 Funktionen des Controllings 375
  - 9.3.3 Abgrenzung des Controllings von anderen Unternehmensfunktionen 377
  - 9.3.4 Organisation des Controllings 378
- 9.4 Darstellung grundlegender Controllingaufgaben 378
  - 9.4.1 Zur Wechselwirkung zwischen Unternehmensführung und Controlling 378
  - 9.4.2 Unterstützung bei der strategischen Ausrichtung des Unternehmens 380
  - 9.4.3 Koordination der operativen Unternehmensplanung.......... 381
  - 9.4.4 Erstellung des Berichtswesens............................. 384
- 9.5 Darstellung ausgewählter Controllinginstrumente................... 386
  - 9.5.1 SWOT-Analyse 386
  - 9.5.2 Durchführung von Abweichungsanalysen 387
  - 9.5.3 Kennzahlen und Kennzahlensysteme 389
  - 9.5.4 Balanced Scorecard als Beispiel eines integrierten Controllinginstruments 393

Kapitel 10   Organisation   401

- 10.1 Grundlagen.. 402
  - 10.1.1 Wieso gibt es Organisationen?............................ 402
  - 10.1.2 Geschichtliche Entstehung................................ 403
  - 10.1.3 Rolle und Bedeutung 405
- 10.2 Ganzheitliche Sichtweise: Tools und Umsetzung 407
  - 10.2.1 Spannungsfelder einer Organisation 407
  - 10.2.2 Bausteine und Basiskonfigurationen von Organisationen 412
  - 10.2.3 Organigramm 414
- 10.3 Klassische Organisationsformen 416
  - 10.3.1 Eindimensionale Konzepte 418
  - 10.3.2 Mehrdimensionale Konzepte.............................. 423
  - 10.3.3 Organisation des Produktmanagements 426

Inhaltsverzeichnis

10.4 Moderne Organisationsformen.................................. 428
    10.4.1 Virtuelle Organisation................................. 429
    10.4.2 Clusterorganisation................................... 431
10.5 Führungsorganisation (Corporate Governance)..................... 432
    10.5.1 Aufsichtsratsmodell................................... 433
    10.5.2 Board-Modell... 433

Kapitel 11 Wissensmanagement und Informationssysteme   447

11.1 Grundlagen des Wissensmanagements............................ 448
    11.1.1 Historische Aspekte................................... 448
    11.1.2 Rolle für das Unternehmen............................. 449
    11.1.3 Physisches versus geistiges Kapital..................... 451
11.2 Bildung von Wissen und Kernkompetenzen........................ 454
    11.2.1 Prozess der Wissensbildung: Zwischen implizitem und explizitem Wissen................................... 454
    11.2.2 Kernkompetenzen als Wettbewerbsvorteil................. 456
11.3 Management von Wissen und Kernkompetenzen................... 460
    11.3.1 Wissen managen: Ein systemischer Ansatz................ 460
    11.3.2 Wissensverteilung und -teilung: Das Tool *Community of Practice*   462
11.4 Informationssysteme... 464
    11.4.1 Grundlagen der Informationssysteme..................... 464
    11.4.2 Informations- und Kommunikationstechnologien............ 465

Kapitel 12 Human Resource Management   479

12.1 Grundlagen... 480
    12.1.1 Ursprung.. 480
    12.1.2 Rolle im Unternehmen................................. 483
12.2 Aufgabengebiete des Human Resource Managements................ 485
    12.2.1 Administrative Aufgabe................................ 486
    12.2.2 Befriedigung von Ansprüchen........................... 487
    12.2.3 Kompetenzmanagement................................ 488
12.3 HRM-Funktionen.. 489
    12.3.1 Einstellungsprozess................................... 489
    12.3.2 Personalbewertung.................................... 495
    12.3.3 Vergütung.. 501
12.4 Aktuelle Trends... 502

Kapitel 13 Leadership   513

13.1 Warum Führung in Unternehmen?................................ 514
13.2 Akzeptanz, Abgrenzung und Funktion von Führung................. 515
    13.2.1 Akzeptanz von Führung................................ 515
    13.2.2 Führungsfunktionen................................... 516
    13.2.3 Die Abgrenzung zwischen Unternehmens- und Mitarbeiterführung................................. 517

13.3	Motivation		518
13.4	Führungsstile: Führung als „Stil"?		519
	13.4.1	Eindimensionale Führungsstile	520
	13.4.2	Zweidimensionaler Führungsstil: Verhaltensgitter nach Blake und Mouton	523
	13.4.3	Dreidimensionale bzw. situative Führungsstile	524
	13.4.4	Management-Modelle	530
13.5	Führung in der Praxis		532
	13.5.1	Wie werde ich ein „guter" Vorgesetzter?	532
	13.5.2	Führungserfolg messen	535

Die Autoren   546

Glossar   553

Register   581

Vorwort

Vorwort zur ersten Auflage

Dieses **europäische Werk** fasst betriebswirtschaftliches Grundwissen in kompakter, prägnanter und didaktischer Form zusammen. Als Einführung in die Betriebswirtschaftslehre soll dieses Buch **Basiswissen** bezüglich der unterschiedlichen Unternehmensfunktionen, welche innerhalb eines Unternehmens existieren, vermitteln.

Die Unterteilung des Buches basiert auf der Logik der Wertschöpfungskette eines Unternehmens und beschreibt so auf verständliche Art und Weise den Prozess der Wertschöpfung anhand der primären und unterstützenden Unternehmensfunktionen.

Das Buch richtet sich in erster Linie an **Studierende**, **Praktiker** und „**Nicht-BWLer**" bzw. an sogenannte **Quereinsteiger**. Für **Manager** dient es dank seines umfassenden Indexverzeichnisses als Nachschlagewerk oder der Auffrischung bestimmter Themenbereiche.

Die einzelnen Kapitel sind in der Weise strukturiert und geschrieben, dass sie **unabhängig voneinander** bearbeitet werden können.

Vorwort zur zweiten Auflage

Das Ziel der zweiten und erweiterten Auflage ist es nach wie vor aktuelles betriebswirtschaftliches Grundwissen zu vermitteln. Seit dem Entstehen der ersten Auflage haben sich **wichtige neue Themen** als elementare Bestandteile der Betriebswirtschaftslehre (BWL) entwickelt.

Das Buch wurde daher **durchgängig aktualisiert** und zwei Kapitel wurden neu geschrieben. Ebenso wurden Themen wie **soziale Verantwortung**, **Online Marketing** und **soziale Medien** neu und gesondert aufgenommen. Darüber hinaus wurden einzelne **Fallstudien ausgetauscht oder überarbeitet**, um aktuelle Themen gesondert zu bearbeiten.

Zudem enthält diese Auflage neu einen 24-monatigen Zugang zu **MyLab | Deutsche Version**. Über die interaktive Lernplattform hat der Lernende Zugriff auf **die eTexte des Lehrbuches und das Übungsbuch**. Beide können mittels Kapitelauswahl zielgenau durchgesehen und mit Notizen versehen werden.

Daneben befinden sich hier noch alle **Antworten aus** dem Lehrbuch, viele **Videos** zu den Fällen im Buch, **Linklisten** sowie digitale Lernkarten in Form von **Flashcards**. Diese Kombination erlaubt eine effektive und effiziente Prüfungsvorbereitung wann und wo immer man will.

Weitere Inhalte für Dozenten sind **Folien** zum Einsatz in der Lehre und alle **Abbildungen** aus dem Buch zum Download.

Ich verdanke den Leserinnen und Lesern dieses Buches viele wertvolle Anregungen und ich bin natürlich auch weiterhin für alle Kommentare sehr dankbar. Wichtige Anregungen habe ich auch von den zahlreichen Kolleginnen und Kollegen erhalten, welche dieses Buch in ihren Lehrveranstaltungen einsetzen.

Inhalte und Struktur

Jedes Kapitel verfügt über **folgende Inhalte** und **Struktur** bezüglich der jeweiligen Unternehmensfunktion:

- **Lernziele**
- **Exkurs** mit **Reflexionsfragen**, um den Horizont in Bezug auf das Thema zu erweitern
- **Zusammenfassung**
- **Übungsaufgaben** mit Lösungen auf der Lernplattform
- **Fallstudie** mit realen Fällen aus der Unternehmenspraxis und **mit Fragen zum Fall**
- **Fallvideos** auf der Lernplattform
- **Verwendete Literatur**
- **Weiterführende Literatur**

Aufbau des Buches: Die Funktionen eines Unternehmens

Eine gängige und übersichtliche Gliederung unterteilt die Betriebswirtschaft in einzelne Unternehmensfunktionen. Vor diesem Hintergrund folgt der Aufbau des vorliegenden Buches dem Modell der Wertschöpfungskette oder Wertkette *(Value Chain)* eines Unternehmens nach Michael E. Porter (1985), wie in ▶*Abbildung 1* veranschaulicht wird. Wir verstehen hierbei ein Unternehmen als Teil eines Systems (Unternehmensumwelt), in dem es sich bewegt und mit dem es sich in einer Austauschbeziehung befindet. Die Wertschöpfungskette ist ein Managementkonzept, das eine Organisation als eine Ansammlung von Funktionen und Tätigkeiten erklärt. Die einzelnen Unternehmensfunktionen schaffen Werte, verbrauchen Ressourcen und sind durch Prozesse miteinander verbunden. Eine Zuweisung zu primären oder unterstützenden Unternehmensfunktionen kann **nicht immer trennscharf** vorgenommen werden und variiert in Theorie und Praxis.

Laut Porter ist jedes Unternehmen *„eine Ansammlung von Tätigkeiten, durch die sein Produkt entworfen, hergestellt, vertrieben, ausgeliefert und unterstützt wird. All diese Tätigkeiten lassen sich in einer Wertkette darstellen"*.

Primäre Funktionen sind Tätigkeiten, die einen direkten wertschöpfenden Beitrag zu der Erstellung eines Produktes oder einer Dienstleistung liefern. In unserem Buch gehen die Abschnitte *Marketing* (Kapitel 3), *Sales* (Kapitel 4), *Materialwirtschaft, Logistik und Supply Chain Management* (Kapitel 5), *Produktion* (Kapitel 6) und *Finanzwirtschaft* (Kapitel 7) darauf ein.

Unterstützende Funktionen sind Tätigkeiten, die für die Ausübung der primären Aktivitäten die notwendige Voraussetzung bilden. Sie liefern somit einen indirekten Beitrag zur Erstellung eines Produktes oder einer Dienstleistung. In unserem Buch sind dies *Externes Rechnungswesen – Buchführung, Bilanzierung und Jahresabschluss* (Kapitel 8), *Internes Rechnungswesen – Kostenrechnung und Controlling* (Kapitel 9), *Organisation* (Kapitel 10), *Wissensmanagement und Informationssysteme* (Kapitel 11), *Human Resource Management* (Kapitel 12) und *Leadership* (Kapitel 13). Die Wertkette eines Unternehmens ist mit den Wertketten der Lieferanten und Abnehmer verknüpft. Gemeinsam bilden sie das Wertschöpfungskettensystem einer Branche.

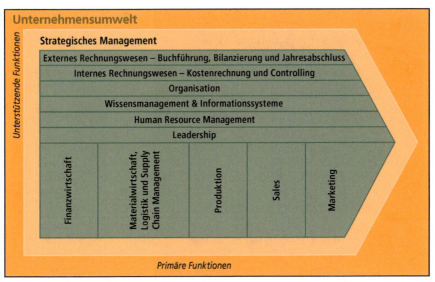

Abbildung 1: Aufbau des Buches und betriebliche Funktionen
Quelle: Straub in Anlehnung an Porter (1985)

Das **Strategische Management** (*Kapitel 2*): Diese Funktion ist für die Steuerung, Leitung und Lenkung des gesamten Unternehmens, für die Schaffung von organisatorischen Rahmenbedingungen und schließlich für die Ausrichtung des Unternehmens auf gemeinsame Ziele, wie z. B. die soziale Ausrichtung, verantwortlich. Diese Funktion wird häufig auch **Unternehmensführung** genannt.

Primäre Funktionen

Die primären Funktionen werden nachfolgend **beschrieben** (siehe *Abbildung 1*). In Bezug auf die Wertschöpfung gibt es keine festgelegte Abfolge der einzelnen Funktionen. Die Abfolge ist in Wirklichkeit ein iterativ-paralleler und **kein sequenzieller Prozess**.

- **Marketing** (*Kapitel 3*): Diese Funktion ist eine organisierende Funktion und ein Prozessbündel, um Mehrwerte für die Kunden der Organisation derart bereitzustellen, zu kommunizieren und Kundenbeziehungen herzustellen, dass die Organisation und ihre Stakeholder davon profitieren. Online Marketing spielt hierbei eine besondere Rolle.
- **Sales** (*Kapitel 4*): Diese Funktion beschäftigt sich mit dem Verkauf der her- und bereitgestellten Produkte und Dienstleistungen. Sie richtet sich an diejenigen Kunden, deren Bedürfnisse befriedigt werden sollen. Jene werden letztendlich die finanziellen Mittel aufbringen, um entstandene Kosten zu decken und Gewinne zu erzielen. Diese Funktion ist ebenfalls verantwortlich für die Kundengewinnung und die Kundenbindung.

- **Materialwirtschaft, Logistik und Supply Chain Management** (*Kapitel 5*): Diese Funktionen sind als Beschaffungs- und Transformationsprozess zu verstehen und umfassen die Beschaffung der Inputfaktoren und sämtliche betriebsinterne Veränderungen derselben, wie Rohstoffe und Halbfabrikate, um die Herstellung des Produkts, die Verpackung und Lagerung und schließlich die Überführung des Produkts zum Käufer, zu bewerkstelligen. Dieser Transformationsprozess fängt bereits beim Lieferanten an und endet beim Kunden.
- **Produktion** (*Kapitel 6*): Bei dieser Funktion handelt es sich um den eigentlichen Leistungserstellungsprozess. Genauer gesagt handelt es sich hierbei um die Planung, Organisation, Koordination und Kontrolle aller organisatorischen Prozesse und Ressourcen, die zur Herstellung von Gütern im Unternehmen benötigt werden. In diesem Sinn ist das Produktionsmanagement als Führungsaufgabe zu verstehen, die sich mit der Koordination menschlicher Ressourcen, Maschinen, Technologien und Informationen befasst.
- **Finanzwirtschaft** (*Kapitel 7*): Hier wird das Management von Geldströmen behandelt. Dies beinhaltet vor allem die ökonomische Optimierung der Beschaffung und der Verwendung von Geld. Es handelt sich hierbei also um die Planung, Organisation und Beschaffung von finanziellen Ressourcen, welche zu einer Leistungserstellung benötigt werden.

Unterstützende Funktionen

- **Externes Rechnungswesen – Buchführung, Bilanzierung und Jahresabschluss** (*Kapitel 8*): Ziel des externen Rechnungswesens ist, auf Basis gesetzlicher Regelungen nachvollziehbare und transparente Informationen über die wirtschaftliche Lage des Unternehmens bereitzustellen. Dabei dient die Buchführung als Grundlage für die Erfassung der Geschäftsvorfälle. Im Jahresabschluss, bestehend aus Bilanz, Gewinn- und Verlustrechnung sowie weiteren erläuternden Teilen, werden das Vermögen des Unternehmens, seine Finanzierung sowie der Erfolg des Unternehmens innerhalb einer Periode dargestellt.
- **Internes Rechnungswesen – Kostenrechnung und Controlling** (*Kapitel 9*): Ziel des internen Rechnungswesens ist, auf Basis unternehmensindividueller Vorgaben entscheidungsorientierte Informationen bereitzustellen. Dabei stellt die Kosten- und Leistungsrechnung mit Erfassung von Kosten und Leistungen, Erstellung von Kalkulationen und Ermittlung des Betriebsergebnisses, die wesentliche Grundlage dar. Das Controlling weist weitergehende Funktionen auf, die vorwiegend der Unterstützung des Managements bei Planung, Steuerung und Kontrolle dienen. Hierzu werden zahlreiche Instrumente, welche über die Kostenrechnung hinausgehen, eingesetzt.
- **Organisation** (*Kapitel 10*): Wir betrachten Organisation im Sinne von Struktur stets im Kontext der Strategie und Kultur eines Unternehmens. Dem Prinzip der Wirtschaftlichkeit folgend hat diese Funktion zum Ziel, bestmögliche Prozesse anhand von Strukturen und Kultur für ein effizientes Funktionieren eines Unternehmens zu schaffen.

- **Wissensmanagement und Informationssysteme** (*Kapitel 11*): In Firmen stellen Information und Wissen das Kapital von Kompetenzen dar, welches Individuen in unterschiedlichen Unternehmensbereichen besitzen und welches essenziell für das Überleben der Organisation ist. In diesem Zusammenhang beschäftigt sich diese Funktion im Wesentlichen mit der Identifikation, Akquisition, Bildung, Verteilung und Anwendung von Wissen und Information.
- **Human Resource Management** (*Kapitel 12*): Diese Funktion stellt eine entscheidende Komponente zur Sicherstellung der Wettbewerbsfähigkeit und der Nachhaltigkeit einer Organisation in Bezug auf ihre Wettbewerbsposition dar. Das Human Resource Management entwickelt sich dabei von einer stark administrativen und passiven Rolle hin zu einer zunehmend strategischen Rolle für das Unternehmen. Die wesentliche Aufgabe des Human Resource Managements besteht darin, die Zielsetzungen bzw. den Sinn und Zweck der Organisation (Bedarf an Personal oder an Kompetenzen) und die Erwartungen bzw. Wünsche und Interessen der Mitarbeiter unter bestimmten Zwangsbedingungen (politische, gesetzliche, wirtschaftliche) in Einklang zu bringen.
- **Leadership** (*Kapitel 13*): Im unternehmerischen Sinne wird Leadership dann notwendig, sobald im Unternehmen ein gewisser Grad an Arbeitsteilung vorherrscht. Unternehmenseinheiten, Abteilungen oder Gruppen müssen koordiniert werden, um flüssige Arbeitsabläufe zu schaffen und eventuelle Ausfälle zu kompensieren. Die Arbeitszeiten sollten hierbei ebenfalls überwacht werden. Leadership sorgt des Weiteren auch dafür, dass Mitarbeiter motiviert und fähig sind, die von ihnen erwartete Leistung für die Organisation zu erbringen.

In der Praxis ist die Abgrenzung in einzelne Unternehmensfunktionen nicht immer trennscharf, da gewisse **Grauzonen** existieren. Häufig geben diese Grauzonen in Bezug auf die Zuständigkeiten einer Unternehmensfunktion Anlass zu unternehmensinternen Konflikten. Bevor eine Restrukturierung oder ein Wandel ansteht, versuchen Unternehmensfunktionen oft so viel Verantwortung wie möglich an sich zu ziehen, um dadurch an Wichtigkeit im Unternehmen zu gewinnen. Auf diese Weise kann beispielsweise eventuellen Kürzungen im Budget entgangen werden.

Entscheidungen oder Aktivitäten, die in einer Unternehmensfunktion getroffen oder ausgeführt werden, wirken sich oft direkt oder indirekt auf andere Unternehmensfunktionen aus. Diese Erkenntnis unterstreicht die Wichtigkeit einer guten und permanenten Kommunikation zwischen den einzelnen Unternehmensfunktionen.

Danksagungen

Ein solch komplexes Projekt wäre ohne die Unterstützung einer Vielzahl von Personen und Organisationen nicht möglich gewesen.

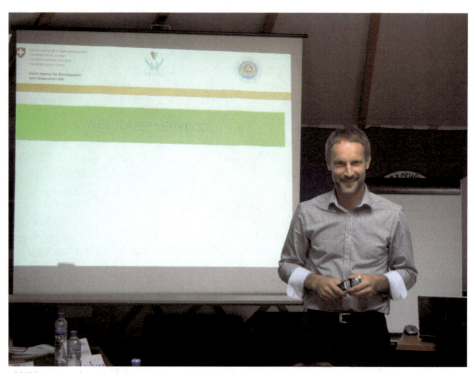

Abbildung 2: Prof. Dr. Thomas Straub bei einem Vortrag im Rahmen eines Projektes für das Schweizer Departement für Entwicklung und Zusammenarbeit (DEZA)[1] in Ulan Bator/Mongolei

Einen großen Dank möchte ich meinem *Team von Co-Autoren* zukommen lassen. Deren Fachwissen und Expertise in ihrer jeweiligen Fachrichtung ist für ein solch interdisziplinäres und umfassendes Buch von wichtiger Bedeutung. Prof. Dr. Erdmann gilt mein besonderer Dank. Er ist neu zum Co-Autoren-Team hinzugestoßen und hat mit seinen fachlichen Beiträgen die Qualität des Buches wesentlich erhöht. Walid Shibib von der Universität Genf gilt mein weiterer Dank. Er hat mich bei der Überarbeitung dieses Buches wieder stets mit seinem Fachwissen unterstützt. Schließlich möchte ich mich beim Verlag Pearson Studium, insbesondere bei Martin Milbradt, Programmleiter Wirtschaft, und seinen Kolleginnen und Kollegen, für das erneut in mich gesetzte Vertrauen und die Zusammenarbeit bedanken. Sie haben mich alle sehr engagiert unterstützt.

---

1 Das DEZA ist Teil des Eidgenössischen Departements für auswärtige Angelegenheiten – EDA, des schweizerischen Außenministeriums.

Prof. Dr. Peter Richard von der Hochschule Augsburg gilt mein weiterer Dank. Er war es, der mir bei Fragen und Problemen immer beiseitestand.

Ebenso danke ich der Hochschule für Wirtschaft Fribourg in der Schweiz und hierbei insbesondere dem ehemaligen Direktor Herrn Dr. Lucien Wuillemin für die großartige Unterstützung eines solch multikulturellen, interdisziplinären und gleichzeitig mehrsprachigen Projektes.

Ein weiterer Dank gilt den Übersetzerinnen Frau Christine Götz und Frau Sabine Straub sowie Thomas Götzen, Claudia Binz und Andreas Brühlhart für die nette Unterstützung beim Korrekturlesen.

Ein großes Dankeschön geht an sämtliche in diesem Buch erwähnte Firmen und Personen für die Bereitstellung von Unterlagen, Texten, Bildern, Filmen oder Fallbeispielen.

Meinen Freunden und Kollegen gebührt ebenso Dank. Sie haben mich während der geraumen Zeit beim Schreiben dieses Buches begleitet und unterstützt.

Schließlich danke ich meiner Familie, insbesondere meinen Brüdern Michael und Anton, sowie meiner Freundin Sud für ihre Nachsicht und Unterstützung.

Autorenverzeichnis

Inhaltlich wie formal haben Walid Shibib vom HEC der Universität Genf und Prof. Dr. Peter Richard von der Hochschule Augsburg bei sämtlichen Kapiteln einen wichtigen Beitrag durch ihre enge Zusammenarbeit mit mir geleistet.

Folgende Co-Autoren haben in enger Zusammenarbeit mit mir zum Entstehen dieses Buches beigetragen:

Teil I: Unternehmerische Ausrichtung

1. Grundlagen der Betriebswirtschaftslehre

Thomas Straub, Geneva School of Economics and Management (GSEM) – Universität Genf, Genf, Schweiz.

2. Strategisches Management

Thibaut Bardon, Audencia Nantes School of Management, Nantes, Frankreich.

Stefano Borzillo, Ecole hôtelière de Lausanne, HES-SO // University of Applied Sciences Western Switzerland, Lausanne, Schweiz.

Thomas Straub, Geneva School of Economics and Management (GSEM) – Universität Genf, Genf, Schweiz.

Teil II: Primäre Aktivitäten

3. Marketing

Benoît Lecat, California Polytechnic State University (Cal Poly), California, USA.
Florian Ruhdorfer, MC FH Krems, Krems, Österreich.
Walid Shibib, GSEM – Geneva School of Economics and Management, Universität Genf, Genf, Schweiz.
Thomas Straub, Geneva School of Economics and Management (GSEM) – Universität Genf, Genf, Schweiz.

4. Sales

Benoît Lecat, California Polytechnic State University (Cal Poly), California, USA.
Thomas Straub, Geneva School of Economics and Management (GSEM) – Universität Genf, Genf, Schweiz.

5. Materialwirtschaft, Logistik und Supply Chain Management

Michael Krupp, Hochschule Augsburg, Augsburg, Deutschland.
Peter Richard, Hochschule Augsburg, Augsburg, Deutschland.

6. Produktion

Achim Schmitt, Ecole hôtelière de Lausanne, HES-SO // University of Applied Sciences Western Switzerland, Lausanne, Schweiz.
Gaëtan Devins, Private Banking, Genf, Schweiz.

7. Finanzwirtschaft

Olaf Meyer, Profond Vorsorgeeinrichtung und Kalaidos Fachhochschule, Departement Wirtschaft, Zürich, Schweiz.

Teil III: Unterstützende Aktivitäten

8. Externes Rechnungswesen – Buchführung, Bilanzierung und Jahresabschluss

Georg Erdmann, Technische Hochschule Nürnberg Georg Simon Ohm; Fakultät Betriebswirtschaft, Nürnberg, Deutschland.

9. Internes Rechnungswesen – Kostenrechnung und Controlling

Georg Erdmann, Technische Hochschule Nürnberg Georg Simon Ohm; Fakultät Betriebswirtschaft, Nürnberg, Deutschland.

10. Organisation

Rico J. Baldegger, HES-SO, Hochschule für Wirtschaft Freiburg, Freiburg, Schweiz.
Walid Shibib, GSEM – Geneva School of Economics and Management, Universität Genf, Genf, Schweiz.
Thomas Straub, Geneva School of Economics and Management (GSEM) – Universität Genf, Genf, Schweiz.

11. Wissensmanagement und Informationssysteme

Stefano Borzillo, Ecole hôtelière de Lausanne, HES-SO // University of Applied Sciences Western Switzerland, Lausanne, Schweiz.

Thomas Straub, HES-SO, Hochschule für Wirtschaft Freiburg, Freiburg, Schweiz.

12. Human Resource Management

Mathias Rossi, HES-SO, Hochschule für Wirtschaft Freiburg, Freiburg, Schweiz.

13. Leadership

Kerstin Windhövel, Kalaidos Fachhochschule, Departement Wirtschaft, Zürich, Schweiz.

Thomas Straub

Genf, im Oktober 2014

》 Eine gängige und übersichtliche Gliederung unterteilt die Betriebswirtschaft, wie im Vorwort angerissen, in einzelne **Unternehmensfunktionen**. Vor diesem Hintergrund folgt der Aufbau des vorliegenden Buches dem Modell der **Wertschöpfungskette oder Wertkette** *(Value Chain)* eines Unternehmens nach Michael Porter *(Abschnitt 1.2)*. *Teil I* befasst sich mit den **Grundlagen** und der **strategischen Ausrichtung** für die Wertschöpfungskette.

Einleitend werden wichtige *Grundlagen der Betriebswirtschaftslehre (Kapitel 1)* behandelt. Es wird der Frage nachgegangen wieso es überhaupt Unternehmen gibt und was die Gründe für deren Existenz sind. Es werden Ausprägungen von Trägern der Wirtschaft beschrieben und unterschiedliche Einteilungen von Unternehmen gemacht: nach Standort, Branche, Rechtsform, Unternehmensgröße und räumlicher Struktur. Darüber hinaus werden Entscheidungstheorien in Bezug auf die Prinzipien des betriebswirtschaftlichen Denkens und Handelns und die Auswahl von unternehmerischen Optionen erklärt, welches wichtige Grundlagen für das Meistern von aktuellen Herausforderungen und das Erreichen von Unternehmenszielen darstellen.

Die **strategische Ausrichtung** für die Wertschöpfungskette wird durch das *Strategische Management (Kapitel 2)* festgelegt. Diese Funktion wird häufig auch Unternehmensführung genannt. Das strategische Management befasst sich mit der Steuerung, Leitung und Lenkung des gesamten Unternehmens. Es ist verantwortlichfürdieSchaffungvonorganisatorischenRahmenbedingungenund schließlich für die Ausrichtung des Unternehmens auf gemeinsame Ziele. 《

TEIL I

Unternehmerische Ausrichtung

1 **Grundlagen der Betriebswirtschaftslehre** 27
2 **Strategisches Management** 53

Ein Unternehmen ist kein Zustand, sondern ein Prozess.

Ludwig Bölkow (1912–2003), deutscher Ingenieur

Lernziele

In diesem Kapitel wird das Wissen zu folgenden Inhalten vermittelt:
- Wichtige Definitionen der Betriebswirtschaftslehre
- Gründe für die Existenz von Unternehmen
- Bedürfnisse und Güter
- Verschiedene Einteilungen und Ausprägungen von Trägern der Wirtschaft
- Entscheidungstheorien und Prinzipien des betriebswirtschaftlichen Denkens
- Herausforderungen und Ziele von Unternehmen

Quelle: © alphaspirit/fotolia.com

Grundlagen der Betriebswirtschaftslehre

1

ÜBERBLICK

1.1	**Einführung in die Betriebswirtschaftslehre**	28
	1.1.1 Definitionen und Abgrenzung	28
	1.1.2 Entstehung der Betriebswirtschaftslehre	28
1.2	**Wieso gibt es Unternehmen?**	29
1.3	**Bedürfnisse und Güter**	30
	1.3.1 Bedürfnisse	30
	1.3.2 Güter	31
1.4	**Die Träger der Wirtschaft**	32
	1.4.1 Nach Standort	33
	1.4.2 Nach Branche	35
	1.4.3 Nach Rechtsform	35
	1.4.4 Nach Unternehmensgröße	37
	1.4.5 Nach räumlicher Struktur	40
1.5	**Entscheidungstheorien**	41
	1.5.1 Die Prinzipien des betriebswirtschaftlichen Denkens und Handelns	41
	1.5.2 Auswahl von unternehmerischen Optionen	42

1 Grundlagen der Betriebswirtschaftslehre

1.1 Einführung in die Betriebswirtschaftslehre

1.1.1 Definitionen und Abgrenzung

Täglich werden wir in den Wirtschaftsmedien damit konfrontiert, dass sich Unternehmen internationalisieren, sich restrukturieren, Mitarbeiter entlassen, neue Produkte oder Dienstleistungen entwickeln und vertreiben, wachsen, fusionieren, andere Unternehmen aufkaufen oder aber auch bankrottgehen. Handeln Unternehmen, so wirtschaften sie.

Das Wirtschaften in und von Unternehmen ist Gegenstand und Erkenntnisobjekt der **Betriebswirtschaftslehre** (BWL).

Wenn wir von dem Begriff Betriebswirtschaftslehre sprechen, sollten wir dies nicht tun, ohne auch den Begriff **Volkswirtschaftslehre** (VWL) zu erwähnen. Beide Begriffe stehen in engem Zusammenhang und ergänzen sich gegenseitig. Beiden liegt dasselbe Erkenntnisobjekt, die Wirtschaft als solche, zugrunde.

Die Volkswirtschaftslehre befasst sich mit der gesamten Wirtschaft und mit den darin stattfindenden Interaktionen von Betrieben und Branchen. Sie stellt Ableitungen von ökonomischen Gesetzmäßigkeiten an, welche wiederum dazu dienen, die Wirtschaft möglichst sinnvoll zu steuern und zu lenken.

Die **Betriebswirtschaftslehre** hingegen befasst sich mit den Betrieben selbst. Hierbei liegt der Fokus auf der Ableitung von Gesetzmäßigkeiten bezüglich Interaktionen, Verhalten und Entwicklungen. Diese Erkenntnisse dienen dazu, ein Unternehmen oder eine Organisation bestmöglich zu managen, und tragen dazu bei, deren Leistungsziele zu erreichen.

Ein Unternehmen ist eine wirtschaftliche und juristische Einheit, bestehend aus einer einzigen Betriebsstätte oder aber auch aus mehreren Betriebsstätten. Begriffe wie „Unternehmen", „Organisation", „Betrieb"[1] oder „Firma" werden in diesem Buch als Synonyme verwendet. Aus juristischer Perspektive stellt ein Unternehmen eine erwerbswirtschaftliche Einheit dar.

1.1.2 Entstehung der Betriebswirtschaftslehre

Je nach Blickwinkel kann das Alter der Betriebswirtschaftslehre unterschiedlich angenommen werden. Ihre Ursprünge liegen je nach Ansatz Jahrzehnte, Jahrhunderte oder gar Jahrtausende zurück. Die ersten Ansätze systematisierten kaufmännischen Denkens sind bereits um 4.000 v. Chr. bei den Ägyptern und Babyloniern zu finden. Seit dieser Zeit befasste man sich mit dem Thema der Buchhaltung. Anleitungen und Aufzeichnungen aus jener Zeit bilden den Anfang der heutigen Wirtschaftswissenschaften. Ein nennenswerter Autor der Antike ist der Grieche Xenophon (ca. 430–355 v. Chr.). Auch der Mönch Luca Pacioli (ca. 1445–1514) ist aufgrund seiner damals innovativen Beschreibung der doppelten Buchführung „Summa de Arithmetica, Geometrica, Proportioni et Proportionalita" aus dem Jahre 1494 an dieser Stelle zu nennen. Bereits im Jahr 1518 veröffentlichte der Deutsche Henricus Grammateus (Heinrich der Schreiber) ein Schriftstück über das Rechnungswesen. Mehr als ein Jahrhundert später, im Jahre 1675, ist es Jacques Savary, der die Veröffentlichung „Le parfait negociant" („Der perfekte Händler") publizierte. Mitte des 16. Jahrhunderts erfuhr der sogenannte *Merkantilismus*[2] im Anschluss an den *Feudalismus*[3] den Höhepunkt seiner Popularität.

Erst ab dem *18. Jahrhundert* wurden grundlegendere und systematischere Schriften und Werke veröffentlicht. Beispiele hierfür sind folgende Werke: „Die Eröffnete Akademie der Kaufleute" von Carl Günther Ludovici (1707–1778) oder „System des Handelns", eine Veröffentlichung von Johann Michael Leuchs (1763–1836). Leuchs schildert den Handel sowohl aus volkswirtschaftlicher als auch aus betriebswirtschaftlicher Sicht.

Die zu der Zeit bekannten Geistesgrößen wie Adam Smith (1723–1790) als Vertreter des freien Marktes und David Ricardo (1772–1823) als Vertreter der klassischen Nationalökonomie setzten sich vorwiegend mit volkswirtschaftlichen und weniger mit betriebswirtschaftlichen Problemen auseinander.

Erst mit der Entstehung von Handelshochschulen zu Beginn des *20. Jahrhunderts* rückte die Betriebswirtschaftslehre wieder in den Mittelpunkt des Interesses. Bis in die 30er-Jahre wurde eine Reihe von grundlegenden Veröffentlichungen wie die „Allgemeine Handelsbetriebslehre" von Johann Friedrich Schär, die „Dynamische Bilanztheorie" von Eugen Schmalenbach und die „Allgemeine kaufmännische Betriebslehre als Privatwirtschaftslehre des Handels (und der Industrie)" von Heinrich Nicklisch publiziert. Erst in dieser Zeit bürgerte sich die Bezeichnung „Betriebswirtschaft" allgemeinhin ein und die Betriebswirtschaftslehre wurde als wissenschaftliche Disziplin anerkannt.

Nachdem über die Entstehung der Betriebswirtschaftslehre berichtet wurde, soll im nächsten Abschnitt auf folgende Frage eine Antwort gegeben werden: Aus welchen Gründen existiert die Form des Unternehmens?

1.2 Wieso gibt es Unternehmen?

Ziel dieses Buches ist es, ein grundsätzliches und allgemeines Verständnis für die Betriebswirtschaftslehre zu vermitteln. In diesem Zusammenhang ist es unumgänglich, danach zu fragen, weswegen und seit wann die Form „Unternehmen" existiert.

Bereits 1937 beschäftigte sich der Nobelpreisträger Ronald Coase[4] im Rahmen seines Artikels „The Nature of the Firm" mit der Frage, weswegen es stabile Strukturen wie die eines Unternehmens im Gegensatz zu dem Markt gibt. Laut R. Coase ersetzt ein Unternehmen den komplexen Tausch in einem freien Markt aufgrund einer besseren unternehmerischen Koordination der Produktion. Den Grund hierfür sieht Coase in der Schwierigkeit, über Zwischenhändler des Marktes eine spezifische Ressource zu nutzen. Beispiele hierfür sind physische Ressourcen wie Rohstoffe oder aber auch Humanressourcen oder Wissen durch Arbeitsverträge. Ein Unternehmen ist seiner Ansicht nach schlichtweg einfach leistungsfähiger als der freie Markt, da man beispielsweise nicht ständig für jede Transaktion juristisch einen bestimmten Vertrag aushandeln oder einen Preis festlegen muss. Zwischenzeitlich hat sich dieses klassische Bild von dem Unternehmen und seiner Abgrenzung zum Markt geändert. Viele Unternehmen versuchen interne Märkte aufzubauen, um eine Art interne Dynamik zu fördern. Die Grenzen von Unternehmen zu ihrer Außenwelt werden immer unschärfer.[5]

Das Wort „Unternehmen" trat zum ersten Mal im Französischen im Jahr 1699 auf und diente dazu, eine bestimmte Handelstätigkeit zu beschreiben. Seit dem Jahr 1758 wurde das Wort, wie auch im heutigen Sprachgebrauch üblich, dazu verwendet, eine Organisation, die Produkte herstellte oder Dienstleistungen anbot, zu beschreiben. Im folgenden Abschnitt wird behandelt, woher der Bedarf an Produkten und Dienstleistungen stammt.

1.3 Bedürfnisse und Güter

Jeder Mensch hat Bedürfnisse, sei es das Bedürfnis, nach dem Sport etwas zu trinken, oder das Bedürfnis nach Sonne und Wärme im Winter. Sobald es an etwas mangelt, entsteht ein Bedürfnis oder ein Wunsch, den es in der Regel anhand von Gütern zu erfüllen gilt. Die Vielzahl von Wünschen und Bedürfnissen ist unendlich. Nicht alle Bedürfnisse und Wünsche sind jedoch gleich: Es kann hierbei nach Dringlichkeit und Wichtigkeit unterschieden werden. Güter, die Bedürfnisse befriedigen, werden von unterschiedlichen Trägern[6] her- und bereitgestellt. In der beruflichen Praxis kommt es auch vor, dass Bedürfnisse bzw. ein Mangel an etwas von bestimmten Trägern der Wirtschaft (siehe *Abschnitt 1.4*) künstlich geschaffen werden. Nachfolgend werden unterschiedliche Gruppen von Bedürfnissen und Gütern vorgestellt.

1.3.1 Bedürfnisse

Ein **Bedürfnis** bezeichnet das Streben des Menschen nach Befriedigung aufgrund eines Mangelempfindens. Mangel oder Knappheit ist demnach eine Voraussetzung für ein Bedürfnis. Die Wirtschaft schafft Abhilfe bei Mangel oder Knappheit, indem sie auf ökonomische Art und Weise Dienstleistungen und Güter produziert und diese am Markt anbietet.

Generell können wir zwischen unterschiedlichen Kategorien von Bedürfnissen unterscheiden. Nach der Bedürfnispyramide von *Maslow* werden Bedürfnisse nach Dringlichkeit und Priorität unterschieden (siehe *Abbildung 13.3*).

1. **Existenzielle Bedürfnisse:** Hierzu gehören vor allem Essen, Trinken, Schlafen und Sex.

2. **Bedürfnis nach Sicherheit:** Hierzu gehören vor allem Gesundheit, Behausung und Arbeitsplatzsicherheit.

3. **Bedürfnis nach Geselligkeit:** Hierzu gehören vor allem zwischenmenschliche Beziehungen, Freundschaft und Gruppenzugehörigkeit.

4. **Bedürfnis nach sozialer Anerkennung (Ich-Bedürfnisse):** Hierzu gehören vor allem Ansehen, persönliches Image, Status und Wertschätzung durch andere.

5. **Bedürfnis nach Selbstverwirklichung:** Hierzu gehören vor allem Entfaltung der eigenen Individualität in Bereichen wie Kunst, Glauben oder Wissenschaft.

Bedürfnisse können jedoch auch nach anderen Kriterien kategorisiert werden:

1. **Individualbedürfnisse:** Diese Kategorie umfasst alle Bedürfnisse, die von Einzelpersonen befriedigt werden können. Beispiele hierfür sind Essen, Trinken oder Schlafen.

2. **Kollektivbedürfnisse:** Diese Kategorie von Bedürfnissen kann durch Gruppen oder durch die Gesellschaft befriedigt werden. Beispiele hierfür sind Schutz vor Kriminalität, Schutz durch ein Rechtssystem oder soziale Sicherheit.

Menschliche Bedürfnisse können sowohl auf unsichtbare wie auch auf materielle Weise befriedigt werden. Im folgenden Abschnitt stehen daher die Güter im Fokus der Betrachtung.

1.3.2 Güter

Güter befriedigen Bedürfnisse. Die Vielzahl menschlicher Bedürfnisse oder Wünsche entspricht demnach einer genauso großen Vielfalt an Gütern. Güter, die nicht im Überfluss vorhanden sind und in der Regel erst auf ökonomische Weise produziert oder beschafft werden müssen, werden **knappe Güter** genannt.

Spezifische Güter, beispielsweise die Luft, solche also, die frei verfügbar sind, werden **freie Güter** genannt. Diese Güter sind im Überfluss vorhanden und müssen nicht extra bereitgestellt werden. Bei Bedarf kann diese Art von Gütern unmittelbar genutzt werden.

Beim Handel von Gütern zwischen Wirtschaftsakteuren bilden sich Märkte, welche wie folgt definiert werden können: **Märkte** beschreiben die Gesamtheit von Wirtschaftsakteuren, die Güter anbieten und nachfragen, welche sich wechselseitig ersetzen können. Ein Markt beschreibt somit das geregelte Zusammentreffen von Angebot und Nachfrage von Gütern.

Es folgt eine grundlegende Einteilung von Gütern:

- **Produktionsgüter:** Diese Art von Gütern wird zur Erzeugung von anderen Gütern verwendet, wie beispielsweise eine Presse oder ein Drucker.
- **Materielle Güter:** Diese Art von Gütern können wir anfassen. Sie entsprechen Gegenständen und Objekten, welche zumindest eine bestimmte Zeit gelagert werden können, wie Autos, Käse und Fleisch.
- **Immaterielle Güter:** Diese Art von Gütern können wir nicht anfassen, beispielsweise einen Ratschlag, eine Massage oder einen Flug. Immaterielle Güter sind das Ergebnis einer Dienstleistung und deshalb auch nicht lagerfähig.
- **Private Güter:** Diese Güter dürfen ausschließlich von einer privaten Person in Anspruch genommen werden, die über einen Besitzanspruch auf diese Güter verfügt. Besitzt jemand ein Auto, stellt dieses ein privates Gut des Eigentümers dar. Die Nutzung durch andere Personen ist nur mit Zustimmung des Eigentümers erlaubt. Mit privaten Gütern kann daher Handel betrieben werden.
- **Öffentliche Güter:** Für diese Art von Gütern gibt es keinen existierenden Markt, da für diese Güter kein Preis verlangt werden kann. Beispiele hierfür sind öffentliche Straßen, das Rechtssystem eines Staates und öffentliche Hochschulen.
- **Konsumgüter:** Diese Güter sind für den menschlichen Konsum, sprich für den Verbrauch oder für die Nutzung bestimmt, wie beispielsweise Zucker, Waschpulver oder ein Mobiltelefon.

Im folgenden Abschnitt werden nun die Träger der Wirtschaft behandelt, die Güter produzieren und bereitstellen, um Bedürfnisse zu befriedigen.

1.4 Die Träger der Wirtschaft

Die Her- und Bereitstellung von Gütern[7] findet durch unterschiedliche Wirtschaftsträger statt. In diesem Zusammenhang können Unternehmen nach unterschiedlichen Kriterien eingeteilt und betrachtet werden.

Unternehmen sind spezielle Träger der Wirtschaft innerhalb des marktwirtschaftlichen Systems. Öffentliche Institutionen stellen das Pendant zu Unternehmen dar. Non-Profit-Organisationen (NPOs) treten als eine Art Mischform auf und unterliegen strengen Grenzen bezüglich ihrer erwerbswirtschaftlichen Zielausrichtung. Non-Profit-Organisationen übernehmen zunehmend Aufgaben, welche ursprünglich von öffentlichen Institutionen her- und bereitgestellt wurden. Die Struktur eines Unternehmens wird in den Wirtschaftsplan aufgenommen.

▶*Abbildung 1.1* veranschaulicht, wie die Träger der Wirtschaft nach Art der von ihnen her- bzw. bereitgestellten Güter eingeteilt und betrachtet werden können.

Abbildung 1.1: Träger der Wirtschaft

- **Privathaushalte:** Private Haushalte, die aus einer Person oder aus mehreren Personen bestehen, dienen in der Regel zur *Selbstversorgung einer Familie* und tragen so in begrenztem Umfang zu einer Bedürfnisbefriedigung der Gesellschaft bei. Ein Beispiel ist das Kochen einer Mahlzeit.
- **Öffentliche Institutionen:** Verwaltungen und öffentliche Unternehmen, die dem Staat angehören und auch von diesem geleitet werden, produzieren abgesehen von ein paar Ausnahmen *meist öffentliche Güter, die von Unternehmen oder Haushalten nicht in dieser Form her- und bereitgestellt werden*. Ein Beispiel ist der Bau von öffentlichen Straßen.
- **Unternehmen:** Private und somit nicht staatliche Unternehmen sind in der Regel auf Gewinnerzielung angewiesen. Sie fokussieren die generelle *Bedürfnisbefriedigung von privaten Personen oder Gruppen*. Ein Beispiel hierfür ist die Herstellung eines Fernsehers. Mit dem erwirtschafteten Ertrag wird der Aufwand abgedeckt und an die Gesellschafter (Eigentümer) eine sogenannte Gewinnausschüttung getätigt. Ein Unternehmen, das keinen Gewinn erwirtschaftet, kann in der Regel nicht über einen längeren Zeitraum überleben. Nach Erich Gutenberg[8] gehören folgende Eigenschaften zu den konstitutiven Merkmalen eines Unternehmens:
    - Das *erwerbswirtschaftliche Prinzip*: Das Streben nach Gewinnmaximierung
    - Das *Autonomieprinzip*: Die Selbstbestimmung des Wirtschaftsplans
    - Das *Prinzip des Privateigentums*: Die Verfügungsrechte an Unternehmen und deren Gewinnen liegen in der Regel bei Privatpersonen oder anderen Unternehmen

- **Non-Profit-Organisationen:** Hierbei handelt es sich um Organisationen, die *sowohl private wie auch öffentliche Güter her- und bereitstellen*. Non-Profit-Organisationen werden zunehmend wie private Organisationen geführt, lokalisieren sich jedoch zwischen dem Staat und dem Markt. Beispiele für Non-Profit-Organisationen sind Verbände, Nicht staatliche Organisationen (NGOs), Vereine, Stiftungen oder auch Kirchen. Non-Profit-Organisationen werden zunehmend gezwungen, wirtschaftlich zu handeln, um sich finanzieren zu können.

Eine Einteilung der sogenannten *Träger der Wirtschaft* kann auf unterschiedliche Weise und nach unterschiedlichen Kriterien erfolgen. ▶*Abbildung 1.2* zeigt vier wesentliche Arten, die Träger der Wirtschaft einzuteilen.

Abbildung 1.2: Einteilung von Trägern der Wirtschaft

In den folgenden Abschnitten werden nacheinander diese vier Einteilungskategorien behandelt.

1.4.1 Nach Standort

Eine mögliche Einteilung von Wirtschaftsträgern ist die Einteilung nach Standort. Der Standort ist eine wichtige Dimension, die für das erfolgreiche Führen eines Unternehmens von Bedeutung ist. Der Ort, an dem ein Unternehmen den Sitz hat, ist hierbei von Interesse. Dies betrifft den Ort der Firmenzentrale sowie den der Produktionsstätten. Die Standortwahl stellt eine strategische Entscheidung dar, da damit wichtige Ressourcen einer Organisation festgelegt werden und ihr Handeln wesentlich beeinflusst wird. Nicht alle der Standortfaktoren haben dasselbe Gewicht und werden in gleicher Weise berücksichtigt. Dies ist ebenso der Fall in Bezug auf die Messbarkeit der verschiedenen Faktoren. In Bezug auf die geografische Reichweite eines Unternehmens können wir folgende Dimensionen unterscheiden:[9]

- **Lokale Reichweite:** Auf einen Ort, eine Gemeinde oder auf einen Kreis beschränkt, wie beispielsweise ein kleines, lokales Bauunternehmen
- **Regionale Reichweite:** Auf eine Region beschränkt, wie beispielsweise eine Regionalzeitung
- **Nationale Reichweite:** Auf ein Land beschränkt, wie beispielsweise eine Rechtsanwaltskanzlei
- **Internationale Reichweite:** Auf zwei oder mehrere Länder beschränkt, wie beispielsweise ein Computerunternehmen[10]

Die Standortauswahl eines Unternehmens geht aus der Analyse der Standortfaktoren hervor. Im Folgenden werden die wesentlichen Faktoren beschrieben:

Produktionsfaktoren

- **Humanressourcen:** Qualifikationen, Höhe der Löhne und Gehälter, Bildung, Anzahl und Verfügbarkeit an Arbeitnehmern und Arbeitnehmerrechten, beispielsweise Einflüsse durch Gewerkschaften, etc.
- **Gebäude und Grundstücke:** Immobilienpreise, Verfügbarkeit, Lage und Qualität etc.
- **Rohstoffe:** Vorhandensein, Transportkosten, Preise, Zuverlässigkeit etc.

Infrastrukturfaktoren

- **Bildung:** Vorhandensein von Schulen für Ausbildung, Hochschulen und Universitäten mit relevanten Studiengängen etc.
- **Verkehr:** Öffentliche Verkehrsmittel, Straßen, Anschluss an Bahn, Hafen oder Flughafen etc.
- **Öffentliche Versorgung:** Strom, Wasser und Abfall etc.
- **Industrialisierungsniveau der Region:** Vorhandensein von relevanten Firmen für potenzielle Kooperationsnetzwerke oder Zulieferung von Halb- und Fertigerzeugnissen etc.

Nachfrage vor Ort

- **Kaufkraft:** Darunter wird die Menge an Gütern und Dienstleistungen verstanden, die mit einer Geldeinheit erworben werden kann. Diese ist abhängig von dem Einkommensniveau und von den Preisen.
- **Kundennähe:** Hierunter wird die geografische und kulturelle Nähe eines Unternehmens zu seinen Kunden verstanden.
- **Anzahl an potenziellen lokalen Kunden**
- **Lokale Wettbewerber**
- **Demografische Besonderheiten der Bevölkerung:** Darunter versteht man Besonderheiten bezüglich des Alters, des sozialen Niveaus und der Internationalität der lokalen Bevölkerung.

Politische, wirtschaftliche und soziale Rahmenbedingungen

- **Steuern:** Hierunter ist die Höhe der unterschiedlichen Arten von Steuern wie die Gewerbesteuer oder die Mehrwertsteuer zu verstehen.
- **Subventionen des Staates:** Hierbei werden sowohl direkte als auch indirekte Subventionen beachtet.
- **Politische Stabilität:** Im Zentrum der Betrachtung stehen hierbei der rechtliche Rahmen und die Rechtssicherheit.
- **Soziokulturelle Faktoren:** Hierbei sind insbesondere die Lebensbedingungen, das Sozialsystem, die Freizeiteinrichtungen und die soziale Sicherheit von Interesse.
- **Normen und notwendige Zertifizierungen:** Hierbei sind lokale Normen oder Zertifizierungsstandards von Interesse.
- **Sicherheit:** Hierbei sind sämtliche Sicherheitsaspekte wie die Sicherheit auf den Straßen und die Freizügigkeit von besonderem Interesse.

In der Praxis werden all diese Faktoren in einer Tabelle aufgelistet und je nach Ausprägung bewertet. Eine weitere Einteilung kann zudem je nach Branche erfolgen.

1.4.2 Nach Branche

Soll die Einteilung eines Unternehmens nach Branche bzw. Sektor vorgenommen werden, kann zwischen sogenannten **Sachleistungsunternehmen** und **Dienstleistungsunternehmen** unterschieden werden.

Sachleistungsunternehmen lassen sich vor allem in der Industrie und dem Handwerk auffinden. Diese Art von Unternehmen produziert ein physisch greifbares Produkt, sprich eine „Sache". *Dienstleistungsunternehmen* produzieren hingegen einen „Dienst", der als solcher nicht greifbar ist. Des Weiteren können Unternehmen auch nach ihrer Erzeugungsstufe differenziert werden: Gewinnungsunternehmen produzieren sogenannte Urprodukte, wie beispielsweise Naturvorkommen tierischer, mineralischer oder auch pflanzlicher Art. Naturkräfte zählen ebenfalls zu diesen Naturvorkommen. Urprodukte bilden den Beginn der Wertschöpfungskette. Unternehmen, die in diesem Bereich tätig sind, bilden den sogenannten **Primärsektor**[11]. Aufbereitungs- oder Veredelungsunternehmen, die aus den erzeugten Urprodukten Zwischenprodukte oder gar Endprodukte herstellen, gehören dem **sekundären Sektor** an.

Unternehmen, die Dienstleistungen, sprich immaterielle Güter und keine physischen Produkte, herstellen, gehören dem **Tertiärsektor** an. Dienstleistungen sind nicht lagerfähig, nicht übertragbar und integrieren in der Regel den Kunden. Entsprechend dem **Uno-actu-Prinzip** fallen ihre Herstellung und ihr Konsum zusammen. Zwischenzeitlich gehören dem tertiären Sektor in Deutschland mehr als 80 Prozent aller Unternehmen an.

- **Primärsektor:** Bergbau, Energie- und Wasserversorgung, Landwirtschaft etc.
- **Sekundärsektor:** Baugewerbe, Pharmaindustrie, Automobilindustrie, Uhrenindustrie etc.
- **Tertiärsektor:** Handel, Gastgewerbe, Gesundheits- und Sozialwesen, Bildung, Verkehr und Nachrichten etc.

Nachdem die Einteilung von Trägern der Wirtschaft nach Standort und nach Branche bzw. Sektor behandelt wurde, hat der folgende Abschnitt die Einteilung nach der Rechtsform zum Gegenstand.

1.4.3 Nach Rechtsform

Träger der Wirtschaft können des Weiteren nach ihrer Rechtsform eingeteilt werden. Jegliche Organisation besitzt eine bestimmte Rechtsform, für die sie sich bereits bei der Gründung entscheiden muss. Eine Änderung zu einem späteren Zeitpunkt ist jederzeit möglich. Generell unterscheidet man zwischen drei wesentlichen Rechtsgrundformen: den **Einzelunternehmen**, den **Personengesellschaften** und den **Kapitalgesellschaften**.

Abbildung 1.3: Wesentliche Rechtsgrundformen

Die in ▶*Abbildung 1.3* gezeigten wesentlichen Rechtsgrundformen existieren länderübergreifend. Innerhalb dieser drei Rechtsgrundformen kann es jedoch länderspezifisch zu Abweichungen kommen. Um einen Überblick über diese zu erlangen, werden

1 Grundlagen der Betriebswirtschaftslehre

die wesentlichen privatrechtlichen Rechtsformen für die Länder Deutschland, Frankreich, Schweiz und Österreich in ▶*Tabelle 1.1* zusammengefasst.

Land	Einzelunternehmen	Personengesellschaften	Kapitelgesellschaften	Sonstige
Deutschland	Eingetragener Kaufmann/-frau (e. K., e. Kfm., e. Kffr.)	Gesellschaft bürgerlichen Rechts (GbR), Offene Handelsgesellschaft (OHG), Kommanditgesellschaft (KG)	Gesellschaft mit beschränkter Haftung (GmbH), Aktiengesellschaft (AG)	Genossenschaft, Verein, Stiftung
Frankreich	Microentreprise (Kleinunternehmerstatus für Einzelpersonen)	Société civile (SC) – (Personengesellschaft), Société en nom collectif (SNC) – (Handelsgesellschaft), Société civile professionelle (SCP) – (Partnerschaft für freie Berufe)	Société anonyme (SA) – (Aktiengesellschaft), Société anonyme simplifiée (SAS) – (Vereinfachte Aktiengesellschaft; nicht börsenfähig), Société à responsabilité limitée (Sàrl) – (Gesellschaft mit beschränkter Haftung), Entreprise unipersonelle à responsabilité limitée (EURL) – (Einpersonen-Gesellschaft mit beschränkter Haftung)	
Schweiz	Einzelunternehmen oder Einzelfirma	einfache Gesellschaft, Kollektivgesellschaft, Kommanditgesellschaft	Aktiengesellschaft, Kommanditgesellschaft, Gesellschaft mit beschränkter Haftung, Investmentgesellschaft für Kollektive Kapitalanlagen	
Österreich	Einzelunternehmen, Eingetragenes Einzelunternehmen (e. U.)	Gesellschaft nach bürgerlichem Recht (GesnbR), Offene Gesellschaft (OG), Kommanditgesellschaft (KG)	Aktiengesellschaft (AG), Gesellschaft mit beschränkter Haftung (GesmbH, GmbH)	

Tabelle 1.1: Wesentliche Rechtsformen pro Land

Wie *Tabelle 1.1* zu entnehmen ist, haben Unternehmer die Möglichkeit, innerhalb einer der drei Grundrechtsformen aus einer Reihe von spezifischen Rechtsformen auszuwählen. Diese spezifischen Rechtsformen weisen unterschiedliche Charakteristiken auf. ▶*Tabelle 1.2* fasst diese Charakteristiken der wesentlichen spezifischen Rechtsformen am Beispiel Deutschlands zusammen.

Rechtsform	Mindestkapital (MK)	Direktion	Gesetzgrundlage	Haftungspflicht	Hauptsächliche Steuerbelastung	Anzahl Gründer	Publizitätspflicht (PP)	Handelsregister
Einzelunternehmen	Kein MK	Inhaber allein	Handelsgesetzbuch (HGB)	Inhaber beschränkt	Einkommensteuer	1	Keine PP	Eintrag erforderlich
Einzelunternehmen	Kein MK	Gemeinschaftlich, durch Satzung Möglichkeit für andere Regelung	Bürgerliches Gesetzbuch (BGB)	Alle Gesellschafter unbeschränkt	Einkommensteuer, Gewerbesteuer bei Gewerbe	2	Keine PP	Eintrag nicht erforderlich
Offene Handelsgesellschaft (OHG)	Kein MK	Prinzipell alle Gesellschafter	HGB und BGB	Alle Gesellschafter unbeschränkt	Einkommensteuer, Gewerbesteuer	2	Keine, nur bei Großunternehmen	Eintrag aller Gesellschafter
Kommanditgesellschaft (KG)	Kein MK	Komplementär	HGB und BGB	Komplementäre unbeschränkt, Kommanditisten mit Einlagenhöhe	Einkommensteuer, Gewerbesteuer	Komplementär, Kommanditist	Keine, nur bei Großunternehmen, Einsichtsrecht des Kommanditisten	Eintrag erforderlich
Gesellschaft mit beschränkter Haftung (GmbH)	25.000 €	Geschäftsführer	GmbH Gesetz	Da juristische Person nur mit Gesellschaftsvermögen	Körperschaftsteuer	1	Keine, nur bei Großunternehmen	Eintrag als Unternehmen erforderlich
Aktiengesellschaft (AG)	50.000 €	Vorstand, Kontrolle durch Aufsichtsrat, Wahl durch Hauptversammlung	Aktiengesetz (AktG)	Da juristische Person nur mit Gesellschaftsvermögen	Körperschaftsteuer	1	Publizitätspflichtiger Jahresabschluss	Eintrag als Unternehmen erforderlich

Tabelle 1.2: Charakteristiken wesentlicher Rechtsformen im Detail

In Bezug auf die Rechtsform werden, wie in *Tabelle 1.2* dargestellt, folgende Bereiche unmittelbar beeinflusst:

- **Der Mindestkapitalbedarf:** Über wie viel Mindestkapital muss die Organisation verfügen?
- **Direktion:** Wer leitet das Unternehmen und in welcher Form wird es geleitet?
- **Gesetzesgrundlage:** Auf welches Gesetz stützt sich das Unternehmen?
- **Haftungspflicht:** In welcher Höhe wird gehaftet? Wer haftet?
- **Anzahl der Gründer:** Wie viele Personen sind nötig, um ein Unternehmen zu gründen?
- **Publizitätsverpflichtung:** Muss der Name des Eigentümers oder der Eigentümer der Öffentlichkeit zugänglich gemacht werden?
- **Handelsregister:** Inwiefern ist ein Eintrag in das Handelsregister notwendig?

Der unmittelbare Einfluss der Rechtsform einer Organisation hat des Weiteren Auswirkungen auf folgende Problematiken, mit denen sich ein Unternehmer beschäftigt:

- **Finanzierungsmöglichkeiten:** Wer sind die möglichen Kapitalgeber?
- **Gewinn- oder Verlustverteilung:** Wem steht der Gewinn zu? Wem wird der Verlust angelastet?
- **Belastung durch Steuern:** In welcher Höhe wird das Unternehmen steuerlich belastet?
- **Grad der Arbeitnehmermitbestimmung:** Inwiefern haben die Arbeitnehmer das Recht zur Mitbestimmung?

Generell können die oben genannten Einflüsse der Rechtsformen auf die Unternehmer von Land zu Land variieren, da sie auf nationalen Gesetzen basieren. In Europa gibt es jedoch Bedarf, diese unterschiedlichen Gesetze zu vereinheitlichen.

Nachdem die Einteilung von Wirtschaftsträgern nach Rechtsform behandelt wurde, soll nun eine weitere Einteilungsmöglichkeit, die Einteilung nach Unternehmensgröße, behandelt werden.

1.4.4 Nach Unternehmensgröße

Träger der Wirtschaft können ebenfalls nach Unternehmensgröße eingeteilt werden. In Bezug auf die Unternehmensgröße können wir festhalten, dass es weltweit keinen einheitlichen Bemessungsmaßstab gibt. In Deutschland unterscheidet das Handelsgesetzbuch (HGB) zwischen kleinen, mittelgroßen und großen Kapitalgesellschaften. In diesem Zusammenhang sind die am häufigsten benutzten Kennzahlen die *Bilanzwerte*, die *Arbeitnehmerzahl*, der *Umsatz* oder bei börsennotierten Kapitalgesellschaften auch oft der *Börsenwert* oder die *Börsenkapitalisierung der Jahresüberschüsse*.

▶*Tabelle 1.3* zeigt die derzeit weltweit größten Unternehmen nach Marktkapitalisierung.

1 Grundlagen der Betriebswirtschaftslehre

Rang	Unternehmen	Land	Branche	Marktkapitalisierung (in Mio. US$)	Umsatz (in Mio. US-$)	Nettoeinkommen (in Mio. US-$)
1	Apple	USA	Technologie und Software	478.766,1	170.910,0	37.037,0
2	Exxon Mobil	USA	Öl und Gas	422.098,3	390.247,0	32.580,0
3	Microsoft	USA	Technologie und Software	340.216,8	77.849,0	21.863,0
4	Google	USA	Technologie und Software	313.003,9	59.825,0	12.920,0
5	Berkshire Hathaway	USA	Versicherung	308.090,6	N/R	19.476,0
6	Johnson & Johnson	USA	Pharma und Biotechnologie	277.826,2	71.312,0	13.831,0
7	Wells Fargo	USA	Banken	261.217,5	N/R	21.878,0
8	General Electric	USA	Mischkonzern	259.547,3	146.045,0	13.040,0
9	Roche	Schweiz	Pharma und Biotechnologie	258.542,1	52.385,2	12.501,7
10	Wal-Mart Stores	USA	Nahrungsmittel	246.805,7	476.294,0	16.022,0
11	Nestlé	Schweiz	Nahrungsmittel	242.954,9	103.200,4	11.215,0
12	Royal Dutch Shell	Großbritannien	Öl und Gas	238.993,5	476.860,0	17.300,7
14	Novartis	Schweiz	Pharma und Biotechnologie	229.770,4	60.869,3	9.492,9
24	HSBC	Großbritannien	Banken	191.251,3	N/R	17.124,2
30	BHP Billiton	Australien, Großbritannien	Bergbau	173.490,4	58.543,7	9.652,0
32	Anheuser-Busch InBev	Belgien	Getränke	168.640,3	44.613,2	14.866,6
34	Total	Frankreich	Öl und Gas	155.984,8	235.867,4	11.593,4
36	BP	Großbritannien	Öl und Gas	147.771,1	400.666,6	24.782,8
40	Sanofi	Frankreich	Pharma und Biotechnologie	138.132,8	45.750,1	5.105,8
45	GlaxoSmithKline	Großbritannien	Pharma und Biotechnologie	128.915,8	43.882,5	9.000,0
50	Volkswagen	Deutschland	Automobile	119.119,8	270.614,7	12.453,3
51	Unilever	Niederlande, Großbritannien	Konsumgüter	118.795,6	68.402,7	6.656,6
53	Siemens	Deutschland	Mischkonzern	118.567,5	102.682,0	5.797,0
57	Bayer	Deutschland	Chemie	112.126,2	55.160,9	4.380,5
58	Banco Santander	Spanien	Banken	110.278,0	N/R	6.002,8
63	British American Tobacco	Großbritannien	Tabak	104.634,8	25.264,9	6.463,6
64	Rio Tinto	Australien, Großbritannien	Bergbau	104.308,8	54.076,9	3.873,1
65	BASF	Deutschland	Chemie	102.105,5	101.611,5	6.651,1
66	Daimler	Deutschland	Automobile	101.624,0	162.063,6	9.398,4
68	Novo Nordisk	Dänemark	Pharma und Biotechnologie	100.804,4	15.396,5	4.639,7
69	SAP	Deutschland	Software	99.642,7	23.097,6	4.568,7

Tabelle 1.3: Die weltweit größten Unternehmen
Quelle: Financial Times Global 500 2014, Marktwerte und Preise (Stand: März 2014)

Wie *Tabelle 1.3* zu entnehmen ist, besetzen die ersten acht Plätze der weltweit größten Unternehmen ausschließlich außereuropäische Firmen. Unter den größten 70 Unternehmen besetzt Frankreich insgesamt zwei Plätze, Großbritannien sieben, die Schweiz drei und Deutschland fünf. Die USA führen die Rangliste an: die ersten acht der größten Unternehmen stammen aus diesem Land und haben dort ihren Sitz. Das weltweit größte Unternehmen ist der US-Gigant Apple, gefolgt von Exxon Mobil, Microsoft und Google. Eine hohe Marktkapitalisierung erlaubt einem Unternehmen mehr zu bewegen, ob in Form von eigenen Aktien, die es als Übernahmewährung einsetzen kann, oder etwa als Sicherheit für die Aufnahme von Krediten. Größe als solche bringt bestimmte Vorteile mit sich. Nachteilig sind jedoch die zunehmenden Koordinationskosten sowie aus volkswirtschaftlicher Sicht das erhebliche Risiko im Fall eines Misserfolgs. Dieses Argument ist seit der Subprime-Krise unter dem Motto *„Too Big to Fail"* („zu groß, um zu scheitern") bekannt geworden. Die Subprime-Krise begann im Frühjahr 2007 als Banken-, Finanz- und Wirtschaftskrise und ist eine Folge der US-Immobilien- bzw. Hypothekenkrise. „Too Big to Fail" schildert in diesem Zusammenhang die Vorstellung, dass jegliche Art von Institution, also auch Unternehmen, ab einer bestimmten Größe, allein wegen eben ihrer Größe *de facto* davor geschützt sind, in Insolvenz gehen zu müssen. Der Grund dieses Schutzes erklärt sich wie folgt: Als systemische Einrichtungen würden sie rechtzeitig von internationalen staatlichen Organisationen oder dem Staat selbst durch Staatsinterventionen gerettet, um nicht die gesamte Volks- oder Weltwirtschaft bzw. das komplette Wirtschaftssystem zu bedrohen.

Folgende Wirtschaftsmagazine und -zeitungen erstellen regelmäßig Übersichten über die weltweit größten Unternehmen:

- Forbes
- Fortune
- Financial Times
- Fortune Global 500
- Financial Times Global 500
- Die Welt Online
- L'Expansion.com

Forbes bietet mit der Liste *Forbes Global 2000* einen alternativen Ansatz, der unterschiedliche Kennzahlen integriert, jedoch ausschließlich börsennotierte Unternehmen einbezieht. *Die Welt Online* gibt eine Übersicht über die größten deutschen und *l'Expansion.com* über die größten französischen Unternehmen.

Nachdem die Einteilung von Wirtschaftsträgern nach Unternehmensgröße besprochen wurde, soll im folgenden Abschnitt die Einteilung nach der räumlichen Struktur behandelt werden.

1.4.5 Nach räumlicher Struktur

Träger der Wirtschaft können zudem nach ihrer räumlichen Struktur eingeordnet werden. Unternehmen, die nur an einem Ort produzieren und geführt werden, werden *lokale Unternehmen* genannt. *Regionale Unternehmen* operieren innerhalb einer geografischen Region mit mehreren Betriebsstätten. *Nationale Unternehmen* hingegen besitzen Stützpunkte innerhalb der Ländergrenzen. In Anlehnung an Christopher A. Bartlett und Sumantra Ghoshal[12] unterscheiden wir multinationale, globale und internationale Unternehmen. *Multinationale Unternehmen* haben ihre Produktionsstandorte in unterschiedlichen Ländern. Nationale Produktionsstandorte beschränken sich hierbei auf das operative Business und nur auf Teile des strategischen Business. *Globale Unternehmen* sind sehr zentral organisiert. Die nationalen Gesellschaften konzentrieren sich primär auf die Funktionen „Vertrieb" bzw. „Sales" und „Marketing". Strategische Aufgaben und eine Vielzahl an operativen Entscheidungen werden in der Gesellschaftszentrale entschieden. *Internationale Unternehmen* stellen eine Mischung aus globaler und multinationaler Organisationsform dar. Gewisse strategische Abteilungen sind zentral, andere wiederum dezentral strukturiert. ▶*Tabelle 1.4* fasst die unterschiedlichen Eigenschaften der oben genannten räumlichen Strukturen von Unternehmen zusammen.

	Lokale Unternehmen	Regionale/Nationale Unternehmen	Multinationale Unternehmen	Globale Unternehmen	Internationale Unternehmen
Strategische Kompetenz	Reaktionsschnelligkeit, Überschaubarkeit	Reaktionsfähigkeit, Überschaubarkeit, Anpassungsfähigkeit	Reaktionsschnelligkeit	Effizienz	Lernen
Strukturen	Einfache und überschaubare Struktur, es wird nur an einem Ort produziert und geführt.	Operieren innerhalb einer regionalen oder nationalen Region mit mehreren Betriebsstätten. In der Regel stark zentralisiert.	Loser Zusammenschluss von Niederlassungen; Nationale Gesellschaften erledigen sämtliche operative Aufgaben und auch teilweise strategische.	Stark zentralisiertes Unternehmen; Nationale Niederlassungen werden primär als Distributionszentren gesehen; Alle strategischen sowie viele operativen Entscheidungen werden in der Unternehmenszentrale gefällt.	Irgendwo zwischen multinationalen und globalen Unternehmen; einige strategische Bereiche sind zentralisiert und andere dezentral in den Länderniederlassungen angesiedelt.
Beispiele	Bäckerei, Architekturbüro, Stuckateur, Landwirt	EDEKA (D), Migros (CH), Monoprix (F), 20 Minuten (CH), Schwarzwälder Bote (D), Les Echo (F)	Philipps, Carrefour, Baker & McKenzie, Lidl, Aldi	Swatch, Rolex, Total, La Roche, Bayer, UBS, Deutsche Bank, Haribo, Porsche, Ferrero	Mercedes Benz, Cartier, Siemens, Bosch, Kuoni, Holcim
	Eine Einheit	Mehrere Einheiten	HQ	HQ	HQ

Tabelle 1.4: Unternehmen nach räumlicher Struktur
Quelle: Straub in Anlehnung an Schwenger (2013) und an Bartlett und Ghoshal (2002)

Nachdem unterschiedliche Einteilungsarten von Trägern der Wirtschaft behandelt wurden, stehen nun die Prinzipien des betriebswirtschaftlichen Denkens und Handelns im Fokus. Diese Betrachtung soll nachvollziehbar machen, auf welcher Grundlage die behandelten Träger der Wirtschaft Entscheidungen fällen.

1.5 Entscheidungstheorien

1.5.1 Die Prinzipien des betriebswirtschaftlichen Denkens und Handelns

Um handeln und wirtschaften zu können, müssen Unternehmen kontinuierlich Entscheidungen fällen. Grundlage dieser Entscheidungen bilden Prinzipien. Bei der ökonomischen Herstellung und Bereitstellung von knappen Gütern werden in der Regel rationale Entscheidungen auf der Basis des sogenannten **ökonomischen Prinzips** getroffen. Häufig wird dieses Prinzip auch **Wirtschaftlichkeitsprinzip** genannt. Wir unterscheiden hierbei folgende unterschiedliche Formen:

- **Minimal-Prinzip:** Mit geringstmöglichem Mitteleinsatz (Aufwand)[13] soll ein bestimmtes Ergebnis (Erfolg bzw. Ertrag[14]) erreicht werden. Ein Beispiel hierfür ist, zu einem möglichst geringen Preis einen Flug von einem Ort zum anderen zu erwerben.
- **Maximal-Prinzip:** Bei gegebenem Mitteleinsatz (Aufwand) soll ein größtmögliches Ergebnis (Erfolg bzw. Ertrag) erzielt werden. Ein Beispiel hierfür ist, zum Preis von 2.000 Euro einen Flug in ein möglichst weit entferntes Land zu erwerben.
- **Optimum-Prinzip:** Diese Prinzip wird auch Extremum-Prinzip genannt und besagt, dass ein möglichst günstiges Verhältnis zwischen Mitteleinsatz (Aufwand) und Ergebnis (Erfolg bzw. Ertrag) erreicht werden soll. Ein Beispiel hierfür ist, zu einem optimalen Preis einen Flug von einem Ort zum anderen zu erwerben.

Abgesehen von dem ökonomischen Prinzip bestehen weitere Prinzipien, die ebenfalls von Bedeutung sind:

- **Umweltschonungsprinzip:** Dieses Prinzip stellt ökologische Aspekte in den Mittelpunkt und besagt, dass möglichst umweltfreundlich gewirtschaftet werden sollte. Beispielsweise können Unternehmen versuchen, möglichst umweltfreundliche Firmenwagen zu nutzen.[15]
- **Humanitätsprinzip:** Dieses Prinzip stellt den Menschen in den Mittelpunkt und besagt, dass möglichst human gewirtschaftet werden soll, indem die menschlichen Bedürfnisse berücksichtigt werden. Beispiele hierfür sind ein möglichst menschengerechter Arbeitsplatz sowie menschengerechte Arbeitsaufgaben.[16]

Unsere Wirtschaft ist stets bedacht, nach diesen Prinzipien zu handeln und Güter her- und bereitzustellen, welche die Bedürfnisse der Gesellschaft bestmöglich befriedigen. Wirtschaft lässt sich daher wie folgt definieren:

Wirtschaft oder **Ökonomie** bezeichnet die geplante, rationale Her- oder Bereitstellung von knappen Gütern, die die menschlichen Bedürfnisse befriedigen sollen. Diese vernünftige Planung basiert auf den Prinzipien des betriebswirtschaftlichen Denkens und Handelns.

Nachdem in diesem Abschnitt die Prinzipien des betriebswirtschaftlichen Denkens und Handelns Gegenstand waren, sollen nun die Herausforderungen und Ziele von Organisationen vermittelt werden.

1.5.2 Auswahl von unternehmerischen Optionen

Basierend auf den Prinzipien der Entscheidungsfindung handeln und wirtschaften Unternehmen, um gewisse Herausforderungen zu bewältigen und um Ziele zu erreichen. Nachfolgend soll eine Auswahl dieser unternehmerischen Optionen behandelt werden.

Unternehmensziele bzw. **Organisationsziele** bezeichnen in der Betriebswirtschaftslehre die Zielsetzungen, die dem Unternehmertum zugrunde liegen. Diese Ziele symbolisieren ein gewisses Selbstverständnis und den Anspruch eines Unternehmens. Eine Zielsetzung gehört zu den wesentlichen unternehmerischen Entscheidungen eines Unternehmens und wird in der Regel von der Direktion des Unternehmens entschieden.

Erst durch die Begründung des *entscheidungstheoretischen Ansatzes* (Edmund Heinen 1968) und des *systemtheoretischen Ansatzes* (Hans Ulrich 1972) wurde die Thematisierung von Zielbildungen in Organisationen in der deutschsprachigen Betriebswirtschaftslehre ermöglicht. In diesem Zusammenhang ist festzuhalten, dass generell mehrere Interessens- oder Anspruchsgruppen, auch Stakeholder genannt, Einfluss auf die Zielsetzung des Unternehmens haben.

Stakeholder bzw. Interessens- oder Anspruchsgruppen sind Wirtschaftseinheiten, die in Beziehung zu einem Unternehmen stehen. Die jeweiligen Handlungen werden dadurch gegenseitig beeinflusst. Zu Stakeholdern von Unternehmen gehören unter anderem Kunden, Lieferanten, Kapitalgeber, Arbeitnehmer, öffentliche Institutionen sowie gesellschaftliche Gruppen.

In diesem Buch ist das rationale Handeln der Akteure des Unternehmens, bei dem ein Unternehmen seinen Nutzen nach Art des *homo oeconomicus* maximiert, Ausgangspunkt. Diese Perspektive erlaubt, wesentliche ökonomische Zusammenhänge vereinfacht darzustellen. In der Neuen Institutionenökonomik werden jedoch auch weitere Einflüsse wie die Asymmetrie von Information, eine beschränkte Rationalität sowie Opportunismus einbezogen, welche erlauben, Situationen und ökonomische Zusammenhänge nachzuvollziehen und zu beschreiben.

Bei der Einteilung von Unternehmenszielen stehen drei Dimensionen zur Verfügung: Die **ökonomische**, die **soziale** und die **ökologische Dimension**. Eine prioritäre Stellung der ökonomischen Dimension lässt sich aus den konstitutiven Eigenschaften jeglicher Unternehmen ableiten. In der ökonomischen Dimension existieren Leistungs-, Finanz- und Erfolgsziele. Nachfolgend werden diese Unternehmensziele näher beschrieben:

a) **Ökonomische Ziele, Wert- oder Formalziele** bestimmen den *Erfolg von Unternehmen*. Um überleben zu können, benötigt eine Organisation Liquidität. Die Liquidität einer Organisation muss daher jederzeit, auch kurzfristig, vorhanden sein, um für ausstehende Rechnungen aufkommen zu können. Rentabilität sollte in der Regel mittel- bis langfristig gesichert sein, da die Liquidität der Organisation ansonsten nicht gesichert werden kann. Um Liquidität und Rentabilität zu gewähren, sollte eine Firma zumindest mit dem Markt mitwachsen. Wachstum wird an Größen wie Einnahmen, Gewinne oder Beschäftigtenzahl gemessen. Man kann sich weiterhin an vielen verschiedenen Erfolgskenngrößen orientieren: Gewinn, Produktivität, Umsatzrentabilität, Wirtschaftlichkeit oder Return on Investment (ROI). Weitere Formalziele wären Zahlungsfähigkeit, Marktmacht, Erhaltung der Umwelt, sichere Arbeitsplätze, Image sowie eine förderliche Organisationskultur.

b) **Sachziele oder Leistungsziele** beziehen sich auf das *konkrete Handeln einer Organisation in Bezug auf die Leistungserstellung*, sprich auf die Menge, die Art, den Ort, die Zeit und die Qualität der zu produzierenden Waren oder der angebotenen Dienstleistungen.

c) **Sozialziele, Humanziele und ökologische Ziele** beziehen sich auf das *angestrebte Verhalten gegenüber internen und externen Stakeholdern*. Hierzu gehören Mitarbeiter, Kunden, Lieferanten, Öffentlichkeit oder auch der Staat. Diese Ziele sind inhaltlicher Natur und werden häufig als weniger wichtig angesehen, da sie nicht direkt für das wirtschaftliche Überleben einer Organisation notwendig sind und keinen unmittelbaren Erfolg generieren. Gewisse Elemente sind jedoch auch durch Gesetze wie beispielsweise durch Steuergesetze, Arbeitszeitgesetze oder durch Umweltschutzauflagen festgelegt. Diese Dimension wird häufig auch mit *Social Corporate Responsibility* (CRS), sprich mit den Begriffen *Unternehmensethik* und *Social Entrepreneurship* in Zusammenhang gebracht. Diese Ziele nehmen mitunter aufgrund einer steigenden Transparenz in unserer Gesellschaft an Bedeutung zu.

In diesem Kontext ist abschließend wie folgt festzuhalten: Bezüglich einer nachhaltigen Unternehmensentwicklung sind die Berücksichtigung und die Abwägung aller drei Dimensionen wichtig.

Exkurs — Die Existenz von Non-Profit-Organisationen (NPOs)

Als Non-Profit-Organisation (NPO) werden Organisationen in privat-gewerblicher oder frei-gemeinnütziger Trägerschaft bezeichnet, die zusätzlich zu Staat und Markt bestimmte Zwecke der Bedarfsdeckung, Förderung oder Interessenvertretung bzw. Beeinflussung für ihre Mitglieder oder Dritte wahrnehmen. NPOs verfolgen keine wirtschaftlichen Gewinnabsichten, sondern dienen den Mitgliedern mit gemeinnützigen kulturellen, sozialen oder wissenschaftlichen Zielen, die in einer Satzung festgelegt sind. Beispiele für NPOs sind Vereine, Gesellschaften ohne Erwerbszwecke, Stiftungen, gemeinnützige GmbHs, häufig auch nicht staatliche Organisationen (NGOs). Im Folgenden werden in diesem Zusammenhang charakteristische Eigenschaften von NPOs erwähnt:

Direktion

NPOs werden in der Regel als Vereine, Verbände, Selbstverwaltungskörperschaften, gemeinnützige Gesellschaften, Genossenschaften oder Stiftungen von gewählten Ehrenamtlichen geführt. Freiwillige Helfer unterstützen die NPOs bei ihrer Arbeit. Die Führungsorgane können entweder gewählt oder, wie im Fall von Stiftungen, durch bestimmte Institutionen oder Personen berufen werden.

Gemeinnützigkeit

In Deutschland wird beispielsweise die Gemeinnützigkeit von NPOs im Rahmen eines staatlichen Anerkennungsverfahrens auf Plausibilität geprüft. Verantwortlich hierfür ist in der Regel das Finanzamt, das eine Befreiung von der Körperschaftssteuer erlassen kann. Wesentlich ist in diesem Zusammenhang die Gemeinnützigkeit, welche die Grundlage zur Ausstellung von steuermindernden Zuwendungsbescheinigungen bildet.

Finanzierung

Die NPOs finanzieren ihre Leistungen über Mitgliederbeiträge, Zuschüsse, Spenden, über den Verkauf von Produkten, über Dienstleistungen oder Gebühren. Erzielte Überschüsse dürfen nicht als Kapitalrendite in direkter Weise an Mitglieder oder Träger übertragen werden. Übergänge von der Privatautonomie zur Staats- oder Marktsteuerung in Teilbereichen sind möglich und geschehen häufig.

Aktuelle Entwicklungen

Nicht staatliche Wohltätigkeit wurde bereits sehr früh in der Geschichte praktiziert: Historisch betrachtet insbesondere in Form von Stiftungen, mit denen Krankenhäuser oder Armenfürsorge finanziert wurden. Ein solches Stiftungswesen existierte in Mitteleuropa und im Osmanischen Reich bereits in der frühen Neuzeit.

Seit dem Jahrtausendwechsel befindet sich der Non-Profit-Sektor bedingt durch externe wie auch interne Faktoren in einer Umbruchsituation. Gesellschaftspolitische Entwicklungen führen zu Verschiebungen in der Nachfrage nach sozialen Dienstleistungen, während leere öffentliche Kassen und finanziell geschwächte Sozialversicherungen in vielen europäischen Staaten NPOs mit tiefgreifenden Einschränkungen konfrontieren. Zugleich erfährt der Non-Profit-Sektor eine Wettbewerbsintensivierung aufgrund gewandelter gesetzlicher Rahmenbedingungen auf nationaler wie internationaler Ebene (EU) und aufgrund eines Reformprozesses in der öffentlichen Verwaltung (unter anderem durch das sogenannte New Public Management, um diese effizienter zu fördern).

Reflexionsfragen

1. Welche gesellschaftspolitischen Entwicklungen sind Ihrer Meinung nach entscheidend für die Verschiebungen in der Nachfrage nach sozialen Dienstleistungen?

2. Recherchieren Sie zwölf NPOs und klassifizieren Sie diese in mindestens drei Gruppen.

ZUSAMMENFASSUNG

Folgende Inhalte wurden bisher behandelt:
- Einleitend wurden die Grundlagen der Betriebswirtschaftslehre besprochen.
- Wir halten fest, dass sich Betriebswirtschaftslehre mit dem Wirtschaften in und von Unternehmen, welches folgendermaßen Gegenstand und Erkenntnisobjekt der Betriebswirtschaftslehre ist, befasst. Zudem erfolgte eine Abgrenzung der Betriebswirtschaftslehre von der Volkswirtschaftslehre. Die Ursprünge der Betriebswirtschaftslehre lassen sich bis in die Antike zurückverfolgen. Seither hat jene als wissenschaftliche Disziplin bis zum heutigen Tag an Bedeutung gewonnen.
- *Coase* benennt den Grund der Existenz von Unternehmen: Unternehmen handeln und wirtschaften im Vergleich zum Markt effizienter.
- Unternehmen produzieren Güter, um Bedürfnisse zu befriedigen. In diesem Zusammenhang wurden die wesentlichen Bedürfnisse und Güter sowie die Träger der Wirtschaft behandelt und Letztere nach unterschiedlichen Merkmalen eingeteilt: Nach Standort, nach Branche, nach Rechtsform, nach Unternehmensgröße und schließlich nach räumlicher Struktur.
- Zudem wurden Entscheidungstheorien und grundlegende Prinzipien des betriebswirtschaftlichen Denkens und Handelns sowie unterschiedliche Herausforderungen und Ziele von Organisationen behandelt.

AUFGABEN

1. Erklären Sie knapp die wesentlichen Funktionen eines Unternehmens und deren Beitrag für den Leistungsprozess in einem Unternehmen (siehe hierzu Vorwort: Aufbau des Buches: Die Funktionen eines Unternehmens).

2. Beschreiben Sie die vier Träger der Wirtschaft und die von ihnen her- bzw. bereitgestellten Güter.

3. Erörtern Sie die wesentlichen Vor- und Nachteile der unterschiedlichen Rechtsformen von Unternehmen.

4. Nennen Sie die Ziele eines Unternehmens und erörtern Sie deren Wichtigkeit.

Weitere Aufgaben mit Lösungen befinden sich in begleitendem Übungsbuch als E-Text.

Fallstudie: Médecins Sans Frontières (MSF)

Im Jahr 1971 gründete eine kleine Gruppe französischer Ärzte und Journalisten die Organisation Médecins Sans Frontières (Ärzte ohne Grenzen) als Reaktion auf den Biafra-Krieg.

Abbildung 1.4: Demokratische Republik Kongo, Süd Kivu[17]
Quelle: © MSF, Ärzte ohne Grenzen

Die meisten Mitarbeiterinnen und Mitarbeiter sind Ärzte und Pflegekräfte, doch auch Vertreter anderer Berufsgruppen unterstützen diese Organisation aktiv.

Jedes Mitglied verpflichtet sich auf folgende Grundsätze (Charta):

- *Médecins Sans Frontières* hilft Menschen in Not, Opfern von natürlich verursachten oder von Menschen geschaffenen Katastrophen sowie von bewaffneten Konflikten, ohne Diskriminierung und ungeachtet ihrer ethnischen Herkunft, religiösen oder politischen Überzeugung.
- Im Namen der universellen medizinischen Ethik und des Rechts auf humanitäre Hilfe arbeitet *Médecins Sans Frontières* neutral und unparteiisch und fordert völlige und ungehinderte Freiheit bei der Ausübung seiner Tätigkeit.
- Die Mitarbeiterinnen und Mitarbeiter von *Médecins Sans Frontières* verpflichten sich, die ethischen Grundsätze ihres Berufsstandes zu respektieren und völlige Unabhängigkeit von jeglicher politischen, wirtschaftlichen oder religiösen Macht zu bewahren.
- Als Freiwillige sind sich die Mitarbeiter von *Médecins Sans Frontières* der Risiken und Gefahren ihrer Einsätze bewusst und haben nicht das Recht, für sich und ihre Angehörigen Entschädigungen zu verlangen, außer denjenigen, die *Médecins Sans Frontières* zu leisten imstande ist.

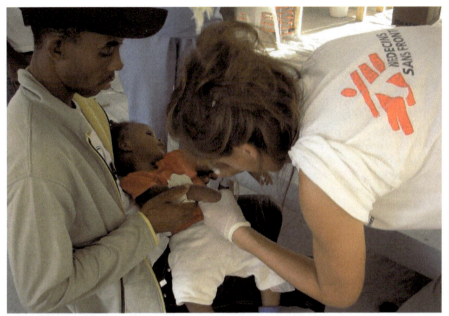

Abbildung 1.5: Cholera-Epidemie in Haiti[18]
Quelle: © MSF, Ärzte ohne Grenzen

Die internationale Verwaltung, die ihren Sitz in Genf hat, leitet das Netzwerk von *Médecins Sans Frontières*, welches sich aus Sektionen in 19 Ländern zusammensetzt. Jährlich werden für Projekte der Organisation etwa 4.700 Ärzte, Pflegefachleute, Hebammen, Administratoren und Logistiker rekrutiert, die von 20.500 lokal Angestellten unterstützt werden. Eine Vielzahl von Angestellten ist dauerhaft damit beschäftigt die Projekte zu leiten, zu entwickeln, Freiwillige anzuwerben, die Finanzen zu verwalten und Beziehungen zu den Medien zu pflegen. Zu etwa 88 Prozent finanziert sich *Médecins Sans Frontières* aus Privatspenden. Die restlichen 12 Prozent erbringen staatliche Gelder und Zuwendungen aus der Wirtschaft. Die Organisation verfügte im Jahr 2009 über ein jährliches Budget von etwa 665 Millionen Euro.

▶*Tabelle 1.5* listet diejenigen Länder auf, in denen sich die 19 Sektionen von *Médecins Sans Frontières* befinden:

OC Brüssel	OC Paris	OC Genf (Int. Council)	OC Basel	OC Amsterdam
Norwegen	Australien	Österreich	Griechenland	Kanada
Dänemark	Frankreich	Schweiz	Spanien	Niederlande
Schweden	Japan			Deutschland
Belgien	USA			UK
Luxemburg				
Hongkong				
Italien				

Tabelle 1.5: MSF-Struktur

Jede Sektion entsendet einen Vertreter in den Internationalen Rat, das höchste Organ der Organisation. Zudem gibt es in einigen Ländern, wie beispielsweise in Tschechien, Büros von *Médecins Sans Frontières*. Die Arbeit der einzelnen Sektionen besteht hauptsächlich darin, Projekte in derzeit rund 70 Ländern der Welt zu planen und genügend Mitarbeiter mit entsprechenden Qualifikationen für die Projekte zu gewinnen. Die Büros sind zudem zuständig für Lobby- und Öffentlichkeitsarbeit und das Einwerben von Spenden *(Fundraising)*.

MSF Schweiz wurde durch eine Handvoll Freiwilliger im Jahr 1981 gegründet und ist seither stark angewachsen. Eine Vielzahl von Angestellten und Freiwilligen stellt das Funktionieren des Einsatzzentrums sicher. Hauptziel ist die Rettung von Leben und die Linderung von Leiden mit Respekt vor der Würde jedes Einzelnen. MSF versorgt Menschen in Krisensituationen mit medizinischer Pflege, damit sie ihr Leben wieder selbst bestimmen können.

Die Mitarbeiterinnen und Mitarbeiter stellen medizinisches, administratives und logistisches Personal für die Projekte ein. Sie finanzieren, unterstützen und führen internationale medizinische Hilfsprojekte in Kooperation mit anderen Sektionen von *Médecins Sans Frontières*. Sie werben für Spenden und informieren die Öffentlichkeit über Projekte von MSF. Der Verein besteht neben hauptamtlichen und ehrenamtlichen Mitarbeitern aus Vorstand, ordentlichen und fördernden Mitgliedern.

Médecins Sans Frontières (MSF) versteht sich bewusst als nicht staatliche Organisation (NGO) und ist nicht auf staatliche Gelder angewiesen, sondern finanziert sich größtenteils über Privatspenden. So kann die Arbeit unabhängig von politischen, wirtschaftlichen und staatlichen Interessen durchgeführt werden. Etwa 70 Prozent der Gesamtausgaben fließen nach Afrika, da dort, laut Dr. Stefan Krieger, Vorstandsvorsitzender der deutschen Sektion in Berlin, „einfach am meisten Hilfe benötigt wird". Seit der Entkolonialisierung ist der afrikanische Kontinent ständig in Bürgerkriege verstrickt, und darunter leidet besonders die zivile Bevölkerung in den Konfliktregionen. Während andere nicht staatliche Hilfsorganisationen in Entwicklungsländern den Schwerpunkt ihrer Arbeit auf die Entwicklungshilfe oder auf längerfristige Friedensbemühungen und Aufbauprojekte legen, geht es MSF primär um medizinische Nothilfe. Dr. Stefan Krieger, im Hauptberuf Chirurg, vergleicht die Arbeit in den Projekten gern mit der eines Notarztes. Dieser leistet die medizinische Erstversorgung und übergibt den Patienten daraufhin an den weiterbehandelnden Arzt, während er sich bereits auf dem Weg zum nächsten Ort der größten Not befindet.

MSF bemüht sich in Krisengebieten unparteiisch, unabhängig und neutral aufzutreten, um die eigenen Mitarbeiter und die Hilfe für die Menschen nicht zu gefährden. Doch ist es auch schon vorgekommen, dass die Organisation ihre Prinzipien gebrochen und Partei ergriffen hat. Wenn Menschenrechte grob missachtet werden, Menschen brutal vertrieben werden oder Hunger als Waffe eingesetzt wird und die humanitäre Hilfe dadurch bedroht ist, versteht sich MSF als Sprachrohr der Betroffenen. Es wird das Gespräch mit den Verantwortlichen gesucht oder man ist bemüht, durch Aufklärungskampagnen in den Medien öffentlichen Druck zu erzeugen. Führt keiner der diplomatischen Kanäle zum Erfolg, kommt es im schlimmsten Fall zu einem Rückzug aus dem Einsatzgebiet.

Ein Rückzug ist zudem unerlässlich, wenn die Sicherheit der Mitarbeiter und Mitarbeiterinnen nicht mehr gewährleistet werden kann. Dies ist bereits mehrfach vorgekommen: So beispielsweise in Afghanistan, nachdem fünf Mitarbeiter in einem Hinterhalt getötet wurden, und ein anderes Mal im Irak, wo ab November 2004 die Sicherheit der Helfer nicht mehr gewährleistet werden konnte.

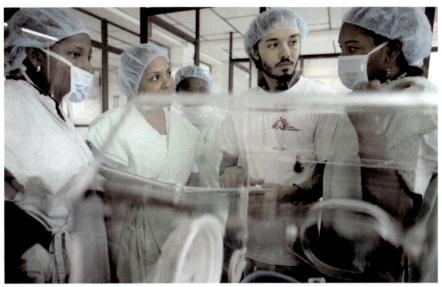

Abbildung 1.6: De Asís Krankenhaus in San Francisco[19]
Quelle: © MSF, Ärzte ohne Grenzen

Eine Ursache für die Gefährdung von Helfern sieht Dr. Stefan Krieger in der häufig beklagten Instrumentalisierung und dem Missbrauch von humanitärer Hilfe für politische oder sogar militärische Ziele. Weil aber gerade militärische Hilfe nie unparteiisch erfolgen könne, bestehe MSF nach wie vor auf eine eigenständige humanitäre Arbeit, um nicht zur Verdichtung der Macht- und Gewaltstrukturen beizutragen oder gar als deren Spielball missbraucht zu werden. Es werde streng darauf geachtet, militärische Hilfe nicht mit Nothilfe zu vermischen, erklärt Dr. Krieger. Denn nur durch strikte politische Unabhängigkeit bleibe die Arbeit der Ärzte in der Öffentlichkeit weiterhin glaubwürdig.

Reflexionsfragen

1. Welche Bedürfnisse befriedigt *Médecins Sans Frontières* und welche Güter erstellt diese Organisation?

   In Bezug auf *Abschnitt 1.4*:

2. Ordnen Sie die Organisation *Médecins Sans Frontières* den Trägern der Wirtschaft zu.

3. Erörtern Sie, inwiefern sich die Organisation *Médecins Sans Frontières* von den anderen Trägern der Wirtschaft abgrenzt.

4. Wenden Sie Frage 1 und Frage 2 auf eine Organisation Ihrer Wahl an.

Quelle: MSF, Straub und Shibib

Siehe auch begleitendes Fallvideo dazu.

Verwendete Literatur

Bartlett, C.; Ghoshal, S.: „Managing Across Borders: The Transnational Solution", 2. Aufl., Harvard Business School Press, Boston 2002.

Coase, R.: „The Nature of the Firm", in: Economica, Bd. 4, London 1937.

Gutenberg, E.: „Die Unternehmung als Gegenstand betriebswirtschaftlicher Theorie", 1. Aufl., Spaeth und Linde, Berlin/Wien 1929.

Hopfenbeck, W.: „Allgemeine Betriebswirtschafts- und Managementlehre", 14. Aufl., Moderne Industrie, München 2002.

Ludovici, C.: „Die Eröffnete Akademie der Kaufleute oder vollständiges Kauffmanns-Lexikon", T. 1–5 u. Anhang „Grundriß eines vollständigen Kaufmanns-Systems", Breitkopf, Leipzig 1752–1756.

Leuchs, J. M.: „Das System des Handelns", Stuttgart 1804.

Pollert, A.; Kirchner, B.; Polzin, J.: „Duden Wirtschaft von A bis Z: Grundlagenwissen für Schule und Studium, Beruf und Alltag", 4. Aufl., Dudenverlag, Mannheim 2009.

Porter, M.: „Competitive Advantage of Nations", MacMillan, London 1990.

Schäfer-Kunz, J.; Vahs, D.: „Einführung in die Betriebswirtschaftslehre", 5. Aufl., Schäffer-Poeschel, Stuttgart 2007.

Schierenbeck, H.: „Grundzüge der Betriebswirtschaftslehre", 16. Aufl., Oldenbourg Verlag, München 2003.

Schwenger, D.: „Organisation internationaler Nichtregierungsorganisationen", Gabler Verlag, Wiesbaden 2013.

Weiterführende Literatur

Albach, H.: „Allgemeine Betriebswirtschaftslehre", 3. Aufl., Gabler Verlag, Wiesbaden 2001.

Brockhoff, K.: „Betriebswirtschaftslehre in Wissenschaft und Geschichte: Eine Skizze", 4. Aufl., Gabler Verlag, Wiesbaden 2014.

Domschke, W.: „Grundlagen der Betriebswirtschaftslehre. Eine Einführung aus entscheidungsorientierter Sicht", 4. Aufl., Springer Verlag, Berlin/Heidelberg/New York 2008.

Lechner, K.; Egger, A.; Schauer, R.: „Einführung in die Allgemeine Betriebswirtschaftslehre", 25. Aufl., Linde, Wien 2010.

Schwenger, D.: „Organisation internationaler Nichtregierungsorganisationen", Gabler Verlag, Wiesbaden 2013.

Weber, W.; Kabst. R.; Baum, M.: „Einführung in die Betriebswirtschaftslehre", 9. Aufl., Gabler Verlag, Wiesbaden 2014.

Wöhe, G.; Döring, U.: „Einführung in die Allgemeine Betriebswirtschaftslehre", 25. Aufl., Vahlen Verlag, München 2013.

Endnoten

1. Der Begriff „Betrieb" kann die „Betriebsstätte" als solche bezeichnen. Oft wird auch die Organisationseinheit eines Unternehmens als Betrieb bezeichnet, in welcher produziert wird.
2. Merkantilismus bezeichnet eine Wirtschaftspolitik, die vor allem den Außenhandel und die Industrie fördert, um Finanzkraft und die Einflussnahme der jeweiligen Staatsmacht zu stärken: Bibliographisches Institut & F. A. Brockhaus AG, Mannheim (2007).
3. Feudalismus bezeichnet eine auf dem Lehnsrecht aufgebaute Wirtschafts- und Gesellschaftsform, in welcher alle Herrschaftsfunktionen von der über den Grundbesitz verfügenden aristokratischen Oberschicht ausgeübt werden: Bibliographisches Institut & F. A. Brockhaus AG, Mannheim (2007).
4. Coase (1937).
5. Siehe *Kapitel 10*.
6. Siehe *Abschnitt 1.4*.
7. Siehe *Abschnitt 1.3*.
8. Gutenberg (1929).
9. Eine ähnliche Einteilung findet sich bei Porter (1990).
10. Siehe auch Bartlett und Ghoshal (2002).
11. Schäfer-Kunz und Vahs (2007), S. 8.
12. Bartlett und Ghoshal 2002.
13. Siehe *Kapitel 8*.
14. Siehe *Kapitel 8*.
15. Hopfenbeck (2002).
16. Angelehnt an den sozialorientierten Ansatz von Konrad Mellerowicz.
17. Hintergrund: Süd Kivu, Demokratische Republik Kongo (14.11.2010). Hier führt MSF eine Massenimpfkampagne in der Gesundheitszone Fizi durch und impft innerhalb von sechs Wochen über 120.000 Kinder im Alter zwischen 6 Monaten und 15 Jahren gegen Masern.
18. Hintergrund: Zwei Monate nach Beginn der Cholera-Epidemie in Haiti setzt MSF seine Aktivitäten ununterbrochen fort. Nahezu 2.000 Patienten werden jeden Tag in den Cholera-Behandlungszentren, die von MSF geführt oder unterstützt werden, behandelt.
19. Hintergrund: Im De Asís Krankenhaus in San Francisco erstellt MSF eine neue Neonatologie-Station, in welcher zu früh geborene Babys und Babys mit Komplikationen medizinisch versorgt werden. MSF führt Weiterbildung für das Krankenhauspersonal durch. Hier zeigt die Krankenschwester Valerio Lista den Pflegekräften in der Neonatologie-Station, wie man die Vitalfunktionen des Monitors verwendet, um die Temperatur eines Babys zu überprüfen.

*Not everything that counts can be measured.
Not everything that can be measured counts.*

Albert Einstein (1879–1955), theoretischer Physiker

Lernziele

In diesem Kapitel wird das Wissen zu folgenden Inhalten vermittelt:

- Grundlagen und Rolle des strategischen Managements:
    - Herkunft
    - Grundlegende Begrifflichkeiten
    - Wie man eine Strategie entwickelt
- Wesentliche Ansätze:
    - Markt-Based-View-Ansatz
    - Resource-Based-View-Ansatz
- Wichtige Management-Tools des strategischen Managements
- Wesentliche strategische Herausforderungen:
    - Wahl der Wachstumsstrategie
    - Wahl der Wachstumsoption
    - Wahl der internationalen Strategie
    - Optionen sozialer Verantwortung

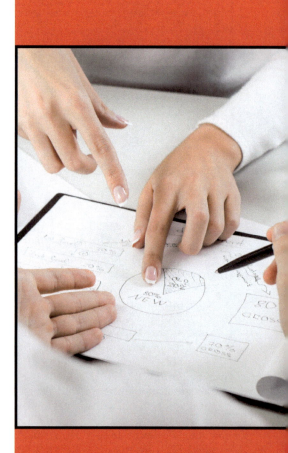

Quelle: © pressmaster/fotolia.com

Strategisches Management

2

2.1 Grundlagen und Rolle des strategischen Managements 54
    2.1.1   Herkunft und historische Entwicklungsphasen des strategischen Denkens 54
    2.1.2   Begrifflichkeiten des strategischen Managements ... 56
    2.1.3   Wie entwickelt man eine Strategie? 58

2.2 Die wesentlichen Ansätze des strategischen Managements 60
    2.2.1   Marktorientierter Ansatz: von außen nach innen (outside-in) 62
    2.2.2   Ressourcenorientierter Ansatz: von innen nach außen (inside-out) 69

2.3 Grundlegende strategische Herausforderungen .. 73
    2.3.1   Wahl der Wachstumsstrategie 74
    2.3.2   Wahl der Wachstumsoption 75
    2.3.3   Wahl der internationalen Strategie 77
    2.3.4   Optionen sozialer Verantwortung 80

ÜBERBLICK

2.1 Grundlagen und Rolle des strategischen Managements

Strategisches Management ist keine Unternehmensfunktion an und für sich, sondern definiert die Ausrichtung der einzelnen Funktionen eines Unternehmens gegenüber seiner Umwelt. Es kann folgende Definition festgehalten werden:

Strategisches Management beschäftigt sich mit der nachhaltigen Entwicklung, Planung und Umsetzung unternehmerischer Ziele nach innen und der Ausrichtung des Unternehmens gegenüber seiner Umwelt. Strategische Entscheidungen werden in der Regel von der Geschäftsleitung getroffen, die auch *Management* genannt wird.

Die strategischen Entscheidungen der Geschäftsleitung eines Unternehmens legen die Rahmenbedingungen für sämtliche weiteren Entscheidungen des Unternehmens fest. Strategische Entscheidungen bestimmen im Allgemeinen das Verhalten und die Handlungen eines Unternehmens und im Besonderen den langfristigen Aufbau und Einsatz von Kompetenzen, Ressourcen, Investitionen und die strategische Ausrichtung des Unternehmens.

Bevor wir uns mit den Begrifflichkeiten, der Strategieentwicklung, wesentlichen Ansätzen und den grundlegenden strategischen Herausforderungen beschäftigen, soll zunächst der Frage nachgegangen werden, woher der Begriff des *strategischen Managements* als solcher stammt.

2.1.1 Herkunft und historische Entwicklungsphasen des strategischen Denkens

Der Ursprung des strategischen Managements kann in der Welt des Militärs verortet werden und bezeichnet die Kunst, ein Heer zu führen. In der Tat stammt etymologisch gesehen das Wort „Strategie" aus dem Griechischen von „stratos" (Heer) und „agein" (Steuer). Ursprünglich beschäftigte sich die Strategie mit dem Verhalten von Armeen. Um drei Namen von berühmten militärischen Strategen zu nennen, sollen Sun Tzu, Machiavelli und von Clausewitz hervorgehoben werden. Diese drei Männer können als Väter des strategischen Managements bezeichnet werden. Im *sechsten Jahrhundert vor Christus* schrieb der chinesische General **Sun Tzu** (ca. 534–453 v. Chr.) in seinem Buch „Die Kunst des Krieges", dem ersten Buch über Strategie überhaupt, dass der Krieg eine Kunst sei, die nicht dem Zufall überlassen werden dürfe, sondern der Entwicklung einer Strategie bedürfe, um den Gegner zu besiegen. Auch **Niccolò Machiavelli** (1469–1527) formulierte in seinem Werk „Il Principe" („Der Fürst") Ratschläge und Techniken, um die Macht im zersplitterten Italien der Renaissance zu erlangen und zu bewahren. Der preußische General **Carl von Clausewitz** (1780–1831) kann schließlich als Gründer des modernen strategischen Managements im 18./19. Jahrhundert betrachtet werden. Er entwickelte ein Vokabular, das bis zum heutigen Tag in der Geschäftswelt benutzt wird. Zudem ist ersichtlich, dass die Definition von Strategie in seinem Hauptwerk „Vom Kriege" umfassend formuliert wurde. Laut von Clausewitz legt die Strategie „*den Kriegsplan fest, das heißt die Ziele und die Taktiken, welche in den verschiedenen Feldzügen gewählt werden, wie auch das angemessene Verhalten bei jedem einzelnen Kampf*".

Obwohl das Militär bereits früh in der Geschichte den Sinn von Strategie und deren Wichtigkeit für das Gewinnen von Kriegen verstanden hatte, interessierten sich Unternehmen erst sehr spät dafür, dieses Wissen für sich zu nutzen. In der Tat ist das Denken von Unternehmen seit der industriellen Revolution im 19. Jahrhundert bis in die **60er-Jahre** bestrebt, die Produktivität als solche zu verbessern. Ingenieure leiten Unternehmen und eifern vor allem danach, neue Mittel und Wege zur Produktivitätssteigerung zu entwickeln. Ingenieure suchen nach wissenschaftlichen Lösungen, um den Produktionsprozess zu rationalisieren, wodurch die Ressourcennutzung minimiert und gleichzeitig die produzierte Menge maximiert werden soll. Dieses Prinzip einer Prozesssteuerung wird als **Taylorismus**, in Anlehnung an den amerikanischen Ingenieur Frederick Taylor (1856–1915), bezeichnet. Die sogenannten „Goldenen 30er-Jahre" waren eine besonders erfolgreiche Zeit für die meisten Unternehmen. Marktwachstum war vorhanden, der Wettbewerb gering und Haushalte konsumierten zunehmend neue Produkte wie Fernseher, Haushaltsgeräte oder Autos. In den späten 60er-Jahren setzte allmählich eine Marktsättigung ein, da der Absatz von Haushaltsgeräten für die nachhaltige Produktion von Wichtigkeit war. Beispielsweise stieg in Frankreich die Sättigung des Marktes an Fernsehgeräten laut dem *Institut National de la Statistique et des Études Économiques* (INSEE)[1] von 20 Prozent im Jahr 1962 auf bereits fast 80 Prozent im Jahr 1970. Unter diesen Bedingungen waren Unternehmer gezwungen, sich neuen Herausforderungen zu stellen: Wie können Haushalte motiviert werden, sich neu auszustatten? Gibt es alternative Absatzmärkte für bestehende Produkte? Auf welche Art können Verbraucher dazu bewegt werden, in einem konkurrenzintensiven Markt das Produkt des eigenen Unternehmens und nicht das der Konkurrenz zu wählen?

Der Fokus lag nicht mehr nur darauf, die Produktivität des eigenen Unternehmens zu erhöhen, sondern ebenfalls darauf, sich gewisse Fragen über die Mittel und Wege zu stellen, welche die Menge an verkauften Gütern des eigenen Unternehmens erhöhen. Während dieser Zeit nahm die Strategie einen wichtigen Platz im Denken der Führungskräfte ein. Zu jener Zeit entstanden viele **Wirtschaftshochschulen** oder **Business Schools** in Europa und den Vereinigten Staaten. Von nun an wurde es als notwendig erachtet, das Führen eines Unternehmens zu erlernen, da es bei Strategiefragen nicht mehr ausreichte zu improvisieren. Diese Fragestellungen sollten nicht dem Zufall überlassen werden, sondern bedurften eines spezifizierten Berufes des Managers, um ein Unternehmen erfolgreich führen zu können. Zur selben Zeit begannen Unternehmensberater Führungskräften von Organisationen brauchbare Management-Tools, sprich Management-Instrumente bzw. -Werkzeuge anzubieten, die zu strategischem Denken anregen und helfen sollten, zunehmend komplexere strategische Entscheidungen treffen und diese umsetzen zu können. Das **Ende der 70er-Jahre** war durch eine Internationalisierung des Wettbewerbs gekennzeichnet. Insbesondere japanische Unternehmen wie Sony, Yamaha, Honda oder Casio überschwemmten die Märkte Europas und Nordamerikas mit innovativen Produkten zu hoher Qualität und zu niedrigen Preisen. Diese Hypercompetition[2] (Hyperwettbewerb) drängte Führungskräfte dazu, sich neuen Herausforderungen zu stellen. Hieraus ergaben sich folgende Fragen: Wie können unsere Produkte an die unterschiedlichen Märkte angepasst werden? Wie können wir einen Kunden zufriedenstellen, der Zugang zum internationalen Markt hat und der mit den bisherigen Standardprodukten nicht mehr zufrieden ist? Wie können wir innovativere Produkte produzieren, die eine breitere Palette von Bedürfnissen abdecken?

Aufgrund des Ausmaßes negativer Externalitäten und dem dadurch zunehmenden Druck von Stakeholdern, entstand in den **80er-Jahren** in Unternehmen der Umweltschutzgedanke. Daraus entwickelte sich die Idee einer nachhaltigen Entwicklung. Parallel dazu gab es zur gleichen Zeit weitere soziale Themen, welche in der Gesellschaft debattiert wurden und schließlich von Unternehmen aufgegriffen wurden. **Seit den 90er-Jahren** verschmelzen diese Themen zu einem ganzheitlichen Verständnis für soziale Verantwortung und nehmen Einzug in das strategische Management von Unternehmen. In Europa entwickelte sich die Debatte um soziale Verantwortung von Unternehmen etwas verzögert und inhaltlich anders als in den USA. Dies lag wohl am ausgeprägten Sozialsystem wie auch am traditionell stärker verankerten Verantwortungsbewusstsein europäischer Unternehmen. Aus diesem Kontext entwickelten sich folgende Fragestellungen: Inwiefern ist rechtskonformes Handeln von Unternehmen auch moralisch vertretbar? Wie wird soziale Verantwortung in das Kontrollsystem von Unternehmen (Corporate Governance) integriert? Welche Spannungsfelder zwischen Anspruchsgruppen in Bezug auf soziale Verantwortung entstehen? Welcher Handlungsspielraum entsteht dabei für Unternehmen? Inwiefern lassen sich soziale Verantwortung und Gewinnmaximierung vereinbaren?

Vor diesem Hintergrund muss der Frage nachgegangen werden, welche Bedeutung strategischem Management in der **heutigen Zeit** zukommt. Zudem sollen die wichtigen Begriffe, die in diesem Kontext von Relevanz sind, behandelt werden.

2.1.2 Begrifflichkeiten des strategischen Managements

Wie in *Abschnitt 2.1.1* bereits geschildert, haben sich der Kontext und die Problematik von Unternehmen im Lauf der Geschichte wesentlich verändert. Zudem lässt sich eine Veränderung hinsichtlich des Verständnisses und der Definition des Begriffs „strategisches Management" im Zeitverlauf feststellen. Die Begriffe **strategisches Management**, **Unternehmensstrategie** sowie **Unternehmenspolitik** werden deshalb in diesem Buch als Synonyme behandelt. Im gängigen Sprachgebrauch wird als weiteres Synonym für diese Begriffe auch nur der Ausdruck **Strategie** verwendet.

In Bezug auf die aktuelle Bedeutung des *strategischen Managements* werden zwei weitere wichtige und gleichzeitig komplementäre Definitionen vorgestellt:

Gemäß Alfred Chandler (1962) bedeutet strategisches Management *„die wesentlichen, langfristigen Ziele einer Organisation und anschließend die richtigen Aktionen und Arten der Ressourcenzuweisung zu bestimmen, welche die Erreichung dieser Ziele ermöglichen"*.

Michael E. Porter (1986) definiert Strategie als *„die Kunst der Entwicklung von nachhaltigen Wettbewerbsvorteilen"*.

Das Erreichen von Unternehmenszielen, sprich die **Performance** (Leistung) oder die **Bildung von Wettbewerbsvorteilen** steht stets im Zentrum dieser Definitionen. Beide Begrifflichkeiten erfahren daher in ▶*Tabelle 2.1* eine knappe Erläuterung.

2.1 Grundlagen und Rolle des strategischen Managements

Tabelle 2.1

Wichtige Begriffe des strategischen Managements

Begriff	Definition	Beispiel
Performance (Leistung)	Die Performance (Leistung) ist das von einem Unternehmen erreichte Ergebnis im Verhältnis zu den eingesetzten Ressourcen. Im Allgemeinen kann zwischen ökonomischer und sozialer Performance unterschieden werden.	Ein Performance-Indikator für ein Krankenhaus ist die Anzahl an geretteten Leben. Die Performance kann jedoch auch anhand der Rendite oder ähnlicher Faktoren gemessen werden.
Wettbewerbsvorteil	Ein Wettbewerbsvorteil entspricht einem Trumpf, den ein Unternehmen einsetzt, um seine Wettbewerber zu übertreffen.	Das gute Image eines Unternehmens kann auf dessen Kompetenzen oder Ressourcen, wie beispielsweise einer einzigartigen Verkaufsmacht, basieren und kann somit einen Wettbewerbsvorteil gegenüber anderen Wettbewerbern bilden.

Das Verdienen von Geld bzw. das Erwirtschaften von Gewinnen ist nicht das einzige Ziel im Geschäftsleben eines Unternehmens. So war Geld beispielsweise für Steve Jobs nicht das einzige Ziel, das ihn dazu anregte, das Unternehmen Apple zu gründen und aufzubauen. Eine Unternehmensstrategie basiert demnach gleichwohl auf weiteren **wesentlichen Grundelementen**, auch **Leitbild** genannt: dem Zweck bzw. der Absicht, der Vision, der Mission und schließlich den konkreten Zielen. Diese vier Grundelemente sind von zentraler Bedeutung für das strategische Denken eines Unternehmens und werden bereits bei der Gründung des Unternehmens festgelegt, um sich nach innen wie außen auszurichten.

Abbildung 2.1: Die vier Grundelemente der Strategie[3]

Die vier Grundelemente in ▶*Abbildung 2.1* können wie folgt beschrieben werden:

- Der **Zweck** bzw. die **Absicht** beschreibt eine *allgemeine Absichtserklärung* bzw. ein *übergeordnetes Ziel* des Unternehmens, wie beispielsweise die Entwicklung von Forschungs- und Entwicklungsprogrammen, um die bestmöglichen Lösungen für die Behandlung von kardiovaskulären Erkrankungen anzubieten. Der Zweck bzw. die Absicht gibt Antwort auf die Frage: *Wozu gibt es dieses Unternehmen? Was ist der Sinn der Existenz des Unternehmens?*
- Die **Vision** beschreibt bildlich die *Ambition* bzw. das *Bestreben eines Unternehmens*, sprich einen gewünschten zukünftigen Zustand, wie beispielsweise die beste regionale Klinik für die Behandlung von Herz-Kreislauf-Erkrankungen zu sein. Die Vision gibt Antwort auf die Frage: *Was wollen wir als Unternehmen erreichen?*
- Die **Ziele** beschreiben die *Quantifizierung eines Zwecks* oder *einer Absicht,* wie beispielsweise das Erreichen einer Erfolgsquote, die bei 90 Prozent der behandelten Patienten liegt. Die Ziele geben Antwort auf die Frage: *Was soll das Unternehmen konkret langfristig erreichen?*
- Die **Mission** beschreibt die *Daseinsberechtigung* und bestimmte *Werte* und *Prinzipien* eines Unternehmens, wie beispielsweise für eine Fachklinik die Behandlung von Herz-Kreislauf-Erkrankungen der Patienten einer bestimmten Region. Die Mission gibt Antwort auf die Frage: *Welche Werte und Prinzipien sollen das Handeln der Organisation und ihrer Mitglieder leiten?*

Nachdem die Herkunft und die wesentlichen Begrifflichkeiten des strategischen Managements behandelt wurden, wenden wir uns nun der Frage zu, auf welche Weise eine Strategie konkret zustande kommt. Im folgenden Abschnitt steht das Thema Strategieentwicklung im Fokus der Betrachtung.

2.1.3 Wie entwickelt man eine Strategie?

Dieser Abschnitt beschäftigt sich mit der Frage nach dem konkreten Vorgehen bei der Entwicklung einer Strategie. In diesem Kontext schlug *Henry Mintzberg* in einem Artikel „*Five P's for Strategy*" (1987) und später in seinem Werk „*The Rise and Fall of Strategic Planning*" (1994) das sogenannte **5P-Modell** vor. Dieses Modell, das fünf wesentliche Dimensionen der Strategie illustriert, stellt den Ausgangspunkt für die Entwicklung von Strategien dar. Die Interaktion zwischen den einzelnen Dimensionen kann wie folgt beschrieben werden: Eine geplante Strategie (**P**lan) wird durch Aktionssequenzen bzw. Muster (**P**attern) formalisiert. Diese Aktionssequenzen werden wiederum durch List (**P**loy), einem taktischen Verhalten gegenüber der Konkurrenz, ausgeführt, welches so die Wettbewerbsposition (**P**osition) des Unternehmens festlegt. Diese neue Wettbewerbsposition schafft neue Perspektiven (**P**erspective), die wiederum die zukünftigen Aktionspläne beeinflussen.

2.1 Grundlagen und Rolle des strategischen Managements

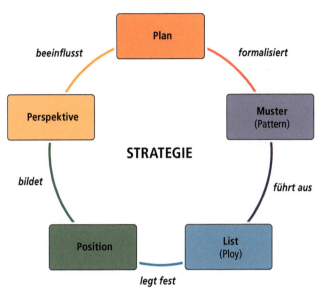

Abbildung 2.2: Das 5P-Modell der Strategie von Mintzberg

Zusammenfassend lässt sich die Bedeutung der **5Ps** wie folgt festhalten:

- **Plan** (Plan): Eine geplante Strategie
- **Muster** (Pattern): Eine formalisierte Strategie
- **List** (Ploy): Ein Manöver gegenüber der Konkurrenz, um im Wettbewerb zu überleben
- **Position** (Position): Die realisierte Positionierung im Markt
- **Perspektive** (Perspective): Die Grundlage für neue Strategien

In diesem Kontext ist anzumerken, dass der Ablauf der Strategieentwicklung innerhalb dieses Modells je nach Unternehmen variieren kann. So kommt es durchaus vor, dass sich ein Unternehmen weniger auf die Entwicklung eines Plans fokussiert und sich dieser erst im Laufe des Ausführens der List formalisiert. Wir unterscheiden daher zwischen einem **geplanten Strategieansatz** bei der Realisierung von Strategie und einem **emergenten Strategieansatz**: Anhänger des geplanten Strategieansatzes betrachten strategische Entscheidungen als im Voraus definiert und daher als absichtlich und geplant (intendiert). Andere wiederum bevorzugen eher den emergenten Strategieansatz, da dieser den täglichen Aufbau von Strategie durch sämtliche Einflüsse auf das Unternehmen betont.

Schließlich definiert, koordiniert und überwacht die Unternehmensstrategie die unterschiedlichen Unternehmensfunktionen bzw. -aktivitäten mit dem Ziel, Kundennutzen bei gleichzeitiger Erreichung einer möglichst hohen Unternehmensrendite zu maximieren.

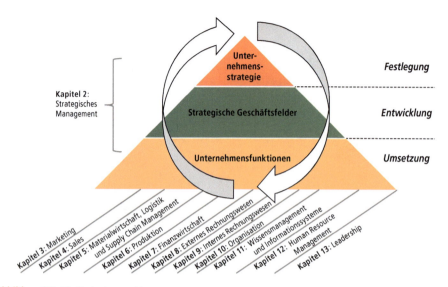

Abbildung 2.3: Die Strategiepyramide

Jedes Kapitel dieses Buches behandelt eine wichtige Aktivität eines Unternehmens. Ziel dieses Kapitels ist es, einige grundlegende Prinzipien des strategischen Managements zu erläutern. Wie in ▶Abbildung 2.3 veranschaulicht, werden wir uns auf die beiden oberen Ebenen der Strategiepyramide konzentrieren. Diese sind die *Festlegung der Unternehmensstrategie* und die *Entwicklung von strategischen Geschäftsfeldern*. Wie *Abbildung 2.3* zeigt, konzentrieren sich die Unternehmensfunktionen auf die Umsetzung des strategischen Managements. Das strategische Management nimmt eine bedeutende und übergeordnete Rolle im Unternehmen ein, da es die Ausrichtung der einzelnen Unternehmensfunktionen determiniert. Im nächsten Abschnitt werden die wesentlichen Strategieansätze im Detail beschrieben.

2.2 Die wesentlichen Ansätze des strategischen Managements

Auf welche Weise eine Unternehmensstrategie festgelegt und strategische Geschäftsfelder entwickelt werden, geschieht durch das Verfolgen eines von zwei unterschiedlichen Ansätzen: durch den marktorientierten Ansatz *(Market-Based View)* sowie durch den ressourcenorientierten Ansatz *(Resource-Based View)*.

Der marktorientierte Ansatz (Market-Based View): Die wesentlichen Aussagen dieses Paradigmas liegen im sogenannten *Structure-Conduct-Performance-Approach*[4] (Marktstruktur-Marktverhalten-Marktergebnis-Ansatz) nach *Mason* (1939) und *Bain* (1951; 1956). Dieser Ansatz sieht den Erfolg eines Unternehmens in der strategischen Anpassungsfähigkeit an extern gegebene Faktoren. Dieser Ansatz leitet die Unternehmensstrategie von den Charakteristika der jeweiligen Branche ab, wie z. B. Standards einer Branche. Es handelt sich hierbei um eine von außen nach innen gerichtete *Outside-In-Perspektive*: Das Unternehmen analysiert zunächst die Umwelt, um anschließend im Inneren die Ziele und Maßnahmen zu formulieren, die einen Wettbewerbsvorteil gewährleisten sollen.

2.2 Die wesentlichen Ansätze des strategischen Managements

> **Beispiel 2.1** **Marktorientierter Ansatz (Market-Based View)**
>
>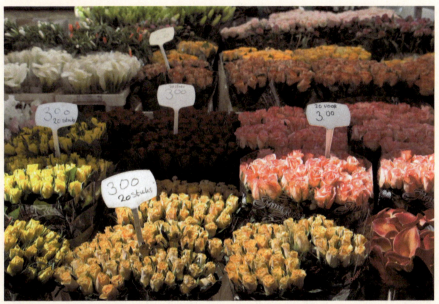
>
> **Abbildung 2.4:** Rosenmarkt
> Quelle: © jch-fotografie/fotolia.com
>
> Ein Gärtner, der Rosen züchtet, kann unter Beobachtung des Marktes erkennen, dass die Rosen seiner Konkurrenten bereits nach drei Tagen verwelken. Somit muss die Konkurrenz die Rosen, die nicht verkauft wurden, bereits nach dieser Zeit entsorgen und durch neue ersetzen. Um einen Wettbewerbsvorteil zu erlangen, wird der oben genannte Gärtner nun versuchen, sich am Markt so auszurichten und bestrebt sein, dass seine gezüchteten Rosen länger als die Rosen seiner Konkurrenz blühen.
>
> Somit hat der Gärtner aus der Marktanalyse (externer Faktoren) Konsequenzen für seine eigene Züchtung (interne Maßnahmen) gezogen, welche ihm einen Wettbewerbsvorteil verschaffen.

Das strategische Management hat sich in Bezug auf die Analyse des Unternehmenserfolgs kontinuierlich verändert: Während noch in den 70er-Jahren ein verhältnismäßig einseitiger Marktfokus bestand, herrschte in den 80er-Jahren eine starke Wettbewerbs- und Umweltorientierung vor. In den 90er-Jahren geriet der einseitige Fokus des strategischen Managements auf rein externe Einflüsse zunehmend in Kritik. Als Folge daraus orientieren sich Unternehmen wieder stärker an dem ressourcenorientierten Ansatz.

Strategisches Management

Der ressourcenorientierte Ansatz (Resource-Based View): Als Gründer dieses Ansatzes ist *Edith E. T. Penrose* zu nennen, die mit ihrem Werk *„The Theory of the Growth of the Firm"* im Jahr 1959 den Erfolg eines Unternehmens auf interne Ressourcen zurückführt. Diese Perspektive basiert auf der Annahme, die Entwicklung der Unternehmensstrategie an den internen Ressourcen und Fähigkeiten des Unternehmens zu orientieren. Ziel ist hierbei, Marktchancen zu schaffen, um einen Wettbewerbsvorteil zu generieren. Es handelt sich daher um eine von innen nach außen gerichtete, um eine sogenannte *Inside-Out-Perspektive*: Es wird hinterfragt, welche Ressourcen und Kompetenzen eines Unternehmens gemanagt werden sollen, damit sich ein Wettbewerbsvorteil auf Branchenebene (extern) ergibt.

> **Beispiel 2.2** **Ressourcenorientierter Ansatz (Resource-Based-View)**
>
> Ein diplomierter Gärtner mit einem modernen Labor hat durch das Kreuzen einer Vielzahl von Rosensorten Rosen entwickelt, die sehr langsam verwelken. Er analysiert daraufhin den Markt und stellt sich die Frage, ob bezüglich seiner Erfindung Nachfrage besteht. Er entschließt sich daraufhin, dieses einzigartige Produkt auf den Markt zu bringen und zu vertreiben. Da bezüglich der Eigenschaften der neuen Rosensorte große Nachfrage besteht, verschafft sich der Gärtner einen Wettbewerbsvorteil gegenüber seiner Konkurrenz.
>
> Der Gärtner hat aufgrund der Unternehmensanalyse besondere interne Fähigkeiten erkannt (Know-how und Labor) und verschafft sich einen Wettbewerbsvorteil am Markt (extern), indem er die besondere Fähigkeit züchtet.

Zusammenfassend kann wie folgt festgehalten werden: Es gibt verschiedene Ansätze, die uns helfen, Unternehmensstrategien abzuleiten oder zu entwickeln. Es sollen nun die beiden bereits erwähnten und wohl bekanntesten Ansätze vorgestellt werden:

- **Marktorientierter Ansatz:** von außen nach innen *(outside-in)*
- **Ressourcenorientierter Ansatz:** von innen nach außen *(inside-out)*

2.2.1 Marktorientierter Ansatz: von außen nach innen (outside-in)

In den späten 70er-Jahren entwickelte sich der marktorientierte Ansatz von *Mason* und *Bain* durch *Michael E. Porter* (1986) weiter. Porter schlägt einen Ansatz vor, bei dem die Unternehmensstrategie auf einer Branchenanalyse basiert. Dieses Vorgehen ermöglicht dem Unternehmen die Branchenattraktivität, sprich die potenzielle Rentabilität des Unternehmens zu verstehen und einzuschätzen. Des Weiteren geht es darum, sich in dieser Branche zu positionieren, die richtige Strategie zu formulieren und diese schließlich umzusetzen, um auf diese Weise Gewinne zu erwirtschaften.

2.2 Die wesentlichen Ansätze des strategischen Managements

Porters Ansatz kann in vier Schritte eingeteilt werden:

1. **5-Kräfte-Modell:** Dieses Modell dient dazu, die fünf Wettbewerbskräfte, die auf die Branche einwirken, in der das Unternehmen tätig ist, zu identifizieren und zu evaluieren.

2. **Strategie-Mapping:** Dieses Modell wird angewandt, um die unterschiedlichen *strategischen Gruppen* innerhalb einer Branche grafisch abzubilden und einzuordnen.

3. **Generische Grundstrategien:** Diese bieten Wahlmöglichkeiten für eine Hauptorientierung der Unternehmensstrategie an, um sich schließlich für eine davon zu entscheiden und diese zu verfolgen.

4. **Wertschöpfungskette:** Die Wertschöpfungskette macht verständlich, auf welche Weise interne Ressourcen und Kompetenzen sinnvoll genutzt werden.

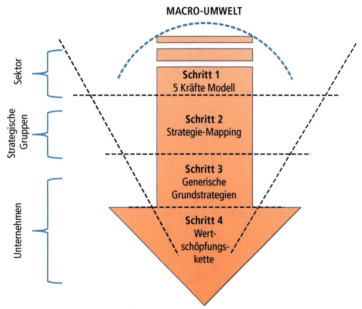

Abbildung 2.5: Macro-Umwelt

Schritt 1: Das 5-Kräfte-Modell

Ziel dieses Modells ist, die Attraktivität einer Branche, wie beispielsweise die der Luftfahrt, der Automobile, der Telekommunikation oder auch der von Wein oder Bier, durch die Analyse der sogenannten **5 Wettbewerbskräfte** zu bestimmen. Generell kann das Modell sowohl auf Ebene der **Branche** bzw. des **Sektors** als auch auf Ebene der **strategischen Gruppe** angewendet werden.

Porter unterscheidet hierbei folgende fünf Wettbewerbskräfte:
- Bedrohung durch potenzielle neue Konkurrenten,
- Bedrohung durch Substitute (Ersatzprodukte),
- Verhandlungsstärke der Kunden,
- Verhandlungsstärke der Lieferanten und
- Rivalität unter den bestehenden Unternehmen innerhalb der Branche oder der strategischen Gruppe.[5]

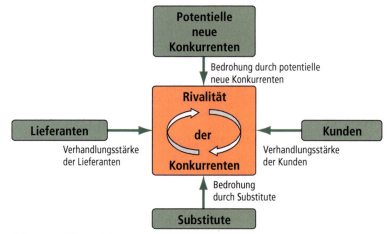

Abbildung 2.6: Das 5-Kräfte-Modell von Porter

Die einzelnen Kräfte des Modells in ▶Abbildung 2.6 werden nun im Detail erklärt:
- **Bedrohung durch potenzielle neue Konkurrenten:** Potenzielle neue Konkurrenten sind jene Unternehmen, die sich derzeit noch außerhalb der Branche befinden, doch möglicherweise in (naher) Zukunft in diese eintreten können. In der Brauereibranche könnte beispielsweise ein potenzieller Wettbewerber eine Supermarktkette sein, die beabsichtigt, eigenes Bier zu brauen.
- **Bedrohung durch Substitute (Ersatzprodukte):** Unternehmen, die nicht der Branche angehören, stellen Produkte oder Dienstleistungen, sprich Substitute her, die ähnliche Bedürfnisse zu einem vergleichbaren Preis befriedigen. Beispielsweise kann Wein für bestimmte Verbraucher den Konsum von Bier ersetzen.
- **Verhandlungsstärke der Kunden:** Generell können mehrere Arten von Kunden unterschieden werden: Intermediäre Kunden, auch *Business-to-Business*-Kunden genannt, wie beispielsweise Zwischenhändler, und schließlich Endkunden bzw. Verbraucher. Die Verhandlungsmacht eines Kunden hängt von seiner Bedeutung für das verkaufende Unternehmen ab. So verfügen beispielsweise in der Brauereibranche große Supermarktketten über eine hohe Verhandlungsmacht, da sie in großen Mengen Bier abnehmen und ihnen daher eine hohe Bedeutung zukommt. Eine kleine Bar verfügt hingegen über eine sehr begrenzte Verhandlungsmacht, da diese in Relation zu einer Supermarktkette lediglich eine geringe Menge an Bier abnimmt, welche für den Verkäufer unwesentlich ist.
- **Verhandlungsstärke der Lieferanten:** Die Verhandlungsmacht der Lieferanten hängt im Wesentlichen von der Bedeutung ihres Produktes für das Unternehmen ab. Ein großer Hopfenlieferant, der aus derselben Region wie die Brauerei stammt, die er

beliefert, besitzt eine hohe Verhandlungsmacht: Zum einen, da Hopfen für das Brauen von Bier unverzichtbar ist, und zum anderen, da aufgrund der geografischen Nähe hohe Transportkosten und hohe Umweltbelastungen vermieden werden.

- **Rivalität unter den bestehenden Unternehmen:** Diese Kraft betrifft die gesamten Unternehmen, die in einer Branche tätig sind und um Marktanteile ringen. Der Grad der Rivalität kann je nach Branche variieren und hängt im Wesentlichen von der Anzahl sowie der Ähnlichkeit der Wettbewerber ab. Auf internationaler Ebene gibt es mehrere Großbrauereien wie Heineken N.V. (u. a. Heineken- und Karlsberg-Bier), Anheuser-Busch InBev (u. a. Stella- und Becks-Bier) oder SABMiller (u. a. Miller- und Castle-Bier), die in direktem Wettbewerb zueinander stehen.

Schließlich wirkt die dynamische Kombination dieser fünf Kräfte auf die Intensität des Wettbewerbs und damit auf die Rentabilität der Branche ein, welche wiederum die Möglichkeit eines Unternehmens beeinflusst, Gewinne zu erwirtschaften.

Schritt 2: Das Strategie-Mapping

Da die Branche als solche häufig zu wage ist, um direkte Konkurrenten eines Unternehmens zu identifizieren, werden Unternehmen einer Branche in der Regel unterschiedlichen strategischen Gruppen zugeordnet. Eine strategische Gruppe umfasst alle Unternehmen einer Branche, die direkt miteinander konkurrieren und ähnliche strategische Eigenschaften aufweisen. Obwohl Porsche und Renault der Automobilbranche zugeordnet werden können, stehen sie nicht in direkter Konkurrenz zueinander. Strategisch sind beide Unternehmen völlig anders ausgerichtet.

Die Bildung von strategischen Gruppen hängt von denjenigen Kriterien ab, die ausgewählt werden, um sie zu kategorisieren. Ziel ist, hierbei Kriterien zu identifizieren, die helfen, diese Zuordnung so gut wie möglich durchzuführen. Anhand des **Strategie-Mappings** können Unternehmen einer Branche nach zwei Dimensionen gegliedert und somit strategische Gruppen identifiziert werden.

Abbildung 2.7: Beispiel des Strategie-Mappings für die Unternehmensberatungsbranche

▶ Abbildung 2.7 zeigt ein Beispiel des Strategie-Mappings bezüglich der Unternehmensberatungsbranche. Die Branche wird in vier strategische Gruppen unterteilt. Bei der Unternehmensberatung handelt es sich um eine Branche, die Unternehmen hilft, Entscheidungen zu treffen und diese umzusetzen. Die Aufteilung entlang der zwei Achsen erlaubt, folgende vier strategische Gruppen zu charakterisieren:

- **IT-Beratung:** Die IT-Beratung wird von Unternehmen durchgeführt, die diese nach standardisierten Methoden vornehmen. Hierbei spricht man von dem *People-to-Document-Ansatz*: hohe Standardisierung der Leistungen, die sich ausschließlich auf IT-Dienstleistungen beschränken (geringer Umfang).
- **Allround-Beratung:** Beratungsunternehmen bieten auf breiter Basis standardisierte Dienstleistungen an, die die unterschiedlichen Aktivitäten des Unternehmens betreffen, wie beispielsweise IT, Human Resource Management oder Controlling.
- **Strategieberatungsfirmen:** Die „reinen" Strategieberatungsfirmen bieten in erster Linie Beratung an, die sich ausschließlich mit strategischen Fragen der Unternehmensführung beschäftigt (durchschnittlicher Umfang). In der Regel werden kaum standardisierte Methoden angewandt. Oft werden auf den Kunden zugeschnittene Lösungen angeboten (durchschnittlicher Grad an Standardisierung).
- **Spezifische Beratungsunternehmen:** Diese Unternehmen beschränken sich ausschließlich auf bestimmte Typen von Beratungstätigkeiten, die sehr stark individualisiert auf den Kunden zugeschnitten sind. Dieses Vorgehen wird als *People-to-People-Ansatz* bezeichnet.

Zu beachten ist, dass die Einteilung einer Branche in unterschiedliche strategische Gruppen von jedem Unternehmen selbst durchgeführt werden muss. Ziel ist es hierbei, die Akteure zu identifizieren, mit denen sich das Unternehmen in direktem Wettbewerb befindet. Jede strategische Gruppe ist durch eine spezifische Wettbewerbsdynamik und daher auch durch eine für sie typische Durchschnittsrendite charakterisiert.

Schritt 3: Die generischen Grundstrategien

Abbildung 2.8: Taktik auf dem Fußballfeld
Quelle: © keki/fotolia.com

2.2 Die wesentlichen Ansätze des strategischen Managements

Im Anschluss an die Bestimmung der strategischen Gruppe, der ein Unternehmen angehört, soll das Unternehmen entscheiden, welche strategische Grundausrichtung es verfolgt, um schließlich einen Wettbewerbsvorteil zu generieren. Porter unterscheidet hierbei drei generische Grundstrategien: Kostenführerschaft, Differenzierung und Fokussierung (Nische). Diese Strategien lassen sich, wie in ▶*Abbildung 2.9* veranschaulicht, je nach Marktvolumen und Art der Wettbewerbsvorteile unterteilen.

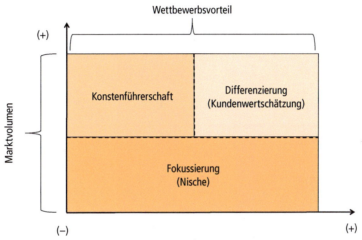

Abbildung 2.9: Die drei generischen Grundstrategien nach Porter

a) **Kostenführerschaft:** Die Strategie der Kostenführerschaft besteht darin, sich aufgrund eines Kostenvorteils als kostengünstigster Akteur in der strategischen Gruppe zu positionieren. Die Qualität des Produkts oder der Dienstleistung bleibt dennoch mit dem Niveau direkter Wettbewerber vergleichbar. Notwendige Voraussetzung hierfür ist, dass das Unternehmen eine Kostenstruktur hat, die erlaubt, einen niedrigeren Preis als jenen der Konkurrenz anzubieten, um dadurch trotzdem Gewinne zu erwirtschaften.

b) **Differenzierung:** Die Differenzierungsstrategie besteht darin, einen Wettbewerbsvorteil anhand einer höheren Wertschätzung des Kunden für das Produkt oder die Dienstleistung im Vergleich zu Mitgliedern derselben strategischen Gruppe zu erlangen.

c) **Fokussierung (Nische):** Die Strategie der Fokussierung, auch Nischenstrategie genannt, besteht darin, ein sehr spezifisches Produkt oder eine Dienstleistung anzubieten, die nur sehr wenige oder häufig gar kein anderer Wettbewerber offeriert (geringes Marktvolumen). Bereits die eingeschränkte Konkurrenz bietet dem fokussierten Unternehmen einen Wettbewerbsvorteil. Man kann häufig beobachten, dass Nischenmärkte kurzlebig sind, da ihr Wachstum in der Regel rasch neue Wettbewerber anzieht.

> **Beispiel 2.3** **Generische Strategien in der Uhrenindustrie**
>
> In der Uhrenindustrie können die Unternehmen *Casio*, *Swatch* und *Polar* derselben strategischen Gruppe zugeordnet werden, da sie ähnliche strategische Merkmale aufweisen und somit in direkter Konkurrenz zueinander stehen. Bei näherer Betrachtung ist jedoch festzustellen, dass das Unternehmen *Casio* eine Kostenführerschaftsstrategie verfolgt, indem es zuverlässige Uhren zu günstigen Preisen anbietet. *Swatch*-Uhren differenzieren sich vielmehr im Design, dessen Wertschätzung für ihre Kunden wichtig ist. Das Unternehmen *Polar* verfolgt eine Fokussierungsstrategie (Nische) für Spitzensportler, indem es spezielle Uhren anbietet, die die Herzfrequenz von Sportlern messen.

Obwohl Porter ursprünglich der Meinung war, diese generischen Grundstrategien wären exklusiv und könnten nicht zugleich verfolgt werden, weisen neue strategische Ansätze auf die Existenz von sogenannten **hybriden Strategien**, die Kostenführerschaft und Differenzierung kombinieren, hin. So bietet *IKEA* aufgrund seiner effizienten Kostenstruktur Produkte zu niedrigeren Preisen als die Konkurrenz an und differenziert sich zudem durch ein markantes Design seiner Produkte, die zum Teil von bekannten Designern entworfen werden.

Schritt 4: Die Wertschöpfungskette

Um die gewählte generische Strategie erfolgreich umsetzen zu können, sollte ein Unternehmen seine verschiedenen Tätigkeiten so organisieren, dass diese Strategie unterstützt wird. Die Wertschöpfungskette erlaubt, die jeweiligen Aktivitäten eines Unternehmens zu illustrieren. Eine erfolgreiche Umsetzung der generischen Strategie beinhaltet eine effiziente Kombination der unterschiedlichen Unternehmensaktivitäten, um einen Wettbewerbsvorteil zu generieren. Beispielsweise sollte ein Unternehmen bei der Wahl der Kostenführerschaftsstrategie die Aktivitäten des Unternehmens derart gestalten, dass ihre Kostenstruktur möglichst niedrig ist. Dies erlaubt dem Unternehmen, Produkte zu einem niedrigeren Preis als die Konkurrenz bei gleichzeitiger Beibehaltung einer gewissen Gewinnspanne anzubieten.

Bei der Wertschöpfungskette[6] wird zwischen primären und unterstützenden Aktivitäten unterschieden:

- **Primäre Aktivitäten** nehmen direkt an der Wertschöpfung des Unternehmens für den Kunden teil. Beispielsweise sind Produktion und Verkauf (Sales) direkt an der Leistungserstellung beteiligt.
- **Unterstützende Aktivitäten** sind unerlässlich für das reibungslose Funktionieren des Unternehmens, erbringen aber keinen direkten Mehrwert für den Kunden. Beispielsweise besitzen Forschung und Entwicklung oder auch IT-Systeme wichtige Funktionen innerhalb des Unternehmens, sind jedoch nicht direkt an der Wertschöpfung für den Kunden beteiligt.

2.2 Die wesentlichen Ansätze des strategischen Managements

Abbildung 2.10: Die Wertschöpfungskette nach Straub, in Anlehnung an Porter (1986)

Im folgenden Abschnitt soll nun der ressourcenorientierte Ansatz als Gegenstück des marktorientierten Ansatzes behandelt werden.

2.2.2 Ressourcenorientierter Ansatz: von innen nach außen (inside-out)

Abbildung 2.11: Ölfeld in den USA
Quelle: © Stephen Coburn/fotolia.com

Im Gegensatz zu dem marktorientierten geht der ressourcenorientierte Ansatz davon aus, dass die wesentlichen Determinanten eines Wettbewerbsvorteils nicht in der Struktur der Branche, sondern in der Mobilisierung und der geschickten Kombination der Ressourcen und Kompetenzen eines Unternehmens liegen. Der Begriff der Ressourcen ist im ressourcenorientierten Ansatz weit gefasst und bezieht sich sowohl auf alle physischen (z. B. Produktionsanlagen oder Büros) als auch auf sämtliche immateriellen Ressourcen (z. B. Informationen, Patente oder Finanzanlagen), die von einem Unternehmen kontrolliert werden. Wir unterscheiden vier Typen von Ressourcen. Diese werden nun am Beispiel eines Restaurants veranschaulicht:

1. **Physische Ressourcen:** Geografische Lage und Größe des Restaurants stellen wichtige materielle Ressourcen dar.

2. **Finanzielle Ressourcen:** Hierbei handelt es sich beispielsweise um Bargeld und um Kapital, über das ein Restaurant verfügt.

3. **Humanressourcen:** Es kann sich hierbei um die Köche, die Bedienungen und das Empfangsteam eines Restaurants handeln.

4. **Intellektuelles Kapital:** Hierbei kann es sich um das Image, den Ruf oder auch um ein spezielles Rezept des Restaurants handeln.

Der erfolgreiche Einsatz von Ressourcen erfordert das Beherrschen von bestimmten Kompetenzen bzw. Fähigkeiten. Eine **Kompetenz** ist demnach die Fähigkeit eines Unternehmens, sämtliche Ressourcen in der Art und Weise zu mobilisieren und zu kombinieren, um eine Aktivität erfolgreich umzusetzen. Die Koordination sämtlicher Mitarbeiter in der Küche stellt beispielsweise eine wichtige Kompetenz für ein Restaurant dar. In der Tat ist es notwendig, alle bestellten Gerichte der Gäste eines Tisches gleichzeitig zuzubereiten, um allen Gästen im selben Moment servieren zu können. Die erste Frage, die sich ein Stratege in diesem Zusammenhang stellt, unterscheidet sich von der Porters.

Anstatt wie folgt zu fragen: „Welche Faktoren sind ausschlaggebend für die Wettbewerbsdynamik? Wie können wir unser Unternehmen innerhalb der Branche so positionieren, damit ein Wettbewerbsvorteil entsteht?", geht es vielmehr darum: „Was sind die Ressourcen und die Kompetenzen, die wir bereits besitzen? Wie können wir diese innerhalb der Branche vermarkten, damit sie uns einen Wettbewerbsvorteil verschaffen?"

Infolgedessen sehen wir, dass sich das strategische Denken der Ressourcen- und Kompetenztheorie in erster Linie auf das betreffende Unternehmen *(inside)* konzentriert und erst in zweiter Linie auf den Markt *(out)* und nicht umgekehrt, wie dies bei Porter der Fall wäre. In diesem Sinne kann der ressourcenorientierte Ansatz als *Inside-Out-Ansatz* verstanden werden.

Wie in ▶*Abbildung 2.12* dargestellt, vollzieht sich der ressourcenorientierte Ansatz in zwei Schritten:

1. *Identifizieren* der internen Ressourcen und Kompetenzen des Unternehmens, die strategische Vermögenswerte darstellen (nach innen gerichtet).

2. *Entwickeln und Kombinieren* von strategischen Vermögenswerten, um einen Wettbewerbsvorteil innerhalb der Branche zu schaffen (nach außen gerichtet).

Abbildung 2.12: Entwicklung der Unternehmensstrategie gemäß dem ressourcenorientierten Ansatz

Schritt 1: Identifizieren der internen Ressourcen und Kompetenzen des Unternehmens, die strategische Vermögenswerte darstellen

Der Besitz von Ressourcen und Fähigkeiten oder ihre Beherrschung bringt an sich noch keinen nachhaltigen Wettbewerbsvorteil für das Unternehmen mit sich. Es ist notwendig, Vermögenswerte zu identifizieren. Diese können anhand der sogenannten **VRIN-Kriterien**[7] ermittelt werden:

1. **V**alue (Wert): Eine Ressource oder Kompetenz ist wertvoll, wenn sie ein Unternehmen in die Lage versetzt, Kunden einen Nutzen zu bringen, der denjenigen der Konkurrenz übertrifft.

2. **R**arity (Seltenheit): Eine Ressource oder Kompetenz gilt als selten oder knapp, wenn sie nicht oder nur sehr schwer über den Markt für die Konkurrenten verfügbar ist.

3. **I**n-imitability (Nichtnachahmbarkeit): Strategische Unternehmenswerte sollten von Wettbewerbern nur schwer imitierbar sein.

4. **N**on-substitutable (Nichtersetzbarkeit): Eine Ressource oder Kompetenz ist dann unersetzbar, wenn es keine andere Alternative gibt, die gleiche oder ähnliche charakteristische Eigenschaften aufweist.

Um die strategischen Vermögenswerte zu identifizieren, die geeignet sind einen nachhaltigen Wettbewerbsvorteil zu erzeugen, ist es notwendig abzuschätzen, welche Ressourcen und Kompetenzen den Erfolgsfaktoren der Branche entsprechen *(fit)*, in der sich das Unternehmen entwickelt. Die Erfolgsfaktoren einer Branche sind Eckpfeiler des Erfolgs in dieser Branche, auf welchen in erster Linie der Wettbewerb basiert. Somit berücksichtigt auch der ressourcenorientierte Ansatz die Umwelt.

Abbildung 2.13: Identifikation der strategischen Vermögenswerte eines Unternehmens

In Paris schätzen es viele Touristen, während des Essens in einem Restaurant gleichzeitig eine schöne Aussicht über die romantische Stadt hinweg zu genießen. Hieraus lässt sich ableiten, dass eine privilegierte Aussicht auf Paris ein Schlüsselfaktor für den Erfolg eines Restaurants ist. Aus diesem Grund symbolisiert die geografische Lage des Restaurants *Jules Verne* auf der zweiten Etage des Eiffelturms einen strategischen Vermögenswert. Dieses Beispiel veranschaulicht, dass der Vermögenswert „geografische Lage" des Restaurants vollkommen den Erwartungen der Touristen entspricht *(fit)*, die eine schöne Aussicht auf Paris (Erfolgsfaktor) genießen möchten.

Schritt 2: Entwickeln und kombinieren von strategischen Vermögenswerten, um einen Wettbewerbsvorteil innerhalb der Branche zu schaffen

Die reine Identifikation von strategischen Vermögenswerten ist in diesem Zusammenhang zwar notwendig, aber noch nicht ausreichend.[8] Im zweiten Schritt des ressourcenorientierten Ansatzes soll das Unternehmen seine strategischen Vermögenswerte derart entwickeln, dass diese zu einem **nachhaltigen Wettbewerbsvorteil** führen. Es wird für ein Unternehmen zum Ziel, strategische Unternehmenswerte, die bereits vorliegen, derart weiterzuentwickeln, dass diese zu einem Mehrwert für den Kunden und damit auch für das Unternehmen werden. Unternehmen sollen in erster Linie jene strategischen Vermögenswerte entwickeln, die die größten Potenziale aufweisen, den Gewinn zu maximieren. Sobald ein strategischer Vermögenswert die **VRIN-Kriterien** erfüllt und in angemessener Weise von dem Unternehmen entwickelt wird, erfüllt er die optimalen Voraussetzungen, Ursprung eines nachhaltigen Wettbewerbsvorteils zu werden.

Abbildung 2.14: Entwicklung eines nachhaltigen Wettbewerbsvorteils anhand strategischer Vermögenswerte
Quelle: Ansoff (1957)

Das Restaurant *Jules Verne* besitzt aufgrund seiner lukrativen geografischen Lage (Vermögenswert) einen Wettbewerbsvorteil. In der Tat ist es eine nicht imitierbare Ressource, ein Restaurant auf dem Eiffelturm zu besitzen, das eine von den Kunden sehr geschätzte Aussicht auf Paris bietet. Das Restaurant hat investiert und seine Ressourcen miteinander kombiniert, um seinen strategischen Vermögenswert hervorzuheben: Das Restaurant ließ eine Veranda erbauen und arrangierte den Raum so, dass alle Kunden den atemberaubenden Blick auf die Stadt genießen können. Auf diese Weise wird ein einzigartiges Esserlebnis in unvergesslicher Umgebung in Paris vermarktet.

Nachdem beide wesentlichen Strategieansätze erörtert wurden, sollen nun grundlegende strategische Herausforderungen eines Unternehmens beschrieben werden.

2.3 Grundlegende strategische Herausforderungen

Im Folgenden werden drei zentrale strategische Herausforderungen für die Unternehmen behandelt:

- Wahl der Wachstumsstrategie
- Wahl der Wachstumsoption
- Wahl der internationalen Strategie
- Optionen der sozialen Verantwortung

2.3.1 Wahl der Wachstumsstrategie

Erwägt ein Unternehmen zu wachsen, muss es zunächst die Entscheidung fällen, in welche strategische Richtung es sich entwickeln bzw. welche Wachstumsstrategie es wählen möchte.[9] *Harry Igor Ansoff* (1957) unterscheidet zwischen vier unterschiedlichen strategischen Entwicklungsrichtungen:

Abbildung 2.15: Die Produkt-Markt-Matrix nach Ansoff[10]

Die vier strategischen Entwicklungsrichtungen können wie folgt beschrieben werden:

- **Marktdurchdringung:** Ein Unternehmen, das wachsen möchte, entscheidet sich für die Option der Marktdurchdringung bzw. Konsolidierung, indem es seine aktuelle Marktposition auf der Basis bestehender Produkte ausbaut. Ein Schweizer Alpinski-Hersteller kann beispielsweise versuchen, lokale Marktanteile zu gewinnen, indem er hochwertigere Ski als seine Wettbewerber anbietet. Aggressive Marketingkampagnen wären ein weiteres Mittel, den Marktanteil dieses Unternehmens zu steigern.
- **Produktentwicklung:** Das besagte Unternehmen kann zudem beschließen, ein neues, andersartiges Produkt für die bereits bestehenden Kunden anzubieten. Typischerweise würde dieses Produkt aus bereits vorhandenen oder im Laufe der Zeit angeeigneten Vermögenswerten entwickelt werden. Im Fall des Schweizer Ski-Herstellers wäre das zusätzlich zu der Produktion von Ski die Produktion von Snowboards oder auch von Schlitten für den lokalen Markt.
- **Marktentwicklung:** Eine weitere Option für das Wachstum des Unternehmens wäre, bereits bestehende Produkte auf neuen Märkten anzubieten. Dies können sowohl andere Kundensegmente in dem bereits bestehenden lokalen Markt oder auch ausländische Märkte sein. Somit könnte der Schweizer Ski-Hersteller zusätzlich zu dem Schweizer Markt seine Ski ebenfalls auf dem deutschen, österreichischen oder gar französischen Markt anbieten. Alternativ könnte dieses Unternehmen jedoch auch die Preise senken, um damit eine weitere, weniger finanzkräftige Kundengruppe anzusprechen.

- **Diversifikation:** Schließlich besteht die Option der Diversifikation darin, neue Produkte in neuen Märkten anzubieten. Der Schweizer Ski-Hersteller könnte daher zusätzlich zu seinem bisherigen Angebot Ski für den Schweizer Markt, Snowboards oder Schlitten für den deutschen oder auch französischen Markt anbieten.

Das Wachsen von Unternehmen stellt grundsätzlich eine Herausforderung dar, da diese gezwungen werden, sich zu ändern. Wachstumsstrategien beinhalten die Gefahr einer zu hohen Inanspruchnahme der Kompetenzen und Ressourcen. Dies könnte eine Vernachlässigung des Kerngeschäfts zur Konsequenz haben. In dem folgenden Abschnitt wird die Wahl der Wachstumsoption genauer erläutert, um aufzuzeigen, auf welche Weise ein Unternehmen dem hohen Risiko, dem es bezüglich des Wachsens ausgesetzt ist, entgegenwirken kann.

2.3.2 Wahl der Wachstumsoption

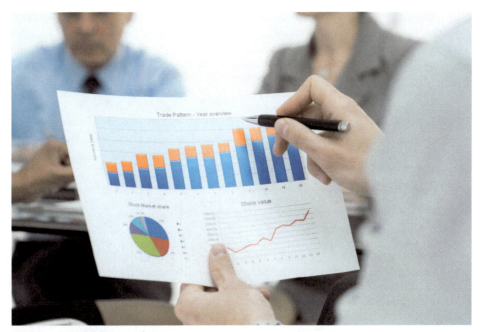

Abbildung 2.16: Wachstumsanalyse
Quelle: © Rido/Shutterstock.com

Um den bestehenden Wettbewerbsvorteil zu erhalten oder zu verbessern, sind Unternehmen häufig zu Wachstum gezwungen. Eine große Herausforderung ist es dabei, sich für ein Vorgehen zu entscheiden, durch das dieses Wachstum erfolgen soll. Ein Unternehmen kann zwischen drei grundsätzlichen Arten von Wachstum wählen: (a) internes Wachstum, (b) externes Wachstum oder (c) Wachstum durch Allianzen. Die erwähnten Wachstumsoptionen werden nachfolgend im Detail beschrieben.

a) **Internes Wachstum:** Das interne Wachstum, auch **organisches Wachstum** genannt, besteht für ein Unternehmen darin, auf bereits bestehende Vermögenswerte aufzubauen und diese weiterzuentwickeln. Es handelt sich hierbei um einen schrittweisen, **inkrementellen Wachstumsverlauf**, der den Vorteil einer gewissen Flexibilität mit sich bringt. In der Tat kann das Unternehmen die Geschwindigkeit, in der es wachsen möchte selbst bestimmen. Ein Unternehmen wächst demnach, indem es sukzessive auf ausschließlich bereits vorhandenen Vermögenswerten aufbaut. Das Unternehmen *Toyota* entschied sich beispielsweise bei der Kreation der Marke Lexus für ein internes Wachstum, um in den Markt der Luxusklasse einzudringen.

b) **Externes Wachstum:** Externes Wachstum ist durch den Erwerb von Vermögenswerten von außen gekennzeichnet. In der Regel wird externes Wachstum durch Fusionen und Übernahmen, im Englischen *Mergers und Acquisitions (M&A)* genannt, realisiert: Zwei oder mehrere Unternehmen können die Vermögenswerte fusionieren und unter neuer Identität ein neues Unternehmen gründen. Externes Wachstum kann jedoch auch stattfinden, indem ein Unternehmen ein anderes erwirbt. Der chinesische Autohersteller *Geely* erwarb beispielsweise im März 2010 den schwedischen Autohersteller *Volvo*, um das Geschäft in Europa und in den Vereinigten Staaten auszubauen. Externes Wachstum erweist sich diesbezüglich als eine schnellere Wachstumsoption für ein Unternehmen als das organische Wachstum. Jedoch ist externes Wachstum riskanter, da es zu Integrationsproblemen der Vermögenswerte beider Unternehmen führen kann. Zudem ist die Rückgängigmachung von Fusionen und Akquisitionen aufwendig und teuer. In etwa 70 Prozent der durchgeführten Fusionen und Übernahmen sind von Misserfolg gekennzeichnet.

c) **Wachstum durch Allianzen:** Es gibt viele Möglichkeiten, das Wachstum mittels strategischer Allianzen umzusetzen. Es handelt sich hierbei immer um eine **Kooperation** von mindestens zwei Unternehmen. Diese Beziehung kann formal in einem Vertrag oder gänzlich informell geregelt sein. Wachstum durch Allianzen besteht darin, dass mindestens zwei Unternehmen ihre Vermögenswerte bündeln, um ihre jeweiligen Strategien zu verwirklichen. So schloss beispielsweise *Renault* mit *Nissan* eine Allianz, um das Vertriebsnetz von *Renault* in Asien auszubauen. *Nissan* hingegen verfügte über einen besseren Zugang auf dem europäischen Markt. Diese Form von Wachstum ermöglichte den schnellen Zugriff auf neue Vermögenswerte und bot für alle Beteiligten die Möglichkeit, die Allianz nach kurzer Zeit zu verlassen. Leider sind diese Beziehungen oft schwierig zu koordinieren, da die Interessen der verschiedenen beteiligten Unternehmen stark variieren und sich im Laufe der Zeit teils drastisch verändern können. Es wird geschätzt, dass etwa 50 Prozent aller Allianzen relativ schnell nach der Entstehung wieder aufgelöst werden.

2.3.3 Wahl der internationalen Strategie

In diesem Abschnitt werden zunächst die vier Dimensionen der Internationalisierungsstrategie beschrieben, die von einem Unternehmen in Betracht gezogen werden sollten, ehe sich dieses für eine Internationalisierungsstrategie entscheidet. Im Folgenden werden die Grundstrategien der Internationalisierung, aus denen ein Unternehmen seine internationale Strategie auswählen kann, behandelt.

Dimensionen der Internationalisierungsstrategie

Die Internationalisierung von Unternehmen tangiert mehrere wichtige und schließlich die ganze Welt betreffende Dimensionen. Unternehmen, die Märkte wie China, Indien, Brasilien oder Russland durchdringen, begegnen stets ähnlichen Herausforderungen. *Yip* (2003) nennt in diesem Zusammenhang vier Dimensionen, die Unternehmen in Bezug auf die Wahl ihrer internationalen Strategie berücksichtigen sollten: (a) die Marktdimension, (b) die Kostendimension, (c) die Konkurrenzdimension und schließlich (d) die staatliche Dimension.

Abbildung 2.17: Die vier Dimensionen der Internationalisierungsstrategie
Quelle: Yip (2003)

a) **Die Marktdimension:** Ein Unternehmen, das in einen neuen Markt eintritt, kann aufgrund eines bereits bestehenden Standardisierungsgrades zwischen zwei Ländern einen Nutzen ziehen, um seine Produkte oder Dienstleistungen zu vermarkten. Hierbei kann zwischen drei Standardisierungsebenen unterschieden werden:
   - **Ähnliche Bedürfnisse auf Seiten der Verbraucher:** Beispielsweise ist die erhöhte Nachfrage nach Mobiltelefonen und Smartphones weltweit ähnlich.
   - **Ein globaleres Angebot der Lieferanten:** Da der Mobilfunkmarkt auf der ganzen Welt relativ standardisiert ist, tritt zunehmend der Fall ein, dass auch Lieferanten in dem neuen Markt von Mobiltelefonherstellern standardisierte Teile für die Montage anbieten.
   - **Globale Marketingkampagnen:** Werbekampagnen für Mobiltelefone und Smartphones sind in der Regel von einem Markt zum anderen übertragbar. Tatsächlich handeln Werbekampagnen häufig davon, Geschäftsleuten zu zeigen, inwiefern die berufliche Leistung durch die Nutzung der angepriesenen Mobiltelefone verbessert werden kann.

b) **Die Kostendimension:** Durch die Umsetzung einer internationalen Expansionsstrategie ist ein Unternehmen in der Lage, Kosten zu reduzieren. Diese Kostenreduktion kann auf drei Ebenen erfolgen:
   - **Erzielung von Skaleneffekten bzw. von Größenvorteilen:** Die Erhöhung des Produktionsvolumens über das des heimischen Marktes hinaus kann zu Skaleneffekten bezüglich der Produktion sowie des Erwerbs oder des Einkaufs von Waren und Rohstoffen führen. Diese Strategie wird beispielsweise von dem multinationalen Schweizer Unternehmen *Nestlé* verfolgt. Obwohl der Firmensitz in einem kleinen Land wie der Schweiz, genauer in Vevey am Genfer See, liegt, bezieht der Weltkonzern der Lebensmittelbranche seine Rohstoffe aus der ganzen Welt. Indem *Nestlé* seine Produkte global verkauft, erreicht es enorme Skaleneffekte.
   - **Die Unterschiede zwischen den Ländern nutzen:** Für ein nordamerikanisches Unternehmen der PC-Industrie kann es sich als sinnvoll erweisen, die Montage von Computern nach Mexiko auszulagern, um von den niedrigeren regionalen Lohnkosten zu profitieren.
   - **Rolle der Logistik:** Die Transportkosten für Produkte, die für andere Länder bestimmt sind oder aus diesen stammen, spielen eine wichtige Rolle in der Kostenstruktur eines Unternehmens. Die Höhe von Transportkosten ist im Wesentlichen abhängig von dem Volumen und dem Gewicht des zu transportierenden Gutes im Verhältnis zu seinem Preis. Bei Computer-Chips spielen beispielsweise die Transportkosten aufgrund ihrer geringen Größe und ihres geringen Gewichts im Verhältnis zum Preis nur eine kleine Rolle, da sie in enormen Mengen von einem Land in ein anderes transportiert werden können. In der Stahlindustrie hingegen sind die Transport- und Logistikkosten im Vergleich zu Computer-Chips wesentlich höher: Dies stellt die Sinnhaftigkeit einer internationalen Strategie in diesem Sektor infrage.

c) **Die Konkurrenz-Dimension:** Internationalisierung kann die Wettbewerbsposition eines Unternehmens bezüglich der Konkurrenz erhöhen. Hierbei spielen zwei grundlegende Überlegungen eine Rolle:

- **Synergien zwischen den Staaten:** Anhand erzielter länderübergreifender Synergiewirkungen kann ein Unternehmen die Konkurrenz unter Druck setzen. So gelang es *EADS*, alle europäischen Luft- und Raumfahrtbehörden so zu organisieren, dass sowohl Mittel wie auch Forschungs- und Entwicklungsprogramme viel effizienter eingesetzt und durchgeführt werden. Erst durch diesen Schritt wurde *EADS* zu einem ernst zu nehmenden Wettbewerber für die internationale Konkurrenz.
- **Globale Strategie der Konkurrenz:** Die Präsenz internationaler Wettbewerber erhöht den Druck, eine Entscheidung für eine globale Strategie zu fällen. Einerseits können Konkurrenten die Gewinne, die sie in einem Land erwirtschaften, nutzen, um damit Aktivitäten in anderen Ländern zu subventionieren. Andererseits entsteht gegebenenfalls aufgrund der Konkurrenzdynamik der Druck, das Produkt international zu standardisieren. In diesem Fall würde ein Unternehmen, das global agiert, mehr Einfluss auf die Gestaltung dieses Standards nehmen als ein Unternehmen, das in wenigen Ländern tätig ist.

d) **Die staatliche Dimension:** Eine internationale Strategie lässt sich nicht realisieren, ohne auf Einschränkungen gesetzlicher oder politischer Natur zu stoßen. Ein Unternehmen unterliegt daher zahlreichen Normen, deren Einhaltung von einer Vielzahl von Behörden (und auch der Konkurrenz) überwacht wird. In der Tat gibt es politische Barrieren, wie beispielsweise tarifäre und nichttarifäre Handelshemmnisse:

- Tarifäre Handelshemmnisse bezeichnen **direkte protektionistische Maßnahmen** der Außenhandelsbeschränkung. Hierzu gehören insbesondere Zölle, Abschöpfungen (Mindestpreise), Verbrauchersteuern und Exportsubventionen.
- Nichttarifäre Handelshemmnisse bezeichnen **indirekte protektionistische Maßnahmen** der Außenhandelsbeschränkung. Beispiele hierfür sind Exportquoten, Local-Content-Klauseln[11], freiwillige Exportbeschränkungen, Normen und Standards, Importlizenzen, Verpackungs- und Kennzeichnungsvorschriften, psychologische Beeinflussung der Konsumenten zum Kauf von einheimischen Produkten sowie Sozial- und Umweltstandards.

Diese Dimension könnte in Bezug auf die Standortwahl einen großen Einfluss auf die internationale Strategie nehmen. Gegenwärtige Entwicklungen zeigen, dass zunehmend mehr Unternehmen ihre Produktionsstätten in China aufbauen, um ebendiese Handelshemmnisse zu umgehen und um anhand von sogenannten ausländischen Direktinvestitionen den dortigen Markt direkt vor Ort ausreichend bedienen zu können. In den seltensten Fällen können diese Hemmnisse über reinen politischen Druck (Lobbying) vollkommen beseitigt werden.

Grundstrategien der Internationalisierung

Ausgehend von den beschriebenen vier Dimensionen der Internationalisierungsstrategie kann ein Unternehmen eine der vier Grundstrategien auswählen und somit eine Strategie festlegen. *Bartlett* und *Ghoshal* (2002) legen nahe, dass für Unternehmen vier Grundstrategien der Internationalisierung existieren:

a) **Internationale Strategie:** Internationale Strategie bedeutet, dass sich ein Unternehmen internationalisiert, indem es ausländische Tochtergesellschaften gründet, die direkt von der Konzernzentrale gesteuert werden. Die Tochtergesellschaften verfügen hierbei über wenig Entscheidungsfreiheit, wobei ihre lokale Strategie hauptsächlich von der Zentrale festgelegt wird. Diese Strategie eignet sich für Unternehmen, die sich nur in begrenzter Form im Ausland niederlassen. Diese Strategie reicht meist nicht aus, um den lokalen Markt zu verstehen.

b) **Multinationale Strategie:** Im Gegensatz zu einer internationalen Strategie besteht die multinationale Strategie aus einer weitgehend selbstständigen Entscheidungsautonomie der ausländischen Tochtergesellschaften. Die Tochtergesellschaften können hierbei über die Strategie, die sie auf lokaler Ebene anwenden möchten, weitgehend autonom entscheiden. Die Zentrale schreibt lediglich die grundlegende strategische Ausrichtung vor. Somit managen die Tochtergesellschaften von multinationalen Unternehmen die Herstellung und Vermarktung ihrer Produkte oder Dienstleistungen selbst. Diese Art der Organisation hat den Vorteil, dass das Angebot sehr stark an die Bedürfnisse des entsprechenden Landes angepasst ist.

c) **Globale Strategie:** Ein Unternehmen, das eine globale Strategie verfolgt, geht von einer weltweit homogenen Nachfrage für Produkte oder Dienstleistungen aus. Sämtliche Entscheidungen werden zentralisiert im Hauptsitz des Unternehmens getroffen, wobei in allen Tochtergesellschaften dieselbe Strategie verfolgt wird. Das Unternehmen stützt sich demnach ausschließlich auf die Vermögenswerte der Zentrale, um auf einheitliche Weise in allen Ländern aufzutreten.

d) **Transnationale Strategie:** Schließlich versucht ein Unternehmen, das eine transnationale Strategie verfolgt, von den Vorteilen jedes der Länder, in denen es präsent ist, zu profitieren. Jede einzelne Aktivität seiner Wertschöpfungskette wird demnach in demjenigen Land ausgeführt, das über die meisten Vorteile in Bezug auf Kosten und Qualität verfügt. Typischerweise kann ein Unternehmen beschließen, das Design seiner Produkte in Schweden entwerfen zu lassen, da es der Meinung ist, dass schwedische Designer über einzigartiges Know-how verfügen. Hingegen wird das Unternehmen die Produktionsstätten in einem Land wie China errichten, da dort die Lohnkosten zu den billigsten weltweit gehören. Schließlich wird das Unternehmen unterstützende IT-Aktivitäten in einem Land wie Indien planen, um dadurch auf günstige Art und Weise von dem Fachwissen der Ingenieure dieses Landes zu profitieren. Die transnationale Strategie verspricht hohe Effizienz in den einzelnen Unternehmensteilen, doch kann die Koordination der verschiedenen Bereiche sehr komplex und aufwendig werden.

2.3.4 Optionen sozialer Verantwortung

Nach Milton Friedman besteht „das soziale Ziel eines Unternehmens darin, seine Profite zu maximieren".[12] Dieses Prinzip wird so von vielen Unternehmen nach wie vor verfolgt. Dabei werden die Geschäftstätigkeiten von Unternehmen ausschließlich an den Unternehmensgewinnen orientiert und moralisch-ethische Themen vernachlässigt.

Das folgende Beispiel illustriert die Herausforderung für Unternehmen, rechtskonforme Entscheidungen auch moralisch zu vertreten. Diese und ähnliche Fragen werden in Zusammenhang mit dem Thema soziale Verantwortung von Unternehmen diskutiert.

2.3 Grundlegende strategische Herausforderungen

Beispiel 2.4 **Soziale Verantwortung im Einkauf bei Nestlé**

Ein Lebensmittelhersteller, welcher Palmöl für das Herstellen seiner Produkte verwendet, hat nach Milton Friedman zur Prämisse, gutes Öl zu einem möglichst günstigen Preis zu kaufen. Sehr gutes und günstiges Palmöl gibt es z. B. in Malaysien oder Indonesien. Ein Einkäufer einer Lebensmittelfirma würde daher typischerweise dort das Palmöl beziehen.

Dieser Einkauf wurde in der Tat so von dem großen Lebensmittelhersteller Nestlé getätigt, mit der Folge, dass Greenpeace bei dessen Aktionärsversammlung eine stark mediatisierte Protestaktion organisierte. Durch die Rodung des Urwalds zugunsten von Ölpalmplantagen werde die Lebensgrundlage der bedrohten Orang-Utans vernichtet, heißt es in einem Greenpeace-Bericht. Nach Kritik der Umweltschutzorganisation hat der Lebensmittelkonzern seine Zusammenarbeit mit dem umstrittenen indonesischen Palmöl-Zulieferer Sinar Mas aufgekündigt. Nestlé teilte mit, es habe Sinar Mas durch einen anderen Palmöl-Hersteller ersetzt. Das Unternehmen hat somit seine Einkaufspolitik geändert.[13]

Abbildung 2.18: Soziale Verantwortung
Quelle: © weerapat1003/fotolia.com

Soziale Verantwortung[14] zu übernehmen bedeutet die Anforderungen von Stakeholdern in unternehmerische Entscheidungen einzubeziehen und ein Verständnis für die spezifische Umwelt zu gewährleisten. Folglich wird bei Nestlé in Zukunft ein Einkäufer wahrscheinlich nicht nur die Dimensionen Preis und Qualität, sondern auch die ökologischen und sozialen Auswirkungen bei der Wahl seines Zulieferers berücksichtigen. Soziale Verantwortung beschränkt sich hierbei nicht nur auf Maßnahmen außerhalb der Organisation, sondern bezieht sich auch auf betriebsinterne Maßnahmen.

Unternehmen nehmen bezüglich ihrer sozialen Verantwortung sehr unterschiedliche Haltungen ein. ▶Tabelle 2.2 veranschaulicht vier Optionen sozialer Verantwortung.

Tabelle 2.2

Optionen sozialer Verantwortung

	Laissez-faire	Aufgeklärtes Selbstinteresse	Einbezug von Stakeholdern	Gestalter der Gesellschaft
Fokus	Steuern, Arbeitsplätze	Philanthropie, Geschäftssinn	Nachhaltigkeit	Einklang von Gesellschaft und Markt
Strategische Absicht	Gesetzeskonformität	Marketing (Reputation)	Übernahme von Verantwortung	Vorreiter
Beziehung zu Stakeholdern	Unilateral	Interaktiv	Partnerschaften	Allianzen
Transparenz	Minimalistisch	Kommunikationsmittel	Aktive Gewährleistung	Vollkommene Transparenz

Quelle: Eigene Darstellung, in Anlehnung an: Mirvis und Googins, 2006, S. 104–126

Das oben genannte Modell illustriert vier unterschiedliche Optionen sozialer Verantwortung: ausgehend von der Option Laissez-faire, bei welcher der Grundgedanke ist „Was gut für das Geschäft ist, ist auch gut für die Gesellschaft" bis hin zur Option Gestalter der Gesellschaft, bei welcher der Grundgedanke genau umgekehrt ist, nämlich „was gut ist für die Gesellschaft, ist auch gut für das Geschäft". Die Option Laissez-faire stellt eine relativ extreme soziale Positionierung von Unternehmen dar. Hier orientieren sich unternehmerische Entscheidungen ausschließlich an den Interessen der Aktionäre. Bei der Option Aufgeklärtes Selbstinteresse hingegen werden andere Stakeholder bei den unternehmerischen Entscheidungen berücksichtigt. Die Rechtfertigung für soziales Handeln liegt darin, dass es auch wirtschaftlich gesehen sinnvoll ist. Eine philanthropische Aktion ist hierbei mit Werbeausgaben vergleichbar und würde typischerweise damit begründet, dass sie die Reputation steigert und die Gewinne erhöht. Ein Beispiel hierfür ist die Förderung einer Kulturveranstaltung. Die Option Einbezug von Stakeholdern berücksichtigt bei der Entscheidungsfindung neben den Interessen der Aktionäre oder Eigentümer auch nachhaltig diejenigen anderer Stakeholder. Es wird versucht die Interessen unterschiedlicher Stakeholder möglichst in Einklang zu bringen. Beispiele hierfür wären die soziale Verantwortung im operativen Geschäft als Dimension miteinzubeziehen oder gar langfristige Partnerschaften mit wichtigen Stakeholdern wie Non-Profit-Organisationen, Staat, Lieferanten oder Mitarbeitern zu etablieren. Bei der Option Gestalter der Gesellschaft werden finanzielle Gewinne den Werten der Gesellschaft nachgestellt. Solche Unternehmen werden idealerweise genau zu diesem Zweck gegründet und die soziale Verantwortung ist ihr Zweck. „Der Zweck heiligt jedoch nicht immer die Mittel", deshalb sollten diese Organisationen stets darauf achten, auch im operativen Handeln ihrer sozialen Positionierung gerecht zu werden, ohne dabei jedoch ihre Wirtschaftlichkeit zu gefährden. Beispiele hierfür sind Unternehmen wie Max Havelaar, The Body Shop oder Caritas. Der Übergang von einer Option zur anderen ist fließend und die Gewichtung der sozialen Verantwortung im unternehmerischen Handeln ist dabei entscheidend.

Michael E. Porter und Marc R. Kramer gehen in einem Artikel der Zeitschrift Harvard Business Review[15] genau diesen Fragen nach und eruieren die Notwendigkeit in unserer heutigen Gesellschaft den klassischen Kapitalismus, welcher eine Vielzahl an negativen Externalitäten produziert, zu hinterfragen. Die Beziehung zwischen Wirtschaft und Gesellschaft sollte demnach neu definiert werden. Hinter diesem neuen Verständnis und den damit verbundenen Veränderungen steckt ein grosses Wachstumspotenzial für die Wirtschaft. Als negative Externalitäten (auch negativer externer Effekt) bezeichnet man in der Volkswirtschaftslehre die unkompensierten negativen Auswirkungen ökonomischer Entscheidungen auf unbeteiligte Marktteilnehmer.[16] Vereinfacht gesagt also Auswirkungen, für die niemand bezahlt oder einen Ausgleich erhält. Sie werden nicht in das Entscheidungskalkül des Verursachers einbezogen. Volkswirtschaftlich gesehen sind sie eine Form von Marktversagen und können staatliche Interventionen notwendig werden lassen. Negative externe Effekte werden auch als externe oder soziale Kosten, positive als externer Nutzen oder sozialer Ertrag bezeichnet. Extern heißt dabei, dass die Effekte (Nebenwirkungen) eines Verhaltens nicht (ausreichend) im Markt berücksichtigt werden.

Die weltweit zunehmende Transparenz von Unternehmensaktivitäten in unserer Gesellschaft unterstützt mehr und mehr den Entwicklungstrend von Unternehmen weg von der klassischen Option Laissez-faire hin zur Option Einbezug von Stakeholdern oder gar zur Option Gestalter der Gesellschaft.

Ein Unternehmen steht somit vor einer Vielzahl von strategischen Herausforderungen, die es zu bewältigen gilt. Aufgrund von sich ständig verändernden Rahmenbedingungen im Inneren eines Unternehmens sowie in dessen Umwelt, sollte ein Unternehmen stets darauf bedacht sein, die analysierten Rahmenbedingungen permanent zu überwachen, um so gegebenenfalls die getroffenen Entscheidungen anpassen zu können.

Die in *Abschnitt 2.3* aufgeführten Optionen beinhalten jeweils sowohl Schwächen als auch Stärken. Die wesentliche Herausforderung für ein jedes Unternehmen besteht darin, die adäquaten Optionen auszuwählen. Diese Wahl kann aufgrund folgender Kriterien getroffen werden: Strategischer fit, Akzeptanz durch die Anspruchsgruppen, Finanzierbarkeit und Realisierbarkeit.[17]

> **Exkurs**
>
> ## Kostenführerschaft versus Differenzierung bzw. Fokussierung
>
> *Porter* definiert drei generische Grundstrategien (Kostenführerschaft, Differenzierung und Fokussierung). *Porters* Ausgangspunkt dabei ist, dass sich die generischen Grundstrategien gegenseitig ausschließen und daher von Unternehmen nicht gleichzeitig angewandt werden können. Er argumentiert, dass ein Unternehmen, das eine Differenzierungsstrategie verfolgt und gleichzeitig bemüht ist, eine Strategie der Kostenführerschaft zu verfolgen, die Produkte nicht billiger als die Konkurrenz anbieten könnte und deshalb automatisch seinen Wettbewerbsvorteil basierend auf guter Produktqualität verlieren würde.
>
> Nach *Porter* bedingen geringere Kosten eine Umstrukturierung der Wertschöpfungskette, welche zwangsläufig zu einer geringeren Qualität der angebotenen Produkte führt. Letztlich würde ein solches Unternehmen ein Produkt anbieten, das nicht das billigste auf dem Markt ist und das auch nicht mehr den ursprünglich unverwechselbaren Wert für den Kunden repräsentiert.
>
> Weiter behauptet er, dass ein Unternehmen, das die Strategie der Kostenführerschaft verfolgt und gleichzeitig einer Differenzierungsstrategie nacheifert, ebenfalls scheitern würde, da der Wettbewerbsvorteil, ein Produkt zu niedrigeren Preisen als die Konkurrenz herzustellen und anzubieten, verloren gehen würde. Zusammenfassend argumentiert *Porter*, dass die Produktion und die Vermarktung eines differenzierten Produkts oder einer differenzierten Dienstleistung Investitionen einer bestimmten Höhe erfordert, die eine automatische Erhöhung der Kosten mit sich brächte.
>
> *Porter* gelangt zu folgendem Fazit: Letztendlich sei die Wahl einer klaren strategischen Ausrichtung absolut notwendig, um zu vermeiden „in der Mitte festzusitzen" *(Stuck in the Middle)*. Dieser Zustand kann dazu führen, dass das Unternehmen nicht mehr in der Lage ist, eine der generischen Strategien *(siehe Kapitel 1.2.1)* richtig zu verfolgen.
>
> ### Reflexionsfragen
>
> 1. Wie lässt sich auf der Basis des Exkurses der Erfolg des Unternehmens *IKEA*, das differenzierte Produkte zu niedrigeren Preisen am Markt anbietet, erklären?
>
> 2. Kann man nicht der Ansicht sein, dass Unternehmen, die die beiden generischen Strategien Differenzierung und Kostenführerschaft *(siehe Kapitel 2.2.1)* gleichzeitig verfolgen, von einer Art positivem Kreislauf profitieren würden?
>   - Wie könnte eine solche Strategie aussehen?
>   - Diskutieren Sie die Möglichkeit, in diesem Sinne die Ressourcen, die durch eine Strategie der Kostenführerschaft frei werden, in den Bereichen Marketing oder Forschung bzw. Entwicklung zu investieren, um ein differenziertes Produkt anzubieten?
>
> 3. Wie könnte man im Zusammenhang von Differenzierung soziales Engagement von Unternehmen bewerten?

ZUSAMMENFASSUNG

Folgende Inhalte wurden in diesem Kapitel behandelt:

- Es wurden die Herkunft und die historischen Entwicklungsphasen des strategischen Denkens beschrieben. Dabei kam es zu folgender Feststellung: Der Ursprung des strategischen Managements liegt im militärischen Bereich. Darüber hinaus wurden grundlegende Begriffe des strategischen Managements wie Performance (Leistung) oder Wettbewerbsvorteil erläutert. Strategisches Management verfolgt stets langfristige Ziele eines Unternehmens und deren optimale Umsetzung. Diese Ziele sollen zu nachhaltigen Wettbewerbsvorteilen führen.

- Des Weiteren waren die vier Grundelemente der Strategie, die das strategische Denken wesentlich beeinflussen, Gegenstand: die Mission, die Vision, der Zweck bzw. die Absicht sowie die Ziele. In Bezug auf die Strategieentwicklung kann zwischen dem geplanten und dem emergenten Strategieansatz unterschieden werden. Dem strategischen Management kommt in Unternehmen eine bedeutende und übergeordnete Rolle zu, da es die Unternehmensstrategie festlegt, strategische Geschäftsfelder entwickelt und die Umsetzung in den einzelnen Unternehmensfunktionen unterstützt.

- Der marktorientierte (Market-Based-View) und der ressourcenorientierte Ansatz (Resource-Based-View) stellen zwei wesentliche Ansätze des strategischen Managements dar. Es wurden bedeutende Managementinstrumente und Schritte zu jedem dieser Ansätze vorgestellt: das 5-Kräfte-Modell, Strategie-Mapping, generische Grundstrategien, die Wertschöpfungskette, das Identifizieren von strategischen Vermögenswerten eines Unternehmens sowie das Entwickeln und Kombinieren von strategischen Vermögenswerten zur Generierung eines Wettbewerbsvorteils.

- Zudem wurden wichtige Dimensionen der Strategieentwicklung und grundlegende strategische Herausforderungen – die Wahl der Wachstumsstrategie, der Wachstumsoption, die Wahl der internationalen Strategie sowie unterschiedliche Optionen sozialer Verantwortung – behandelt.

2 Strategisches Management

AUFGABEN

1. Beschreiben Sie in eigenen Worten folgende Ansätze:
   a) Marktorientierter Ansatz (Market-Based-View) und
   b) Ressourcenorientierter Ansatz (Resource-Based-View).

2. Beschreiben Sie die Vorteile und Nachteile jedes einzelnen dieser beiden Ansätze.

3. Analysieren Sie die Automobilindustrie oder eine Branche Ihrer Wahl anhand des 5-Kräfte-Modells.

4. Führen Sie für die Branche, für die Sie sich entschieden haben, ein Strategie-Mapping durch, um die strategischen Gruppen zu identifizieren.

5. Beschreiben Sie die generische Grundstrategie eines Unternehmens Ihrer Wahl.

6. Bitte nennen Sie vier unterschiedliche Optionen hinsichtlich der sozialen Verantwortung von Unternehmen.

Weitere Aufgaben mit Lösungen befinden sich in begleitendem Übungsbuch als E-Text.

Fallstudie: HiPP – Das Beste aus der Natur, das Beste für die Natur

HiPP auf einen Blick

Gründung 1932, ca. 2.000 Mitarbeiter, ca. 660 Mio. Euro Jahresumsatz (2013), Geschäftssitz Pfaffenhofen/Ilm. Im Pfaffenhofener Werk werden täglich eine Million Gläschen mit Babybrei gefüllt. Über 279 Artikel sind im Sortiment.

Die Familie Hipp ist schon seit etwa 400 Jahren in Pfaffenhofen in Landwirtschaft und Handwerk tätig. HiPP-Zwieback war schon um die Wende zum 20. Jahrhundert ein Begriff in Bayern. Im Jahre 1956 begann Georg Hipp mit dem Anbau von Obst und Gemüse auf naturbelassenen Böden ohne Chemikalien. Die Söhne Claus, Georg und Paulus leisteten Überzeugungsarbeit und bauten ein Netz von 6.000 Bio-Landwirten auf. „Gesunde Lebensmittel im Einklang mit der Natur herzustellen – diese *Unternehmensphilosophie* ist uns Verpflichtung gegenüber den Babys und Kleinkindern. Danach handeln wir bereits seit Jahrzehnten und daran wird sich auch in Zukunft nichts ändern."

Das Unternehmen ist heute weltweit größter Verarbeiter organisch-biologisch angebauter Rohstoffe. Die Lieferanten erhalten Verträge mit umfangreichen ökologischen Auflagen wie zum Beispiel: Kontrolle von der Aussaat bis zur Ernte, kein Einsatz von chemisch-synthetischen Spritzmitteln, natürliche Methoden der Schädlingsbekämpfung, artgerechte Tierhaltung und kein Einsatz von Masthilfsmitteln.

Abbildung 2.19: Auswahl aus dem Produktprogramm der Marke „HiPP"
Quelle: Mit freundlicher Genehmigung der HiPP GmbH & Co. Vertrieb KG

Unternehmensphilosophie und Ethik-Management des Hauses HiPP

Die Diskussionen über den allgemeinen Werteverfall in der Gesellschaft, die Auswirkungen kurzfristiger Kapitalorientiertheit in der weltweiten Wirtschaft, fehlende Verantwortung gegenüber Mitarbeitern und Gesellschaft und fehlende ethische Werte nahm man bei HiPP im Jahr 1999 zum Anlass, ein internes Ethik-Management einzuführen. Es bildet die Philosophie, die das Unternehmen und seine Mitarbeiter als Basis ihres Handelns verinnerlicht haben, und soll den Mitarbeitern, Kunden und Lieferanten helfen, ihr gemeinsames unternehmerisches Handeln reflektieren und bejahen zu können.

Um die allgemeinen Gedanken zur Unternehmensethik in der Praxis mit Leben zu füllen, hat HiPP eine Ethik-Management-Konzeption entwickelt, die sich aus einer Ethik-Erklärung, dem Ethik-Management-Programm und einer Ethik-Charta zusammensetzt. In der Ethik-Erklärung verpflichtet sich das Unternehmen unter anderem dazu, in Zukunft bewusst als ethisches Unternehmen aufzutreten. Das Ethik-Management-Programm hingegen schreibt die Verfahrensweisen vor, in denen HiPP Ethik-Management betreiben will und regelt seine organisatorische Verankerung im Unternehmen sowie die Kommunikationsformen nach innen und außen. Die Ethik-Charta schließlich ist die Sammlung aller Regeln, die zur Orientierung des Handelns bei HiPP dienen sollen. Eine aktuelle Fassung der ständig weiterentwickelten Charta ist allen Mitarbeitern in der Nähe ihres Arbeitsplatzes als Handbuch zugänglich. Sie befasst sich mit dem Verhalten am Markt, dem Verhalten gegenüber Mitarbeitern und jenem der Mitarbeiter, dem Verhalten gegenüber Staat und Gesellschaft und dem Verhalten in der Umwelt.

Hier ein Auszug aus der Ethik-Charta zum Verhalten gegenüber Kunden:

Regel: Kunden von HiPP als Partner am Markt können sich darauf verlassen, dass HiPP sich an die Spielregeln des jeweiligen Marktes hält und unlautere Methoden zur Vorteilserlangung nicht Stil des Hauses sind. HiPP achtet darauf, dass Vertrauen mit Vertrauen und Entgegenkommen mit entsprechender Anerkennung honoriert wird. Ist aber eine vertrauensvolle Zusammenarbeit nicht möglich oder erwünscht, müssen die Marktpartner mit angepasstem Verhalten von HiPPs Seite rechnen.

Grund: HiPP ist ein Unternehmen, das nicht kurzsichtig auf die Erzielung von kurzfristigen Gewinnen aus ist, sondern langfristig so erfolgreich wie möglich sein will. Dazu aber ist eine langfristig vertrauensvolle, auf beiderseitigen Vorteil achtende Zusammenarbeit mit den Kunden eine notwendige Voraussetzung.

Folge: Von HiPP-Mitarbeitern, die mit Kunden in Kontakt stehen, wird erwartet, dass sie mit Ausrichtung auf den langfristigen Erfolg ihres Unternehmens alles Mögliche zum Aufbau einer vertrauensvollen Beziehung zwischen HiPP und den Kunden tun. Ihr diesbezüglicher Erfolg ist in der Mitarbeiterbeurteilung präzise zu erfassen.

Abbildung 2.20: Eingang des Verwaltungsgebäudes von HiPP, aus natürlichen Rohstoffen wie z. B. Ziegelsteinen und Holz gebaut
Quelle: Mit freundlicher Genehmigung der HiPP GmbH & Co. Vertrieb KG

Zudem publiziert das Unternehmen HiPP einen umfangreichen Umweltbericht mit Umwelterklärung, die wiederum entsprechend der EU-Umwelt-Audit-Verordnung zertifiziert ist. HiPP ist dafür mehrfach, teils an erster Stelle, mit Preisen für das konsequente Umwelt-Management und für diese Berichterstattung ausgezeichnet worden.

So wurde beispielsweise der Standort Pfaffenhofen in den letzten acht Jahren konsequent auf regenerative Energien umgestellt: die Energie für die Heizungen und die Produktion wird von einem Biomasse-Heizkraftwerk geliefert und die beiden Kesselhäuser, die mit Heizöl und Erdgas befeuert wurden, wurden stillgelegt.

Der elektrische Strom ist zu 100 % CO_2-neutral, denn er wird in Wasserkraftwerken am Hochrhein hergestellt. Zusätzlich erzeugen die HiPP-Photovoltaikanlagen ca. 45.000 kW/h Strom/Jahr. Ältere Gebäude wurden mit einem effizienten Wärmeschutz versehen. Die organischen Abfälle werden in landwirtschaftliche Biogasanlagen geliefert, die ca. 2 Mio. kW Strom/Jahr erzeugen.

Unter dem Strich ist es HiPP gelungen, dass der Standort in Pfaffenhofen CO_2-neutral produziert.

Quelle: HiPP GmbH & Co. Vertrieb KG, Webseite unter: www.hipp.de [19.09.2014]

Reflexionsfragen

1. Beschreiben Sie die Wettbewerbsvorteile der Firma HiPP, welche wesentlich zu der starken Position auf dem Weltmarkt beitragen. Begründen Sie Ihre Antwort.

2. Wo würden Sie die Firma HiPP hinsichtlich der Optionen sozialer Verantwortung einordnen? Begründen Sie Ihre Antwort.

3. Wieso hat die Firma HiPP wohl diese Option gewählt?

4. Beschreiben Sie die generische Grundstrategie der Firma HiPP. Bitte begründen Sie Ihre Antwort.

Siehe auch begleitendes Fallvideo dazu.

Verwendete Literatur

AFP: „Nestlé lenkt nach Greenpeace-Kritik ein", in: Zeit Online, 18. März 2010.

Ansoff, I.: „Strategies for Diversification", in: Harvard Business Review, 5. Aufl., Bd. 35, Sept.–Okt. 1957, S. 113–124.

Bain, J. S.: „Relation of Profit Rate to Industry Concentration", in: The Quarterly Journal of Economics, Bd. 65, August 1951, S. 293–324.

Bain, J. S.: „Barries to New Competition", in: Harvard University Press, Cambridge (Mass.) 1956.

Barney, J. B.: „Firm Resources and Sustained Competitive Advantage", in: Journal of Management, Bd. 17, Nr. 1, 1991, S. 99–120.

Bartlett, C. A.; Ghoshal S.: „Managing across Borders: The Transnational Solution", 2. Aufl., Harvard Business School Press, Boston 2002.

Chandler, A. D.: „Strategy and Structure", MIT Press, Cambridge MA 1962.

D'Aveni, R.A.: „Hypercompetition", The Free Press, New York 1994.

Dierickx, I.; Cool, K.: „Asset Stock Accumulation and Sustainability of Competitive Advantage", in: Management Science, Bd. 35, Ausgabe 12, Dez. 1989, S. 1504–1511.

Friedman, M.: New York Times Magazine, 13. September 1970.

Grant, R.; Nippa, M.: „Strategisches Management", 5. Aufl., Pearson Studium, München 2006.

Johnson, G.; Scholes, K.; Whittington, R.: „Strategisches Management", 9. Aufl., Pearson Studium, München 2011.

Porter, E. M.; Kramer, R. K.: „Creating shared value. How to reinvent capitalism and unleash a wave of innovation and growth". In: Harvard Business Review, Jan.–Feb. 2011, S. 62–77.

Kotler, P.; Armstrong, G.; Wong, V.; Saunders, J.: „Grundlagen des Marketing", 5. Aufl., Pearson Studium, München 2010.

Mankiw, N. G.; Taylor, M. P.: „Grundzüge der Volkswirtschaftslehre", 5. Aufl., Schäffer-Poeschel, Stuttgart, 2012

Mason, E. S.: „Price and Production Policies of large-scale Enterprises", in: American Economic Review, Bd. 29, 1939, S. 61–74.

Mintzberg, H.: „Five P´s for Strategy", in: California Management Review, Bd. 30, 1987, S. 11–24.

Mintzberg, H.: „The Rise and Fall of Strategic Planning", Prentice Hall, 1994.

Mirvis, P.; Googins B.: „Stages of corporate citizenship", California Management Review, Bd. 48, Nr. 2, 2006, S. 104–126.

Penrose, E. T.: „Theory of the Growth of the Firm", Oxford University Press, 1959.

Porter, M.E.: „Competitive Advantage", Free Press Edition, New York 1985.

Slesky, J.; Goes, J.; Babüroglu, O.: „Contrasting perspectives of strategy making: applications in hyper environments", in: Organization Studies, Vol. 28, Nr. 1, 2007, S. 71–94.

Straub, T.: „Reasons for frequent Failure in Mergers and Acquisitions", 1. Aufl., Gabler Verlag, Wiesbaden 2007.

Yip, G. S.: „Total Global Strategy", Prentice Hall, 2003.

Weiterführende Literatur

Argyris, C.; Schön, D.: „Organizational Learning: A Theory of Action Perspective", Addison-Wesley, Reading Massachusetts 1978.

Baldegger, R.: „Entrepreneurial Strategy and Innovation", 2. Aufl., Growth-Publisher, Freiburg 2012.

Büchler, J.-P.: „Strategie: entwickeln, umsetzen und optimieren", Pearson Studium, München 2014.

Jarillo, J. C.: „Strategische Logik: Die Quellen der langfristigen Unternehmensrentabilität", 2. Aufl., Schweizerische Gesellschaft für Organisation und Management, Gabler Verlag, Wiesbaden 2012.

Johnson, G.; Scholes, K.; Whittington, R.: „Strategisches Management. Eine Einführung", 9. Aufl., Pearson Studium, München 2011.

Lombriser, R.; Abplanalp, P. A.: „Strategisches Management: Visionen entwickeln, Erfolgspotenziale aufbauen, Strategien umsetzen", 5. Aufl., Versus Verlag, Zürich 2010.

Müller-Stewens, G.; Lechner, C.: „Strategisches Management: Wie strategische Initiativen zum Wandel führen", Schäffer-Poeschel, Stuttgart 2011.

Porter, E. M; Kramer, R. K.: „Creating shared value. How to reinvent capitalism and unleash a wave of innovation and growth". In: Harvard Business Review, Jan.–Feb., 2011, S. 62–77.

Raisch, S.; Probst, G.; Gomez, P.: „Wege zum Wachstum", 2. Aufl., uniscope. Publikationen der SGO Stiftung, Gabler Verlag, Wiesbaden 2010.

Reisinger, S.; Gattringer, R.; Strehl, F.: „Strategisches Management. Grundlagen für Studium und Praxis", 1. Aufl., Pearson Studium, München 2013.

Schreyögg, G.: Conrad, P. (Hrsg.): „Organisation und Strategie", Reihe: Managementforschung, Bd. 20, GWV Fachverlage, Wiesbaden 2010.

Stadtler, L.; Schmitt, A.; Klarner, P.; Straub, T.: „ More than Bricks in the Wall: Organizational Perspectives for Sustainable Success: A tribute to Professor Dr. Gilbert Probst ", 1. Aufl., Gabler Verlag, Wiesbaden 2010.

Straub, T.: „Reasons for frequent failure in Mergers and Acquisitions", 1. Aufl., Gabler Verlag, Wiesbaden 2007.

Ungericht, B.: „Strategiebewusstes Management. Konzepte und Instrumente für nachhaltiges Handeln", Pearon Studium, München 2012.

Endnoten

1 Das *Institut National de la Statistique et des Études Économiques* (INSEE) ist das französische Amt für Statistik, durch welches Volkszählungen durchgeführt und Informationen über die französische Wirtschaft und Gesellschaft publiziert werden.
2 Hypercompetition findet in einem Markt statt, wenn Häufigkeit, Kühnheit und Aggressivität des dynamischen Verhaltens von Konkurrenten zunimmt und dadurch eine permanente Unausgeglichenheit und Wandel erzeugt werden.
3 In Anlehnung an Johnson et. al. (2008).
4 Auch *SCP-Ansatz* genannt.
5 Der Staat oder auch Stiftungen können bei bestimmten Typen von Organisationen unter Umständen als weitere Wettbewerbskräfte dieses Modells in die Analyse einbezogen werden.
6 Die Wertschöpfungskette ist Grundlage für den Aufbau des vorliegenden Buches und wurde daher bereits in der Einleitung beschrieben.
7 Siehe Barney (1991).
8 Siehe Dierickx und Cool (1989).
9 Siehe zu „Wachstum von Unternehmen" insbesondere Raisch et al. (2007).
10 Diese Matrix wird nach ihrem Erfinder *Ansoff-Matrix* oder auch *Wachstumsmatrix* oder *Z-Matrix*, aufgrund des sich steigernden Risikos bzw. der sich steigernden Rendite, genannt.
11 Mit *Local-Content-Klauseln* wird sichergestellt, dass ein bestimmter Prozentsatz eines Endprodukts aus einheimischer Produktion stammt.
12 Friedman (1970).
13 AFP (2010).
14 Die soziale oder gesellschaftliche Verantwortung von Unternehmen wird auch als Corporate Social Responsibility, kurz CSR, bezeichnet. Der Begriff fasst die Idee einer verantwortlichen Unternehmensführung zusammen.
15 Porter und Kramer (2011).
16 Mankiw (2012).
17 Siehe Johnson et al. (2008), Kapitel 10.

Teil II befasst sich mit den **primären Unternehmensfunktionen**, die wir in *Abschnitt 1.2* angerissen haben.

Primäre Unternehmensfunktionen sind die Tätigkeiten, welche einen direkten wertschöpfenden Beitrag zur Erstellung eines Produktes oder einer Dienstleistung liefern. Um darüber einen tieferen Überblick zu geben, werfen wir einen Blick auf die Funktionen *Marketing (Kapitel 3), Sales (Kapitel 4), Materialwirtschaft, Logistik und Supply Chain Management (Kapitel 5), Produktion (Kapitel 6)* und *Finanzwirtschaft (Kapitel 7)*.

TEIL II

Primäre Funktionen

3 Marketing 95
4 Sales 129
5 Materialwirtschaft, Logistik und
  Supply Chain Management 165
6 Produktion 215
7 Finanzwirtschaft 255

Plans are nothing, planning is everything.

Dwight Eisenhower (1890–1969), US-Präsident

Lernziele

In diesem Kapitel wird das Wissen zu folgenden Inhalten vermittelt:

- Grundlagen:
    - Ziele, Aufgaben und Forschungsansätze des Marketings
- Käuferverhalten als Ausgangspunkt und Grundlage für Marketingentscheidungen
- Sechs Phasen des Marketingplans als Grundlage für die Festsetzung einer Marketingstrategie:
    1. SWOT-Analyse zur Bestimmung der Ausgangssituation
    2. Festlegung der Marketingziele aufgrund der SWOT-Analyse
    3. Entwicklung und Planung der Marketingstrategie
    4. Umsetzung der Marketingstrategie im Marketing-Mix
    5. Budget
    6. Abschließende Kontrolle des Marketings durch Marktforschung
- Online Marketing: Definition und Elemente

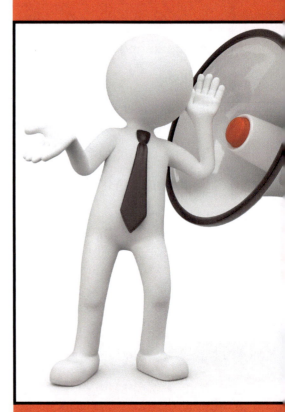

Quelle: © fotomek/fotolia.com

Marketing

3.1 Grundlagen 96
    3.1.1 Ziele und Aufgaben 96
    3.1.2 Forschungsansätze des Marketings 98

3.2 Das Käuferverhalten 100
    3.2.1 Ausgangspunkt und Grundlage 100
    3.2.2 Faktoren des Konsumverhaltens 102
    3.2.3 Definition des Kaufverhaltens 103

3.3 Der Marketingplan als Grundlage für die Marketingstrategie 104
    3.3.1 Schritt 1: SWOT-Analyse 105
    3.3.2 Schritt 2: Festlegung der Marketingziele 106
    3.3.3 Schritt 3: Planung der Marketingstrategie 107
    3.3.4 Schritt 4: Marketing-Mix 110
    3.3.5 Schritt 5: Budget 117
    3.3.6 Schritt 6: Kontrolle durch Marktforschung 117

3.4 Online Marketing 118
    3.4.1 Was ist Online Marketing? 118
    3.4.2 Elemente des Online Marketings 118

3.1 Grundlagen

3.1.1 Ziele und Aufgaben

In der heutigen Konsumgesellschaft ist Marketing allgegenwärtig. Oft wird der Begriff im alltäglichen Gebrauch wie auch in der Presse im Kontext mit zu hohem Konsum und den damit verbundenen Schulden mit einem negativen Beigeschmack versehen und für die aktuellen Probleme der Gesellschaft verantwortlich gemacht. Bei der Definition bzw. Neudefinition von Marketing muss daher bedacht werden, dass es sich bei Marketing nicht um „Verkauf um jeden Preis" und auch nicht um „Verkauf von nutzlosen Gegenständen und Leistungen" handelt. Grundsätzlich ist festzuhalten, dass es sich beim Verkauf lediglich um einen kleinen Teil des ganzen Marketing-Prozesses handelt.

Marketing leitet sich von dem englischen Wort *market* ab, wobei die Verwendung der *„-ing"*-Form auf die Bedeutung der Kontinuität und auf den sich stets verändernden Markt hinweist. Marketing bezeichnet somit einen nachhaltigen und stets fortlaufenden Prozess bei der Führung eines Unternehmens.

Marketing ist eine Unternehmensfunktion und zugleich ein Prozessbündel, um auf direkte oder auch indirekte Weise Mehrwert für den Kunden eines Unternehmens und dessen Umwelt zu schaffen. Marketing stellt ebenso eine *Unternehmensfunktion* dar wie beispielsweise das Personalmanagement oder das Rechnungswesen.

Das *Prozessbündel* orientiert sich an dem Kunden, der im Fokus des Marketings und somit des Unternehmens steht. Um für den Kunden einen Mehrwert zu entwickeln und zu liefern, sollte ein Unternehmen in der Lage sein, dessen Bedürfnisse und Wünsche zu identifizieren und zu verstehen. Das Prozessbündel steuert die Kommunikation eines Unternehmens mit seiner Umwelt.

Ein **Kunde** ist eine Person oder auch eine Institution, die in einer Geschäftsbeziehung mit einem Unternehmen oder auch mit einer Institution steht und von dem oder der sie ein Produkt oder eine Dienstleistung erwerben will. Als **Konsument** oder **Verbraucher** werden natürliche Personen bezeichnet, die Produkte und Dienstleistungen nur zur eigenen Bedürfnisbefriedigung käuflich erwerben.[1] Bei einem Konsumenten handelt es sich somit immer um einen Endverbraucher, während es sich bei einem Kunden auch um ein anderes Unternehmen oder um eine Behörde handeln kann.

3.1 Grundlagen

Abbildung 3.1: Definition des Marketings

Im Folgenden werden die wesentlichen Prozessschritte des Marketings beschrieben:

- **Bedürfnisse der Konsumenten:** Die Bedürfnisse der Konsumenten und Kunden entstehen aus einem tatsächlich vorhandenen Mangel an etwas. Um zu überleben, muss der Mensch essen und trinken, sprich seine Grundbedürfnisse befriedigen.
- **Wünsche der Konsumenten:** Die Wünsche der Konsumenten entsprechen einer Form menschlicher Bedürfnisse, die eine Folgeerscheinung von Kultur und Persönlichkeit darstellen. Beispielsweise muss der Mensch pro Tag einige Liter an Wasser trinken, doch spielt hierbei keine Rolle, ob es sich um teures Markenmineralwasser oder um Wasser aus der Leitung handelt.
- **Kauf:** Wünsche verwandeln sich am Markt in *Nachfrage*, die von den Unternehmen mit ihrem *Angebot* abgedeckt werden soll, um die Erwartungen der Konsumenten zufriedenzustellen. Der Kauf ist somit abhängig von Angebot und Nachfrage.
- **Befriedigung:** Die Befriedigung von Kunden entsteht, indem festgestellt wird, ob die Erwartungen der Konsumenten durch die Produkte und Leistungen erfüllt wurden. Die Befriedigung der Erwartung ist eine Vorbedingung für einen Wiederholungskauf.
- **Zufriedenheit:** Aus dieser Zufriedenheit heraus wird ein Kunde dasselbe Produkt wiederholt kaufen, sich gegenüber der Marke treu verhalten und zu einem regelmäßigen Kunden werden.
- **Profit:** Indem sämtliche Stakeholder in das Marketing einbezogen werden, können nachhaltig Werte für alle Beteiligten geschaffen und der Profit des Unternehmens nachhaltig gesichert werden.

3.1.2 Forschungsansätze des Marketings

Seitdem Marketing als wirtschaftswissenschaftliche Disziplin anerkannt ist, entwickelten sich unterschiedliche Forschungsansätze. Innerhalb dieser Ansätze liegen mehrere Forschungsschwerpunkte vor, die teilweise ergänzend oder aber auch konkurrierend zur Analyse, Erklärung oder Gestaltung des Marketings verwendet werden. Die Forschungsschwerpunkte orientieren sich wie in *Abschnitt 3.3* beschrieben an dem Marketingplan und greifen diese Problemstellungen wieder auf.

Abbildung 3.2: Unterschiedliche Forschungsansätze und deren Schwerpunkte

Strategie

Innerhalb des strategischen Forschungsansatzes können folgende drei Forschungsthemen identifiziert werden: Das strategische Marketing, die Marktforschung und die ökometrischen Modelle. Das *strategische Marketing* beschreibt die Verknüpfung der Unternehmensstrategie mit dem Marketingplan. Die *Marktforschung* wird zu Beginn der Entwicklung eines Marketingplans[2] und bzw. oder zu einer Zielerreichungsevaluuierung[3] eingesetzt. Die *ökonometrischen Modelle* nehmen ebenfalls eine bedeutende Stellung im Marketing ein und ermöglichen insbesondere Vorhersagen über den zukünftigen Markt. Ökonometrische Modelle führen die Marketingtheorie sowie mathematische Methoden und statistische Daten zusammen, um wirtschaftstheoretische Modelle empirisch zu überprüfen und ökonomische Phänomene quantitativ zu analysieren.

Der Markt

Der Markt-Forschungsansatz konzentriert sich auf die Forschungsthemen Angebot und Nachfrage, auf die unterschiedlichen Typen von Kundenbeziehungen sowie auf das Verbraucherverhalten. Das Beziehungsphänomen *Angebot und Nachfrage* untersucht das Verhältnis zwischen Anbieter bzw. Produzenten und Konsumenten. Ziel der Anbieter ist es, die Bedürfnisse und Wünsche der Konsumenten zu ermitteln und durch ihre Produkte für den Konsumenten einen Mehrwert als Motivation für den Kauf zu schaffen, beispielsweise durch ein glaubwürdiges Image oder durch ausgezeichnete Qualität der Produkte oder Dienstleistungen. Für den Anbieter handelt es sich bei dem Mehrwert in der Regel um Gewinn. Wiederkehrende und zufriedene Konsumenten können daher ein stabiles Einkommen des Anbieters garantieren. Ein stabiles und nachhaltiges Verhältnis zwischen Angebot und Nachfrage kommt folglich nur durch das Schaffen eines Mehrwertes auf beiden Seiten zustande. In Bezug auf das Forschungsthema *Typen von Kundenbeziehungen* können zwei Typen von Kundenbeziehungen unterschieden werden, die von zentraler Bedeutung sind: Zum einen gibt es die Beziehung zwischen Anbieter und Endverbraucher, die *Business-to-Consumers* oder kurz *B-to-C* genannt wird. Zum anderen gibt es die Beziehung zwischen Anbieter und Zwischenhändler, die *Business-to-Business* oder kurz *B-to-B* genannt wird. Zwischenhändler kaufen Produkte, um sie zu veredeln oder in anderer Form wiederzuverwenden. Diese Produkte werden schließlich an den Einzelhändler oder an den Endverbraucher, sprich an den Konsumenten verkauft. Es gilt hierbei, das aktuelle *Verhalten des Verbrauchers* oder die Psychologie des Verbrauchers zu verstehen. In diesem Kontext ist festzuhalten, dass das Verbraucherverhalten, insbesondere der Moment der Kaufentscheidung, eine „Black Box" darstellt, die es zu begreifen gilt.

Marketing-Mix

Der Marketing-Mix-Forschungsansatz beinhaltet vier wesentliche Forschungsthemen:
- Produkt
- Promotion
- Distribution
- und schließlich Preis[4]

Das Forschungsthema *Produkt* befasst sich mit der Entwicklung neuer Produkte, mit Innovation, Brand Management sowie mit Management Services. Das Forschungsthema *Promotion* bzw. Verkaufsförderung beschäftigt sich mit Werbung above-the-line (engl. „über der Linie") und Werbung below-the-line (engl. „unter der Linie"). Werbung above-the-line konzentriert sich auf die sogenannte „klassische" oder auch „traditionelle" Werbung. Gemeint ist damit direkt erkennbare Werbung in Printmedien wie in Zeitungen oder Zeitschriften, im Rundfunk, im Radio oder im Fernsehen und in Kino- oder Außenwerbung. Die Werbung below-the-line steht im Marketing für alle sogenannten „nicht klassischen" Werbe- und Kommunikationsmaßnahmen, wie Public Relations, Corporate Identity, Sponsoring, Vertrieb, Direktmarketing, Medien am Point of Sale, Messen, persönlicher Verkauf und E-Kommunikation. Das Forschungsthema der *Distribution* (engl. *place*) befasst sich traditionell mit dem Point of Sale oder auch mit anderen Verkaufskanälen wie Internet oder Telefon. Das Forschungsfeld *Preis* konzentriert sich als einziges Forschungsfeld auf die Deckungsbeiträge des Unternehmens.

Sektoraler Ansatz

Der sektorale Ansatz ist ein Marketing-Forschungsansatz, der sich mit den Besonderheiten einzelner Sektoren auseinandersetzt. Beispiele hierfür sind das Pharma-Marketing, das Einzelhandelsmarketing, das Tourismus-Marketing, das Wein-Marketing und schließlich das Banken- oder Luxusartikelmarketing.

Internationaler Ansatz

Der internationale Ansatz ist ein Marketing-Forschungsschwerpunkt, der sich mit dem Phänomen *„Think global, act local!"* und somit mit dem Problem befasst, dass eine Marke nicht zwangsläufig in unterschiedlichen Ländern, in denen diese Marke verwendet wird, mit der gleichen Marketingstrategie geführt werden kann. Unterschiedliche Kulturen bedürfen unterschiedlicher Strategien: Nur auf diesem Weg können Marken auf verschiedenen Märkten erfolgreich sein.

Nachdem die Grundlagen des Marketings, die Ziele und Aufgaben und zudem die Forschungsansätze mit den jeweiligen Forschungsschwerpunkten behandelt wurden, soll nun eine nähere Betrachtung des Käuferverhaltens folgen.

3.2 Das Käuferverhalten

Quelle: © Mikael Damkier/fotolia.com

3.2.1 Ausgangspunkt und Grundlage

Ausgangspunkt und Grundlage von Marketingentscheidungen ist das Kaufverhalten. Die Analyse, die Erklärung und die Prognose des Kaufverhaltens bilden die zentralen Aufgaben der Marketingforschung. Das Kaufverhalten kann anhand des Kaufentscheidungsprozesses dargestellt werden, welcher in ▶*Abbildung 3.3* näher erläutert wird. Der Kaufentscheidungsprozess kann hierbei in fünf Prozessschritte unterteilt werden.

3.2 Das Käuferverhalten

Abbildung 3.3: Kaufentscheidungsprozess

- **Ausgangssituation:** Wie im *Abschnitt 3.1.1* beschrieben, hat der Verbraucher ein Bedürfnis bzw. einen Wunsch, das bzw. den er in einer Marktwirtschaft zu befriedigen versucht.
- **Informationsgewinnung:** Vor dem Kauf eines Produktes wird der Kunde Informationen über die verschiedenen Marken (Wünsche) eines Produkts (z. B. Waschmittel) einholen, welches seine Bedürfnisse befriedigen könnte. Die Suche nach Informationen kann hierbei unterschiedlich intensiv ausfallen. Bei sogenannten High-Involvement-Käufen, die durch einen hohen Preis charakterisiert sind (z. B. Kauf eines Autos), wird länger und intensiver nach Informationen gesucht als bei einem Routinekauf (z. B. Kauf eines Reinigungsmittels).
- **Prüfung der Alternativen:** Die Prüfung von Alternativen, beispielsweise die Prüfung von anderen Pkw-Modellen, ist besonders für High-Involvement-Käufe von großer Bedeutung.
- **Entscheidung zum Kauf:** Der Kauf bzw. der Kaufvertrag wird abgeschlossen, nachdem sich der Verbraucher für ein Produkt entschieden hat, welches seine Bedürfnisse aus seiner Sicht am besten erfüllt.
- **Post-Kaufverhalten:** Zentraler Punkt des Post-Kaufverhaltens ist die Frage, ob der Kunde mit dem Produkt zufrieden ist und somit dem Produkt oder der Dienstleistung treu bleibt. Werden die Erwartungen des Kunden erfüllt oder übertroffen, besteht die Wahrscheinlichkeit, dass dieser das Produkt oder die Dienstleistung erneut erwerben wird. Wurden die Erwartungen nicht erfüllt und ist der Kunde unzufrieden mit dem Produkt oder der Dienstleistung, kann dies durch den After-Sales-Service korrigiert werden. Hierbei können zwei unterschiedliche Szenarien eintreten: Zum einen kann eine Lösung des Problems durch den Kundenservice erfolgen und der Kunde kann auf diese Art zufriedengestellt werden. Zum anderen kann das Problem nicht gelöst werden, woraus der Verlust des Kunden resultieren kann. Das Unternehmen trägt hierbei das zusätzliche Risiko einer negativen Mund-zu-Mund-Propaganda und läuft Gefahr, weitere Kunden zu verlieren oder potenzielle Kunden nicht zu gewinnen.

3.2.2 Faktoren des Konsumverhaltens

Grundsätzlich wird das Konsumverhalten durch eine Vielzahl von Faktoren beeinflusst, welche die Kaufentscheidung als solche beeinflussen können.

Abbildung 3.4: Einflussfaktoren auf das Konsumverhalten

Kulturelle Faktoren

Als kulturelle Faktoren sind beispielsweise die Erziehung, die Herkunft, die Religion oder auch das Bildungsniveau zu nennen. Zwei Stereotype sollen hierbei der Veranschaulichung dienen: In Großbritannien gehört es zur guten Sitte, im Pub ein Feierabend-Bier zu trinken, während in Frankreich eher zu einem Glas Wein gegriffen wird. Jedoch auch innerhalb des gleichen Landes können regionale Unterschiede bestehen. Das Konsumverhalten wird zudem durch die soziale Stellung des Konsumenten beeinflusst.

Soziologische Faktoren

In Bezug auf soziologische Faktoren ist die Zugehörigkeit zu einer sozialen Einheit bzw. zu einer Gruppe (z. B. die Familie, der Freundeskreis oder das Arbeitsumfeld) wichtig, da es das Verbraucherverhalten stark beeinflussen kann. So kann die Tatsache, eine offene Flasche Wein auf den Mittagstisch zu stellen, das Konsumverhalten sämtlicher Familienmitglieder beeinflussen.

Persönliche Faktoren

Persönliche Faktoren drücken sich häufig in bereits geformten und voreingenommenen Einstellungen aus, die jedoch nicht zwingend der Realität entsprechen. Beispielsweise sind das Alter (jung oder alt), die wirtschaftliche Situation (arm oder reich), der Lifestyle („in" oder „out") oder gar der Alkoholkonsum (viel oder wenig) subjektiv geprägt.

Psychologische Faktoren

Psychologische Faktoren können den Verbraucher durch die Verarbeitung des Gelernten, der Motivation, der Wahrnehmung oder auch des Glaubens beeinflussen.[5]

Das folgende Beispiel soll den Bezug der Einflussfaktoren auf Konsumverhalten erläutern und die Komplexität einer Kaufentscheidung aufzeigen:

Beispiel 3.1 — Komplexität der Faktoren bei einer Kaufentscheidung

Mehr als nur Trauben: Passende Begleiter zu Käse!

Ein Konsument ist auf der Suche nach passenden Trauben zu einem bereits erworbenen Käse. In seinem Land ist es üblich, weiße oder rote Trauben zu Käse zu servieren *(kultureller Faktor)*. Persönlich verspeist der Konsument lieber Feigen als Beilage zu Käse *(persönlicher Faktor)*. Von den erwarteten Gästen weiß der Konsument, dass jene generell Trauben aus biologischem Anbau bevorzugen, und er möchte daher auf diese Gewohnheit Rücksicht nehmen *(soziologischer Faktor)*. In einem Fachjournal entdeckt der Konsument einen Artikel, in dem je nach Käsesorte eine bestimmte Beilage empfohlen wird, wie beispielsweise Birnen, Trüffelhonig oder verschiedenste Chutneys (pikante indische Saucen). Da der Konsument noch nie von diesen Produkten als Beilage gehört und daher nichts über sie gelernt hat *(psychologischer Faktor)*, ist er bezüglich seines Handelns unentschlossen. Somit lässt sich feststellen, dass bei einem Kaufvorhaben verschiedene Einflüsse miteinander konkurrieren, welche die finale Entscheidung des Käufers erheblich erschweren.

3.2.3 Definition des Kaufverhaltens

Nachdem der Kaufentscheidungsprozess und die Einflussfaktoren auf das Konsumverhalten des Käufers beschrieben wurden, soll nun auf das **Kaufverhalten** eingegangen werden. Dieses kann in drei Schritte eingeteilt werden: *Stimuli*, *Käufertyp* und *Käuferreaktion*.

Abbildung 3.5: Kaufverhalten

- **Stimuli:** Ein Stimulus ist das Resultat des Einflusses externer Umweltfaktoren (PESTEL) oder der Wahrnehmung der 4P's des Marketing-Mix (Price, Promotion, Place, Product).
- **Käufertyp:** Der Käufertyp wird durch individuelle Charakteristika und durch den persönlichen Entscheidungsprozess definiert. Käufergruppen werden auf diese Weise definierbar und voneinander abgrenzbar.
- **Käuferreaktion:** Die Käuferreaktion ist eine Antwort auf den Stimulus und auf die Charakteristika des Käufertyps. Die Käuferreaktion äußert sich durch Produktwahl und Kaufentscheidung.

Durch die Unterteilung des Kaufverhaltens wird ersichtlich, dass der Käufer durch verschiedene Faktoren beeinflusst wird. Ein Unternehmen kann die Käuferreaktion jedoch nur zu einem gewissen Teil direkt beeinflussen. Um so viel Einfluss wie möglich auf die Kaufentscheidung ausüben zu können, erstellen Unternehmen einen Marketingplan.

3.3 Der Marketingplan als Grundlage für die Marketingstrategie

Die mithilfe der Marketingforschung erfassten Informationen über das Käuferverhalten bilden die Grundlage für die Planung und die Umsetzung einer *Marketingstrategie*. Die Festlegung dieser Ziele erfolgt in Form eines Marketingplans, der aus einem mehrstufigen Prozess besteht.

Abbildung 3.6: Sechs Schritte des Marketingplans

Der Marketingplan kann in sechs Schritte unterteilt werden: Zunächst muss eine SWOT-Analyse durchgeführt werden, da diese die aktuelle Lage des Unternehmens am Markt nachvollziehbar macht.

3.3.1 Schritt 1: SWOT-Analyse

Die SWOT-Analyse zeigt auf, welchen unternehmensinternen Stärken (Strengths) und Schwächen (Weaknesses), aber auch welchen externen Chancen (Opportunities) und Gefahren (Threats) das Produkt bzw. die Dienstleistung ausgesetzt ist.

Die Dimensionen *Strengths*, *Weaknesses*, *Opportunities* und *Threats* bilden die sogenannte SWOT-Matrix als Endprodukt der SWOT-Analyse und ergeben sich aus der vorgelagerten externen Umwelt- und internen Unternehmensanalyse.

Abbildung 3.7: Schritte zur Bildung einer SWOT-Matrix

Externe Umweltanalyse

Um die externe Umwelt in einem strukturierten Rahmen zu analysieren, eignet sich die PESTEL-Analyse. Die externe Umweltanalyse wird auch Makro-Umweltanalyse genannt. Hierbei sollen die wesentlichen Einflussfaktoren und deren Tendenzen aus der Makro-Umwelt identifiziert, beschrieben und bewertet werden:

- *P*olitical situation (politische Faktoren): z. B. Stabilität der politischen Regierung
- *E*conomic situation (wirtschaftliche Faktoren): z. B. Wirtschaftslage (Rezession oder Wachstum)
- *S*ocial situation (sozio-kulturelle Faktoren): z. B. demografische Faktoren, Kultur, Einkommensverteilung
- *T*echnological situation (technologische Faktoren): z. B. Internet und die Entwicklung von Distributionskanälen
- *E*cological situation (ökologische Faktoren): z. B. Nachhaltigkeit, Umweltverschmutzung
- *L*egal situation (rechtliche Faktoren): z. B. bestimmte Gesetze (Werbeverbot für Tabakwaren in bestimmten Ländern)

Basierend auf dieser Analyse können wesentliche Chancen und Risiken für das Unternehmen abgeleitet werden.

Interne Unternehmensanalyse

Die interne Unternehmensanalyse, auch Analyse der Mikroumgebung des Produktes oder der Dienstleistung genannt, ist einfacher als die Analyse der externen Umwelt. Grund dafür ist, dass Unternehmen über eine interne Dokumentation verfügen und Daten daher leichter zugänglich sind. Diese Daten ziehen bewusst auch Lieferanten, potenzielle Vermittler (Wiederverkäufer) sowie Kunden, Konkurrenten und alle anderen Stakeholder wie finanzielle Partner, die Medien, Verbände, die öffentliche Meinung und die Mitglieder der Gesellschaft mit ein. Basierend auf dieser Analyse werden die Stärken und Schwächen eines Unternehmens bzw. eines Produktes abgeleitet. Stärken und Schwächen werden durch Benchmarking, beispielsweise durch den Vergleich mit dem besten Wettbewerber, identifiziert.

SWOT-Matrix

Als Präsentationselement folgt die Synthese der beiden Analysen anhand der SWOT-Matrix, die aus vier Quadraten besteht (Stärken, Schwächen, Chancen, Risiken). Die Eintragung der Erkenntnisse aus den beiden Analysen in die jeweiligen Quadranten gibt eine Übersicht über die Lage des Unternehmens und zeigt, in welchen Bereichen Handlungsbedarf besteht.

3.3.2 Schritt 2: Festlegung der Marketingziele

Aufgrund der Erkenntnisse aus der SWOT-Analyse werden in diesem Schritt die Marketingziele abgeleitet. Hierbei werden drei Arten von Zielen unterschieden: Unternehmensziele, finanzielle Ziele sowie Marketingziele. Diese drei Ziele müssen *aufeinander abgestimmt* sein.

- **Unternehmensziele:** Zunächst müssen die grundlegenden Unternehmensziele entsprechend der Unternehmensumwelt festgelegt werden. Mit diesen Zielen positioniert sich das Unternehmen am Markt.
- **Finanzielle Ziele:** Im Anschluss werden finanzielle Ziele festgelegt, wie beispielsweise die Erhöhung des Return on Investment (ROI) um drei Prozent in der kommenden Abrechnungsperiode.
- **Marketingziele:** Schließlich werden Marketingziele formuliert, wie beispielsweise die Steigerung des Marktanteiles in einem bestimmten Zielmarkt oder die Erhöhung des Anteils am Gesamtmarkt.

Der Vorteil von Finanz- bzw. Marketingzielen ist die einfache Messbarkeit und somit die leichte Evaluierung der Zielerreichung. In Bezug auf die spätere Evaluierung und die Messung der Zielerreichung empfiehlt es sich, finanz- oder marktpolitische Ziele zu definieren.

Ansoff-Matrix

Es empfiehlt sich, die Marketingziele in eine Produkt-Markt-Matrix einzuordnen, welche im Jahr 1957 von *Ansoff* entwickelt wurde. Hieraus ergeben sich folgende Möglichkeiten:

3.3 Der Marketingplan als Grundlage für die Marketingstrategie

Tabelle 3.1

Ansoff-Matrix

	Bestehende Produkte	**Neue Produkte**
Bestehende Märkte	Marktpenetration	Produktentwicklung
Neue Märkte	Marktentwicklung	Diversifikation

- **Marktpenetration:** Es werden bestehende Produkte auf bestehenden Märkten forciert. Beispielsweise konzentriert sich ein Weingut in Burgund auf den Verkauf seiner Weißweine auf den klassischen bestehenden Märkten und versucht hierbei den Marktanteil zu erhöhen, indem es die Anzahl seiner Händler erhöht.
- **Produktentwicklung:** Neue Produkte werden auf bereits bestehenden Märkten eingeführt. Beispielsweise entscheidet sich das Weingut in Burgund dafür, Schaumwein in die Produktpalette aufzunehmen.
- **Markterweiterung:** Die Erweiterung des Marktes bedeutet, dass bestehende Produkte auf neuen Märkten platziert werden. Beispielsweise entschließt sich das Weingut in Burgund dazu, seine Produkte auch in den BRIC-Staaten (Brasilien, Russland, Indien und China) zu vertreiben.
- **Diversifikation:** Bei der Diversifikation entschließt sich das Weingut in Burgund beispielsweise dafür, nicht wie bisher lediglich Wein, sondern zudem Essig in den BRIC-Staaten anzubieten.

3.3.3 Schritt 3: Planung der Marketingstrategie

Die Planung der Marketingstrategie erfolgt in drei Schritten:
- Segmentierung
- Targeting
- Positionierung

Abbildung 3.8: Prozess der Planung einer Marketingstrategie

Segmentierung

Hierbei wird der potenzielle Markt bzw. die potenzielle Nachfrage sinnvoll in homogene Gruppen aufgeteilt (Segmentierung). Ein *Marktsegment* ist ein abgrenzbarer Bereich des Gesamtmarktes, welcher mit bestimmten Waren bedient werden sollte. Das Marktsegment zeichnet sich durch eine relativ homogene Kundengruppe mit bestimmten Wünschen aus. Eine sorgfältige Segmentierung und ein auf die Segmente ausgerichtetes Marketing sind Grundvoraussetzungen für wirtschaftlichen Erfolg. Vier wichtige Segmentierungstechniken werden wie folgt vorgestellt:

- **Geografische Segmentierung:** Die sogenannte geografische Segmentierung bezeichnet die Aufteilung des Marktes in *homogene Regionen* wie Kontinent, Land, Region, Stadt, Gemeinde oder Dorf oder auch die Aufteilung zwischen städtischen und ländlichen Gebieten. Die Bedürfnisse können von Region zu Region divergieren, jedoch innerhalb derselben Region homogen sein. Bezüglich der Unterscheidung von geografischen Gruppen kann beispielsweise bei Weinkonsum wie folgt festgestellt werden: Werden in Deutschland leichtere Weine konsumiert, so werden in Frankreich kräftigere Weine bevorzugt. Generell war der Weinkonsum in den nördlichen europäischen Ländern bisher eher gering, der Bierkonsum war höher. In den südlichen europäischen Ländern hingegen war der Weinkonsum höher und es wurde vergleichsweise wenig Bier konsumiert. Diesbezüglich ist festzustellen, dass derzeit eine umgekehrte Tendenz zu beobachten ist.

- **Soziodemografische Segmentierung:** Bei einer soziodemografischen Segmentierung ist Ausgangspunkt, dass sich *demografische Merkmale* wie Geschlecht, Alter, Haushaltsgröße oder Familienstand und *sozioökonomische Merkmale* wie Einkommen, soziale Schicht, Ausbildung oder Beruf als Segmentierungsmerkmale eignen. Wie bei der geografischen Segmentierung sind auch in der soziodemografischen Segmentierung die gebildeten Segmente relativ einfach erfass- und messbar. Allerdings liefert diese Methode nur in geringem Maß Anhaltspunkte für die Ausgestaltung eines Marketinginstrumentariums. So lässt beispielsweise die Zugehörigkeit zu einer bestimmten Altersgruppe nicht unbedingt auf das Kaufverhalten des Konsumenten schließen: Das Kaufverhalten bei Wein variiert typischerweise sehr zwischen den verschiedenen sozialen Gruppen und reicht vom Konsum herkömmlicher und preiswerter Tafelweine hin zum Konsum sehr kostspieliger Luxusweine.

- **Segmentierung nach Kaufverhalten:** Eine weitere Segmentierungstechnik stellt die verhaltensorientierte Segmentierung dar. Das Kaufverhalten (auch Käuferverhalten, Kundenverhalten oder Konsumentenverhalten) bezeichnet das Verhalten des Käufers bezüglich des Warenkaufs. Ein Konsument, der eine Flasche Wein pro Monat kauft, stellt nicht das gleiche Potenzial für die Weinindustrie dar wie vergleichsweise ein Konsument, der pro Monat 120 Flaschen kauft. In diesem Fall spielt es keine Rolle, ob der Wein für den persönlichen Konsum oder für die Lagerhaltung bestimmt ist.

- **Psychografische Segmentierung:** Schließlich gilt es, die psychografische Segmentierung zu beachten. Diese Art von Segmentierung nutzt umfassende *Persönlichkeitsmerkmale* wie Lebensstil, Einstellungen oder auch Nutzenvorstellungen. Diese Eigenschaften lassen eher Rückschlüsse auf das entsprechende Kaufverhalten zu als beispielsweise soziodemografisch bestimmte. Ein bedeutender Kaufverhaltensbezug ergibt sich, wenn nach produktspezifischen Einstellungen, wie die Einstellung zu umweltfreundlichem Anbau von Wein und daher die Vorliebe für Bio- oder Öko-Wein, oder nach Nutzenvorstellungen, wie Konsum von Wein als Prestigeobjekt, segmentiert wird. Nutzenvorstellungen und Einstellungen eignen sich besonders gut für die Marktsegmentierung, da sie wesentliche Kriterien der Kaufentscheidung darstellen. Das Manko ist hierbei, dass sich diese Kriterien nur durch enorm aufwendige Befragungen erfassen lassen. Für die Durchführung von solchen Befragungen werden daher oft Marktforschungsinstitute hinzugezogen, die diesbezüglich spezialisiert sind.

Häufig kombinieren Firmen unterschiedliche Segmentierungsarten miteinander, um dadurch optimale Ergebnisse zu erzielen. Die geografischen und soziodemografischen Eigenschaften ermöglichen die zielgerichtete Ansprache der einzelnen Segmente. Die verhaltensorientierten und psychografischen Kriterien geben dank der Nähe zum Kaufverhalten Auskunft, auf welche Weise das Marketinginstrumentarium gestaltet werden sollte.

Targeting (Segmentauswahl)

Ziel des Targeting ist das Treffen einer *Auswahl* aus den identifizierten Marktsegmenten aufgrund derer Potenziale. Die Entscheidungsgrundlage hierfür stützt sich auf die *Evaluierung der Potenziale* der identifizierten Segmente. Potenziale können anhand der Marktgröße, der Rendite oder der Anzahl von Konkurrenten evaluiert werden. Wenn das Wissen über die Potenziale der einzelnen Segmente vollkommen ist, so ist dieser Schritt relativ einfach vollziehbar. Hier ist die Bedeutung der Marktforschung deutlich zu erkennen. Es gilt, auf der Grundlage der identifizierten Segmente diejenigen Segmente auszuwählen, die bezüglich der Rentabilität am interessantesten erscheinen: Es gilt, die Segmente auszuwählen, in denen potenziell die meisten Produkte zum besten Preis verkauft werden können.

Grundsätzlich bestehen drei Auswahlmöglichkeiten von potenziell interessanten Segmenten. Ein Unternehmen hat die Möglichkeit, je nach Produktkategorie zwischen diesen Arten von Segmentierung auszuwählen.

Abbildung 3.9: Targeting-Alternativen

Diese drei Möglichkeiten können folgendermaßen beschrieben werden:

- **Undifferenziertes Marketing:** Undifferenziertes Marketing bedeutet, nicht zwischen den einzelnen Segmenten zu unterscheiden, sondern den *gesamten Markt* mit einem *einheitlichen Angebot* zu bedienen.
- **Differenziertes Marketing:** Bei differenziertem Marketing wird für *ausgewählte Segmente* ein jeweils *differenziertes Angebot* entwickelt und unterbreitet.
- **Konzentriertes Marketing:** Konzentriertes Marketing verfolgt das Ziel, sich auf einen sehr spezifischen und kleinen Markt zu beschränken und dabei einen möglichst großen Marktanteil zu gewinnen. In diesem Kontext ist häufig die Rede von einer Nischenstrategie, welche sich besonders anbietet, wenn die Ressourcen des Unternehmens stark begrenzt sind.

Positionierung

In dem letzten Schritt der Planung der Marketingstrategie steht die Positionierung im Fokus. Hierbei positioniert sich das Produkt gegenüber den Mitbewerbern, indem es sich *differenziert* und seine Einzigartigkeit deutlich herausstellt. Positionierung ist somit die Kunst, sich von der Konkurrenz abzuheben und sich von ihr abzugrenzen. Ein Produkt kann sich von dem der Mitbewerber unterscheiden, indem es zusätzliche oder andere Funktionen anbietet, wie beispielsweise das *Schweizer Taschenmesser* im Gegensatz zu herkömmlichen Messern. Alle Eigenschaften, die dieses Produkt ausmachen und die es einzigartig machen, können unter seiner *„Unique Selling Proposition"* *(USP)*, unter einem einmaligen Verkaufsargument, zusammengefasst werden. Diese Unterscheidung kann ebenfalls in Form von vermittelten Werten, Slogans oder Referenzen herausgestellt werden. So können bei einer Weinmarke das Weingut und die Herkunft oder gar der Eigentümer des Weinguts betont werden. Einige Marken (einschließlich Dienstleistungen) heben sich im Wettbewerb durch vermittelte Werte hervor. Als Beispiel dient die Uhr, die der Tennisstar Roger Federer trägt. In diesem Fall sprechen wir von einer *„Unique Emotional Proposition"*. Auf diese Art bemühen sich Unternehmen, ihre Produkte in der Wahrnehmung der Kunden von der Konkurrenz abzuheben.

Nachdem die einzelnen Elemente der Planung der Marketingstrategie behandelt worden sind, soll nun im folgenden Abschnitt der Marketing-Mix besprochen werden.

3.3.4 Schritt 4: Marketing-Mix

Der Marketing-Mix gilt als eine der einfachsten und zugleich wirksamsten Kombinationen von Werkzeugen oder Instrumenten zur praktischen Umsetzung von Marketingplänen in Unternehmen. Im Jahr 1964 schlug Neil Borden eine Reihe von Instrumenten vor, welche anschließend von Jerome McCarthy vier Gruppen, den berühmten 4 P's zugeordnet wurden. Wie in ▶*Abbildung 3.10* dargestellt, stehen einem Unternehmen vier Gruppen von Werkzeugen zur Verfügung, um die Marketingstrategie gezielt auf entsprechende Konsumentengruppen auszurichten. Ziel ist hierbei, einen möglichst großen Teil der potenziellen Kunden anzusprechen. Die in *Abbildung 3.10* genannten Beispiele sollen diesbezüglich der Verdeutlichung dienen.

Abbildung 3.10: Marketing-Mix

Im Folgenden werden nun die vier Gruppen der „4P's" behandelt, die den Marketing-Mix erläutern, und die damit verbundenen Maßnahmen vorgestellt.

Product (Produktpolitik)

Das wesentliche Ziel der Produktpolitik ist es, tatsächliche Produktmerkmale wie Qualität, Technologieniveau, Zuverlässigkeit, Service und Design derart zu gestalten, dass diese in der subjektiven Wahrnehmung der Zielgruppe interessant erscheinen. Stehen die Produkte im Fokus, die von einem bestimmten Unternehmen angeboten werden, ist es unabdingbar, deren „Reichweite" (engl. *extended range*) genauer zu betrachten. Konkret muss geklärt werden, wie viele Konsumenten von einem Produkt angesprochen werden und inwieweit andere Produkte, die von demselben Unternehmen hergestellt werden, miteinander verknüpft sind und Synergien aufweisen. In diesem Kontext ist die Rede von dem *Produktportfolio* eines Unternehmens, welches den Mix an Produkten eines Unternehmens beschreibt. Das Produktportfolio übt enormen Einfluss auf den Unternehmenserfolg aus.

Abbildung 3.11: Die drei Produktebenen, von denen aus ein Produkt betrachtet werden kann

- **Grundeigenschaften:** Grundvorrausetzung für den Kauf eines Produkts sind dessen Grundeigenschaften, welche die Bedürfnisse des Konsumenten erfüllen sollten.
- **Generische Produktebene:** Die zweite, generische Produktebene behandelt die Marke, Qualität, Eigenschaften, das Aussehen des Erzeugnisses und die Verpackung (Packaging).
- **Gesamtprodukt:** Das Gesamtprodukt kann zusätzliche Leistungen wie Finanzierung, Installation, Garantie und After-Sales-Service beinhalten. Ein weiteres Konzept der Betriebswirtschaftslehre ist der *Produktlebenszyklus*, der den Prozess zwischen der Markteinführung bzw. der Fertigstellung eines marktfähigen Produktes oder einer Dienstleistung und dessen Herausnahme aus dem Markt beschreibt. Hierbei wird die Lebensdauer eines Produktes in mehrere Phasen unterteilt, welche die Hauptaufgaben der aktiven Produktpolitik im Rahmen des Lebenszyklus-Managements darstellen. Die einzelnen Phasen (hier beschränkt auf die vier wichtigsten Phasen) können unterschiedlich lang sein und werden in der Literatur unterschiedlich unterteilt:
  - **Einführungsphase:** Mit Beginn der Einführungsphase hat das Unternehmen bereits durch Werbung und Public Relations auf das neue Produkt aufmerksam gemacht. Somit steigen die Umsätze zwar allmählich an, doch werden noch keine Gewinne erzielt. In dieser Phase entscheidet sich, ob der Markt das Produkt annimmt. Der Imageaufbau beginnt hier aufgrund der Aussagen der Marktkommunikation. Die Einführungsphase endet, sobald der Break-even-Point erreicht ist, und die Erlöse erstmals die Kosten übersteigen.
  - **Wachstumsphase:** Mit Beginn der Wachstumsphase werden zum ersten Mal Gewinne erzielt, obgleich die Ausgaben für Promotion und Kommunikation anhaltend hoch sind. Diese Phase ist durch starkes Wachstum gekennzeichnet, das durch Werbung beschleunigt wird. Die Preis- und Konditionenpolitik nimmt an Bedeutung zu. Zudem wird die Konkurrenz auf das Produkt aufmerksam.

- **Reife- bzw. Sättigungsphase:** Die Reife- bzw. Sättigungsphase ist häufig die längste Marktphase. Diese Phase ist die ertragreichste, da die Gewinnkurve am höchsten ist. Zudem besteht kein Marktwachstum mehr. Aufgrund der steigenden Konkurrenz gehen gegen Ende der Phase die Gewinne zurück, doch der Marktanteil ist stets hoch. Dieser kann durch ein geeignetes Erhaltungsmarketing und durch Produktvariationen gesichert oder weiter ausgebaut werden. Diese Phase endet, wenn die Umsatzerlöse die Deckungsbeitragsgrenze allmählich unterschreiten und keine Gewinne mehr erzielt werden können.
- **Rückgangsphase (Degeneration):** In der Rückgangsphase bzw. in der Degeneration schrumpft der Markt. Der Umsatzrückgang kann selbst durch gezielte Marketingmaßnahmen nicht gebremst werden. Das Produkt verliert Marktanteile und weist ein negatives Wachstum auf. Die Gewinne sinken und das Portfolio muss bereinigt werden, außer es bestehen Verbundbeziehungen (Economies of Scope) mit anderen Produkten. Zeichnet sich die Rückgangsphase ab, kann auch ein Relaunch (Rekonsolidierungsphase) des Produktes erwogen werden. Hierbei wird das Produkt wesentlich modifiziert und von Neuem positioniert. Wird kein Relaunch gestartet, so ist die Rückgangsphase mit dem Sinken des Umsatzes auf null beendet. Die Produktion wird eingestellt, das Produkt hat somit seinen Lebenszyklus durchlaufen und ist in gewissem Sinne „gestorben". Da heutzutage die Service-Industrie in den Volkswirtschaften vorherrschend ist, müssen immer auch die Leistungen, die mit einem Produkt in Verbindung stehen, betrachtet bzw. die Dienstleistungen als „stand-alone"-Produkt an sich verstanden werden.

Dienstleistungen sind dem Realgüterbereich zuzuordnen und stellen im Gegensatz zu *materiellen* Gütern (Fahrräder, Möbel, Mobiltelefone etc.) überwiegend immaterielle Leistungen dar. Im Gegensatz zu anderen *immateriellen* Gütern (Patente, Lizenzen etc.) stellen Dienstleistungen jedoch sogenannte Verrichtungen dar: In diesem Fall nimmt eine Person eine konkrete Handlung vor. Ein Service bzw. eine Dienstleistung unterscheidet sich von einem Produkt anhand folgender Eigenschaften:

- **Immaterialität:** Eine Dienstleistung ist unsichtbar, kann weder gerochen, noch berührt werden.
- **Variabilität:** Die Qualität einer Dienstleistung ist variabel, da sie vom Anspruch der Stakeholder, dem Ort, der Zeit und Berührungspunkten (engl. *touch points*) zwischen Kunde und Produzent abhängt.
- **Unmittelbarkeit:** Produktion und Konsum fallen im Wesentlichen unmittelbar zusammen.
- **Vergänglichkeit:** Eine Dienstleistung kann nicht gespeichert werden.
- **Lagerhaltung:** Dienstleistungen können nicht gelagert werden.
- **Geistiges Eigentum:** Dienstleistungen sind schwer vor Piraterie zu schützen.

Price (Preispolitik)

Ziel einer erfolgreichen Preispolitik ist es herauszufinden, welchen Preis die Kunden bereit sind, für die entsprechenden Produktmerkmale zu bezahlen. Bei der Preispolitik geht es daher um das aus Perspektive der Kunden attraktivste Preis-Leistungs-Verhältnis im Vergleich zu den Wettbewerbern. Zur Preispolitik gehört auch die Gestaltung von Liefer- und Zahlungsbedingungen. Beispiele hierfür sind Preisnachlässe, Boni, Rabatte oder Skonti. Der zu erzielende Preis ist substanziell für die Wertschöpfung des Unternehmens verantwortlich. Der Preis muss hierbei so festgelegt werden, dass er für den Konsumenten attraktiv ist. Gerade im Handel wird dabei mit Durchschnittspreisen kalkuliert. Dies führt zu sogenannten Schnäppchenpreisen, da Kunden im Supermarkt abgesehen von den billigen Produkten auch etablierte Markenprodukte zu höheren Preisen einkaufen.

Aus mikroökonomischer Sicht bestimmt sich der Preis stets selbst über das am Markt vorhandene Verhältnis zwischen Angebot und Nachfrage:

- Die Preise steigen, wenn die Nachfrage das vorhandene Angebot übersteigt.
- Die Preise sinken, wenn das Angebot die Nachfrage übersteigt.

Ist die Rede von der Preiselastizität eines Produktes, wird damit die Veränderung der Nachfrage auf Preisänderungen bezeichnet. Senkt sich also der Preis eines Produktes, sollte die Nachfrage steigen. In diesem Fall sprechen wir von einem *elastischen Preis*.

Es gibt auch Produkte mit *unelastischen Preisen*, bei denen eine Preisänderung keine oder nur eine geringe Auswirkung auf die nachgefragte Menge hat. Bei der *unelastischen Nachfrage* befriedigt das Produkt ein elementares Bedürfnis des Kunden, wie beispielsweise Wasser als Grundnahrungsmittel, und ist daher bis zu einem gewissen Grad unentbehrlich. So reagiert der Kunde bei einem Preisanstieg sehr rigide und würde im Extremfall eher andere Bedürfnisse einschränken, um sich das elementare Produkt weiterhin leisten zu können.

Sofern Käufergruppen mit unterschiedlicher Kaufkraft für ein Produkt identifiziert werden können und sofern die Absicht besteht, diese Käufergruppen durch eine angepasste Preispolitik anzusprechen, kann dies mittels einer Preisdiskriminierung vorgenommen werden. Preisdiskriminierung findet auf verschiedene Art und Weise statt: Die geläufigsten Preisdiskriminierungen sind die mengenabhängige (z. B. Mengenrabatt) und die dynamische Preisdiskriminierung (z. B. bei frühem Erwerb ist das Ticket günstiger). Somit kann ein Unternehmen seinen Erlös erhöhen und dennoch viele seiner potenziellen Kunden ansprechen.

Aus wirtschaftlicher Sicht ist der Preis immer zwischen dem *Mindestpreis*, sprich dem Preis, unterhalb dessen das Unternehmen seine entstehenden Kosten nicht decken kann, und dem *maximalen Preis*, sprich dem Preis, den die Konsumenten nicht mehr bereit sind zu bezahlen, festzulegen.

Grundsätzlich gibt es zwei Möglichkeiten der Preisfestsetzung. Zum einen kann die Preisfestsetzung auf den entstehenden Kosten, auf die dann eine gewünschte Gewinnmarge aufgeschlagen wird, basieren. Zum anderen kann die Preisfestsetzung über den Preis, den Konsumenten bereit sind, für ein bestimmtes Produkt zu bezahlen, festgelegt werden. Besonders bei Luxusgütern ist zu beobachten, dass der Preis ein häufig gebrauchtes Bewertungsargument für ein Produkt ist. Folglich führen höhere Preise häufig zu einem besseren Image und daher zu erhöhter Nachfrage.

Es gibt zwei **Preisstrategien**, denen man folgen kann:

- **Skimming-Strategie:** Bei der Skimming-Strategie bzw. der Abschöpfungsstrategie wird ein Produkt erstmals mit einem hohen Preis eingeführt, welcher später schrittweise gesenkt wird. Der Preis wird so hoch wie möglich gehalten, um eine Weiterentwicklung des Produktes zu ermöglichen und die Kosten für F&E zu amortisieren. Dies ist meist nur bei stark differenzierbaren oder innovativen Gütern sinnvoll.
- **Marktpenetrationsstrategie:** Bei der Marktpenetrationsstrategie bzw. bei Penetration Pricing wird versucht, so schnell wie möglich mit niedrigeren Preisen am Markt Fuß zu fassen und durch starkes Absatzwachstum einen hohen Marktanteil zu erzielen. Durch den hohen Absatz können Skaleneffekte und Markteintrittsbarrieren entstehen. Durch die geringen Preise kann die Konkurrenz abgeschreckt werden.

Place (Distribution)

Der *Place* bzw. die Distributionspolitik befasst sich mit der effizienten Gestaltung sämtlicher Aktivitäten auf dem Weg eines Produktes vom Anbieter bis hin zum Kunden bzw. Konsumenten. Man unterscheidet hierbei zwischen einer logistischen (z. B. Lagerhaltung und Transport) und einer akquisitorischen (z. B. Gewinnung und Bindung von Kunden) Distribution. Nach zeitgemäßem Marketingverständnis ist nicht mehr die Rede von Distributions-, sondern von Vertriebspolitik.[6] Die primäre Aufgabe der Vertriebspolitik ist die effiziente Gestaltung der Vertriebsstrategie und des Vertriebsprozesses einschließlich der Auswahl und der Qualifizierung des Personals zur Förderung der Vertriebskompetenz.[7] In diesem Kontext ist die Rede von einer Vertriebs- oder Wertschöpfungskette (Supply-Chain), deren Länge die Distanz vom Produzenten zum Verbraucher angibt. Hierbei gilt es, folgende zwei Distributionsmöglichkeiten zu unterscheiden:

Abbildung 3.12: Distributionsmöglichkeiten

- **Direkte Distribution:** Bei der direkten Distribution wechselt das Produkt oder die Dienstleistung nach der Herstellung exakt einmal den Besitzer, nämlich von Hersteller zu Kunde. Diese Distributionsform existiert vor allem beim Verkauf von einem Unternehmen an andere Unternehmen (B-to-B). Es gibt jedoch durchaus auch sogenannte Direktvertriebsunternehmen, die sich auf den Verkauf an Endkunden spezialisieren. Diese werben damit, Zwischenkosten einzusparen. Der Direktverkauf kann entweder persönlich oder über elektronische Medien erfolgen.
- **Indirekte Distribution:** Bei dem üblichen Vertrieb über Groß- und Einzelhandelsunternehmen wechselt das Produkt nach der Herstellung in der Regel mehrmals den Besitzer entlang der Wertschöpfungskette. An erster Stelle im Konsumgütermarkt, in welchem es auf eine flächendeckende Distribution von enormen Warenmengen und deren Präsentation im Verkaufsladen ankommt, ist der Vertrieb über Handelsunternehmen bzw. über den Handelsverkauf vorherrschend. Häufig wirken auch Vertragshändler im Vertrieb mit. Seit dem Aufkommen des Internets ereignet sich eine Revolution klassischer Vertriebskanäle. Produkte und Dienstleistungen (Bücher, DVDs, Tickets, Hotelreservierungen etc.) werden immer weniger über klassische, physische Verkaufsstellen vertrieben, weswegen dem Service-Management, sprich der Koordination verschiedener Vertriebskanäle, zunehmend mehr Bedeutung zukommt.

Weitere Aspekte der Distributionspolitik wie „Push- und Pull-Faktoren", „Handelsmarketing", „horizontale Systeme", „Logistik" etc. werden in *Kapitel 5* besprochen.

Promotion (Kommunikationspolitik)

Promotion bildet die letzte Gruppe der 4P's. Die wesentliche Aufgabe der Promotion bzw. der Kommunikationspolitik ist es, die Kunden über das eigene Angebot zu informieren und deren Kaufentscheidung zu beeinflussen. Dies erfolgt im Rahmen des sogenannten Kommunikations-Mix, der so zu gestalten ist, dass die angestrebte Wirkung, sprich die Information und Überzeugung, mit möglichst geringen Kosten erzielt wird.

Hierbei stellt die klassische Werbung bzw. die Reklame nur einen Teil der Kommunikationsoptionen dem Kunden gegenüber dar. In diesem Zusammenhang sind zwei grundlegende Kommunikationspolitiken zu unterscheiden. Beide Kommunikationspolitiken werden in der Regel miteinander kombiniert und stellen daher einen Kommunikations-Mix dar. Beim Kommunikations-Mix geht es um die Kombination der Kommunikationswege.

Abbildung 3.13: Kommunikations-Mix

Wie in ▶Abbildung 3.13 dargestellt, gibt es **zwei verschiedene Kommunikationstypen**: *Werbung above-the-line* (engl. „über der Linie") und *Werbung below-the-line* (engl. „unter der Linie"). Werbung „above-the-line" konzentriert sich auf die sogenannte „klassische" oder „traditionelle" Werbung, auf die direkt erkennbare Werbung in Printmedien (Zeitungen, Zeitschriften etc.) und im Rundfunk, im Fernsehen sowie auf Kino- und Außenwerbung. Die Werbung „below-the-line" steht im Marketing für alle sogenannten „nicht klassischen" Werbe-und Kommunikationsmaßnahmen wie Public Relations, Verkaufsförderung, Direktmarketing, Kommunikation am Point of Sale, E-Communication und noch viele weitere Maßnahmen wie Corporate Identity, Sponsoring, Messen und persönlicher Verkauf.

Anhand des **Kommunikationsplans** in ▶Abbildung 3.14 wird eine strukturierte Herangehensweise vorgestellt, die dabei helfen soll, den richtigen Kommunikations-Mix zu ermitteln.

Um einen erfolgreichen Kommunikations-Mix zu entwickeln, müssen folgende acht Schritte beim Kommunikationsplan beachtet werden:

3 Marketing

Abbildung 3.14: Der Kommunikationsplan

1. **Identifikation der Zielgruppen:** Zu Beginn des Kommunikationsplans gilt es, die Zielgruppen zu identifizieren und zu definieren. Dieser Prozessschritt wird auch „Segmentierung" genannt.

2. **Festlegung der Kommunikationsziele:** Hierbei werden die Ziele festgelegt, die kommuniziert werden sollen. Diese Ziele könnten z. B. Nachhaltigkeit, Marke, Preis oder Qualität sein.

3. **Entwicklung der Botschaften:** Bei diesem Prozessschritt soll die Botschaft, die an die Zielgruppe zur Erreichung der Ziele gesendet wird, entwickelt werden. Beispiele hierfür sind die Entwicklung von Emotionen, von Werten oder von Referenzen / *Testimonials* (anerkannte Personen, deren Image auf das Produkt übertragen werden soll – z. B. Dirk Nowitzki oder Steffi Graf).

4. **Auswahl der Kommunikationskanäle:** Es kann zwischen zwei verschiedenen Kommunikationskanälen gewählt werden: Zwischen dem *persönlichen* (Vertreter, direkter Kundenkontakt, Point of Sales, Mundpropaganda etc.) und dem *unpersönlichen* Kommunikationskanal über Medien (TV, Internet, Printmedien, Radio etc.).

5. **Budget:** Die Festlegung des Budgets hilft dabei, die Intensität der Kommunikation festzulegen und gegebenenfalls einzuschränken.

6. **Durchführung der Kampagne:** Basierend auf den Zielen und auf dem festgelegten Kommunikations-Mix kann eine Kampagne durchgeführt werden.

7. **Evaluation der Resultate:** Es soll evaluiert werden, ob die Ziele der Kommunikationskampagne erreicht wurden. Hierbei können quantitative oder qualitative Evaluationsmethoden behilflich sein.

8. **Adaption des Kommunikations-Mix und Feedback:** Ergebnisse der Evaluation sollen geprüft werden und helfen dabei, den Kommunikations-Mix aufgrund einer Feedback-Schleife anzupassen.

Dieser Kommunikationsplan soll nicht nur ein einziges Mal, sondern wiederholt durchgeführt werden, um die Kommunikationspolitik zu optimieren.

3.3.5 Schritt 5: Budget

Parallel zu den Maßnahmen, die durch den Marketing-Mix getroffen werden, werden auch Budgetierungsentscheidungen getroffen, die den Umfang der Maßnahmen wesentlich beeinflussen. In diesem Schritt wird, basierend auf einem vorläufigen Budget, das erwartete Kosten-Nutzen-Verhältnis der gesamten Planung entwickelt. Dies ist die Grundlage für die Freigabe des Marketingplans durch die Geschäftsleitung. Im Folgenden wird nun die Rolle der Marktforschung als letzter Schritt des Marketingplans erläutert.

3.3.6 Schritt 6: Kontrolle durch Marktforschung

Als End-, aber auch als Startpunkt kann die Kontrolle durch die Marktforschung gesehen werden, deren Daten nicht nur als Kontrolle, sondern auch als Grundlage für den Marketingplan dienen. So ist die Evaluierung der Wirksamkeit einer Marketingstrategie von besonderer Bedeutung für die Weiterentwicklung und für die Steuerung eines Unternehmens. Um die festgelegten Ziele messen zu können, betreibt ein Unternehmen Marktforschung. Grundsätzlich bestehen vier Möglichkeiten, auf welche Weise Marktforschung betrieben werden kann: durch **Verwendung von Sekundärdaten** (Literatur, bestehende Statistiken etc.), durch **Verwendung von qualitativen Studien** (Interviews etc.), durch Verwendung von **quantitativen Studien** (Fragebögen etc.) und schließlich durch **spezielle Untersuchungen** (Panels etc.). Um eine regelmäßige und eine auf das Unternehmen abgestimmte Kontrolle der Marketingergebnisse zu erhalten, entwickeln Unternehmen sogenannte Marketinginformationssysteme (MIS), welche die Bedienung von standardisierten Prozessen ermöglichen.

Von *sekundären Daten* ist die Rede, wenn keine Daten erhoben werden, da Daten aus anderen Quellen zur Verfügung stehen, wie beispielsweise die Daten von Meinungsforschern und Berufsverbänden. Umgekehrt ist die Rede von *Primärdaten* (qualitativ oder quantitativ), wenn diese Daten von der Firma erhoben oder im Auftrag des Unternehmens von einem Dritten speziell für das Unternehmen erarbeitet wurden. Für die SWOT-Analyse im ersten Teil des Marketingplans werden hauptsächlich Sekundärdaten verwendet. Primäre Daten werden aus verschiedenen Gründen und vor allem bei Bedarf exakterer Analysen erhoben:

- **Qualitative Studien:** Qualitative Studien beschäftigen sich mit Inhalten, die *nicht in Zahlen auszudrücken* sind. Beispielsweise sind die Einstellung von Konsumenten in Bezug auf die Verpackung oder die Usability eines Produktes Gegenstand. Hierbei stehen unter anderem die Methoden von Tiefeninterview, Fokusgruppe und Experteninterview zur Verfügung.
- **Quantitative Studien:** Die Ergebnisse quantitativer Untersuchungen werden *stets in Zahlen ausgedrückt* und sind daher quantifizierbar. Quantitative Studien eignen sich besonders, um gleichartige Muster innerhalb einer Zielgruppe zu erforschen. Die am häufigsten angewandte Form quantitativer Untersuchungen ist der Fragebogen.

Bisher wurden die wichtigsten Bausteine einer Marketingplanung behandelt und in groben Zügen skizziert. Bei der Analyse und der Ausformulierung der Maßnahmen ist besonders relevant, dass die beteiligten Personen ein ausgeprägtes Verständnis für das Produkt (technisches Know-how), für die tatsächliche Leistungsfähigkeit des Unternehmens (Zuverlässigkeit bei der Leistungserbringung) sowie für die Historie des Unternehmens und dessen klassische Zielgruppen (traditionelle Werte) entwickeln. Dieses Vorgehen im Marketing soll helfen, bei der Vermarktung größere Missverständnisse zu vermeiden.

3.4 Online Marketing

3.4.1 Was ist Online Marketing?

Online Marketing wird häufig auch digitales Marketing genannt und umfasst Marketing-Maßnahmen oder -Maßnahmenbündel, welche versuchen Internetnutzer auf eine gezielte Internetpräsenz zu lenken. Das Ziel ist es hierbei Geschäfte abzuschließen oder in die Wege zu leiten. Man unterscheidet generell zwischen zwei Arten des Online Marketings: Push und Pull Online Marketing. Beim Push Online Marketing sendet das Unternehmen eine Nachricht, ohne dass der Empfänger aktiv diese Inhalte sucht, wie z. B. Bannerwerbung und Massen-E-Mails. Pull Online Marketing hingegen platziert Marketinginhalte in bestimmten Kanälen, auf Internetseiten und Blogs, die ein potenzieller Kunde bewusst aufsucht.

Eine besondere Bedeutung fällt hierbei den sozialen Netzwerken zu. Im Zuge des Web 2.0 sind virtuelle Gemeinschaften entstanden, die soziale Beziehungen via Internet pflegen. Diese sozialen Netzwerke können unterschiedlichen Kategorien zugeordnet werden. So kann man zwischen großen Communities wie Facebook, Xing, oder LinkedIn und eher kleineren Communities, die sich mit sehr speziellen Interessen und Thematiken auseinandersetzen, unterscheiden. Das Besondere an sozialen Netzwerken ist, dass die Mitglieder der Community die Inhalte selbst generieren und stets weiter ausbauen und erneuern.

In Bezug auf Online Marketing ist anzumerken, dass Inhalte von Online Werbung mehr und mehr für mobile Endgeräte angepasst werden, da der Konsum über diese Geräte stetig zunimmt. Im folgenden Abschnitt werden wichtige Elemente des Online Marketings behandelt.

3.4.2 Elemente des Online Marketings

Nachfolgend werden drei wesentliche Elemente des Online Marketings beschrieben: E-Mail-Marketing, Social Media Marketing, Affiliate-Marketing.

Abbildung 3.15: Social Media
Quelle: © Trueffelpix/fotolia.com

E-Mail-Marketing

E-Mail-Marketing ist eine direkte Form, bestehende Kunden oder potenzielle Neukunden anzusprechen, welche E-Mails benutzen. Es beinhaltet in der Regel Werbung oder Kaufangebote mit dem Ziel der Kundenakquise bzw. -bindung. Man kann dadurch sehr einfach eine Vielzahl von Adressaten ansprechen bei vergleichsweise sehr geringem Kostenaufwand. Anhand von qualitativ hochwertigen Adressdatenbanken kann man dennoch E-Mail-Marketing bedarfsorientiert und persönlich gestalten.

Social Media Marketing

Beim Social Media Marketing werden die verschiedenen Formen sozialer Medien, wie beispielsweise Microblogs, soziale Netzwerke, Media-Sharing-Plattformen, Social Bookmarking, Voting-Seiten, Foren und Blogs, genutzt, um einen Dialog mit den Kunden und potenziellen Abnehmern eines Unternehmens aufzubauen.[8] Wesentliche Elemente für ein erfolgreiches Social Media Marketing sind Ehrlichkeit, Authentizität und Transparenz beim Dialog mit den Nutzern. Das Unternehmen sollte dabei auch Kritik von Kunden annehmen und angemessen darauf reagieren. Die Gemeinschaft der Internet-Nutzer, häufig auch Community genannt, steht dabei im Fokus. Ziel ist es, durch Interaktion mit der Community eine langfristige, auf Loyalität und Vertrauen basierende Beziehung aufzubauen. Es können dabei starke Word-of-Mouth-Effekte[9] bzw. Mundpropaganda entstehen und dazu beitragen, dass Inhalte viral verbreitet werden.[10] Abgesehen von der aktiven Teilnahme an den Dialogen, sind die Inhalte jener Dialoge von Unternehmen nur bedingt direkt kontrollierbar. Beispiele hierfür sind Hotelbewertungsplattformen wie Tripadvisor oder Booking.com.

Affiliate-Marketing

Affiliate-Marketing umfasst eine Online Vermarktungskooperation, bei welcher ein Händler (Merchant) über die Websites von Partnern (Affiliates) einen neuen Vertriebskanal öffnet. Die betreffenden Partner werden durch Erfolgsprovisionen am Umsatz beteiligt.

Auf den Partner-Webseiten werden in der Regel ergänzende Produkte und Dienstleistungen angeboten oder eine ähnliche Zielgruppe wie jene des Händlers angesprochen. Ein Airlineportal als Affiliate-Partner könnte beispielsweise auf seiner Webseite attraktive Hotels oder Versicherungen anbieten. Darüber hinaus kann Affiliate-Marketing auch offline betrieben werden, indem man beispielsweise gedruckte Gutscheine verwendet, welche einen Code enthalten, um die Publisher zuordnen zu können. Die Vergütung kann nach unterschiedlichen Vergütungsmodellen vollzogen werden.

Beispiele hierfür sind:

- **Pay per Click:** Hier wird die Provision pro erfolgtem Klick auf das Werbemittel gezahlt.
- **Pay per Lead:** Hier wird die Provision pro Kontaktaufnahme durch den Kunden gezahlt, z. B. bei Abonnieren eines Newsletters durch den Kunden.
- **Pay per Sale** oder **Pay per Order:** Hier wird die Provision gezahlt, sobald der Kunde Umsatz generiert.

Die bereits gewonnenen Kenntnisse aus diesem Kapitel sollen nun in Form eines Exkurses und einer Fallstudie vertieft werden, was zu einem gefestigten Verständnis von Marketing beiträgt.

> **Exkurs** — **Einfluss von Trends auf das Marketing**
>
> Als Zeugen der Globalisierung und Digitalisierung unserer Welt ist Marketing für uns allgegenwärtig. Die Technisierung und Beschleunigung konfrontiert Unternehmen stets mit neuen Herausforderungen. In der Entwicklung von Non-Profit-Marketing (Sozialmarketing) zeigt sich, dass der ethischen Komponente des Marketings eine zunehmend stärkere Bedeutung zukommt. Ziel dieses Kapitels war es, den Leser für die verschiedenen Konzepte und Disziplinen sowie für die Herausforderungen von Marketing zu sensibilisieren und Interesse für eine weitere Beschäftigung mit diesem allgegenwärtigen Thema zu wecken. Durch die zunehmend beschleunigte Entwicklung neuer Trends ist es notwendig, sich stets zu informieren. Das Zitat *„Plans are nothing, planning is everything!"* von Präsident Eisenhower zu Beginn dieses Kapitels büßt jedoch nicht an Aktualität ein.
>
> **Reflexionsfragen**
>
> 1. Identifizieren Sie die Ihnen bekannten aktuellen Trends im Marketing.
> 2. Welches sind die aktuellen Trends in Bezug auf soziale Netzwerke? Denken Sie hierbei an Facebook, Xing oder auch an LinkedIn.
> 3. Erörtern Sie, auf welche Weise diese Trends das Kaufverhalten von Konsumenten beeinflussen.

ZUSAMMENFASSUNG

Folgende Inhalte wurden in diesem Kapitel behandelt:

- Ziel war es, einen ersten Einstieg in die Welt des Marketings zu ermöglichen und dem Leser die grundlegenden Methoden und Ansätze der wirtschaftswissenschaftlichen Disziplin nahezubringen.
- Marketing wurde als organisierende Unternehmensfunktion sowie als Prozessbündel definiert. Des Weiteren wurden exemplarisch unterschiedliche Entwicklungen des Marketings anhand von fünf Ansätzen aufgezeigt.
- Anschließend wurde das Konsumverhalten entlang der fünf Phasen des Kaufentscheidungsprozesses und der Einflussfaktoren auf das Konsumverhalten erläutert.
- Die Kenntnis der verschiedenen Phasen des Marketingplans und vor allem der Aufbau und die Umsetzung einer Marketingstrategie sollen ermöglichen, die zentralen Elemente dieser Unternehmensfunktion anwenden zu können.
- Verschiedene Elemente des Online Marketings, wie E-Mail-Marketing, Social Media Marketing und Affiliate-Marketing, wurden vorgestellt und definiert.
- Ziel war nicht, alle Aspekte von Marketing im Detail zu behandeln, sondern einen Überblick der wesentlichen, branchenübergreifenden Elemente dieser Disziplin zu vermitteln.

AUFGABEN

1. Beschreiben und analysieren Sie den Entscheidungsprozess aus Sicht des Käufers, der zu dem Kauf einer Rolex-Armbanduhr führt.

2. Welche Vorgehensweise würden Sie einem familiengeführten Restaurant bei der Entwicklung eines neuen Gerichtes empfehlen? Beschreiben Sie die Schritte so praxisnah wie möglich.

3. Erarbeiten Sie eine Analyse der externen Umwelt für einen Sekthersteller aus Österreich, der auf dem europäischen Markt tätig ist.

4. Welche Vorgehensweise in Bezug auf die Distribution würde sich aus Ihrer Sicht für einen mittelständischen Winzer aus dem Burgund für seine Überseemärkte anbieten?

5. Welcher Marketingoptionen kann sich ein junger, aufstrebender Biolandwirt bedienen?

6. Was ist Online Marketing?

7. Nennen Sie drei Elemente des Online Marketings.

Weitere Aufgaben mit Lösungen befinden sich in begleitendem Übungsbuch als E-Text.

Fallstudie:
NIVEA – die größte Haut- und Schönheitspflegemarke der Welt

Das Kosmetikunternehmen Beiersdorf AG hat seinen Sitz in Hamburg, beschäftigt weltweit rund 17.000 Mitarbeiter und erzielte 2012 einen Umsatz von ca. 6 Milliarden Euro (nach neuem Umsatzausweis). Seit Dezember 2008 ist Beiersdorf im DAX gelistet. Mit *NIVEA* führt es die weltweit größte Marke im Bereich der Hautpflege. Daneben gehören unter anderem *Eucerin* sowie *La Prairie*, *Labello*, *8x4* und *Hansaplast* zum international erfolgreichen Markenportfolio.

Abbildung 3.16: NIVEA Tin Evolution
Quelle: Beiersdorf

Das Tochterunternehmen *tesa SE* ist einer der weltweit führenden Hersteller selbstklebender Produkt- und Systemlösungen für Industrie, Gewerbe und Konsumenten. Beiersdorf verfügt über rund 130 Jahre Erfahrung in der Hautpflege und zeichnet sich durch innovative und qualitativ hochwertige Produkte aus. Die Geschichte der Marke geht auf das Jahr 1911 zurück.

Der Chemiker und Erfinder Dr. Oscar Troplowitz produzierte technische Klebebänder (Vorläufer der *Tesa*-Produkte) und erste medizinische Pflaster (Vorläufer der *Hansaplast*-Produkte) in einem Unternehmen, das er 1890 von Paul C. Beiersdorf erworben hatte. In den Laboratorien war es dem Chemiker Isaac Liefschütz erstmals gelungen, Fett und Wasser stabil zu vereinigen. Daraus wurde mit Glycerin, etwas Zitronensäure sowie Rosen- und Maiglöckchenöl eine weiße Creme produziert, die den Namen *NIVEA* erhielt. *NIVEA*, die erste Hautpflegemarke der Welt, feierte 2011 ihren 100. Geburtstag mit dem Jubiläumsbuch „100 Jahre Hautpflege fürs Leben". Wussten Sie, dass Marilyn Monroe das Sonnenöl von *NIVEA Sun* nutzte? Dass Elly Heuss-Knapp, kreative Werbefachfrau und Ehefrau des ersten deutschen Bundespräsidenten, in den 1930er-Jahren die ersten Radio- und Kinowerbespots für *NIVEA* entwickelte? Oder dass die *NIVEA* Creme 1983 in einem US-amerikanischen Space Shuttle ins All flog? Dies sind nur einige der Anekdoten, die im neuen *NIVEA* Buch zum ersten Mal erzählt werden.

Abbildung 3.17: NIVEA Jubiläumsbuch
Quelle: Beiersdorf

Bereits 1911 umfasste das *NIVEA*-Sortiment Creme, Seife und Puder. Zwischen 1929 und 1931 wird das Sortiment um Brillantine, Rasiercreme, Rasierseife, Gesichtswasser, Haarwurzelöl und Shampoo erweitert. 1930 wird erstmals ein Sonnenöl angeboten.

In den 50er- und 60er-Jahren knüpfte *NIVEA* an diese Erfolge an. Zunächst wurde noch die Strategie verfolgt, *NIVEA* als Universalcreme mit höchstem Qualitätsanspruch bei gemäßigtem Preis zu positionieren. Das Hauptprodukt *NIVEA Creme* wurde und blieb Marktführer. In den 70er-Jahren reiften Überlegungen, eine Markenexpansion mit mehreren Produktlinien und einer weiteren Internationalisierung anzustreben. Auf wichtigen Auslandsmärkten war es gelungen, die Rechte an der Marke, die teilweise im Krieg als Feindvermögen beschlagnahmt worden waren, zurückzukaufen. Die konzentrierte Ausweitung des *NIVEA*-Sortiments begann dann vor rund 20 Jahren. Eine Unternehmensstrategie, mit der sich Beiersdorf konsequent an den veränderten Ansprüchen und Wünschen der Verbraucher orientierte, die verstärkt spezielle Pflegeprodukte nachfragten.

Bereits im Jahre 1963 wurde die *NIVEA Milk* eingeführt, im Jahr 1986 um die *NIVEA*-Lotion ergänzt, und damit dem Bedürfnis der Konsumenten nach Produkten für unterschiedliche Hauttypen entsprochen. Ab 1981 wurde eine Sonnenpflege-Serie eingeführt, die 1986 um zahlreiche weitere Produkte erweitert wurde. In der Herrenkosmetik ging *NIVEA* neue Wege mit alkoholfreien Aftershave-Balsams. Seifen und Duschprodukte gehören ebenso zur Dachmarke *NIVEA* wie hochqualitative Pflegeshampoos. Dazu wurde das Monoprodukt Shampoo zu einem umfassenden Haarpflegeprogramm erweitert. 1993 erfolgte eine Überarbeitung in Bezug auf Produkt, Sortiment und Marketing. Später in den 90er-Jahren wurde Neuland betreten, als die Serie *NIVEA Vital* für reifere Haut eingeführt wurde. Auch in die Gesichtspflege *NIVEA Visage* (für die jüngere Haut) flossen zahlreiche Produktinnovationen ein. Aus der *NIVEA Creme* wurde also eine große Markenfamilie mit mehr als 500 verschiedenen Produkten. *NIVEA* ist heute eine Dachmarke mit diversen Submarken und insgesamt mehr als 500 verschiedenen Produkten geworden. Unter dem *NIVEA*-Markendach behaupten sich Produktlinien wie *NIVEA Visage* (seit 1993), *NIVEA Vital* (1994), *NIVEA Beauté* (1997), *NIVEA Hair Care* (1991), *NIVEA for Men* (1986), *NIVEA Sun* (1993), *NIVEA Hand* (1998), *NIVEA body* (1992), *NIVEA Bath Care* (1996) und *NIVEA Deo* (1991) erfolgreich am Markt. In allen *NIVEA*-Produkten spiegelt sich die Kombination aus hoher Innovationskultur und 125 Jahren Hautforschungskompetenz von Beiersdorf wider. Mit Innovationen aus dem international renommierten Forschungsinstitut wird das *NIVEA*-Produkt-Portfolio kontinuierlich verbessert und ergänzt, um die Wünsche und Ansprüche der Verbraucher weltweit zu erfüllen.

Im klassischen Marketing steht die emotionale Ansprache der Verbraucher im Vordergrund. Bei der 1992 durchgeführten Kampagne „Blue Harmony" wird die dem damaligen Zeitgeist entsprechende Authentizität ehrlicher Gefühle und das gewachsene Markenimage von *NIVEA* durch Bilder von Liebe und Glück, von Geborgenheit und Vertrauen und nicht zuletzt von Jugend und Frische visualisiert. Auch in den Spots stehen Impressionen menschlichen Miteinanders im Mittelpunkt. Im Jahr 2007 startete die globale Dachmarkenkampagne „Schönheit ist . . . ", die ein ganzheitliches Verständnis von Schönheit zeigt – als Zusammenspiel von Aussehen, Wohlfühlen und Persönlichkeit. Die Kampagne wurde zuerst in Deutschland und seit Ende 2008 in über 60 Ländern eingesetzt. Der international einheitliche Auftritt mit einer durchgängigen Botschaft für das breite Pflege- und Kosmetikangebot trägt zur Stärkung der Marke *NIVEA* bei. Vertrauen, Nähe, Geborgenheit und Glaubwürdigkeit – für diese emotionalen Werte steht *NIVEA* seit Jahrzehnten.

NIVEA ermutigt Verbraucherinnen, ihre Schönheit individuell zu erleben und zu leben und geht damit auf das veränderte Selbstverständnis und facettenreiche Schönheitsempfinden ein. *NIVEA* ist deshalb zur größten Haut- und Schönheitspflegemarke der Welt geworden, weil die Marke die persönlichen und regional unterschiedlichen Verbraucherbedürfnisse aufnimmt. Der Erfahrungsschatz von fast 100 Jahren Hautpflegekompetenz verbindet sich heute mit einer überaus innovativen Ausrichtung der Marke. *NIVEA* hat Beiersdorf inzwischen zu einem der am schnellsten wachsenden Kosmetikkonzerne der Welt gemacht. Und so sind es insbesondere zwei Elemente – Tradition und Innovation – die den Charakter dieser Weltmarke kraftvoll prägen und ausmachen.

Neue NIVEA Markenkampagne „100 Jahre Hautpflege fürs Leben". Als Folge der Wirtschaftskrise stehen wieder Kernwerte wie Vertrauen, Ehrlichkeit Zuverlässigkeit, Familie und Qualität im Mittelpunkt der Kaufentscheidung. Diese Werte werden der Marke *NIVEA* seit Generationen von den Konsumenten zugeschrieben. Unter dem Motto „NIVEA – 100 Jahre Hautpflege fürs Leben" startet *NIVEA* ab Mai eine weltweite Kampagne, die das Thema Hautpflege und die *NIVEA* Kernwerte in den Mittelpunkt stellt. Dies wird dazu beitragen, dass die Marke nachhaltig und profitabel aus dem eigenen Kern heraus wachsen kann.

Weltweit größte NIVEA Beratungstour im Handel. Rund zwei Drittel aller Kaufentscheidungen werden direkt am Regal getroffen. Deshalb startete Beiersdorf 2011 auf über 75.000 Promotionsflächen im Handel weltweit die bisher größte globale *NIVEA* Beratungstour. Dabei sollten mit mehr als 13 Millionen Konsumenten-Kontakten rund 1,7 Millionen Beratungsgespräche inklusive individueller Hautanalysen geführt werden.

Abbildung 3.18: NIVEA Markenkampagne „100 Jahre Hautpflege fürs Leben"
Quelle: Beiersdorf

Neue Generation NIVEA Fans gewinnen durch digitale Aktivierungskampagne mit Rihanna Musikkooperation. Zur Erreichung neuer Zielgruppen wird *NIVEA* im Rahmen seiner bisher größten digitalen Aktivierungskampagne im Social Media

Bereich weltweit über eine Milliarde Seitenaufrufe innerhalb einer Woche generieren. Maßgeblich wird dazu die Zusammenarbeit mit dem internationalen Superstar Rihanna beitragen. Zum 100. Geburtstag setzte NIVEA Musik von Rihanna für die verschiedenen Maßnahmen der Kampagne ein. Kaum ein anderer Weltstar hat mehr Fans in sozialen Netzwerken wie Facebook als Rihanna. Gemeinsam mit Rihanna kann NIVEA eine neue Generation von jungen Konsumenten zielgenau erreichen.

Massive NIVEA Kommunikationsoffensive 2011. Über eine Mrd. Marketing-Budget und signifikante Zusatzinvestitionen in die Marke – mit diesem globalen Maßnahmenpaket wurde den Verbrauchern die Welt von NIVEA über alle verfügbaren Medienkanäle nähergebracht. Damit wurden in einem für NIVEA bisher noch nicht dagewesenen Umfang der Dialog zu bestehenden Zielgruppen gestärkt sowie Erstverwender und vor allem junge Konsumenten für NIVEA begeistert. „Mit erheblichen Investitionen im oberen zweistelligen Millionenbereich, die wir zusätzlich zum NIVEA Marketing-Budget bereitgestellt haben, wurde NIVEA mit weltweiten Maßnahmen im Jubiläumsjahr nachhaltig gestärkt und somit die weltweite Nr. 1-Position in der Hautpflege weiter gefestigt und ausgebaut", so Beiersdorf-Vorstand Markus Pinger.

NIVEA spendet 10 Cent jeder verkauften Sonderedition der Creme-Dose an Plan International. Ein weiterer Schwerpunkt im NIVEA-Geburtstagsjahr lag auf der Unterstützung eines speziellen Projektes für sozial benachteiligte Kinder im Rahmen der Partnerschaft von NIVEA und der weltweit tätigen Kinderhilfsorganisation Plan International: 10 Cent des Erlöses jeder weltweit verkauften NIVEA-Creme-Dose der Sonderedition „Care and Connect" werden seither an ein NIVEA und Plan International Projekt in Guatemala gespendet. Erwartet wurde ein Verkauf von insgesamt ca. fünf Millionen Aktions-Dosen mit einem Spendenerlös von rund einer halben Million Euro.

Reflexionsfragen

1. Strukturieren Sie das Fallgeschehen und beschreiben Sie die kritischen Punkte in der Geschichte von NIVEA.

2. Definieren Sie anhand der Instrumente im *Abschnitt 3.3* die Stärken und Schwächen der Marke NIVEA.

3. Erörtern Sie die Grenzen und möglichen Herausforderungen hinsichtlich des Wandels im Käuferverhalten und dessen Faktoren, denen eine Marke wie NIVEA begegnen kann.

4. NIVEA hat in den vergangenen Jahrzehnten das Produktsortiment stets erweitert. Nennen Sie neue potenzielle Märkte und Segmente und beschreiben Sie die Gefahren und Grenzen einer solchen Markenentwicklung.

Quelle: Straub; Kotler, P., Armstrong, G., Saunders, J., Wong, V. „Grundlagen des Marketing", Pearson Studium: 2010; Beiersdorf AG, Geschäftsbericht und Website, www.beiersdorf.de

Siehe auch begleitende Fallvideos dazu.

Verwendete Literatur

Albaum, G.: „Internationales Marketing und Exportmanagement", 3. Aufl., Pearson Studium, München 2001.

Ansoff, I.: „Strategies for diversification", in: Harvard Business Review, Bd. 35, Sept.–Okt. 1957, S. 113–124.

Berekoven, L.: „Marktforschung: Methodische Grundlagen und praktische Anwendung", 12. Aufl., Gabler Verlag, Wiesbaden 2009.

Burkwood, M.; Le Nagard-Assayag, E.: „Marketing Planning: Stratégie, Mise en Oeuvre et Contrôle", Pearson Education, 2005.

Burmann, C.; Meffert, H.; Kirchgeorg, M.: „Marketing", 11. Aufl., Gabler Verlag, Wiesbaden 2014.

Courvoisier, F.: „Marketing", LEP éditions, 2009.

DePelsmacker, P.; Geuens, M.; Van den Berg, J.: „Marketing Communications: a European Perspective", 5. Aufl., Prentice Hall Financial Times, 2013.

Dioux, J.; Dupuis, M.: „La distribution: Stratégies des Réseaux et Management des Enseignes", 2. Aufl., Pearson Education, 2009.

Esch, R.-H.; Herrmann, A.; Sattler, H.: „Marketing: Eine managementorientierte Einführung", 4. Aufl., Vahlen Verlag, München 2013.

Evrard, Y.; Pras, B.; Roux, E.; Desmet, P.: „Market: Fondements et Méthodes de Recherche en Marketing", 4. Aufl., Dunod, 2009.

Giannelloni, J-L, Vernette, E. : „Etudes de marché", 2. Aufl., Vuibert, 2001.

Homburg, C.; Krohmer, H.: „Marketingmanagement: Strategie – Instrumente – Umsetzung – Unternehmensführung", 4. Aufl., Gabler Verlag, Wiesbaden 2012.

Iacobucci, D.; Churchill, G.: „Marketing Research: Methodological Foundations", 10.Auflage, South Western Educational Publishing, 2009.

Kotler, P.; Keller, K.; Bliemel, F.: „Marketing-Management: Strategien für wertschaffendes Handeln ", 12. Aufl., Pearson Studium, München 2010.

Kotler, P.; Keller, K.: „Marketing Management", 13. Aufl., Prentice Hall, 2009.

Kotler, P.; Armstrong, G.; Wong, V.; Saunders, J.: „Grundlagen des Marketing", 5. Aufl., Pearson Studium, München 2010.

Kroeber-Riel, M.; Göppel-Klein, A.: „Konsumentenverhalten", 10. Aufl., Vahlen-Verlag, München 2013.

Lewi, G.; Lacoeuile, J.; Albert, A.-S.; Boche. G.: „Branding Management: La marque, de l'idée à l'action", 2. Aufl., Pearson Education, 2007.

Lovelock, C.; Wirtz, J.: „Marketing Services: People, technology, Strategy", 7. Aufl., Pearson Education, 2011.

Malhotra, N.; SPSS Inc.: „Basic Marketing Research", 3. Aufl., Pearson Education, 2008.

Meffert, H.; Bruhn, M.: „Dienstleistungsmarketing: Grundlagen – Konzepte – Methoden", 7. Aufl., Gabler Verlag, Wiesbaden 2012.

Mugler, J.: „Betriebswirtschaftslehre der Klein- und Mittelbetriebe", Bd. 2, 3. Auflage, Springer Verlag, Wien 1999.

Müller, S.; Kornmeier, M.: „Strategisches Internationales Management", Vahlen-Verlag, München 2002.

Solomon, M.; Bamossy, G.; Askegaard, S.: „Konsumentenverhalten", 1. Aufl., Pearson Studium, München 2001.

Steffenhagen, H.: „Marketing: Eine Einführung", 6. Aufl., Kohlhammer, Stuttgart 2008.

Weinberg, T.: „Social Media Marketing – Strategien für Twitter, Facebook & Co", 3. Aufl., O'Reilly, Köln 2012.

Weis, H. C.: „Marketing", 16. Aufl., Kiehl Verlag, Ludwigshafen 2012.

Weiterführende Literatur

Bernecker, M.: „Marketing: Grundlagen – Strategien – Instrumente", 3. Aufl., johanna Verlag, 2013.

Esch, F.-R.; Herrmann, R.; Sattler, H.: „Marketing: Eine managementorientierte Einführung", 4. Aufl., Vahlen, 2013.

Kotler, P.; Armstrong, G.; Wong, V.; Saunders, J.: „Grundlagen des Marketing", 5. Aufl., Pearson Studium, München 2010.

Kotler, P.; Keller, K.; Bliemel, F.: „Marketing-Management: Strategien für wertschaffendes Handeln", 12. Aufl., Pearson Studium, München 2010.

Weinberg, T.: „Social Media Marketing – Strategien für Twitter, Facebook & Co", O'Reilly, Köln 2010.

Weis, H. C.: „Marketing", 16. Aufl., Kiehl Verlag, Ludwigshafen 2012.

Endnoten

1 Vgl. Definition Brockhaus.
2 Siehe Schritt 1 eines Marketingplans „Umweltanalyse".
3 Siehe Schritt 6 des Marketingplans „Evaluierung".
4 Siehe *Abbildung 3.10*: Marketing-Mix.
5 Weitere Informationen zum Konsumverhalten finden Sie bei Solomon et al. (2005).
6 Homburg, C., Krohmer, H. (2009), S. 829.
7 Kotler, P., Keller, K., (2009), S. 415 f.; 556 f..
8 Siehe hierzu Zarrella (2010), S. 3.
9 Mundpropaganda (Word-of-Mouth) ist die Basis für erfolgreiches Viral Marketing, welches sich primär auf die persönliche Weitergabe von Informationen zwischen Konsumenten über Leistungen und Produkte eines Unternehmens bezieht.
10 Siehe hierzu Weinberg (2010) S. 5.

Einer meiner langjährigen Verkäufer hat einmal das Geheimnis seines Erfolges entschleiert: Man muss den Kunden reden lassen und ein guter Zuhörer sein.

Wilhelm Becker (1945–1994), dt. Unternehmer, ehem. Geschäftsführer von Auto Becker

Lernziele

In diesem Kapitel wird das Wissen zu folgenden Inhalten vermittelt:

- Grundlagen
  - Verständnis von Sales
  - Abgrenzung von Marketing und Sales
  - Elemente von Sales
- Einfluss des operativen Marketings auf Sales
- Wichtige Salesaktivitäten
  - Aufbau eines Salesteams
  - Leitung
  - Verkaufsgespräch

Quelle: © Andres Rodriguez/fotolia.com

Sales

4.1 Grundlagen von Sales 130
    4.1.1   Was versteht man unter dem Begriff Sales? 130
    4.1.2   Abgrenzung von Marketing und Sales 130
    4.1.3   Die verschiedenen Elemente von Sales............ 131

4.2 Einfluss des operativen Marketings auf Sales.... 134
    4.2.1   Place (Distributionspolitik) 136
    4.2.2   Produkt 140
    4.2.3   Preis 140
    4.2.4   Promotion................................... 141

4.3 Salesaktivitäten 142
    4.3.1   Aufbau eines Salesteams 142
    4.3.2   Leitung des Salesteams 150
    4.3.3   Verkaufsgespräch 153

4.1 Grundlagen von Sales

Sales stellt eine zentrale Unternehmensfunktion dar, die den Kontakt zwischen Kunde und Unternehmen gestaltet. In den folgenden Abschnitten soll den Fragen nachgegangen werden, was genau der Begriff Sales bezeichnet, auf welche Weise Verflechtungen zwischen Sales und Marketing auftreten und welche Arten von Sales es generell gibt.

4.1.1 Was versteht man unter dem Begriff Sales?

Die Begriffe *Sales*, *Verkauf* und *Absatz* werden in diesem Buch synonym verwendet. Der Verkauf wird juristisch als die Abtretung eines Gutes oder einer Dienstleistung gegen eine zwischen dem Verkäufer[1] und dem Käufer[2] vereinbarte Geldsumme bezeichnet. Der Verkauf bezeichnet somit den Tausch eines Gutes gegen Geld zu einem bestimmten Preis.

Auf differenziertere Weise definieren Courvoisier und Courvoisier (2009) den **Verkauf** bzw. Sales als *„eine Form der benutzerdefinierten Kommunikation mit dem Ziel der Bedarfsdeckung in Form eines Kaufs"*. Folglich repräsentiert der Verkäufer das Unternehmen, das Güter oder Dienstleistungen (Angebot) für den Kunden (Nachfrage) herstellt und auf einem gegebenen Markt anbietet. Auf diesem Markt treffen sich Angebot und Nachfrage und bestimmen somit den Preis des Gutes.

Verkäufer können vielerlei Bezeichnungen haben: Man nennt sie beispielsweise Handelsvertreter, Ingenieure oder auch Außendienstmitarbeiter.

4.1.2 Abgrenzung von Marketing und Sales

Herkömmlich betrachtet man die Begriffe Marketing, Werbung und Sales als synonym. In der Tat beinhaltet Marketing sowohl Werbung als auch Sales. Wie dem vorangegangenen *Kapitel 3* zu entnehmen war, umfasst der Marketing-Mix die 4P's[3] *(Price, Promotion, Place, Product)*. Bei der *Promotion* handelt es sich einerseits um die Massenkommunikation, bei der Werbebotschaften über Massenmedien verbreitet werden. Diese werden auch als **Above-the-line-Maßnahmen** bezeichnet. Andererseits besteht Promotion auch aus **Below-the-line-Maßnahmen**, welche „außerhalb der klassischen Medien" zu finden sind und eine persönlichere und gezieltere Form der Kommunikation darstellen. Die *Below-the-line*-Werbung umfasst Direktmarketing, Sponsoring, Salesförderung, Kommunikation am Verkaufsort, Public Relations, Messen, E-Communication und schließlich den persönlichen Verkauf, der das Thema dieses Kapitels darstellt.[4]

In der Praxis ist diese Einteilung von Sales nicht immer in dieser Form vorzufinden. Tatsächlich ist in vielen Unternehmen die Leitung von Sales und Marketing voneinander getrennt, obwohl beide Unternehmensfunktionen zusammengehören. Die Ursache für die Trennung von Marketing und Sales in der beruflichen Praxis liegt hauptsächlich darin, dass das Unternehmen den Verkauf meist an Externe delegiert *(Outsourcing*[5]*)*. Die Verbindung ist dennoch notwendig, da die Salesabteilung die Kunden durch die Kontakte ihrer Verkäufer kennt und daher schnell und einfach Informationen an die Marketingabteilung weitergeben kann, insbesondere bezüglich des *After-Sales-Services*, beispielsweise bei wiederkehrender Unzufriedenheit der Kunden. Die Kundenbedürfnisse können einen wesentlichen Beitrag für die Verbesserung von Produkten oder von Dienstleistungen sowie für die Produktinnovation darstellen. Aus diesem Grund ergibt sich ein natürliches Interesse einer Zusammenarbeit zwischen Marketing und Sales.

In der Praxis liefern sich beide Unternehmensfunktionen (oft durch Abteilungen gekennzeichnet) jedoch häufig Bruderkämpfe, deren Ziel darin besteht, zu zeigen, welcher der beiden Akteure für das Unternehmen wichtiger ist und zur Steigerung des Umsatzes bzw. der Marktanteile beiträgt.

Nachdem einleitend die Unternehmensfunktion Sales definiert und abgegrenzt wurde, sollen nun im nachfolgenden *Abschnitt 4.1.3* die verschiedenen Elemente von Sales vorgestellt werden.

4.1.3 Die verschiedenen Elemente von Sales

In diesem Abschnitt werden wichtige Elemente der Unternehmensfunktion Sales beschrieben. Es handelt sich hierbei um die Vertriebspolitik, um unterschiedliche Käuferkategorien und um verschiedene Verkäufertypen.

Vertriebspolitik

Sales ist eine komplexe und facettenreiche Unternehmensfunktion, die die Vertriebspolitik berücksichtigen muss. ▶*Abbildung 4.1* zeigt, auf welche Weise und an welche Zielgruppe Produkte und Dienstleistungen verkauft werden können.

Abbildung 4.1: Länge der Vertriebsstrecke

Wie in *Abbildung 4.1* dargestellt, unterscheiden wir zwischen drei wesentlichen Vertriebsstrecken. Synonym zu der Bezeichnung Vertriebsstrecke werden auch die Bezeichnungen Absatzwege, Absatzkanäle sowie Vertriebswege verwendet.

- **Strecke 1:** Das Unternehmen ist sowohl für die Produktion als auch für den Vertrieb zuständig. Die Vertriebsstrecke ist im Vergleich zu anderen Vertriebsstrecken sehr kurz, da das Unternehmen **direkt** an den Endverbraucher verkauft. Klassischerweise handelt es sich hierbei um sogenannte *B-to-B*-Beziehungen: So beliefert beispielsweise Bosch die Firma Mercedes-Benz direkt mit ABS-Systemen.

- **Strecke 2:** Vertrieb über einen **Absatzmittler**. Es handelt sich um eine Vertriebsstrecke, bei der ein Unternehmen zwischen Hersteller und Endverbraucher zwischengeschaltet ist. Die Großhändler wiederum bringen die Endkonsumenten (Nachfrage) und Produzenten (Angebot) zusammen: Beispielsweise kauft die Internetverkaufsplattform Amazon in großen Mengen Produkte wie Bücher oder DVDs ein und vertreibt diese im Anschluss direkt.

- **Strecke 3:** Sales über Großhändler und Unternehmen. Hierbei geht der Verkauf über Vertriebsstrecken, welche von Produzent bis zu Endverbraucher **mehrere Etappen** enthalten. So beliefern Nahrungsmittelhersteller wie Nestlé Großhändler wie EDEKA (D), Carrefour (F) oder Migros (CH). Diese Großhändler vertreiben die Produkte wiederum in ihrem Filialnetz (Supermärkte) an den Endverbraucher.

Es sind somit unterschiedliche Vertriebsoptionen aufzuweisen: Das produzierende Unternehmen definiert anhand der Auswahl der Vertriebsoptionen seine Vertriebspolitik. Die Vertriebspolitik umfasst sämtliche Entscheidungen und Maßnahmen, welche in Beziehung mit dem Weg der Güter von einem Unternehmen zu dem Endkunden stehen. Durch diese Entscheidung werden die Aufgaben und Herausforderungen der Salesabteilung festgelegt.

Käuferkategorien

Je nach Vertriebspolitik begegnet ein Unternehmen unterschiedlichen Käuferkategorien. ▶*Abbildung 4.2* fasst die Käuferkategorien zusammen.

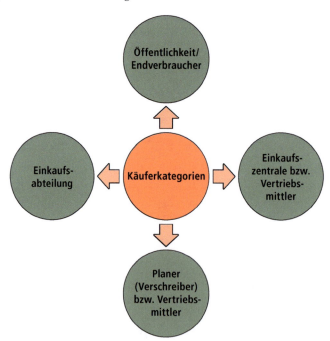

Abbildung 4.2: Käuferkategorien

Wie in *Abbildung 4.2* abgebildet, sind in der Praxis vier Käuferkategorien zu unterscheiden, welche nun im Detail vorgestellt werden:

1. **Öffentlichkeit bzw. Endverbraucher:** Hierbei handelt es sich um den klassischen Konsumenten, der seine Bedürfnisse durch den Einkauf befriedigt *(B-to-C)*: Beispielsweise kauft eine junge Frau Sonnencreme, um ihre Haut vor den UV-Strahlen des Sonnenlichts zu schützen.

2. **Einkaufszentrale bzw. Vertriebsmittler:** Wirtschaftlich und rechtlich selbstständige Unternehmen, die in großen Mengen Produkte kaufen und diese, ohne sie zu verarbeiten, weiterverkaufen. Generell kann es mehrere Vertriebsmittler innerhalb einer Vertriebsstrecke geben: Beispielsweise kaufen die Metro-Gruppe (D) sowie die Auchan Supermarktkette (F) in großen Mengen bei Unternehmen ein und vertreiben diese Güter an den Endverbraucher.

3. **Planer (Verschreiber) bzw. Vertriebshelfer:** Vertriebshelfer nennt man rechtlich unabhängige Vermittler, die den Vertrieb fördern, ohne dabei jedoch als Käufer aufzutreten: Ein Beispiel hierfür ist ein Arzt, der ein Medikament eines bestimmten Pharmakonzerns empfiehlt und verschreibt.

4. **Einkaufsabteilung:** Hierunter versteht man Abteilungen, die Güter in der Regel in großen Mengen kaufen, um sie weiterzuverarbeiten: So kauft beispielsweise die Einkaufsabteilung der Fastfoodkette McDonald's in großen Mengen einzelne Zutaten bei unterschiedlichen Herstellern ein und verarbeitet diese zu dem Endprodukt wie dem Hamburger.

Verkäufertypen

Nachdem die Käuferseite beleuchtet wurde, folgt nun der Blick auf die Verkäuferseite. *McMurry* und *Arnold* (1970) haben in diesem Zusammenhang sechs Verkäufertypen definiert:

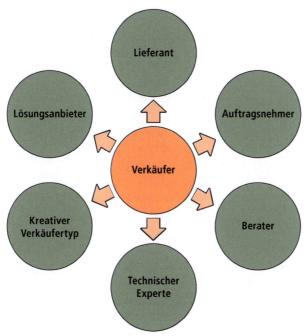

Abbildung 4.3: Verkäufertypen

1. **Lieferant:** Ein Lieferant versorgt den Abnehmer mit Gütern. Der Abnehmer braucht keine weitere Unterstützung, wie beispielsweise Produktinformationen oder technische Hilfestellungen.

2. **Auftragsnehmer:** Der Auftragsnehmer verkauft ein Produkt oder eine Dienstleistung, welche von dem Auftraggeber nachgefragt wird: Ein Beispiel hierfür ist ein Architekt, der mit einem Hausbau beauftragt wurde.

3. **Berater:** Der Berater verkauft nicht nur ein Produkt im klassischen Sinne, sondern hilft dem Kunden aufgrund seiner Kompetenz dabei, eine Aufgabe oder ein Problem bestmöglich zu lösen: Ein Beispiel hierfür wäre die Beratung zum Kauf eines Autos bei einem Auto-Händler.

4. **Technischer Experte:** Diese Art von Verkäufertyp ist technisch spezialisiert und trägt durch seine Hilfestellung und Aufklärung zum Kauf eines Gutes bei: Ein Beispiel hierfür ist ein Smartphone-Verkäufer, der seine Kunden neben dem Verkauf auch über das Bedienen des Telefons aufklärt.

5. **Kreativer Verkäufertyp:** Der kreative Verkäufertyp wird mit einzigartigen Problemstellungen des Käufers konfrontiert und muss infolgedessen innovative und kreative Wege zur Lösung des Problems einschlagen: Ein Beispiel hierfür ist ein Verkäufer von Unternehmenssoftware, der diese maßgeschneidert an die Bedürfnisse seiner Kunden anpasst.

6. **Lösungsanbieter:** Dieser Verkäufertyp bietet eine standardisierte und ganzheitliche Lösung für die spezifischen Bedürfnisse bestimmter Kundengruppen an. Er kombiniert, individualisiert und integriert Einzellösungen, die er daraufhin standardisiert: Ein Beispiel hierfür ist ein Generalunternehmer, der standardisierte Häuser für unterschiedliche Bedürfnisse anbietet. Beispielsweise wählt dieser Generalunternehmer sämtliche Materialien für ein Energiesparhaus aus und kombiniert diese sinnvoll, damit das Endprodukt bestmöglich den Bedürfnissen seiner Kundengruppe entspricht.

In der Praxis ist eine klare Trennung zwischen einzelnen Verkäufertypen oft nicht möglich, da gewisse Überlappungen bestehen.

4.2 Einfluss des operativen Marketings auf Sales

Wie in ▶*Abbildung 4.4* dargestellt, ist **Sales** nicht nur Teil der *Promotion* im **Marketing-Mix**[6], sondern interagiert zudem mit anderen Dimensionen. Auf diese Weise leistet Sales einen wesentlichen Beitrag bei der Formulierung und Erreichung der **Marketingziele**: Sei es bezüglich des angestrebten Marktanteils oder aber bezüglich des zu erreichenden Umsatzvolumens.

Abbildung 4.4 zeigt, dass die **Marketingziele** in engem Zusammenhang mit den Marketingstrategien, dem Marketing-Mix und dem Sales bzw. Verkauf stehen.

4.2 Einfluss des operativen Marketings auf Sales

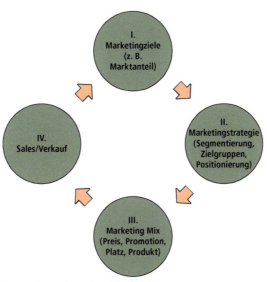

Abbildung 4.4: Verbindung zwischen Sales und Marketing

Die Marketingabteilung kann die Arbeit des Salesteams wesentlich unterstützen und erleichtern, indem sie klare **Segmentierungskriterien** formuliert. Eine klare Segmentierung erleichtert ein gezieltes Ansprechen des Kunden und trägt dadurch zu einer Verbesserung der Positionierung gegenüber den Wettbewerbern bei. Indem das Salesteam der Marketingabteilung wiederum wichtige Informationen bezüglich der Kunden (z. B. Kundenverhalten und Kundendaten) zur Verfügung stellt, wird die Arbeit der Marketingabteilung erleichtert und führt zu Zeit- und Geldeinsparung. Somit kann eine fruchtbare Zusammenarbeit beider Unternehmensfunktionen die Kundenbindung *(Customer Relationship Management)* erhöhen.

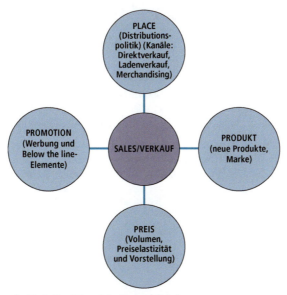

Abbildung 4.5: Einfluss des Marketing-Mix auf den Verkauf (Sales)

Mit dem Einsatz **salesfördernder Instrumente** innerhalb dieser vier Dimensionen des Marketing-Mix will ein Anbieter potenzielle Kunden von der Leistungsfähigkeit des eigenen Angebots überzeugen und gewinnen. Ziel ist es, bei dieser Optimierung des salesfördernden Instrumentariums besser als die Konkurrenz zu sein. Die Wirksamkeit des Einsatzes der Instrumente ist abhängig von deren Zielorientierung, der Abstimmung untereinander und schließlich der Dosierung.

4.2.1 Place (Distributionspolitik)

Abbildung 4.6: Distribution im Supermarkt
Quelle: © Matty Symons/fotolia.com

Die Distributionspolitik stellt einen elementaren Teil der Sales-Aktivitäten dar. Sie basiert auf den in vorangegangenen Abschnitten dargestellten Phasen und die Entscheidungen, die man dort getroffen hat. So ist die Distributionspolitik ein Teil der Marketing- und Salesstrategie und sollte sich daher im Einklang mit diesen befinden.

Die Distributionspolitik stellt die strategische Perspektive der Verkaufsformen dar. Auf der Ebene der Distributionspolitik können wir *fünf unterschiedliche Verkaufsformen* definieren. Häufig werden diese Verkaufsformen auch Distributionskanäle genannt.

4.2 Einfluss des operativen Marketings auf Sales

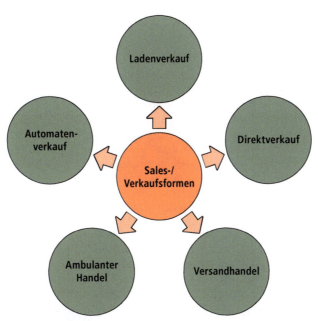

Abbildung 4.7: Sales- bzw. Verkaufsformen

1. **Ladenverkauf:** Bei einem Ladenverkauf wird die Ware sortiert und in einem bestimmten Regal ausgestellt. Die Ware steht dort meist in direkter Konkurrenz zu den Produkten anderer Wettbewerber, sodass der Käufer mehrere Alternativen zur Auswahl hat. In diesem Prozess findet keine zwischenmenschliche Interaktion – außer an der Kasse – statt. Hier spielt der *Place* eine überaus wichtige Rolle für den erfolgreichen Verkauf. Der Käufer nimmt in diesem Fall den aktiven Part ein.

2. **Direktverkauf:** Bei einem Direktverkauf spielt Timing eine wichtige Rolle, da der Verkäufer den Käufer gezielt aufsucht. Er muss diesen in einem möglichst günstigen Zeitpunkt antreffen, um sein Gut anbieten zu können. Dies kann zufällig passieren, beispielsweise bei dem Haustürgeschäft eines Staubsaugervertreters oder auch organisiert durch eine Verkaufsveranstaltung mit zuvor erlesenem Kreis von Käufern (Tupperware-Treffen). Hier spielt der Verkäufer den aktiven Part, da er von sich aus die Geschäftsinteraktion (Kauf) fördert.

3. **Versandhandel:** Der Versandhandel wurde früher von Katalogkäufen (vgl. Otto- oder Quelle-Katalog) dominiert. Seit dem Siegeszug des Internets hat sich diese Art des Verkaufs wesentlich verändert. Es gibt neben unzähligen Verkaufsplattformen wie Amazon oder eBay auch eigene Plattformen des Verkäufers, auf denen er seine Produkte direkt anbietet. Somit ergeben sich unterschiedliche Arten des Verkaufs:
   - Verkauf über **Zwischenhandel** (dem Ladenverkauf ähnlich)
   - oder **direkt über Internet** (dem Direktverkauf ähnlich).

   Der Versandhandel bezeichnet einen Suchermarkt: Der Käufer sucht gezielt nach dem Produkt, das seine Bedürfnisse bestmöglich befriedigt. Die Hauptaufgabe des Sales besteht darin, den Käufer bei seiner Suche zu unterstützen, sei es durch eine informative Präsenz oder durch gute Positionierung bei Suchmaschinen und Vergleichsportalen.

4. **Ambulanter Handel bzw. Verkauf:** Hier platziert sich der Verkäufer bzw. sein Zwischenhändler zu einer günstigen Zeit an einem günstigen Ort, um das Bedürfnisfenster des Käufers zu treffen. So stellt sich beispielsweise ein Kaffee- und Brötchenanbieter zu Stoßzeiten während des Berufsverkehrs an Bahnhöfe, um den Berufspendlern ihr akutes bzw. ambulantes Bedürfnis nach einem Morgenkaffee zu befriedigen. Eine ähnliche Form ist das Auftreten auf Events, wie beispielsweise ein Bierstand in Stadionnähe an einem Spieltag oder während eines Konzerts. Hier bedarf es viel Planung und Vorbereitung der Salesabteilung, um das Bedürfnisfenster des Käufers bestmöglich zu treffen. Trotz dieser Aktivität ist der Käufer aktiv auf der Suche nach einem bestimmten Gut, das er befriedigen will.

5. **Automatenverkauf** *(engl. vending machines)*: Ähnlich dem ambulanten Handel werden ambulante Bedürfnisse der Kunden befriedigt. Jedoch ist die Präsenz dauerhaft durch die Automaten gestellt. Obwohl diese Form des Verkaufs kein persönlicher Kontakt zwischen Anbieter und Verkäufer ist, stellt sich dennoch die Herausforderung für die Salesabteilung, den richtigen Ort und die richtige Preissetzung zu wählen. Damit sich diese Verkaufsform lohnt, müssen die Automaten an neuralgischen und an strategisch wichtigen Punkten, beispielsweise öffentliche Plätze oder große Bahnhöfe, aufgestellt werden.

Nun wurden die bekanntesten und gängigsten Formen des Verkaufs skizziert. Es ist festzustellen, dass dieser Bereich besonders dynamisch ist. Nicht zuletzt durch den technischen und informationstechnologischen Fortschritt. Seit der Verbreitung des Internets sind neue Verkaufsformen bzw. Distributionskanäle entstanden: E-Commerce (z. B. Verkauf über das Internet) und in geringerem Umfang M-Commerce (z. B. Verkauf über Mobiltelefone oder Smartphones). Diese Verstärkung des Versandhandels, dessen Terrain bereits durch den Katalogverkauf abgedeckt wurde, hätte das Aus für den Verkäuferberuf bedeuten können: Dennoch ist nichts dergleichen eingetreten! Betrachtet man den Bankensektor, so ist festzustellen, dass die Anzahl der physischen Verkaufspunkte trotz des Internets stark angestiegen ist. Zwischen den Jahren 2003 und 2007 hat sich laut Aussage der *Banque de France* (CECEI, Bericht 2008) die Anzahl der physischen Verkaufspunkte um 53,4 Prozent erhöht. Es ist der Frage nachzugehen, welche Faktoren das Erscheinen neuer Verkaufsformen gefördert haben.

In Anlehnung an *Lecat* (2003) werden zwei wesentliche Faktoren unterschieden: Zum einen wird der *Hersteller motiviert*, neue technologische Kanäle zu entwickeln. Zum anderen werden die *Verbraucher* bei der Verwendung der Kanäle *beeinflusst*.

Auf Herstellerseite sind zwei Tendenzen erkennbar:

1. Der Druck von außen, wie der Wettbewerb und das Entstehen neuer Technologien, hat zu Kostensenkungen bei gleichzeitiger Aufrechterhaltung des Geschäftsvolumens geführt.

2. Es muss jedoch auf die zunehmend steigenden Erwartungen der Kunden reagiert werden.

Dennoch stellen gewisse Elemente, wie der Umgang mit Kundeninformationen und die mit den Technologien verbundenen Entwicklungskosten sowie die Angst vor Unsicherheit, Hindernisse für die Entwicklung dieser neuen Technologien dar.

Auf Verbraucherseite stellt das Erscheinen der neuen Verkaufsformen drei Vorteile dar:

1. Da die **Konkurrenz** zunimmt, verfügen die Abnehmer über eine größere Auswahl bezüglich der Produktpalette und damit auch über eine größere Auswahl innerhalb niedrigerer Preise.

2. Durch die zunehmende Anzahl von **Informationskanälen** und deren Weiterentwicklung verringern sich auch die Transaktionskosten (siehe *Kapitel 1.2.*). Die Mobilität wird begünstigt, indem der Verbraucher mit geringerem Aufwand als früher den Anbieter wechseln kann. Die Transportmittel sind heutzutage weit weniger darin begrenzt, alternative Verkaufspunkte erreichen zu können. Der Käufer ist informierter und kann daher viel besser und sicherer eine Entscheidung treffen.

3. Schließlich ergibt sich aus den vorangegangenen zwei Punkten ein selbstbewusster und wissender Kunde. Dieser Typ von Kunde kennt den Wettbewerb besser und artikuliert seine Wünsche konkreter. Damit nimmt der Informationsaustausch von Angebot und Nachfrage zu.

Der Verlust der persönlichen Beziehungen sowie das Risiko, auf die Verwendung von bestimmten Saleskanälen oder Verkaufsformen beschränkt zu sein, sprechen jedoch für den persönlichen Verkauf. Durch diese Form des Verkaufs wird die Wichtigkeit des Austausches zwischen Käufer und Verkäufer betont. Die zwischenmenschliche Beziehung rückt somit in den Mittelpunkt. Der persönliche Kontakt führt in der Regel zu langfristigen Geschäftsbeziehungen bzw. Wiederholungskäufen.

Bevor auf den persönlichen Verkauf als solches eingegangen werden soll, sei darauf hingewiesen, dass das *Merchandising*[7] (Verkaufsförderung), die Arbeit des Verkäufers erleichtert. Unter Merchandising wird die Kunst, den Wert der Produkte am physischen Verkaufspunkt zu steigern, verstanden. *Merchandising*-Aktivitäten eines Unternehmens sind beispielsweise das Design der Produkte oder die Gestaltung der Verkaufsfläche sowie sämtliche weitere Aktivitäten, die den Wert bzw. die Wahrnehmung des Produktes steigern. Folglich muss ein Verkäufer, der im Weinhandel in der Region von Bordeaux arbeitet, vermehrt Aufträge mit Supermärkten, in denen Merchandising betrieben werden kann, abschließen, als vergleichsweise ein Verkäufer, der für die Weingenossenschaften der Loire oder des Südwestens Frankreichs arbeitet und seinen Wein ausschließlich durch Messeauftritte vermarktet. Somit lässt sich feststellen, dass ein Gut sowohl für den Kunden als auch für den Vertriebsmittler (z. B. Verkäufer) oder Vertriebshelfer (z. B. Handelsvertreter) attraktiver ist, wenn es starkes Merchandising aufweist.

In diesem Abschnitt wurde behandelt, auf welche Weise ein Gut vermarktet und vertrieben werden kann und welche Formen und Optionen dem Produzenten bzw. dem Verkäufer hierbei zur Verfügung stehen. Da in der Salesabteilung jedoch auch andere Aspekte des Gutes bzw. des Produktes bekannt sein müssen, sollen diese im folgenden *Abschnitt 4.2.2* dargestellt werden.

4.2.2 Produkt

Für die Salesabteilung stellen das Gut und dessen Spezifikationen den Ausgangspunkt für die Planung dar. Wird ein Produkt regelmäßig verbessert, können die vollbrachten Verbesserungen einen Wettbewerbsvorteil herbeiführen. So bringen Neuerung nicht nur qualitative Vorteile für den Kunden, sondern sind auch Anlass, den Kontakt mit allen Beteiligten der Verkaufskette zu suchen und Veränderungen der Strategie zu kommunizieren. Ähnliches gilt für neue Produkte, die neben den bisherigen Produkten angeboten und vertrieben werden sollen. So kann das Unternehmen bereits bestehende Kommunikations- und Vertriebskanäle nutzen und sich unter Umständen noch besser dem Wettbewerb gegenüber aufstellen. Bei dem Produkt spielt auch die Marke eine zentrale Rolle. Die Marke muss jedoch nicht unbedingt an einen Produktnamen (z. B. Tempo-Taschentücher) oder an ein Unternehmen (z. B. Henkel) gebunden sein, sondern kann auch an einer Region (z. B. Schwarzwälder Schinken) oder einem Land (z. B. Made in Germany) haften. Folgendes Beispiel soll dies veranschaulichen:

> *Es ist für einen Verkäufer einfacher, ein bekanntes Produkt wie Lindt Schokolade zu verkaufen als eine neue und (noch) unbekannte Marke. Um die Markenbekanntheit zu steigern, kann man sich eines Markenbotschafters wie einer berühmten Persönlichkeit, man denke an George Clooney für Nespresso, bedienen.*

Weitere Verkaufsargumente sind besondere Produktmerkmale (z. B. ein Auto mit Elektroantrieb), die Funktionalität (z. B. ein Stadtauto), das Qualitätsniveau (z. B. Verarbeitung des Innenraums), die Verpackung (z. B. ein auffälliges Design), der After-Sales-Service (z. B. eine weltweite Mobilitätsgarantie) und schließlich die peripheren Dienstleistungen (z. B. ein dichtes Netz von Fachwerkstätten).

4.2.3 Preis

Der Preis ist ein weiteres zentrales Sales-Element und wird in einer bestimmten Währung fixiert.

Zwischen konkurrierenden Produzenten wird der Wettbewerb nicht nur über die Qualität und die besonderen Merkmale eines Produktes, sondern auch über den Preis ausgetragen. Aus diesem Grund ist es als Verkäufer wichtig, den Preis des zu verkaufenden Produktes dem Kunden gegenüber legitimieren zu können. Es ist von Vorteil, wenn der Verkäufer einen gewissen Spielraum bei der Preissetzung besitzt.

Folgende **Preissetzungsoptionen** eröffnen sich: Kauft der Käufer eine große Stückzahl an Produkten, so kann der Verkäufer diesem **Mengenrabatt** einräumen. Loyale Kunden erhalten beispielsweise **Treuerabatte**. Pünktlich zahlende Kunden können ebenfalls spezifische Rabatte erhalten wie den **Skonto**[8]. Des Weiteren können die Verkaufs- und Zahlungsbedingungen an die persönliche Situation jedes einzelnen Käufers angepasst werden **(Finanzierungsangebote**[9]**)**.

Ist die Rede vom Preis, darf dabei nicht vergessen werden, dass die Mehrheit der Preise, abgesehen von Luxusgütern, in der Regel elastisch (Preiselastizität[10]) sind. Eine Preissenkung führt daher zu einer Steigerung der Nachfrage und damit zu einer Steigerung des Umsatzes. Beschließt ein Unternehmen, die Preise für bestimmte Produkte zu senken, ist es für den Verkäufer sehr viel einfacher, eine größere Anzahl von diesen Produkten zu verkaufen.

Schließlich darf nicht vergessen werden, dass der Käufer eine bestimmte Preisvorstellung hat und der Preis von ihm als angemessen erachtet werden muss. Eine Armbanduhr, die mit einem präzisionsmechanischen Uhrwerk ausgestattet ist und 800 € kostet erscheint einem Uhrenkäufer günstig, wohingegen eine einfache Quarzuhr für 200 € als relativ teuer angesehen wird. Der Preis spielt somit beim Verkauf eine entscheidende Rolle.

4.2.4 Promotion

Quelle: © James Steidl/fotolia.com

Wie zu Beginn des Kapitels erwähnt, umfasst Promotion die klassische Werbung über die Massenmedien *(above the line)*.

Promotion umfasst zudem auch die *Below-the-line*-Promotion, die jeweils dazu beiträgt, den Bekanntheitsgrad einer Marke zu erhöhen. Auf diesem Weg erleichtert die Promotion die Arbeit des Verkaufs. Nachfolgend werden Beispiele für *Below-the-line*-Promotion aufgeführt:

- **Direktmarketing:** E-Mails, Postwurfsendungen etc.
- **Sponsoring:** Kultur- oder Sportsponsoring etc.
- **Verkaufsförderung:** Zeitlich begrenzte Angebote etc.
- **Merchandising:** Kommunikation am Verkaufspunkt etc.
- **Public Relations:** Veröffentlichung eines Artikels über ein neues Produkt etc.
- **Messen:** Akquise von Neukunden etc.
- **E-Communication:** Auftritt in sozialen Netzwerken etc.

Bei der Promotion sollte eine Mischung zwischen beiden Kommunikationsarten, *Below* und *Above the line* gefunden werden. Die Mischung kann je nach Produkt und Verkaufsform unterschiedlich sein. Eine adäquate Mischung beider Kommunikationsarten wirkt sich in der Regel positiv auf den Verkauf aus.

Beide Aktivitäten, operatives Marketing und Sales, müssen aufeinander abgestimmt werden, damit sie sich gegenseitig unterstützen.

4.3 Salesaktivitäten

In diesem Abschnitt werden die folgenden Aktivitäten des Sales beschrieben: Der Aufbau und die Leitung eines Salesteams sowie das Verkaufsgespräch. Der Begriff Salesteam umfasst nicht nur alle tätigen Verkäufer (Außendienst), sondern auch alle anderen Angestellten des Unternehmens, die in irgendeiner Form mit Sales zu tun haben (z. B. Kundendienst, *After-Sales-Service*).

4.3.1 Aufbau eines Salesteams

▶*Abbildung 4.8* zeigt den Aufbau eines Sales- bzw. Verkaufsteams in fünf Schritten: Die Definition der Salesaufgaben, die Ausarbeitung der Salesstrategie, die Auswahl der Salesstruktur, die Festlegung der Größe des Salesteams sowie die Festlegung der Entlohnung des Salesteams. Im Folgenden werden nun die einzelnen Schritte für den Aufbau eines Salesteams beschrieben.

Abbildung 4.8: Schritte für den Aufbau eines Salesteams

Definition der Sales-Aufgaben

Der erste Schritt ist die Definition der Salesaufgaben. Wie oben gezeigt, hängt dieser Schritt mit den Marketingzielen, aber auch mit der Marketingstrategie, insbesondere bezüglich der zu bearbeitenden Segmente und der von der Geschäftsführung gewünschten Positionierung zusammen.

▶*Abbildung 4.9* zeigt, dass Salesteams unterschiedlichen Aufgaben nachgehen können: Akquise, Zeitplanung, Kommunikation, Verkauf, Dienstleistungsangebot, Informationssammlung und bzw. oder Zuteilung.

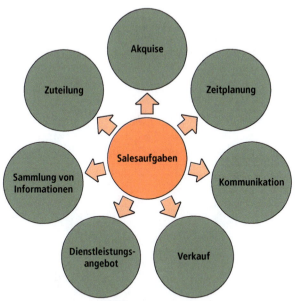

Abbildung 4.9: Aufgaben des Salesteams

- **Akquise:** Das Ziel dieses Schritts besteht darin, neue potenzielle Kunden (Zielgruppe) zu identifizieren, welche die gesetzten Kriterien erfüllen. Damit die Akquise gelingt, muss der Verkäufer in drei Schritten vorgehen:
  1. **Profil definieren:** Zunächst muss das Profil der potenziellen Kunden erstellt werden. Folgende Kriterien können hierbei eine Rolle spielen: Kaufkraft, Geschmack und Konsumverhalten.
  2. **Potenzielle Kunden erfassen:** Als Nächstes muss eine Liste von potenziellen Kunden erstellt werden.
  3. **Selektion potenzieller Kunden:** Hierbei werden die potenziellen Kunden ausgewählt, die *tatsächlich* Bedarf am Produkt haben.
- **Zeitplanung:** Die Neukundenakquise ist eine zeit- und kostenintensive Aktivität. Die Zeitplanung ist besonders wichtig, um bei der Akquise die bestehenden Kunden nicht zu vernachlässigen: *Jeder verlorene Kunde entspricht zehn verlorenen potenziellen Kunden.* Bei der Zeitplanung geht es folglich darum, zu entscheiden, wie viel Zeit jeweils für potenzielle Kunden auf der einen Seite und bestehende Kunden auf der anderen Seite sinnvoll aufgewendet wird.
- **Kommunikation:** Ein weiterer wichtiger Aspekt ist die Kommunikation mit den Kunden. Ein Verkäufer sollte seine Kunden stets über neue Produkte in seinem Portfolio oder über Veränderungen bestehender Produkte informieren.
- **Verkauf:** Der Verkauf ist das zentrale Ziel eines Verkäufers. Für einen erfolgreichen Verkaufsabschluss sollte der Verkäufer einige Punkte beachten. Die Vorbereitung des Verkaufsgesprächs[11] spielt hierbei eine besondere Rolle. Bezüglich des Verkaufs sind nicht nur die Vorbereitung, sondern auch die Erfahrung und die persönlichen Charakteristika des Verkäufers von Bedeutung.

- **Dienstleistungsangebot:** Der Verkäufer sollte ebenfalls darauf achten, dass neben dem tatsächlichen Verkauf des Produktes viele verkaufsbegleitende Aufgaben anfallen. Hierzu gehören die Liefermodalitäten, aber auch die Behebung von eventuell auftretenden Problemen wie Verzögerungen und Unvollständigkeiten bei der Lieferung.
- **Informationssammlung:** Durch den direkten Kontakt zum Käufer fungiert der Verkäufer simultan als Informationsbeschaffer. Werden diese Informationen sinnvoll aufbereitet (Pflege und Katalogisierung), können sie kostspielige Marktforschungsstudien ersetzen.
- **Zuteilung:** Bei der Zuteilung wird entschieden, welcher Verkäufer welches Produkt an welchen Kunden verkauft.

Nachdem die Aufgaben eines Salesteams behandelt wurden, soll nun der Frage nachgegangen werden, auf welche Weise man eine Verkaufsstrategie entwickelt.

Ausarbeitung der Verkaufsstrategie

Abbildung 4.10: Verkauf am Telefon
Quelle: © wavebreakmedia/Shutterstock.com

Die Ausarbeitung der Verkaufsstrategie ist ein wichtiger Bestandteil beim Aufbau eines Salesteams. Sämtliche Mitarbeiter, die Telefonisten sowie die Innendienst- und Außendienstmitarbeiter, die Servicefachkräfte und die Verkäufer stehen in Kundenkontakt und verkörpern das Unternehmen. Alle Kundenkontaktpunkte haben direkten oder indirekten Einfluss auf den Verkauf. Aus diesem Grund ist eine nachhaltige Verkaufsstrategie von grundlegender Bedeutung.

Folgende Elemente sind hierbei von zentraler Wichtigkeit:
- Der Kunde ist stets König.
- Der Kunde sollte sofort an seinen entsprechenden Ansprechpartner verwiesen werden.
- Möglichst alle Mitarbeiter sollten über die wichtigen Marketing- und Salesabsichten informiert sein.
- Aus diesen Gründen sollten bei der Gestaltung der Verkaufsstrategie wichtige Aufgaben und Inhalte geplant und realisiert werden:

Abbildung 4.11: Inhalte der Verkaufsstrategie

▶Abbildung 4.11 veranschaulicht, dass die Verkaufsstrategie je nach Kaufverhalten der Kundensegmente folgende Elemente umfasst: Den Aufbau der Verkaufsorganisation, die Planung der Verkaufsaktivitäten, die Kontrolle des Verkaufs, die Auswahl der richtigen Mitarbeiter[12], das Nutzen von Verkaufschancen und die Wahl der adäquaten Verkaufsformen.

Mit Erfolg zu verkaufen heißt nicht, die bestehenden Kunden wahllos anzugehen, sondern impliziert, mit einer passenden Verkaufsstrategie vorzugehen. Hierbei ist von Bedeutung, ob es sich um einen Wiederholungskauf[13] während des üblichen Bestellrhythmus oder um einen Neukauf handelt.

Verkaufsstrategie bei Wiederholungskäufen

Bei Wiederholungskäufen ist insbesondere die Beibehaltung der Kundenzufriedenheit von enormer Bedeutung. In diesem Zusammenhang sollte auf eine gleichbleibende Qualität geachtet und auf einzelne Sonderwünsche eingegangen werden. Kundenbindung kann erhöht werden, indem die Auftragsabwicklung für den Kunden zunehmend einfacher und zeitsparend strukturiert wird. Generell ist es wichtig, einen bereits bestehenden Kunden zu halten und ihn an das Unternehmen zu binden. Der Kunde sollte daher so gut wie nur möglich zufriedengestellt werden. Verliert das Unternehmen einen Kunden, ist es relativ schwer, diesen zurückzugewinnen.

Am Kauf beteiligte Akteure

Bei betrieblichen Abnehmern (B-to-B) werden die Kaufentscheidungen, anders als bei Privatpersonen, kaum von nur einer einzigen Person gefällt. Besonders bei kostspieligen und größeren Anschaffungen sind meist unterschiedliche Instanzen und Akteure involviert. Hierbei ist von Bedeutung, dass sich ein Verkäufer der verschiedenen Akteure und deren Rollen im Entscheidungsprozess bewusst wird. Jeder Akteur verlangt in der Regel eine unterschiedliche Bearbeitung:

- **Benutzer:** Der Benutzer ist derjenige, der das Bedürfnis nach dem betreffenden Produkt besitzt. Er wendet das Produkt an und definiert dementsprechend sein Bedürfnis, sprich die gewünschten Qualitätsmerkmale und weitere Produkteigenschaften.
- **Beeinflusser:** Der Beeinflusser kennt die jeweiligen Produkteigenschaften und -spezifikationen gründlicher und besser. Er besitzt eine gewisse Expertise und wird bei wichtigen Entscheidungen hinzugezogen.
- **Einkäufer:** Der Einkäufer ist für die gesamte Beschaffungsabwicklung verantwortlich. Er kümmert sich um die Verhandlungen mit den Lieferanten, definiert die Bedingungen und kontrolliert die Auslieferung. Er trifft in der Regel keine Kaufentscheidung, sondern besitzt die Position eines Sachbearbeiters.
- **Entscheider:** Der Entscheider kontrolliert die Angebote und vergleicht dabei die unterschiedlichen Konkurrenten. Er besitzt die Entscheidungsmacht über den Kauf und betrachtet die finanziellen Aspekte des Kaufs. Um das Preis-Leistungs-Verhältnis bestmöglich beurteilen zu können, ist ihm ein klares und verständliches Angebot besonders wichtig.

Um erfolgreich verkaufen zu können, sollte man sich über die Rolle und die Position von jedem dieser Akteure im Klaren sein. Es ist ratsam, möglichst viele der am Kauf beteiligten Akteure anzusprechen und zu überzeugen.

Häufig sind keine ausreichenden Ressourcen vorhanden, um auf alle Akteure optimal einwirken zu können. Aus diesem Grund sollte sich der Verkäufer besonders auf die wichtigen Entscheidungsträger und Beeinflusser konzentrieren.

Folgende Fragen sollten hierbei beachtet werden:

- Wer sind die Beeinflusser und Entscheidungsträger? Treten Sie an die richtigen Akteure heran, sofern der Anwender die Kaufentscheidung nicht selbst trifft.
- Versuchen Sie den Anwender mittels der für ihn wichtigen Produkteigenschaften zu überzeugen. Versuchen Sie bei dem Beeinflusser herausragende, technische Funktionen und bei dem Entscheider ein gutes Preis-Leistungs-Verhältnis zu unterstreichen.
- Für diese Aufgaben sollte der beste Verkäufer eingesetzt werden. Häufig schätzen potenzielle Neukunden bei wichtigen Käufen den Besuch des Geschäftsleiters für die Verhandlungen (B-to-B).

Nachdem die Ausarbeitung einer Verkaufsstrategie besprochen wurde, wird im folgenden Abschnitt die Wahl der Verkaufsstruktur als weiterer Schritt beim Aufbau eines Sales- bzw. Verkaufsteams behandelt.

4.3 Salesaktivitäten

Wahl der Verkaufsstruktur

Eine Sales- bzw. Verkaufsstruktur kann entweder nach geografischen, nach produktorientierten oder auch nach kundenorientierten Aspekten festgelegt werden. Zudem ist ebenfalls eine Mischung aller drei Faktoren möglich.

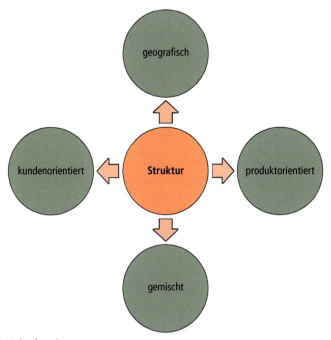

Abbildung 4.12: Verkaufsstruktur

- **Geografische Verkaufsstruktur:** Eine geografische Verkaufsstruktur bedeutet, den Verkauf in unterschiedliche Verkaufsgebiete aufzuteilen, um sich so bestmöglich an den Ansprüchen der jeweiligen Verkaufszone ausrichten zu können (z. B. Sprache, Kultur). Die Größe einer Zone hat Einfluss auf die Distanzen, welche ein Verkäufer zurücklegen muss, um seine Käufer zu sehen. Zudem besitzt die Größe einer Zone Einfluss auf das Salespotenzial, sprich auf die potenzielle Absatzmenge eines Verkäufers.
- **Produktorientierte Verkaufsstruktur:** Eine Verkaufsstruktur nach Produkten bedeutet, den Verkauf je nach Produkt oder Produktgruppe aufzuteilen (z. B. Shampoo, Cremes, Rasierprodukte). Die Verkaufsstruktur nach Produkten wird bevorzugt, wenn die Produkte technisch komplex bzw. heterogen sind oder wenn die Produktpalette an sich sehr groß ist.
- **Kundenorientierte Verkaufsstruktur:** Eine Verkaufsstruktur nach Kunden bedeutet, den Verkauf nach Kundensegmenten aufzuteilen. Hierbei kann die Größe des Kunden (z. B. Groß- und Kleinkunden), der Typ des Kunden (z. B. Supermärkte, Restaurants, Direktverkauf) oder die Dauer der bestehenden Kundenbeziehung ein Kriterium der Einteilung darstellen. Ein Verkäufer, der für den Verkauf an einen besonders großen Kunden verantwortlich ist, wird als Key-Account Manager bezeichnet. Die Verkaufsstruktur nach Kunden wird bevorzugt, wenn die Kundengruppen stark unterschiedliche Anforderungen haben.

- **Gemischte Verkaufsstruktur:** Schließlich kann auch ein Mix zwischen der geografischen, produktorientierten und kundenorientierten Verkaufsstruktur aufgebaut werden. So kann sich ein Verkäufer ausschließlich auf den Verkauf eines bestimmten Produktes (z. B. Shampoo) in einer bestimmten Region (z. B. französische Schweiz) konzentrieren. Die gemischte Verkaufsstruktur ist in der Praxis bei relativ großen und komplexen Unternehmen vorzufinden.

Abgesehen von der Verkaufsstruktur ist es wichtig, die Größe des Salesteams zu bestimmen.

Festlegung der Größe des Salesteams

Ein Salesteam zu unterhalten, ist relativ kostspielig und hängt stark von der Größe eines entsprechenden Teams ab. Eine angemessene Größe der Salesteams zu bestimmen ist daher eine der grundlegenden Herausforderungen einer Sales- bzw Marketingabteilung. Die Größe der Salesteams hängt in der Regel von der Anzahl der auf einem bestimmten Gebiet zu betreuenden Kunden, von den zu realisierenden Umsätzen oder Mengen und zudem von dem zu erzielenden Gewinn ab. Des Weiteren hängt die Größe der Salesteams auch von dem Lebenszyklus des Produktes als solches ab. So sind die Salesteams in der Phase der Neueinführung und des Wachstums größer als in der Reifephase oder gar in der Phase des Rückgangs.

An dieser Stelle soll der Frage nachgegangen werden, auf welche Weise man konkret die Größe der Salesteams festlegt: Wie die unten stehende Formel zeigt, hängt die Größe der Salesteams oder genauer gesagt die Anzahl der in einem Jahr notwendigen Verkäufer (A_j) von der Größe des jeweiligen Segments (G_s) und der Anzahl der im Segment erforderlichen Besuche (B_s) ab. In luxuriöseren Kundensegmenten werden die Kunden beispielsweise öfter besucht als in herkömmlichen Segmenten. Wenn man die Größe des Segments (G_s) mit der Zahl der Besuche pro Jahr (B_s) multipliziert, erhält man die Zahl der Besuche pro Segment und pro Jahr $(G_s \cdot B_s)$. Addiert man alle Segmente zu einer Summe, so erhält man die Anzahl der erforderlichen Besuche pro Jahr (Zähler des Bruchs). Darauffolgend schätzt man die durchschnittliche Besuchshäufigkeit (oder Anrufhäufigkeit), die ein Verkäufer in einem Jahr schaffen kann (W_j bzw. Nenner des Bruchs). Wenn man den Zähler durch den Nenner dividiert, erhält man die Größe der Salesteams pro Jahr A_j.

Mathematische Formel zur Berechnung der Größe eines Salesteams

$$A_j = \frac{\sum_s^S (G_s \cdot B_s)}{W_j}$$

A_j = Größe des Salesteams oder Anzahl der pro Jahr j erforderlichen Verkäufer

G_s = Anzahl der Kunden im Segment s

   Wo $s \, \Sigma \{1,2,...., S\}$

B_s = Anzahl der pro Segment s erforderlichen Besuche

W_j = Durchschnittliche Besuchshäufigkeit eines Verkäufers pro Jahr j

Abgesehen von der Größe eines Salesteams spielt auch dessen Entlohnung eine weitere wichtige Rolle.

Festlegung der Entlohnung des Salesteams

Die Entlohnung ist ein weiterer wichtiger Aspekt des Sales, da sie wesentlich zur Motivation des Verkäufers beiträgt.[14]

In der Praxis setzt sich die Entlohnung eines Verkäufers im Wesentlichen aus folgenden Elementen zusammen:

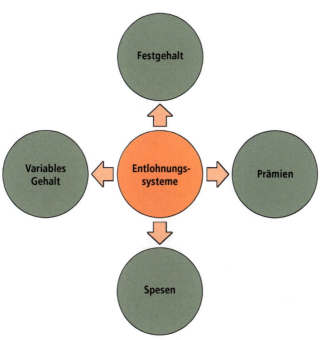

Abbildung 4.13: Elemente der Entlohnung

- **Festgehalt:** Das Festgehalt bietet dem Verkäufer ein geregeltes Einkommen. Eine Entlohnung, die ausschließlich aus dem Festgehalt besteht, findet jedoch selten Anwendung in der Praxis. Ausnahmen sind der Verkauf von komplexen Produkten oder der Fall, dass nur wenige Verkäufe getätigt werden können. Das Festgehalt liegt in diesem Fall meist höher, als dies für Verkäufer üblich ist.
- **Variables Gehalt:** Das variable Gehalt ist eine Form der leistungsorientierten Vergütung. Der variable Gehaltsanteil ist in der Regel an Leistungskomponenten gebunden. Das variable Gehalt wird in Form von Provisionen, Bonuszahlungen oder Gewinn- und Umsatzbeteiligungen ausbezahlt. Der Verkäufer hat hierbei die Möglichkeit, sein Einkommen je nach Leistung erheblich zu steigern.
- **Spesen:** Spesen bezeichnen Betriebsausgaben oder auch den Verpflegungsmehraufwand eines Verkäufers (Fahrt- und Übernachtungskosten, Ausgaben für Mahlzeiten etc.). Spesen geben dem Verkäufer eine gewisse Flexibilität, er kann seine Kunden in ein Restaurant einladen oder sie an ihren Standorten besuchen.
- **Zusatzleistungen:** Unter Zusatzleistungen sind beispielsweise Beitragszahlungen zur Rentenversicherung, Lebensversicherung und Krankenversicherung zu verstehen. Bezahlter oder unbezahlter Urlaub kann ebenfalls eine Zusatzleistung darstellen, welche die Motivation des Salesteams zusätzlich erhöhen und einer Abwanderung zur Konkurrenz vorbeugen soll.

Die Gewichtung bzw. der prozentuale Anteil der einzelnen Elemente kann je nach Unternehmen oder Branche variieren. Es ist festzustellen, dass es diesbezüglich keinen *one best way* gibt. Die Herausforderung besteht nicht nur darin, dass die Branchen unterschiedlich sind, sondern zudem variieren die Charaktere der einzelnen Verkäufer ebenfalls stark. Diese Aspekte müssen in der Planung und Zusammenstellung berücksichtigt werden.

In diesem Abschnitt wurde der Aufbau eines Sales- bzw. eines Verkaufsteams als erste wichtige Salesaktivität in fünf Schritten behandelt. Im folgenden *Abschnitt 4.3.2* wird eine weitere wichtige Salesaktivität, die Leitung eines Salesteams, Gegenstand der Betrachtung sein.

4.3.2 Leitung des Salesteams

Eine weitere wichtige Aktivität eines erfolgreichen Verkaufs ist die Leitung des Salesteams. Die Leitung des Sales- bzw. Verkaufsteams besteht darin, Verkäufer einzustellen und auszuwählen, auszubilden und zu fördern, zu motivieren und zu betreuen, und schließlich zu kontrollieren.

Abbildung 4.14: Leitung eines Salesteams

Einstellung und Auswahl

Die Einstellung des richtigen Verkäufers kann nur nach sorgfältiger Auswahl erfolgen. Hierbei ist die Definition eines Anforderungsprofils, welches die spezifischen Herausforderungen eines zukünftigen Verkäufers beschreibt, von Wichtigkeit. Diese Liste an Anforderungen erleichtert die Arbeit der Personalabteilung für die Such- und Einstellungsphase. Es werden in der Regel abhängig von dem zu verkaufenden Produkt und dem gewählten Vertriebsweg unterschiedliche Anforderungsprofile erstellt.

Ausbildung und Förderung

Ein weiteres Element der Leitung eines Salesteams ist die Ausbildung und Förderung. Sobald der Verkäufer auf Basis des gewünschten Anforderungsprofils eingestellt ist, ist es unabdingbar, ihn im Hinblick auf zwei Aspekte auszubilden und zu fördern: Zum einen benötigt er exakte Kenntnis über die Produkte, die er verkaufen soll, zum anderen muss er die Funktionsweisen des Unternehmens kennen und verstehen.

Auf der Produktebene sollte der Verkäufer die funktionalen und technischen Aspekte der Produkte kennen, um die Käufer von der Überlegenheit seiner Produkte überzeugen und zudem Verkaufseinwände entkräften zu können. Hierfür sind für den Verkäufer unterstützende Verkaufsunterlagen (in der Regel von dem Unternehmen bereitgestellt), welche die Produktpalette beschreiben und den Verkäufer in die Lage versetzen seine Produkte effizient zu präsentieren, von grundlegender Bedeutung. Zugleich sollte er auch die Kundencharakteristika kennen, um sowohl sein Angebot als auch seine Verkaufsargumente darauf abstimmen zu können. Es ist des Weiteren wichtig, dass er die von der Konkurrenz angebotenen Produkte kennt, damit er die von seinem Unternehmen angebotenen Produkte besser positionieren und bessere Verkaufsargumente entwickeln kann.

Kenntnisse über das eigene Unternehmen sind ebenfalls wichtig, da der Verkäufer dem vom Unternehmen gewünschten Image entsprechen sollte. Ein Kundenberater einer Privatbank sollte beim Verkaufsgespräch einen Anzug tragen, um seriös zu erscheinen. Hingegen kann ein Verkäufer von Surfbrettern auch in Bermudas und Hawaiihemd zu einem Verkaufsgespräch erscheinen, um dem Kunden einen sportiven Eindruck zu vermitteln. Ein Verkäufer sollte sich also der Kultur des Unternehmens, das er repräsentiert, anpassen und versuchen dieses zu verkörpern.

Die Geschäftsleitung muss den Verkäufer über die gewünschten Regeln bei Kundenbesuchen und bei der Kundenakquise informieren und muss ihm dabei helfen, seine Arbeitszeit effizient einzuteilen. Diese Unterstützung kann helfen, die Anzahl der zu besuchenden Kunden pro Jahr nach Kundentyp und Kundensegment, wie auch die durchschnittliche Besuchszeit bei potenziellen Kunden zu optimieren.

Weitere wichtige Elemente einer effizienten Zeiteinteilung sind:

- **Vorbereitung:** Vor dem Besuch eines bestehenden oder potenziellen Kunden sollte der Verkäufer sein Kundengespräch oder seine Arbeit vorbereiten: Eine vorherige Terminabsprache mit dem Kunden kann viel Zeit einsparen. Die Durchsicht der letzten Aufträge im Hinblick auf das Kaufdatum und auf die Höhe der durchschnittlichen Umsätze gibt Aufschluss über potenzielle Verkäufe, vor allem wenn die Lagerbestände des Kunden gleichzeitig in die Kalkulation einbezogen werden.
- **Vermeidung von unnötigen Fahrwegen:** Ebenfalls ist es sinnvoll, dass der Verkäufer seine Routen optimiert, um unnötige Fahrwege zu vermeiden.
- **Pausen:** Der Verkäufer muss genügend Zeit für Pausen einplanen (z. B. Mittagspause), welche auch eine Gelegenheit darstellen kann, einen Kunden zu einem Business-Lunch einzuladen.
- **Vorbereitung der nächsten Besuche:** Während der Wartezeiten, die in diesem Beruf recht häufig vorkommen, kann der Verkäufer die Zeit nutzen, sich auf die nächsten Besuche vorzubereiten und vorherige Besuche zu analysieren.
- **Zeitplanung:** Bezüglich des Verkaufsgesprächs sollte der Verkäufer genügend Zeit für die Präsentation des Produkts und die Verhandlungsgespräche (z. B. Preisgespräche bzw. Verhandlungen bezüglich der Bezahlungsmodalitäten) einplanen.
- **Administrative Aufgaben:** Auch für die administrativen Aufgaben muss Zeit eingeplant werden, insbesondere bezüglich der Überprüfung von Aufträgen, aber auch im Hinblick auf die Teilnahme an Salestagungen.
- **Balance zwischen bestehenden und potenziellen Neukunden:** Schließlich sollte die Leitung des Verkäufers bei der Aufteilung seiner Zeit zwischen bestehenden und potenziellen Kunden helfen, insbesondere unter Berücksichtigung der zu erreichenden Ziele.

Bei der Ausbildung und Förderung von Verkäufern sind viele Gegebenheiten und Informationen zu berücksichtigen. Ziel ist es, den Verkäufer so vorzubereiten, dass er die vermittelten Grundlagen auf seine spezifische Situation akkurat anwenden und umsetzen kann.

Motivation und Betreuung

In diesem Abschnitt geht es um ein weiteres Element der Leitung eines Salesteams, der Motivation und Betreuung. Wie bereits in *Abschnitt 4.3.1* erwähnt, ist die Entlohnung ein Element, das zur Motivation des Verkäufers beiträgt. Eine Art, den Verkäufer zu motivieren besteht darin, sein Entgelt an bestimmte Salesziele, Absatzmengen oder andere Maßstäbe zu koppeln. Übertrifft ein Verkäufer diese Vorgaben, so hat er seine Ziele erreicht und hat sich eine Prämie verdient.

In Bezug auf die Betreuung ist es wichtig, dass alle Verkäufer die gleichen, relevanten Informationen erhalten. Regelmäßige Treffen sind ebenfalls von Vorteil: Bei offiziellen Verkaufstagungen am Firmensitz oder anlässlich von *In-house*-Seminaren (z. B. Seminare zu neuen Verkaufstechniken oder zur Präsentation neuer Produkte).

Bewertung

Die Bewertung besteht darin, festzustellen, in welchem Ausmaß die Ziele erreicht wurden (z. B. Prozentanteil der Zielerreichung bei Umsätzen oder Mengen).

Für die Bewertung gibt es mehrere Werkzeuge:

1. **Jahresaktionsplan:** Man betrachtet den Jahresaktionsplan und stellt fest, welche Neukundengeschäfte abgeschlossen und wie viele Kunden verloren wurden. Man identifiziert die Gründe dafür und analysiert schließlich die Markttendenzen.

2. **Analyse der Besuchsberichte:** Die Analyse der Besuchsberichte ermöglicht, Informationen über die Wahrnehmung des Kunden von Konkurrenzmarken, das von ihm gewünschte Preisniveau, passende Besuchszeiten und Vorbehalte des Kunden gegenüber bestimmten Produkten zu erhalten. Die Wahrscheinlichkeit eines Verkaufsabschlusses mit dem Kunden kann dadurch erhöht werden. Die Kundenbesuchsberichte, die oft in Form einer nach dem Kundenbesuch ausgefüllten Karteikarte vorliegen, können anhand der folgenden Indikatoren zu einer Synthese zusammengefasst werden:
   - Durchschnittliche Anzahl von Besuchen pro Verkäufer, pro Tag oder Anzahl telefonischer Kontakte
   - Durchschnittliche Anzahl von Besuchen pro Kunde
   - Durchschnittlicher Umsatz pro Besuch
   - Durchschnittliche Kosten pro Besuch
   - Durchschnittliche Reisekosten pro Besuch
   - Prozentsatz an erreichten Aufträgen pro Besuch
   - Anzahl von Neukunden, welche in einer bestimmten Zeitspanne gewonnen wurden

3. **Aktivitätsplan für das kommende Jahr:** Auf Basis dieser Analyse wird ein Aktivitätsplan für das folgende Jahr erstellt. Hierbei werden oft Anpassungen, Verbesserungen und beabsichtigte Ziele festgehalten.

Auf Basis dieser Berichte kann eine umfassende Analyse über Erfolge und Misserfolge jedes Verkäufers durchgeführt werden. Folglich ergeben sich Entscheidungen bezüglich notwendiger Schulungsaktivitäten für das gesamte Salesteam.

4.3.3 Verkaufsgespräch

Wie *Courvoisier* und *Courvoisier* (2009) betonen, ist das Verkaufsgespräch „*eine Verhandlung zwischen zwei Parteien, welche die Konkretisierung eines Kaufs zum Ziel hat*". ▶Abbildung 4.15 zeigt, dass unterschiedliche Schritte erforderlich sind, um ein Verkaufsgespräch erfolgreich durchzuführen: Kundenakquise und zielgenaue Ansprache, Vorbereitung des Gesprächs, Kontaktaufnahme, Kundenanalyse, Argumentation, Widerlegen von Einwänden, Verkaufsabschluss und Nachfassaktionen. Diese Schritte werden von Eigenheiten der bestehenden Salesteams beeinflusst, sprich von deren Zielen, Strategie, Struktur, Größe und dem entsprechendem Entlohnungssystem. Schließlich wird das Gespräch von zwei oder mehreren Personen geführt und lässt sich damit nur begrenzt von einem Verkäufer allein vorbestimmen.

Abbildung 4.15: Schritte eines Salesgesprächs

Sales

Kundenakquise und zielgenaue Ansprache

Vor der Kundenakquise wird in der Regel eine Liste potenzieller Kunden, wie oben ausgeführt, erstellt. Hierfür gibt es verschiedene Quellen: Websites, Fachzeitschriften oder auch Telefonbücher. Auf Basis von gemeinsam mit der Marketingleitung festgelegten Kriterien können die Kunden, die den größten wirtschaftlichen Nutzen für das Unternehmen aufweisen, zielgenau angesprochen werden.

Andere Methoden für die Kundenakquise innerhalb der Zielgruppe sind Fachmessen, Sponsoring durch bestehende Kunden, Kontaktvermittlung über Verbände, Direktwerbesendungen und schließlich Sondierungsbesuche.

Vorbereitung des Gesprächs

Bevor ein Verkäufer ein Gespräch mit einem potenziellen Kunden führt, muss er dessen Bedürfnisse und jene des Unternehmens kennen und der Frage nachgehen, welche weiteren Akteure an dem Kauf und an der endgültigen Kaufentscheidung beteiligt sind. In diesem Zusammenhang ist es unabdingbar, das detaillierte Profil des potenziellen Kunden zu kennen. Besonders die persönlichen Charakterzüge und das Kaufverhalten sind hierbei von Bedeutung. Die wesentlichen Verkaufsargumente müssen gut vorbereitet werden, um eventuellen Einwänden und Überraschungen vorzubeugen.

Kontaktaufnahme

Der Schritt der Kontaktaufnahme kann per Telefon oder physisch am Verkaufsort stattfinden und hat zum Ziel, dem Kunden aufzuzeigen, dass der Verkäufer durch den Kauf eine Lösung für seine Probleme anbietet. Bei diesem Schritt sind sowohl verbale als auch nonverbale Elemente äußerst wichtig. Auf **verbaler Ebene** sind bei dem ersten Kontakt besonders der Ton der Stimme sowie das verwendete Vokabular von grundlegender Bedeutung. In der Tat *kann der Verkäufer nicht zweimal einen ersten Eindruck bei einem potenziellen Käufer hinterlassen*. Auf **nonverbaler Ebene** sind die Kleidung sowie Gestik und Mimik oder auch der Blick wichtige Kommunikationselemente, welche bestimmen, ob der Gesprächspartner Sympathie oder gar Antipathie entwickelt. Während der ersten Begegnungen bildet und prägt sich ebenfalls der Eindruck des potenziellen Käufers über das verkaufende Unternehmen. Es gilt hierbei, mögliche Antipathien zu kontrollieren. Sollte dies nicht gelingen, ist es produktiver, den potenziellen Kunden an einen Kollegen zu vermitteln.

Kundenanalyse

Die Kundenanalyse ermöglicht es, die Bedürfnisse des Käufers im Voraus zu identifizieren. Sie erlaubt dem Verkäufer sein Angebot besser an die Kundenerwartungen anzupassen und abzustimmen. Es ist in diesem Zusammenhang von Bedeutung seinem Kunden zuzuhören und divergierende Punkte oder Grauzonen anzusprechen. Zuhören ist ein wichtiges Mittel nicht nur für den Erhalt von Informationen, sondern auch, um den Kunden zu verstehen. Deswegen ist es unabdingbar, dass der Verkäufer seinem Gesprächspartner nicht nur aufmerksam zuhört und ihn ausreden lässt, sondern auch auf das Gesagte eingeht. Der Kunde sollte nicht nur eine maßgeschneiderte Lösung angeboten bekommen, sondern sollte auch ein tiefes Verständnis seiner Probleme beim Verkäufer erkennen können. Denn nur so baut sich Vertrauen auf, was das grundlegende Charakteristikum einer Kauftätigkeit ist, noch wichtiger als der Preis.

Argumentieren

Wurden die Bedürfnisse des Käufers identifiziert, so benötigt man relevante Argumente, die den Käufer davon überzeugen, dass das angebotene Produkt oder die angebotene Dienstleistung seine Bedürfnisse auch tatsächlich erfüllt. In diesem Zusammenhang werden die Vorteile wie folgt herausgestellt:

- Wirtschaftliche Vorteile (z. B. Preis-Leistungs-Verhältnis),
- Technische Vorteile (z. B. geringer Verschleiß) oder
- Soziale Vorteile (z. B. Prestige oder Image)

Es kann auf zwei sich ergänzenden Arten und Weisen argumentiert werden: Zum einen liegt der **produktorientierte Ansatz** vor, bei dem der Fokus auf Produktmerkmale und -funktionalität liegt. Zum anderen liegt der **kundenorientierte Ansatz** vor, der sich an den Bedürfnissen und den Charaktereigenschaften des Kunden orientiert. Entscheidet man sich für den produktorientierten Ansatz, so ist die Präsentation und die Vorstellung des Verkäufers ein meist standardisierter Vorgang. Die persönlichen Eigenschaften des Verkäufers spielen bei diesem Ansatz eine geringere Rolle als beim kundenorientierten Ansatz.

Entscheidet man sich jedoch für den kundenorientierten Ansatz, so treten der Verkäufer und dessen Persönlichkeit in den Mittelpunkt. Er verfolgt das Ziel, durch seine Argumentation und sein Auftreten den potenziellen Kunden auf einer persönlicheren Ebene anzusprechen. Neben der sachlichen Dimension wird hierbei besonders die emotionale Dimension angesprochen. Dies begünstigt einen erfolgreichen Verkaufsabschluss, vorausgesetzt das Produkt befriedigt die Mindestansprüche des Kunden.

Einwände widerlegen

Ein potenzieller Käufer wird sehr häufig angefragt und mit Angeboten von Verkäufern überhäuft. Vor allem bei homogenen Gütern und starkem Wettbewerb ist es deshalb für den Verkäufer unheimlich schwer, direkten Kontakt zu potenziellen Kunden aufzubauen, nicht zuletzt, weil diese mit hoher Wahrscheinlichkeit bereits Geschäftsbeziehungen zu einem der Konkurrenten besitzen und von diesem ein ähnliches Produkt beziehen. Der Verkäufer sieht sich deswegen oft mit zahlreichen Einwänden konfrontiert. Um diese zu entkräften, bedarf es sowohl fachlicher wie auch sozialer Kompetenz. Ziel für den Verkäufer ist es, ein Vertrauensklima aufzubauen, das erlaubt, dem Käufer den Mehrwert seiner Leistung gegenüber der Konkurrenz glaubwürdig zu kommunizieren. Es ist zudem wichtig, berechtigte Einwände und Schwächen einzugestehen: Einen Käufer zu täuschen wäre sehr kurzsichtig und zudem äußerst unseriös. Der moderne Käufer im Zeitalter der Informationstechnologie ist oft sehr kompetent und weiß, was er will. Er verfügt meist über die nötige Information, sodass Täuschungsversuche schnell aufgedeckt sind und sich negativ auf die zukünftigen Geschäftsbeziehungen auswirken würden. Aus diesem Grund ist es aus Sicht des Verkäufers ratsam, bei offensichtlich sehr unterschiedlichen Vorstellungen komplett auf den Verkaufsabschluss zu verzichten.

Häufig trifft es jedoch ein, dass viele Einwände in Form von Kleinigkeiten bezüglich bestimmter Spezifikationen oder Details der Rahmenbedingungen des zu verkaufenden Produktes geäußert werden. Hier kann der Verkäufer dem Käufer durch Nachbesserung oder Anpassungen entgegenkommen bzw. den bereits erwähnten Spielraum nutzen und einen Preisnachlass gewähren, um eventuelle Schwächen des Produktes zu kompensieren. Auch hier ist ein gutes Kundenverständnis des Verkäufers wichtig und ein aufmerksames Zuhören unabdingbar, um ein passendes Gegenangebot unterbreiten zu können. Bei emotionalen Einwänden ist die Persönlichkeit des Verkäufers gefragt. Hierbei kann er versuchen (abgesehen von der materiellen Ebene) über die persönliche Ebene die entsprechenden Einwände zu kompensieren.

Verkaufsabschluss

Bei diesem Schritt erfolgt eine Einigung zwischen Verkäufer und Käufer über den Preis und über die Liefer- und Zahlungsbedingungen des Kaufes. Üblicherweise wird der Verkaufsabschluss schriftlich fixiert. Der Vertrag beinhaltet sämtliche Details, die zuvor vereinbart wurden, und wird von beiden Vertragspartnern unterzeichnet.

Nachfassaktionen

Die Tätigkeit eines Verkäufers ist nicht nur der Verkauf, sondern auch die Durchführung von Nachfassaktionen: Er sollte sich beispielsweise von Zeit zu Zeit bei seinen Kunden nach deren Zufriedenheit u. a. hinsichtlich Zusammenarbeit oder Produkt erkundigen. Ein Geschäftsessen oder ein von dem Unternehmen organisiertes Ereignis kann hierfür ein geeigneter Anlass sein. Aufgrund des sozialen Kontaktes entsteht im Laufe der Zeit eine Art Vertrauensbeziehung zwischen Verkäufer und Käufer. Diese Beziehung führt in der Regel zu einer höheren Zufriedenheit beim Käufer. Nicht zuletzt entstehen auch persönliche Beziehungen zu einem Käufer, welche einen enormen Wert für das Unternehmen mit sich bringen. Dies ist ein wichtiger Schritt für eine langfristige und nachhaltige Kundenbeziehung, Kundentreue und wiederkehrende Aufträge.

Abschließend lässt sich sagen, dass der persönliche Verkauf eine wichtige und positive Rolle bei Sales und für das Unternehmen spielt. Er ermöglicht es:

- **Kundenbeziehungen** aufzubauen
- **Einfluss** auf die Kunden auszuüben
- Mit Kunden **zu kommunizieren** (z. B. durch Informations- und Argumentationsaustausch)
- Den **Meinungsaustausch** weiterzuentwickeln (z. B. durch Sammeln von Informationen)
- Rückmeldungen an die Marketingleitung und an die Abteilung Forschung und Entwicklung über **mögliche Verbesserungen** angebotener Produkte und Dienstleistungen des Unternehmens zu erstatten
- Kundenbeziehungen weiter **auszubauen**

Der persönliche Verkauf weist jedoch auch einige Nachteile auf. Die intensiven Kundenkontakte und der hohe Kontrollaufwand bringen hohe Kosten mit sich. ▶ *Tabelle 4.1* soll dies veranschaulichen.

Tabelle 4.1

Direktvertrieb in Europa

Länder	Umsatz (in Mio.)	Anzahl an Verkäufern
Österreich (1)	192,00	15.000
Frankreich	1.737,00	265.000
Deutschland	2.708,00	460.000
Luxemburg	10,00	600
Vereinigtes Königreich GB	992,25	278.000
Total EU	10.736,97	4.101.489
Schweiz (2)	282,0	7.690

Quelle: FEDSA-WFDSA 2010

Die Tabelle führt die Anzahl der Verkäufer pro Land im Verhältnis zum Umsatz, entsprechend den Angaben des Dachverbandes der Direktvertriebsverbände europäischer Länder (FEDSA) auf.[15] In den letzten Jahren stieg in Europa die Anzahl der Verkäufer laut FEDSA kontinuierlich an, und dies trotz der Existenz von Web 2.0. Der Aufbau und die Leitung eines Salesteams sowie die Kunst des erfolgreichen Verkaufs sind also heutzutage aktueller denn je.

Exkurs: Herausforderungen von Sales

Folgende Dimensionen sind für das Sales von zentraler Bedeutung:

1. Es gibt eine offensichtliche Verbindung zwischen den Abteilungen Marketing und Sales: Der Marketing-Mix wirkt sich in direkter Weise auf den Verkauf aus. In der Tat ist es einfacher, ein Produkt zu verkaufen, das folgende Eigenschaften besitzt:
   - Ein hoher Grad an Innovation
   - Ein hoher Bekanntheitsgrad mittels erfolgreicher Promotion
   - Ein vom Käufer als angemessen empfundenes Preis-Leistungs-Verhältnis
   - Ein gutes Distributionsnetz

   Aufgrund einer guten Zusammenarbeit zwischen der Sales- und der Marketingabteilung können Kundendaten mit weniger Aufwand und effizienter geführt werden. Dies führt zu einem effektiveren *Customer Relationship Management*.

2. Bei der Gründung und dem Management des Sales ist es wichtig, auf eine geeignete Ausbildung der Verkäufer zu achten. Kenntnisse über das Unternehmen, über den Sektor, die Produkte und das Angebot der Konkurrenz sind hierbei von enormer Wichtigkeit. Die Salesleitung muss ebenfalls über eine gute Ausbildung und über gute Kenntnisse im Bereich des Team-Managements verfügen.

3. Die Kunst des Verkaufs ist offensichtlich nicht nur abhängig von der Persönlichkeit des Verkäufers und dessen empathischen Fähigkeiten, sondern besonders von der Vorbereitung des Verkaufsgesprächs. Je komplexer der Sektor ist, desto länger sollte die Vorbereitung andauern. Abgesehen von einer guten Kenntnis über das zu verkaufende Produkt sollte ein Verkäufer fähig sein, sich in die Lage des Kunden zu versetzen, um mögliche Einwände und Erwartungen bezüglich des zu verkaufenden Produktes erahnen zu können.

4. Die Entlohnung des Vertriebs ist wichtig. Diese sollte nicht auf unerreichbaren Zielen basieren und so Gefahr laufen, die Salesteams zu demotivieren und womöglich das Unternehmen zu verlassen.

Reflexionsfragen

1. Identifizieren Sie drei Ihnen bekannte aktuelle Verkaufstrends.

2. Diskutieren Sie die Anforderung an und Herausforderung für einen Verkäufer für Mobiltelefone und Smartphones oder eines Sektors Ihrer Wahl.

3. Worin unterscheidet sich ein Käufer eines Fallschirms von einem Käufer einer DVD und einem Käufer einer Versicherung? Begründen Sie Ihre Antwort. Was für eine Herausforderung bedeutet das für Sales?

ZUSAMMENFASSUNG

Folgende Inhalte wurden in diesem Kapitel behandelt:
- Die Unternehmensfunktion Sales (der Verkauf) stellt eine zentrale Unternehmensfunktion dar, da sie den Kontakt zwischen Kunde und Unternehmen gestaltet.
- Der Verkäufer repräsentiert das Unternehmen und trägt dazu bei, Informationen über die Kunden an die Marketingabteilung weiterzugeben.

Die Begriffe „Sales", „Verkauf" und „Absatz" werden in diesem Buch synonym verwendet. Der Verkauf wird juristisch als die Abtretung eines Gutes oder einer Dienstleistung gegen eine zwischen dem Verkäufer und dem Käufer vereinbarte Geldsumme bezeichnet. Der Verkauf entspricht somit einem Tausch eines Gutes gegen Geld zu einem bestimmten Preis. Sales (Verkauf) wurde definiert als *„eine Form der benutzerdefinierten Kommunikation mit dem Ziel der Bedarfsdeckung in Form eines Kaufs."* Folglich repräsentiert der Verkäufer das Unternehmen, das Güter oder Dienstleistungen (Angebot) für den Kunden (Nachfrage) herstellt und diese auf einem gegebenen Markt anbietet. Auf diesem Markt treffen sich Angebot und Nachfrage und bestimmen den Preis des Gutes.

- Verkäufer können vielerlei Bezeichnungen haben. Man nennt sie auch Handelsvertreter, Ingenieure oder Außendienstmitarbeiter.
- Marketing und Sales hängen unmittelbar miteinander zusammen.
- Es wurden zudem wichtige Elemente des Sales, insbesondere die Vertriebspolitik, unterschiedliche Käuferkategorien und verschiedene Verkäufertypen behandelt.
- Sales ist nicht nur Teil der *Promotion* im Marketing-Mix, sondern interagiert zudem mit anderen Dimensionen. Auf diese Weise leistet Sales einen wesentlichen Beitrag zu der Formulierung und dem Erreichen der angestrebten Marketingziele.
- Der Aufbau eines Sales- bzw. Verkaufsteams erfolgt in fünf Schritten: Die Definition der Aufgaben des Sales, die Ausarbeitung der Verkaufsstrategie, die Wahl der Verkaufsstruktur, die Festlegung der Größe des Salesteams und die Festlegung der Entlohnung des Salesteams.
- Die Leitung des Salesteams stellt ebenfalls eine wichtige Salesaktivität dar. Diese besteht im Wesentlichen darin, Verkäufer einzustellen und auszuwählen, sie auszubilden und zu kontrollieren, zu motivieren und schließlich zu bewerten.
- Das Verkaufsgespräch ist *„eine Verhandlung zwischen zwei Parteien, welche die Konkretisierung eines Kaufs zum Ziel hat"*. Unterschiedliche Schritte sind erforderlich, um ein Verkaufsgespräch erfolgreich durchführen zu können: Kundenakquise und zielgenaue Ansprache, Vorbereitung des Gesprächs, Kontaktaufnahme, Kundenanalyse, Argumentation, Widerlegen von Einwänden, Verkaufsabschluss und Nachfassaktionen.

AUFGABEN

1. Erläutern Sie den Begriff *Sales*.
2. Wie wichtig ist der Marketing-Mix für eine erfolgreiche Verkaufsstrategie? Begründen Sie Ihre Antwort.
3. Nennen und beschreiben Sie die verschiedenen Aufgaben eines Salesteams.
4. Nennen Sie die wichtigsten Verkäufertypen. Beschreiben Sie hierbei jeweils einen typischen Einsatzbereich.
5. Was bezeichnet *Below-the-line-Promotion*? In welcher Situation ist diese Art der Verkaufsförderung sinnvoll?
6. Beschreiben Sie den Begriff *Nachfassaktion* und schildern Sie ein Beispiel hierfür.

Weitere Aufgaben mit Lösungen befinden sich in begleitendem Übungsbuch als E-Text.

Fallstudie: Airbus

Das europäische Unternehmen *Airbus* mit Hauptsitz in Toulouse wurde im Jahr 1970 als Zusammenarbeit zweier Unternehmen, Aerospatiale aus Frankreich und Deutsche *Airbus*, gegründet. Gemeinsames Ziel war es, das erste Großraumflugzeug mit zwei Triebwerken zu bauen. Mittels des Modells A300 sollte eine Marktlücke gefüllt und gleichzeitig der amerikanisch dominierten Flugzeugindustrie der Kampf angesagt werden. Im Jahr 1974 schloss sich das spanische Unternehmen CASA an, im Jahr 1979 folgte die British Aerospace. Erst im Jahr 2001 wurde aus der sogenannten *Groupe d'intérêt Economique* ein einheitliches Unternehmen, das zu 100 Prozent im Besitz der *European Aeronautic Defence and Space Company* (EADS) war.

Abbildung 4.16: Die Airbus-Modelle A318, A340 und A380
Quelle: Airbus S.A.S.

Aufgrund des überwältigenden Erfolges der A300/A310-Baureihe in den 70er- und 80er-Jahren konnte *Airbus* bald sein Produktprogramm ausweiten. Während der damals unangefochtene Marktführer Boeing bereits ein vollständiges Sortiment anbot, legte der europäische Neuling schrittweise eigene Modelle nach. Im Jahr 2003 gelang es *Airbus* schließlich, Boeing bei bestellten und ausgelieferten Flugzeugen zu überholen. Damit war *Airbus* von einem belächelten Außenseiter innerhalb von drei Jahrzehnten zum größten Hersteller ziviler Flugzeuge der Welt aufgestiegen.

Auch im Jahr 2005 errang *Airbus* eindrucksvolle Erfolge. Zum fünften Mal innerhalb der letzten sechs Jahre erhielt *Airbus* mehr Aufträge als der Konkurrent Boeing. Der Flugzeughersteller erreichte mit rund 22 Mrd. Euro den höchsten Umsatz und mit 378 ausgelieferten Flugzeugen die höchste Stückzahl seiner Firmengeschichte. Dieser Erfolg schlägt sich auch in den Flugzeugbestellungen nieder: Diese haben sich gegenüber dem Vorjahr verdreifacht. Über viele Jahre hinweg war Boeing Marktführer auf dem Gebiet der Verkehrsflugzeuge. Um mit einem starken Konkurrenten wie Boeing mithalten zu können, musste das Unternehmen außerordentliche Anstrengungen unternehmen. Von Beginn an zählten der hohe Innovationsgrad und das herausragende Verkaufs- und Kunden-Management zu den Stärken des europäischen Herausforderers. Der größte Teil der Verantwortung lag dabei bei den Mitarbeitern der Vertriebsorganisation. In vielerlei Hinsicht unterscheidet sich der Verkauf von Flugzeugen vom Verkauf anderer Industrieprodukte. Weltweit hat man es mit rund 300 Kunden zu tun. Das Flugzeug als Hochtechnologieprodukt in allen Funktionen ist sehr komplex und stellt für Käufer gleichermaßen wie für Verkäufer eine große Herausforderung dar. In anderer Hinsicht hat der Verkauf von Flugzeugen aber auch vieles mit dem Verkauf sonstiger Investitionsgüter gemeinsam. Die Vertriebsmitarbeiter ermitteln die Bedürfnisse der potenziellen Käufer und machen interne Vorgaben bezüglich der Ansprüche, die ein Produkt erfüllen sollte. Anschließend wird das Produkt gemäß dieser Vorgaben entwickelt. Der Vertrieb führt daraufhin bei dem Kunden vor, wie gut das neue Produkt die Aufgaben erfüllt und versucht Kaufabschlüsse zu erreichen. Daraufhin folgt die Phase einer sorgfältigen technischen und kommerziellen Programmbegleitung, in der der operationale Einsatz der gekauften Flugzeuge laufend optimiert wird, nicht zuletzt in der Hoffnung, dass sich bei Expansion oder Ersatz Folgegeschäfte entwickeln werden.

Um die Bedürfnisse zu ermitteln, werden die Vertriebsmitarbeiter von *Airbus* zu Experten für jene Fluglinien, für deren Betreuung sie die Verantwortung tragen. Dabei bleibt es nicht bei oberflächlichen Kenntnissen, sondern die Vertriebsmitarbeiter arbeiten sich intensiv in die Strukturen und Bedürfnisse ein: in ähnlicher Weise, wie es vielleicht nur noch die Finanzanalytiker großer Anleger vor bedeutenden Börseninvestitionen tun würden. Die Vertriebsmitarbeiter streben an herauszufinden, in welchen Regionen die Fluglinien ihr Wachstum suchen, wann deren Flugzeuge zur Erneuerung fällig sind und wie deren finanzielle Situation zu beurteilen ist. Nachdem diese Informationen eingeholt wurden, entwerfen die Vertriebsmitarbeiter Wege und Möglichkeiten, wie die Wünsche und Bedürfnisse dieser bestimmten Fluglinie erfüllt werden könnten. Die Flugzeuge von *Airbus* und die der Konkurrenz werden Computer-Simulationen mit den Routen der Linie unterworfen, um herauszufinden, ob die *Airbus*-Produkte in Bezug auf Sitzkilometer-Kosten und in Bezug auf andere Faktoren besser geeignet und kostengünstiger sind als die Konkurrenzprodukte. Ist die *Airbus*-Vertriebsgruppe ausreichend auf alle auftretenden Fragen vorbereitet, meldet sie sich als Team aus Finanzfachleuten, Planern und Technikern zu einem ersten Besuch an. In der Regel ist dies der Beginn der Verhandlungen, in deren Verlauf die Konditionen festgelegt und umfangreiche Schulungsprogramme für Piloten und Technik vereinbart werden. Wenn die Verhandlungen in einem weit fortgeschrittenen Stadium angelangt sind, kommen häufig Mitglieder der obersten Geschäftsleitungsebene der Fluglinie und von *Airbus* hinzu, um das Geschäft zu einem Abschluss zu bringen. Liegt der Auftrag vor, muss die Vertriebsmannschaft in nahezu täglichem Kontakt mit dem Kunden dessen Ausstattungswünsche entgegennehmen und sicherstellen, dass der Käufer weiterhin zufrieden ist.

Der Erfolg hängt davon ab, inwieweit es gelingt, stabile, langfristig angelegte Beziehungen mit dem Kunden aufzubauen, die auf Leistung und Vertrauen basieren.

Die Vertriebsmannschaft ist das wichtigste Instrument, mit dem *Airbus* die Information von Kunden erhält und mit dem *Airbus* auf seine Kunden einwirkt. Nur durch sorgfältige Teamarbeit und optimal organisierte Abläufe ist ein derart komplexer Leistungstransfer möglich.

Um größtmögliche Nähe zu den Kunden zu gewährleisten, wurden aufgrund des globalen Charakters dieses Geschäfts mit *Airbus Japan*, *Airbus China*, *Airbus America* und *Airbus Middle East* Unternehmen vor Ort gegründet. Die Vertriebsmannschaft von *Airbus* besteht aus erfahrenen technischen Verkäufern, die einen geradlinigen und soliden Ansatz des Verkaufens anwenden. Sie sind hoch qualifiziert und dafür ausgebildet, mittels Tatsachen und Logik zu verkaufen. Sie müssen dem Kunden die Produktvorteile überzeugend vermitteln können. Damit die Kunden wirklich zufriedengestellt sind und um sie langfristig zu binden und zu behalten, muss *Airbus* als Unternehmen alles daransetzen, dass auch nach dem Kauf das Produkt die gesetzten Erwartungen erfüllt. Große Aufträge und dauerhafte Verkaufserfolge sind dazu geeignet, die Vertriebsmannschaft stets neu zu motivieren. Das Team hat als direkte Gegenspieler die Vertriebsmitarbeiter von Boeing, ebenfalls eine gut geschulte und hoch motivierte Mannschaft, die lange Zeit mit dem Vorsprung des Marktführers an den Start gehen konnte. Boeing hatte ein breiteres Programm als *Airbus* anzubieten, bei dem die großen Flugzeuge im Programm fehlten. Inzwischen hat auch *Airbus* ein vollständiges Produktprogramm und besitzt mit dem neuen doppelstöckigen A380 ein Modell, das Boeing in diesem Größenbereich sogar überholen könnte.

Reflexionsfragen

1. Erörtern Sie mögliche Unterschiede bei dem Verkauf von Flugzeugen gegenüber dem Verkauf anderer Industrieprodukte.

2. Auf welche Weise werden die Bedürfnisse der potenziellen Kunden ermittelt?

3. Welche Chancen und Risiken ergeben sich, wenn ein Vertriebsmitarbeiter von *Airbus* zum Experten für ausschließlich eine Fluglinie wird?

Quellen: Kotler et al (2007); Airbus S.A.S., www.airbus.com (31.10.2009); Machatschke, Michael: „Champion auf Bewährung", in: Manager Magazin, Nr. 4 (2006); o. V., „Airbus feiert 40. Geburtstag seines ersten Verkehrsflugzeugprogramms", Pressemitteilung von Airbus S.A.S. unter: www.airbus.com (31.10.2009)

Siehe auch begleitende Fallvideos dazu.

Verwendete Literatur

Banque de France: „CECEI", Bericht 2008.

Courvoisier, F. H.; Courvoisier, F. A.: „Marketing", LEP editions, Mont-sur-Lausanne 2010.

De Pelsmacker, P.; Geuens, M.; Van den Berg, J.: „Marketing Communications: A European Perspective", 5. Aufl., Prentice Hall Financial Times, 2013.

Kotler, P.; Keller, K.; Bliemel, F.: „Marketing-Management: Strategien für wertschaffendes Handeln", 12. Aufl., Pearson Studium, München 2007.

Lecat, B.: „Du mono-canal banal au multi-canal infernal: Tend-on vers un point d'équilibre?" in: Les cahiers du Numérique, Numéro spécial: La finance électronique, Bd. 4, Nr. 1 (2003), S. 131–152.

Lovelock, C.; Patterson, P.; Wirtz, J.: „Services Marketing", 5. Aufl., Pearson Australia, 2014.

Manning, G.; Reece, B.; Ahearne, M.: „Selling Today: Creating Customer Value", 13. Aufl., Pearson International Edition, 2014.

McMurry, R.; Arnold, J.: „Comment choisir vos vendeurs et vos représentants", Entreprise Moderne d'édition, 1970.

Weiterführende Literatur

De Pelsmacker, P.; Geuens, M.; Van den Berg, J.: „Marketing Communications: A European Perspective", 5. Aufl., Prentice Hall Financial Times, 2013.

Kotler, P.; Keller, K.; Bliemel, F.: „Marketing-Management:

Strategien für wertschaffendes Handeln", 12. Aufl., Pearson Studium, München 2007.

Herndl, K.: „Auf dem Weg zum Profi im Verkauf: Verkaufsgespräche zielstrebig und kundenorientiert führen", Aufl. 4, Gabler Verlag 2011.

Homburg, C.; Schäfer, H.; Schneider, J.: „Sales Excellence: Vertriebsmanagement mit System", 7. Aufl., Gabler Verlag, Wiesbaden 2012.

Manning, G.; Reece, B.; Ahearne, M.: „Selling Today: Creating Customer Value", 13. Aufl., Pearson International Edition, 2014.

Bruhn, M.: „Unternehmens- und Marketingkommunikation: Handbuch für ein integriertes Kommunikationsmanagement", Aufl. 3, Vahlen 2014.

Endnoten

1. Ein Verkäufer ist derjenige, der ein Gut oder eine Dienstleistung abtritt.
2. Ein Käufer ist derjenige, der für ein Gut oder eine Dienstleistung bezahlt.
3. Bei Dienstleistungsmarketing gibt es 7P's: Die klassischen 4P's und des Weiteren die Dimensionen „Personen", „Prozesse" und „Umweltfaktoren". Siehe Lovelock et al. (2010).
4. Siehe weiterführend zu diesem Thema De Pelsmacker et al. (2007).
5. *Outsourcing* bedeutet das Auslagern einer Unternehmenstätigkeit, die in der Regel von einem Unternehmen selbst vollbracht wird, an ein Drittunternehmen.
6. Siehe Kotler (2007).
7. Die *American Marketing Association* definiert *Merchandising* wie folgt: „*Merchandising encompasses planning involved in marketing the right merchandise or service at the right place, the right time, in the right quantities, and at the right price.*" Unter *Merchandising* kann zudem die Vermarktung von Nebenprodukten verstanden werden, welche nicht in direktem Zusammenhang mit dem eigentlichen Produkt stehen, aber das gleiche Logo bzw. denselben Markennamen nutzen. Diese Art der Vermarktung von Nebenprodukten wird angestrebt, wenn der Markenname bekannt ist und einen nennenswerten Mehrwert für den Kunden darstellt. Häufig wird dies auch *Brand Extension* genannt.
8. Skonto bezeichnet einen Preisnachlass bzgl. des Rechnungsbetrags bei der Zahlung binnen einer gesetzten Frist oder bei Barzahlung.
9. Ein Beispiel hierfür ist die Ratenzahlung.
10. Preiselastizität beschreibt die Änderung der Angebots- bzw. Nachfragemenge aufgrund einer Preisänderung.
11. Siehe hierzu *Abschnitt 4.3.3*.
12. Siehe hierzu *Abschnitt 4.3.2*.
13. Der Wiederholungskauf wird häufig als „Routinekauf" bezeichnet.
14. Siehe hierzu *Kapitel 12* und *13*.
15. Quelle: FEDSA-WFDSA 2010.

Was nützen die besten Konzepte und clevere Logistik, wenn die Lastkraftwagen in Staus steckenbleiben?

Detthold Aden (1948), deutscher Manager, ehemals Thyssen Haniel Logistic GmbH

Lernziele

In diesem Kapitel wird das Wissen zu folgenden Inhalten vermittelt:

- Grundlagen
  - Materialwirtschaft
  - Logistik
  - Supply Chain Management (SCM)
- Bedeutung der Logistik innerhalb des Unternehmens
- Materialwirtschaft und Materialarten
- Wichtige Elemente der Materialwirtschaft
- Logistiksysteme
- Einführung in das Supply Chain Management (SCM)

Quelle: © Federico Rostagno/Shutterstock.com

Materialwirtschaft, Logistik und Supply Chain Management

5.1	**Überblick und Abgrenzung**	166
5.2	**Materialwirtschaft**	168
	5.2.1 Stücklisten	168
	5.2.2 Bedarfsermittlung	170
	5.2.3 Teileklassifizierung	172
	5.2.4 Bestellverfahren	173
	5.2.5 Lieferantenmanagement	175
5.3	**Logistiksysteme**	178
	5.3.1 Grundlagen und Abgrenzung	178
	5.3.2 Transportsysteme	183
	5.3.3 Umschlagsysteme	191
	5.3.4 Lagersysteme	193
	5.3.5 Kommissionierung	197
	5.3.6 Logistik-Controlling	199
	5.3.7 IT-Systeme in der Logistik	201
5.4	**Supply Chain Management (SCM)**	204

5 Materialwirtschaft, Logistik und Supply Chain Management

5.1 Überblick und Abgrenzung

Mit zunehmender Internationalisierung und Vernetzung von Unternehmen erhöht sich der Kosten- und Wettbewerbsdruck auf Unternehmen stetig. Unternehmen sind zunehmend gezwungen, sich auf ihre Kernaufgaben zu konzentrieren. Eine logische Konsequenz hieraus ist die Auslagerung bzw. das *Outsourcing* von betrieblichen Leistungen. Erforderliche Betriebsmittel, Hilfsstoffe und Bauteile werden verstärkt von Zulieferern bezogen.

Die Logistik, die Materialwirtschaft und schließlich das Supply Chain Management (SCM) spielen bei der Bewältigung dieser Herausforderungen eine entscheidende Rolle. Ein gutes Beschaffungsmanagement kann einen entscheidenden Beitrag für die Wirtschaftlichkeit von Unternehmen und deren Wettbewerbsposition am Markt leisten.

Die Aufgabe der Materialwirtschaft ist hierbei die bedarfsgerechte Versorgung aller betrieblichen Bereiche mit den erforderlichen Gütern sowie die Entsorgung: Bei den zu entsorgenden Materialien handelt es sich häufig um wertvolle Rohstoffe, für die Schrotterlöse erzielt werden können.

Einkauf stellt die Summe aller operativen und strategischen Tätigkeiten eines Unternehmens dar, die im Rahmen der Beschaffung von Dienstleistungen, Materialien, Betriebsmitteln und Waren durchzuführen sind. Der Begriff Einkauf wird häufig enger verstanden als der Begriff Beschaffung, da sich die Beschaffung zusätzlich mit Tätigkeiten der Beschaffungslogistik beschäftigt. Zielsetzung des Einkaufs ist die Sicherstellung der Versorgung (Ort, Termin, Menge, Qualität) und die Optimierung des Preis-Leistungs-Verhältnisses der Beschaffungsobjekte. Tätigkeiten des Einkaufs sind die Festlegung der Einkaufspolitik, die Beschaffungsmarktforschung, die Abwicklung des Beschaffungsprozesses und das Einkaufscontrolling.[1]

Die Beschaffung hingegen stellt unternehmerische Tätigkeiten dar, welche der Versorgung eines Unternehmens mit Dienstleistungen, Material, Betriebs- und Arbeitsmitteln sowie Rechten und Informationen aus unternehmensexternen Quellen (Güter- und Dienstleistungsmärkte) dienen. Die Versorgung mit Kapital und Mitarbeitern wird nicht unter das Aufgabenfeld der Beschaffung integriert.[2]

Die Logistik beinhaltet alle Aufgaben zu einer integrierten Planung, Koordination, Durchführung und Kontrolle der Güterflüsse. Sie beinhaltet des Weiteren die güterbezogenen Informationen, angefangen von der Entstehung bis hin zum Verbrauch.[3] Oft findet auch die *Seven-Rights*-Definition nach *Plowman* Anwendung:

> *Logistik heißt, die Verfügbarkeit des richtigen Gutes, in der richtigen Menge, im richtigen Zustand, am richtigen Ort, zur richtigen Zeit, für den richtigen Kunden, zu den richtigen Kosten zu sichern.*

Grosvenor E. Plowman (1964)

Logistik endet nicht an den Werksgrenzen: Nachdem Vorprodukte an den Wareneingang geliefert wurden und gegebenenfalls in einem Lager bevorratet wurden, ist es erforderlich, die Güter zum richtigen Zeitpunkt am Ort der Weiterverarbeitung zur Verfügung zu stellen. Diese innerbetriebliche Logistik ist Bindeglied zwischen verschiedenen Unternehmensfunktionen und Unternehmensniederlassungen, da Transportwege zwischen verschiedenen Produktionseinrichtungen und Lagerflächen geplant werden müssen. Zusätzlich muss sichergestellt werden, dass über die Transportwege ein ausreichendes Gütervolumen transportiert werden kann. An den Orten der Weiterverarbeitung darf weder zu viel noch zu wenig Material vorhanden sein.

Die Logistik befindet sich im Zentrum vielfältiger Zielkonflikte. So bevorzugt der Vertrieb (siehe *Kapitel 4*) ein gefülltes Lager mit Fertigprodukten, um kurzfristig lieferfähig zu sein. Das Controlling (siehe *Kapitel 9*) bevorzugt hingegen eine minimale Lagerhaltung, damit die Kapitalbindung möglichst gering gehalten wird. Der Logistiker optimiert eine möglichst minimale Kapitalbindung bei einer gleichzeitig angestrebten Lieferfähigkeit.

Supply Chain Management (SCM) ist eine neue Perspektive, die die Planung und das Management aller Aufgaben bei Lieferantenwahl, Beschaffung und Umwandlung sowie alle Aufgaben der Logistik umfasst. Der besondere Fokus liegt hierbei auf der Koordinierung und Zusammenarbeit der beteiligten Partner (Händler, Lieferanten, Logistikdienstleister, Kunden). Supply Chain Management integriert das Management über die Unternehmensgrenzen hinweg.[4] Die wesentliche Aufgabe des Supply Chain Managements liegt in der Integration und Koordination der Beteiligten des Wertschöpfungssystems (häufig auch Wertschöpfungsnetzwerk genannt).

▶*Abbildung 5.1* stellt den Zusammenhang von Materialwirtschaft, Logistik und Supply Chain Management dar. Darüber hinaus ist eine Beziehung des Supply Chain Managements zu anderen Unternehmensfunktionen wie Produktion und Sales zu erkennen.

Abbildung 5.1: Wertschöpfungssystem: Materialwirtschaft, Logistik und Supply Chain Management (SCM); die einzelnen Pfeile stellen jeweils Unternehmen dar

5.2 Materialwirtschaft

Ein zentrales Objekt der Materialwirtschaft und der Logistik ist das **Material**. Materialien bezeichnen in einer sehr allgemeinen Definition alle Güter des betrieblichen Bedarfs. In diesem Sinn spricht man sowohl bei *Werkstoffen*, *fertigen Gütern* als auch bei *Ersatzteilen für eigene Anlagen* von Material.

Folgende **Materialarten** werden unterschieden:

- **Fertigprodukte** sind verkaufsfähige Endprodukte, die selbst hergestellt und als Handelsware vertrieben werden. Handelswaren sind materielle Wirtschaftsgüter wie etwa industrielle Produkte oder landwirtschaftliche Erzeugnisse, welche normalerweise so weiterverkauft werden, wie sie eingekauft wurden, ohne dabei wesentlich be- oder verarbeitet zu werden.
- **Halbfertigprodukte** sind Zwischenerzeugnisse, die bei der Herstellung benötigt werden und in das Fertigprodukt eingehen. Ein Beispiel hierfür ist eine Kurbelwelle, die in einem Motor verbaut wird.
- **Rohstoffe** sind Materialien, die als wesentliche Bestandteile in Produkte eingehen. Rohstoffe haben seit der Gewinnung aus ihrer natürlichen Quelle keine oder nur wenig Bearbeitung erfahren. Ein Beispiel für einen Rohstoff ist Holz bei der Möbelherstellung.
- **Hilfsstoffe** sind von geringem Wert und gehen ebenfalls in das Endprodukt ein. Bei der Möbelfertigung gilt der Holzleim als Hilfsstoff.
- **Betriebsstoffe** sind Materialien, die zur Herstellung erforderlich sind und während dieser verschleißen, wie z. B. Bohrer oder Sägeblätter in Möbelfabriken.

Die Fremdbeschaffung von Materialien bzw. Gütern erfolgt durch den Einkauf.[5] Um eine bedarfsgerechte Materialwirtschaft betreiben zu können, bedarf es sogenannter Stücklisten, welche Gegenstand des folgenden *Abschnitts 5.2.1* sind. In den darauffolgenden Abschnitten werden weitere zentrale Elemente der Materialwirtschaft beschrieben.

5.2.1 Stücklisten

Für die bedarfsgerechte Versorgung im Rahmen der Materialwirtschaft ist die genaue Kenntnis der Produkte erforderlich. Die Beschreibung der Produktbestandteile erfolgt in der **Stückliste**: Die Stückliste ist ein vollständiges, mengenmäßiges Verzeichnis aller Materialien, die in ein Produkt eingehen.

Im Folgenden werden verschiedene Stücklistenarten aufgezeigt. Als Beispiel soll hierfür ein Motorrad dienen, das der Vereinfachung halber aus Rahmen und Motor besteht. Der Motor des Motorrads besteht wiederum aus Motorblock und Kurbelwelle.

Baumstruktur

Die Stückliste des stark vereinfachten Motorradbeispiels kann in Form einer hierarchischen **Baumstruktur** wie folgt dargestellt werden (▶*Abbildung 5.2*). Der Vorteil dieser Baumstruktur liegt in der plausiblen Darstellung der unterschiedlichen hierarchischen Ebenen.

5.2 Materialwirtschaft

Abbildung 5.2: Grafische Stückliste in Baumstruktur

Baukastenstückliste

Eine andere Darstellungsform einer Stückliste ist die **Baukastenstückliste**.

Tabelle 5.1

Baukastenstückliste

Motorrad

Bezeichnung	Menge
Rahmen	1
Motor	1

Tabelle 5.2

Baukastenstückliste

Motor

Bezeichnung	Menge
Motorblock	1
Kurbelwelle	1

Die Besonderheit der Baukastenstückliste liegt in der Einstufigkeit[6]: Jeweils nur eine Baugruppe wird beschrieben. In diesem Fall besteht das Motorrad nur aus Rahmen und Motor. Falls der Aufbau des Motors von Interesse ist, muss die Baukastenstückliste des Motors betrachtet werden.

Mengenstückliste

Bei Produkten von geringer Komplexität kann auch eine einfache **Mengenstückliste** verwendet werden. Die Mengenstückliste enthält alle für das Motorrad benötigten Teile in einer einstufigen Liste.

Tabelle 5.3

Mengenübersichtsstückliste

Motorrad

Bezeichnung	Menge
Rahmen	1
Motorblock	1
Kurbelwelle	1

Während sich die Mengenstückliste aus den Baukastenstücklisten ableiten lässt, ist der umgekehrte Weg nicht möglich: Der Mengenstückliste fehlen die Strukturinformationen.[7] Der Vorteil der Baukastenstückliste erschließt sich besonders bei komplexen Produkten. Eine Mengenstückliste mit Hunderten Positionen ist unübersichtlich. Die Struktur der Baukastenstücklisten spiegelt in der Regel auch die im Produkt verwendeten Komponenten wider. Derselbe Motorentyp kann in verschiedenen Motorrädern verbaut werden. Bei einer Verwendung von Mengenstücklisten müssen die Motorenteile für jedes Motorrad einzeln in das System eingegeben und bei Änderungen für jedes Motorrad einzeln geändert werden. Die Verwendung von Baukastenstücklisten erlaubt, den Motor als ganzen „Baukasten" in die Motorradstückliste einzufügen. Sollten sich Änderungen am Motor ergeben, ist lediglich eine Änderung der Baukastenstückliste des Motors erforderlich.

Die Stücklistenauflösung dient der Bedarfsermittlung. Ausgehend von einem konkreten Produktbedarf werden für alle Strukturstufen der hierarchisch aufgebauten Stückliste die Mengen der jeweiligen Komponenten ermittelt.

Nachdem zwei wesentliche Möglichkeiten beschrieben wurden, auf welche Weise Stücklisten erstellt werden können, wird im folgenden *Abschnitt 5.2.2* erläutert, auf welche Weise der Bedarf eines Gutes ermittelt werden kann.

5.2.2 Bedarfsermittlung

Für die Produktion müssen die passenden Materialien in bedarfsgerechter Menge verfügbar sein. Die **Bedarfsermittlung** liefert die Information zur Materialbereitstellung. Die Festlegung von Art, Menge und Produktionszeitpunkt der zu produzierenden Fertigerzeugnisse erfolgt im Rahmen des Produktionsprogramms. Im Folgenden werden die wesentlichen Bedarfsarten angeführt.

Bedarfsarten

- Der **Primärbedarf** bezeichnet den Bedarf an verkaufsfähigen Endprodukten.
- Der **Sekundärbedarf** bezeichnet den Bedarf an Rohstoffen, Teilen und Baugruppen, die zur Herstellung des Primärbedarfs benötigt werden.
- Der **Tertiärbedarf** fasst die erforderlichen Hilfs- und Betriebsstoffe für ein Erzeugnis zusammen.

Ob Primärbedarf an Material vorliegt, hängt von der Verwendung des Materials ab:

- Ein Autoreifen, der beispielsweise bei der *Fahrzeugherstellung* verbaut wird, gehört dem *Sekundärbedarf* an, da er in den Produktionsprozess eingeht.
- Für einen *Reifenproduzenten* sind Autoreifen, die an einen Autohändler, Reifenhändler oder auch an einen Automobilbauer geliefert werden, ein Endprodukt. Somit entsprechen die Reifen in diesem Fall dem *Primärbedarf*.

Der Sekundärbedarf wird in der Regel unter Verwendung der Erzeugnisstrukturen wie den Stücklisten errechnet.

Verfahren der Bedarfsermittlung

Je nach Art der Bedarfsermittlung unterscheidet man *deterministische*, *stochastische* und *heuristische Verfahren*.

- **Deterministische Bedarfsermittlung:** Die deterministische Bedarfsermittlung berechnet den *exakten Bedarf durch Stücklistenauflösung*, sprich durch die Berechnung des exakten Bedarfs unter Berücksichtigung der Mengenangaben aus der Stückliste. Dieser Bedarf wird *um eine typische Ausschussquote der verwendeten Materialien korrigiert*.
- **Stochastische Bedarfsermittlung:** Im Gegensatz zu den deterministischen Verfahren greift die stochastische Bedarfsermittlung auf *statistische Methoden* zurück. Hierbei wird *aus Verbrauchsdaten der Vergangenheit eine Prognose für den zukünftigen Materialbedarf* erstellt.
- **Heuristische Bedarfsermittlung:** Die heuristische Bedarfsermittlung ist eine *qualifizierte Schätzung des Disponenten*. Ein gravierender Nachteil der heuristischen Methode liegt darin, dass jedes Material einzeln geschätzt werden muss. Die heuristische Methode kann jedoch bei schwankenden Mengen und bei einem erfahrenen Disponenten der stochastischen Bedarfsermittlung überlegen sein.

Tabelle 5.4

Einsatzgebiete der unterschiedlichen Verfahren zur Bedarfsermittlung

Verfahren	Deterministische Bedarfsermittlung	Stochastische Bedarfsermittlung	Heuristische Bedarfsermittlung
Beschreibung	■ Ermittlung des exakten Bedarfs aus Stücklistenauflösung	■ Mathematische Berechnung mittels stochastischer Verfahren auf Basis von Verbrauch in der Vergangenheit	■ Qualifizierte Schätzung
Anwendungsfälle	■ A-Teile mit hohem Wertanteil ■ Kundenspezifische Produkte	■ B- und C-Teile mit niedrigerem Wertanteil, für die die Pflege der Stückliste zu aufwendig wäre ■ Zuverlässige Datenbasis bzgl. des vergangenen Verbrauchs ■ Teile, die wg. langer Lieferzeiten bevorratet werden	■ Geringe oder unzuverlässige Datenbasis bzgl. Verbrauchswerten aus der Vergangenheit ■ Neue Produkte ■ Ersatzteile

5.2.3 Teileklassifizierung

Die häufig hohe Anzahl von benötigten Materialien kann den Aufwand innerhalb der Materialwirtschaft in die Höhe treiben. Klassifiziert man die Materialien gemäß ihrer relativen Bedeutung, so kann der Hauptaufwand auf die wichtigsten Materialien konzentriert werden. Die ABC-Analyse stellt in diesem Kontext ein wichtiges Instrument dar, das zur Materialklassifizierung eingesetzt wird.

ABC-Analyse

Die ABC-Analyse teilt die unterschiedlichen Materialien für die Herstellung gemäß vorgegebener Kriterien in die Klassen der *A-*, *B-* und *C-Materialien* ein. A-Materialien stellen die – relativ beurteilt – wichtigsten Materialien dar, wie beispielsweise jene, die den Umsatz liefern. In der Materialwirtschaftspraxis kann man in der Regel eine Wertverteilung folgender Größenordnung beobachten:

Tabelle 5.5

Wertverteilung

Klasse	Wertanteil	Menge
A-Material	80 %	15 %
B-Material	15 %	35 %
C-Material	5 %	50 %

Wie ▶Tabelle 5.5 zu entnehmen ist, stellen 15 % aller Materialien einen Wertanteil von 80 % dar. Gemessen wird dabei nicht der absolute Wert eines Teils, sondern der Wert multipliziert mit der umgesetzten Menge. Aus Sicht eines Einkäufers ist es deshalb wirtschaftlich, sich bei Preisverhandlungen auf die A-Materialien zu konzentrieren. Bei der Abwicklung von C-Teilen ist eine Konzentration auf die Prozesseffizienz sinnvoll. Da es sich bei C-Teilen um viele verschiedene Materialien handelt, die nur einen kleinen Wertanteil aufweisen, stehen hier die Prozesskosten im Vordergrund. In diesem Zusammenhang ist festzuhalten: C-Teile dürfen nicht als „unwichtig" betrachtet werden. Beispielsweise gehören Radmuttern eines Fahrzeugs zwar den C-Teilen an, die Auslieferung eines Fahrzeugs ohne Radmuttern ist jedoch unvorstellbar.

Nachdem die Klassifizierung von Material-Teilen besprochen wurde, stehen nun die unterschiedlichen Bestellverfahren im Fokus.

5.2.4 Bestellverfahren

Im Rahmen der Materialversorgung tritt eine wesentliche Frage auf: Zu welchen Zeitpunkten müssen Materialien bestellt oder nachbestellt werden? Bei der Bestellung von Materialien liegen im Wesentlichen *zwei Freiheitsgrade* vor: Der *Bestellzeitpunkt* sowie die *Bestellmenge*. Je nach konkreter Nutzung dieser Freiheitsgrade ergibt sich eine jeweils unterschiedliche Bestellpolitik. Betrachtet man die zeitliche Dimension, so existieren bezüglich der Vorratsbeschaffung in der Lagerhaltung zwei Bestellverfahren.

Bestellzeitpunkt

- **Bestellrhythmusverfahren:** Regelmäßige Bestellungen in fixen Zeitintervallen t (z. B. wöchentliche Bestellungen).
- **Bestellpunktverfahren:** Nachbestellungen bei Unterschreiten einer Mindestmenge s im Lager (des sog. Bestellpunktbestandes). In diesem Fall ist das zeitliche Bestellintervall t variabel.

Eine weitere Unterscheidung liegt in Bezug auf die Bestellmenge vor. Man unterscheidet hierbei ebenfalls zwischen zwei unterschiedlichen Verfahren.

Bestellmenge

- **Fixe Bestellmengen:** Bei jedem Bestellzeitpunkt wird die festgelegte, fixe Menge bestellt.
- **Variable Bestellmengen:** Ein Lager wird auf ein definiertes Sollniveau aufgefüllt.

Bestellpolitik

Aus den Freiheitsgraden Bestellmenge und Bestellzeitpunkt lassen sich für die Bestellpolitik verschiedene Möglichkeiten ableiten.

In der Literatur hat sich dabei folgende Notation durchgesetzt:

- Bestellmenge: q
- Bestellpunktbestand: s
- Sollniveau: S
- Bestellzeitintervall: t

Der erste Buchstabe bestimmt den Bestellzeitpunkt, der zweite Buchstabe die Bestellmenge.

Bestellpolitiken im Überblick:

- **t-S-Bestellpolitik:** Bei der t-S-Bestellpolitik wird in festen Zeitintervallen t (z. B. wöchentlich oder monatlich) das Lager auf das Sollniveau S aufgefüllt. Das Verfahren ist dann sinnvoll, wenn der Lagerabgang relativ konstant ist, beispielsweise der Lieferant das Lager im Rahmen einer regelmäßigen Tour auffüllt.
- **s-q-Bestellpolitik:** Bei der s-q-Bestellpolitik wird beim Erreichen des Bestellpunktbestandes s (Meldebestand) die konstante Bestellmenge q bestellt. Die s-q-Bestellpolitik ist insbesondere bei Materialien mit langen Wiederbeschaffungszeiten sinnvoll, da durch den Meldebestand die Gefahr von Fehlmengen reduziert wird.
- **t-q-Bestellpolitik:** Bei der t-q-Bestellpolitik wird in konstanten Intervallen t eine konstante Materialmenge q bestellt. Dieses Verfahren eignet sich bei konstanten Lagerabgängen.
- **s-S-Bestellpolitik:** Bei der s-S-Bestellpolitik wird bei Unterschreitung des Mindestbestandes eine Bestellung ausgelöst, die das Lager auf das Sollniveau S auffüllt. Die Bestellmenge ist damit variabel (Differenz zwischen aktuellem Bestand und dem Lagerhöchstbestand).

Die Bestellpolitik muss in einem Lager nicht unbedingt einheitlich sein, sondern kann je nach Material auch unterschiedlich organisiert sein. In der Praxis erfolgt Lagerverwaltung in der Regel durch ein System der elektronischen Datenverarbeitung (EDV). Dies führt dazu, dass die Bestände weitgehend bekannt sind. Der Einsatz der EDV in der Lagerhaltung führt dazu, dass die meisten Materialien bei Erreichen des Mindestbestandes automatisch nachbestellt werden. Ob bei einer Bestellung das Lager auf Sollniveau aufgefüllt wird oder ob konstante Mengen bestellt werden, hängt von dem jeweiligen Produkt ab. Ist die Bestellung von fixen Losgrößen wirtschaftlich, so ist das t-q-Verfahren vorteilhaft.

Nachdem bereits verschiedene Bestellverfahren vorgestellt wurden, soll nun das Lieferantenmanagement, das ebenfalls ein wichtiges Element der Materialwirtschaft darstellt, Gegenstand sein.

5.2.5 Lieferantenmanagement

Durch weiterhin zunehmende Arbeitsteilung zwischen Unternehmen *(Outsourcing)* und dem dadurch erforderlichen Zukauf von Teilen und Materialien besitzen Lieferanten hohen Einfluss auf die Qualität der Endprodukte. Um diesen Umstand in der Wertschöpfungskette angemessen zu berücksichtigen, ist die Einführung eines Lieferantenmanagements in Unternehmen sinnvoll.

Das Lieferantenmanagement bezeichnet die Summe der Maßnahmen zur Beeinflussung der Lieferanten und Lieferantenbeziehungen im Sinne der Unternehmensziele.[8] Wesentliche Möglichkeiten zur Beeinflussung der Lieferantenbeziehung stellen Lieferantencontrolling, Lieferantenintegration und Lieferantenentwicklung dar.

Lieferantencontrolling

Im Rahmen des Lieferantencontrollings erfolgt eine Bewertung des Lieferanten. Hierbei können Parameter wie Liefertreue, Qualität und Flexibilität beurteilt werden. Das Ergebnis des Lieferantencontrollings ist Basis für die weitere Ausgestaltung der Zusammenarbeit.

Lieferantenintegration

Die stärkere Einbindung des Lieferanten in das beschaffende Unternehmen wird als Lieferantenintegration bezeichnet. Dies kann in Form von Entwicklungspartnerschaften oder in Form einer Integration der EDV-Systeme geschehen. Einem Lieferanten können somit Prognosen für den zukünftig erforderlichen Bedarf des anfordernden Unternehmens über das EDV-System mitgeteilt werden.

Lieferantenentwicklung

Im Rahmen der Lieferantenentwicklung unterstützt das anfordernde Unternehmen den Lieferanten bei der Optimierung oder beim Aufbau zusätzlicher Geschäftsfelder durch enge Zusammenarbeit. Dies ist für beschaffende Unternehmen dann sinnvoll, wenn sie sich auf wenige strategische Lieferanten konzentrieren möchten oder kein geeigneter Lieferant für einen speziellen Umfang auf dem Markt verfügbar ist. Maßnahmen zu einer Lieferantenentwicklung sind beispielsweise Know-how-Transfer sowie finanzielle Unterstützung bei erforderlichen Investitionen.

Die Lieferantenentwicklung kann einem Lieferanten die Gelegenheit bieten, von einem gewöhnlichen Einmal-Lieferanten zu einem bedeutenden Entwicklungspartner aufzusteigen.

Fallstudie: Tchibo – Wo Sparfüchse Beute machen

„Jede Woche eine neue Welt." In Sachen Einkauf gilt Tchibo als absoluter Profi: Zumindest in Bezug auf Kaffee und Aktionsware. Die Einkäufe abseits des Kerngeschäfts – von der Büroklammer bis zur Fensterreinigung – standen eher im Schatten, wie in so vielen Unternehmen.

„Jede Biene sticht", dachte sich Yves Müller, der verantwortliche Vorstand für Service und Finanzen, und ließ die Beschaffung für den internen Gebrauch auf Sparpotenziale abklopfen. Und siehe da: Neun Prozent konnte Tchibo von diesem 800-Millionen-Euro-Budget sparen. *„Im Einkauf sind es oft die ganz banalen Dinge, die in der Masse viel bringen"*, konstatiert Müller. *„Beim Büromaterial etwa muss es nicht immer Markenware sein – so konnten wir 60 Prozent sparen. Nach Analyse unseres Telefonierverhaltens haben wir maßgeschneiderte Verträge ausgehandelt, das sparte 60 Prozent."*

Viele Unternehmen suchen derzeit händeringend nach Sparpotenzial. So rückt nun auch die sonst wenig beachtete Beschaffung ins Blickfeld. Laut *Handelsblatt Business Monitor* planen sechs von zehn deutschen Managern, die restrukturieren wollen – und das waren im November 43 Prozent – Kostensenkungen im Einkauf.

Markus Bergauer, Vorstand der Einkaufsberatung Inverto: *„Der Einkauf bietet gerade in der Krise viele Möglichkeiten, relativ schnell und einfach Sparerfolge zu erzielen – ohne dass dies auf Kosten der Belegschaft geht."*

„Viele Unternehmen besitzen gar keine Einkaufsstrategie", so die erschreckende Erkenntnis von Carsten Vollrath, verantwortlich für Operations-Management im Beratungshaus Arthur D. Little. Gerade einmal die Hälfte der Unternehmen hat ihre Beschaffung schon auf den Prüfstand gestellt, schätzt Gerd Kerkhoff, Chef der Einkaufsberatung Kerkhoff Consulting. *„Banken wissen oft gar nicht, dass sie einen Einkauf haben."*

„Krisenzeit ist absolute Einkaufszeit", bestätigt Tchibo-Vorstand Müller. Doch Einkaufsexperten warnen, vornehmlich ans Feilschen zu denken, wenn der Einkauf effizienter gemacht werden soll. Vollrath: *„Preisdrücken führt in die Sackgasse. Dort liegen erfahrungsgemäß nur 20 Prozent der Sparpotenziale."*

Viel mehr lässt sich allein schon durch konkretere Ausschreibungen gewinnen. Kerkhoff: *„95 Prozent sind viel zu schwammig oder veraltet."* Er kennt eine Maschinenbaufirma, die 10.000 Stück eines Metallteils benötigte. Die Passgenauigkeit war auf einen Millimeter ausgeschrieben, nur ein Lieferant war dazu technisch in der Lage. Nach Gesprächen mit den Ingenieuren stellte der Einkäufer fest: Selbst drei Millimeter Spiel waren für die Maschine völlig ausreichend. Dafür gab es 27 Anbieter – und deutlich günstigere Preise.

Durch simple Standardisierung – etwa von Etiketten – lässt sich schon ein Mengenrabatt aushandeln. Früher stellten die Tchibo-Lieferanten die Verpackung für die Aktionsware selbst. Inzwischen schreibt der Konzern Art und Qualität genau vor. Das macht Preise transparenter und besser verhandelbar.

„Nicht selten kauft eine Firma ein Produkt von 25 verschiedenen Lieferanten, bräuchte aber nur die besten fünf", beobachtet Bergauer. Der Grund: Viele Firmen sind durch Übernahmen gewachsen, haben ihre Einkaufsabteilungen aber nicht richtig integriert. In anderen Firmen wiederum ist der sprichwörtliche *„Einkauf um den Kirchturm"* immer noch vorherrschend.

Selbst Tchibo-Vorstand Müller musste überrascht feststellen: *„80 Prozent der Waren bezogen wir aus dem Postleitzahlengebiet zwei."* Hier gilt es, enge Märkte weiter zu machen. Inverto zum Beispiel hat auf einer Datenbank 80.000 Lieferantenprofile gesammelt, auf deren Basis die Berater ihre Kunden unterstützen. Auch globale Online-Auktionen erweitern den Lieferantenstamm.

Wieder andere Unternehmen beziehen wichtige Produkte von einem einzigen Anbieter. Kerkhoff: *„Die Krise macht deutlich, wie riskant eine solche Ein-Lieferanten-Strategie ist. Spätestens wenn dieser Zulieferer plötzlich insolvent wird."*

Professionelle Einkäufer durchleuchten ihre Hauptlieferanten genau: Wie produzieren sie? Wo kaufen diese ein? Automobilhersteller schicken traditionell ganze Teams zu Lieferanten, um diese auf Effizienz zu trimmen.

Vollrath empfiehlt, sich partnerschaftlich und langfristig auf qualifizierte Lieferanten einzulassen, gerade wenn Teile der Wertschöpfung an diese verlagert sind. Vollrath: *„Trotzdem darf eine Firma dem Zulieferer nie das Gefühl geben, er sei unantastbar. Das ist ein schmaler Grat."*

Neben den Lieferanten ist jede einzelne Warengruppe akribisch und systematisch unter die Lupe zu nehmen: Wie entwickeln sich Technik und Anforderungen? Wo lässt sich der Bedarf über Abteilungen hinweg bündeln? Tchibo-Vorstand Müller: *„Unsere Kaffeefrachten bündeln wir, wann immer es geht, mit den Frachten von Gebrauchsgütern. Das hat uns Einsparungen in Millionenhöhe gebracht. Seefracht, die nicht eilig ist, lassen wir per Container langsamer transportieren, damit die Schiffe weniger verbrauchen."*

Positiver Nebeneffekt: Was Aufwand und Kosten senkt, ist meist auch gut für die Umwelt. Zudem kaufen heute mehr als 1.000 Tchibo-Filialen grünen Strom ein. Müller: *„Denn über das Sparen lassen wir unser Credo Nachhaltigkeit nicht aus dem Auge."*

Die Gretchenfrage aber lautet: Ist der Einkauf nur Bestellabwickler oder strategischer Partner im Unternehmen? Steht er auf Augenhöhe mit Ingenieuren und Vertrieb, beherrscht er deren Sprache? Vollrath von Arthur D. Little: *„Beschaffer müssen die Bedürfnisse im Unternehmen genau kennen, aber genauso auch die Dinge durch die Lieferantenbrille sehen."* In der guten Vernetzung nach innen wie nach außen liege letztlich ihr Erfolg.

All die Konzepte für einen effizienten Einkauf sind seit Langem bekannt. *„Doch in der Umsetzung geht noch viel Potenzial verloren"*, klagt Bergauer. Das Problem: Einkäufer haben oft nur geringen Handlungsspielraum und finden intern nur wenig Gehör. Oft kauft die Fachabteilung selbst ein – und nicht etwa die Beschaffer. Und vielen Einkaufsressorts fehlt schlicht die Manpower.

„Dann sitzen die Einkäufer frustriert als Bestellabwickler am Schreibtisch und ihr Verhandlungsgeschick verkümmert", beobachtet Kerkhoff. Er weiß, wie stiefmütterlich die Beschaffer im eigenen Unternehmen zuweilen behandelt werden: *„Der Bus zur Weihnachtsfeier fuhr einfach ohne die Einkäufer ab – die Kollegen hatten sie schlicht vergessen."*

Reflexionsfragen

1. Welche Optimierungspotenziale im Rahmen des Einkaufs werden in dem Artikel erwähnt?
2. Welche Vor- und Nachteile besitzt eine Ein-Lieferanten-Strategie?
3. Welche Einsparpotenziale ergeben sich im Rahmen von Ausschreibungen?

Quelle: Straub, K. Terpitz: „Wo Sparfüchse Beute machen", Handelsblatt am 23.01.2009: www.handelsblatt.com/unternehmen/management/strategie/wo-sparfuechse-beute-machen/3095510.html (Stand: 23.06.2011)

5.3 Logistiksysteme

Logistiksysteme dienen zu einer räumlichen und zeitlichen Transformation von Gütern sowie zu einer Transformation von deren Anordnung. Damit verbundene Aktivitäten sind *Transport*, *Umschlag* und *Lagerung* der Objekte: Somit sind sie Basisfunktionalitäten der sogenannten **TUL-Logistik**. Zusätzlich kann ein bestimmter Mehrwert, beispielsweise durch Kommissionierung, generiert werden.

Logistik-Controlling dient der Steuerung von Logistiksystemen innerhalb und zwischen Unternehmen. IT-Systeme dienen der Steuerung von Prozessen und einer integrierten Verarbeitung von Informationen innerhalb der Logistik.

5.3.1 Grundlagen und Abgrenzung

Logistiksysteme können hinsichtlich mehrerer Aspekte unterschieden werden. Wesentlich für eine Abgrenzung verschiedener Logistiksysteme sind die im Folgenden angeführten Abgrenzungskriterien.

Abgrenzungskriterien von Logistiksystemen

1. Die **Aggregationsebene**, auf der Logistiksysteme betrachtet werden
2. Die **Funktionalität**, welche das jeweilige Logistiksystem erfüllt
3. Die **Branche**, in der die Logistiksysteme genutzt werden

Aggregationsebene

Die **Aggregationsebene** reicht von der volkswirtschaftlichen Betrachtung von Güterverkehren in Wirtschaftsräumen (Makrologistik) zu inner- und zwischenbetrieblichen Transformationen (Mikrologistik). ▶*Tabelle 5.6* zeigt verschiedene Aggregationsebenen für die Betrachtung von Logistiksystemen.[9]

Tabelle 5.6

Aggregationsebenen bei der Betrachtung von Logistiksystemen

Aggregationsebenen von Logistiksystemen	Mikrologistik	Mesologistik	Makrologistik	Metalogistik
Betrachtungsraum	Organisationen	Kooperationen zwischen Organisationen	Wirtschaftsräume	Artverwandte Fließsysteme
Beispiele	■ Einzelne Unternehmen ■ Militär ■ Krankenhaus ■ Non-Profit-Organisationen (NPO)	■ Unternehmenskooperationen ■ Stückgutkooperationen von Logistikdienstleistern ■ Kontraktlogistik	■ Handelsbeziehungen zwischen Asien und Europa ■ Güterströme bestimmter Produkte bzw. Rohstoffe unabhängig von Unternehmen	■ Informationslogistik in der IT ■ Leistungsflüsse in der Dienstleistungswirtschaft ■ Finanzflüsse
Typische Betrachtungsgegenstände	■ Prozesse ■ unternehmensinterne Mengen und Relationen ■ finanzielle Aspekte (Kosten, Verrechnungssätze)	■ übergreifende Prozesse (Supply Chains) ■ unternehmensübergreifende Mengen und Relationen ■ finanzielle Aspekte (Verrechnungssätze)	■ Aggregierte Güterströme ■ Infrastrukturbedarfe ■ Infrastrukturkosten	■ Bewegliche materielle und immaterielle Entitäten oder Artefakte

Quelle: Straub (2011) in Anlehnung an Pfohl (2010), S. 1510

Materialwirtschaft, Logistik und Supply Chain Management

Funktionalität

Ein weiteres Abgrenzungskriterium für Logistiksysteme stellt die **Funktionalität** dar. Entsprechend ihrer Funktionalität in der Wertschöpfungskette werden Beschaffungs-, Produktions- und Distributionslogistik unterschieden.

Hierbei umfasst die **Beschaffungslogistik** sämtliche TUL-Prozesse, welche bei der Versorgung einer Produktion mit Roh-, Hilfs- und Betriebsstoffen nötig sind. Die **Produktionslogistik** betrachtet die innerbetrieblichen TUL-Prozesse zwischen Produktionseinheiten. Die **Distributionslogistik** fokussiert die TUL-Prozesse bei der Versorgung des Absatzmarktes. Ein neueres Feld der Logistik ist die **Entsorgungslogistik**. Rücknahmeverordnungen und wirtschaftlich immer attraktivere Möglichkeiten zu Recycling sind Gründe für die wachsende Wichtigkeit dieses Feldes. ▶*Abbildung 5.3* zeigt funktional unterschiedliche Logistiksysteme entlang einer Wertschöpfungskette.

Abbildung 5.3: Funktionale Betrachtung von Logistiksystemen
Quelle: Pfohl (2010), S. 19

Branche

Ein weiteres Abgrenzungskriterium für Logistiksysteme stellt die **Branche** dar. Bei der Unterscheidung logistischer Systeme nach deren Branchen wird den branchenspezifischen Gütern und Rahmenbedingungen Rechnung getragen, welche erheblichen Einfluss auf die Anforderungen an ein logistisches System und somit an dessen Ausgestaltung haben.

Die typischen Unterscheidungsmerkmale von Branchen sind:

- **Eigenschaften der Produkte** einer Branche: Volumen, Gewicht oder Wertdichte etc.
- **Anforderungen der Kunden** an ein Produkt: Qualität, Frische etc.
- **Arbeitsteiligkeit** entlang der Wertschöpfungskette: integrierte versus desintegrierte Arbeitsteiligkeit
- **Bedeutung der Produktionsfaktoren** in einer Branche: homogene versus heterogene Produktionsfaktoren

Entsprechend dieser Merkmale können Branchenprofile hinsichtlich ihrer logistischen Anforderungen erstellt werden. ▶*Tabelle 5.7* gibt eine Übersicht verschiedener Unterscheidungsmerkmale.

Tabelle 5.7

Morphologischer Kasten zu Unterscheidungsmerkmalen von Logistiksystemen anhand der Objekte und branchentypischer Rahmenbedingungen

Merkmal	Ausprägungen		
Objektgestalt	amorph ■ Schüttgüter, z. B. Sand	neo-bulk ■ einzelverpackte, palettierte Ware, z. B. Zahnpasta	diskret ■ größere Produkte, z. B. Stahlrohre
Wertdichte (Wert, Volumen oder Gewicht)	niedrig ■ z. B. Kies	mittel ■ z. B. Lebensmittel	hoch ■ z. B. Computerprozessoren
Steuerungsorientierung	vorratsorientiert bzw. Push-Orientierung ■ Produktion bzw. Transport wird durch Bedarfsprognosen angestoßen		auftragsorientiert bzw. Pull-Orientierung ■ Produktion bzw. Transport wird durch konkrete Nachfrage bzw. Kundenauftrag angestoßen
Bündelungsrichtung (d. h. Güter werden zu einem Endprodukt zusammengeführt oder zu verschiedenen Endprodukten auseinanderdividiert)	synthetisch / V-Form ■ Viele Rohstoffe bzw. Vorprodukte werden zu einem Endprodukt, z. B. Automobil	durchlaufend / I-Form ■ wenige Rohstoffe bzw. Vorprodukte werden zu vergleichbarer Anzahl Endprodukte, z. B. Brennholz	analytisch / A-Form ■ wenige Rohstoffe bzw. Vorprodukte werden zu vielen Endprodukten, z. B. Diesel, Benzin

Materialwirtschaft, Logistik und Supply Chain Management

Morphologischer Kasten zu Unterscheidungsmerkmalen von Logistiksystemen anhand der Objekte und branchentypischer Rahmenbedingungen *(Forts.)*

Merkmal	Ausprägungen		
Anzahl Kettenglieder (Wie viele Kettenglieder müssen durch die Logistik gesteuert werden?)	niedrig ■ z. B. 1 Kettenglied: Direktvertrieb über Fabrik-Outlet	mittel ■ z. B. 4 Kettenglieder: – Erzeuger – Genossenschaft – Großhandel – Einzelhandel in der Gemüsedistribution	hoch ■ z. B. X Kettenglieder in der Automobilindustrie
Bedeutung der Produktionsfaktoren (Welcher Produktionsfaktor ist für das Management erfolgskritisch?)	Kapital ■ z. B. bei hohem Automatisierungsgrad	Werkstoff ■ z. B. bei knappen Rohstoffen	Arbeit ■ z. B. bei hohem manuellen Fertigungsanteil
Kundentyp	Industrie ■ Verlässlichkeit ■ Planbarkeit ■ Prozesssicherheit	Handel ■ Verlässlichkeit ■ Planbarkeit ■ Prozesssicherheit ■ volatile Nachfrage	Endverbraucher ■ Geschwindigkeit ■ volatile Nachfrage

Quelle: Straub (2011) nach Klaus (2002)

Es lässt sich jedes logistische System (*Tabelle 5.7*) in dem sogenannten **Knoten-Kanten-Modell**, einem Netzwerk von Knoten und Kanten, darstellen. **Knoten** repräsentieren Standorte, an denen gelagert, umgeschlagen oder produziert wird. **Kanten** stellen die Transportverbindungen zwischen den einzelnen Knoten dar. Definierte Startpunkte eines solchen Netzwerkes werden **Quellen** genannt, definierte Endpunkte werden als **Senken** bezeichnet.

Je nach Aggregationsebene lassen sich Abläufe in einem Knoten (z. B. Produktionslogistik in einem Produktionsstandort) als ein Knoten-Kanten-Modell beschreiben (siehe ▶*Abbildung 5.4*). Ist eine Aggregationsebene erreicht, auf der sich Objekte nicht mehr bewegen, ist dies nicht (mehr) möglich.

Entsprechend der Aktivitäten an Knoten und Kanten lassen sich wiederum unabhängig von dem fokussierten Aspekt Subsysteme eines Logistiksystems unterscheiden, die dem zugrunde liegenden TUL-Prozess entsprechen.

5.3 Logistiksysteme

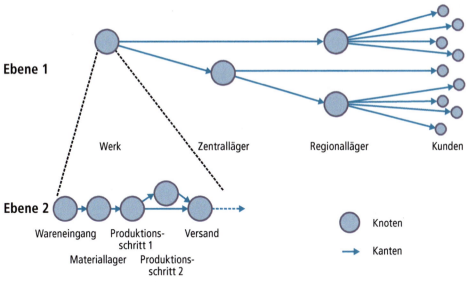

Abbildung 5.4: Knoten-Kanten-Modell eines Distributionssystems
Quelle: Straub (2011)

5.3.2 Transportsysteme

Aktivitäten an den Kanten logistischer Systeme dienen der Überbrückung räumlicher Distanzen zwischen den Knoten eines Systems, sprich zwischen Produktionseinrichtungen, Kommissionierplätzen oder Lagerstätten. Diese Transporte werden durch unterschiedliche Transportsysteme abgewickelt.

Wesentliche Bestandteile sind:

- Die **Infrastruktur**, die zum Transport genutzt wird
- Die **Transportmittel**, mit denen der Transport vollzogen wird
- Die **Transportwege bzw. -träger**, die für den Transport genutzt werden

Tabelle 5.8

Beispiele unterschiedlicher Transportsysteme

Transportsysteme	Straßentransport	Gepäckrollbahnen	Pipeline
Infrastruktur	Straßensystem	Rollbahnen	Rohrsystem
Transportmittel	LKW	Rollen	Druck
Transportweg bzw. -träger	Boden bzw. Straße	Boden bzw. Rollen	Boden bzw. Rohr

Quelle: Straub (2011)

Unterschieden werden Transportsysteme insbesondere anhand der Distanz, die sie überbrücken, anhand ihrer Struktur bzw. Stufigkeit und anhand der Anzahl der beteiligten wirtschaftlich eigenständigen Akteure (siehe ▶Abbildung 5.5).

Abbildung 5.5: Knoten-Kanten-Modell eines Distributionssystems
Quelle: Straub (2011) nach Pfohl (2010), S. 6

In Transportsystemen werden in der Regel zwei, oft auch drei Akteure unterschieden: Mindestens ein **Sender** als Quelle der Sendung und ein **Empfänger** als Senke der Sendung. Oftmals ist als dritter Akteur der **Transporteur**, ein Logistik-Dienstleister, tätig. Der wirtschaftliche Auftraggeber eines Transports wird in der Logistik als „Verlader" bezeichnet. Es muss sich dabei nicht unbedingt um den Sender handeln. Bei Abholungen ist beispielsweise der Empfänger zugleich wirtschaftlicher Auftraggeber, sprich Verlader.

Unterschiedliche Distanzen stellen unterschiedliche Anforderungen an die genutzten Transportsysteme. Analog zu der in ▶Tabelle 5.6 gezeigten Einteilung von Aggregationsebenen der Logistik in Mikro-, Meso-, Makro- und Metalogistik können Transportsysteme folgendermaßen unterteilt werden:

1. Innerbetriebliche Transportsysteme (Mikro-System)

2. Über- oder außerbetriebliche Transportsysteme (Meso-, Makro- und Meta-System)

Innerbetriebliche Transportsysteme

Innerbetriebliche Transportsysteme überbrücken räumliche Distanzen an einem Standort und umfassen dabei Reichweiten von einigen Metern bis zu wenigen Kilometern. Sender und Empfänger gehören dem gleichen Betrieb an. Die Transporte können durch das Unternehmen selbst oder durch externe Dienstleister abgewickelt werden. Interne Transportsysteme lassen sich als Knoten-Kanten-Modell abbilden, wobei sie immer ein Subsystem innerhalb eines Knotens, der wiederum Teil eines Knoten-Kanten-Modells einer höheren Aggregationsebene ist, bilden (siehe *Abbildung 5.5*). Genutzt werden unterschiedliche Transportmittel, die im innerbetrieblichen Kontext „Fördermittel" genannt werden. Die Infrastruktur, die für innerbetriebliche Transporte aufgebaut wird, nutzt in der Regel nur das Unternehmen selbst sowie Subunternehmen und Dienstleister, welche für das Unternehmen tätig sind. Dieses Vorgehen ermöglicht eine spezifische und gegebenenfalls investitionsintensive Ausgestaltung der Transportsysteme. ▶Tabelle 5.9 zeigt eine Übersicht der Klassifizierung unterschiedlicher Fördermittel mit Beispielen.

Tabelle 5.9

Übersicht und Klassifizierung von Fördermitteln

Fördermittel						
	Unstetigförderer	flurfrei	geführt verfahrbar	Einzelantrieb	Brückenkran Portalkran Kabelkran	Ausleger- bzw. Drehkran Elektrohängebahn
				Muskelkraft	Trolleybahn	Rohrbahn
			geführt verfahrbar	Einzelantrieb	Kranfahrzeug	Verteilerfahrzeug
		aufgeständert	geführt verfahrbar	Einzelantrieb	Kanalfahrzeug	Verteilfahrzeug
			ortsfest	Einzelantrieb	Aufzug bzw. Senkrechtförderer	
		flurgebunden	frei verfahrbar	Einzelantrieb	Schlepper Wagen Hubwagen	Stapler Automatisches Flurförderzeug Kommissionierfahrzeuge
			geführt verfahrbar	Einzelantrieb	Umsetzer Verschiebewagen Elektrotragbahn	Regalbediengerät Automatisches Flurförderzeug
	Stetigförderer	flurfrei	ortsfest	Zugmittel	Kreisförderer	Power- and Free-Förderer
		aufgeständert	ortsfest	Zugmittel	Tragkettenförderer Bandförderer Wandertisch	S-/C- Förderer Kettenfördersystem Gliederbandförderer
				Schwerkraft	Rollenbahn Röllchenbahn	Kugelbahn Rutsche
				Abwälzung	Rollenbahn angetrieben	
		flurgebunden	ortsfest	Zugmittel	Unterflurschleppkettenförderer	

Quelle: Straub (2011) nach ten Hompel, Schmid und Nagel (2010), S. 124

Über- oder außerbetriebliche Transportsysteme

Über- oder außerbetriebliche Transportsysteme überbrücken räumliche Distanzen von wenigen Kilometern bis hin zu mehreren Tausend Kilometern. Sie verbinden dabei die Produktion mit der Konsumtion[10] von Gütern anhand der öffentlichen Infrastruktur. Diese Transportsysteme werden somit Teil makrologistischer Zusammenhänge. Je stärker die räumlich separierte Arbeitsteilung einer Branche oder Volkswirtschaft ist, desto größer ist die Vielzahl der Transportverbindungen, die entstehen. Für makrologistische Betrachtungen ist dabei von großem Interesse, auf welchen Verbindungen wie viele Güter transportiert werden und welche Regionen eher Quelle bzw. Senke von Güterströmen sind. Ein Trend in hochentwickelten Wirtschaftsräumen ist die sogenannte **Entmaterialisierung von Transporten**: Bei einem Transport werden tendenziell weniger Güter transportiert, doch diese Transporte werden in höherer Frequenz, also öfter abgewickelt. Diese Entwicklung wird auch als **Güterstruktureffekt** bezeichnet. Das Ziel hierbei ist, den gestiegenen Ansprüchen an Schnelligkeit, Zuverlässigkeit und Flexibilität gerecht zu werden. Hier kommt besonders der Vorteil des Straßengüterverkehrs zum Tragen, da dieser über starke Anpassungsfähigkeit an Kundenwünsche, vielfältige Ladungsträger (Transportbehälter) und zeitliche Vorteile gegenüber anderen Verkehrsträgern verfügt.

Außerbetriebliche Transporte konkurrieren mit dem Personenverkehr um die Nutzung öffentlicher Infrastruktur. Die Summe der Gütertransporte und Personenbewegungen ergibt den **Verkehr**. Verkehrsteilnehmer, wie außerbetriebliche Transporte, verursachen Verkehr und werden wiederum durch Verkehr beeinflusst. Es entstehen reziproke Rahmenbedingungen, die von den Verkehrsteilnehmern selbst, aber vor allem durch die Verkehrspolitik beeinflusst werden: Ziel der Verkehrspolitik ist es, die Bürger mit Verkehrsleistungen und Mobilität zu versorgen. Maßnahmen sind öffentliche Investitionen sowie Erhebungen von Steuern und Abgaben oder auch staatliche Subventionen. Direkten Einfluss auf die Verkehrspolitik haben ferner Raumordnungspläne und ökologische Verordnungen und Regeln durch die Politik. Fahreinschränkungen, wie Sonn- und Feiertagsfahrverbote, sowie Umweltzonen, Nachtflugverbote oder LKW-Maut sind deutliche Maßnahmen der Verkehrspolitik.

Entsprechend der Objekteigenschaften der Transportgüter und der Anforderungen an den Transport (Dauer, Distanz, Diebstahlsicherheit, maximale Erschütterungen etc.) werden für außerbetriebliche Transporte unterschiedliche Verkehrsträger gewählt.[11] Die Übereinstimmung der Anforderungen an einen Transport mit den Leistungsmerkmalen der Verkehrsträger wird **Verkehrsaffinität** genannt. Die **gängigsten Verkehrsträger** für den außerbetrieblichen Transport sind:

1. Straßengüterverkehr
2. Schienengüterverkehr
3. Binnen- und Seeschifffahrt
4. Luftverkehr
5. Pipelinesysteme

Auf der Straße, auf dem Wasserweg und in der Luft werden Linienverkehre und Trampverkehre unterschieden. Linienverkehre fahren in fester Reihenfolge und Route verschiedene Standorte bzw. Flughäfen oder Häfen an und folgen somit einem Fahrplan. Trampverkehre werden entsprechend Angebot und Nachfrage gechartert. Die einzelnen Verkehrsträger werden im Folgenden vorgestellt.

Straßengüterverkehr

Straßengüterverkehr wird durch unterschiedliche Transportmittel auf öffentlichen Straßen durchgeführt. Vom Kleintransporter bzw. Sprinter über LKW und Sattelzüge bis zu Spezialtransportern kommen **unterschiedliche Fahrzeuge** zum Einsatz. Standardisierte Ladungsträger sind **Container** (vgl. unten: „Containerisierung") und Wechselbrücken, die als eine feste Ladungseinheit von einem Fahrzeug auf ein anderes gewechselt werden können.

Die Wahl der Fahrzeuge und Transport-Aufbauten ist im Wesentlichen von dem Sendungsvolumen und der Objektbeschaffenheit abhängig. Das deutsche Straßennetz besteht aus 643.702 km (Stand 2011) öffentlich zugänglichen Straßen.[12]

In Deutschland werden circa 70 % des gesamten Güterverkehrs über die Straße transportiert. Dieser Anteil nimmt trotz anhaltender Bemühungen zur Verlagerung des Verkehrs auf andere Verkehrsträger stetig zu. Ausnahme war der Rückgang der gesamten Transportvolumina in der Wirtschaftskrise in den Jahren 2008 bis 2010.

Die starke Affinität der Nachfrage zu Straßengütertransporten ist durch verschiedene Leistungsvorteile begründet: So ist der Straßentransport mit einer durchschnittlichen Geschwindigkeit von 50 km/h im Vergleich zu alternativen Lösungen relativ schnell (vgl. Schienenverkehr 10–18 km/h). Mit Straßentransporten sind flächendeckend „Tür-zu-Tür"-Transporte möglich, darüber hinaus ist die Möglichkeit zur Bildung komplexer Netze gegeben: Ohne Umladen können nahezu alle Destinationen in Europa erreicht werden. Grundlage ist eine Netzdichte der Straßen-Infrastruktur von circa 0,65 km/km^2 (überörtlich). Sowohl bei Prozessen als auch bei der Behandlung unterschiedlicher Transportobjekte weist der Straßenverkehr hohe Flexibilität auf. Die Infrastruktur ist fast uneingeschränkt zugänglich. Transportaufbauten und Anhänger können bei Bedarf auf einfache Weise gewechselt werden. Durch hohe Anforderungen seitens der Verlader und die Möglichkeit deutlicher Effizienzgewinne ist der Einsatz von Informations- und Kommunikationstechnologien (IKT) im Straßengüterverkehr relativ weit fortgeschritten. Dies ermöglicht eine umfassende Sendungsverfolgung (*Tracking* und *Tracing*), die den Verladern bzw. Sendern und Empfängern einer Ware von transportierenden Unternehmen angeboten werden kann. Die Sendungsverfolgung ist ein Mittel, um den Status einer Auslieferung vor der Zustellung verfolgen und feststellen zu können.[13]

Schienengüterverkehr

Schienengüterverkehr wird über Züge, die aus Antriebseinheiten bzw. Lokomotiven und Waggons bestehen, durchgeführt. Je nach Beschaffenheit der Transportobjekte kommen unterschiedliche Waggons zum Einsatz. In Deutschland werden um die 14 Prozent des gesamten Güterverkehrs über 33.509 km (Stand 2012) Schiene transportiert.[14] Trotz verschiedentlicher Bemühungen zur Verlagerung von Verkehrsarten weg von der chronisch überlasteten Straße auf die ökologischere Schiene stagniert das auf der Schiene transportierte Volumen. Größtes Handicap des Schienenverkehrs ist, dass er als unflexibel und nur für große Mengen und lange Distanzen als wirtschaftlich attraktiv gilt. Einschränkungen der Flexibilität ergeben sich insbesondere aus den Einschränkungen der Gleisnutzung, die sich wiederum durch den Vorrang des Personenverkehrs ergeben. Güterzüge können daher zumeist nur nachts frei fahren, doch gibt es keine Sonn- oder Feiertagsbeschränkungen. Eine weitere Flexibilitätseinschränkung ergibt sich aus der nicht flächendeckenden Infrastruktur, die aufwendiges und zeitintensives Umladen fast zwangsläufig nötig macht (verfügbare Netzdichte: 0,1 km/km^2). Die erreichte Durchschnittsgeschwindigkeit liegt bei 10–18 km/h. Durch Trassen- und Fahrplanbindung ist der Schienengüterverkehr zuverlässig und nur selten von unvorhersehbaren Problemen betroffen. Wegen hoher Sicherheitsstandards und niedriger Unfallquoten ist die Schiene ein interessanter Verkehrsträger für Gefahrguttransporte.

Binnenschifffahrt

Die Binnenschifffahrt hat in Deutschland einen Anteil an der Gesamtgüterverkehrsleistung von circa 13 Prozent. Es kommen Motorschiffe und Schubverbände zum Einsatz. Schubverbände sind mehrere gekoppelte, schwimmende Transporteinheiten, die durch eine Schubeinheit vorangetrieben werden. Die Infrastruktur besteht aus circa 6.550 km auf Binnenschifffahrtsstraßen (Stand 2014)[15], was einer Netzdichte von circa 0,01 km/km² entspricht. Als Netzdichte wird das Verhältnis der Länge aller Verbindungen innerhalb eines Gebietes zu dessen Fläche bezeichnet. Die niedrige Transportgeschwindigkeit von circa 6 km/h und die gleichzeitig großen Transportvolumina von 6.000 bis 16.000 Tonnen pro Motorschiff oder Schubverbund machen die Binnenschifffahrt besonders attraktiv für niedrigpreisige, voluminöse Schüttgüter wie Rohstoffe und landwirtschaftliche Erzeugnisse und voluminöse, schwergewichtige Güter wie Stahl.

Vor dem Hintergrund der aktuellen Klimaziele werden die drei bisher vorgestellten Verkehrsträger für innerdeutsche und innereuropäische Transporte vergleichend diskutiert. Ein Vergleich der Emissionswerte und des Energieverbrauchs spricht für die Binnenschifffahrt als ökologischer Verkehrsträger. ▶Abbildung 5.6 zeigt die Werte im Vergleich. Trotz politischer Bemühungen, Verkehrsarten von der Straße auf umweltfreundlichere Verkehrsträger zu verlagern, stagnieren die Anteile von Schienengüterverkehr und Binnenschifffahrt an der Gesamtverkehrsleistung: Wesentliche Gründe sind dabei die Unterschiede zwischen den Verkehrsträgern bezüglich der Leistungsmerkmale, insbesondere Flächenabdeckung und Flexibilität spielen hier eine große Rolle. Zudem sind Kapazitäten auf Schiene und Wasser nur begrenzt vorhanden. Eine Verlagerung von der Straße auf die Schiene ist aufgrund der aktuellen Infrastruktur nur für einen kleinen Anteil des Straßengüterverkehrs denkbar.

Abbildung 5.6: Ökologischer Vergleich der Verkehrsträger
Quelle: Straub (2011) nach WSV (2010)

Seeschifffahrt

Die Seeschifffahrt spielt insbesondere im internationalen Güteraustausch (Im- und Export) eine wichtige Rolle. Über den Seeweg werden 90 bis 95 Prozent des Welthandels abgewickelt. Das betrifft etwa 70 Prozent des deutschen Im- und Exports. Die genutzte Infrastruktur besteht hierbei aus den Häfen sowie Weltmeeren und hochseetauglichen Wasserstraßen, den großen Kanälen und schiffbaren Binnenseen.

Transportmittel sind Hochseeschiffe, die in Massengutfrachter, Tanker, Containerschiffe und Gastanker unterschieden werden. Die Bedeutung der Seeschifffahrt für den Güterverkehr ist seit der Einführung der Seecontainer im Jahr 1965 durch den US-Amerikaner Malcom P. McLean deutlich gestiegen. Die Entwicklung seit dem Jahr 1965 wird als „Containerisierung" der Schifffahrt beschrieben: Güter werden bevorzugt in Standardcontainern transportiert, welche die Be- und Entladung im Hafen deutlich beschleunigen. Diese Standardcontainer können ebenfalls auf entsprechenden Ladevorrichtungen auf Binnenschiffen, Waggons oder LKW transportiert werden.

Folge der Containerisierung ist, dass sich die Seeschifffahrt konzentriert zwischen den großen Containerhäfen abspielt. Die Maße von Seecontainern sind 8 Fuß (2,438 m) in der Breite und 20 Fuß (6,058 m) oder 40 Fuß (12,192 m) in der Länge. Die kürzere Variante begründet die gängige Maßeinheit der Containerschifffahrt „TEU" (Twentyfoot Equivalent Unit). In TEU werden beispielsweise Schiffsgrößen oder Umschlagzahlen von Häfen angegeben.

Die weltweit größten Häfen befinden sich in Asien: Shanghai (33.617.000 TEU im Jahr 2013, Singapur (32.578.700 TEU im Jahr 2013); Hongkong und Shenzhen (jeweils ca. 225.000.000 TEU im Jahr 2013; chinesische Exporthäfen); in Arabien: Dubai (13.641.000 TEU im Jahr 2013; Erdöl); in Europa: Rotterdam (11.621.249 TEU im Jahr 2013; Hamburg und Antwerpen; Erdöl und europäischer Import und Export), in den USA: Los Angeles (7.869.000 TEU im Jahr 2013) und Long Beach (6.730.573 TEU im Jahr 2013; US-amerikanischer Import und Export).[16]

Da in Hochseehäfen Gütertransporte zu großen Einheiten auf Schiffen zusammengefasst bzw. gebündelt werden, sind die Vorläufe, sprich Zubringerverkehre und Nachläufe, sprich Verteilungsverkehre, von wesentlicher Bedeutung. Für europäische Häfen sind die sogenannten „Hinterlandverkehre" von wesentlicher Bedeutung: Diese Hinterlandverkehre nehmen mit steigenden Umschlagzahlen in den Häfen zu. Wesentlich für das Wachstum von Häfen ist, wie effizient die angelandeten Güter über andere Verkehrsträger in das Hinterland verteilt werden können.

Die Transporte werden in Containerschiffen mit Laderaumgrößen von 1.000 TEU bis zu 13.000 TEU durchgeführt. Gängig ist die Klassifizierung der Schiffe entsprechend ihrer Abmessungen. „Panamax" oder „Panmax" bezeichnet dabei eine Schiffsgröße, die gerade noch den Panama-Kanal passieren kann: Die Abmessungen von maximal 294 m Länge, 32,3 m Breite und 12,04 m Tiefgang und einem Laderaum von circa 3.100 TEU. Heute gängige, größere Schiffe werden als „Postpanamax" oder „Postpanmax" klassifiziert. Innerhalb dieser Klassifizierung werden zudem die größten als „Capsize" bezeichnet. Diese Bezeichnung geht darauf zurück, dass Schiffe dieser Größenordnung den Suezkanal nicht passieren können und um das Kap von Afrika herumfahren müssen.

Luftverkehr

Luftverkehr spielt gemessen an dem gesamten Güteraufkommen mit 0,1 Prozent eine untergeordnete Rolle. Im Jahr 2005 wurden in deutschen Flughäfen circa 3 Mio. Tonnen Güter umgeschlagen. Die Bedeutung im Bereich hochpreisiger, kleinvolumiger und zeitkritischer Güter[17] wie Elektronikbauteilen steigt. Geflogen wird mit Cargo-Maschinen, die im Unterschied zu Passagiermaschinen fensterlos sind. Auch im Luftverkehr kommen standardisierte Container zum Einsatz. Luftfracht-Container sind dem Rumpf des Flugzeuges so angepasst, dass diese vorgepackt zügig be- und entladen werden können. Die Verladung von Luftfracht-Containern auf andere Verkehrsträger ist nicht üblich. In der Regel findet ein Umschlag der Containerinhalte statt.

Aufgrund hoher Sicherheitsbestimmungen und weiterer staatlicher Auflagen besteht im Luftfrachtbereich ein oligopolistischer Markt mit einer überschaubaren Anzahl von Anbietern. Die Infrastruktur besteht aus internationalen Flughäfen. Zubringerverkehre und Verteilverkehre werden meist über die Straße abgewickelt. Die größten Frachtflughäfen Europas befinden sich in Frankfurt am Main, Paris *(Charles de Gaulle)* und London *(Heathrow)*.

Pipelinesysteme

Pipelinesysteme sind in außerbetrieblichen Transporten insbesondere für Rohöl und Gase von großer Bedeutung. Daneben lassen sich auch andere Rohstoffe in gemahlener Form mit Wasser versetzt als Schlamm durch Pipelines transportieren: Beispiele hierfür sind Kohle, Erze, Phosphat und Kalkstein. Da die Verfahren zu der dem Transport vorgelagerten Verflüssigung und der dem Transport nachgelagerten Verfestigung der Rohstoffe aufwendig sind, lohnen sich solche Systeme erst ab einer bestimmten Länge des Transportweges und bei einer entsprechend langen Nutzungsdauer. Beispiel für eine europäische Öl-Pipeline ist die Transalpine Ölleitung (TAL) von Triest über Ingolstadt nach Karlsruhe über circa 750 Kilometer. Im Jahr 2013 wurden über diese Pipeline 41,3 Mio. Tonnen Rohöl transportiert.[18]

Kombinierter Verkehr

„Kombinierter Verkehr" bezeichnet den Transport einer festen Ladeeinheit (Container, Wechselbrücke, Sattelauflieger etc.) durch mehrere Frachtführer. Im Gegensatz dazu werden bei gebrochenen Verkehren einzelne Sendungen zwischen zwei Verkehrsträgern umgeschlagen: Ein Beispiel hierfür ist der intermodal gebrochene Stückgutverkehr der Deutschen Bahn und Schenker, bei dem einzelne Sendungen von LKWs auf die Schiene verladen werden.

Kombinierter Verkehr kann **intra**modal, sprich über lediglich einen Verkehrsträger oder **inter**modal, sprich zwischen zwei oder mehr Verkehrsträgern, abgewickelt werden. **Intramodaler Verkehr** wäre beispielsweise der Wechsel einer Wechselbrücke im Begegnungsverkehr[19] zweier Frachtführer.

Im **intermodalen Verkehr** wechseln die Ladeeinheiten zwischen den Verkehrsträgern, also von Straße zu Wasser zu Schiene zu Luft und schließlich zu Pipeline. Neben dem Wechsel von Container und Wechselbrücken zwischen Schiffen und LKWs oder Zügen (LoLo; *Lift on Lift off*) ist auch die Verladung ganzer LKWs möglich. Bei RoRo *(Roll on Roll off)* Transporten fahren LKWs auf Fähren und verlassen diese wieder am Bestimmungsort. Ähnlich gestaltet sich der Huckepackverkehr, bei dem komplette LKWs auf entsprechende Waggons der Bahn verladen und im Sinne einer „rollenden Landstraße" transportiert werden.

In der Regel werden auf der Schiene oder per Schiff die Hauptläufe gebündelt und lange Distanzen überbrückt, während Straßentransporte ihre flächendeckende Eigenschaft im Vorlauf und Nachlauf nutzen. Zudem können Fahrverbote an Sonn- und

Feiertagen umgangen werden oder besondere Infrastruktur genutzt werden. Beispiel für Letzteres ist der Gotthard-Basistunnel, ein 57 Kilometer langer Eisenbahntunnel, durch den per Huckepackverkehr eine schnellere Alpenüberquerung ermöglicht wird.

Umschlag, Lagerung und Kommissionierung finden meist gekoppelt in einem Standort, sprich einem Knoten im Netzwerk statt. Diese Knoten dienen in der Regel der zeitlichen Entzerrung des Güterflusses bzw. der Bündelung und Entbündelung von Warenströmen zwischen Vorlauf, Hauptlauf und Nachlauf oder zur Verkoppelung kombinierter Verkehre.[20]

5.3.3 Umschlagsysteme

Umschlagprozesse finden an der Schnittstelle zwischen zwei Transportmitteln statt. Somit kann der Warenumschlag *intra-* oder *intermodal* erfolgen. Unterschieden werden Umschlagprozesse mit langfristiger oder kurzfristiger Lagerung bzw. Pufferung (Vorstauorganisation) sowie Umschlagprozesse mit durchlaufendem Umschlag (Durchladeorganisation).

Formen von Umschlagprozessen:

- **Vorstauorganisation:** In der Vorstauorganisation werden eingehende Objekte auf Flächen zwischengepuffert und für ausgehende Transporte bereitgestellt. Diese Entkopplung der Güterströme ermöglicht eine Vorsortierung der eingehenden Objekte auf die ausgehenden Transportrelationen und auf eine Sortierung in Reihenfolge der Beladung der Transportmittel. Eine so optimierte Beladung ermöglicht es, früher zu entladende Objekte beispielsweise vorne im LKW zu verstauen und auf diese Weise den Entladevorgang deutlich zu beschleunigen.[21] Durch die Vorsortierung ist eine optimierte Raumnutzung der Transportmittel möglich.

- **Durchladeorganisation:** Das Durchladen fasst den Entladeprozess am Wareneingang mit dem Beladeprozess am Warenausgang zusammen: Das Objekt wird zwischen den Transportmitteln nicht abgestellt. Auf diese Weise werden Arbeitsaufwände, die durch mehrmaliges Bewegen der Ware verursacht werden, reduziert. Zudem ist kein Stauraum nötig, wodurch Arbeits- und Fixkosten für Flächen sinken. Zugleich wird die Durchlaufzeit erhöht. Allerdings werden diese Vorteile durch den Verzicht auf Vorsortierung und zeitliche Entkopplung sozusagen „erkauft".

Das Layout der Umschlagpunkte folgt der jeweiligen Organisation der Umschlagprozesse, wobei häufig Mischformen zwischen Vorstauung und Durchladen anzutreffen sind. Bei Vorstauung wird versucht, auf einer möglichst optimal angelegten Fläche zur Pufferung der Objekte schnellen Zugriff für die Sortierbewegungen zu gewährleisten. Für das Durchladen werden kurze Wege in einem kompakten Layout mit vielen Be- und Entlademöglichkeiten bevorzugt. Bei der mengenmäßigen Dimensionierung heutiger Umschlagpunkte ist ein reines Durchladen oft nicht möglich, da nicht für alle denkbaren Relationen und Sortiermöglichkeiten Be- und Entladepunkte bereitgehalten werden können. Häufig vorzufinden sind daher rechteckige Hallen, die eine Kombination zwischen Vorstauung und Durchladen ermöglichen. Diese Umschlaghallen verfügen meist auf drei Seiten über Be- und Entlademöglichkeiten (Tore oder Rampen). Eingeschränkt wird die Nutzungsmöglichkeit der Seiten oft durch den Platzbedarf für das Rangieren von Fahrzeugen und Transportbehälter (Wechselbrücken, Sattelauflieger etc.). Sechseckige oder L-förmige Layouts sind ebenfalls vorzufinden, haben sich jedoch gegenüber den beschriebenen rechteckigen Hallen kaum durchgesetzt. Typische Umschlagpunkte in Makrologistiksystemen sind in ▶*Tabelle 5.10* zusammengefasst.

Tabelle 5.10

Übersicht typischer Umschlagpunkte

	Hafen bzw. Binnenhafen	Güterbahnhof bzw. Güterverkehrszentrum	Umschlaglager bzw. Umschlagdepot
Verkehrsträger	■ Hochsee (nicht bei Binnenhäfen) ■ Binnengewässer ■ Schiene ■ Straße ■ evtl. Pipeline	■ Schiene ■ Straße	■ Straße ■ evtl. Schiene
Typische Güter	■ Container ■ Schüttgüter ■ Flüssigkeiten ■ Umschlag von Stückgut, Paketen und Briefen in Containern	■ Container ■ Wechselbrücken (ganz) ■ Schüttgüter ■ Stückgut ■ Flüssigkeiten ■ Umschlag von Paketen und Briefen in Containern	■ Stückgüter (z. B. palettiert) ■ Pakete und Briefe (v. a. Depots)
Technische Ausgestaltung	■ Krananlagen ■ Containerumsetzer ■ Containerkräne ■ Pumpeinrichtungen	■ Krananlagen ■ Containerumsetzer ■ Containerkräne ■ Pumpeinrichtungen ■ Gabelstapler	■ Palettenfördereinrichtungen ■ Gabelstapler ■ Hubwagen ■ Höhenverstellbare Rampen (zum Andocken unterschiedlicher LKW-Typen) ■ Umsetzer für Wechselbrücken, Container und/ oder Sattelauflieger ■ Förder- und Sortiereinrichtungen für den Umschlag von Paketen und Briefen

Quelle: Straub (2011)

Die Ausgestaltung von Umschlagpunkten hinsichtlich Layout und technischer Hilfsmittel orientiert sich an den Objekten, den Rahmenbedingungen und den Anforderungen in Bezug auf Qualität und Geschwindigkeit. Zudem sind die prognostizierten Umschlagmengen ausschlaggebend für eine Ausgestaltung des Umschlagpunktes. Wesentlich ist hier, dass mögliche Umschlagspitzen, beispielsweise während des Weihnachtsgeschäfts, berücksichtigt und die technischen Anlagen nicht überlastet werden. Die Kosten-Nutzen-Analyse für eine Investition in eine derartige Anlage wird über deren Zusatznutzen bzgl. der Alternativen, häufig manuelle Lösungen, gefällt. Hierbei sind Laufzeiten und Leistungsspitzen ausschlaggebende Berechnungsgrundlagen.

Grundsätzlich gilt, dass der manuelle Umschlag sowohl hinsichtlich der Objekte, die umzuschlagen sind, als auch hinsichtlich der Umschlagmengen am flexibelsten ist, wenn mit kurzfristig disponierbaren Hilfsarbeitern gearbeitet werden kann. Es wird jedoch dabei nicht dieselbe Umschlagproduktivität und niedrige Fehlerquote wie in automatisierten Prozessen erreicht.

Abschließend ist festzuhalten, dass die unterschiedlichen Verkehrsträger zwar einerseits in Konkurrenz zueinander stehen, sich jedoch andererseits auch ergänzen und miteinander kooperieren.

5.3.4 Lagersysteme

Lagerung bedeutet das geplante Liegen von Gütern im Güterfluss. In logistischen Systemen dient Lagerung der zeitlichen Entkoppelung von Produktion und Konsumtion einer Ware. Im Kontext innerbetrieblicher Logistiksysteme wird bei kurzfristiger Lagerung, beispielsweise vor Produktionseinheiten, auch von Pufferung gesprochen.

Aufgaben von Lagerung

Die Lagerung erfüllt im Wesentlichen folgende Aufgaben:

- **Bündelung bzw. Entbündelung:**
  - Ausgleich unregelmäßiger Zu- und Abgänge von Waren (Bündelung bzw. Entbündelung)
  - Mengenausgleich (z. B. zwischen unterschiedlichen Produktionslosgrößen in der Fertigung; Bündelung bzw. Entbündelung)
  - Nutzung kostenoptimaler Bestellmengen (Bündelung)
  - Bereitstellung für Kommissionierung (Entbündelung)
- **Versorgungssicherheit:**
  - Sicherstellung der Versorgung (Lieferstörung, Lieferengpässe etc.)
- **Entkoppelung von Produktion und Konsumtion:**
  - Sicherstellung einer hohen Lieferbereitschaft durch Lieferung aus dem Lager
  - Ausgleich saisonaler Nachfrageschwankungen (Glättung der Produktion)
- **Wertsteigerung:**
  - Reifeprozesse (bei Wein, Käse etc.)
  - Zeitlicher Transfer in eine Phase niedrigen Angebots bzw. höherer Preise (Lagerung von Obst etc.)

Bestandsmanagement

Lagerung ist mit Kosten verbunden: Zum einen mit *fixen Kosten* für beispielsweise die Lagerimmobilie und die darin befindliche Technik *sowie* mit *variablen Kosten* wie manuellen Aufwänden z. B. für Einlagerung, Auslagerung und Inventur, aber auch mit Kapitalkosten. Letztere entstehen durch die Bindung des Kapitals, das in Form von Beständen in den Lagern vorgehalten wird.

5 Materialwirtschaft, Logistik und Supply Chain Management

Wirtschaftliches Ziel ist die Minimierung der Lagerkosten bei gleichzeitiger Erfüllung der jeweiligen Aufgaben. Im Fokus des Managements von Lagersystemen stehen

1. die Optimierung von Beständen und

2. die Reduzierung des manuellen Aufwands bei der Bewirtschaftung von Beständen

Ziel des Bestandsmanagements ist es, mit möglichst niedrigen Beständen eine definierte Aufgabenerfüllung der relevanten, oben aufgeführten Aufgaben des Lagers zu erreichen. Bestände sind mit allen oben genannten Kostenarten direkt oder indirekt behaftet. Aktueller Trend ist es, Bestände durch vermehrte Informationen und durch optimale Koppelung von Produktionsschritten unternehmensübergreifend zu ersetzen.[22]

Die Reduzierung des manuellen Aufwands im Lager wird durch eine optimale Auswahl von Automatisierungslösungen erreicht. In jedem Lager werden die in ▶Abbildung 5.7 dargestellten Arbeitsschritte entweder manuell oder automatisiert durchgeführt.

Wareneingang (WE)	(Ein- und Aus-) Lagerung	Kommissionierung	Warenausgang (WA)
• Annahme und Entladung • Quantitative Prüfung • Qualitative Prüfung • Datenerfassung • Quittierung	• Warenübernahme • Lagerplatzvergabe • Einlagerung • Bestandsüberwachung • Auslagerung • Bereitstellung	• Auftragsvorbereitung • Vereinzelung • Warenentnahme • Zusammenstellung • Datenverarbeitung	• Warenübernahme • Verpacken • Vorbereitung Papiere • Bereitstellen • Ausgangsprüfung • Verladung

Abbildung 5.7: Prozesse in Lagerung und Kommissionierung
Quelle: Straub (2011) nach WSV (2010)

Herkömmliche Möglichkeiten zur Ausgestaltung der Mengen- und Qualitätsprüfung am Wareneingang sollen hier keine weitere Beachtung finden. Für die Unterstützung der informatorischen und physischen Vereinnahmung der Güter durch Entgegennahme, Quittierung und insbesondere für die Erfassung der zugehörigen Daten kommt aktuell eine Reihe neuerer Hilfsmittel zum Einsatz. Der **Barcode** automatisiert die datenseitige Erfassung der Waren durch optisches Auslesen eines Etiketts. Die im Barcode in Strichen codierte Nummer wird mit einem Infrarotscanner gelesen und in das Warenwirtschaftssystem übertragen. Die Nummer wird mit einer Bestellung oder einem Avis (Ankündigung einer Lieferung) manuell oder automatisiert in Verbindung gebracht. Auf diese Weise ist die Ware datenseitig vereinnahmt.

Radio Frequency Identification (RFID) gilt als innovative Lösung für die Identifikation eines Objektes mittels eines darauf oder darin angebrachten Etiketts. Die Identifikation erfolgt über Funkwellen, ohne Sichtverbindung und evtl. zeitgleich, kann also im Pulk mit anderen Etiketten gelesen werden.[23] Zwar erfüllt RFID auf Sendungsebene denselben Zweck wie ein Barcode, doch kann auf die Suche nach dem Strichcode und auf das aktive Scannen durch Personal verzichtet werden. Die Funkwellen der Leseeinheit durchdringen die Sendung und lesen die Informationen ohne direkte

Sichtverbindung. Das Anbringen von RFID auf einzelne Produkte verspricht eine automatisierte Mengenkontrolle der Sendung, indem das Etikett jedes Produktes einer Sendung gelesen wird und so eine Vollständigkeitsprüfung ermöglicht wird. Durch die Kombination mit entsprechender Sensorik, die Erschütterungen, Feuchtigkeitseinwirkungen oder das Öffnen einer Verpackung detektiert und meldet, werden zudem Qualitätskontrollen durchgeführt. RFID verspricht deutliche Effizienzgewinne durch weitere Automatisierung am Wareneingang und entlang der gesamten Prozesskette, doch stellen Durchdringungsprobleme bei Flüssigkeiten und Metall nach wie vor ein Hindernis bei der flächendeckenden Nutzung dar, vor allem wenn einzelne Produkte identifiziert werden sollen. Das sogenannte „*Item-Tagging*" (Tagging auf Artikelebene) beschränkt sich derzeit insbesondere auf für die Durchdringung unproblematische Materialien wie Textilien. Die Nutzung auf Sendungsebene, beispielsweise durch Etiketten an der Palette, ist mit weniger Problemen behaftet und befindet sich derzeit insbesondere im Konsumgüterbereich auf dem Vormarsch. Neben den beschriebenen technischen Herausforderungen im Bereich der Materialdurchdringung ist die Frage nach der Wirtschaftlichkeit der neuen Technologie wesentlich. RFID ist teurer als der Barcode, entsprechend müssen höhere Kosten gegen den höheren Nutzen der Technologie aufgewogen werden. Hierbei ist zu berücksichtigen, dass der Nutzen von RFID nicht nur am hier beschriebenen Wareneingang zum Tragen kommt, sondern auch bei einer Reihe weiterer Anwendungsfälle entlang der gesamten Logistikkette. Zudem gelten viele Nutzenpotenziale bisher als schwer zu ermitteln, da die umfassenden Anwendungsbeispiele noch fehlen.[24]

Lagerplatzvergabe

Die Ein- und Auslagerung wird in der Regel durch ein Lagerverwaltungssystem (LVS) informationstechnisch unterstützt. Das LVS übernimmt nach vorgegebener Vergabelogik die Lagerplatzvergabe und damit die Einlagerungssteuerung sowie nach definierter Entnahmelogik die Auslagerung der Ware: Entweder werden diese Informationen Lagermitarbeitern auf einem Ausdruck oder auf einem Bildschirm weitergegeben oder automatisierte Fördersysteme werden direkt durch das LVS gesteuert.

Die Lagerplatzvergabe folgt unterschiedlichen **Vergabelogiken**:

1. **Feste Lagerplatzzuordnung:** Die feste Lagerplatzzuordnung weist jedem Artikel einen festen, gleichbleibenden Lagerplatz zu. Auf diese Weise wird erreicht, dass die Artikel selbst bei Datenverlust auffindbar sind und Warengruppen grundsätzlich getrennt werden können.

2. **Querverteilung:** Durch die Querverteilung werden Artikel in mehreren Ladeeinheiten über das Lager in verschiedene Lagergänge verteilt. Auf diese Weise wird erreicht, dass jeder Artikel zugänglich ist, selbst wenn ein Lagergang nicht zugänglich ist. Ein Beispiel hierfür stellt ein Ausfall des Fördersystems im besagten Gang dar.

3. **Chaotische Lagerung:** Bei chaotischer Lagerung werden den einzulagernden Einheiten völlig frei Lagerplätze zugewiesen. Ziel ist eine gleichmäßige Auslastung des Lagers.

5 Materialwirtschaft, Logistik und Supply Chain Management

4. Freie Lagerplatzzuordnung: Eine chaotische Lagerplatzzuordnung innerhalb fester Bereiche kombiniert feste und freie Lagerplatzzuordnung. Das Lager wird in feste Bereiche für bestimmte Artikel unterteilt. Innerhalb der Bereiche findet die Einlagerung für die jeweiligen Artikel frei statt. Auf diese Weise können zwar die Warengruppen getrennt werden, doch ist eine optimale Auslastung des gesamten Lagers unter Umständen nicht möglich. Allerdings kann durch eine freie Lagerplatzzuordnung die Zugriffseffizienz gesteigert werden, indem häufig abgerufene Artikel, sogenannte „Schnelldreher", für den Zugriff günstiger in vorderen Bereichen gelagert werden.

Das Lager selbst kann unterschiedlich gestaltet sein. Gestaltungsparameter sind im Wesentlichen die Verfügbarkeit von Raum und damit die Raumnutzung, die Anzahl und Beschaffenheit der unterschiedlichen einzulagernden Artikel und deren Verbrauchscharakteristika sowie die nötige Flexibilität bei der Umgestaltung des Lagers, beispielsweise wenn laufend neue Produkte in das Sortiment aufgenommen werden müssen, und der nötige Investitionsaufwand für die Lagertechnik. Wesentlich ist zudem die Logik bei Ein- und Auslagerung der Waren, die durch das Lager unterstützt werden soll. Entsprechend dieser Kriterien stehen die in ▶Tabelle 5.11 dargestellten Lagertypen zur Auswahl.

Tabelle 5.11

Übersicht und Klassifizierung von Lagertypen

Lagertyp			
	Bodenlagerung	Zeilenlagerung	
		Blocklagerung	
	Regallagerung	Palettenregal	Feststehende Palettenregale	Palettenschieberegal Palettenumlaufregal
			Bewegliche Palettenregale	Palettenflachregal Palettenhochregal Paletteneinfahrregal Palettendurchfahrregal Palettendurchlaufregal
		Fachregal	Feststehende Fachregale	Fachflachregal Fachhochregal Fachdurchlaufregal
			Bewegliche Fachregale	Fachverschieberegal Fachumlaufregal vertikal Fachumlaufregal horizontal
		Flachgutregal	Feststehende Palettenregale	Palettenschieberegal Palettenumlaufregal
		Sonderregal		

Quelle: Straub (2011)

Entnahmelogiken

Die Auslagerung der Waren erfolgt analog zur Einlagerung einer Entnahmelogik, die neben buchhalterischen Aspekten auch prozessuale Aspekte vorweist. In der Buchhaltung ist wesentlich, welchen Wert die aufgebrauchten Materialien bzw. die noch vorhandenen Materialien haben: Insbesondere bei unterschiedlichen Einkaufspreisen ist also die Reihenfolge, in der Material entnommen wird, wesentlich. Die Entnahmelogik orientiert sich meist an Objekteigenschaften oder Lagereigenschaften. Folgende geordnete **Entnahmelogiken** werden unterschieden:

- **LiFo (Last in First out):** Die zuletzt eingelagerte Einheit wird zuerst entnommen. Dieses Prinzip trägt meist der Tatsache Rechnung, dass die zuletzt eingelagerte Einheit am besten erreichbar ist.

- **FiFo (First in First out):** Die zuerst eingelagerte Einheit wird zuerst entnommen. Dieses Prinzip berücksichtigt die Vergänglichkeit einer Lagereinheit. Es wird die Gefahr reduziert, dass Produkte im Lager überaltern und nicht mehr genutzt werden können.

- **HiFo (Highest in First out):** Die zum höchsten Beschaffungspreis erstandene Einheit wird als Erstes ausgelagert. Somit wird der buchhalterische Warenbestand reduziert.

- **LoFo (Lowest in First out):** Die zum niedrigsten Einkaufspreis erstandene Einheit wird als Erstes ausgelagert. Somit wird der Warenbestand buchhalterisch großzügig bewertet.

Eine besondere Variante ist das **SMART FIFO**-Verfahren. Es wurde im Siemenswerk Amberg von A. Kiener und W. Graf zur Qualitätskontrolle entwickelt. Bei der Anlieferung einer neuen Materialcharge wird exakt eine Materialeinheit durchgereicht und direkt in die Produktion übergeben. Somit wird das gängige LiFo-Verfahren unterbrochen. Tritt mit der durchgereichten Materialeinheit ein Qualitätsproblem auf, so kann die fehlerhafte Materialcharge nachbestellt und ausgetauscht werden, während die alte Materialcharge noch verbraucht wird. Das Risiko eines Produktionsstillstandes kann reduziert werden und zugleich werden Qualitätskontrollen vereinfacht.

Die Auslagerung der Ware ist oft mit der Kommissionierung zu einem neuen Warenbündel verbunden. Die Kommissionierung wird im folgenden Abschnitt detailliert beschrieben.

5.3.5 Kommissionierung

Die Kommissionierung stellt für das Unternehmen eine logistische Option dar, einen Mehrwert zu generieren. Kommissionierung bezeichnet hierbei die auftragsbezogene Zusammenstellung einer Teilmenge (Losgröße) aus einem Warensortiment. Empfänger der Teilmenge können nachgelagerte unternehmensinterne Produktionsstufen oder externe Kunden sein. Die Teilmenge wird aus bereitstehenden Gütern mittels einer Pickliste erstellt. Neuere Technologien ersetzen oder unterstützen die papierbasierte Pickliste durch Ansagen über Kopfhörer oder Lichtsignale an einem Lagerplatz oder auf einen Lagerplatz.

Man unterscheidet die **einstufige** und die **zweistufige Kommissionierung**: In der einstufigen Kommissionierung wird pro Pickliste ein Auftrag zusammengestellt und abgearbeitet. Im zweistufigen Verfahren werden zunächst eine Mehrzahl von Aufträgen gebündelt und die vorkommissionierte Ware dem Kommissionierer (Picker) zur Verfügung gestellt. Erst in einer zweiten Stufe werden die einzelnen Aufträge direkt zusammengestellt.

Materialwirtschaft, Logistik und Supply Chain Management

Einstufige Verfahren bieten mit einem Pickprozess nur eine Fehlerquelle und sind dadurch ablaufsicherer. Zudem sind die Picker flexibler, da alle verfügbaren Waren zu jeder Zeit zugänglich sind und so jederzeit alle denkbaren Aufträge abgearbeitet werden können. Das zweistufige Verfahren bietet durch die Vorkommissionierung die Möglichkeit, den Artikelbedarf zu bündeln und somit die Gesamtwege im Pickprozess zu verkürzen. Das zweistufige Verfahren ist somit weniger arbeitsintensiv.

Neben der Stufigkeit ist die **Bewegungssystematik** ein wesentliches Merkmal von Kommissioniersystemen. Unterschieden werden statische Verfahren, in denen die Ware am Platz verbleibt, sowie dynamische Verfahren, in denen die Ware automatisiert bewegt wird. Statische Verfahren werden auch als *„Person zur Ware"*[25] umschrieben, da sich der Picker durch das Lager zum Lagerort der Ware bewegt. Entsprechend werden dynamische Verfahren auch *„Ware zur Person"* genannt, da sich die Ware über automatisierte Fördersysteme zu dem Picker bewegt. In zweistufigen Verfahren werden häufig dynamische Verfahren auf der ersten und statische Verfahren auf der zweiten Stufe kombiniert. ▶Tabelle 5.12 zeigt Vor- und Nachteile der jeweiligen Systeme.

Tabelle 5.12: Gegenüberstellung unterschiedlicher Kommissioniersysteme

Quelle: Straub (2011)

„**Pick-by-Voice**"-**Systeme** nutzen eine Sprachansage über Kopfhörer und geben auf diese Weise die Pickliste akustisch vor. Die Bestätigung eines Picks erfolgt ebenfalls per Sprachsteuerung. Somit wird die papierbasierte Pickliste weder für das Auffinden noch für das Abhaken der Aufträge benötigt. Folge und beabsichtigtes Ziel ist, dass der Kommissionierer beide Hände für die Kommissionierung frei hat und somit schneller und sicherer arbeiten kann.

Im „**Pick-by-Light**"-**Verfahren** zeigt entweder ein Licht am Regal, aus welchem Fach ein Artikel entnommen werden muss, oder ein Laser wird auf das jeweilige Fach am Regal oder auf den Abschnitt in einem Regalboden gerichtet. Diese Verfahren werden angewandt, wenn ähnliche Artikel nah nebeneinander gelagert werden und Verwechslungsfehler wahrscheinlich sind. Picklisten sind hier nach wie vor oft nötig.

Neue „**Pick-by-Vision**"-**Verfahren** nutzen die Augmented Reality Technologie. Eine Brille, die der Picker während der Kommissionierung zur Verfügung gestellt bekommt, dient als Projektionsfläche für Informationen. Auf diesem sogenannten „Head-Mounted-Display" können unterschiedliche Informationen wie Entnahmemengen oder Abbildungen des Artikels angezeigt werden.

Alle automatisierten Systeme werden in der Regel mit Auto-ID-Systemen wie Barcode oder RFID gekoppelt. Das Abscannen des Barcodes oder Einlesen des RFID-Etiketts und die Eingabe der Entnahmemengen dienen zur Bestätigung der jeweiligen Artikelposition.

Nachdem die Kommissionierung beschrieben wurde, werden wir im folgenden *Abschnitt 5.3.6* das Logistik-Controlling behandeln, welches sich mit der Steuerung und Kontrolle von Logistiksystemen befasst.

5.3.6 Logistik-Controlling

Für die Steuerung und Kontrolle der oben dargestellten Logistiksysteme innerhalb und zwischen Unternehmen ist ein umfassendes Controlling nötig. Grundsätzlich kommen allgemeine Controlling-Methoden zum Einsatz. Controlling ist eine Teilfunktion der Unternehmensführung, deren Aufgabe es ist, die Basis für rationale unternehmerische Entscheidungen zu schaffen. Entscheidungen fallen immer in einem Kontext aus Intuition und Reflexion, also aus einem notwendigen „Bauchgefühl" und der Reflexion handfester Informationen über Rechnungen und Modelle heraus.[26]

Das **Logistik-Controlling** verfügt über folgende **Kernaufgaben:**

1. Bereitstellung von Informationen
2. Planung der Umsetzung
3. Kontrolle der Umsetzung

   Bereitstellung von Informationen: Zur Bereitstellung der führungsrelevanten Informationen im Vorfeld einer Entscheidung wird eine ausreichende Datenbasis benötigt. Entsprechend muss das Controlling im Unternehmen möglichst valide auswertbare Daten beschaffen, die zu entscheidungsrelevanten Informationen zu verdichten sind. Basierend auf den vorliegenden Informationen werden Entscheidungen gefällt und zu deren Umsetzung Maßnahmen geplant. Hierbei kommen Planungsmethoden zum Einsatz, die einerseits vorhandene Informationen nutzen und andererseits vorausschauend mit Kontrollmaßnahmen gekoppelt werden. Die abschließende Kontrolle dient dazu, einen Lerneffekt zu erzielen, die Wirkung der Maßnahme zu evaluieren und mögliche Fehler zu identifizieren.

Planung der Umsetzung: Controlling-Aufgaben werden in Organisationen von unterschiedlichen Aufgabenträgern wahrgenommen. Die übergeordnete Planung und Steuerung dieser Aufgaben obliegt dem Controller, der letztlich die Effektivität des gesamten Controllings sichert. Entsprechend der unterschiedlichen Planungs- und Entscheidungshorizonte wird operatives und strategisches Controlling unterschieden.

Eine wesentliche Herausforderung für das Logistik-Controlling ist, dass Logistik im industriellen und produzierenden Umfeld eine Dienstleistung darstellt. Dementsprechend muss Logistik durch das Controlling auch als Dienstleistung betrachtet werden. Mitunter treffen hier unterschiedliche Denkweisen aufeinander. Zudem erstrecken und verteilen sich logistische Prozesse und Leistungen über das ganze Unternehmen und darüber hinaus: Dies erschwert zusätzlich eine Abgrenzung und Entzerrung der zu erfassenden und zu bewertenden Prozesse und Leistungen.

Kontrolle der Umsetzung: Um Handlungs- und Entscheidungsbedarfe frühzeitig zu erkennen, werden Ziele definiert und deren Erfüllung kontinuierlich über einen Soll-Ist-Abgleich gemessen. Für die Logistik werden Logistikziele von den übergeordneten Unternehmenszielen abgeleitet. Die Ziele werden mithilfe geeigneter Kennzahlen oder Key Performance Indicators (KPIs) messbar festgelegt. Wesentlich ist hierbei, einen individuell für das Unternehmen geeigneten Mix aus verschiedenen Kennzahlen zu definieren.[27] Zum Einsatz kommen Struktur- und Rahmenkennzahlen (Aufgabenumfang und Kapazitäten), Produktivitätskennzahlen (Produktivität von Personal und Arbeitsmittel), Wirtschaftlichkeitskennzahlen (Logistikkosten von Leistungseinheiten) sowie Qualitätskennzahlen (Zielerreichungsgrad).[28] Darüber hinaus sind monetäre sowie nicht-monetäre Kennzahlen zu berücksichtigen. Des Weiteren sollten Früh- und Spätindikatoren genutzt werden.

▶ *Tabelle 5.13* zeigt eine Auswahl gängiger Logistik-Kennzahlen. Die abgebildeten Kennzahlen sind nicht standardisiert definiert. Bei einem Vergleich von Kennzahlen innerhalb eines Unternehmens und unternehmensübergreifend, beispielsweise im Rahmen eines Benchmarkings[29], ist dringend die Vergleichbarkeit sicherzustellen. Dafür muss geprüft werden, ob die Art der Berechnung einer Kennzahl vergleichbar ist und ob bei der Erhebung der Berechnungsgrundlagen vergleichbare Abläufe erfasst und gemessen werden.

Bei unternehmensübergreifenden Logistikprozessen werden wie in anderen Dienstleistungsgeschäften sogenannte Service Level Agreements (SLA) vertraglich vereinbart. Diese SLA beziehen sich auf konkrete Kennzahlen und geben entsprechende Zielwerte vor. Typisch ist, dass der Dienstleister bestimmte Servicelevels zur Auswahl vorgibt und aus diesen ausgewählt wird oder ein individueller Servicegrad mit dem Kunden vereinbart wird. Für den Vorschlag verschiedener Service Levels ist ebenfalls ein belastbares Controlling notwendig, das die entsprechende Leistungsmessung permanent und nachvollziehbar vornimmt.

Unterstützt wird das Controlling durch IT-Systeme. Diese Systeme ermöglichen eine einfache Beschaffung und eine schnelle Auswertung der Daten. Entsprechende Softwaremodule sind Standardkomponenten von Logistik-Software.

Tabelle 5.13

Auswahl gängiger Logistik-Kennzahlen

Struktur- und Rahmenkennzahlen	Bestandswert [€] = Ø Bestandsmenge ∗ Einkaufswert Logistikkostenanteil am Umsatz [%] = Logistikkosten/Gesamtumsatz Bestandsreichweite [Tage] = Lagerbestand/Abgangsmenge pro Tag Lagerumschlagshäufigkeit [St./Tag] = Umsatz/Ø Lagerbestand (=1/Reichweite) Wiederbeschaffungszeit [d] = Ø Tage von Bestellung bis Wareneingang (ergänzend: Varianz der Wiederbeschaffungszeit) Lieferzeit [d] = Ø Zeit von Auslieferung bis Wareneingang (ergänzend: Varianz der Lieferzeiten)
Produktivitätskennzahlen	Durchlaufzeit Kundenauftrag [d] = Ø Tage von Auftragseingang bis Anlieferung beim Kunden Durchlaufzeit Fertigung [d] = Ø Tage von Auftragsfreigabe bis Bereitstellung im Versand Umschlagprod. Mitarbeiter [t/MA] = Ø umgeschlagene Menge/Anzahl Mitarbeiter Kommissionierprod. *MA* [Picks/h] = Ø Picks/Mitarbeiterstunde Produktivität im Lager [St./h] = Ø Einlagerungen (oder Auslagerungen)/Stunde = Ø Doppelspiele (= Einlagerung +Auslagerung)/Stunde Flächenproduktivität [t/m^2] = Ø umgeschlagene Menge/Fläche im Umschlagpunkt
Wirtschaftlichkeitskennzahlen	Anteil Logistikkosten am Umsatz [%] = Logistikkosten/Umsatz Anteil der Vorräte am Umsatz [%] = Vorräte/Umsatz Bestandsrentabilität [%] = Umsatz/Ø Bestand
Qualitätskennzahlen	Termintreue [%] = Ist-Termin/Soll-Termin Lieferzuverlässigkeit [%] = termingerechte erfüllte Aufträge/Gesamtanzahl Aufträge Lieferbereitschaftsgrad 1 [%] = Erfüllte Aufträge/Gesamtaufträge Lieferbereitschaftsgrad 2 [%] = Gelieferte Menge/Gesamtbestellmenge Lieferbereitschaftsgrad 3 [%] = Wert der ausgelieferten Artikel/Gesamtbestellwert Lieferqualität [%] = Zahl der beanstandeten Lieferungen/Gesamtzahl der Lieferungen Lieferflexibilität [%] = Anzahl erfüllte Änderungen + Sonderwünsche/Anzahl gesamte Änderungen + Sonderwünsche

Quelle: Straub (2011)

5.3.7 IT-Systeme in der Logistik

Zur Steuerung von Prozessen in **logistischen IT-Systemen** ist eine integrierte Verarbeitung der Informationen, beispielsweise zu Bewegungen, Positionen oder zum Zustand der Güter im System notwendig. Zudem müssen die nötigen Produktionsfaktoren im System, sprich automatisierte Lagersysteme oder Mitarbeiter sowie Transportmittel gesteuert werden. Mit wachsender Komplexität der Logistiksysteme wachsen auch der Umfang und die Komplexität der Informationen, die bewältigt werden müssen. Mit der rasanten Entwicklung der Informationssysteme (IT-Systeme) seit den 50er-Jahren sind Lösungen zur Unterstützung dieser Aufgaben entstanden und konsequent weiterentwickelt worden.[30]

Gegenwärtig werden Prozess- und IT-Themen in der Logistik häufig gemeinsam betrachtet. Zu beachten ist hierbei jedoch, dass die IT-Systeme Prozesse abbilden und die anfallenden Informationen speichern, bereitstellen und auswerten. IT-Systeme geben die Prozesse nicht automatisch vor, sie können also bei einer Prozessänderung lediglich unterstützen, diese aber nicht vollziehen. Die Änderung der Prozesse kann somit nicht allein durch die Änderung der IT-Systeme erfolgen.

IT-Systeme, die zur Unterstützung von logistischen Prozessen zur Anwendung kommen, zählen zu Unternehmenssoftware und hier zum Bereich der Anwendungssoftware, die auf sogenannter Basissoftware (Betriebssysteme, Datenbankensysteme) aufbaut. Es werden Standardlösungen und Individuallösungen unterschieden, die in ihrer Funktionalität meist klaren Branchenbezug haben. Letzterer entsteht unweigerlich, da innerhalb einer Branche auch vergleichbare Prozesse in Anwendungssoftware abgebildet werden.

Standard-Anwendungssoftware bietet den Branchenbezug, indem branchentypische Funktionalitäten modularisiert ergänzt werden können: SAP, Marktführer im Bereich Unternehmenssoftware, bietet unterschiedliche Module an, die das Unternehmen für spezifische Branchen nutzbar macht. Diese Module werden nicht zwangsläufig von SAP selbst bereitgestellt, sondern können auch von einem kooperierenden, auf die Branche spezialisierten Softwarehaus entwickelt werden.

Die Grenzen zwischen Unternehmenssoftware bzw. betrieblicher Software und Logistik-Software sind fließend. Für folgende Aufgabenbereiche wird Spezialsoftware angeboten.

IT-Lösungen und deren Logistikbezug:

- **Unterstützung allgemeiner betrieblicher Abläufe (u. a. auch logistische Aspekte)**
  - Das *Rechnungswesen (ReWes)* bildet buchhalterische Aspekte des Unternehmens ab und somit auch logistische Aspekte.
  - Das *Human Resource Management (HRM)* bildet Aspekte der Personalplanung und Entwicklung ab und somit auch die Personalplanung in logistischen Aufgabenbereichen.
  - Das *Product Lifecycle Management (PLM)* bildet sämtliche Informationen zu einem Produkt ab, von der Entwicklung über die Produktion bis zum Auslauf der Serie und dem Aftersales-Service.
  - Das *Customer Relationship Management (CRM)* unterstützt aus Marketing-Sicht Kundenbeziehungen, indem es Informationen zu Kunden sammelt und aufbereitet. Enthalten sind hierbei auch Lieferinformationen, also logistische Aspekte.

- **Unterstützung allgemeiner betrieblicher Abläufe (insbesondere logistische Aspekte)**
  - Das *Supplier Relationship Management (SRM)* unterstützt analog zur Kundenbeziehung die Lieferantenbeziehung, indem lieferantenbezogene Informationen gesammelt und aufbereitet werden. Unterstützt werden dadurch der Einkauf sowie die Logistik, Letztere durch Bereitstellung von Daten zur Lieferantenbewertung hinsichtlich logistischer Services.

- Das *Warenwirtschaftssystem (WWS; WaWi)* bildet alle Warenbewegungen und Geschäftsprozesse eines Unternehmens ab.
- *Enterprise Resource Planning (ERP)* plant alle Ressourcen, die zur Erstellung der Leistung zum Einsatz kommen. Neben produktionslogistischen Aspekten werden auch Materialbeschaffung und Lagermanagement unterstützt.
- *Standortplanungssoftware* unterstützt die Layoutplanung eines Standorts, beispielsweise zur Optimierung der zukünftig darin ablaufenden Materialflüsse

■ **Unterstützung logistischer Abläufe**

- *Tourenplanung* erstreckt sich auf die Planung und Steuerung von Transportwegen bzw. Touren, beispielsweise zur optimalen Belieferung der Kunden bei kostengünstiger Auslastung der Transportmittel.
- *Lagerverwaltungssysteme (LVS)* nehmen die Lagerplatzvergabe, Steuerung von Lagertechnik sowie eine Unterstützung von Kommissionierprozessen vor.
- *Netzplanungssoftware* unterstützt die Planung logistischer Netzwerke, unter anderem die Optimierung von Transportwegen, Servicelevels und Depotanzahl.

Software mit klarem Logistikbezug kann zudem, wie in ▶*Abbildung 5.8* abgebildet, in verschiedene Aufgabenbereiche unterteilt werden.

Abbildung 5.8: Aufgabenmodell von Logistik-Software
Quelle: Krupp und Wolf (2010), S. 21

Der Begriff der „Supply Chain Software" ist parallel mit dem Begriff des „Supply Chain Management" gewachsen. Ebenso wie das Supply Chain Management ist auch die begrifflich zugehörige Software inhaltlich und in ihrem funktionalen Umfang nicht eindeutig definiert. Oftmals verbergen sich hinter entsprechenden Angeboten ERP-Systeme, die Lieferantenbeziehungen im Sinne eines SRM einschließen. In diesem Zusammenhang sind auch sogenannte „Advanced Planning Systems" (APS) entstanden, die mit dem Anspruch entwickelt wurden, funktional übergreifende, simultane Planungsprozesse zu unterstützen. Diese APS setzen auf ERP-Systeme auf und erweitern diese um bereichs- und unternehmensübergreifende Funktionen.[31] Eine Software, die Prozesse und Ressourcen kettenübergreifend plant und steuert, ist technisch denkbar, scheitert jedoch in der Anwendung, unter anderem an der Akzeptanz bei den Unternehmen, die letztlich durch die Nutzung einen Teil der Eigenständigkeit aufgeben müssten.

5.4 Supply Chain Management (SCM)

Es ist oftmals zu beobachten, dass das Risiko der Veralterung in Form eines Wertverlusts bestehender Produkte aufgrund kürzer werdender Produktlebenszyklen steigt. In vielen Unternehmen wird Lagerbestand daher als finanzielles Risiko betrachtet, welches es zu minimieren gilt. Konkret heißt dies, den Lagerbestand so gering wie nur möglich zu halten, ohne dabei den Produktionsprozess, beispielsweise durch Verzögerung, negativ zu beeinflussen.

Es ist zu beobachten, dass Unternehmen zunehmend mehr Zulieferer direkt in die betrieblichen Leistungserstellungsprozesse integrieren und auf diese Weise die Kooperation mit den Zulieferern und anderen Akteuren der Leistungserstellung (z. B. Entsorgung) intensivieren.

Seit den 90er-Jahren ist der Begriff des Supply Chain Managements in den Fokus des Logistikmanagements und des allgemeinen Managements gerückt. Der Gedanke, ganze Versorgungsketten zu planen, zu steuern und zu kontrollieren versprach und verspricht neue Effizienzgewinne für Unternehmen.

Supply Chain Management oder auch **Lieferkettenmanagement** genannt, ist jedoch *nicht abschließend definiert* und wird in unterschiedlichen Zusammenhängen genutzt. Wesentlicher Unterschied der Definitionen ist, ob *unternehmensinterne Prozesse*, die bereichsübergreifend betrachtet werden, oder *unternehmensübergreifende Prozesse* berücksichtigt werden. Beide Sichten deckt die Definition der CSCMP ab:

> *Supply Chain Management encompasses the planning and management of all activities involved in sourcing and procurement, conversion, and all Logistics Management activities. Importantly, it also includes coordination and collaboration with channel partners, which can be suppliers, intermediaries, third-party service providers, and customers. In essence, Supply Chain Management integrates supply and demand management within and across companies.*[32]

5.4 Supply Chain Management (SCM)

Konzeptionelle Basis aller Ansätze ist ein Aufbrechen der bereichsorientierten Denkweise des Managements der 50er-Jahre zugunsten einer bereichsübergreifenden, prozessorientierten Denkweise. Diese „neue" Denkweise orientiert sich konsequent an den Kundenbedürfnissen. An deren Erfüllung werden alle Prozesse ausgerichtet, dabei wird einer Flusslogik gefolgt. Zur praktischen Umsetzung der Supply Chain Orientierung werden Referenzmodelle zu Hilfe genommen, welche zur Orientierung bei der Analyse und Neugestaltung der eigenen Prozesse im Unternehmen dienen. ▶*Abbildung 5.9* zeigt das unternehmensinterne *„Order to Payment-Modell"* (OtP-Modell). Abgebildet sind drei Flüsse, die den Kernprozess im Unternehmen ausmachen: der Informationsfluss, der Güterfluss und der Finanzfluss.[33]

Abbildung 5.9: OtP-Modell
Quelle: Straub (2011) nach Klaus (2002), S. 106

Ziel ist es, diese Flüsse bereichsübergreifend, ohne Hindernisse und Unterbrechungen zu gestalten. Dabei werden unterschiedliche Phasen der Supply Chain Integration durchlaufen, in denen Bereiche der Flusslogik angepasst und in diese übernommen werden. Konsequenterweise wurden und werden zunächst unternehmensinterne Prozesse integriert und im Sinne eines Supply Chain Managements neu geordnet. Erst in spätere Phasen werden Zulieferer der ersten Stufe mit integriert.

Den oben besprochenen Logistiksystemen kommt im Kontext des Supply Chain Managements eine besondere Rolle zu: Sie finden sich in der Regel auf der Schnittstelle zwischen unterschiedlichen Unternehmen oder Unternehmensbereichen. Der Flusslogik folgend sind sie als integrierende Elemente zwischen den einzelnen Kettengliedern und nicht als eigenes Kettenglied zu verstehen.

Materialwirtschaft, Logistik und Supply Chain Management

> **Exkurs** — **Vendor Managed Inventory bei *Barilla***
>
> Je mehr Stufen in der Supply Chain Informationen bearbeiten und Nachfragen prognostizieren, desto häufiger werden Nachfrageschwankungen verstärkt. Daher kann es sinnvoll sein, nur eine Einheit oder wenige Einheiten in der Supply Chain Nachfrageprognosen durchführen zu lassen. Dies wird beispielsweise in der Konsumgüterindustrie beim *Collaborative Planning, Forecasting and Replenishment* (CPFR) durchgeführt, indem Händler mit den Herstellern eine Prognose erstellen und ihre Planung auf diese gemeinsame Prognose stützen. Auch beim *Vendor Managed Inventory* (VMI) wird vermieden, dass mehrere Unternehmen Prognosen abgeben, indem der Hersteller das Bestandsmanagement des Händlers übernimmt.
>
> Der italienische Konzern *Barilla S.p.A.* ist der weltweit größte Hersteller von *Pasta*. Die Einführung des VMI durch *Barilla* zeigt eindrucksvoll, auf welche Weise VMI Lagerbestände reduziert und gleichzeitig eine höhere Warenverfügbarkeit bei den Kunden erreicht. Vor der Einführung hatte *Barilla* im italienischen Markt mit extremen Nachfrageschwankungen zu kämpfen und das, obwohl die Nachfrage der Endkunden relativ stabil war. Fast zwei Drittel der ausgelieferten Mengen war für Supermärkte bestimmt. Für die Supermärkte wurden die Produkte zunächst von einer der über 20 Fabriken zu einem der beiden Distributionszentren *Barillas* transportiert.
>
> Von dort wurden sie dann an Zwischenhändler verkauft, die sie wiederum an die Supermärkte lieferten. Die meisten Zwischenhändler verwendeten eine einfache periodische Überwachung ihrer Bestände an *Barilla*-Produkten und bestellten nach, falls die Bestände unter eine bestimmte Grenze sanken. Zwar nutzten viele Zwischenhändler computergestützte Bestellsysteme, doch nur wenige besaßen Prognose- oder Analysewerkzeuge. Die Fehlmengen der Zwischenhändler lagen üblicherweise zwischen zwei und fünf Prozent der Nachfrage, manchmal aber deutlich höher. *Barilla* musste hohe Lagerbestände vorhalten, um die wild schwankenden Bestellungen der Zwischenhändler erfüllen zu können. Mit der Einführung des VMI übernahm *Barilla* das Bestandsmanagement in den Distributionslagern der Zwischenhändler. Die Belieferung wurde nicht mehr über direkte Bestellungen der Zwischenhändler gesteuert, sondern über die Nachfragen der Supermärkte. Die Wirkungen des VMI waren beeindruckend. Die Bestandsreichweite in den Distributionslagern der Zwischenhändler sank durchschnittlich von 3,5 Wochen auf 1,8 Wochen und gleichzeitig reduzierten sich die Fehlmengen von durchschnittlich 4,7 % auf 0,3 %. Die extremen Nachfrageschwankungen, denen *Barilla* vor der Einführung des VMI ausgesetzt war, gingen deutlich zurück. Für die Zwischenhändler und für *Barilla* war die Einführung des VMI also ein voller Erfolg.
>
> ### Reflexionsfragen
>
> **1.** Diskutieren Sie mögliche Herausforderungen, die bei der Einführung eines unternehmensübergreifenden Logistikmanagements entstehen können.
>
> **2.** Diskutieren Sie die Chancen und Risiken von sehr niedrigen Lagerbeständen.
>
> *Quelle: Thonemann, Hammond, J. H. (1994). Case Barilla SpA. Harvard Business School, S.459*

ZUSAMMENFASSUNG

Folgende Inhalte wurden in diesem Kapitel behandelt:
- Für die Materialversorgung eines Unternehmens sind die Aufgabenträger der Materialwirtschaft und der Logistik verantwortlich. Sie stellen die *Seven Rights* nach Plowman sicher: das richtige Gut, in der richtigen Menge, in der richtigen Qualität, am richtigen Ort, zur richtigen Zeit, beim richtigen Kunden, zu den richtigen Kosten.
- Um die Bedarfsplanung für die erforderlichen Güter zu ermöglichen, ist eine Beschreibung der Produkte in Form von Stücklisten erforderlich. Durch Produktionsplanung und Stücklistenauflösung errechnet sich der Bedarf. Um eine differenzierte Behandlung von Teilen unterschiedlicher Eigenschaften zu ermöglichen, greift man im Rahmen der Klassifizierung auf eine ABC-Analyse zurück, die erlaubt, kritische von unkritischen Umfängen zu unterscheiden.
- Im Zentrum des Lieferantenmanagements steht die Optimierung der Zusammenarbeit mit den Lieferanten. Grundlage des Lieferantenmanagements ist das Lieferantencontrolling, das im Rahmen von Feedbackgesprächen mit den Lieferanten als Grundlage zur Optimierung der Zusammenarbeit der Unternehmen mit ihren Lieferanten dient.
- Die klassischen Aufgaben der Logistik umfassen: *Transport*, *Umschlag* und *Lagerung*, die häufig als *TUL-Logistik* bezeichnet werden. Dabei werden innerbetriebliche und zwischenbetriebliche Logistik unterschieden.
- Viele Optimierungspotenziale innerhalb der Logistik können nur mithilfe von IT-Systemen erschlossen werden. Somit erfordert eine optimierte Tourenplanung den Einsatz moderner Algorithmen.
- Eine konzeptionelle Weiterentwicklung ist das Supply Chain Management (SCM). Grundphilosophie des SCM ist die Optimierung des gesamten logistischen Netzwerks durch Überwindung von Bereichs- und Firmenegoismen.

AUFGABEN

1. Worin unterscheiden sich Materialwirtschaft und Logistik im Wesentlichen?
2. Nennen Sie die verschiedenen Entnahmelogiken und beschreiben Sie diese.
3. Nennen Sie zwei unterschiedliche Stücklisten.
4. Welche beiden wesentlichen Transportsysteme gibt es?
5. Beschreiben Sie wichtige Eigenschaften von gängigen Verkehrsträgern.
6. Erläutern Sie den Begriff „Güterstruktureffekt".

Weitere Aufgaben mit Lösungen befinden sich in begleitendem Übungsbuch als E-Text.

Fallstudie: Die Logistik der *Migros*

Die *Migros*, der größte Einzelhandelskonzern in der Schweiz mit rund 20 Milliarden Franken Einzelhandelsumsatz und fast 80.000 Mitarbeitern, ist durch einen hohen Grad an Rückwärts- und Vorwärtsintegration gekennzeichnet. So betreibt das Unternehmen zahlreiche Produktionsunternehmen im Lebensmittel- und *Nonfood*-Bereich, die zwar größtenteils für die eigenen Verkaufsstellen des Unternehmens produzieren, aber einen stets steigenden Anteil der Produktion exportieren. Die „innerbetrieblichen" Transporte, z. B. von der Produktion zum zentralen Filialauslieferlager und von dort in die Filialen, werden weitestgehend mit einer eigenen Flotte von Lastwagen ausgeführt. Das Filialnetz wird vom Großverteiler in fast allen Teilfunktionen selbst, d. h. durch eigene Mitarbeiterinnen und Mitarbeiter operationell betrieben.

Rund 100.000 Produkte sind in den *Migros*-Verteilbetrieben Neuendorf gelagert.[34] Von hier werden sie in die mehr als 500 Filialen transportiert. Das logistische Herzstück der *Migros* ist aber auch ein Pionierbetrieb in Sachen Umwelttechnologie.

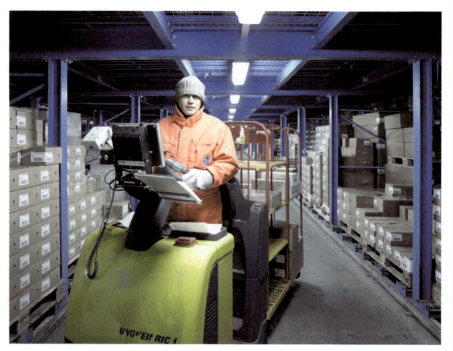

Quelle: Markus Bertschi, Fotograf, Zürich

Es geht zu wie in einem Ameisenhaufen: Arbeiterinnen und Arbeiter flitzen mit Lasten umher, die weit größer und schwerer sind als sie selbst. Da wird eine Lücke gefüllt. Dort wird etwas hin- oder hertransportiert. Chaos – auf den ersten Blick. Doch hinter dem Gewimmel steckt eine ausgeklügelte Organisation, gepaart mit modernster Technik. Denn einziges nationales Logistikzentrum für alle Produkte, abgesehen von frischen Nahrungsmitteln, zu sein, die täglich in den Filialen der

Fallstudie: Die Logistik der Migros

Migros angeboten werden, erfordert vor allem eines: den Überblick zu behalten. Diesen hat Hans Kuhn, Unternehmensleiter der *Migros*-Verteilbetriebe Neuendorf (MVN AG). Ihm unterstellt sind ca. 1.300 Mitarbeiter sowie ein Lagervolumen, in dem 4.000 durchschnittliche Einfamilienhäuser Platz fänden. Tag für Tag verlassen bis zu 8.000 Paletten die MVN. *„Käme hier alles zum Stillstand"*, sagt Kuhn, *„hätte die Schweiz binnen dreier Tage ein Problem."*

Immer mehr Waren kommen und gehen per Bahn

Die MVN AG bietet einen Logistikservice, der mit der Entgegennahme der Ware an den eigenen Rampen beginnt und mit der Ablieferung an den Rampen der einzelnen Verkaufsstellen endet. *„Wir erhalten die Produkte zu 40 bis 50 Prozent per Bahn"*, erklärt Kuhn. Tendenz steigend. Der Betrieb verfügt über mehr als acht Kilometer an eigenen Gleisen für das Rangieren der Güterwaggons. Nach der Anlieferung identifizieren Angestellte die Waren und erfassen sie damit im System. Der Eingang in eines der Hochregallager sowie die Platzierung der Paletten am richtigen Ort erfolgt schließlich vollautomatisch. Nachts gehen im Logistikbetrieb die Bestellungen ein. Das Warensortiment wird nach Filiale und Region zusammengestellt und verlässt schließlich die MVN AG per Zug oder Lastwagen. *„Vor Jahresfrist waren es 20, heute sind es 40 Prozent Zuganteil. Tendenz auch in der Auslieferung steigend"*, sagt Kuhn. Die zunehmende Verlagerung auf die Schiene ist Ziel eines neuen Distributionskonzepts, das Anfang 2008 lanciert wurde. *„Da jede Betriebszentrale der zehn Migros-Genossenschaften über Bahnanschluss verfügt, können diese auf der Schiene beliefert werden. Von dort aus übernehmen diejenigen Lastwagen, die sowieso mit den Frischprodukten unterwegs sind, die Feinverteilung zu den Filialen"*, so Kuhn. *„Es ist ein ökologischer Beitrag, der auch finanziell interessant ist."*

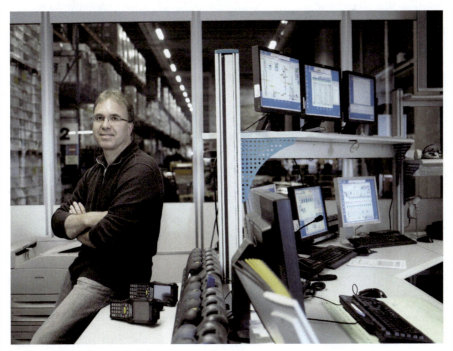

Quelle: Markus Bertschi, Fotograf, Zürich

Modernste Informatiksysteme steuern und überwachen den gesamten Logistikprozess. Jede Palette ist erfasst. Ihr Standort und eventuelle Wechsel können online kontrolliert und nachverfolgt werden. Sogar das Personal, das die Warensortimente für die Auslieferung zu den Filialen zusammenstellt, wird per elektronischer Frauenstimme zum richtigen Produkt geführt. *„Das IT-System ist einem Laien kaum zu erklären"*, meint Stefan Brunner. Er ist im Leitstand verantwortlich für die Systemüberwachung. Acht Bildschirme stehen an seinem Arbeitsplatz. Irgendwo blinkt es immer. *„Tatsächlich gibt es immer wieder etwas zu tun. Mein Job ist es, im Idealfall dafür zu sorgen, dass Fehler behoben werden, bevor überhaupt jemand etwas davon merkt. Gelingt uns das nicht, gerät der Betrieb ins Stocken."*

Im größten Gefrierschrank herrscht sibirische Kälte

Seit 2003 verfügt das MVN über das größte vollautomatisierte Tiefkühl-Hochregallager in der Schweiz. Hier herrscht Ruhe. Kein Mensch ist da. Nur beißende Kälte von minus 28 Grad Celsius. Wie von Geisterhand gesteuert surren Palettenkräne durch die Gänge zwischen den 30 Meter hohen Regalen. *„Ihre Bewegung nutzen wir gleichzeitig für die Luftzirkulation"*, erklärt Kuhn. Bei konventionellen Gefrierlagern würden dafür Verdampfer eingesetzt, auf die man aus ökologischen Gründen verzichten wollte. *„Wir sparen damit rund 30 Prozent Energie."* Nebenan, in einem der älteren Tiefkühllager, werden die Waren noch von Menschenhand aus den Regalen geholt. In diesem Sommer beginnen allerdings die Arbeiten, um die Anlage zu modernisieren und vollständig zu automatisieren. *„Wir holen die Leute raus aus der Kälte. Sie werden anderswo in den MVN gebraucht"*, sagt Kuhn. Einstweilen sind sie jedoch noch dort: Dick eingemummte Gestalten, von denen einzig Teile des Gesichts frei sind, betätigen sich in einer Kälte, die dem nicht gewohnten Besucher schnell zu schaffen macht. Ganz anders Roland Capelli. Seit fünf Jahren arbeitet er bei fast 30 Grad unter null. *„Ich finde das ganz angenehm"*, sagt er. Man habe jeweils den Saunaeffekt nach der Arbeit. Und Sauna sei schließlich gesund. *„Ich zumindest bin nie krank. Wohl auch, weil die Kälte hier nichts für Viren ist."* Wieder draußen, beginnt tatsächlich der Schweiß wegen sommerlichen 20 Grad zu triefen. *„Der Wechsel ist happig, er sorgt nachhaltig für Eindruck"*, sagt Kuhn. Wie die ganzen MVN.

Reflexionsfragen

1. Zeichnen Sie eine grobe Übersicht der Logistikaktivitäten von *Migros* auf. Recherchieren Sie, wenn nötig, zusätzliche Informationen.

2. Identifizieren Sie die von der *Migros* gewählten Transportsysteme. Erörtern Sie die Vor- und Nachteile dieser Transportsysteme für die *Migros* und deren Kunden.

3. Diskutieren Sie die Entwicklung der Transportsysteme hinsichtlich zukünftiger ökologischer Herausforderungen.

Quellen: Straub; Homepage Migros www.Migros.ch, (Stand: 15.02.2011); Matter, B., „Öko-Insel im Warenstrom", Migros-Magazin 23, 2. Juni 2009, S. 30–31

Siehe auch begleitende Fallvideos dazu.

Verwendete Literatur

Bowersox, D.; Closs, D.; Cooper M. B.: „Supply Chain Logistics Management", 4. Aufl., Mcgraw-Hill Publ.Comp., 2012.

Camp, R.C.: „ Benchmarking: The Search for Industry Best Practices that Lead to Superior Performance", Productivity Press, 2006.

Copacino, W.C.: „Supply Chain Management: The Basics and Beyond", St Lucie Pr, 1997.

CSCMP (Council of Supply Chain Management Professionals): „CSCMP Supply Chain Management Definitions", *http://cscmp.org/aboutcscmp/definitions.asp*, 2014 (Stand: 02.07.2014).

Finkenzeller, K.: „RFID-Handbuch: Grundlagen und praktische Anwendungen von Transpondern, kontaktlosen Chipkarten und NFC", 6. Aufl., Carl Hanser Fachbuchverlag, Leipzig 2012.

Gabler Wirtschaftslexikon, *http://wirtschaftslexikon.gabler.de*, (Stand: 02.08.2014).

Kaplan, R. S.; Norton, D. P.: „Balanced Scorecard: Strategien erfolgreich umsetzen", übersetzt aus dem Englischen von Horváth P. und Kuhn-Würfel B.; Schäffer-Poeschel, Stuttgart 1997.

Klaus. P.: „Die Dritte Bedeutung der Logistik", 1. Aufl., Deutscher Verkehrs-Verlag, Hamburg 2002.

Klaus, P.; Krieger, W. (Hrsg.): „Gabler Lexikon Logistik: Management logistischer Netzwerke und Flüsse", 5. Aufl., Gabler Verlag, Wiesbaden 2012.

Kluck, D.: „Materialwirtschaft und Logistik", 3. Aufl., Schäffer-Poeschel, Stuttgart 2008.

Krupp T.; Paffrath R.; Wolf J. (Hrsg.): „Praxishandbuch IT-Systeme in der Logistik", Deutscher Verkehrs-Verlag, Hamburg 2010.

Krupp, M.; Pflaum, A.; Raabe T.: „RFID als Basis einer verbesserten Informationsgrundlage zur Steuerung logistischer Prozesse", in: Krupp T.; Paffrath R.; Wolf J. (Hrsg.): „Praxishandbuch IT-Systeme in der Logistik", Deutscher Verkehrs-Verlag, Hamburg 2010, S. 164–173.

Krupp, M.; Precht P.: „RFID Nutzen Eisberg. Eine Methodik zur Strukturierung von RFID-Nutzenpotenzialen", in: Information Management und Consulting, Bd. 24, Nr. 4 (2009), S. 77–84.

Krupp, T.; Wolf J.: „Grundlagen und Bedeutung der Informationssysteme in der Logistik: Von der Speditionssoftware bis zur integrierten Supply Chain Planung", in: Krupp T.; Paffrath R.; Wolf J. (Hrsg.): „Praxishandbuch IT-Systeme in der Logistik", Deutscher Verkehrs-Verlag, Hamburg 2010, S. 15–27.

Kummer, S.; Grün, O.; Jammernegg, W.: „Grundzüge der Beschaffung, Produktion und Logistik", 3. Aufl., Pearson Studium, München 2013.

Pfohl, H.-C.: „Logistiksysteme: Betriebswirtschaftliche Grundlagen", 8. Aufl., Springer, Heidelberg 2010.

Plowman, G. E.: „Elements of Business Logistics", Stanford University, 1964.

Press.PoH (Port of Hamburg): „Top 20 Ports", 2014: *www.hafen-hamburg.de/hh_statistics/statistics.php* (Stand: 02.08.2014).

Prockl, G.: „Supply Chain Software", in: Klaus, P.; Krieger, W. (Hrsg.): „Gabler Lexikon Logistik", 4. Aufl., Gabler Verlag, Wiesbaden 2008, S. 553–558.

SCC (Supply Chain Council): „SCOR 90 Overview", 2008: *http://supply-chain.org/scor/10.0*, (Stand: 08.01.2011).

Schulte, C.: „Logistik: Wege zur Optimierung der Supply Chain", 6. Aufl., Vahlen Verlag, München 2012.

StatBu (a) (Statistisches Bundesamt): „Basisdaten Straßenverkehrsnetz, Gesamtlänge", 2014-a: *www.destatis.de* (Stand: 03.08.2014).

StatBu (b) (Statistisches Bundesamt): „Basisdaten Schienennetz, Gesamtlänge", 2004-b: *www.destatis.de* (Stand: 02.08.2014).

TAL-Oil: „Transalpine Ölleitung steigerte Durchsatz um mehr als 18 Prozent", 11/06/2014 2014: *www.tal-oil.com* (Stand: 04.01.2014).

ten Hompel M.; Schmidt T.; Nagel L.: „Materialflusssysteme: Förder- und Lagertechnik", Bd. 10, 3. Aufl., Springer, Heidelberg 2007.

Troyer, C. R.: „The Seven Habits of Highly Effective Supply Chains", in: Supply Chain Management Review, Bd. 2, 1997, S. 26.

Weber, J.: „Logistik- und Supply Chain Controlling", 5. Aufl., Schäffer- Poeschel, Stuttgart 2002.

WSV (Wasser- und Schifffahrtsverwaltung des Bundes): „Umweltrelevante Daten Binnenschiff", 2014: *www.wsv.de* (Stand: 03.08.2014).

Weiterführende Literatur

Bowersox, D.; Closs, D.; Cooper M. B.: „Supply Chain Logistics Management", 4. Aufl., Mcgraw-Hill Publ.Comp., 2012.

Chopra, S.; Meindl, P.: „Supply Chain Management: Strategy, Planning, and Operation", 5. Aufl., Prentice Hall International, 2012.

Copacino, W.C.: „Supply Chain Management: The Basics and Beyond", Boca Raton, 1997.

Kummer, S.; Grün, O.; Jammernegg, W.: „Grundzüge der Beschaffung, Produktion und Logistik", 3. Aufl., Pearson Studium, München 2013.

Kluck, D.: „Materialwirtschaft und Logistik", 3. Aufl., Schäffer-Poeschel, Stuttgart 2008.

Pfohl, H.-C.: „Logistiksysteme: Betriebswirtschaftliche Grundlagen", 8. Aufl., Springer, Berlin, Heidelberg 2010.

Endnoten

1. Siehe Gabler Wirtschaftslexikon, *http://wirtschaftslexikon.gabler.de* (2014).
2. Gabler Wirtschaftslexikon (2014).
3. Gabler Wirtschaftslexikon (2014).
4. Siehe CSCMP (2014).
5. Der Einkauf bezieht sich in der BWL klassischerweise auf die operativen Tätigkeiten zur Versorgung einer Organisation mit Gütern und Dienstleistungen, welche nicht selbst hergestellt, aber zur Durchführung der Produktionsprozesse benötigt werden. Der Unternehmensfunktion Einkauf kommt heutzutage vermehrt auch eine strategische Aufgabe zu.
6. Der Begriff „Stufigkeit" bezeichnet die Anzahl der Stufen in obiger Produktstruktur. In diesem Fall: Motorrad (Stufe 1: Primärprodukt), Motor (Stufe 2) etc.
7. Strukturinformationen bezeichnen diejenigen Informationen, die über die konkrete Struktur des Objektes Auskunft geben. 8In Anlehnung an Kummer et al. (2013).

9 Siehe Pfohl (2010).
10 Die Konsumtion wird auch „Verbrauch von Wirtschaftsgütern" genannt.
11 Siehe *Tabelle 5.7*.
12 Siehe StatBu (2014-a).
13 Oft kommt diese Technik der **Sendungsverfolgung** (engl. *Tracking* und *Tracing*) bei der Überwachung von Frachtgut wie Postsendungen, also der Paketverfolgung und der Überwachung von Einschreiben, zum Einsatz.
14 Siehe StatBu (2014-b).
15 Siehe WSV (2014).
16 Vgl. PoH: *„Top 20 Ports"* (2009): *www.hafen-hamburg.de/hh_statistics/statistics.php* (2014).
17 Siehe *Tabelle 5.7*: Hohe Wertdichte.
18 TAL-Oil (2014).
19 Begegnungsverkehr bezeichnet einen paarigen Transport der von jedem Frachtführer auf der Hälfte der Strecke durchgeführt wird. Die LKWs treffen sich in der Mitte der Strecke beispielsweise auf einem Rastplatz und wechseln ihre Ladeeinheit. Damit wird eine Paarigkeit der Transporte, also Fracht und Rückfracht ermöglicht, Spesen für Übernachtung der Fahrer entfallen und LKWs sind nach dem Transport wieder am Ausgangsort verfügbar.
20 Siehe *Abbildung 5.5*: Auflösungspunkt und Konzentrationspunkt.
21 Siehe LiFo.
22 Siehe *Abschnitt 5.4*: Supply Chain Management.
23 Siehe Finkenzeller (2012).
24 Siehe Krupp, Pflaum und Raabe (2010) sowie Krupp und Precht (2009).
25 „Person zur Ware": Dieser Begriff wird gegenwärtig in nicht mehr zeitgemäßer Form in der Forschung als „Mann zur Ware" bzw. „Ware zum Mann" bezeichnet.
26 Siehe Weber (2002).
27 Ein hilfreiches Instrument zur Kombination und ausgewogenen Nutzung von Kennzahlen, welche ein Unternehmen aus unterschiedlicher Perspektive beleuchten, ist die „Balanced Scorecard". Siehe Kaplan und Norton (1997).
28 Siehe Schulte (2009).
29 Benchmarking bezeichnet in der Betriebswirtschaft den Vergleich von Produkten, Dienstleistungen oder Prozessen. Das Benchmarking kann unternehmensintern oder auch zwischen Unternehmen erfolgen. Oft wird es kennzahlenbasiert vorgenommen. In diesem Falle ist die Vergleichbarkeit der Kennzahlen wesentliche Grundlage. Siehe u. a. Camp (1989).
30 Ein umfassender Überblick über die parallele Entwicklung der Logistik und der verbundenen IT-Systeme findet sich bei Krupp und Wolf (2010), S. 17.
31 Siehe Prockl (2008).
32 CSCMP (2011); weitere Definitionen finden sich bei Troyer (1997), Copacino (1997) oder Bowersox, Closs und Cooper (2009).
33 Ein weiteres Referenzmodell ist das „Supply-Chain-Operation-Reference-Modell" (SCOR-Modell) das durch den Supply Chain Council (SCC), einen US-amerikanischen Logistikverband definiert und permanent aktualisiert wird. Es dient ebenfalls als Orientierungspunkt für unternehmensindividuelles Prozessdesign und kann als Basis für unternehmensübergreifendes Benchmarking genutzt werden. Siehe SCC (2008).
34 Neben den Verteilbetrieben Neuendorf (MVN AG), in denen Tiefkühl-, *Nearfood*- und *Nonfood*-Waren gelagert werden, sind in den *Migros*-Verteilbetrieben Suhr (MVS) außerdem 700 Mitarbeiter für die Lagerung des Getränke- und des Trockenwarensortiments (Kolonialware) zuständig.

Es gibt Momente in der Geschichte, da treffen ein Unternehmer, eine Technik und die Bedürfnisse der Menschen zusammen.

Craig McCaw (1949), amerikanischer Multimillionär, gemeinsam mit Bill Gates Initiator des auf 288 Satelliten gestützten weltweiten Kommunikationsnetzes „Teledesic"

Lernziele

In diesem Kapitel wird das Wissen zu folgenden Inhalten vermittelt:

- Grundlagen der Produktion
    - Begrifflichkeiten
    - Funktionen
    - Historische Entwicklung
- Rolle der Produktion im Unternehmen
    - Produktionstypen
    - Produktionsstrategien
- Produktionsprozess und -kosten
- Grundlagen der Lagerplanung

Quelle: © Rainer Plendl/fotolia.com

Produktion

6.1 Grundlagen.................................... 216
    6.1.1 Begrifflichkeiten............................ 216
    6.1.2 Produktionsfunktionen 218

6.2 Historische Entwicklung des Produktionsmanagements 220

6.3 Rolle der Produktion im Unternehmen 222
    6.3.1 Produktionstypen........................... 223
    6.3.2 Produktionsstrategien 224

6.4 Produktionsprozess und -kosten................. 228
    6.4.1 Produktionsprozess 228
    6.4.2 Produktionskosten: Break-even-Analyse......... 231

6.5 Grundlagen der Lagerplanung................... 234
    6.5.1 Lagerbestand............................... 234
    6.5.2 Bedarfsverlauf und Gütertypisierung 235
    6.5.3 Lagerplanungssystem........................ 236

ÜBERBLICK

6.1 Grundlagen

Weltweit ist in sämtlichen Branchen in den vergangenen Jahren zunehmend eine Intensivierung des Wettbewerbs zu spüren. Vor allem für industrielle Herstellungsbetriebe ist der Wechsel von Verkäufermärkten zu Käufermärkten mit starkem Angleichungsdruck verbunden. In der Vergangenheit handelten Firmen vorwiegend **produktorientiert**, sprich alle Prozesse wurden auf das Produkt ausgerichtet. Eine wesentliche Herausforderung der Unternehmen lag im Verkauf[1] und in der permanenten Suche nach Abnehmern von standardisierten Produkten und Dienstleistungen. Gegenwärtig steht eine gewisse Kunden- oder Marktorientierung im Fokus der strategischen Entscheidungen eines Unternehmens, sprich man ist **prozessorientiert**.[2] Die Vielfalt an Produktvarianten ist wesentlich angewachsen und Kunden wurden über die Jahre hinweg anspruchsvoller. Dieser neue Anspruch auf Kunden- wie auch auf Produktionsseite äußert sich in der gegenwärtig modernen Verkaufsdevise darin, für jeden Kunden ein maßgeschneidertes Produkt herzustellen. Die Produktion in einem modernen Unternehmen sollte somit ein Minimum an Flexibilität erfüllen. Flexible Produktion allein ist jedoch noch kein ausreichendes Kriterium für den Unternehmenserfolg an sich. Logistische Ziele[3], die eine ganzheitliche Betrachtung des Unternehmens und der Geschäftsprozesse umfassen, gewinnen daher an Wichtigkeit: Prozesse müssen in der Produktion optimiert werden. Eine wesentliche Folge davon ist, dass der Planungs- und Steuerungsaufwand eines Unternehmens zunimmt.

Die Produktion nimmt somit zunehmend Managementaufgaben wahr und stellt nicht mehr etwas rein Maschinelles und Technisches dar. Da Planung und Entscheidungen Einzug in die moderne Produktion genommen haben, wird heute anstelle des Begriffs Produktion der Begriff Produktionsmanagement verwendet.

6.1.1 Begrifflichkeiten

Unter dem Begriff **Produktionsmanagement** wird die Planung, Organisation, Koordination und Kontrolle aller organisatorischen Prozesse und Ressourcen verstanden, welche zur Herstellung von Produkten und Dienstleistungen in einem Unternehmen benötigt werden. In diesem Sinn ist das Produktionsmanagement als Führungsaufgabe zu verstehen, die sich mit der Koordination menschlicher Ressourcen, Maschinen, Technologien und Informationen befasst.

Die **Aufgabe des Produktionsmanagements** besteht darin, unter Beachtung des Formalziels[4] durch Kombination und Transformation von Produktionsfaktoren (Input) bestmöglich einen bestimmten Zweck (Output), das sogenannte Sachziel, zu erreichen.

6.1 Grundlagen

Abbildung 6.1: Produktionsmanagement

▶Abbildung 6.1 gibt einen Überblick über die einzelnen Komponenten des Produktionsmanagements. Demnach kann man unter dem Begriff Produktionsmanagement drei elementare Aspekte unterscheiden:

- Inputs (Inputfaktoren)
- Transformationsprozess (Throughput)
- Outputs (Outputfaktoren)

Inputs (Inputfaktoren): Inputfaktoren charakterisieren den Ressourceneinsatz im Produktionsprozess, wie beispielsweise Arbeitsleistung[5], Betriebsmittel (z. B. Produktionsgebäude, Maschinen, Werkzeuge), Material (Roh-, Hilfs- und Betriebsstoffe, Halbfabrikate, Handelswaren), Energie, Kapital, Technologien und Informationen. Fehlen Inputfaktoren, so kann der Transformationsprozess nicht eingeleitet werden.

Für die Produktion von Smartphones handelt es sich beispielsweise hierbei um die Software, das Gehäuse, die Antenne, den Prozessor, das Mikrophon und die Lautsprecher.

Transformationsprozess (Throughput): Der Transformationsprozess wird häufig auch Throughput genannt. Hierbei werden Produktionsfaktoren (Input) durch Kombination und Transformation in einen bestimmten Zweck (Output) umgewandelt und auf diese Weise wird das sogenannte „Sachziel" unter Beachtung des Formalziels (z. B. Gewinnmaximierung) hergestellt.

In unserem Beispiel für die Herstellung von Smartphones stellen die Inputfaktoren das Gehäuse, die Antenne und die zu installierende Software dar. Durch Kombination und Transformation dieser Produktionsfaktoren wird das Sachziel erfüllt, ein Smartphone zu produzieren (Output). Das Formalziel könnte hierbei das Maximalprinzip (siehe *Abschnitt 1.5*) sein, unter Einhaltung eines bestimmten Budgets möglichst viele Smartphones zu produzieren.

Outputs (Outputfaktoren): Als Outputfaktoren werden alle Produkte und Dienstleistungen bezeichnet, die aus dem Transformationsprozess hervorgehen. Darunter sind nicht nur die Endprodukte zu verstehen, die zum Kauf angeboten werden, sondern alle Bestandteile, so auch mögliche Abfälle.

In unserem Beispiel, die Produktion von Smartphones, wären dies die Smartphones (Endprodukt) und sämtlicher Abfall wie u. a. Teile oder Produkte, welche nicht die erwünschte Qualität aufweisen, sowie Verpackungen.

Als wesentlicher Erfolgsfaktor im Produktionsmanagement gilt es, einen Wertzuwachs (Wertschöpfung) bei einem Transformationsprozess zu erzeugen. Der Begriff **Wertschöpfung** beschreibt den Netto-Wertzuwachs des finalen Outputs (Produkt bzw. Dienstleistung) im Vergleich zu dem Wert aller aufsummierten Inputfaktoren. Je höher die Wertschöpfung liegt, desto höher liegt die Produktivität der Unternehmenstätigkeit. Alle Unternehmensaktivitäten, die nicht direkt oder indirekt zur gesamten Wertschöpfung eines Unternehmens beitragen, sind ressourceninefizient bzw. ressourcenverschwendend. Die Reduzierung der Verschwendungen und die Beseitigung von Ineffizienz in der Produktion sind Bestandteile des dominierenden Kostenziels. Das Ziel der Kostenminimierung überragt bei der Planung möglicher Terminziele (Zeitdimension) oder qualitativer Mindestanforderungen (qualitative Dimension), und dies nicht, weil es sich um eine persönliche Entscheidung handelt, sondern weil die Finanzmittel (finanzielle Dimension) das knappste Gut *(bottle-neck)* eines Unternehmens darstellen. Die Wirtschaftlichkeit stellt einen wesentlichen objektiven Indikator für den Erfolg eines Unternehmens dar, welcher auch für Außenstehende von Interesse ist. In der Produktion gewinnt dieses Ziel zusätzlich an Bedeutung: Erstens, da die Produktion in der Wertschöpfungskette (vor allem in der Beschaffung) meist die Hauptkosten für Industrieunternehmen verursacht. Eine Ersparnis von fünf Prozent in der Beschaffung bewirkt in der Regel eine viel höhere Hebelwirkung für die Kostenstruktur eines Unternehmens als die gleiche Ersparnis in der Marketingabteilung. Dies bewirkt, dass sich eine dauerhafte Ineffizienz in der Produktion oft fatal auf Unternehmen auswirkt. Der nachfolgende Abschnitt zeigt Methoden, die hilfreich sind, Ineffizienz zu minimieren.

6.1.2 Produktionsfunktionen

Um die Kosten und Prozesse zu minimieren, sind verschiedene Instrumente hilfreich. Die **Produktionsfunktionen** spielen hierbei eine zentrale Rolle, da sie die Beziehung zwischen dem Input (der eingesetzten Faktorkombination) und dem daraus resultierenden Output herstellen. Ziel der Funktionen ist es, eine möglichst optimale Faktorenkombination bezüglich der entstehenden Ausbringungsmenge zu finden. Je nach Art der Produktion und der eingesetzten Faktoren ergeben sich unterschiedliche Funktionen.

Ertragsgesetzliche Produktionsfunktion

Das neoklassische Ertragsgesetz beschreibt die Produktivität eines einfachen Wertschöpfungsprozesses mit überschaubaren Inputfaktoren. Es untersucht, wie sich die Ausbringungsmenge verändert, wenn ein Inputfaktor bei sonst gleichen Bedingungen (ceteris paribus) erhöht wird. Man nimmt an, dass der Grenzertrag verschiedene Phasen durchläuft: Der Mehreinsatz eines Produktionsfaktors verursacht zuerst bei Konstanz der anderen Inputfaktoren einen zunehmenden Grenzertrag, dann einen abnehmenden und schließlich einen negativen Grenzertrag. Bei einer grafischen Darstellung dieses Prozesses zeichnet sich eine s-förmige Kurve ab. Die optimale Faktorkombination ergibt sich an dem Punkt, an dem der Grenzertrag die Steigung null aufweist, sprich am Wendepunkt von zunehmendem zu abnehmendem Grenzertrag (**minimaler Grenzertrag**). Hier erreicht der Ertrag sein Maximum. Ab diesem Maximum fällt der Ertrag ab, trotz erhöhtem Faktoreinsatz. Das Fließband eines Automobilunternehmens kann zwischen einem und 100 Autos pro Tag produzieren. Werden 100 Autos produziert, sind die beste Faktorenkombination und die optimale Betriebsgröße erreicht. Sollen mehr Autos produziert werden, müsste ein zweites Fließband angeschafft werden.

Substitutionale Produktionsfunktion

Die substitutionale Produktionsfunktion trägt einem flexibleren Produktionsprozess Rechnung. Bei der Zusammensetzung der Inputfaktoren besteht eine gewisse Flexibilität: So kann ein Faktor zu einem gewissen Grad durch einen anderen ersetzt werden, ohne eine erhebliche Veränderung des Outputs zu verursachen. Der Einsatz von Substituten wird dann erwogen, wenn sich die Preise der Inputfaktoren oder der möglichen Substitute verändern und sich dadurch eine kostengünstigere Faktorkombination ergibt. Das Prinzip der Produktionsfunktion bleibt jedoch an und für sich das gleiche. Bei der Automobilproduktion wurde in diesem Zusammenhang z. B. Kunststoff für Stoßfänger als Substitut für Metall verwendet. Es ist billiger, weist aber ähnliche Eigenschaften auf. Es gibt natürlich auch periphere Substitute (Stoff), die einen Faktor oder eine Faktorenkombination nur bedingt ersetzen können.

Limitationale Produktionsfunktionen

Bei dieser Produktionsfunktion werden die verschiedenen Inputfaktoren in einem starren Verhältnis (linear-limitational) zueinander eingesetzt, sodass eine Erhöhung eines Inputfaktors nicht zwangsweise zu einer Erhöhung des Outputs führt: Auf diese Weise werden bei der Herstellung von Autos durch die Erhöhung des Inputs von Lenkrädern nicht automatisch mehr Autos produziert, da außerdem noch vier Reifen und Tausende andere Bauteile benötigt werden, um ein weiteres Auto herzustellen. Auch bezüglich limitationaler Produktionsfunktionen gibt es abgeschwächte Formen, bei welchen das Verhältnis der Inputfaktoren nicht so rigide ist und so eine gewisse Flexibilität der Produktion erlaubt.

Die eben beschriebenen Produktionsfunktionen zeigen, auf welche Weise man Produktionsprozesse beschreiben und optimieren kann. Die Produktionsfunktionen helfen nicht nur bei der Planung, sondern geben zudem einen Überblick über den Zusammenhang und die Ersetzbarkeit von Inputfaktoren.

Es ist festzustellen, dass die Wertschöpfung in der Produktion einen effizienten und effektiven Produktionsprozess voraussetzt. Der Begriff **Effizienz** bezeichnet die korrekte Ausführung von Produktionsaktivitäten mit möglichst geringem Kostenaufwand. Effizientes Produktionsmanagement hat demnach die Aufgabe, alle Ineffizienzen innerhalb der Produktion zu identifizieren und zu beseitigen sowie alle Prozesse und Aufgaben so zu strukturieren, dass eine optimale Wertschöpfung erzielt wird. In vielen wettbewerbsintensiven Branchen ist ein effizientes Produktionsmanagement der ausschlaggebende Faktor für die Wettbewerbsfähigkeit eines Unternehmens.

Der Begriff **Effektivität** ist dem der Effizienz sehr ähnlich. Im Gegensatz zu „weniger Input" und „mehr Output" bei der Effizienz bezieht sich die Effektivität auf den Grad der Zielerreichung. Somit geht es bei Effektivität um das eigentliche Produktionsergebnis bzw. um die Qualität des Produktionsoutputs. Als Indikator eines effektiven Produktionsmanagements ist beispielsweise die Kundenzufriedenheit zu nennen. *Peter Drucker*[6] beschreibt den Unterschied beider Begriffe sehr treffend. Laut *Drucker* bedeutet Effizienz, *„die Dinge richtig zu tun"* und Effektivität, *„die richtigen Dinge zu tun"*.

Im Folgenden soll nun die historische Entwicklung des Produktionsmanagements betrachtet werden, um aufzuzeigen, wie sich die Aufgaben und der Fokus dieser Unternehmensfunktion über die Jahre geändert haben.

6.2 Historische Entwicklung des Produktionsmanagements

In diesem Abschnitt sollen die Entwicklung und der Wandel der Rolle des Produktionsmanagements im Unternehmen im zeitlichen Verlauf Gegenstand der Betrachtung sein.

Seit über zwei Jahrhunderten gilt Produktion als ein wesentlicher Faktor des Wirtschaftswachstums eines Landes. Ende des 18. Jahrhunderts symbolisiert die **industrielle Revolution** einen historischen Meilenstein für die heutigen Produktionsmethoden von Gütern und Dienstleistungen. Die zu dieser Zeit zunehmende Anzahl von Erfindungen, wie beispielsweise die industrielle Nutzung der Dampfmaschine durch *James Watt* im Jahr 1764, ermöglichte einen fundamentalen Wandel der Produktionsmethoden: weg von menschlicher Handarbeit, hin zum Einsatz von Maschinen.

Zu dieser Zeit erkannte *Adam Smith* den wirtschaftlichen Nutzen von **Arbeitsteilung** und setzte den Grundstein der traditionellen Definition des Produktionsmanagements. In seiner im Jahr 1776 erschienenen Schrift *„Der Wohlstand der Nationen"* empfiehlt *Smith* die Arbeitsteilung im Produktionsprozess und zerlegt den Herstellungsprozess in eine Reihe getrennter Arbeitsvorgänge. Die ständige Wiederholung einer bestimmten Tätigkeit ermöglicht eine fachliche Spezialisierung des Arbeiters sowie den Aufbau von Fachwissen. Nach *Smith* wird so die Grundlage für Effizienz im Herstellungsprozess geschaffen. Noch heute liegt dieses Prinzip der sogenannten „Fließbandfertigung" zugrunde.

Auf diesen Prinzipien aufbauend, entwickelte im Jahr 1911 der US-Amerikaner *Frederick W. Taylor* die Theorie der Arbeitsteilung. Nach dem Prinzip einer Prozesssteuerung von Arbeitsabläufen führte *Taylor* neue Produktionsmethoden ein, für die sich der Begriff **Scientific Management** bzw. **Taylorismus** durchsetzte. *Taylor* versuchte, die Produktivität der Arbeiter und die Herstellung von Gütern durch detaillierte Vorgaben von Arbeitsaufgaben und -methoden zu erhöhen.

Die Idee der Arbeitsteilung in möglichst kleine Teilaufgaben stieß ebenfalls bei *Henry Ford* auf großes Interesse. Mit der Einführung einer **Fließbandfertigung** seines Automobils „Modell T" im Jahr 1914 gelang es *Ford*, die Effizienz in seinen Fabriken erheblich zu erhöhen. Das Verfahren der Fließbandfertigung wurde zunehmend perfektioniert.

Der eigentliche Begriff des Produktionsmanagements etablierte sich im Zeitraum zwischen den Jahren 1930 und 1950: Motiviert durch die Methoden und den Erfolg von *Taylor* entwickelten sich stetig neue Methoden zur Erhöhung der wirtschaftlichen Effizienz im Herstellungsprozess. Arbeitnehmer wurden in ihrer Arbeitsleistung und ihrem Arbeitsumfeld im Detail analysiert, um auf diesem Weg jegliche Ineffizienzen zu beseitigen. Zugleich lieferten Soziologen, Psychologen und Sozialwissenschaftler neue Erkenntnisse über die menschlichen Verhaltensweisen im beruflichen Alltag. Ökonomen, Mathematiker und Informatiker ermöglichten bessere Analysemethoden, welche zu weiteren Effizienzsteigerungen beim Herstellungsprozess beitrugen.

Mit dem Beginn der 70er-Jahre hielt das Informationszeitalter Einzug und Computer wurden zunehmend im Wirtschaftsleben genutzt. Mithilfe des Computers konnten viele der zuvor entwickelten Industriemodelle auf einer breiteren Basis angewandt werden. Eine der bedeutendsten Entwicklungen stellt dabei die sogenannte **Materialbedarfsplanung** *(Material Requirement Planning, MRP)* dar. Mithilfe elektronisch gesteuerter Materialbedarfsplanung wurde es möglich, sehr große Datenmengen zu einer effektiven Beschaffungs- und Produktionsplanung zu verarbeiten.

Die 80er-Jahre wurden hauptsächlich von der aus Japan stammenden Produktionsphilosophie **Just-in-Time *(JIT)*** geprägt. *Just-in-Time* bezieht sich auf das Produzieren auf Abruf. Mit dem Ziel der Produktion bei geringen Lagerhaltungskosten werden durch das JIT-Konzept die Informations- und Materialflüsse so koordiniert, dass Güter oder Bauteile erst bei Bedarf – zeitlich möglichst genau berechnet – direkt an das Montageband geliefert werden. Generell ist das JIT-Konzept als Organisationsphilosophie zu verstehen, die kontinuierlich versucht, alle Ineffizienzen zu vermeiden und zugleich Prozessverbesserungen und organisatorische Effizienz herzustellen. Die JIT-Philosophie ermöglichte vielen Unternehmen, ihren Unternehmenserfolg und ihre Wettbewerbsfähigkeit wesentlich zu verbessern.

Abbildung 6.2: LKW beim Entladen
Quelle: © erikdegraaf/fotolia.com

Beeinflusst durch den permanenten Kundenwunsch nach besserer Qualität zu geringerem Preis etablierte sich während der 90er-Jahre das **Total Quality Management (TQM)** als eine weitere grundlegende Entwicklung im Produktionsmanagement. TQM versucht die Produktqualität zu verbessern, indem qualitative Defizite in der Produktion vermieden werden und Qualität als oberste Unternehmensphilosophie eingeführt wird. Die Bedeutung dieser Entwicklung zeigt sich unter anderem in dem heute hohen Bestreben von Unternehmen, die sogenannte Zertifizierung nach ISO 9001 zu erlangen. Diese Zertifizierung, die durch die Internationale Organisation für Normung (ISO) herausgegeben wird, etabliert internationale Normen und Standards, welche die Grundsätze zum Qualitätsmanagement auf nationaler und internationaler Ebene dokumentieren und garantieren. Das ISO-Zertifikat ermöglicht den Nachweis der Qualität von Produkten oder Dienstleistungen im Handelsraum der Europäischen Union. Heutzutage gilt die ISO-Zertifizierung für Hersteller, Zulieferer und internationale Unternehmen oftmals als Voraussetzung, um Handelsaufträge annehmen zu dürfen.

Wie bereits zu Beginn des Kapitels erwähnt, stellt sich das Produktionsmanagement auch gegenwärtig stets neuen Herausforderungen. Die Vielfalt an Produktvarianten ist wesentlich angewachsen und Kunden wurden über die Jahre hinweg anspruchsvoller. Die dank der Informationstechnologie immer besser werdende Vernetzung eines Unternehmens ermöglicht es, neue Mittel und Wege zu finden, um auch in Zukunft den Ansprüchen von Kunden zu genügen.

In diesem Abschnitt erfolgte die historische Betrachtung der Entwicklung des Produktionsmanagements. Es wurde deutlich, dass sich das Management der Produktion dank unterschiedlicher Innovationen stets weiterentwickelte. Es wurde ebenso deutlich, dass das Produktionsmanagement ein Differenzierungsmerkmal gegenüber der Konkurrenz ist und somit einen wahrhaftigen Wettbewerbsvorteil darstellen kann.

6.3   Rolle der Produktion im Unternehmen

Nachdem die wesentlichen Begrifflichkeiten der Produktion und die historische Entwicklung betrachtet wurden, soll nun die Rolle der Produktion im Unternehmen und deren Interaktion mit anderen Unternehmensfunktionen beschrieben werden.

Die Rolle der Produktion im Unternehmenskontext ist vielseitig. Die Produktion kann einerseits als Funktion die Unternehmensstrategie unterstützen und andererseits eine Kernkompetenz für das Unternehmen darstellen. Produktion ist im Unternehmen daher nicht isoliert zu betrachten, sondern leitet sich von der Unternehmensstrategie ab. Sie ist eine Funktionalstrategie von mehreren Funktionsstrategien, wie beispielsweise der Salesstrategie oder der Personalstrategie, und sollte mit diesen koordiniert sein. Generell umfasst der Begriff **Produktionsstrategie** langfristige Entscheidungen und Festlegungen im Zusammenhang mit der Herstellungsform von Gütern und Dienstleistungen (Output). Die Produktionsstrategie soll dazu führen, das Formalziel bestmöglich und nachhaltig zu erreichen. Somit legt die Produktionsstrategie neben der Bestimmung benötigter Inputfaktoren auch die Standortwahl der Produktionsstätten, die Auswahl der Lieferanten sowie das Regelwerk und die Methodik bestimmter Produktionsprozesse fest. In diesem Verständnis orientiert sich die Produktionsstrategie an der langfristigen Ausrichtung des Unternehmens und entscheidet darüber, wie wesentliche Unternehmensressourcen eingesetzt werden können, um die nachhaltige Unternehmensstrategie zu unterstützen. Die Produktionsstrategie kann sich dabei sowohl an der Art der zu erstellenden Produkte und Dienstleistungen orientieren, als auch von den langfristigen Unternehmenszielen abgeleitet werden.

> **Beispiel 6.1** **Die Produktionsstrategie in der Automobilbranche**
>
> Ein Automobilhersteller wie Volkswagen (VW) könnte sich beispielsweise zum Ziel setzen, der weltgrößte Autokonzern zu werden (Unternehmensstrategie). Zur Sicherstellung einer gewissen lokalen Marktnähe, einer Umgehung von Importzöllen und zur Absicherung eventueller Währungsrisiken beschließt das Unternehmen, Produktionsstätten in mehreren Ländern wie China, Mexiko und anderen wichtigen Märkten des Unternehmens zu errichten und zu betreiben (Produktionsstrategie).

Wie in obigem Beispiel geschildert, unterstützt die Produktionsstrategie die Unternehmensstrategie und kann wesentlich zur Realisierung der Unternehmensziele beitragen. In der Produktionsstrategie werden aber neben strategischen auch operative Entscheidungen getroffen. Wie aufgezeigt wurde, nimmt die Produktion neben den operativen Aufgaben zunehmend mehr Managementaufgaben wahr. Die Auswahl des passenden Fertigungstyps ist ein wesentlicher Faktor für eine effiziente Umsetzung der Produktions- und Unternehmensstrategie.

6.3.1 Produktionstypen

Wie zu Beginn des Kapitels erläutert wurde, ist der heutige Wettbewerb durch eine hohe Produktvielfalt gekennzeichnet. Dabei wird gleichzeitig schnell und flexibel auf Kundenwünsche reagiert. Dies stellt den Produktionsbereich innerhalb eines Unternehmens vor große Herausforderungen. Reaktionszeit und Flexibilität sind elementare Eigenschaften erfolgreichen Wirtschaftens. Um diese zu gewährleisten, muss das Unternehmen die zeitliche Verteilung der Produktionsmenge festlegen und dabei den passenden **Produktionstyp** wählen. Grundsätzlich stehen dem Unternehmen drei Optionen zur Verfügung: Die **Auftragsfertigung**, die **vorratsbezogene Fertigung** sowie die **Mischfertigung**.

Auftragsfertigung

Nach Eingang eines Kundenauftrags beginnt die **Auftragsfertigung** mit der Planung und Fertigung eines Produkts oder einer Dienstleistung. Ein Kundenauftrag kann beispielsweise der Druck individueller Hochzeitskarten oder auch ein Brückenbau sein. Der Erfüllungsgrad der spezifischen Kundenwünsche und die benötigte Zeit zur Auftragsfertigstellung stellen dabei erfolgskritische Faktoren dar.

Vorratsbezogene Fertigung

Die **vorratsbezogene Fertigung** ist unabhängig von einer spezifischen Kundenbestellung. Sie orientiert sich an einer vorher durchgeführten Bedarfsprognose und wird von einem mengen- und zeitmäßig festgelegten Produktionsprogramm abgeleitet. Dabei handelt es sich meistens um Standardprodukte wie Bücher oder Fernseher, die nach abgeschlossener Fertigung gelagert und bei Kundenbedarf ab Lager verkauft werden. Die Erfolgsfaktoren der vorratsbezogenen Fertigung ergeben sich somit aus der korrekten Bedarfsprognose und der optimalen Anpassung des Lagerbestandes.

Mischfertigung

Eine Mischform aus Auftrags- und vorratsbezogener Fertigung stellt die **Mischfertigung** dar. Bei dieser Fertigungsoption handelt es sich um eine auftragsneutrale Vorfertigung, die mit einer kundenspezifischen Endfertigung, wie beispielsweise die Herstellung von Computersystemen, bestehend aus Computern (Hardware) und Software, verbunden ist. Bei der Mischfertigung wird versucht, den Lagerbestand an standardisierten Komponenten und die benötigte Zeit zur Auftragsfertigstellung des Endprodukts möglichst gering zu halten.

Die Wahl des Produktionstyps ist zudem von der Komplexität des Produkts und von der Delegier- und Koordinierbarkeit der Lieferanten abhängig. Nur so lassen sich die oben genannten Ziele erfolgreich umsetzen. Die Wahl des Produktionstyps stellt ein operatives Element des Produktionsmanagements dar. Im folgenden Abschnitt sollen nun die verschiedenen strategischen Auswahloptionen vorgestellt werden, welche einer Produktionsabteilung zur Verfügung stehen.

6.3.2 Produktionsstrategien

Neben der Frage der Auswahl des passenden Fertigungstyps stellt sich für die Produktionsstrategie auch die Frage, auf welche Weise zentrale Ressourcen im Rahmen der Produktion eingesetzt werden, um die Unternehmensstrategie bestmöglich zu unterstützen. *Wickham Skinner* definiert in diesem Zusammenhang vier generelle Produktionsstrategien, welche bei einem Produktionsprozess zur Auswahl stehen. Diese werden nach **Kosten**, **Qualität**, **Geschwindigkeit** und **Diversität** der Leistungserstellung unterschieden.

Kostenstrategie

Die Kostenstrategie bei der Leistungserstellung hat zum Ziel, minimale Produktionskosten und die Vermeidung von Ineffizienzen im Produktionsprozess zu verfolgen. Diese Strategie wird häufig bei der Produktion standardisierter Produkte und Dienstleistungen, wie beispielsweise der Massenware, verwendet. Oftmals können Kunden zwischen Produkten unterschiedlicher Hersteller nicht unterscheiden, wie bei herkömmlichem Papier oder Zucker. Ihre Kaufentscheidung basiert einzig und allein auf dem Kaufpreis des Produktes oder der Dienstleistung. Eine Kostenstrategie kann mithilfe der Einführung von Produktionsstandards, der Automatisierung und der Stabilität des Produktionsprozesses erreicht werden.

> **Beispiel 6.2** **Die Kostenstrategie am Beispiel von EasyJet**
>
> Die Strategie der Kostenführerschaft von *EasyJet* basiert unter anderem auf detailliert und sorgfältig geplanten Dienstleistungen, effizienten Prozessen und motiviertem Personal. In Anlehnung an das Geschäftsmodell der US-amerikanischen Fluggesellschaft Southwest Airlines modifizierte *EasyJet* das Geschäftsmodell für den europäischen Markt durch weitere Sparmaßnahmen, wie beispielsweise durch das Streichen von Anschlussflügen oder von kostenlosen Mahlzeiten. Die Erfolgsfaktoren des Geschäftsmodells liegen in einer hohen Flugzeugauslastung, in kurzen Umschlagszeiten, in der Abrechnung von Zusatzleistungen (wie *Priority Boarding*, bezahlten Mahlzeiten an Board, zusätzlichen Gepäckgebühren) und geringen Prozesskosten. Dabei benutzt *EasyJet* hauptsächlich einen Flugzeugtyp (Airbus A319), um die Wechselkosten[7] der Flugzeugbegleiter zu verringern, Ausbildungsprogramme und Wartungsarbeiten zu standardisieren und Lagerbestände zu vereinheitlichen.

Qualitätsstrategie

Die Qualitätsstrategie bei der Leistungserstellung ist gekennzeichnet durch die Entwicklung eines Produkts oder einer Dienstleistung, welches bzw. welche im Vergleich zum Wettbewerb einzigartige, für den Kunden relevante und wahrnehmbare Leistungseigenschaften aufweist. Dieser Verkaufsvorteil erlaubt es dem Unternehmen, einen höheren Preis für das Produkt oder die Dienstleistung zu verlangen. Im Produktionsbereich kann die Qualitätsstrategie durch den Fokus auf Produktqualität und bzw. oder auf Prozessqualität erreicht werden.

- **Produktqualität:** Die Produktqualität versucht Kundenbedürfnisse durch Produkte oder Dienstleistungen mit der „richtigen" Qualität zu erfüllen.
- **Prozessqualität:** Hierbei wird versucht, die Prozessqualität durch kontinuierliche Verbesserungen des Produktionsprozesses zu erhöhen und Kundenbedürfnisse durch die Herstellung fehlerfreier Produkte oder Dienstleistungen zu befriedigen.

Erfolgsgrundlage beider Optionen ist es, das richtige Maß an Qualität zu finden. Beispielsweise kann die Entwicklung von Produkten und Dienstleistungen mit übertriebenen Qualitätsmerkmalen die Kosten in die Höhe treiben und vom Kunden als überteuert empfunden werden. Mit zu geringer Qualität kann das Produkt unter Umständen gewissen Mindestanforderungen des Kunden nicht mehr gerecht werden. In beiden Fällen riskiert das Unternehmen, Kunden an Wettbewerber zu verlieren, welche ein auf die Bedürfnisse des Verbrauchers besser zugeschnittenes Maß an Qualität definiert haben.

Für *David Garvin* sind acht verschiedene Produkt- oder Dienstleistungsmerkmale für die Implementierung einer Qualitätsstrategie maßgeblich. Der Fokus auf die eine oder die andere Kombination verschiedener Produkt- oder Dienstleistungseigenschaften kann dabei den Erfolg der Qualitätsstrategie begründen. Die acht Merkmale lassen sich wie folgt unterscheiden.

Produkt- oder Dienstleistungsmerkmale nach *Garvin*:

- **Leistungsmerkmal:** z. B. Eigenschaften des Produkts oder der Dienstleistung
- **Zusatzfunktionen:** z. B. Extras, die die Basiseigenschaften des Produkts bzw. der Dienstleistung ergänzen
- **Zuverlässigkeit:** z. B. Wahrscheinlichkeit der Funktionsfähigkeit
- **Konformität:** z. B. Grad, zu dem das Produkt oder die Dienstleistung etablierte Marktstandards erreicht
- **Lebensdauer:** z. B. Haltbarkeit des Produkts oder der Dienstleistung
- **Wartung:** z. B. Reparaturgeschwindigkeit, -service oder -kompetenz
- **Ästhetik:** z. B. Design, Gefühl, Geschmack, Geruch oder Klang eines Produkts oder einer Dienstleistung
- **Ansehen:** z. B. Image, Reputation des Produkts oder der Dienstleistung

> **Beispiel 6.3** **Die Qualität bei der Leistungserstellung für Klaviere**
>
> Das Unternehmen *Steinway & Sons* war lange Zeit Qualitätsführer in der Klavierbranche. Das Unternehmen ist dafür bekannt, Klaviere mit ausgeglichenen Klangeigenschaften, exzellenter Klangfarbe und Klangdauer sowie einer hohen Verarbeitungsqualität herzustellen. Jedes Klavier wird in Handarbeit hergestellt und besticht durch einzigartige Klangeigenschaften und durch individuellen Baustil. Trotz dieser ausgezeichneten Produkteigenschaften wurde *Steinway & Sons* in den letzten Jahren zunehmend von seinem Wettbewerber Yamaha unter Druck gesetzt. In nur kurzer Zeit konnte sich Yamaha als Qualitätshersteller auf dem Markt etablieren. Dies gelang vor allem dank Yamahas Schwerpunktsetzung auf Zuverlässigkeit und Konformität – Qualitätseigenschaften, die *Steinway & Sons* weniger stark priorisiert hatte. *Steinway & Sons* musste daher feststellen, dass der Kunde viel Wert auf Zuverlässigkeit und Konformität legt. Die verfolgte Strategie war bisher als solche richtig, aber die Kunden haben ihre Bedürfnisse im Lauf der Zeit verändert. Es lässt sich also feststellen, dass ein Unternehmen die Verfolgung seiner Produkt- und Produktionsstrategie stets den Kundenbedürfnissen seiner Zielgruppe anpassen und dynamisch sein muss, um nachhaltig erfolgreich zu bleiben.

Zeitstrategie

Unter **Zeitstrategie** versteht man die Fähigkeit eines Unternehmens, eine Kundenleistung dauerhaft und mit hoher Geschwindigkeit anzubieten. Dabei wird der Faktor „Zeit" in den Mittelpunkt der Strategie gestellt. Durch eine effektive und effiziente Nutzung der Ressource Zeit (z. B. Reaktionszeit auf Marktveränderungen, Umwelteinflüsse) wird der Versuch unternommen, im Vergleich zur Konkurrenz einen Wettbewerbsvorteil zu erzielen.

> **Beispiel 6.4** **Die Zeitstrategie bei der Leistungserstellung in der Automobilbranche**
>
> Der japanische Automobilhersteller *Toyota* unterstreicht exemplarisch die Bedeutung der Ressource „Zeit" als kritischer Wettbewerbsfaktor. Unzufrieden mit den langen Reaktions- und Lieferzeiten eines Zulieferers und den Auswirkungen auf das eigene Unternehmen versuchte *Toyota* die Leistungserstellung des Zulieferers zu beschleunigen. Der Lieferant benötigte fünfzehn Tage für die Herstellung eines Komponentenbauteils nach Erhalt aller benötigten Rohstoffe. Im ersten Schritt verringerte *Toyota* die **Losgröße**[8] des Lieferanten und schaffte es, den Leistungserstellungsprozess des Lieferanten auf sechs Tage zu kürzen. Im Anschluss verschlankte und restrukturierte *Toyota* den Produktionsbereich und -prozess des Zulieferers. Auf diese Weise reduzierte *Toyota* die Anzahl der Lagerhaltungspunkte in der Fertigung. Die Reaktionszeit verringerte sich schlagartig auf nur drei Tage.

Diversifikationsstrategie

Die **Diversifikationsstrategie** bei einem Herstellungsprozess charakterisiert die Eigenschaft, Kunden eine hohe Variantenvielfalt des Produktes oder der Dienstleistung anbieten zu können. Darüber hinaus kann bei der Diversifikationsstrategie die Flexibilität – sprich die Schnelligkeit, mit der ein Unternehmen seine Prozesse verändern kann, um eine neue Produktlinie oder Dienstleistung einzuführen – von zentraler Bedeutung sein. Hierbei spielt die Lernfähigkeit des Unternehmens eine zentrale Rolle, aber auch die organisatorische Anpassungsfähigkeit. So kann die Produktion beispielsweise durch das Schaffen von Plattformen oder von Baukastensystemen mit überschaubarem Aufwand flexibel und kostensparend organisiert werden. Die aus Kundenperspektive entstandene Variantenvielfalt wird oftmals als eine Qualitätseigenschaft des Produkts oder der Dienstleistung wahrgenommen. So kombiniert diese Strategie viele Komponenten und Vorteile, verlangt jedoch auch von Unternehmen viele Kompetenzen, um diese Vorteile umsetzen zu können.

> **Beispiel 6.5** **Die Diversifikationsstrategie bei der Leistungserstellung in der Automobilbranche**
>
> Zu Beginn der 80er-Jahre wurde *Honda* von *Yamaha* in seiner Marktführerschaft für Motorräder bedroht. Beide Unternehmen zeichneten sich zu diesem Zeitpunkt durch eine Produktpalette von 60 verschiedenen Motorrädern aus. In nur 18 Monaten schaffte es *Honda* mit der erfolgreichen Markteinführung von 113 neuen Motorradmodellen, seine alte Produktpalette zu ersetzen und erheblich zu erweitern. Im gleichen Zeitraum konnte *Yamaha* lediglich 37 Modelle am Markt einführen. Im Vergleich zu *Honda* erfüllten die Motorräder von *Yamaha* die Kundenwünsche nicht im gleichen Umfang. Basierend auf der Diversifikationsstrategie und dank einer höheren Flexibilität im Bereich Entwicklung und Produktion sowie der Markteinführung neuer Produkte konnte *Honda* seine Marktführerschaft gegenüber *Yamaha* verteidigen. In der Zwischenzeit hat auch *Yamaha* seine Produktpalette wesentlich erweitert.

In diesem Abschnitt wurde gezeigt, wie zahlreich die unterschiedlichen Strategieoptionen in der Produktion sein können. Die Wahl der Produktionsstrategie determiniert sämtliche anderen Unternehmensprozesse, beispielsweise die Wahl der Zulieferer. Wichtig ist bei dieser Entscheidung, die konsequente Verfolgung und Umsetzung der gewählten Produktionsstrategie zu beachten und sich bewusst gegen eine andere Option auszusprechen, um Verwässerung bezüglich der Positionierung zu vermeiden.

6.4 Produktionsprozess und -kosten

6.4.1 Produktionsprozess

Der **Produktionsprozess** bezeichnet den zielgerichteten Ressourceneinsatz in einem wertschöpfenden Kombinations- und Transformationsprozess zur Erstellung bestimmter Güter. In diesem Sinn spiegelt der Produktionsprozess die Wettbewerbsorientierung und bestimmte Produkt- oder Dienstleistungsentscheidungen zur Erreichung der Unternehmensziele wider. Der Produktionsprozess hat folgende Merkmale.

Merkmale eines Produktionsprozesses

- Der Produktionsprozess ist ein *zielgerichteter Prozess*. Jedes Produktionssystem verfolgt eine konkrete Zielvorgabe.
- Der Produktionsprozess verwandelt verschiedene *Inputfaktoren* in einen nützlichen, wertvollen *Output*.
- Der Produktionsbereich arbeitet eng mit anderen *Organisationsbereichen und -systemen* zusammen.
- Produktionsprozesse erlauben Rückschlüsse einzelner Aktivitäten zur *Erfolgskontrolle* und *Effizienzsteigerung*.

6.4 Produktionsprozess und -kosten

Generell kann der Produktionsprozess in verschiedene **Fertigungstypen** unterteilt werden. Je nach hergestellter Produktionsmenge werden die *Einzelfertigung*, *Serienfertigung* (reine Serienfertigung, Sortenfertigung, Chargenfertigung) und die *Massenfertigung* unterschieden. Obwohl sich die einzelnen Fertigungstypen voneinander abheben, sollten sie als Kontinuum und als sich ergänzend verstanden werden, da Unternehmen häufig eine Kombination verschiedener Fertigungstypen im Produktionsprozess anwenden. ▶*Abbildung 6.3* unterteilt die unterschiedlichen Fertigungstypen je nach Produktionsvolumen.

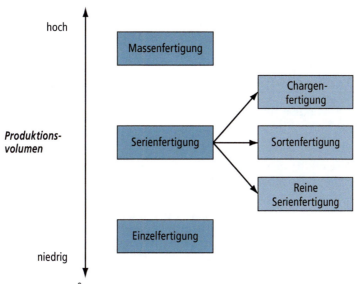

Abbildung 6.3: Fertigungstypen[9]

Abbildung 6.3 zeigt die verschiedenen Fertigungstypen, die bei einem Produktionsprozess in Abhängigkeit von dem Produktionsvolumen zur Auswahl stehen. Bei hohem Produktionsvolumen eignet sich beispielsweise der Fertigungstyp Massenfertigung am besten. Es gibt weitere Faktoren, die die Fertigungstypenwahl beeinflussen, beispielsweise der Bestellrhythmus oder die Homogenität eines Produkts. Die verschiedenen Fertigungstypen und deren Eigenschaften sollen nun im Einzelnen beschrieben werden.

Einzelfertigung

Unternehmen mit Einzelfertigung arbeiten oftmals an einzelnen und gesonderten Kundenaufträgen. Tendenziell implizieren derartige Kundenaufträge einen hohen Ressourceneinsatz und lange Fertigungszeiten, da die Aufträge meist einzigartig sind (z. B. Schiffsbau, Wohnungsbau, Filmproduktion). Die Kundenzielgruppe ist sehr limitiert und die Kunden werden stark in den Produktionsprozess miteinbezogen, beispielsweise beim Design des Produktes oder bei der Auswahl verwendeter Materialien. Die Einzelfertigung beruht daher nicht auf einem vordefinierten Produktionsprogramm und zeichnet sich durch sehr hohe variable Kosten im Vergleich zu den fixen Fertigungskosten aus, welche bei anderen Fertigungstypen (Serien- oder Massenfertigung) üblicherweise geringer ausfallen. Die Einzelfertigung benötigt spezialisierte Arbeitskräfte, die unabhängig, flexibel und selbstständig arbeiten, um die Herausforderung des Einzelauftrags bewältigen zu können.

Wird bei der Fertigung anstelle von nur einer Produkteinheit desselben Produktes eine Vielzahl von Produkteinheiten desselben Produktes hergestellt, spricht man von der sogenannten **Mehrfachfertigung**. Bei der Mehrfachfertigung kann zwischen Serienfertigung und Massenfertigung unterschieden werden.

Serienfertigung

Die Serienfertigung kennzeichnet einen Produktionsprozess, bei dem eine begrenzte Stückzahl an verschiedenen Produkten auf gleichen oder auf verschiedenen Produktionsanlagen hergestellt wird. Je nach Produktionsvolumen der jeweiligen Serie kann zwischen *Kleinserien* und *Großserien* unterschieden werden. Zwischen der Fertigstellung unterschiedlicher Produkte erfolgt eine Umstellung der Produktionsanlagen. Man unterscheidet zwischen einer reinen *Serienfertigung*, der *Sortenfertigung* und der *Chargenfertigung*.

Typen der Serienfertigung:

- **Reine Serienfertigung:** Die reine Serienfertigung umfasst die Produktion mehrerer Einheiten verschiedener Produkte auf unterschiedlichen Anlagen, beispielsweise bei der Automobilproduktion.
- **Sortenfertigung:** Die Sortenfertigung ist durch die Produktion mehrerer Einheiten verschiedener Produkte auf den gleichen Anlagen gekennzeichnet. Im Gegensatz zu einer reinen Serienfertigung wird hierbei ein einheitliches Produktionsmaterial verwendet, beispielsweise beim Buchdruck.
- **Chargenfertigung:** Die Chargenfertigung kennzeichnet einen Produktionsprozess, bei dem die Ausgangsbedingungen nicht konstant gehalten werden (können) und es daher zu Abweichungen im Endprodukt (Output) einzelner Produktionsvorgänge kommt. Dies kann beispielsweise an Unterschieden in der Qualität der Inputfaktoren liegen. Beispielsweise unterscheidet sich die Qualität von Trauben je nach geografischer Lage bei der Weinherstellung. Der Begriff **Charge** bezeichnet die Menge, die in einem einzelnen Produktionsvorgang hergestellt wird.

Alle drei Untertypen der Serienfertigung sind für mittelgroße Produktionsvolumina geeignet und zeichnen sich durch hohe fixe Kosten und relativ niedrige variable Kosten aus. Wesentliche variable Kosten stellen hier meist die Umrüstkosten dar, die anfallen, wechselt man von einer Charge zur anderen.

Massenfertigung

Die Massenfertigung ist gekennzeichnet durch die Fertigung eines einzigen Produktes **(einfache Massenfertigung)** oder mehrerer Produkte mit gleichen Produkteigenschaften **(mehrfache Massenfertigung)** über einen längeren Zeitraum. Der Produktionsprozess wird dabei ununterbrochen wiederholt und ein hohes Produktionsvolumen erzeugt, beispielsweise bei der Zuckerherstellung. Die Massenproduktion eignet sich gut für eine Automatisierung des Produktionsprozesses, da eine Produktionsumstellung der Fertigungsanlagen wegfällt. Diese Art der Fertigung ist bei besonders hohen Produktionsvolumina vorzufinden. Die meisten Kosten, die anfallen, sind fixe Kosten.

Es gibt unterschiedliche Vorgehensweisen, um den richtigen Fertigungstyp für ein Unternehmen zu finden. Generell ist es wichtig, dass sich jeder Fertigungstyp an den speziellen Produkteigenschaften orientieren sollte. Diese Beziehung kann anhand einer sogenannten *Produkt-Produktionsprozess-Matrix* aufgezeigt werden.

Abbildung 6.4: Produkt-Produktionsprozess-Matrix nach Hayes und Wheelwright
Quelle: Hayes und Wheelwright (1979), S. 128

Wie in ▶*Abbildung 6.4* dargestellt, werden für jeden Fertigungstyp die Produkteigenschaften, sprich das Produktionsvolumen und der benötigte Grad an Standardisierung, gegenübergestellt. Man wird feststellen, dass die Massenproduktion mit einem hohen Grad an Standardisierung am geeignetsten ist. Weitere Aspekte stellen auch die Automatisierungsfähigkeit der Produktion und die Notwendigkeit von menschlicher Arbeitskraft dar.

6.4.2 Produktionskosten: Break-even-Analyse

Neben der Auswahl des Fertigungstyps ist es zudem von Bedeutung, die Relation zwischen produzierter Menge und Produktionskosten zu kennen. Abgesehen von qualitativen Methoden gibt es hierzu eine Vielzahl an quantitativen Techniken.

Eine der wohl bekanntesten Auswahlmethoden ist die Break-even-Analyse, bei der Kosten- und Erlösfaktoren gegenübergestellt werden. Die Break-even-Analyse wird häufig auch als *Gewinnschwellenanalyse* bezeichnet. Die *Break-even-Analyse* ermittelt die sogenannte *Gewinnschwelle (Break-even)*, indem sie das Verhältnis von Volumen, Kosten,

Umsatz und Gewinn untersucht. Die Gewinnschwelle stellt den Punkt dar, an dem weder Gewinn noch Verlust entsteht. Als Volumen wird dabei das *Herstellungsvolumen* verstanden, welches in *Produktionsvolumen* (produzierte Menge) und *Absatzvolumen* (verkaufte Menge) unterteilt werden kann.

Nachfolgend werden die Kostenarten sowie die Gewinnschwellenberechnung näher beschrieben. Die Kostenarten stellen einen wesentlichen Bestandteil für die Berechnung der Gewinnschwelle *(Break-even)* dar.

Kostenarten

Generell gibt es zwei wesentliche **Kostenarten** in der Produktion: Die fixen und die variablen Kosten. **Fixe Kosten** sind unabhängig von der Produktionsmenge und bleiben über einen längeren Zeitraum konstant (z. B. Miet-, Zinsaufwendungen). **Variable Kosten** sind von der betrieblichen Leistung abhängig und variieren je nach Produktionsmenge (z. B. Materialkosten, Fertigungslöhne).

Als **Gesamtkosten** wird die Summe der fixen und variablen Kosten bezeichnet. Das Ergebnis der Multiplikation von Verkaufspreis und Absatzmenge wird **Gesamtumsatz** genannt. Schließlich wird unter **Gewinn** die Differenz zwischen Gesamtumsatz und Gesamtkosten verstanden.

Break-even-Berechnung

Der *Break-even* kann sowohl wert- als auch mengenmäßig berechnet werden.

Berechnung des mengenmäßigen *Break-even*:

Bei der mengenmäßigen Berechnung wird berechnet, ab welcher Absatzmenge der Gesamtumsatz die fixen und variablen Kosten deckt. Der **Deckungsbeitrag** (Gewinnmarge) je Stück errechnet sich aus dem Verkaufspreis pro Stück abzüglich der variablen Stückkosten.

$$\text{Break-even (Menge)} = \frac{\text{Summe Fixkosten}}{(\text{Deckungsbeitrag je Stück})}$$

Beispiel 6.6 — **Die Berechnung des mengenmäßigen Break-even**

Ein Unternehmen verkauft ein Produkt für 20 € pro Stück. Bei fixen Kosten in Höhe von 120.000 € und variablen Kosten pro Stück von 12,50 €.

$$\text{Break-even (Menge)} = \frac{120.000\ €}{7{,}50\ €} = \textbf{16.000}$$

Das Unternehmen muss 16.000 Einheiten verkaufen, um den *Break-even* zu erreichen.

Berechnung der wertmäßigen *Break-even*:

$$\text{Break-even (wertmäßig)} = \frac{\text{Summe Fixkosten}}{(\text{Deckungsquote je Stück})}$$

Die wertmäßige *Break-even* gibt den zur Deckung der variablen und fixen Kosten benötigten Umsatzerlös an. Die **Deckungsquote** je Stück errechnet sich aus dem Quotienten des Deckungsbeitrags je Stück und dem Verkaufspreis je Stück.

Berechnung der Deckungsquote:

$$\text{Deckungsquote je Stück} = \frac{\text{Deckungsbeitrag je Stück}}{(\text{Verkaufspreis je Stück})}$$

Beispiel 6.7 — Berechnung des wertmäßigen Break-even

Ein Unternehmen verkauft ein Produkt für 20 € pro Stück. Bei fixen Kosten in Höhe von 120.000 € und variablen Kosten pro Stück von 12,50 €.

1. Berechnung der Deckungsquote je Stück:

$$\text{Deckungsquote je Stück} = \frac{\text{Deckungsbeitrag je Stück}}{(\text{Verkaufspreis je Stück})} = \frac{7{,}5\ \text{€}}{20\ \text{€}} = 0{,}375\ \text{€}$$

2. Berechnung des wertmäßigen *Break-even*:

$$\text{Break-even (wertmäßig)} = \frac{\text{Summe Fixkosten}}{(\text{Deckungsquote je Stück})} = \frac{120.000\ \text{€}}{0{,}375\ \text{€}} = 320.000\ \text{€}$$

Es ergibt sich ein wertmäßiger *Break-even* bei einem Gesamtumsatz von 320.000 €.

Eine wichtige Voraussetzung der effektiven *Break-even-Analyse* bildet die ganzheitliche Identifikation und korrekte Zuordnung von fixen und variablen Kosten. Dies ist in der Praxis oft nur schwer zu erfüllen. Allerdings ist gerade der Prozess der Zuteilung der Kosten in die Kostenarten äußerst hilfreich, um ein Verständnis für die Kostenstruktur des Unternehmens zu bekommen. Neben der eigentlichen Ermittlung des Break-even stellt dieser Vorgang einen wesentlichen Nutzen der *Break-even-Analyse* dar.

Im folgenden Abschnitt sollen nun die Grundlagen der Lagerplanung behandelt werden. Besonderes Gewicht wird hierbei den Themen Lagerbestand, Bedarfsverlauf und Gütertypisierung und schließlich Lagerplanungssystem verliehen.

6.5 Grundlagen der Lagerplanung

In vielen Firmen nehmen die Materialkosten neben den Personalkosten den weitaus größten Kostenanteil ein. Die Tendenz, vermehrt Teile der Produktion auszulagern und *Outsourcing* zu betreiben, führt zudem dazu, dass die Wichtigkeit der Lagerplanung und der Lagerkosten für Firmen in der Zukunft noch weiter ansteigen wird.

Aufgrund der immer kürzer werdenden Produktlebenszyklen steigt das Risiko der Veralterung und des Wertverlusts gelagerter Produkte. In vielen Industriezweigen wird der Lagerbestand deshalb als ein finanzielles Risiko angesehen, welches es zu minimieren gilt. Konkret heißt dies, den Lagerbestand so gering wie nur möglich zu halten, ohne dabei den Produktionsprozess beispielsweise durch Verzögerung negativ zu beeinflussen.

Ein wichtiges Ziel der **Lagerplanung** ist demnach, den Lagerbestand und die Beschaffung von Material möglichst kostenoptimal zu gestalten. Hierbei ist es zunächst notwendig, den Lagerbestand mengen- und wertmäßig zu erfassen, wie dies beispielsweise auf Basis der jährlichen Bestandsaufnahme aller Vermögenswerte eines Unternehmens (Inventur) geschieht.

6.5.1 Lagerbestand

Das Ziel der Lagerplanung besteht darin, den Lagerbestand und die Beschaffung von Material möglichst kostenoptimal zu gestalten. Der Begriff **Lagerbestand** umfasst sowohl den Vorrat an Rohmaterialien als auch die sich derzeit im Herstellungsprozess befindlichen sowie bereits fertiggestellten Produkte. Oft tendiert man dazu, bei Lagerbestand an bereits fertige Produkte zu denken, die im Unternehmen darauf warten, an Kunden verkauft zu werden. Sicherlich ist dies eine der Hauptfunktionen der Lagerhaltung, doch wird der Begriff Lagerbestand weiter gefasst. Als Lagerbestand können **Inputfaktoren** (z. B. Roh-, Hilfs-, Betriebsstoffe), **Outputfaktoren** (z. B. Teile, Komponenten, Fertigerzeugnisse) und **Zwischenprodukte** des Produktionsprozesses (z. B. unfertige Erzeugnisse) gelten.

In jüngster Vergangenheit neigen viele Industriezweige dazu, langfristige Lieferpartnerschaften einzugehen. Es geht daher heute nicht mehr so sehr um die Frage, wann und wie viel bestellt wird, sondern vielmehr darum, wann und wie viel geliefert wird. Im Allgemeinen sind mit der Lagerhaltung drei Kostenblöcke verbunden: Lagerhaltungskosten, Beschaffungskosten und Fehlbestandskosten.

Blöcke der Lagerhaltungskosten

- **Lagerkosten:** Bei Lagerkosten handelt es sich um die eigentlichen Kosten, die für die Zeitüberbrückung von Lagergütern anfallen. Diese Kosten beinhalten:
    - *Lagerbestandskosten:* z. B. Finanzierungs- und Zinskosten durch das im Lager gebundene Kapital, Verschleiß, Schwund
    - *Lagerraumkosten:* z. B. Abschreibungen, Mieten
    - *Lagerbehandlungskosten:* z. B. Transport des Lagerbestands
    - *Lagerverwaltungskosten:* z. B. Personal, EDV-Systeme

    Die Lagerkosten variieren dabei je nach Lagervolumen und Zeitraum der eigentlichen Lagerung. Daraus ergibt sich folgende Kausalität: Je höher das Lagervolumen in einem gewissen Zeitraum ist, desto höher sind die Lager- bzw. Lagerhaltungskosten.

- **Beschaffungskosten:** Beschaffungskosten bezeichnen Kosten, die bei der Beschaffung der zur Leistungserstellung und -verwertung erforderlichen Produktionsfaktoren entstehen. Es ist von Vorteil, Beschaffungskosten in mittelbare und unmittelbare Beschaffungskosten zu unterscheiden.
    - Bei **mittelbaren** Beschaffungskosten handelt es sich um Kosten, die unabhängig von der Bestellmenge mit jedem Bestellvorgang anfallen (z. B. Frachtkosten).
    - **Unmittelbare** Beschaffungskosten sind bestellmengenabhängig und ergeben sich aus dem Bestellpreis multipliziert mit der Bestellmenge. Die Beschaffungskosten variieren demnach abhängig von der Anzahl der Beschaffungsvorgänge: Je mehr Bestellungen in einem bestimmten Zeitraum eingehen, desto höher sind die Beschaffungskosten.
- **Fehlbestandskosten:** Unter Fehlbestandskosten werden diejenigen Kosten verstanden, die durch das Fehlen benötigter Produktionsfaktoren anfallen. Ergibt sich aus dieser Bestandsknappheit ein Auftrags- bzw. Umsatzverlust, so werden diese ebenfalls als Fehlbestandskosten bezeichnet. Indirekt können wiederholte Fehlbestandskosten zu Imageschäden im Markt und damit zu langfristigen Kundenverlusten und Umsatzeinbußen führen. Fehlbestände treten unter anderem auf, da die Lagerhaltungskosten in den letzten Jahren stark zugenommen haben und Unternehmen dazu neigen, aufgrund von Sparmaßnahmen lieber zu wenig als zu viel Lagervorrat zu besitzen.

6.5.2 Bedarfsverlauf und Gütertypisierung

Ziel der Bedarfsermittlung ist es, den Bedarf an Gütern, welche für die Produktion benötigt werden, in möglichst optimaler Weise zu bestimmen, um möglichst geringe Kosten zu generieren. Oft helfen bei der Bedarfsermittlung Erfahrungswerte, die sich über Jahre hinweg in einem Unternehmen angesammelt haben. Typen von Gütern haben in der Regel einen typischen Bedarfsverlauf. In Anlehnung an die XYZ-Analyse ist zwischen drei unterschiedlichen Typen von Gütern zu unterscheiden: X-Güter, Y-Güter und Z-Güter. Da diese Gütertypen einen jeweils unterschiedlichen Bedarfsverlauf aufweisen, können sie in unterschiedliche Bedarfsverlaufskategorien eingeteilt werden, um so Fehlbestandskosten zu minimieren. In Bezug auf den Materialverbrauch unterscheidet man je nach Gütertyp X, Y oder Z hierbei drei Bedarfsverläufe. Ein weiteres Hilfsinstrument, um die Wichtigkeit eines Bedarfsproduktes zu erkennen, stellt die ABC-Analyse dar.

Konstanter Bedarfsverlauf und X-Güter

Bei einem konstanten Bedarfsverlauf sind aus der Bestellhistorie nur sehr wenige Schwankungen zu erkennen, sodass man den Bedarf **präzise prognostizieren** kann. Die Mengenfestlegung erfolgt aus dem Mittelwert der vergangenen Bestellperioden. Aufgrund der guten Prognostizierbarkeit der X-Güter können verfügbare Informationen über den Bedarfsverlauf in der Vergangenheit wichtige Hinweise über den zukünftigen Bedarfsverlauf geben. Dies erlaubt die Führung einer minimalen Lagermenge oder gar die Anwendung der sogenannten *Just-in-Time-Methode*, bei der erst im Moment des tatsächlichen Bedarfs geliefert wird.

Saisonaler bzw. trendförmiger Bedarfsverlauf und Y-Güter

Bei einem **saisonalen Bedarfsverlauf** ist die Bedarfsmenge nicht konstant, sondern folgt einem bestimmten **wiederkehrenden Muster**. So wird beispielsweise im Winter weniger Eis konsumiert als im Sommer und dagegen mehr Lebkuchen gegessen. Mancher Bedarfsverlauf kann mit hoher Gewissheit prognostiziert werden und bei anderen können externe Variablen (z. B. Wetter) ein Restrisiko darstellen. Dieses Restrisiko muss durch Vorratsaufbau behoben werden, weswegen die benötigten Güter der Y-Klasse zugeteilt werden.

Der **trendförmige Bedarfsverlauf** beschreibt ein ähnliches Risiko bei der Prognose des Güterbedarfs wie der saisonale Bedarfsverlauf. Der Unterschied ist, dass hierbei keine wiederholenden Nachfragemuster zu erkennen sind, sondern es sich um allgemeine Trends handelt. So kann beispielsweise im Mobilfunkmarkt ein eindeutiger Trend weg von klassischen Handygeräten hin zu Smartphones beobachtet werden. Auf diesen Trend kann man in der Bedarfsplanung in groben Zügen vertrauen und bauen und beispielsweise mehr berührungsempfindliche Displays (Touchscreens) bestellen als in den vorherigen Monaten.

Unregelmäßiger Bedarfsverlauf und Z-Güter

Bei einem **unregelmäßigen Bedarfsverlauf** ist den vorangegangenen Bestellperioden keine Information über die Zukunft zu entnehmen. Es ist *in keinster Weise eine Art Muster zu erkennen*, weswegen man meist einen hohen Lagerbestand in Kauf nimmt, um flexibel auf die Nachfrage reagieren zu können.

Wichtigkeit eines Bedarfsproduktes: ABC-Analyse

Die ABC-Analyse stellt ein weiteres Hilfsinstrument für eine geeignete Lagerplanung dar und klassifiziert Bedarfsprodukte in drei Klassen, je nach relativem Wertanteil am zu produzierenden Endprodukt. Verbunden mit den Analysen, die bereits behandelt wurden, versucht man hierbei nicht nur die Lagerbestände zu minimieren, sondern auch das damit gebundene Kapital. Die drei Klassen sind als Prioritätsklassen zu verstehen: Wenn ein Bedarfsteil einerseits zwar nur 20 % des Volumens des Endprodukts ausmacht, andererseits jedoch 80 % des Endproduktwertes, so hat es bei der Beschaffung eine relativ hohe Priorität (A-Güter) und im umgekehrten Fall logischerweise eine relativ niedrige Priorität (C-Güter). Diese Art von Analyse zeigt deutlich, wo der wesentliche Wertzuwachs eines Produktes entsteht und vor allem auch, wo keine Fehlertoleranz entstehen sollte. Die ABC-Analyse wird bei der Lagerplanung ähnlich wie in anderen betriebswirtschaftlichen Funktionen (z. B. im Marketing) eingesetzt.

6.5.3 Lagerplanungssystem

Das Lagerplanungssystem stellt ebenfalls einen wichtigen Bestandteil für die Optimierung der Lagerplanung dar. Aufgabe dieses Systems ist die Minimierung der Lager-, Beschaffungs- und Fehlbestandskosten. Das Lagerplanungssystem umfasst alle organisatorischen Maßnahmen zur optimalen Bestimmung des Beschaffungs- und Lagerprogrammes. In diesem System werden die **Höhe des Lagerbestands**, der **Bestellzeitpunkt** und die **Bestellmenge** festgelegt. Generell kann das Lagerplanungssystem nach zwei

6.5 Grundlagen der Lagerplanung

Basismodellen unterschieden werden: Das **Bestellpunktsystem** (kontinuierlich) und das **Bestellrhythmussystem** (periodisch).

Bei einem Bestellpunktsystem wird eine Bestellung immer dann aufgegeben, wenn der Lagervorrat auf ein im Voraus bestimmtes Niveau absinkt. Diesen Punkt bezeichnet man als **Bestellpunkt** *(R)* oder auch als kritischen Lagerbestand. Erreicht das Lagerniveau diesen Bestellpunkt, wird eine konstant gleiche **Bestellmenge** *(Q)* aufgegeben. Anhand der Bestellmenge *(Q)* werden die Gesamtlagerhaltungskosten minimiert.

Um nun die **optimale Bestellmenge** *(EOQ)* zu berechnen, wird die **klassische Losformel** *(Economic Order Quantity, EOQ-Formel)* angewandt. Das Konzept der klassischen Losformel wurde primär von *Harris* (1913) und *Wilson* (1934) entwickelt. Im deutschsprachigen Raum wurde diese Theorie durch die von *Kurt Andler* (1929) entwickelte *Andler'sche Formel* bekannt. Die klassische Losformel versucht diejenige Bestellmenge zu ermitteln, bei der die Beschaffungs- und Lagerhaltungskosten optimiert werden. Je nach getroffenen Annahmen gibt es verschiedene Varianten, um die optimale Bestellmenge zu ermitteln.

Bestellpunktsystem

In einem einfachen Bestellpunktsystem ergibt sich die optimale Bestellmenge *(EOQ)* aus der minimalen Summe der Beschaffungskosten sowie den Lagerhaltungskosten. Um das Volumen der optimalen Bestellmenge zu berechnen, werden folgende Modellannahmen getroffen:

- Der Produktionsbedarf ist bekannt und konstant.
- Die Lieferzeit und der Materialpreis (Beschaffungskosten) sind konstant.
- Die Lagerhaltungskosten sind genau bestimmbar und konstant.
- Die Produktnachfrage wird erfüllt (kein Lieferrückstand) und ist konstant.

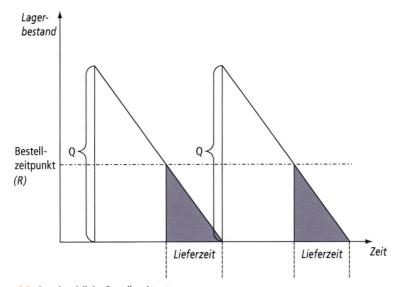

Abbildung 6.5: Grundmodell des Bestellpunktsystems

Der sogenannte Sägezahneffekt verdeutlicht die Beziehung zwischen der Bestellmenge *(Q)* und dem Bestellzeitpunkt *(R)*. Sinkt der Lagerbestand auf ein bestimmtes Niveau *(R)*, wird eine Bestellung aufgegeben. Diese Bestellung erreicht das Unternehmen nach einer gewissen Lieferzeit *(L)*, die – wie oben erwähnt – konstant ist und bleibt.

Um nun ein Lagerplanungssystem festzulegen, sollen in einem ersten Schritt die Gesamtkosten der Lagerhaltung durch die mathematische Beziehung zwischen Bestellmenge, Beschaffungskosten und Lagerhaltungskosten ermittelt werden.

Berechnung der Gesamtkosten der Lagerhaltung:

$$TC = CD + \frac{D}{Q}S + \frac{Q}{2}H$$

TC = Gesamtkosten pro Jahr *(total cost)*
C = Kosten pro Einheit *(cost)*
D = Bedarfsmenge *(demand)*
Q = Bestellmenge *(quantity)*
S = fixe Bestellkosten *(set-up cost)*
H = Lagerhaltungskosten *(holding cost)*

Wie die mathematische Formel zeigt, basieren die Gesamtkosten der Lagerhaltung (pro Jahr) auf den **unmittelbaren Beschaffungskosten** *(CD)*, den **mittelbaren Beschaffungskosten**

$$\left(\frac{D}{Q}S\right)$$

und den **Lagerhaltungskosten**

$$\left(\frac{Q}{2}H\right).$$

In einem zweiten Schritt soll nun die optimale Bestellmenge *(EOQ)* berechnet werden, bei welcher die Gesamtkosten der Lagerhaltung am geringsten sind. Mittels eines Kostengraphen lässt sich die optimale Bestellmenge aus dem Minimum der Gesamtkostenkurve und dem Schnittpunkt zwischen **Beschaffungskosten**

$$\left(\frac{D}{Q}S\right)$$

und den **Lagerhaltungskosten**

$$\left(\frac{Q}{2}H\right)$$

ermitteln. Mathematisch ergibt sich die optimale Bestellmenge durch den Nullpunkt der ersten Ableitung.

6.5 Grundlagen der Lagerplanung

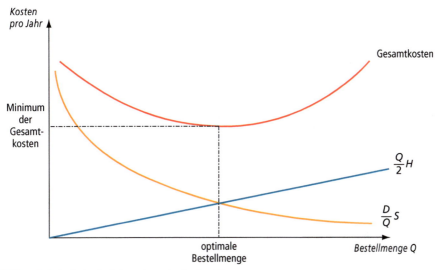

Abbildung 6.6: Grafische Ermittlung der optimalen Bestellmenge

Berechnung der optimalen Bestellmenge *(EOQ)*:

$$TC = CD + \frac{D}{Q}S + \frac{Q}{2}H$$

$$\frac{dTC}{dQ} = 0 - \frac{DS}{Q^2} + \frac{H}{2} = 0$$

Daraus folgt:

$$\frac{H}{2} = \frac{DS}{Q^2}$$

$$\frac{2}{H} = \frac{Q^2}{DS}$$

Löst man die Gleichung nach Q, erhält man die optimale Bestellmenge *(EOQ)*:

$$EOQ = \sqrt{\frac{2DS}{H}}$$

Da wir bei diesem Basismodell eine konstante Nachfrage und Lieferzeit voraussetzen, ergibt sich als **Bestellzeitpunkt** *(R)*:

$$R = dL$$

d = Durchschnittsbedarf pro Zeitperiode *(average demand)*
L = Lieferzeit *(lead time)*

Beispiel 6.8: Bestellmenge, Bestellzeitpunkt und Lagerhaltungskosten eines Spielzeugverkäufers

Aufgabe

Berechnen Sie für einen Spielzeughersteller die optimale Bestellmenge *(EOQ)*, den Bestellzeitpunkt *(Q)* und die Gesamtkosten der Lagerhaltung *(TC)* unter folgenden Voraussetzungen:

Jährliche Nachfrage *(D)* = 2.000 Spielzeuge
Fixe Bestellkosten *(S)* = 10 € pro Bestellung
Lagerhaltungskosten *(H)* = 2,50 € pro Spielzeug
Kosten pro Einheit *(C)* = 25,00 €
Lieferzeit *(L)* = 5 Tage
Durchschnittsbedarf pro Tag *(€)* = $\dfrac{D}{365} = \dfrac{2.000}{365}$

Lösung

1. Berechnung der optimalen Bestellmenge *(EOQ)*:

$$EOQ = \sqrt{\dfrac{2DS}{H}} = \sqrt{\dfrac{2(2.000)10}{2,50}} = \sqrt{16.000} = 126,5$$

Die **optimale Bestellmenge** *(EOQ)* beträgt somit 127 Spielzeuge.

2. Berechnung des Bestellzeitpunkts *(R)*:

Der **Bestellzeitpunkt** *(R)* resultiert aus dem Durchschnittsbedarf pro Zeitperiode *(d)* multipliziert mit der Lieferzeit *(L)*.

$$R = dL = \dfrac{2.000}{365} 5 = 27,4 \text{ Spielzeuge}$$

Der Bestellzeitpunkt *(R)* beträgt somit 28 Spielzeuge. Das Lagersystem wird also bei einem Meldestand von 28 Spielzeugen im Lager einen neuen Bestellvorgang mit der bereits berechneten Bestellmenge 127 Spielzeuge einleiten.

3. Berechnung der Gesamtkosten der Lagerhaltung *(TC)*:

$$TC = CD + \dfrac{D}{Q}S + \dfrac{Q}{2}H = 2.000 \cdot 25,00 \text{ €} + \dfrac{2.000}{127} 10 \text{ €} + \dfrac{127}{2} 2,50 \text{ €} = 50.316,23 \text{ €}$$

Die **Gesamtkosten der Lagerhaltung** *(TC)* betragen demnach 50.316,23 €.

Bestellrhythmussystem

Im Gegensatz zum Bestellpunktsystem ist beim Bestellrhythmussystem der Zeitraum zwischen zwei Bestellungen gleichbleibend (z. B. wöchentlich, monatlich) und die Bestellmenge variiert. Damit ergeben sich fixe Bestellzeitpunkte und variable Bestellmengen. Oftmals besuchen Zulieferer in gewisser Regelmäßigkeit ihre Kunden und überprüfen den Lagervorrat ihrer Produkte. Ist dieser Lagerbestand verbraucht oder hat er einen bestimmten Stand erreicht, bestellt der Zulieferer Material, um wieder einen bestimmten Sollbestand zu erreichen.

Das Zeitintervall zwischen den Besuchen des Zulieferers kann dabei beliebig festgelegt oder anhand der klassischen Losformel berechnet werden. Weiß man beispielsweise, dass bei einer jährlichen Nachfrage von 2.400 Einheiten und einer optimalen Bestellmenge von 400 insgesamt sechs Bestellungen pro Jahr aufgegeben werden müssen, ergibt sich hieraus ein Bestellrhythmus von zwei Monaten.

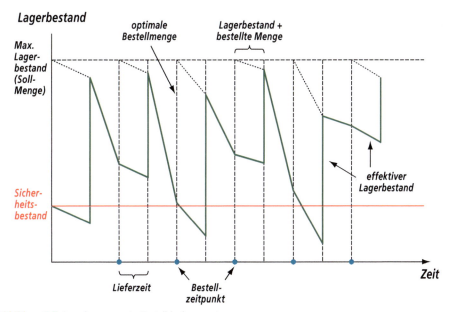

Abbildung 6.7: Lagerbewegung im Bestellrhythmussystem

In der Praxis sind Lieferzeit und Nachfrage nach Produkten oft nicht konstant. Bei diesem vereinfachten Modell kann dies dazu führen, dass sich der Lagerbestand vorzeitig erschöpft, noch ehe der nächste Bestellzeitpunkt erreicht ist. Dies führt zu einem Fehlbestand (und den bereits erwähnten Fehlbestandskosten), der bis zum nächsten Bestellzeitpunkt andauert. In der Praxis wird daher beim Bestellrhythmussystem oftmals ein sogenannter **Sicherheitsbestand** eingeführt, der die Menge bezeichnet, die aus Sicherheitsgründen immer auf Lager sein sollte.

Neben der generellen Bestimmung einer Sollmenge kann jedoch auch die optimale Bestellmenge *(EOQ)* im Bestellrhythmussystem mathematisch berechnet werden.

Berechnung der optimalen Bestellmenge *(EOQ)*:

$$EOQ = d(t(fix) + L) + z\delta\sqrt{t(fix) + L} - I$$

d = Durchschnittsbedarf *(avarage demand)*

$t(fix)$ = Zeitintervall zwischen zwei Bestellzeitpunkten *(time)*

L = Lieferzeit *(lead time)*

δ = Standardabweichung der Bedarfsnachfrage

$z\delta\sqrt{t(fix) + L}$ = Sicherheitsbedarf *(safety stock)*

I = Lagerbestand *(inventory)*

Beispiel 6.9 — **Die optimale Bestellmenge des Seifenverkaufs einer Drogerie**

Eine Drogerie führt in ihrem Sortiment eine sehr beliebte Seifenmarke. Im Durchschnitt verkauft die Drogerie von dieser Seifenmarke 6 Seifen pro Tag, mit einer Standardabweichung von 1,2 Seifen. Der Seifenvertreter dieser Marke überprüft den Lagervorrat alle 60 Tage. Während eines Besuchs notiert dieser den Lagerbestand von 8 Seifen. Die Lieferzeit der Seifen beträgt 5 Tage.

Aufgabe

Wie hoch muss die optimale Bestellmenge sein, damit die Drogerie mit einer Wahrscheinlichkeit von 95 % die Nachfrage der Seifen erfüllen kann ($z = 1{,}65$)?

Lösung

$$EOQ = d(t(fix) + L) + z\delta\sqrt{t(fix) + L} - I = 6(60 + 5) + (1{,}65)(1{,}2)\sqrt{60 + 5} - 8 = 397{,}96$$

Der Seifenvertreter sollte 398 Seifen bestellen.

6.5 Grundlagen der Lagerplanung

Exkurs — Kanban – Das Toyota-Konzept

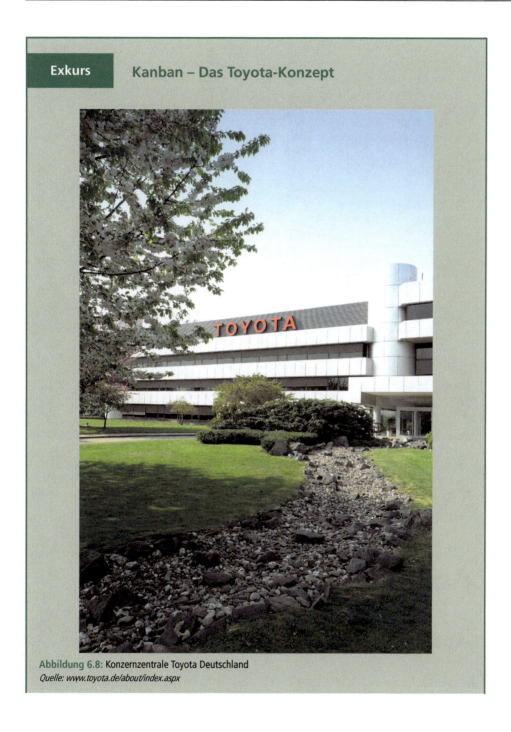

Abbildung 6.8: Konzernzentrale Toyota Deutschland
Quelle: www.toyota.de/about/index.aspx

In Anlehnung an das *Just-in-Time-Konzept* entwickelte Taichi Ohno, der damalige CEO des japanischen Automobilherstellers *Toyota*, in den 50er-Jahren das sogenannte *Kanban-System* (japan. „Karte"). Mit der Zielsetzung einer Rationalisierung des Materialflusses bei geringen Lagerhaltungskosten führte Ohno dieses verbrauchsorientierte Produktionssystem bei *Toyota* ein. Das System basiert auf dem Prinzip der Holpflicht („Pull-Prinzip"), bei dem benötigte Produktionsteile rechtzeitig von vorgelagerten Produktionsstellen angefordert werden. Dabei werden sogenannte *„Kanban-Karten"* als Steuerungs- und Kontrollinstrumente des Materialflusses verwendet. In diesem Sinne unterliegt *Kanban* der dezentralen Steuerung.

Das *Kanban-System* eignet sich vor allem bei Fertigungssystemen mit geringen Rüstzeiten (z. B. Fließfertigung) und mit kurzen Transportwegen innerhalb der Materialbeschaffung. Kurze Durchlaufzeiten und standardisierte Abläufe sorgen für eine geringe Kapitalbindung. Darüber hinaus ist mit der Minimierung des Lagerbestandes eine größere Flexibilität verbunden, mit der kurzfristige Änderungen im Produktionsprozess ermöglicht werden. Dadurch kann *Kanban* besser auf bestimmte Kundenwünsche eingehen und reagieren. Gleichzeitig ermöglicht das Kartenprinzip transparente und sich selbst steuernde Regelkreise, die den Kontroll- und Steuerungsaufwand verringern.

Aufgrund der bestehenden Fertigungsschwankungen ist das *Kanban-System* jedoch ungeeignet für die Einzel- und Spezialfertigung. Die intensive Verkettung einzelner Fertigungsbereiche führt darüber hinaus dazu, dass Bedarfsschwankungen nur über die Frequenz der Kartenrückgabe justiert werden können. *Kanban* orientiert sich in diesem Sinn an der Gegenwart. Einzelne Produktionsbereiche besitzen nicht die Möglichkeit, im Voraus zu planen.

Aus diesen Gründen ist für das *Kanban-System* – wie bei jeder Fertigungsoption – zu beurteilen, ob das Produktionsverfahren auch das betriebswirtschaftlich sinnvollste ist. Je nach spezifischer Unternehmenssituation sollten wirtschaftliche (z. B. Kosten-Nutzen-Analyse), soziale (z. B. Arbeitsgestaltung, -bedingungen), technische (z. B. Grad der Rationalisierung), kulturelle (z. B. Unternehmensphilosophie) und strategische (z. B. Differenzierung, Qualität) Gesichtspunkte kritisch analysiert und beurteilt werden.

Reflexionsfragen

1. Diskutieren Sie am Beispiel von *Kanban*, inwiefern sich Produktion und Kultur gegenseitig beeinflussen.

2. Diskutieren Sie anhand eines Unternehmens Ihrer Wahl, inwiefern wirtschaftliche, soziale, technische und strategische Aspekte die Wahl des Produktionsverfahrens beeinflussen.

Siehe auch begleitende Fallvideos dazu.

ZUSAMMENFASSUNG

Folgende Inhalte wurden in diesem Kapitel behandelt:

- Unter dem Begriff **Produktionsmanagement** versteht man die Planung, Organisation, Koordination und Kontrolle aller organisatorischen Prozesse und Ressourcen, die zur Herstellung von Produkten und Dienstleistungen im Unternehmen benötigt werden. In diesem Sinn ist Produktionsmanagement als Führungsaufgabe zu verstehen, die sich mit der Koordination menschlicher Ressourcen, Maschinen, Technologien und Informationen befasst. Die Aufgabe des Produktionsmanagements besteht darin, durch einen Transformationsprozess verschiedene Inputfaktoren zu einem definierten Output in bestimmter Qualität herzustellen.

- Die Produktion hat sich im Lauf der Jahre gewandelt. Kunden wurden über die Jahrzehnte hinweg anspruchsvoller. Dieser neue Anspruch auf Kunden- wie auch auf Produktionsseite äußert sich in der gegenwärtig modernen Verkaufsdevise, für jeden Kunden ein maßgeschneidertes Produkt herzustellen. Die Produktion in einem modernen Unternehmen sollte daher ein Minimum an Flexibilität erfüllen.

- Die Rolle der Produktion im Unternehmenskontext ist vielseitig. Die Produktion kann einerseits die Unternehmensstrategie als Funktion unterstützen und andererseits eine Kernkompetenz für das Unternehmen darstellen. Die Produktion ist im Unternehmen daher nicht isoliert zu betrachten, sondern leitet sich von der Unternehmensstrategie ab. Sie ist eine Funktionalstrategie von mehreren Funktionsstrategien, wie beispielsweise der Salesstrategie oder der Personalstrategie, und sollte daher mit diesen koordiniert sein.

- Um Kosten zu minimieren und Prozesse zu optimieren, sind verschiedene Instrumente hilfreich. Die **Produktionsfunktionen** spielen hierbei eine zentrale Rolle. Sie stellen die Beziehung zwischen dem Input (eingesetzte Faktorkombination) und dem daraus resultierenden Output her. Ziel der Funktionen ist es, eine möglichst optimale Faktorenkombination bezüglich der entstehenden Ausbringungsmenge zu finden.

- Es wurden unterschiedliche Produktionstypen beschrieben, die die zeitliche Verteilung der Produktionsmenge bestimmen.

- Die Produktionsstrategie orientiert sich an der langfristigen Unternehmensausrichtung und legt fest, auf welche Weise die wesentlichen produktionsbezogenen Unternehmensressourcen zur nachhaltigen Gewährleistung der Unternehmensstrategie eingesetzt werden können. Unternehmen können alternativ vier generelle Produktionsstrategien in der Leistungserstellung verfolgen: Kosten-, Qualität-, Zeit- oder Diversifikationsstrategie.

- Der Produktionsprozess bezeichnet den zielgerichteten Ressourceneinsatz in einem wertschöpfenden Kombinations- und Transformationsprozess zur Erstellung bestimmter Güter.
- In vielen Firmen nehmen die Materialkosten mit den Personalkosten den weitaus größten Kostenanteil ein. Die Tendenz, vermehrt Teile der Produktion auszulagern und *Outsourcing* zu betreiben, führt zudem dazu, dass die Relevanz der Lagerplanung und der Lagerkosten für Firmen zukünftig weiter ansteigen wird. Ziel der Lagerplanung ist demnach, den Lagerbestand und die Beschaffung von Material möglichst kostenoptimal zu gestalten. Hierbei ist zunächst notwendig, den Lagerbestand mengen- und wertmäßig zu erfassen, wie dies beispielsweise auf Basis der jährlichen Bestandsaufnahme aller Vermögenswerte eines Unternehmens (Inventur) geschieht.

AUFGABEN

1. Was versteht man unter dem Begriff *Produktionsmanagement*?
2. Welche Zielsetzungen verfolgt das Produktionsmanagement?
3. Beschreiben und erklären Sie anhand eines Beispiels die unterschiedlichen Fertigungstypen.
4. Definieren und erklären Sie anhand eines Beispiels Ihrer Wahl die gewählte Produktionsstrategie.
5. Welche verschiedenen Lagerplanungssysteme haben Sie in diesem Kapitel kennengelernt?
6. Was versteht man unter einer *Break-even-Analyse* in der Produktion?
7. Welche Zielsetzungen verfolgt ein Lagerplanungssystem?

Weitere Aufgaben mit Lösungen befinden sich in begleitendem Übungsbuch als E-Text.

Fallstudie: IKEA – Niedrige Preise zum Kuscheln

Die *IKEA*-Geschichte beginnt im Jahr 1943 in dem kleinen Dorf Agunnaryd in Schweden, als der *IKEA*-Gründer Ingvar Kamprad gerade 17 Jahre alt war. Seitdem ist der *IKEA*-Konzern zu einem riesigen Einzelhandelserlebnis mit 123.000 Mitarbeitern in 39 Ländern herangewachsen und generiert jährliche Umsätze von über 21,5 Milliarden Euro.

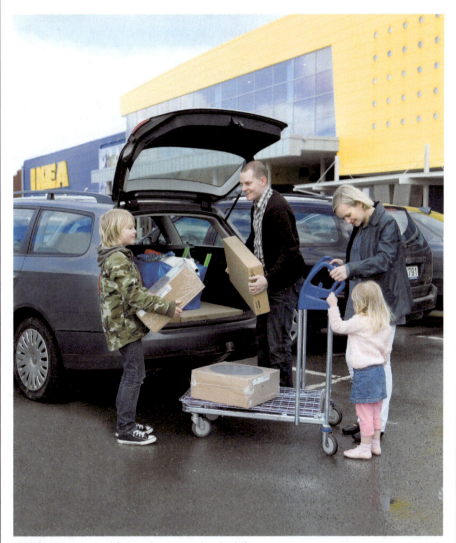

Abbildung 6.9: Die Produkte werden vom Kunden abgeholt
Quelle: IKEA

Produktion

Ingvar Kamprad wurde im südschwedischen Småland geboren und wuchs auf Elmtaryd, einem Bauernhof in der Nähe des kleinen Dorfes Agunnaryd auf. Bereits als kleiner Junge wusste Ingvar, dass er ein Geschäft aufbauen wollte. Die Kombination seines Namens in Verbindung mit dem seines Dorfes gab dem *IKEA*-Haus seinen Namen. Anfangs wurden diverse andere Konsumgüter vertrieben, unter anderem Uhren, Schmuck und Nylonstrümpfe. Bereits im Jahr 1947 wurden Möbel per Versand verkauft und dadurch relativ früh diverse Lager- und Haltungskosten eingespart. Seit dem Jahr 1951 konzentrierte sich das Unternehmen auf den Verkauf von Möbeln, für die mit dem berühmten *IKEA*-Katalog geworben wurde. Die Kataloge zeigten Wohnsituationen, welche die Wahrnehmung des einzelnen Objektes stark veränderte, weil dieses als Teil eines Systems betrachtet wurde. Im Jahr 1955 entwickelte *IKEA* selbst die ersten Möbel und nur ein Jahr später wurden diese als Bausatz zur Eigenmontage angeboten und versandt. Im Jahr 1958 wurde das erste *IKEA*-Möbelhaus eröffnet, in welchem die Kunden Möbel in Bausätzen selbst abholen und selbst zu Hause montieren konnten. Das *IKEA*-Konzept wurde zunehmend erfolgreicher, sodass die Möbelindustrie in Schweden *IKEA*s Lieferanten unter Druck setzte, das Unternehmen nicht mehr zu beliefern. *IKEA* musste infolgedessen auf dem Weltmarkt nach einer Lösung suchen und fand schließlich Zulieferbetriebe in Polen, die kostengünstiger lieferten als die bisherigen schwedischen Lieferanten. Dies machte die gesamte Produktion noch günstiger und das *IKEA*-Konzept vor dem Hintergrund einer internationalen Ausweitung folglich konkurrenzfähiger.

Abbildung 6.10: Produktion bei IKEA
Quelle: IKEA

Im Jahr 1965 geschah etwas Außergewöhnliches: Im *IKEA*-Haus in Stockholm war der Ansturm der Kunden derart groß, dass die Mitarbeiter die Bestellungen nicht mehr abwickeln konnten. Kamprad ließ daraufhin die Lager für die Kunden öffnen, damit diese sich selbst bedienen konnten. Ab diesem Moment wurde bei *IKEA* das Lager gleichzeitig zur Verkaufsfläche. Das Konzept, Möbel als Gebrauchsgegenstand und nicht mehr als generationenübergreifende Erbstücke zu positionieren, findet zunehmend mehr Anhänger, nicht zuletzt durch den günstigen Preis, der vor allem jüngere Menschen mit niedrigem Einkommen anlockt. Nach der Eroberung des skandinavischen Marktes expandierte *IKEA* sehr erfolgreich nach Deutschland, Österreich und in die Schweiz. Die fünf größten Lieferantenländer sind heutzutage China (20 %), Polen (18 %), Italien (8 %), Deutschland (6 %) und Schweden (5 %). In den 80er-Jahren expandierte *IKEA* rasch und eroberte neue Märkte wie die USA, Italien, Frankreich und Großbritannien. Weitere *IKEA*-Produktklassiker wie LACK und MOMENT entstehen.

Das Unternehmen begann, die Formen des heutigen modernen *IKEA* anzunehmen. *IKEA* expandierte nach der Jahrtausendwende in weitere Märkte wie Japan und Russland. Für die Wohnbereiche von Schlafzimmer und Küche werden komplette, aufeinander abgestimmte Einrichtungslösungen präsentiert. In dieser Periode zeichneten sich Erfolge verschiedener Partnerschaften zur Unterstützung von Umwelt- und sozialen Projekten ab.

Ein maßgeblicher Grund für diesen Erfolg ist das Preis-Leistungs-Verhältnis und die für ein Jahr geltende Preisgarantie. Dies kann *IKEA* jedoch nur dann erfolgreich gewährleisten, wenn das Unternehmen innovativ und kostengünstig produzieren und liefern kann. So wird *IKEA* einer der ersten Hersteller von Möbeln mit direkt auf Faser- oder Spanplatte produzierten Mustern. Dieses Verfahren nennt sich Print-on-Board und wird für *IKEA* in einer Fabrik in Polen eingesetzt. Da Möbel immer in flachen Paketen transportiert werden, gelingt es mehrere Produkte auf Lastwagen, Schiffe oder gar Züge zu laden und dadurch nicht nur Fracht-, sondern auch Arbeits- und Lagerkosten zu reduzieren. Die Folge davon ist eine geringere Anzahl von Fahrten und daher geringerer Emissionsausstoß. Ein Netzwerk von Transportunternehmen hilft dabei, die Produkte von den Fabriken über die Distributionszentren und Lager zu den einzelnen Einrichtungshäusern zu transportieren. Die Spediteure müssen den Verhaltenskodex „Die Distribution von Einrichtungsprodukten – The *IKEA* Way" unterschreiben und dessen Anforderungen erfüllen, wie beispielsweise den Einsatz von modernen Transportmitteln, um weniger Schadstoffe auszustoßen. Verhältnismäßig hohe Transportkosten können vor allem bei Produkten im *IKEA*-Sortiment entstehen, die relativ wenig kosten, aber ein überproportional hohes Verpackungsvolumen aufweisen. Die Art der Verpackung von Teelichtern zeigt, wie an einem einfachen Produkt enorme Kostenersparnisse erzeugt werden können. Eine herkömmliche Packung von 100 Teelichtern wurde bis dahin in einer Art Plastiksack transportiert und verkauft. Diese Art von Verpackung verursachte ein großes Transport- und Lagervolumen. Die Idee, Teelichter nebeneinander aufzureihen um dadurch den Raum für Luft in der Verpackung zu minimieren, sodass die Verpackung nun einer Pralinenpackung ähnelt, erwies sich als eine simple und zugleich sehr hilfreiche Innovation, die enorme Kostenersparnisse einbrachte. Die neue, kompakte Verpackung ließ die Ladeeinheit um ganze 30 Prozent steigen. Dadurch wurde die Anzahl der notwendigen Paletten von ca. 60.000 um sage und schreibe ein Drittel reduziert. In Verbindung mit der Einführung von „cluster supplier", welche den unterschiedlichen Lieferanten und deren Produkten zwischengeschaltet sind, wurde nicht nur die Raumausnutzung der Transporte optimiert, sondern auch erreicht, die Zuladungsgewichte stets einzuhalten.

Heute ist das *IKEA*-Sortiment in vielerlei Hinsicht reichhaltig. Im Hinblick auf die Funktion findet der Kunde alles, was er benötigt, um sein Zuhause einzurichten – von der Wohnzimmereinrichtung und Pflanzen bis zu Spielzeug und kompletten Küchen. Im Hinblick auf den Stil wird der Romantiker bei *IKEA* ebenso fündig wie der Minimalist. Da die Produkte aufeinander abgestimmt sind, spiegelt sich die Vielfältigkeit des Sortiments jederzeit in Funktion und Stil wider. Egal welchen Stil der Kunde bevorzugt, jeder wird fündig werden.

Generell kann jedes Unternehmen Produkte von guter Qualität zu einem hohen Preis herstellen oder ein minderwertiges Produkt zu einem niedrigen Preis. Um aber Produkte von guter Qualität zu niedrigen Preisen herzustellen, müssen sowohl kostengünstige als auch innovative Methoden entwickelt werden. *IKEA* hat somit eine besondere Herangehensweise entwickelt, nach welcher z. B. zuerst der Preiszettel entworfen oder eine Tür als Tischplatte verwendet wird, *IKEA*-Designer Möglichkeiten finden, einen Rohstoff optimal zu nutzen und schließlich ständig daran arbeiten, Produkte und Materialien so anzupassen, dass die negativen Auswirkungen auf die Umwelt minimiert werden und die Produkte gesundheitlich unbedenklich sind.

Vor diesem Hintergrund stellt *IKEA* ein Exempel dar, das aufzeigt, inwiefern Produktion und Logistik einen strategischen Wettbewerbsvorteil darstellen können.

Reflexionsfragen

1. Beschreiben Sie das Produktsortiment von *IKEA*.

2. Erörtern Sie, inwiefern *IKEA* anhand seiner Produktion Wettbewerbsvorteile schafft. Erläutern Sie dies an konkreten Beispielen und beziehen Sie sich dabei auf Konzepte des Kapitels Produktion.

3. Worin sehen Sie zukünftige Herausforderungen im Hinblick auf die Produktion des Unternehmens?

4. Wie könnte das Unternehmen IKEA diesen Herausforderungen Ihrer Meinung nach gerecht werden?

Quelle: Straub und Shibib; Unternehmenshomepage IKEA

Siehe auch begleitendes Fallvideo dazu.

Verwendete Literatur

Buffa, E.: „Modern Production Management", John Wiley & Sons, 1961.

Chase, R.; Prentis, E.: „Operations Management: A Field Rediscovered", in: Journal of Management, Bd. 13, Nr. 2 (1987), S. 351–366.

Chase, R.; Garvin, D.: „The Service Factory", in: Harvard Business Review, Bd. 67, Nr. 4 (1989), S. 61–69.

Davis, M.; Aquilano, N.; Chase, R.: „Fundamentals of Operations Management", 4. Aufl., Mcgraw-Hill, 2002.

Drucker, P.: „The Effective Executive", Harper Business, 1993.

Garvin, D.: „Competing on the Eight Dimensions of Quality", in: Harvard Business Review, Bd. 65, Nr. 6 (1987), S. 101–109.

Geiger, G.; Hering, E.; Kummer, R.: „Kanban: Optimale Steuerung von Prozessen", 3. Aufl., Hanser Verlag, München 2011.

Harris, F.: „How Many Parts To Make At Once", in: Factory. The Magazine of Management, Bd. 10, H. 2 (1913), S. 135–136, 152.

Harris, F.: „Operations Cost (Factory Management Series)", Shaw, 1915.

Hayes, R.; Wheelwright, S.: „Link Manufacturing Process and Product Life Cycles", in: Harvard Business Review, Bd. 57, Nr. 1 (1979), S. 133–140.

Hayes, R.; Wheelwright, S.: „The Dynamics of Process-Product Life Cycles", in: Harvard Business Review, Bd. 57, Nr. 2 (1979), S. 127–136.

Jung, H.: „Allgemeine Betriebswirtschaftslehre", 11. Aufl., Oldenburg Verlag, München 2010.

Russel, R.; Taylor, B.: „Operations Management: Focusing on Quality and Competitiveness", 2. Aufl., Prentice-Hall, 1998.

Silver, E.: „Operations Research in Inventory Management: A Review and Critique", Operations Research, Bd. 29, Nr. 4 (1981), S. 628–645.

Skinner, W.: „Manufacturing – Missing Link in Corporate Strategy", in: Harvard Business Review, Bd. 47, Nr. 3 (1969), S. 136–145.

Skinner, W.: „The Focused Factory", in: Harvard Business Review, Bd. 47, Nr. 3 (1974), S. 113–121.

Skinner, W.: „Manufacturing in the Corporate Strategy", John Wiley & Sons, 1978.

Smith, A.: „Der Wohlstand der Nationen", 1776.

Stalk, G.: „Time: The Next Source of Competitive Advantage", in: Harvard Business Review, Bd. 66, Nr. 4 (1988), S. 41–51.

Wheelwright, S.; Hayes R.: „Competing through Manufacturing", in: Harvard Business Review, Bd. 63, Nr. 1 (1984), S. 99–109.

Wilson, R.: „A Scientific Routine for Stock Control", in: Harvard Business Review, Bd. 13 (1934), S. 116–128.

Weiterführende Literatur

Arnold, U.: „Beschaffungsmanagment", 2. Aufl., Schäffer-Poeschel, Stuttgart 1998.

Fogarty, D.W.; Blackstone, J.H.; Hoffmann, T.R.: „Production and Inventory Management", 2. Aufl., South-Western Publishing, 1991.

Glock, C.: „Produktion und Supply Chain Management: Eine Einführung", B+G Wissenschaftsverlag, 2014.

Gunther, H.-O.: „Produktion und Logistik", 9. Aufl., Springer, 2011.

Kiener, S.; Maier-Scheubeck, N.; Obermaier, R.; Weiß, M.: „Produktions-Management: Grundlagen der Produktionsplanung und -steuerung, Gebundene Ausgabe", Oldenburg Wissenschaftsverlag, 2012

Skinner, W.: „Manufacturing in the Corporate Strategy", John Wiley & Sons, 1978.

Endnoten

1. Siehe *Kapitel 4*: Sales.
2. Der Aufbau dieses Buches erfolgt entlang der Wertschöpfungskette.
3. Siehe *Kapitel 5*: Materialwirtschaft, Logistik und SCM.
4. Siehe *Kapitel 1 Grundlagen*: Entscheidungstheorien.
5. Nach Gutenberg wird die menschliche Arbeit in zwei Kategorien unterteilt: Die *objektbezogene Arbeit*, die einen direkten Anteil am Produktionsprozess besitzt und für die Wertschöpfung mitverantwortlich ist, und auf der anderen Seite der *dispositive Faktor*, der in die Planung, Gestaltung und Führung der Produktion einfließt. Dieser zweite Teil wird der Einfachheit halber im Wertschöpfungsprozess vernachlässigt und an anderer Stelle wieder aufgriffen.
6. Siehe Peter Drucker (1993).
7. Der Begriff „Wechselkosten" bezeichnet Transaktionskosten, die in diesem Fall für eine Fluglinie entstehen, sobald das Personal von einem Flugzeugtyp zu einem anderen Flugzeug wechselt.
8. Die Losgröße stellt im Rahmen der Industriebetriebslehre die Menge der Produkte eines Fertigungsauftrages dar, welche die Stufen des Fertigungsprozesses durchlaufen.
9. In Anlehnung an Jung (2010).

Nichts ist so unheilvoll wie eine rationale Investmentpolitik in einer irrationalen Welt.

John Maynard Keynes (1883–1946), einer der bedeutendsten Ökonomen des 20. Jahrhunderts und Namensgeber des Keynesianismus

Lernziele

In diesem Kapitel wird das Wissen zu folgenden Inhalten vermittelt:

- Wesentliche Prinzipen und Instrumente des Finanzwesens
- Discounting und die Errechnung von Bargeldfaktoren
- Grundlagen der Investitions- und Finanzierungsentscheidungen von Unternehmen
- Bewertung von Investitionen durch Anwendung der Nettobarwertmethode
- Optimierung der Finanzierungskosten durch gezielten Einsatz von Eigenkapital
- Entwicklung eines Finanzplans zur Vorbereitung der Finanzierung
- Berechnung des Risikos von Zahlungsströmen durch Berechnung der Standardabweichung

Quelle: © psdesign1/fotolia.com

Finanzwirtschaft

7.1 Ursprünge und Merkmale 256
    7.1.1   Geschichtliche Entwicklung 256
    7.1.2   Definition 257
    7.1.3   Charakteristika und Abgrenzungen 259

7.2 Grundlagen 260
    7.2.1   Discounting 260
    7.2.2   Kredit und Anlage 261
    7.2.3   Substituierung 264
    7.2.4   Berechnung des Barwertfaktors 266

7.3 Investitionsentscheidungen 268

7.4 Finanzierungsentscheidungen 273
    7.4.1   Interdependenzen zur Rechnungslegung und
           zum Jahresabschluss 273
    7.4.2   Finanzplan 275
    7.4.3   Optimale Bilanzsteuerung 278

7.5 Risikomanagement 280
    7.5.1   Soll-Ist-Vergleich 280
    7.5.2   Berechnung der Standardabweichung 283
    7.5.3   Klassifizierung und Bewertung des Risikos 285

7.6 Fazit 288

7

ÜBERBLICK

7 Finanzwirtschaft

7.1 Ursprünge und Merkmale

7.1.1 Geschichtliche Entwicklung

Finanzkrisen ereigneten sich in der Vergangenheit und werden sich auch in der Zukunft ereignen. In der heutigen globalen Wirtschaft können aus unterschiedlichsten Gründen Krisen aller Art ausgelöst werden und es ist äußerst schwierig, diese vorherzusehen, zu vermeiden oder auch lokal zu begrenzen. Um souverän in Krisensituationen handeln zu können, werden bei wichtigen Fragen oft nur qualifizierte Fachleute eingesetzt, die nach bestem Wissen und Gewissen Entscheidungen treffen und sich ihrer Verantwortung bewusst sind. Im Finanzbereich ist es unabdingbar, nur diejenigen Geschäfte zu tätigen, die vollständig verstanden werden. Dieses Leitmotiv finanziellen Handelns gerät, wie die Wirtschaftskrise jüngst zeigte, von Zeit zu Zeit in Vergessenheit. Nichtsdestoweniger ist es ein wichtiger Baustein für stabile Finanzmärkte. Dieses Kapitel soll einen Beitrag für das bessere Verständnis finanziellen Handelns leisten.

Zahlungsmittel

Bereits in der Zeit der Lydier im 7. vorchristlichen Jahrhundert gab es Zahlungsmittel in Form von Münzen, welche die Abkehr vom Tauschhandel erlaubten. Für die Verbreitung in der Alten Welt sorgten die Perser mit ihren Goldmünzen. Es wird geschätzt, dass sich zu Zeiten des *Dareios I.* (549–486 v. Chr.) um die 1.500 Tonnen Gold in Münzen im Umlauf befanden.

Im 7. nachchristlichen Jahrhundert gaben chinesische Kaiser sogenannte „Wertscheine" zum allgemeinen Gebrauch heraus: Dies war die Geburt des Papiergeldes. Im Jahr 1275 berichtete Marco Polo, dass die Chinesen den Stein der Weisen entdeckt hätten:

> *Und ich sage euch, dass jeder gern einen Schein nimmt, weil die Leute, wohin sie im Reich des großen Khan auch gehen, damit einkaufen und verkaufen können, so als ob es pures Gold sei.*

Quelle: Marco Polo (1254–1324), venezianischer Händler

In Europa dauerte es bis zum Ende des 17. Jahrhunderts, ehe in Schweden erstmals Banknoten ausgegeben wurden: Die übrigen Staaten folgten schrittweise.

Ebenfalls vor 300 Jahren wurde in Italien Geld in den Büchern von Banken verwahrt. Seit dieser Zeit wurde das Bargeld zu großen Teilen durch Buchgeld ersetzt. Es handelt sich um Kontobestände auf Bankkonten (Sichtguthaben), die auf Aufforderung des Kontoinhabers jederzeit in Bargeld umgewandelt werden können. Der technische Fortschritt und die Internationalisierung haben es möglich gemacht, Buchgeld und viele andere Finanzaktiva zu geringsten Kosten zu transferieren. Die Virtualität des Buchgeldes und vieler Finanzprodukte verbunden mit hoher Abwicklungsgeschwindigkeit und geringen Kosten hat den Finanzmärkten heute zu einer Bedeutung verholfen, die weit über die einfache finanzielle Abwicklung von Geschäften in den Gütermärkten hinausgeht. Die drei Motive für die Nutzung von Geld als *Zahlungsmittel*, *Sparvermögen* für schlechte Zeiten oder auch zur sogenannten *Spekulation* sind aktueller denn je.

Börse und Aktien

Als Meilenstein für die Entwicklung der Finanzmärkte ist die Gründung der **ersten Börse** der Welt im Jahr 1409 in Brügge zu sehen. Diese wurde nach der Kaufmannsfamilie *van der Buerse* benannt. Im Jahr 1540 entstanden die ersten deutschen Börsen in den zu damaliger Zeit wichtigsten Handelszentren Nürnberg und Augsburg, dem Sitz der Familie Fugger. Im Jahr 1554 folgte die Eröffnung der Londoner Börse *(Royal Exchange)*. Zum wichtigsten Börsenstandort der Frühen Neuzeit entwickelte sich jedoch Amsterdam, wo im Jahr 1602 wohl die **erste Aktie** der Welt, das Wertpapier der niederländischen *Vereenigden Osstindischen Compagnie*, gehandelt wurde. Der erste in Dokumenten festgehaltene Börsencrash ereignete sich im Jahr 1720. Die New Yorker Börse *(Stock Exchange)* öffnete im Jahr 1792 ihre Tore. Auch der größte Börsencrash in der Geschichte des Aktienhandels begann in New York. Im Jahr 1929 ereignete sich der sogenannte „Schwarze Freitag": Der *Dow-Jones*-Index fiel in den folgenden drei Jahren um 90 Prozent. Alle Börsen gerieten in den Abwärtsstrudel. Der „Schwarze Freitag" war Auslöser der Weltwirtschaftskrise.

7.1.2 Definition

Die **Finanzwirtschaft** *(Finance)* beschreibt alle Aktivitäten in einem Unternehmen, die sich mit Management von Kapital- und Geldflüssen beschäftigen. Die Hauptaufgaben der Finanzwirtschaft lassen sich in drei Bereiche unterteilen:

1. Investitionsentscheidung
2. Finanzierung
3. Risikomanagement

Meist werden alle diese Bereiche durch die Finanzabteilung im Unternehmen vollzogen, welche einerseits mit der Buchhaltung[1] und dem Controlling[2], andererseits mit den Finanzmärkten außerhalb des Unternehmens in enger Zusammenarbeit steht. Die Finanzabteilung eines Unternehmens ist in der Regel eine relativ unscheinbare Abteilung: Sie unterstützt die Hauptaktivitäten im Unternehmen und bleibt ansonsten dezent im Hintergrund. Die *Finanzwirtschaft* beinhaltet die Bewirtschaftung des elementarsten Gutes eines Unternehmens, das diesem zur Verfügung gestellt wird, nämlich das Kapital. Das Kapital stellt den Ausgangspunkt jeder Aktivität in einem Unternehmen dar, denn jede noch so geniale Idee und das sich daraus entwickelnde Projektvorhaben benötigen zur Umsetzung finanzielle Mittel. Dieses Kapitel wird verschiedene Aspekte der *Finanzwirtschaft* in einem Unternehmen analysieren und präsentieren, damit der Leser eine genaue Vorstellung davon erhält, was diese unterstützende Unternehmensfunktion abdeckt und bewirkt.

Die Finanzmärkte und die darin agierenden Akteure werden gegenwärtig durchaus kritisch betrachtet, da in der Finanzwirtschaft nicht nur ein potenzieller, sondern auch ein realer Störfaktor für nachhaltiges Wirtschaften gesehen wird. Zugleich sind eben diese Finanzmärkte unabdingbar. Die Abwicklung von Geschäften aller Art in der heutigen vernetzten Weltwirtschaft ist ohne intakte und gut funktionierende Finanzmärkte schlicht nicht möglich.

Dies allein ist sicherlich kein Alleinstellungsmerkmal, da ohne eine hochentwickelte Logistik[3] oder auch ohne eine moderne Informationstechnologie die Weltwirtschaft ebenfalls so nicht funktionieren würde.

Abbildung 7.1: Finanzwelt
Quelle: © psdesign1/fotolia.com

Ist der Finanzbereich nun anders als andere Wirtschaftsbereiche? Treffen beispielsweise Manager im Finanzbereich Entscheidungen mit weniger Moral und Ethik als Führungskräfte anderer Disziplinen?

Fakt ist, dass auch andere Bereiche Krisen durchlaufen. So ist die Entstehung und die Bewältigung einer Umweltkatastrophe durchaus mit dem Ablauf von Krisen des Finanzmarktes vergleichbar. Es lässt sich daher die Auffassung vertreten, dass es sich bezüglich der schillernden *Finanzwirtschaft* um eine eigene, aber um keine prinzipiell andersgeartete Disziplin handelt. Studenten fürchten zunächst die Komplexität und Schwierigkeit dieses Faches. Im Zuge der Wissensaneignung tritt oft ein, dass die fundamentalen eher einfachen Grundbausteine dennoch nicht wirklich verstanden werden und sich die Aufmerksamkeit rasch auf viele neu entstehende Finanzprodukte mit großartigen Renditeversprechen richtet. Die hohe Entwicklungsgeschwindigkeit in dieser vor allem digitalen und abstrakten Welt bewirkt, dass kontinuierlich neue Produkte entstehen. Einmal eingetaucht in das Magma der unzählbaren Finanzinnovationen entsteht oft Ratlosigkeit, gepaart mit Angst vor Fehlentscheidungen.

Nachfolgend werden wir die Bausteine des Finanzwesens behandeln, die oft auch als *Corporate Finance* bezeichnet werden.

7.1.3 Charakteristika und Abgrenzungen

In diesem Kapitel werden wir ein grundlegendes Verständnis für das Finanzwesen und seine wesentlichen Bausteine erarbeiten. Hierfür werden wir uns für Finanzströme in Unternehmen interessieren und ebenso der Frage nachgehen, wie derartige Finanzflüsse alternativ generiert werden können. So genügt es nicht, mit einer Formel Ergebnisse zu errechnen, sondern es gilt auch zu verstehen, wie dies auf den Finanzmärkten bewerkstelligt wird.

Unter dem Begriff **Finance** verstehen wir das Management von Geldströmen. Dies beinhaltet vor allem die ökonomische Optimierung der Beschaffung und Verwendung von Geld.[4] Der Aufbau des Kapitels stellt sich in den Dienst dieser Maxime. Dies stellt ebenfalls die Basis des sogenannten *Financial Engineerings* dar. Darunter wird die Fähigkeit verstanden, verschiedenste Finanzinstrumente so zu kombinieren, dass dabei ein gewünschtes Ergebnis erreicht wird. Umgekehrt gilt für die Käufer von derartigen komplexen Produkten, die aus mehreren Bausteinen bestehen, dass diese in ihre jeweiligen Bestandteile zerlegt werden müssen. Diese Einzelbestandteile können dann in einfacher Art und Weise analysiert werden. So ist die Fähigkeit, Basisinstrumente vollständig zu verstehen und analysieren zu können, eine unabdingbare Voraussetzung für ein tieferes Verständnis des *Finanzwesens*.

Ein weiterer wichtiger Punkt ist die Abgrenzung des Finanzbereiches von der Finanz- und Betriebsbuchhaltung. Hier ist festzuhalten, dass im *Finanzwesen* nur Ein- und Auszahlungen, sprich der sogenannte *Cashflow* bzw. das Bar- und Buchgeld, betrachtet werden. Das Wesen des *Cashflows* ist, dass seine Ströme die Salden von Bankkonten oder den Bargeldbestand verändern. Der *Cashflow* bezeichnet Bargeld oder Geld auf Konten **(Liquidität)**[5], das kurzfristig zu seinem Nominalbetrag in Bargeld umgewandelt oder zu Zahlungen verwendet werden kann. Aufwendungen und Einnahmen wie Abschreibungen, Rücklagen oder Rückstellungen, die keine direkte Zahlung auslösen, gehören nicht in die Welt des *Finanzwesens*. Das *Finanzwesen* ist zudem zukunftsorientiert: Es gilt, den zukünftigen *Cashflow* zu bestimmen und basierend auf diesen Informationen die richtigen Entscheidungen zu treffen und die hierfür notwendigen Finanztransaktionen zu realisieren. Im Gegensatz dazu haben Betriebs- und Finanzbuchhaltung[6] vor allem zur Aufgabe, ein wahrheitsgetreues Abbild der Vermögensentwicklung und des Firmenerfolges für die laufende oder abgelaufene Periode zu geben.

Der Finanzdirektor eines Unternehmens, häufig *CFO (Chief Financial Officer)* genannt, ist in der Regel für die Finanzabteilung *(Treasury)* sowie für die Finanz- und Betriebsbuchhaltung[7] *(Accounting and Controlling)* verantwortlich. Zwischen diesen Bereichen gibt es vielerlei Verbindungen, vor allem muss ein umfangreicher Informationsaustausch gewährleistet sein. In vielen Fällen ist der Finanzdirektor der Stellvertreter des Geschäftsführers. Im folgenden Abschnitt sollen die Grundlagen des *Finanzwesens* erklärt werden, um ein Grundverständnis für diese Disziplin zu vermitteln.

7.2 Grundlagen

7.2.1 Discounting

In diesem Abschnitt gilt es, die praktischen Aspekte des wohl wichtigsten Grundprinzips finanziellen Handelns, des *Discounting* zu erklären.

Quelle: © ElenaR/fotolia.com

Die Natur von Finanzströmen vieler Firmen besteht darin, dass täglich Ein- und Auszahlungen erfolgen. Diese Zahlungen *(Cashflow)* müssen für die Zukunft geplant werden, um die Liquidität eines Unternehmens zu sichern. Es ergeben sich oftmals Zeitperioden, in denen es an *Cashflow* fehlt, in anderen Zeitperioden entsteht hingegen durch Einzahlungen ein *Cashflow-Überschuss*. Die erwarteten *Cash*-Bestände werden jeden Morgen in der Finanzabteilung *(Treasury)* für den heutigen Tag *(n)* und die darauffolgenden Tage ($n + 1$, $n + 2$ etc.) berechnet und ausgewertet.[8] Zumeist erfolgt die Zusammenfassung in einer Tabelle, die wie folgt aussehen kann:

Tabelle 7.1

Tägliche Kontostände vor Ausgleich durch Kredite oder Anlagen						
n = Tag	heute *(n)*	$n + 1$	$n + 2$	$n + 3$	$n + 4$	$n + 5$
Betrag in €	−10.000	3.000	500	−2.000	6.000	−7.000

In ▶Tabelle 7.1 sind die voraussichtlichen Kontostände für heute und die nächsten fünf Tage aufgelistet. Es ist ersichtlich, dass an einigen Tagen eine Negativsumme entstehen wird und dass an anderen Tagen Überschüsse entstehen werden. Unter Unternehmen, Privatanlegern und Banken gibt es immer Marktteilnehmer, die ihre Geldüberschüsse für einen Zeitraum anlegen möchten und andere, die für eine bestimmte Periode Geld leihen möchten. Die Herausforderung des Finanzsektors besteht darin, Vereinbarungen zu finden, die von beiden Seiten akzeptiert werden können. Hierbei ist prinzipiell egal, ob Geld für einen Tag oder für ein Jahr benötigt oder zur Verfügung gestellt wird. Um zu verstehen, auf welche Weise Geld beschafft bzw. investiert wird, sollen im folgenden Abschnitt die Basisinstrumente der Finanzwirtschaft, Kredit und Anlage vorgestellt werden.

7.2.2 Kredit und Anlage

Das wichtigste Grundinstrument, mit dem Geldüberschüsse denjenigen Personen, die Geld benötigen, zur Verfügung gestellt werden, ist der Kredit. Dieser wird über Transaktionen, wie in ▶Abbildung 7.2 schematisch dargestellt, abgewickelt. In der einfachsten Form sind zwei Akteure daran beteiligt.

Abbildung 7.2: Funktionieren von Anleihe und Kredit

Ein **Kredit** ist ein Finanzinstrument, das die temporäre Überlassung von *Cashflow* beinhaltet. Die Rahmenbedingungen – insbesondere der Rückzahlungstermin und die Zinsen – werden im Kreditvertrag exakt vereinbart.

Als Anschauungsbeispiel soll ein Kredit dienen, der zu 4 % Zins für 180 Tage vergeben wird. Es handelt sich um die Summe von 400.000 €. Vertraglich wurde festgelegt, dass ein Jahr zu 360 Tagen gezählt wird. Aus Sicht des Kreditgebers handelt es sich bei dieser Finanztransaktion um eine Anlage bzw. einen Geldabfluss. Der Kreditgeber stellt dem Kreditnehmer für einen bestimmten Zeitraum einen Betrag zur Verfügung, sprich er überweist Geld von seinem Konto auf das Konto des Kreditnehmers. Am Ende der Laufzeit erhält der Kreditgeber den investierten Betrag zurück.

Der gleiche Vorgang stellt aus der Sicht des Kreditnehmers einen Geldzufluss dar. Der Kreditnehmer erhält zu Beginn der Laufzeit Geld, das er am Ende wieder zurückzahlt. Da der Kreditgeber für eine bestimmte Periode einen bestimmten Betrag ausleiht und damit darauf verzichtet, dieses Geld anderweitig einsetzen (investieren) zu können, erhält dieser für die zur Verfügung gestellte Summe eine Entschädigungszahlung. Diese finanzielle Entschädigung wird gemeinhin als **Rendite**[9] bezeichnet. In einem Kreditgeschäft wird die Rendite durch den festgelegten Zins generiert. Der exakte Geldbetrag errechnet sich aus der Höhe des Zinssatzes und der Zeitdauer in Tagen. Bei Rückzahlung wird damit zusätzlich zu dem ausgeliehenen Betrag ein zu Anfang der Transaktion vereinbarter Renditebetrag fällig, der ebenfalls von dem Kreditnehmer (Anleger) an den Kreditgeber zu überweisen ist. Üblicherweise wird hierfür ein Jahresprozentsatz *(i)* verwendet, der auf die jeweilige Zeitdauer angepasst wird. Der Renditebetrag lässt sich wie folgt errechnen:

$$\text{Renditebetrag} = \text{Betrag} \cdot i \cdot \frac{n}{360}$$

Derlei Transaktionen finden täglich statt und erlauben den Marktteilnehmern einerseits für momentan entbehrliche Geldmittel, Erträge zu erwirtschaften, und andererseits, Geld zu leihen. Auf diese Weise fließt Geld idealerweise an diejenigen Kreditnehmer, die hohe Erträge generieren und damit hohe Zinsen zahlen können. Damit wird sichergestellt, dass Unternehmen gemäß ihrem unternehmerischen Erfolg Zugang zu Krediten erhalten. **Rendite** bezeichnet die Summe des Geldes, die durch die Überlassung an einen Dritten für den Eigentümer des Geldes erwirtschaftet wird.

Renditen werden in Prozent und für den Zeitraum eines Jahres angegeben. Es ist hierbei zu berücksichtigen, dass Kreditvergabe und -rückzahlung zu verschiedenen Zeitpunkten stattfinden. Da es möglich ist, für jede heutige Einzahlung (Geldzufluss) pro Tag einen Ertrag zu erwirtschaften, und dies für zukünftige Einzahlungen nur in reduzierter Form möglich ist, ist deren Wert verglichen mit den heutigen Einzahlungen geringer. Dies gilt sowohl für Ein- als auch Auszahlungen und soll im Folgenden erklärt werden.

Zunächst soll dies aus der Sicht eines Anlegers (Kreditgebers) betrachtet werden, der sein Geld für einen bestimmten Zins zur Verfügung stellt. Er wird für jeden Tag ohne Geld entschädigt. In ▶*Tabelle 7.2* wird gezeigt, auf welche Weise sich die Forderungen des Anlegers monatlich entwickeln, sofern er für 1.000 € einen jährlichen Zinssatz von 10 % erhält.

Der **Zins** ist in diesem Beispiel die maßgebende Zahl zur Errechnung des Renditebetrages. *Tabelle 7.2* und ▶*Abbildung 7.3* beschreiben, welche alternativen Geldflüsse sich für die jeweiligen Perioden ergeben.

Tabelle 7.2

Entwicklung des Rückzahlungsbetrag für einen Anleger bei 10% Zinsen (Monat = 30 Tage ; Jahr = 360 Tage)

n = Monat	heute (n)	$n + 1$	$n + 2$	$n + 3$	$n + 4$	$n + 5$	$n + 6$
Betrag in €	−1.000,00	1.008,33	1.016,67	1.025,00	1.033,33	1.041,67	1.050,00

7.2 Grundlagen

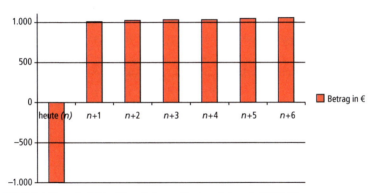

Abbildung 7.3: Entwicklung des Rückzahlungsbetrages für einen Anleger bei 10 % Zinsen

Es wird in *Abbildung 7.3* deutlich, dass die Auszahlung zu Beginn der Transaktion und der temporäre Verzicht auf das Geld in der Rückzahlung durch die zusätzliche Zinszahlung kompensiert werden: Somit steigt mit der Zeit der Rückzahlungsbetrag.

Aus Sicht des Anlegers ergeben sich damit für einen definierten Zinssatz feste Austauschverhältnisse in der Zukunft: Diese Entwicklung verläuft aus Sicht des Kreditnehmers exakt spiegelverkehrt. Die Abbildung ist identisch mit der des Anlegers unter umgekehrten Vorzeichen (Spiegelung an der x-Achse). Die umgekehrten Vorzeichen bedeuten auch, dass Auszahlungen zu Einzahlungen werden und umgekehrt Einzahlungen zu Auszahlungen. ▶ *Tabelle 7.3* und ▶ *Abbildung 7.4* illustrieren diese Entwicklung für den Kreditnehmer.

Tabelle 7.3

Entwicklung des Rückzahlungsbetrags für einen Kreditnehmer bei 10 % Zinsen (Monat = 30 Tage ; Jahr = 360 Tage)

n = Monat	heute (n)	$n+1$	$n+2$	$n+3$	$n+4$	$n+5$	$n+6$
Betrag in €	1.000,00	−1.008,33	−1.016,67	−1.025,00	−1.033,33	−1.041,67	−1.050,00

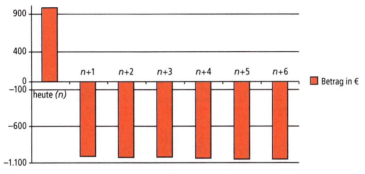

Abbildung 7.4: Entwicklung des Rückzahlungsbetrags für einen Kreditnehmer bei 10 % Zinsen

Es ergeben sich ebenfalls feste Austauschverhältnisse: Beispielsweise ist bei einer Rückzahlung des Kredites nach drei Monaten die Summe von 1.025 € zu zahlen, die exakt dem Zahlungsanspruch des Anlegers entspricht.

Aus der Kombination beider Seiten können Schlussfolgerungen gezogen werden, die es erlauben, den heutigen Wert von zukünftigen Aus- oder Einzahlungen zu verstehen. Dieser heutige Wert, auch Barwert genannt, beschreibt, zu welchem Preis zukünftige Zahlungen bereits am heutigen Tag abgewickelt werden können. Im nächsten Abschnitt soll behandelt werden, auf welche Weise und zu welchen Preisen künftige Transaktionen bereits heute abgewickelt werden können.

7.2.3 Substituierung

Man kann künftigen Zahlungen bereits heute Rechnung tragen, indem man sie durch eine heutige Transaktion substituiert. ▶Tabelle 7.4 sowie ▶Abbildung 7.5 zeigen, wie der Kreditnehmer, der sich für einen Kredit für vier Monate entschieden hat, seine Entscheidung noch am gleichen Tag revidiert, ohne dass er das bestehende Kreditverhältnis annulliert.

Tabelle 7.4

Annullierung für einen Kredit zu 10 % Zinsen für 4 Monate (Monat = 30 Tage ; Jahr = 360 Tage)

n = Monat	heute (n)	n + 1	n + 2	n + 3	n + 4
Kredit in €	1.000,00				−1.033,33
Anlage in €	−1.000,00				1.033,33

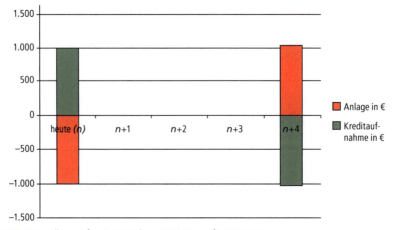

Abbildung 7.5: Annullierung für einen Kredit zu 10 % Zinsen für 4 Monate

Der Kreditnehmer annulliert seine Entscheidung, indem er die aus dem Kredit erhaltene Einzahlung (grüner Balken) direkt anlegt (roter Balken). Das Ergebnis beider Transaktionen ist, dass sich die Ein- und Auszahlungen heute und in vier Monaten jeweils ausgleichen und somit kein Finanzierungs- oder Anlagebedarf entsteht. Diese Aktion wird **Substituierung** oder **Substitution** genannt.[10]

Aus *Abbildung 7.5* lassen sich folgende Schlussfolgerungen ziehen:

- Sofern in vier Monaten der Betrag von 1.033,33 € von dem Kreditnehmer zu zahlen ist, kann dieser Betrag auch durch eine heutige Zahlung von 1.000 € beglichen werden. Dies wird in obigem Beispiel durch die Anlage von 1.000 € möglich. Der Betrag wird zu einem definierten Zahlungsdatum fällig und gleicht zudem den benötigten Auszahlungsbetrag exakt aus.
- Sofern man in vier Monaten eine Einzahlung von 1.033,33 € erhält, kann heute ein Kredit auf vier Monate abgeschlossen werden, welcher durch die Einzahlung getilgt wird.
- Auf diese Weise ermöglichen die Finanzmärkte, alle zukünftigen Zahlungen durch heutige Zahlungen zu substituieren.

Die Anlage (Kredit), die heute für die Substitution zukünftiger Zahlungen getätigt werden muss, wird als **Barwert** der zukünftigen Zahlungen bezeichnet. Da Finanzinstrumente einem Bündel von zukünftigen Finanzströmen entsprechen, ist die Summe der einzelnen Barwerte der **Preis eines Finanzinstrumentes**. Ein fairer Preis für ein Wertpapier entspricht immer dessen Barwert *(Present Value)*. Da dies durch Kredite bzw. Anlagen geschieht, wird evident, weshalb die Errechnung von Barwerten eine zentrale Rolle im Finanzwesen einnimmt.

Beispiel 7.1 **Transporte ganz anderer Art**

Das Grundprinzip des Finanzwesens kann man sich als enorme Anzahl von Zahlungen aller Art vorstellen, die mit einem virtuellen Verkehrsmittel aus der Zukunft in die Gegenwart oder auch von der Gegenwart in die Zukunft transportiert werden.

Der Fahrpreis für diesen Transport ist der Renditebetrag, der von dem Zins und von der Anzahl der Tage abhängt. Dieser wird von dem Kreditnehmer an den Kreditgeber entrichtet. Die Finanztransaktion, das Transportmittel, kann nur dann stattfinden, wenn sowohl Kreditgeber als auch Kreditnehmer mit dieser einverstanden sind. Es gibt viele Anbieter für derartige Transporte. Die Organisation in diesem Geldtransfergeschäft wird oft von Banken durchgeführt, die als Vergütung von dem Renditebetrag einen Anteil, die **Marge**, einbehalten. Die Arbeit der Banken besteht im Wesentlichen darin, Kreditnehmer und Kreditgeber in einer Finanztransaktion zu vereinen und den Transport „unfallfrei" durchzuführen. Derartige Transporte für unterschiedlichste Beträge und Zeiträume, in allen Währungen und überall auf der Welt stellen die tägliche Herausforderung des Finanzwesens dar.

7.2.4 Berechnung des Barwertfaktors

Häufig wird der Zusammenhang zwischen heutigen und zukünftigen Zahlungen in Form von Barwertfaktoren berechnet. In dem bereits behandelten Beispiel können diese **Koeffizienten** ermittelt werden, indem der Barwert durch den zukünftigen Zahlungsbetrag geteilt wird:

$$1.000{,}00 / 1.033{,}33 = 0{,}9677$$

Barwertfaktoren, die Werte zwischen null und eins annehmen können, stellen das Verhältnis zwischen dem heutigen und dem zukünftigen Wert einer Zahlung dar. Für den heutigen Tag beträgt der Barwertfaktor 1, da keinerlei Zinsen anfallen. Die Differenz des Faktors zu heute, in diesem Fall $1 - 0{,}9677 = 0{,}03233$ gibt die Zinsen bezogen auf die zukünftige Zahlung ($0{,}03233 \cdot 1.033{,}33 = 33{,}33$) an. In diesem Zusammenhang wird auch vom „Abzinsen" oder *Discounting* gesprochen, da für die zukünftigen Zahlungen Zinsabschläge erfolgen. Generell ist der Begriff des *Discounting* für die Ermittlung von Barwerten weit verbreitet. Die bereits erwähnten Barwertfaktoren können in einer Tabelle wie folgt dargestellt werden:

	1	2	3	4	5	6	7	8	9	10
1%	0.9901	0.9803	0.9706	0.9610	0.9515	0.9420	0.9327	0.9235	0.9143	0.9053
2%	0.9804	0.9612	0.9423	0.9238	0.9057	0.8880	0.8706	0.8535	0.8368	0.8203
3%	0.9709	0.9426	0.9151	0.8885	0.8626	0.8375	0.8131	0.7894	0.7664	0.7441
4%	0.9615	0.9246	0.8890	0.8548	0.8219	0.7903	0.7599	0.7307	0.7026	0.6756
5%	0.9524	0.9070	0.8638	0.8227	0.7835	0.7462	0.7107	0.6768	0.6446	0.6139
6%	0.9434	0.8900	0.8396	0.7921	0.7473	0.7050	0.6651	0.6274	0.5919	0.5584
7%	0.9346	0.8734	0.8163	0.7629	0.7130	0.6663	0.6227	0.5820	0.5439	0.5083
8%	0.9259	0.8573	0.7938	0.7350	0.6806	0.6302	0.5835	0.5403	0.5002	0.4632
9%	0.9174	0.8417	0.7722	0.7084	0.6499	0.5963	0.5470	0.5019	0.4604	0.4224
10%	0.9091	0.8264	0.7513	0.6830	0.6209	0.5645	0.5132	0.4665	0.4241	0.3855

Tabelle 7.5: Die Entwicklung der Barwerte in Abhängigkeit von Zeit und Zinssatz

▶ *Tabelle 7.5* enthält diejenigen Barwertfaktoren, die sich für die nächsten 10 Jahre bei unterschiedlichen Zinssätzen ergeben. Sofern die Zinssätze und die Zeiträume bekannt sind, kann man für jede zukünftige Zahlung einen exakten Barwert errechnen. Es handelt sich um die sogenannten **Substitutionspreise** in Prozent, die mittels der Koeffizienten in der Tabelle errechnet werden.

Beispiel 7.2 **Barwertberechnung**

In 5 Jahren ist eine Zahlung von 6.438 € als Restzahlung für das Leasen eines Autos zu entrichten. Auf Nachfrage bei der Bank wird ein Anlagezins von 5 % angeboten. Damit lässt sich wie folgt errechnen:

$$6.438 \cdot 0{,}7835 = 5.044{,}17 \text{ €}$$

Sofern nur finanzielle Aspekte eine Rolle spielen, wird die Leasingfirma diesen Betrag zur Regelung der zukünftigen Zahlung akzeptieren. Sollte dies nicht der Fall sein, kann dieser Geldbetrag zu 5 % und für 5 Jahre angelegt werden.

Hohe Zinssätze und hohe Zeitabstände führen somit zu niedrigeren Barwerten. Je höher der Zins und die Laufzeit des Kredits sind, desto geringer ist der notwendige Geldeinsatz, um zukünftige Zahlungen zu substituieren. Die *Barwertfaktoren (discount factors)* ermöglichen es, die heutigen Preise für zukünftige Zahlungen auf schnellem Weg zu ermitteln: Die Berechnung von Barwertfaktoren ist daher eine der wichtigsten Techniken für die Arbeit im Finanzbereich.

Im Folgenden soll die Errechnung der Barwertfaktoren im Detail behandelt werden. Hierbei darf nicht außer Acht gelassen werden, dass all diese Barwertfaktoren durch Geldanlage und Kreditaufnahme erzeugt werden. Diese Preisermittlung und Substitution von zukünftigen Transaktionen findet an den Finanzmärkten täglich millionenfach statt.

An dieser Stelle sei angemerkt, dass in der beruflichen Praxis Abwicklungskosten z. B. durch Banken, aber auch steuerliche Aspekte das Ergebnis verändern können. Diese Einflüsse wurden der Einfachheit halber außer Acht gelassen. Derartige Modifikationen stellen jedoch nicht das vorgestellte Grundprinzip infrage.

Das Austauschverhältnis von heutigen zu zukünftigen Zahlungen kann damit in allgemeiner Form wie folgt berechnet werden:

$$\text{Barwertfaktor für ein Jahr} = \frac{1}{1+i}$$

Da in diesem Beispiel der Jahreszinssatz (i) ohne weitere Zeitangabe enthalten ist, bedeutet dies, dass der Barwertfaktor für ein Jahr berechnet wird. Durch Einbezug eines Zahlungsbetrags (B) lässt sich der Barwert für ein Jahr ermitteln:

$$\text{Barwert} = B \cdot \frac{1}{1+i}$$

Um den Barwert auch für alle zukünftigen möglichen Zahlungszeitpunkte korrekt zu berechnen, muss der exakte Zeitabstand bzw. Zeitraum (Laufzeit) einbezogen werden. Zuerst soll dies für zukünftige Zahlungen, die innerhalb eines Jahres erfolgen, formalisiert werden:

$$\text{Barwert für Zahlungen innerhalb eines Jahres} = B \cdot \frac{1}{1 + i \cdot n : 360}$$

In diesem Fall bezeichnet (n) die Anzahl der Tage bis zum Zahlungszeitpunkt, die durch 360 oder 365 Tage dividiert wird. In der Regel rechnet man in diesem kurzfristigen Anlagebereich mit einer Jahrestageszahl von 360, da dies eine gleichmäßige Anzahl von Tagen pro Monat impliziert. Die Usancen an den Finanzmärkten sind dabei je nach Währung und Produkt unterschiedlich (mal 360, 365 bzw. 366 Tage pro Jahr). Somit setzt die genaue Berechnung die Kenntnis der jeweiligen Regeln voraus. Bei Zahlungen bis zu einem Jahr erfolgt die Zinszahlung zumeist am Ende der Laufzeit bei Fälligkeit. Im Falle von Zahlungen, die erst nach einem Jahr erfolgen, wird dies wie folgt berechnet:

$$\text{Barwert für Zahlungen, die nach einem Jahr erfolgen} = B \frac{1}{(1+i)^n}$$

Hier bezeichnet n die Anzahl an Jahren, die als Potenz in die Formel integriert ist. Dadurch wird ermöglicht, dass die jährlich anfallenden Zinsen zum Zinssatz i bis zur Fälligkeit ebenfalls investiert werden: Der Zinseszins wird bei dieser Berechnung dem Renditebetrag zugeschlagen. Auch „gebrochene" Daten, wie beispielsweise drei Jahre und vier Monate, können berechnet werden, indem die exakte Dezimalzahl ermittelt wird.

So ergeben sich

$$3 \text{ Jahre} + 4 \text{ Monate} = 3{,}33333333 \text{ Jahre.}$$

Barwertfaktoren für zukünftige Zahlungen ermöglichen es, durch Multiplikation mit den jeweiligen Beträgen den heutigen Betrag (Barwert) zu berechnen. Der Barwertfaktor ist ein Wert zwischen null und eins. Die Ermittlung von derartigen Barwerten ist eine Grundkenntnis für alle Personen, die im Finanzbereich tätig sein wollen. Exakte Werte im langfristigen Bereich können nur dann berechnet werden, wenn zusätzliche Kenntnisse erworben werden und die genauen Usancen für die zeitgenaue Zinsberechnung im jeweiligen Markt bekannt sind.[11] Es genügt jedoch in vielen Fällen, insbesondere im Fall der Entscheidungsvorbereitung, mit ungefähren Werten zu arbeiten.[12]

7.3 Investitionsentscheidungen

Jedes Unternehmen hat *finanzielle Entscheidungen* zu treffen. Grundsätzlich lassen sich hierbei zwei wesentliche Felder unterscheiden: *Investitions-* und *Finanzierungsentscheidungen*.

Kein Unternehmen wird über einen längeren Zeitraum überleben können, ohne Investitionen zu tätigen. Dies mag die Erneuerung von Maschinen betreffen, die Entwicklung neuer Produkte oder auch die Erschließung neuer Märkte. Die Auswahl der richtigen Investitionsentscheidungen ist so imminent wichtig, dass in vielen Firmen spezielle Abteilungen zur Vorbereitung von Investitionsentscheidungen eingerichtet wurden. Weiterhin wurden spezielle Prozesse und Analysemethoden entwickelt, sodass alle Voraussetzungen gegeben sind, um Geldmittel bestmöglich zu investieren. An diesen Entscheidungen ist die Finanzabteilung oft federführend beteiligt, doch gilt es hier, alle anderen Unternehmensbereiche, die von einer bestimmten Investition betroffen sind, einzubeziehen. Letztlich sind bei den Investitionsentscheidungen nicht nur finanzielle, sondern auch strategische und unternehmenspolitische Aspekte zu berücksichtigen.

Das zweite Feld betrifft die Finanzierung des Unternehmens. Im Fall von Investitionen oder auch im Fall der Erneuerung von bestehenden Finanzierungen sowie von kurzfristig entstehenden Finanzierungslücken gilt es, die optimale Finanzierung zu finden. Für jedes Investitionsvorhaben existieren zumeist mehrere Finanzierungsalternativen. Bei der Auswahl und Verhandlung von Finanzierungen handelt es sich um eine Expertentätigkeit, die innerhalb der Finanzabteilung und unter Aufsicht der Geschäftsführung durchgeführt wird.

Finanzierungen sind oft so gestaltet, dass sie vorzeitig gelöst zurückgezahlt werden können. Im Fall von Investitionen gibt es in der Regel kein Rücktrittsrecht. Während im Bereich der Investition bei unterschiedlichen Projekten oft sehr unterschiedliche Renditen erwirtschaftet werden, sind die Kostenunterschiede bei Finanzierungen eher

7.3 Investitionsentscheidungen

gering. An den Finanzmärkten ist die Konkurrenz groß, und so wird vielfach mit sehr geringen Margen gearbeitet. Da die Tätigkeit in beiden Feldern äußerst unterschiedlich ist, sind die Mitarbeiter einer Finanzabteilung in der Regel auf eines dieser beiden Gebiete spezialisiert.

Investitionen

Eine Definition des Begriffes **Investition** kann anhand zweier Zahlungsströme getroffen werden:

- Einer Auszahlung *zu Beginn* der Transaktion, um die notwendigen Aktiva zu kaufen und
- den Einzahlungen *während der Transaktion*, die aus diesen Aktiva erwirtschaftet werden.

Die Auszahlung zu Beginn wird in der Hoffnung getätigt, dass die späteren Einzahlungen „höher" sind als der investierte Betrag, sodass eine Rendite erwirtschaftet wird.
▶Tabelle 7.6 und ▶Abbildung 7.6 dienen der Veranschaulichung.

Tabelle 7.6

Zahlungsströme einer Investition

$n =$ Jahr	heute *(n)*	$n+1$	$n+2$	$n+3$	$n+4$	$n+5$
Zahlung	−10.000,00	2.000,00	2.500,00	2.800,00	3.000,00	3.200,00

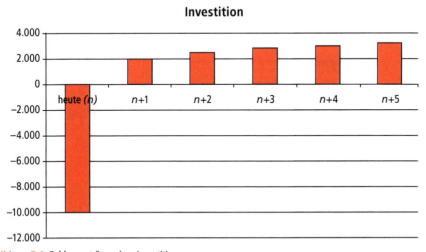

Abbildung 7.6: Zahlungsströme einer Investition

In *Tabelle 7.6* und *Abbildung 7.6* wird ein typisches Beispiel für eine Investition dargestellt. Es erfolgt heute eine Auszahlung von 10.000 €, die in den folgenden Jahren 2.000 €, 2.500 €, 2.800 €, 3.000 € und 3.200 € einbringt. Jede Investition ist durch ihr eigenes Auszahlungsprofil gekennzeichnet, womit das Bild aller Zahlungen gemeint ist. Es gibt Investitionen über kurze und lange Zeiträume, sehr unregelmäßige Zahlungen oder auch Investitionen, bei denen in den Folgejahren weitere Auszahlungen eintreten können.

Das Auszahlungsprofil dieses Beispiels ähnelt insbesondere dem der Anleihe. Es wird empfohlen, für alle Investitionen die *Cashflow-Entwicklung* im Zeitverlauf zu betrachten. Da zumeist mehrere zukünftige Zahlungsströme eintreten, kann der Wert einer Investition als Barwert all dieser Zahlungen einschließlich der ersten Auszahlung bezeichnet werden.

Net Present Value

Da zu Beginn der Investition eine Auszahlung erfolgt, die in späteren Jahren Einzahlungen generiert, ist die Bezeichnung Nettobarwert oder auch *Net Present Value (NPV)* entstanden. Dies kann durch Erweiterung der bereits bekannten Formel verdeutlicht werden:

$$\text{Nettobarwert} = B_0 + \sum \frac{B_n}{(1+i)^n}$$

Da die Auszahlung B_0 heute erfolgt, muss sie nicht abgezinst werden. Alle zukünftigen Zahlungsströme werden mit dem jeweiligen Barwertfaktor multipliziert (abgezinst) und anschließend aufsummiert. Auf diese Weise lässt sich berechnen, ob auch die Finanzierungskosten erwirtschaftet werden. Der *Net Present Value (NPV)* ist damit der Barwert aller Zahlungsströme, in dem auch etwaige Zahlungen zu Beginn einer Transaktion berücksichtigt sind. ▶Tabelle 7.7 und ▶Abbildung 7.7 zeigen die Ergebnisse der Investitionsrechnung.

Tabelle 7.7

NPV einer Investition bei einem Zinssatz von 5%

n = Jahr	heute (n)	n + 1	n + 2	n + 3	n + 4	n + 5
Zahlungen	−10.000,00	2.000,00	2.500,00	2.800,00	3.000,00	3.200,00
Bargeldfakt	1	0,95238	0,90703	0,86384	0,82270	0,78353
PV		1.904,76	2.267,57	2.418,75	2.468,11	2.507,28
Kumuliert	−10.000,00	−8.095,24	−5.827,66	−3.408,92	−940,81	1.566,47
NPV	1.566,47					

7.3 Investitionsentscheidungen

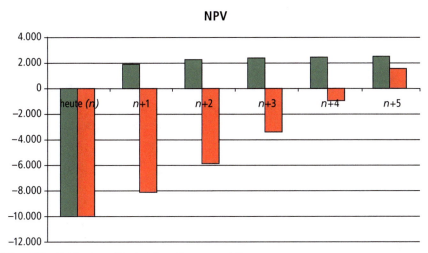

Abbildung 7.7: *NPV* einer Investition bei einem Zinssatz von 5 %

In obigem Beispiel zeigt eine erste überschlägige Berechnung, dass der Auszahlung von 10.000 € insgesamt Einzahlungen von 13.500 € gegenüberstehen. Hierbei sind die Finanzierungskosten noch nicht einbezogen, was durch die Multiplikation der jährlichen Bargeldfaktoren mit den jeweiligen Einzahlungen erfolgt. Die Summe der gesamten zukünftigen Einzahlungen beträgt nun nur mehr 11.566,47 €: Die Differenz von 1.933,53 € muss für den Kreditgeber bereitgestellt werden. Die Investition ist dennoch rentabel, da nach Abzug aller Kosten ein Betrag von 1.566,47 € generiert wird.

Die kumulierte Entwicklung kann den roten Balken in *Tabelle 7.7* entnommen werden: Erst durch die Einzahlung im letzten Jahr wird die Investition rentabel. Ein Abbruch nach dem vierten Jahr würde einen Verlust von 940,81 € bedeuten. Es lässt sich somit feststellen, dass eine **Investition rentabel ist**, wenn der *Net Present Value (NPV)* größer null ist.

Investitionsentscheidungen bei unterschiedlichen Zinssätzen

Es soll dem Einfluss der Finanzierungskosten weiter nachgegangen werden. Durch Berechnungen verschiedener Szenarien sollen die Auswirkungen auf den *NPV* bei unterschiedlichen Zinssätzen betrachtet werden. Hierzu wird im folgenden Beispiel in ▶*Tabelle 7.8* und ▶*Abbildung 7.8* angenommen, dass der Zinssatz nicht nur 5 %, sondern 8 % oder auch 11 % betragen kann.

Tabelle 7.8

Veränderung des *NPV* bei unterschiedlichen Finanzierungskosten

n = Jahr	heute (n)	n + 1	n + 2	n + 3	n + 4	n + 5
Zahlungen	−10.000	2.000	2.500	2.800	3.000	3.200
Barwertfaktor zu 5 %	1	0,95238	0,90703	0,86384	0,82270	0,78353
Barwertfaktor zu 8 %	1	0,92593	0,85734	0,79383	0,73503	0,68058
Barwertfaktor zu 11 %	1	0,90090	0,81162	0,73119	0,65873	0,59345
PV zu 5 %	−10.000,00	1.904,76	2.267,57	2.418,75	2.468,11	2.507,28
PV zu 6 %	−10.000,00	1.851,85	2.143,35	2.222,73	2.205,09	2.177,87
PV zu 7 %	−10.000,00	1.801,80	2.029,06	2.047,34	1.976,19	1.899,04
Kumuliert zu 5 %	−10.000,00	−8.095,24	−5.827,66	−3.408,92	−940,81	1.566,47
Kumuliert zu 8 %	−10.000,00	−8.148,15	−6.004,80	−3.782,07	−1.576,98	600,88
Kumuliert zu 11 %	−10.000,00	−8.198,20	−6.169,14	−4.121,81	−2.145,61	−246,57

▶Abbildung 7.8 illustriert die kumulierte Entwicklung für die Investition in allen drei Fällen. Der bereits bekannte Ausgangsfall, der mit 5 % berechnet wurde, ist links abgetragen. In der Mitte ist die Variante mit 8 % dargestellt, hier beträgt der *NPV* nun 600,88 €. Im Fall des Zinses von 11 % ergibt sich ein negativer *NPV* von −246,57 €.

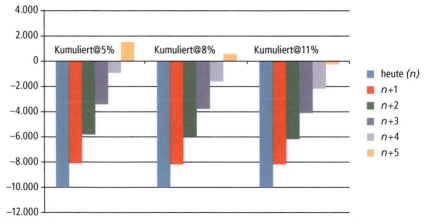

Abbildung 7.8: Veränderung des *NPV* bei unterschiedlichen Finanzierungskosten

Da die Finanzierungskosten im letzten Fall nicht erwirtschaftet werden, wird das Investitionsvorhaben bei einem Zinssatz von 11 % nicht durchgeführt. Nur wenn durch die Investition die Finanzierungskosten erwirtschaftet werden (*NPV* aller Zahlungsströme der Investition > null), ist eine Investition aus finanzieller Sicht sinnvoll.[13]

Im Fall von Investitionen mit positivem Barwert wird das Unternehmen versuchen, eine Finanzierung zu erhalten. Je günstiger die Finanzierungskosten sind, desto rentabler ist eine Investition.[14] In der Praxis wird die Investitionsrechnung mit den erwarteten Finanzierungskosten durchgeführt. Es ist nicht üblich, die Investitionsrechnungen nach Einholung der Finanzierungsofferten zu aktualisieren, da oftmals bereits ein Puffer für steigende Finanzierungskosten eingerechnet wird, indem mit einem etwas höheren Zinssatz kalkuliert wird.

7.4 Finanzierungsentscheidungen

Finanzierungen sind komplexe Einkaufsentscheidungen: Es gilt den Betrag an Geld zu beschaffen, der für die kommenden Perioden benötigt wird. Voraussetzung ist somit ein Blick in die Zukunft, um die Fehlbeträge zu ermitteln.

7.4.1 Interdependenzen zur Rechnungslegung und zum Jahresabschluss

Finanzpläne werden erstellt, um derartige Informationen zu beschaffen.[15] Diese Arbeit ist aufwendig, da hierfür alle geschäftlichen Aktivitäten in die Zukunft projiziert werden, um daraus den Finanzierungsbedarf abzuleiten: Die Finanzabteilung muss immer über sämtliche zukünftige Aktivitäten innerhalb eines Unternehmens im Bilde sein und nimmt deshalb auch an der strategischen Ausrichtung des Unternehmens teil. In der Regel erfolgt dies, indem die Gewinn- und Verlustrechnung (GuV) der aktuellen Periode und die aktuelle Bilanz unter Einbeziehung aller erwarteten Entwicklungen in die Zukunft projiziert werden. Aus diesen Elementen wird dann die *Cashflow-Entwicklung* abgeleitet. Obwohl es sich hierbei um Rechnungen handelt, die in den buchhalterischen Bereich fallen, wird eine derartige Vorausschau („Forecast") zumeist in der Finanzabteilung erarbeitet, da dort Informationen über zukünftige Investitionen zur Verfügung stehen sollten. Zudem müssen auch die erwarteten Gewinne oder Verluste berücksichtigt werden.

Diese Interdependenz ist ein weiterer Beleg für die Verbundenheit zwischen Finanzen und Rechnungswesen und bedeutet zugleich, dass ein Mitarbeiter im Finanzbereich ebenfalls sehr gute Kenntnisse in Buchhaltung aufweisen muss. Am einfachsten lässt sich die Generierung der zukünftigen *Cashflow-Zahlen* erklären, indem die Grundstruktur einer Bilanz erläutert und verstanden wird.

Abbildung 7.9: Grundstruktur einer Bilanz

Die Bilanz ist eine Vermögensaufstellung, die auf der Aktivseite alle Vermögenswerte auflistet und auf der Passivseite deren Finanzierung ausweist. In vielen Fällen benötigen Firmen hauptsächlich Sachwerte wie Gebäude oder Maschinen. Die Finanzwerte sind das Bargeld oder das Guthaben auf Bankkonten, das nur vorübergehend zur Verfügung steht und für baldige Zahlungen eingeplant ist. Dies ist bei Banken jedoch umgekehrt der Fall, da der größte Teil des Vermögens aus Finanzanlagen besteht.

Die Passivseite einer Bilanz quantifiziert alle bestehenden Finanzierungen, und der Finanzplan ermöglicht es, die Entwicklung der Passivseite in die Zukunft zu projizieren. Voraussetzung hierfür ist, dass die zukünftigen Aktivitäten (Aktivseite der Bilanz) und die Gewinn- und Verlustrechnung für diese Perioden erarbeitet werden. Im Finanzplan unterscheidet man zwischen Eigen- und Fremdkapital und kann damit insbesondere den Finanzbedarf der nächsten Perioden ermitteln.

Tabelle 7.9

Entwicklung der Passivseite der Bilanz im Finanzplan

n = Jahr	Jahresende (n)	n + 1	n + 2	n + 3	n + 4	n + 5
Bestehende kurzfristige Kredite	10.000					
Bestehende langfristige Kredite	12.000	12.000	12.000			
Entwicklung Eigenkapital	18.000	20.000	23.000	26.000	27.000	28.000
Benötigtes Kapital	40.000	45.000	50.000	55.000	53.000	55.000
Finanzbedarf	0	13.000	15.000	29.000	26.000	27.000

7.4 Finanzierungsentscheidungen

▶ *Tabelle 7.9* beschreibt die Entwicklung des zur Verfügung gestellten Eigenkapitals sowie die Entwicklung der bestehenden Kredite. Die Differenz zwischen allen bestehenden Finanzierungen (Kredite und Eigenkapital) sowie dem benötigten Kapital ist der Finanzbedarf.

7.4.2 Finanzplan

Als Ergebnis der Vorausschau ergibt sich hier ein jährlicher Finanzbedarf, der zuerst stark ansteigt und sich anschließend stabilisiert. Dies wird in ▶ *Abbildung 7.10* grafisch dargestellt.

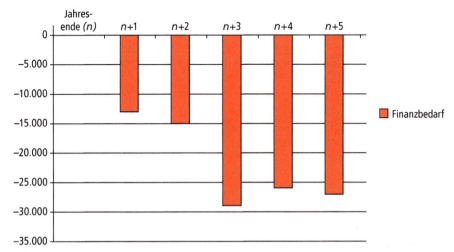

Abbildung 7.10: Entwicklung des Finanzbedarfs im Zeitverlauf

In der beruflichen Praxis wird der Finanzbedarf laufend durch neue Kreditfinanzierungen gedeckt. Veränderungen des Eigenkapitals, beispielsweise durch Ausgabe neuer Aktien an der Börse, sind kompliziert und zeitaufwendig, weswegen sie selten durchgeführt werden. Die Veränderungen des Eigenkapitals im Beispiel entstehen durch die erwarteten Gewinne und Verluste der Firma und nicht durch zusätzliche Finanzierungen der Eigentümer. Der errechnete Finanzbedarf ist somit eine jährliche Größe vor Abschluss jeglicher neuer Finanzierung, aber zugleich unter Berücksichtigung der erwarteten Geschäftsentwicklung.

Der **Finanzplan** ist eine Aufstellung, die beschreibt, durch welche Finanzierungen zu welchen Zeitpunkten der jeweilige Finanzbedarf bzw. Finanzüberschuss beschafft und verwendet wird. Hierbei ist wichtig zu wissen, ob man die Finanzierung von außen oder von innen durchzuführen hat.

Bei der **Außenfinanzierung** handelt es sich um Kapitalzufuhr von außen. Hierbei gibt es verschiedene Szenarien, die sowohl das Fremd- als auch das Eigenkapital eines Unternehmens verändern können. Die gängigste Art ist die **Kreditfinanzierung**, die die Aufnahme von Kapital von einem Gläubiger, in der Regel von einer Bank, beinhaltet. Ein derartiger Gläubiger erhebt keine Eigentumsansprüche an das Unternehmen, sondern hat nur Anspruch auf die Rückzahlung des Kredits und der Zinsen zum vereinbarten Zeitpunkt. Diese Art der Außenfinanzierung erhöht den Fremdkapitalanteil in einem Unternehmen und wird in der Regel bei kurzen und mittelfristigen Finanzierungslücken angewendet. Bei der **Beteiligungsfinanzierung** wird das Eigenkapital erhöht. Dies kann durch die bisherigen Eigentümer oder durch neue Eigentümer (Aktienemission) vollzogen werden. Bei dieser Art Kapitalaufstockung bedarf es immer der Zustimmung der bisherigen Eigentümer, da es ihre Gewinnansprüche am Unternehmen verringert. Die neuen Kapitalgeber erheben neben dem Anspruch auf die Gewinnbeteiligung auch einen Anspruch auf Mitsprache, tragen aber ebenso ihren Teil am Gesamtrisiko der Unternehmung. Diese Art der Außenfinanzierung wird häufig bei langfristigem Finanzierungsbedarf angewendet und dient in der Regel zur Finanzierung von Aktiva, die von den Banken als zu riskant empfunden werden.

Bei der **Innenfinanzierung** handelt es sich um die Kapitalzufuhr durch die Unternehmen selbst. Hierbei werden entweder erwirtschaftete Gewinne ganz oder teilweise einbehalten oder Vermögen veräußert. Bei betriebsnotwendigen Vermögen, beispielsweise dem Verkauf eines Betriebsgrundstücks, haben Unternehmen oft die Option, diese Grundstücke zu pachten bzw. zu mieten. Auf diese Weise kann ein Unternehmen sein Eigenkapital erhöhen. Die häufigere Variante ist die **Einbehaltung von Gewinnen**: Für ein Unternehmen, das nach nachhaltigem Wachstum strebt, ist es wichtig, beständig in seine Aktiva zu investieren.

An dieser Stelle sollen die Hauptunterschiede zwischen Eigen- und Fremdkapital aus finanzieller Sicht geklärt und zusammengefasst werden. **Fremdkapital** bezeichnet die „Schulden" des Unternehmens, sprich das Kapital, das von Dritten zur Verfügung gestellt wird. Ein typisches Beispiel hierfür ist der Bankkredit. In dem bereits behandelten Beispiel existieren kurzfristige Kredite, die jedes Jahr neu vereinbart werden müssen, und zudem ein längerfristiger Kredit, der in $n + 2$ ausläuft. Bezüglich des Fremdkapitals handelt es sich um Kapital, das dem Unternehmen temporär zur Verfügung steht. Das Unternehmen muss regelmäßige Zahlungen leisten, die sowohl Zinsen als auch die Rückzahlung des geliehenen Kapitals beinhalten.

Das Kapital, das dem Unternehmen durch den Eigentümer zur Verfügung gestellt wird, ist das **Eigenkapital**. Dieses Kapital steht dem Unternehmen dauerhaft zur Verfügung. Eine Rückzahlung des Eigenkapitals durch das Unternehmen ist unüblich. Es kann unter gewissen Umständen reduziert werden, aber es besteht prinzipiell keine Rückzahlungspflicht. Nur bei Schließung des Unternehmens müssen die Eigentümer ausgezahlt werden. Deshalb wird der Eigentümer für seine Eigentumsrechte am Unternehmen einen Käufer suchen, sofern er Geld benötigt. Die Eigentümer haben neben den jährlichen finanziellen Ansprüchen an dem erzielten Gewinn (Gewinnausschüttung) auch das Recht auf Mitbestimmung im Unternehmen. Deshalb besitzen sie viele Informationsrechte bezüglich der tatsächlichen wirtschaftlichen und strategischen Lage des Unternehmens, wie beispielsweise die Einsicht in alle Konten, und entscheiden über wesentliche Vorhaben des Unternehmens.

In dem bereits behandelten Finanzplanbeispiel steigt das Eigenkapital durch einbehaltene Gewinne von 18.000 € auf 28.000 € an.

Die Charakteristika von Eigen- und Fremdkapital sind für die bekanntesten Grundinstrumente, Aktie und Kredit, in ▶*Tabelle 7.10* aufgelistet.

7.4 Finanzierungsentscheidungen

Tabelle 7.10

Instrumente der Finanzplanung

Instrumente	Laufzeit	Renditezahlungen
Aktie	Unbegrenzt	Variabel, nur möglich wenn Gewinn erwirtschaftet wird (Dividende)
Kredit	Fest vereinbarte Laufzeit	Fest vereinbart (Zins)

Da der Aktionär sein ursprünglich eingesetztes Kapital nicht zurückfordern kann und zudem auch in Zeiten von Verlusten kein Geld verlangen darf, ist diese Art der Geldquelle für das Unternehmen sicher und bedarf im laufenden Geschäft nur geringer Steuerung durch die Dividendenplanung.[16] Im Fall der Kredite ist dies anders, da hier die Krediterneuerung und zudem die festen Zinszahlungen geplant werden müssen.

Finanzierungsentscheidungen unseres Beispiels sind in ▶Tabelle 7.11 aufgeführt.

Tabelle 7.11

Entwicklung eines Finanzierungsmodells

n = Jahr	Jahresende (n)	$n + 1$	$n + 2$	$n + 3$	$n + 4$	$n + 5$
Kurzfristige Kredite	10.000	13.000	15.000	9.000	6.000	7.000
Langfristige Kredite	12.000	12.000	12.000	20.000	20.000	20.000
Eigenkapital	18.000	20.000	23.000	26.000	27.000	28.000
Total Finanzierungen	40.000	45.000	50.000	55.000	53.000	55.000
Finanzbedarf	0	0	0	0	0	0

Tabelle 7.11 zeigt, welche Finanzierungsentscheidungen getroffen wurden. Der in $n + 2$ auslaufende Kredit wird durch einen neuen, längerfristigen Kredit in Höhe von 20.000 € erneuert. Der verbleibende Differenzbetrag ist durch kurzfristige Kredite finanziert. Ab $n + 1$ und unter Berücksichtigung des neuen, langfristigen Kredites sind die jeweiligen Fehlbeträge kurzfristig durch Kredite finanziert. Aufgrund des steigenden Eigen-

kapitals und der Krediterhöhung im längerfristigen Bereich sinkt der Anteil an kurzfristigen Krediten im Zeitverlauf. Die Frage, warum diese Entscheidung getroffen wurde und warum sowohl Kredite als auch Aktien von fast allen Unternehmen verwendet werden, fällt in den Aufgabenbereich der Bilanzsteuerung.

7.4.3 Optimale Bilanzsteuerung

Entstehende Verluste des Unternehmens sind von den Inhabern zu tragen. Diese haben Anrecht auf den gesamten Gewinn, weswegen es zumutbar ist, dass sie ebenfalls die Verluste tragen.

Kapitalstruktur

Dieses Prinzip findet jedoch seine Grenzen, wenn in einem Extremfall die Verluste höher sind als das von dem Inhaber eingezahlte und bestehende Eigenkapital. Der Aktionär ist in diesem Fall nicht gezwungen, dem Unternehmen weiteres Eigenkapital zur Verfügung zu stellen: In so einem Falle bleiben auch die Kreditgeber nicht unverschont. Sie müssen auf Teile ihrer Forderungen verzichten und tragen somit auch einen Anteil am Verlust. Dieses Risiko ist für jeden Kreditgeber vorhanden und lässt sich grundsätzlich nicht ausschließen, jedoch minimieren: Das **Prinzip der Nachrangigkeit** hilft, dieses Risiko der Kreditgeber zu reduzieren. Es bedeutet, dass zuerst alle Verluste durch das Eigenkapital ausgeglichen werden müssen und nur falls diese Verluste das Eigenkapital übersteigen, auch die Kreditgeber betroffen sind. Für die Kreditgeber (häufig Banken) bedeutet dies, dass sie durch das Eigenkapital geschützt werden. Je mehr Eigenkapital zur Verfügung steht, desto unwahrscheinlicher ist es, dass ein Kredit nicht zurückgezahlt werden kann.

Das höhere Risiko der Inhaber muss entschädigt werden, da ansonsten niemand Aktien kaufen würde und nur Kreditfinanzierungen attraktiv wären. Hierin liegt das Problem: Kredite werden nur vergeben, wenn genügend Schutz in Form von Eigenkapital in einem Unternehmen existiert. So wird deutlich, dass es ohne Eigenkapital viel schwieriger ist, Fremdkapital aufzunehmen.

Aktienkapital kostet mehr als Kredite und dennoch kann auf diese Finanzierungsquelle nicht verzichtet werden, da sie fundamental für die Fremdkapitalvergabe ist. Dies führt dazu, dass Firmen eine optimale Kombination von Krediten und Aktien anstreben. Es gilt das Kostenoptimum zu ermitteln, das die Gesamt- und damit auch die Durchschnittskosten für alle bestehenden Finanzierungen minimiert. Dies wird auch als Bilanzsteuerung bezeichnet.

Die Fragen der optimalen Mischung von Eigen- und Fremdkapital sind bis heute keinesfalls abschließend behandelt. Als grundlegend hierfür sind noch immer die Arbeiten von Modigliani und Miller (1958) anzusehen, die belegen, dass in einer Welt ohne Steuern und Transaktionskosten die Durchschnittskosten immer gleich sind, egal wie sich die Mischung aus Aktien und Krediten gestaltet.[17]

Die Durchschnittskosten nach Modigliani und Miller (1958) sind in ▶*Abbildung 7.11* als waagerechte gestrichelte Linie dargestellt. Diese Grafik zeigt auf der Ordinate die Kosten für die jeweiligen Finanzierung oder auch die Durchschnittskosten in Prozent. Entlang der Abszisse werden verschiedene Mischungsverhältnisse von Eigen- zu Fremdkapital abgetragen, von einer Gesamtfinanzierung ohne Fremdkapital (0/100) bis zu einer Finanzierung mit 90 % Fremdkapital (90/100).

7.4 Finanzierungsentscheidungen

Abbildung 7.11: Die Durchschnittskosten der Finanzierung eines Unternehmens

In der beruflichen Praxis optimieren Finanzabteilungen die Gesamtfinanzierung des Unternehmens und passen diese an das gegebene Marktumfeld an. Hierbei spielen Zinsniveau und Besteuerung eine zentrale Rolle für die Optimierung der Finanzierungsstruktur. Aus dem Prinzip der Nachrangigkeit ergibt sich, dass die Kosten für Zinsen immer geringer sein müssen als die Kosten für Eigenkapital.

Abbildung 7.11 illustriert dies, da die grüne Kurve deutlich unterhalb der roten verläuft. Banken werden bei nur geringem Eigenkapitalanteil höhere Zinsen verlangen, da sie kaum geschützt sind. Ein weiterer Kernpunkt ist jedoch, dass bei geringem Eigenkapitalanteil auch die Aktionäre höhere Erträge erwarten, da hohe Zinskosten für die Banken entstehen und die Firma deshalb leichter in die Verlustzone geraten kann. Da diese Zinsen unter allen Umständen bezahlt werden müssen, können die Aktionäre bei unerwarteten Gewinneinbrüchen schnell ihr eingezahltes Kapital verlieren.

Weighted Average Cost of Capital (WACC)

Als Ergebnis resultiert die blaue Kurve, die die Entwicklung der durchschnittlichen Finanzierungskosten in Abhängigkeit vom Verschuldungsgrad verdeutlicht. In diesem Beispiel zeigt sich, dass optimale Finanzierungskosten in einem breiten Bereich bei einem Einsatz von 55 % bis 65 % Fremdkapital entstehen. Oft werden diese Durchschnittskosten auch *Weighted Average Cost of Capital (WACC)* genannt.

Der **WACC** kann wie folgt definiert werden:

$$WACC = \text{Eigenkapitalrente} \cdot \text{Eigenkapital} / \text{Gesamtkapital}$$
$$+ \text{Zinsen} \cdot \text{Fremdkapital} / \text{Gesamtkapital}$$

Dieser Ansatz steht im Gegensatz zu Modigliani und Miller, die keinen Mehrwert in einer aktiven Bilanzsteuerung sehen. Jedoch ist festzustellen, dass fast alle Unternehmen versuchen, die Anteile an Fremd- und Eigenkapital zu optimieren. Absatzmärkte, Konkurrenten und weitere Faktoren beeinflussen die Kennzahlen so, dass je nach Tätigkeitsfeld ein anderer, optimaler WACC zu finden ist. Auf diese Weise werden Unternehmen, die in einem risikobehafteten Geschäftsfeld operieren, mit weniger Fremdkapitalanteil arbeiten oder hohe Zinsen zahlen müssen, da hier die Fremdkapitalgeber höheren Schutz bzw. höhere Kompensation für das eingegangene Risiko fordern. Im Gegensatz dazu können Firmen, die in sehr stabilen Märkten und Geschäftsfeldern operieren, auf einen hohen Schuldenanteil zu günstigem Zinssatz hoffen. Daraus ist zu folgern, dass die Optimierung des WACC individuell für jedes Unternehmen und jeden Sektor erfolgen muss.

Als Fazit ist festzustellen: Durch optimale Finanzierungsentscheidungen entsteht Wertschöpfung für ein Unternehmen. Es ist jedoch sicher, dass dieser Anteil an möglicher Wertschöpfung im Vergleich zu den Möglichkeiten im Investitionsbereich eher gering ist.[18]

Nichtsdestotrotz sind Finanzierungsentscheidungen äußerst wichtig, da nur ein zahlungsfähiges, liquides Unternehmen überleben wird. Es gilt das Problem der Illiquidität zu minimieren und somit die Zahlungsfähigkeit zu gewährleisten.

7.5 Risikomanagement

Bisher wurde außer Acht gelassen, dass künftige Zahlungen Einflüssen ausgesetzt sind, die Zahlungsströme verändern und heute nicht vorhersehbar sind. Zurückgreifend auf das erste Beispiel (*Tabelle 7.1*) soll nun betrachtet werden, welche Zahlungen ex-post wirklich erfolgt sind. Hierbei bietet sich ein Soll-Ist-Vergleich an, welcher im folgenden Abschnitt behandelt werden soll.

7.5.1 Soll-Ist-Vergleich

▶*Tabelle 7.12* und ▶*Abbildung 7.12* illustrieren, wie der Soll-Ist-Vergleich in der beruflichen Praxis aussehen kann.

Tabelle 7.12

Tägliche Kontostände in der Vorausschau und in der Realität

n = Tag	heute (n)	$n + 1$	$n + 2$	$n + 3$	$n + 4$	$n + 5$	Durchschnitt
Vorausschau	−10.000	3.000	500	−2.000	6.000	−7.000	−1.583
Realität	500	1.000	3.000	7.500	4.000	1.000	2.833

7.5 Risikomanagement

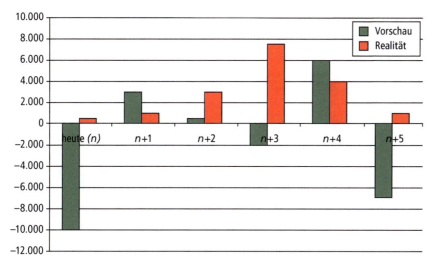

Abbildung 7.12: Tägliche Kontostände in der Vorausschau und in der Realität

Es wird deutlich, dass es an jedem Tag Abweichungen gegeben hat. Diesem Risiko muss man Rechnung tragen: Es muss in der Kalkulation berücksichtigt werden. Ein intuitiver Schritt ist, einen Soll-Ist-Vergleich zu vollziehen.

Tabelle 7.13

Abweichungen zwischen Vorausschau und Realität

n = Tag	heute (n)	$n + 1$	$n + 2$	$n + 3$	$n + 4$	$n + 5$	Durchschnitt
Vorausschau	−10.000	3.000	500	−2.000	6.000	−7.000	−1.583
Realität	500	1.000	3.000	7.500	4.000	1.000	2.833
Abweichung	10.500	−2.000	2.500	9.500	2.000	8.000	4.417

Wie ▶Tabelle 7.13 zeigt, sind die täglichen Abweichungen hoch. Zudem hat sich der Durchschnitt der Zahlungen von erwarteten −1.583 € auf 2.833 € erhöht. So stellt sich die Frage, wie man diese Abweichungen bewerten kann. Eine erste mögliche Quantifizierung wäre, die Abweichungen in Verhältnis zu den erwarteten Zahlungen zu setzen.

7 Finanzwirtschaft

In der beruflichen Praxis wird dies jedoch kaum so gehandhabt, da eine Vorausschau nicht immer für alle Unternehmensbereiche existiert und die Qualität eines *Forecast* (Prognose) sehr unterschiedlich sein kann.[19] Insofern ist es in vielen Bereichen gängige Praxis, Veränderungen der real erfolgten Zahlungen zu analysieren, um sich über die möglichen Schwankungen zwischen Vorausschau und Realität ein Bild zu machen. Die Überlegung ist hier festzustellen, welche Schwankungen in den realen Geldflüssen vorgelegen haben. Derartige Überlegungen werden oft in die Zukunft übertragen und können helfen, unerwartete *Cashflow*-Entwicklungen vorherzusagen. ▶Tabelle 7.14 und ▶Abbildung 7.13 dokumentieren die tatsächlichen Geldflüsse und die realen Abweichung zwischen den einzelnen Tagen in Prozent auf unterschiedliche Art und Weise.

Tabelle 7.14

Abweichung zwischen den einzelnen Tagen in der Realität

n = Tag	heute (n)	n + 1	n + 2	n + 3	n + 4	n + 5	Durchschnitt
Realität	500	1.000	3.000	7.500	4.000	1.000	
Abweichung		100 %	200 %	150 %	−47 %	−75 %	65,67 %

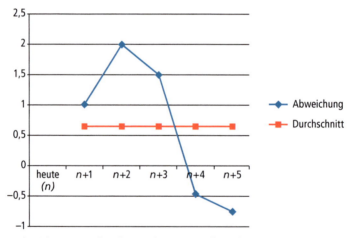

Abbildung 7.13: Abweichungen zwischen den einzelnen Tagen in der Realität

Es zeigt sich hier, dass die Abweichungen in Prozent sehr unterschiedlich sind. Dies wird auch dadurch deutlich, dass der Durchschnitt nur an einem Tag nahe an der realen Zahlung liegt.

7.5.2 Berechnung der Standardabweichung

Diese täglichen Abweichungen sind leicht auszurechnen. Üblicherweise wird hieraus eine Kennziffer errechnet, die die Streuung der täglichen Entwicklung und die durchschnittliche Abweichung angibt. Je höher der sich ergebende Wert, desto mehr Schwankungen sind erfolgt. Es handelt sich bei diesem Verfahren um die **Standardabweichung**.

Tabelle 7.15

Berechnung einer Kennzahl zur Messung der durchschnittlichen Abweichung

n = Tag	heute (n)	n + 1	n + 2	n + 3	n + 4	n + 5	Durchschnitt
Realität	500	1.000	3.000	7.500	4.000	1.000	
Abweichung		100 %	200 %	150 %	−47 %	−75 %	65,67 %
Abweichung vom Durchschnitt		34 %	134 %	84 %	−112 %	−141 %	
(Abweichung vom Durchschnitt)²		0,1178	1,8045	0,7112	1,2618	1,9787	Varianz 1,1748
Standardabweichung							108 %

Die durchschnittliche Abweichung in ▶Tabelle 7.15 beträgt 108 %. Die Berechnung kann auch durch folgende mathematische Formel beschrieben werden:

$$S = \sqrt{\frac{\sum (X - \bar{X})^2}{N}}$$

Kern der Überlegung ist, dass die Abweichungen von dem Mittelwert quadriert werden und anschließend daraus die Quadratwurzel gezogen wird. Hiermit wird erreicht, dass negative Vorzeichen entfallen und keine Kompensation zwischen den einzelnen Abweichungen möglich ist. Jede Abweichung wird positiv und trägt zum Gesamtwert bei. Aus diesen Informationen lässt sich unter gewissen Voraussetzungen schließen, mit welcher Wahrscheinlichkeit Abweichungen größer oder kleiner als ein gewisser Grenzwert sind. ▶Tabelle 7.16 und ▶Abbildung 7.14 zeigen den Korridor auf, der sich ergibt, wenn zu der durchschnittlichen Abweichung eine Standardabweichung (108 %) hinzu- oder heruntergerechnet wird.

Tabelle 7.16

Abweichungskorridor

n = Tag	heute (n)	n + 1	n + 2	n + 3	n + 4	n + 5
Abweichung		100 %	200 %	150 %	−47 %	−75 %
Durchschnitt		65,67 %	65,67 %	65,67 %	65,67 %	65,67 %
Abweichung nach oben		173,67 %	173,67 %	173,67 %	173,67 %	173,67 %
Abweichung nach unten		−42,33 %	−42,33 %	−42,33 %	−42,33 %	−42,33 %

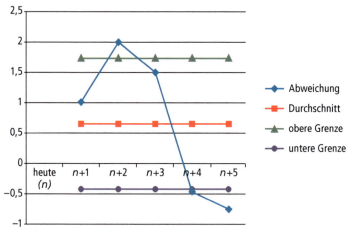

Abbildung 7.14: Tägliche Abweichungen und Abweichungskorridor

Zahlungen liegen mit einer Wahrscheinlichkeit von 68,27 % in diesem Bereich.[20] Der mögliche Schwankungsbereich liegt bei 65,56 % + Standardabweichung bzw. 65,56 % − Standardabweichung. In diesem Beispiel ist der durchschnittliche Schwankungsbereich extrem hoch. Ein Intervall mit einer Standardabweichung erweist sich auch als ungenügend, da an zwei Tagen die Abweichungen außerhalb des Korridors liegen. Da derartige Schwankungen Kosten verursachen und insbesondere die Gefahr der Zahlungsunfähigkeit entstehen kann, wird sorgfältig analysiert, aus welchen Gründen es hierzu gekommen ist. ▶ Tabelle 7.17 stellt solch eine Analyse dar.

Tabelle 7.17

Ursachenanalyse – Klassifizierung von Risiken

Datum	Abweichsbetrag	Ursache der Abweichung
Tag *n*	+10.500	Ein Kunde zahlt unerwarteterweise eine Rechnung, die als uneinholbar galt.
Tag *n* + 1	−2.000	Die Zahlung war in US-Dollar zu leisten und der vorausgesehene Kurs war falsch.
Tag *n* + 2	+2.500	Die Zahlung einer Rechnung wird irrtümlich nicht ausgeführt.
Tag *n* + 3	+9.500	Ein Kunde hat zu früh bezahlt.
Tag *n* + 4	−2.000	Ein Kunde hat nicht gezahlt.
Tag *n* + 5	+8.000	Es wurde mehr verkauft als geplant.

7.5.3 Klassifizierung und Bewertung des Risikos

Ein **Risiko** bezeichnet die Möglichkeit, dass Abweichungen von einem erwarteten Zustand erfolgen. Die Beurteilung des Risikos erfolgt vor allem durch das Ausmaß und die Häufigkeit dieser Abweichungen.

Risikoursachen

Da diese Ursachen im Zeitablauf verfolgt werden, kann herausgefunden werden, inwieweit sie für die Schwankungen verantwortlich sind. Es gilt wiederkehrende Vorfälle mit entsprechenden Maßnahmen zu bekämpfen, um die Standardabweichung der Zahlungen zu verringern. Im Verlauf der Zeit ist festzustellen, dass Prognosen exakter ausfallen, wenn die Ursachenforschung korrekt durchgeführt wurde. Um die entsprechenden Maßnahmen zu definieren, ist es sinnvoll, die entdeckten Ursachen wie in ▶*Tabelle 7.18* zu klassifizieren.

Wie *Tabelle 7.18* zeigt, können interne oder externe Gründe auftreten, weswegen es zu Abweichungen kommen kann. Generell ist es schwieriger, externe Ursachen zu beeinflussen als interne. So gibt es Situationen, in denen zwar ein externes Risiko vorliegt, aber auch geprüft werden muss, ob alle internen Vorsichtsmaßnahmen getroffen wurden. So kann es etwa sein, dass eine Währungsabsicherung vergessen wurde oder die Kreditwürdigkeit eines Kunden nicht geprüft wurde. Es lassen sich anhand dieser Beispiele vier große Risikogruppen bilden, die je nach Unternehmenstyp und je nach Unternehmenssektor unterschiedlich ausgeprägt sind.

Tabelle 7.18

Steuerung, Klassifizierung und Ursache der Abweichung

Steuerung	Klassifizierung	Ursache der Abweichung
Intern bzw. Extern	Kreditrisiko	Ein Kunde zahlt unerwartet eine Rechnung, die als uneinholbar galt.
Intern bzw. Extern	Marktrisiko	Die Zahlung war in US-Dollar zu leisten und der vorausgesehene Kurs war falsch.
Intern	Abwicklungsrisiko	Die Zahlung einer Rechnung wird irrtümlich nicht ausgeführt.
Intern	Businessrisiko	Ein Kunde hat zu früh bezahlt.
Intern bzw. Extern	Kreditrisiko	Ein Kunde hat nicht gezahlt.
Intern	Businessrisiko	Es wurde mehr verkauft als geplant.

Risikoarten

1. Abwicklungsrisiken

Hiermit sind Risiken gemeint, die aus der Abwicklung von Zahlungen entstehen können. Es kann sich einerseits um Fehler handeln, jedoch auch um Betrug von Mitarbeitern. In Anbetracht der komplexen Abläufe und der Notwendigkeit, verschiedenste Zahlungs- und Informatiksysteme zu nutzen, ist diese Problematik gegenwärtig äußerst wichtig geworden.

Zur Steuerung sind vor allem interne Maßnahmen geeignet. So ist die Mitarbeiterauswahl ein enorm wichtiges Kriterium. Weiterhin gilt es die Abläufe so zu gestalten, dass eine einzelne Person nicht alle Schritte einer Zahlung allein ausführen kann. Zudem sollten sogenannte Back-up-Ersatz-Systeme zur Verfügung gehalten werden.

2. Businessrisiken

Hiermit sind Risiken gemeint, die aus der Geschäftstätigkeit eines Unternehmens entstehen. Dies meint vor allem Produkte, Märkte und auch die Konkurrenzsituation. So werden Zahlungsströme, die aus dem Verkauf von Nahrungsmitteln entstehen, prinzipiell konstanter sein als dies etwa in der Bauwirtschaft der Fall ist. In der Bauwirtschaft haben Konjunkturveränderungen in der Regel stärkere Schwankungen der Geschäftstätigkeit zur Folge.

Die Steuerung des Businessrisikos ist im Prinzip keine Aufgabe der Finanzabteilung. Das Businessrisiko wird im Rahmen der Strategie des Unternehmens gesteuert. Wichtige Entscheidungen zur Steuerung dieses Risikos sind beispielsweise, neue Produkte einzuführen oder in neue Märkte einzutreten (Diversifikation).

3. Kreditrisiken

Kreditrisiken sind besonders für Banken ein wesentlicher Punkt, da deren Kerngeschäft in der Kreditvergabe besteht.[21] Ziel ist es, die Verluste aus Krediten klein zu halten. Verluste können dadurch entstehen, dass offene Beträge sowie Zinsen nicht, teilweise oder verspätet zurückgezahlt werden. Auch Unternehmen gewähren Kunden eine Frist zur Zahlung der Rechnungen. Es handelt sich hier ebenfalls um Kredite. Auch bei diesen sogenannten Forderungen können Ausfälle entstehen.

Die Steuerung des Kreditrisikos erfolgt zunächst intern, indem geprüft wird, ob generell Waren bzw. Kredite an ein Unternehmen verkauft bzw. verliehen werden dürfen. Im Fall, dass die Rückzahlung gefährdet erscheint, wird die Kreditvergabe nicht erfolgen. Im Zuge der Entwicklung der Finanzmärkte ist es möglich geworden, Kreditrisiken zumindest für große Unternehmen und Staatsschuldner zu handeln und diese an Dritte zu veräußern. Dies ermöglicht, eine Absicherung zu erwerben, die im Fall des Kreditausfalls die Differenz ersetzt.[22]

4. Marktrisiken

Unter Marktrisiken werden die finanziellen Risiken von Finanzprodukten verstanden, die an Finanzmärkten gehandelt werden. Einige typische Marktrisiken sollen hier knapp vorgestellt werden:

1. **Währungsrisiken**

   Fast alle Währungen werden an Finanzmärkten für heutige und für zukünftige Termine gehandelt. So werden Währungsrisiken vielfach durch den Kauf oder Verkauf von Fremdwährungen von heutigen oder zukünftig erwarteten Zahlungen durch Optionen und Bonds abgesichert.

2. **Zinsrisiken**

   Je nach Situation eines Unternehmens mag es sinnvoll sein, eine Zinsbindung für einen kurzen oder langen Zeitraum einzugehen. Inzwischen ist es beispielsweise für bestehende Kredite möglich, seine Zinsen am Markt zu modifizieren, ohne dies mit der kreditvergebenden Bank abzusprechen.

3. **Rohstoffrisiken**

   Auch für Rohstoffe ist es möglich, bereits heute zukünftige Preise zu fixieren. Dies mag mit dem Lieferanten geschehen oder an den Finanzmärkten, die solche Verträge anbieten.

4. **Wertpapierrisiken**

   Generell kann für die meisten Wertpapiere wie Aktien oder Anleihen ebenfalls ein Risikoschutz an den Finanzmärkten erworben werden.

Die Preise dieser Finanzrisiken ergeben sich zumeist aus Quantifizierungen, wie in dem Beispiel mit der Standardabweichung gezeigt wurde. Je höher sich die vermuteten Schwankungen gestalten, desto höher ist der Preis für ein Risiko.

Hohe Schwankungen der Zahlungsströme haben in vielen globalen Firmen auch dazu geführt, dass viele Finanzabteilungen die Ursachen, die sie als wichtig identifiziert haben, aktiv managen, um das Hauptziel, immer liquide zu bleiben, zu gewährleisten.

7.6 Fazit

Finanzwesen beinhaltet die Herausforderung, Zahlungen so zu steuern, dass die Rendite bzw. die Kapitalkosten optimiert werden und zugleich das mit den Zahlungen verbundene Risiko kontrolliert wird. Die Kunst liegt darin, ein optimales Verhältnis von Rendite zu Risiko zu finden und das Unternehmen dabei unter allen Umständen liquide zu halten.

> **Exkurs**
>
> ### Eigenkapitalrendite – Die Auferstehung einer gefährlichen Kennzahl
>
> In einer bekannten schweizerischen Tageszeitung wurde folgender Artikel gedruckt:
>
> *„Bereits versprechen Banker wieder Renditen von über 20 %. Das ist beunruhigend. Schon einmal wurde diese Kennzahl hochgetrieben – mit großen Opfern. Sinkt die Eigenkapitalrendite, kann das für die Gesundheit der Banken sprechen. Denn sie werden sich künftig nicht mehr wie einst verschulden können."*
>
> Im weiteren Verlauf dieses Artikels finden Sie folgende Passage:
>
> *Für Manuel Ammann, Bankprofessor an der Universität St. Gallen, ist ein anderer Punkt weit wichtiger. „An der Kennzahl ist nichts auszusetzen, wenn man sie in den richtigen Kontext setzt", sagt er, „denn die Zahl sagt nichts darüber aus, welche Risiken die Bank eingegangen ist, um sie zu erreichen." Die einfachste Methode, die Eigenkapitalrentabilität zu steigern, besteht in einer größeren Verschuldung. Damit fällt ein gleichbleibender Gewinn auf ein geringeres Eigenkapital. Die Rendite ist zwar höher, das Risiko aber ebenfalls. Doch unabhängig von dieser Hebelwirkung (so genannter Leverage) kann schon der Gewinn allein durch das Eingehen höherer operativer Risiken hochgeschraubt werden. Diese Risiken zu erkennen, ist für Außenstehende kaum möglich – zuweilen auch für das Bankmanagement. Das ist auch eine Lehre der aktuellen Krise. Bei der UBS wusste man offensichtlich bis an die Spitze der Bank nicht, welche Zeitbomben sie sich mit ihren Engagements eingehandelt hat.*
>
> ### Reflexionsfragen
>
> 1. Diskutieren Sie den geschilderten Sachverhalt und beziehen Sie Position.
> 2. Erörtern Sie, ob die Forderung nach immer höherer Eigenkapitalrendite Unternehmen dazu bringt, zu hohe Risiken einzugehen, und nennen Sie Kennzahlen, die eine größere Aussagekraft über die Wirtschaftlichkeit eines Unternehmens beschreiben.
> 3. Wieso ist der Fokus auf wenige Kennzahlen in einer bestimmten Zeitperiode gefährlich.
>
> Quelle: Straub; M. Diem Meier: „Eigenkapitalrendite – Die Auferstehung einer gefährlichen Kennzahl", Tagesanzeiger.ch am 19.11.2009, www.tagesanzeiger.ch/wirtschaft/unternehmen-und-konjunktur/Eigenkapitalrendite--die-Auferstehung-einer-gefaehrlichen-Kennzahl/story/10488888 (Stand: 10.07.2011)

ZUSAMMENFASSUNG

Folgende Inhalte wurden in diesem Kapitel behandelt:

- Das Finanzwesen ist eine Disziplin, die sich mit der Entwicklung von *Cashflow* im Zeitablauf beschäftigt. Dieser Indikator gewinnt zunehmend an Bedeutung, weil es schwieriger ist, ihn zu manipulieren als andere Indikatoren wie Gewinn oder Verlust. Letztendlich ist Cashflow der relevante Indikator, da Zahlungen nur mit ihm durchgeführt werden können.

- Auch wenn sich das Finanzwesen schnell entwickelt und es eine große Anzahl von neuen Produkten gibt, so ist und bleibt der Grundsatz *„Discounting is Financing"* die Basis für alle Finanztransaktionen. Darunter ist zu verstehen, dass es möglich ist, durch den Einsatz von Barwertfaktoren, Zahlungen zu verschiedenen Zeitpunkten miteinander zu vergleichen. Es handelt sich hierbei um nichts anderes als Kredite bzw. Anlagen einzusetzen, die an den Finanzmärkten gehandelt werden. Das Ergebnis dieser Finanzgeschäfte sind die Barwerte von zukünftigen Zahlungen, die direkt miteinander verglichen werden können.

- Es ist wichtig, dass zukünftige Zahlungen durch heutige Kredite oder Anlagen annulliert werden können. Das bedeutet, dass identische Zahlungen mit umgekehrtem Vorzeichen an dem jeweiligen zukünftigen Zahlungsdatum generiert werden. Es ergibt sich, dass der Nettowert der Zukunftstransaktion null beträgt. Es bleibt damit nur die heutige Zahlung über, deren Nominalwert dem Barwert entspricht.

- Die Höhe der Barwertfaktoren wird durch den Renditesatz und durch die Zeitspanne definiert. Barwertfaktoren können Werte zwischen null und eins annehmen.

- Das Management der Investitionen und Finanzierungen eines Unternehmens wird als *Corporate Finance* bezeichnet.

- Investitionen sind eine Abfolge von Aus- und Einzahlungen. Durch Einsatz des Prinzips des *Discounting* wird ein Nettobarwert errechnet, der sogenannte *Net Present Value (NPV)*. Sofern dieser Wert größer als null ist, entsteht ein *Cashflow*-Überschuss, da alle Finanzierungskosten bereits abgezogen sind. Das Prinzip des *Discounting* kann auch als Methode verstanden werden, die es ermöglicht, die gesamten Finanzierungskosten einer Investition zu berechnen und als negativen *Cashflow* direkt abzuziehen.

- Im Bereich der Finanzierungen gilt es zuerst zwischen Eigen- und Fremdkapital zu unterscheiden. Mittel, die nicht von den Eigentümern zur Verfügung gestellt werden, sind Fremdkapital. Da im Fall von Verlusten zuerst das Eigenkapital zum Ausgleich verwandt werden muss, stellt dieses ein Sicherheitspolster für die Fremdkapitalgeber dar, das je nach Situation mehr oder weniger groß ist. Damit birgt Eigenkapital mehr Risiken und muss deshalb eine höhere Rendite generieren.

- Die Optimierung der Finanzierungskosten eines Unternehmens ist deshalb primär eine Analyse, wie hoch der Anteil des teuren Eigenkapitals an der Gesamtfinanzierung sein muss. Das dazu verwendete *Konzept der durchschnittlichen Finanzierungskosten (WACC)* wird viel diskutiert und es existieren unterschiedliche Ansätze. In der Praxis wird zumeist davon ausgegangen, dass sich Fremdkapitalgeber mit geringeren Renditen zufriedengeben, wenn ein hoher Eigenkapitalanteil besteht. Jedoch erhöhen sich die Kosten für das Eigenkapital, sofern es nur minimal eingesetzt wird. Die Optimierung besteht darin, die richtige Dosierung für den Einsatz von Eigenkapital zu finden.

- Der Bedarf an *Cashflow* wird in Finanzierungsplänen entwickelt. Unter Berücksichtigung des WACC-Ansatzes werden hieraus konkrete Finanzierungsmaßnahmen abgeleitet.
- Es ist nie möglich, zukünftige Zahlungen und damit Finanzierungen mit absoluter Sicherheit vorherzubestimmen. Abweichungen von dem Erwarteten oder dem Bekannten formen das Risiko. Je größer und häufiger die Abweichungen auftreten, desto höher ist das Risiko. Ein wichtiger Ansatz hierfür ist die Berechnung der Standardabweichung von Zahlungen.
- Das moderne Finanzwesen hat sich insbesondere dem Risikomanagement verschrieben. Der Fokus liegt darauf, folgende Fragen zu beantworten: Wie können Risiken bewertet werden? Welche Möglichkeiten hat ein Unternehmen, Risiken zu vermeiden bzw. abzusichern? Dieser komplexe Bereich wurde nur knapp angerissen: Eine weitere Vertiefung des Finanzwesens beinhaltet vor allem eine zusätzliche Auseinandersetzung mit dem Risikobegriff.

AUFGABEN

1. Warum kann der Betrag, der einem Kunden in Rechnung gestellt wird, nicht als *Cashflow* bezeichnet werden?
2. Welches ist das maximale Verlustrisiko des Kreditgebers?
3. Wovon hängt die Höhe des Renditebetrages ab?
4. Wieso sind zukünftige Zahlungen weniger wert als heutige Zahlungen?
5. Wie können zukünftige Ein- bzw. Auszahlungen durch heutige Kredite bzw. Anlagen annulliert werden?
6. Wie kann die rechnerische Differenz zwischen der Zahl eins und dem Bargeldfaktor interpretiert werden?
7. Wieso ist der *Net Present Value (NPV)* das relevante Kriterium zur Entscheidung, ob eine Investition rentabel ist?
8. Worin unterscheiden sich Eigen- und Fremdkapital?
9. Wie werden die Durchschnittskosten der Finanzierung von Unternehmen berechnet?
10. Was verstehen Sie unter finanziellen Risiken?
11. Wieso werden bei der Berechnung der Standardabweichung positive und negative Abweichungen gleich behandelt?

Weitere Aufgaben mit Lösungen befinden sich in begleitendem Übungsbuch als E-Text.

Fallstudie 1: Michelin und das Erzeugen von Gummi

Die Michelin-Gruppe, ein französisches Familienunternehmen, hat sich im Laufe von fast 120 Jahren zu einem internationalen Konzern entwickelt. Wussten Sie, dass Firmengründer André Michelin den demontierbaren Luftreifen und damit den Vorgänger aller heutigen Reifen erfunden hat? Michelin ist in der Tat eine Marke von Welt. Das Unternehmen stellt Reifen aller Art her. Jeder hat es schon einmal gesehen, viele kennen es sogar mit Namen: *Bibendum*, das „Reifenmännchen", das Markenzeichen von Michelin. Seit über 100 Jahren steht *Bibendum* für herausragende Qualität bei Reifen, Straßenkarten und Reiseführern, weltweit.

Abbildung 7.15: Bibendum-Reifenmännchen
Quelle: Michelin Reifenwerke AG & Co. KGaA

Fortschritt in Mobilität: Auf Reifen von Michelin verlassen sich Kunden rund um den Globus. Michelin-Qualität gibt es aber auch für Bau-, Landwirtschafts- und Industriefahrzeuge, U-Bahnen und Flugzeuge. Sogar Raumfähren landen sicher auf Reifen von Michelin. Täglich werden fast 900.000 Reifen hergestellt, der leichteste wiegt weniger als 200 Gramm, der größte nahezu 6 Tonnen!

Quelle: Michelin Reifenwerke AG & Co. KGaA

Kundennähe weltweit: Michelin verfügt über 70 Produktionsstandorte in 19 Ländern und auf fünf Kontinenten. Verkaufsorganisationen in über 170 Ländern garantieren den schnellen und effizienten Vertrieb von Michelin-Produkten.

Menschen machen die Qualität: Über 125.000 Beschäftigte zählt Michelin. Jede Mitarbeiterin, jeder Mitarbeiter setzt sich in seinem Bereich täglich dafür ein, beste Qualität zum jeweils besten Preis herzustellen und zu verkaufen.

Zukunft im Blick: Michelin betreibt Grundlagenforschung. Ein Technologiezentrum auf drei Kontinenten (Europa, USA und Japan) entwickelt Innovationen. In vier Versuchszentren werden neue Produkte auf Herz und Nieren getestet.

Umwelt im Mittelpunkt: Die Reifen eines Fahrzeugs verursachen 20 % seines Kraftstoffverbrauchs. Michelin ist sich der Verantwortung bewusst, die sich aus dieser Tatsache ergibt, und optimiert den Rollwiderstand seiner Reifen ständig weiter, um Verbrauch und CO_2-Ausstoß der Fahrzeuge zu senken. Auch was Produkteigenschaften und Herstellungsprozesse von Reifen angeht, spielen Umweltbelange eine wichtige Rolle.

Qualitätsfaktor Natur: Natürlicher Kautschuk hat spezielle Eigenschaften, die bisher nicht synthetisch erzielt werden konnten. Man benötigt den hochwertigen natürlichen Rohstoff als Ergänzung zum Synthese-Kautschuk – ein entscheidender Faktor bei der Erzeugung von Qualitätsreifen. Michelin Forschungszentren in Brasilien und Nigeria helfen, Anbau-, Ernte- und Verarbeitungsmethoden von Kautschuk ständig zu optimieren. Denn auch bei der Rohstofferzeugung gilt: Vorsprung erarbeiten durch ständige Verbesserung der Qualität.

▶ *Abbildung 7.16* zeigt einen Kautschukbaum, der für die Erzeugung von Gummi verwendet wird. Die Besonderheit dieser Pflanze ist, dass erst nach etwa 6 Jahren die erste Ernte erfolgen kann. Im Alter von 22 Jahren stellt der Baum die Produktion von Latex ein. Diese Pflanze kann in bestimmten Teilen Südamerikas, Afrikas und Asiens angebaut werden. Die Ernten sind häufig von Krankheiten, insbesondere von Pilzen, bedroht.

Abbildung 7.16: Kautschukproduktion
Quelle: © Benjamin Bahr/fotolia.com

Reflexionsfragen

1. Überlegen Sie, wie der Cashflow einer Kautschukplantage und die Preise für Kautschuk sich im Zeitablauf entwickeln.

2. Überlegen Sie, wie sich die Barwertfaktoren über die Zeit entwickeln.

3. Unter welchen Bedingungen würden Sie Ihr Geld in eine Gummiplantage investieren und welche Bedeutung haben die Finanzierungskosten für ein derartiges Projekt?

Quelle: Straub; www.Michelin.de (Stand: 11.5.2011)

Siehe auch begleitende Fallvideos dazu.

Finanzwirtschaft

Fallstudie 2: KPMG

Die Firma KPMG hat für eine große Anzahl englischer Firmen einen Zusammenhang zwischen WACC und dem Verhältnis von Verschuldung und *Cashflow* in der folgenden Grafik zusammengestellt.[23]

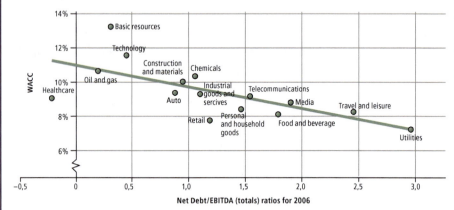

Abbildung 7.17: FTSE 350 WACC vs. Leverage, by sector (2006 estimates)
Quelle: KPMG (UK) LLP, Januar 2006

Reflexionsfragen

1. Finden Sie heraus, inwiefern EBITDA ein *Cashflow* ist.

2. Überlegen Sie, wieso ein branchenübliches Verhältnis von Verschuldung zu *Cashflow* existiert?

Verwendete Literatur

Allman-Ward, M.; James Sagner, J.: „Essentials of Managing Corporate Cash", John Wiley, 2003.

Brealey, R.A.; Myers, S.C.; Allen, F.: „Principles of Corporate Finance", 11. Aufl., McGraw-Hill/Irwin, 2013.

KPMG: „Private Equity vs. the Corporate", Internetbeitrag vom 31.01.2006: *www.kpmg.ch/docs/20060131_Private_Equity_vs_the_Corporate.pdf.*

Loderer, C et al.: „Handbuch der Bewertung", 4. Aufl., Neue Zürcher Zeitung NZZ Libro, 2010.

Miller, M.H.: „The Modigliani-Miller Propositions after Thirty Years", in: Journal of Applied Corporate Finance, Bd. 2, 1989, S. 6–18.

Miron, P.; Swannell, P.: „Pricing and Hedging Swaps", Euromoney, 1991.

Mishkin, F.S: „The Economics of Money, Banking and Financial Markets", 10. Aufl., Pearson, 2013.

Modigliani, F.; Miller, M.H.: „The cost of capital: Corporation Finance and the Theory of Investment", in: American Economic Review, Bd. 48, 1958, S. 261–297.

Volkhart, R.: „Corporate Finance: Grundlagen von Finanzierung und Investition", 5. Aufl., Versus Verlag, Zürich 2011.

Weiterführende Literatur

Bieg, H.; Kußmau, H.: „Investition", 2. Aufl., Vahlen Verlag, München 2009.

Bieg, H.; Kußmau, H.: „Finanzierung", 2. Aufl., Vahlen Verlag, München 2009.

Copeland, T. E.; Weston, J. F.; Shastri, K.: „Finanzierungstheorie und Unternehmenspolitik. Konzepte der kapitalorientierten Unternehmensfinanzierung", Bd. 1–2, 4. Aufl., Pearson Studium, München 2007.

Howells, P.; Bain, K.: „The Economics of Money, Banking and Finance", FT Prentice Hall, 2008.

Kruschwitz, L.: „Investitionsrechnung", 13. Aufl., Oldenbourg Verlag, München 2011.

Pratsch, J.: „Finanzmanagement: Lehr- und Praxisbuch für Investition, Finanzierung und Finanzcontrolling", 4. Aufl., Springer, 2012.

Zantow, R.: „Finanzwirtschaft der Unternehmung: Die Grundlagen des modernen Finanzmanagements" , 3. Aufl., Pearson Studium, München 2011.

Endnoten

1. Siehe *Kapitel 8*: Rechnungswesen.
2. Siehe *Kapitel 9*: Controlling.
3. Siehe *Kapitel 5*: Materialwirtschaft Logisitk und Supply Chain Management.
4. In diesem Kapitel werden *Geld* und *Kapital* als Synonyme verwendet.
5. Siehe *Kapitel 8*: Rechnungswesen.
6. Siehe *Kapitel 8*: Rechnungswesen.
7. Siehe *Kapitel 8*: Rechnungswesen und *Kapitel 09*: Controlling.
8. Die praktische Abwicklung wird anschaulich von Allman-Ward und James Sagner (2003) beschrieben.
9. Die praktische Anwendung zur Berechnung von Renditen für Aktien und andere Wertpapiere wird u. a. bei Loderer et al. (2010) beschrieben. Siehe zudem *Kapitel 08*: Rechnungswesen.
10. Dies unter der Voraussetzung, dass der Zinssatz für Anlage und Kredit identisch ist.
11. Wie das sogenannte *Bootstrapping*.
12. Denjenigen Lesern, die sich in dieses Thema vertiefen wollen, ist die Monographie von Miron und Swannell (1991) angeraten.
13. Die Finanzierungskosten enthalten sowohl einen Anteil für die Inhaber (z. B. Aktionäre) als auch die Fremdmittel (z. B. Zinsen für Banken).
14. Es gibt viele weitere Faktoren, die wichtig für die Durchführung einer Investition sind, die jedoch nicht zum Finanzbereich gehören.
15. Siehe Volkhardt (2006), S. 930 ff.
16. Nicht zu vernachlässigen ist, dass Aktionäre neben dem Dividendenanspruch einen starken Einfluss auf die Besetzung des Aufsichtsrates und damit auch auf die Geschäftsführung besitzen.
17. Siehe Modigliani und Miller (1958), S. 261–297 und Miller (1989), S. 6–18.
18. Eine interessante Analyse dieses Sachverhaltes findet sich bei Brealey et al. (2008) S. 472 ff.
19. In vielen ökonomischen Berechnungen ist Vorsicht geboten, wenn Veränderungen zwischen einer positiven und negativen Zahl analysiert werden.
20. Dies gilt für eine Normalverteilung und für ein Intervall, das sich mit zwei Standardabweichungen bestimmt, ergibt sich eine Wahrscheinlichkeit von 95,45 %.
21. Es ist jedoch festzustellen, dass ebenfalls Unternehmen außerhalb der Finanzbranche mit ihren Forderungen einem Kreditrisiko unterliegen.
22. Ebenso ist es möglich, derartige Risiken zu kaufen und zu hoffen, dass es nicht zu einem Ausfall kommt, und somit einen Gewinn zu erwirtschaften. Im Zuge der Finanzkrise im Jahr 2008 wurde deutlich, dass durch den Handel von Kreditrisiken an Terminmärkten die Preise derartiger Risiken schonungslos offengelegt wurden.
23. Siehe KPMG (2006).

》 *Teil III* des Lehrbuches befasst sich mit den **unterstützenden Unternehmensfunktionen**, die wir in *Abschnitt 1.2* angerissen haben.

Unterstützende Unternehmensfunktionen sind Tätigkeiten, welche für die Ausübung der primären Aktivitäten die notwendige Voraussetzung sind. Sie liefern somit einen indirekten Beitrag zur Erstellung eines Produktes oder einer Dienstleistung. In unserem Buch sind dies *Externes Rechnungswesen – Buchführung, Bilanzierung und Jahresabschluss (Kapitel 8), Internes Rechnungswesen – Kostenrechnung und Controlling (Kapitel 9), Organisation (Kapitel 10), Wissensmanagement und Informationssysteme (Kapitel 11), Human Resource Management (Kapitel 12)* und *Leadership (Kapitel 13)*. Die Wertkette eines Unternehmens ist mit den Wertketten der Lieferanten und Abnehmer verknüpft. Sie bilden zusammen das Wertschöpfungskettensystem einer Branche. 《

TEIL III

Unterstützende Funktionen

8 Externes Rechnungswesen – Buchführung, Bilanzierung und Jahresabschluss ... 301

9 Internes Rechnungswesen – Kostenrechnung und Controlling ... 355

10 Organisation ... 401

11 Wissensmanagement und Informationssysteme ... 447

12 Human Resource Management ... 479

13 Leadership ... 513

There are two sides of the balance sheet – the left side and the right side. On the left side, nothing is right, and on the right side, nothing is left!

Aus einer Antwort von UBS an Dirk Maxeiner, zitiert im kurzen Beitrag „Saubere Bilanz" anlässlich des Rücktrittes von Ingrid Matthäus-Maier, der Chefin der staatlichen Bank KfW

Lernziele

In diesem Kapitel wird das Wissen zu folgenden Inhalten vermittelt:

- Kenntnis von Aufgaben und Teilbereichen des betrieblichen Rechnungswesens
- Abgrenzung des externen Rechnungswesens von anderen Teilsystemen des betrieblichen Rechnungswesens
- Vermittlung der Grundlagen des externen Rechnungswesens: Aufgaben, Adressaten und Inhalte
- Erlernen der Grundlagen der Buchführung inklusive der Grundsätze ordnungsmäßiger Buchführung
- Kennenlernen der Grundlagen der Bilanzierung
- Verständnis für die Grundlagen der Jahresabschlusserstellung
- Kennenlernen grundlegender Unterschiede von nationalen und internationalen Rechnungslegungsvorschriften

Quelle: © Denis Junker/fotolia.com

Externes Rechnungswesen – Buchführung, Bilanzierung und Jahresabschluss

8.1 Einführung in das betriebliche Rechnungswesen 302
- 8.1.1 Aufgaben und Zwecke des betrieblichen Rechnungswesens 302
- 8.1.2 Teilbereiche des betrieblichen Rechnungswesens ... 303
- 8.1.3 Begriffliche Grundlagen des betrieblichen Rechnungswesens 305

8.2 Grundlagen des externen Rechnungswesens 305
- 8.2.1 Aufgaben des externen Rechnungswesens 305
- 8.2.2 Adressaten des externen Rechnungswesens 306
- 8.2.3 Rechtsgrundlagen des externen Rechnungswesens .. 307
- 8.2.4 Bestandteile des externen Rechnungswesens 308

8.3 Grundlagen der Buchführung.................... 309
- 8.3.1 Konto, Sollbuchung, Habenbuchung............. 310
- 8.3.2 Arten von Geschäftsvorfällen I – Bilanzbuchungen .. 312
- 8.3.3 Arten von Geschäftsvorfällen II – Erfolgswirksame Buchungen in der Gewinn- und Verlustrechnung (GuV) 320
- 8.3.4 Kontenrahmen und Organisation der Buchführung .. 322

8.4 Bilanzierung und Jahresabschluss 323
- 8.4.1 Grundsätze ordnungsmäßiger Buchführung 323
- 8.4.2 Grundzüge der Bilanzierung nach deutschen Rechnungslegungsvorschriften 326
- 8.4.3 Grundzüge des Jahresabschlusses 330

8.5 Besonderheiten des externen Rechnungswesens nach internationalen Rechnungslegungsvorschriften (IFRS)............ 342
- 8.5.1 Grundlagen der internationalen Rechnungslegung .. 342
- 8.5.2 Wesentliche Bilanzierungsgrundsätze nach IFRS.... 343

8.1 Einführung in das betriebliche Rechnungswesen

8.1.1 Aufgaben und Zwecke des betrieblichen Rechnungswesens

Das betriebliche Rechnungswesen[1] erfasst nach bestimmten Regeln sämtliche Geld- und Leistungsströme in einem Unternehmen. Es dient somit der Informationsbeschaffung, -aufbereitung und -weitergabe und bildet häufig die Grundlage für Entscheidungen. Das betriebliche Rechnungswesen weist die folgenden Aufgaben auf:

- Erfassung wirtschaftlich relevanter Sachverhalte mit finanziellen und nicht finanziellen Daten
- Berichterstattung über vergangene, gegenwärtige und zukünftige Tatbestände und Vorgänge im Unternehmen
- Darstellung von vergangenen, bestehenden und zukünftigen Beziehungen des Unternehmens zu seiner Umwelt
- Analyse der erfassten Daten und Ableitung von unternehmerischen Maßnahmen
- Weitergabe an interne und externe Informationsbenutzer

Das Rechnungswesen dient somit der Unternehmensführung als Instrument zur Steuerung und Überwachung des jeweiligen Zielerreichungsgrades.

Abbildung 8.1: Die Ursprünge des Rechnungswesens
Quelle: © Aamon/fotolia.com

Betrachtet man die Zwecke des betrieblichen Rechnungswesens, so lassen sich drei grundlegende Zielsetzungen unterscheiden, die prinzipiell für alle Teilsysteme gelten:

- **Planungsrechnungen** dienen sowohl als Grundlage für die Entscheidungsfindung als auch für den Entscheidungsvollzug, indem sie Ziele und Handlungsmöglichkeiten für Entscheidungsträger im Unternehmen festlegen sowie die Auswirkungen bestimmter Handlungsalternativen auf den Zielerreichungsgrad bestimmen.
- **Kontrollrechnungen** beziehen sich auf vergangene Ereignisse. Sie dienen der Information über tatsächliche Abläufe und Ergebnisse und durch Vergleich mit entsprechenden Planwerten der Überwachung der tatsächlichen Zielerreichung. Durch Analyse von Plan-Ist-Abweichungen sollen einerseits Informationen für künftige Entscheidungen und Maßnahmen generiert werden, andererseits soll durch den Kontrollprozess von vornherein ein hohes Maß an Zielerreichung sichergestellt werden.
- **Dokumentationsrechnungen** resultieren entweder aus gesetzlichen Verpflichtungen (z. B. handels- und steuerrechtlicher Art) oder aus vertraglichen Vereinbarungen (z. B. bei Kredit- und Lizenzverträgen) und dienen somit der nachvollziehbaren Ermittlung von Ergebnissen, an die sich unterschiedliche Ansprüche knüpfen können.

8.1.2 Teilbereiche des betrieblichen Rechnungswesens

Das betriebliche Rechnungswesen setzt sich zusammen aus einem organisatorisch institutionalisierten Teil, in dem laufend wiederkehrende Rechnungen durchgeführt werden (z. B. Buchführung, Kalkulation), sowie aus fallbezogenen Sonderrechnungen, die nur für bestimmte außergewöhnliche Zwecke durchgeführt werden (z. B. Ad-hoc-Analysen).

Unternehmen streben regelmäßig – neben weiteren Zielen – die beiden Zielsetzungen „Erfolg" und „Liquidität" an. Diese können wiederum in Teilbereiche gegliedert werden: liquides Vermögen, Geldvermögen, Reinvermögen und betriebsnotwendiges Vermögen. Deren Veränderungen werden durch die vier Rechengrößen Einzahlungen und Auszahlungen, Einnahmen und Ausgaben, Erträge und Aufwendungen sowie Leistungen und Kosten abgebildet. Diese korrespondieren mit den vier Teilsystemen des betrieblichen Rechnungswesens Finanzrechnung, Finanzierungsrechnung, Bilanz und Gewinn- und Verlustrechnung sowie Kosten- und Leistungsrechnung.

Zielgröße	Ausprägung	Rechengröße	Teilsystem
Liquidität	liquides Vermögen	Einzahlungen/Auszahlungen	Finanzrechnung
	Geldvermögen	Einnahmen/Ausgaben	Finanzierungsrechnung
Erfolg	Reinvermögen	Erträge/Aufwendungen	Bilanz/GuV
	betriebsnotwendiges Vermögen	Leistungen/Kosten	Kosten- und Leistungsrechnung

Neben diesen monetär messbaren Zielgrößen gibt es die strategieorientierte Zielgröße Erfolgspotenzial, die sich nicht ausschließlich auf die Daten des betrieblichen Rechnungswesens stützen kann. Sie bedarf zusätzlich eines (nicht monetären) Informationssystems, das relative Stärken und Schwächen des Unternehmens misst. Da jedoch gleichzeitig bestehende Erfolgspotenziale zu künftigen Erfolgs- und Liquiditätswirkungen führen sollen, kann das Erfolgspotenzialziel nicht losgelöst von den Plan- und Ist-Daten des betrieblichen Rechnungswesens geplant und gesteuert werden.

Zur Abgrenzung der Teilsysteme des betrieblichen Rechnungswesens ist insbesondere die Unterscheidung von externem und internem Rechnungswesen von Bedeutung, die anhand verschiedener Kriterien vorgenommen werden kann:

- Zeitbezug: Das externe Rechnungswesen ist primär vergangenheitsorientiert, während das interne Rechnungswesen tendenziell zukunftsorientiert ist.
- Das externe Rechnungswesen wird auch an externe Adressaten veröffentlicht, das interne Rechnungswesen ist dagegen der Unternehmensführung vorbehalten.
- Das externe Rechnungswesen beruht auf gesetzlichen Regelungen, während die Entscheidung für das interne Rechnungswesen sowie dessen Gestaltung unternehmensindividuell ist.

Die Abgrenzung zwischen der Gewinn- und Verlustrechnung (externes Rechnungswesen) und der Kosten- und Leistungsrechnung (internes Rechnungswesen) wird auch deutlich, betrachtet man die Zielgrößen der beiden Rechnungen:

- In der Gewinn- und Verlustrechnung als Teil des externen Rechnungswesens wird der Jahresgewinn oder Jahresverlust berechnet. In Deutschland stellt dies die Grundlage für die Steuerbilanz und somit für die ertragsabhängigen Steuern dar. Die Basis für die Verteilung an Eigentümer ist der Jahresgewinn nach Steuern und nicht das Ergebnis der Betriebstätigkeit.
- Die Kosten- und Leistungsrechnung zielt als Teil des internen Rechnungswesens vor allem darauf ab, sämtliche betriebliche Ursachen und Auswirkungen zu ermitteln. Diese Berechnung hat eine wichtige Funktion und bildet die Basis für die Kalkulation und für die Bildung der Preise von Produkten und Dienstleistungen eines Unternehmens.

Zwischen den Teilsystemen des betrieblichen Rechnungswesens bestehen diverse sachlogische und inhaltliche Zusammenhänge. Das externe Rechnungswesen unterstützt die Unternehmensführung und bildet dadurch eine Schnittstelle zu zahlreichen anderen Unternehmensfunktionen. So sind beispielsweise Finanzwirtschaft und Controlling zwei Unternehmensfunktionen, die in wesentlichen Teilen auf die Informationen des Rechnungswesens zurückgreifen. Diese beiden Funktionen bedienen sich des Rechnungswesens als primäre Informationsquelle und verarbeiten daraufhin dessen Informationen gemäß ihren eigenen Anforderungen und Zielsetzungen.

In der Praxis finden sich häufig nicht die vier theoretisch abgegrenzten Teilsysteme in ihrer Reinform wieder. Es gibt eher (jeweils mehr oder weniger stark ausgeprägt) die folgenden Rechnungswesensysteme. Dabei ist begrifflich zwischen den zugeordneten Fachtermini zu unterscheiden:

- Für das externe Rechnungswesen finden sich in der Praxis die Begriffe Finanzbuchhaltung, Geschäftsbuchhaltung, Buchhaltung, Buchführung, Rechnungswesen und Konzernrechnungswesen.
- Für das interne Rechnungswesen finden sich in der Praxis die Begriffe Kalkulation, Controlling, Betriebswirtschaftliche Abteilung, Betriebsbuchhaltung.
- Die Finanz- und Finanzierungsrechnung werden in der Praxis entweder im externen Rechnungswesen (Finanzbuchhaltung) oder im internen Rechnungswesen (Controlling) angesiedelt. Denkbar, und mit zunehmender Unternehmensgröße auch vermehrt erkennbar, ist aber auch eine eigene organisatorische Einheit. Diese wird häufig „Treasury" oder „Corporate Finance" genannt und koordiniert die Zahlungsflüsse im Unternehmen.

8.1.3 Begriffliche Grundlagen des betrieblichen Rechnungswesens

Das externe Rechnungswesen verwendet die Begriffe Aufwand und Ertrag, die das Reinvermögen verändern. Das interne Rechnungswesen arbeitet dagegen mit Kosten und Leistungen bzw. Erlösen *(siehe Kapitel 9)*, die das betriebsnotwendige Vermögen beeinflussen.

- **Aufwand:** Der Aufwand beschreibt generell einen Einsatz oder eine Leistungserbringung, um einen gewissen Nutzen zu erzielen. Beispielsweise kann dieser in Geldeinheiten, Arbeitsstunden oder auch in Materialbedarf gemessen werden. Betriebswirtschaftlich bedeutet der Begriff Aufwand den bewerteten Verbrauch sämtlicher Güter, sprich der Waren und Dienstleistungen, während einer bestimmten Periode.
- **Ertrag:** Die positive Ergebniskomponente ist der Ertrag. Generell bezeichnet Ertrag das Resultat wirtschaftlicher Leistung. Betriebswirtschaftlich bedeutet Ertrag den Wertzuwachs eines Unternehmens. Dieser Wertzuwachs wird gemäß des Prinzips der Erfolgswirksamkeit einer betreffenden Periode zugeordnet.

8.2 Grundlagen des externen Rechnungswesens

8.2.1 Aufgaben des externen Rechnungswesens

Informationsfunktion/Dokumentationsfunktion

Die externe Rechnungslegung soll Rechenschaft über das Unternehmen ablegen und so Informationsbedürfnisse unterschiedlicher Anspruchsgruppen erfüllen.

Einkommensmessungsfunktion

Diese auch als Ausschüttungsbemessungsfunktion bezeichnete Aufgabe führt zur Ermittlung eines Gewinns, der zu freiwilligen oder pflichtgemäßen Auszahlungen führt. Beispiele hierfür sind Ausschüttungen an die Unternehmenseigentümer und Steuerzahlungen.

Vermögensverteilungsfunktion

Die Vermögensverteilung beinhaltet neben der Gewinnverteilung auch die (hypothetische oder faktische) Verteilung des Unternehmensvermögens auf die Anteilseigner.

Diese einzelnen Ziele der Adressaten stehen teilweise im Gegensatz zueinander. So widerspricht z. B. eine möglichst gute und umfassende Information („Ansatz von Marktwerten in der Bilanz, um den wahren Wert des Vermögens zu zeigen") dem Ziel, nur einen wirklich ausschüttungsfähigen Gewinn auszuweisen.

8.2.2 Adressaten des externen Rechnungswesens

Zu den Adressaten zählen unternehmensinterne und unternehmensexterne Adressaten. Jede Gruppe hat eigene Ansprüche an Inhalte und Aufbereitung der externen Rechnungslegung. Ziel des Gesetzgebers ist es, das Spannungsfeld zwischen den verschiedenen Anspruchsgruppen zu lösen.

Unternehmensinterne Anspruchsgruppen

Die Unternehmensleitung hat eine Doppelrolle, sie ist nicht nur Adressat der externen Rechnungslegung, sondern auch ihr Ersteller. Ihr stehen aber neben der externen Rechnungslegung auch die oben beschriebenen weiteren Teile des Rechnungswesens zur Verfügung, um das Unternehmen zu steuern. Aus diesem Grund ist sie tendenziell eher daran interessiert, die veröffentlichten Informationen über das Unternehmen so gering wie möglich zu halten, um keine Wettbewerbsnachteile zu haben und um aus Wirtschaftlichkeitsgründen Kosten zu sparen.

Mitarbeiter sind an Informationen über ihren Arbeitgeber interessiert, um z. B. die Sicherheit des Arbeitsplatzes einzuschätzen und einen Überblick über die Lage des Unternehmens zu erhalten, den sie im Allgemeinen durch die tägliche Arbeit nicht erhalten.

Unternehmensexterne Anspruchsgruppen

Für bestehende und potenzielle Eigentümer sind die veröffentlichten Informationen des Jahresabschlusses häufig die einzige Informationsquelle über das Unternehmen. Dies gilt insbesondere bei großen Kapitalgesellschaften, bei denen die Gesellschafter nicht im Unternehmen arbeiten.

Auch Gläubiger erhalten regelmäßig nur die veröffentlichten Informationen der externen Rechnungslegung, werden aber in verschiedenen Rechnungslegungssystemen durch unterschiedliche Regelungen besonders geschützt, z. B. durch Ausschüttungssperren.

Der Staat hat nicht nur ein Interesse daran, dass Unternehmen als Arbeitgeber fortbestehen. Wichtig ist auch seine Rolle als Fiskus, denn die Steuerzahlungen von Unternehmen basieren (zum größten Teil) auf Ergebnissen der externen Rechnungslegung. Besonders hinzuweisen ist auf den häufig bestehenden Zusammenhang zwischen Handelsrecht und Steuerrecht: Die Ermittlung eines steuerlichen Gewinns erfolgt auf Basis einer sogenannten Steuerbilanz (= Bilanz nach Steuerrecht). Diese wiederum wird auf der Grundlage der sogenannten Handelsbilanz (= Bilanz nach Handelsrecht) erstellt. Das heißt, die externe Rechnungslegung hat (direkte) Auswirkungen auf die Steuerzahlungen eines Unternehmens. Dieser Zusammenhang wird als Maßgeblichkeit der Handelsbilanz für die Steuerbilanz bezeichnet.

Auch Kunden und sonstige Geschäftspartner können an Informationen über das Unternehmen interessiert sein, z. B. um die langfristigen Chancen einer Geschäftsbeziehung einschätzen zu können. Problem ist hierbei, dass ein Unternehmen nicht bekanntgeben möchte, welche Gewinne es mit seinen Kunden erzielt.

Schließlich gibt es noch weitere Interessierte an einem Unternehmen, z. B. Wettbewerber, Analysten, Wirtschaftsauskünfte, Verbände etc.

8.2.3 Rechtsgrundlagen des externen Rechnungswesens

Die Rechtsgrundlagen des externen Rechnungswesens sind in den einzelnen Ländern unterschiedlich geregelt. Grundsätzlich besteht eine Übereinkunft darin, allgemeine Praktiken einzuhalten und zu akzeptieren, die jedoch landesspezifisch ausgelegt werden.

Im Folgenden werden die Rechtsgrundlagen des externen Rechnungswesens nach deutschem Recht detailliert behandelt. Vergleichbare Vorschriften finden sich beispielsweise auch im Schweizer Obligationenrecht sowie im Österreichischen Unternehmensgesetzbuch. Weiterhin gibt es auch internationale, d. h. länderübergreifende Rechnungslegungssysteme, von besonderer Bedeutung sind hier die International Financial Reporting Standards (IFRS). Bekannt sind auch die US-amerikanischen United States Generally Accepted Accounting Principles (US-GAAP).

Im deutschen Handelsgesetzbuch (HGB) sind im dritten Buch die Rechnungslegungsgrundlagen für alle Kaufleute sowie Spezialvorschriften (z. B. für Kapitalgesellschaften) enthalten.

Rechnungslegungsgrundlagen	
Jahresabschluss des (Einzel)Kaufmanns/Personengesellschaft	§§ 238–263 HGB
Ergänzende Vorschriften für Kapitalgesellschaften	§§ 264–289 HGB
Vorschriften für Konzernabschlüsse	§§ 290–315 HGB
Vorschriften zur Prüfung von Jahresabschlüssen	§§ 316–324 HGB
Vorschriften zur Offenlegung von Jahresabschlüssen	§§ 325–329 HGB
Vorschriften für Jahres- und Konzernabschlüsse von Kreditinstituten	§§ 340–340j HGB
Vorschriften für Jahres- und Konzernabschlüsse von Versicherungsunternehmen	§§ 341–341j HGB

Diese Regelungen sind zum Teil noch größenabhängig definiert, d. h. kleine Unternehmen haben Erleichterungen bei der Erstellung, Prüfung und Offenlegung ihrer Jahresabschlüsse.

Die Vorschriften zu Inventar, Buchführungspflicht und Jahresabschlusserstellung gelten grundsätzlich für alle Kaufleute. Hiervon werden Kleinunternehmer mit einem Umsatz von weniger als 500.000 € und einem Jahresüberschuss von weniger als 50.000 € ausgenommen.

Das Aktiengesetz (AktG) beeinflusst zusätzlich die Rechnungslegung von Aktiengesellschaften, z. B. hinsichtlich der Ergebnisverwendung oder Möglichkeiten zur Zahlung von Dividenden.

Eine weitere Instanz, die ebenfalls die deutsche (Konzern-)Rechnungslegung beeinflusst, ist das Deutsche Rechnungslegungs-Standards Committee (DRSC). Diese privatrechtliche Vereinigung nimmt nach § 342 HGB einen öffentlichen Auftrag wahr und entwickelt die deutsche (Konzern-)Rechnungslegung im Hinblick auf eine Internationalisierung weiter. Der DRSC erlässt zu diesem Zweck einzelne Standards, die die handelsrechtliche Rechnungslegung ergänzen.

8.2.4 Bestandteile des externen Rechnungswesens

Bestandteile für alle Kaufleute

Das Inventar ist eine zeitpunktbezogene Aufstellung des Vermögens und der Schulden des Unternehmens mit Art, Menge und Wert in Staffelform. Hierin können (müssen) auch Werte aufgeführt sein, die nicht in der Bilanz enthalten sind, z. B. abgeschriebene Vermögensgegenstände. Durch Abzug der Schulden von den Vermögensgegenständen ergibt sich als Residualgröße das Eigenkapital (Wert der Anteile der Eigentümer) des Unternehmens.

Erstellt wird das Inventar durch eine körperliche Bestandsaufnahme, die sogenannte Inventur. Diese ist grundsätzlich jährlich durchzuführen, kann jedoch aus Wirtschaftlichkeitsgesichtspunkten durch eines der folgenden Verfahren vereinfacht werden:

- Stichprobeninventur § 241 Abs. 1 HGB
- Permanente Inventur § 241 Abs. 2 HGB
- Vor- oder nachgelagerte Stichtagsinventur § 241 Abs. 3 HGB

Die Bilanz ist eine zeitpunktbezogene Aufstellung aller bilanzierungsfähigen Vermögensgegenstände und Schulden sowie des Eigenkapitals des Unternehmens in Kontoform. Im Gegensatz zum Inventar ist die Bilanz in Kontoform (Inventar: Staffelform), sie weist das Eigenkapital separat aus (Inventar: Eigenkapital ist Saldogröße) und enthält nur bilanzierungsfähige Vermögensgegenstände und Schulden (Inventar: Alle Vermögens- und Schuldpositionen des Unternehmens).

Die Gewinn- und Verlustrechnung (GuV) ist eine zeitraumbezogene Rechnung mit einer detaillierten Aufgliederung der erfolgswirksamen Geschäftsvorfälle in Konto- oder Staffelform.

Bilanz und GuV werden zusammen als Jahresabschluss bezeichnet § 242 Abs. 3 HGB.

Ergänzende Bestandteile für Kapitalgesellschaften

Der Anhang dient der Erläuterung und der Ergänzung der Angaben aus Bilanz und GuV § 264 Abs. 1 HGB. Für Kapitalgesellschaften ist der Anhang Bestandteil des Jahresabschlusses § 264 Abs. 1 HGB.

Der Lagebericht ist ein Bericht der Unternehmensleitung zum abgelaufenen Geschäftsjahr und Ausblick auf die (nähere) Zukunft § 264 Abs. 1 S. 1 HGB.

Ergänzende Bestandteile für Konzerne

Ein Konzern ist eine Gruppe rechtlich selbstständiger Unternehmen, die wirtschaftlich von einem Unternehmen geleitet wird. Der Konzernabschluss ist ein eigenständiger Abschluss, der neben Konzernbilanz, Konzern-Gewinn- und Verlustrechnung, Konzernanhang und Konzernlagebericht noch die folgenden Bestandteile enthält:

Die Kapitalflussrechnung ist eine periodenbezogene Aufstellung zur Erklärung der Veränderung der liquiden Mittel (durch Positionen von Bilanz und GuV), sie wird auch als Cashflow-Rechnung bezeichnet.

Der Eigenkapitalspiegel ist eine periodenbezogene Aufstellung zur Erklärung der Veränderung des Eigenkapitals, die neben den erfolgswirksamen Veränderungen, die in der GuV abgebildet werden, auch die nicht erfolgswirksamen Änderungen (z. B. Kapitalerhöhungen, Dividenden) enthält.

Die Segmentberichterstattung ist eine periodenbezogene Aufstellung zu Teilbereichen des Unternehmens. Sie enthält wesentliche GuV- und Bilanzpositionen (sogenanntes Segmentergebnis und Segmentvermögen) gegliedert nach Geschäftsbereichen und nach Regionen.

8.3 Grundlagen der Buchführung

Abbildung 8.2: Buchführung
Quelle: © v.poth/fotolia.com

8.3.1 Konto, Sollbuchung, Habenbuchung

Die Bilanz[2] ist eine Art „Speicher", der Einzahlungen und Auszahlungen des Unternehmens auf einen bestimmten Stichtag zeigt. Es handelt sich somit um einen zeitpunktbezogenen Ausschnitt aus der Unternehmenshistorie, der sich allerdings laufend ändert, denn eine Bilanz wird nicht täglich erstellt.

In der Bilanz finden sich historische Werte (sogenannte Buchwerte) und keine Zeitwerte. Abgeleitet wird die Bilanz aus dem (Eröffnungs-)Inventar bzw. fortgeführt aus den Bilanzen der Vorjahre (Bilanzidentitätsprinzip).

Die in Kontenform dargestellte Bilanz hat zwei Seiten:

Auf der rechten Seite (Passivseite) wird die Herkunft der in das Unternehmen eingezahlten Mittel ausgewiesen. Dabei kann es sich entweder um Einzahlungen der Unternehmenseigentümer (Eigenkapital) oder um Einzahlungen von Gläubigern/Kreditgebern (Fremdkapital) handeln.

Auf der linken Seite (Aktivseite) wird die Mittelverwendung, d. h. die Nutzung der im Unternehmen eingezahlten Mittel, ausgewiesen. Dies wird als Vermögen bezeichnet. Auf der Aktivseite unterscheidet man je nach Zielsetzung der Nutzung der Vermögenspositionen in Anlagevermögen (bei eher längerfristiger Nutzung, z. B. Bürogebäude, Maschinen, Fuhrpark) und Umlaufvermögen (bei eher kurzfristiger Nutzung, z. B. Forderungen gegen Kunden, Vorräte, Bankguthaben).

Die Grundstruktur der Bilanz ergibt sich damit wie folgt:

Aktivseite (Mittelverwendung)		Passivseite (Mittelherkunft)	
Anlagevermögen	50	Eigenkapital	50
Bank	50	Fremdkapital	50
Gesamt	**100**	**Gesamt**	**100**

Veränderungen der einzelnen Positionen werden nicht dadurch erfasst, dass bei jeder Position Erhöhungen durch ein „+" und Verminderungen durch ein „–" dargestellt werden. In der Buchführung werden Veränderungen auf zweiseitigen Konten erfasst, d. h. auf einer Seite werden die Erhöhungen und auf der anderen Seite die Verminderungen der jeweiligen Position gezeigt.

Die Bilanz wird folglich in einzelne Positionen aufgegliedert, die als Konto bezeichnet werden. Auf einem derartigen Konto werden der aus der Anfangsbilanz übernommene Anfangsbestand, die Zu- und Abgänge innerhalb der Periode sowie der Endbestand, der in die Schlussbilanz eingeht, erfasst. Jedes Konto kann entweder „links" oder „rechts" gebucht werden, die Fachbegriffe hierfür sind „Soll" und „Haben". Aus didaktischen Gründen finden sich in der Theorie häufig sogenannte „T-Konten", um die Soll- und die Haben-Seite zu verdeutlichen:

8.3 Grundlagen der Buchführung

(Aktiv- oder Passiv-) Konto

Soll		Haben	
Sollbuchung 1	Betrag	Habenbuchung 1	Betrag
Sollbuchung 2	Betrag	Habenbuchung 2	Betrag

Aktive Bestandskonten erfassen das Vermögen, also sämtliche finanziellen Mittel, die ein Unternehmen besitzt (z. B. Grundstücke, Vorräte, Maschinen, Bargeld, Forderungen, immaterielle Vermögensgegenstände wie Lizenzen und Patente). Zugänge werden im „Soll" und Abgänge sowie der Saldo im „Haben" gebucht:

Aktivkonto

Soll		Haben	
Anfangsbestand	Betrag	Abgänge	Betrag
Zugänge	Betrag	Endbestand	Betrag

Passive Bestandskonten dokumentieren das Eigenkapital sowie die Schulden des Unternehmens. Zugänge werden im „Haben" und Abgänge im „Soll" gebucht:

Passivkonto

Soll		Haben	
Abgänge	Betrag	Anfangsbestand	Betrag
Endbestand	Betrag	Zugänge	Betrag

Entsprechend der Logik der doppelten Buchführung (die auch als Doppik bezeichnet wird) muss die Summe der Soll-Buchungen gleich der Summe der Haben-Buchungen sein. Bei jeder Buchung werden folglich mindestens zwei Konten (ein Konto im Soll und ein Konto im Haben) angesprochen, es können jedoch auch mehr als zwei Konten angesprochen werden. Wichtig ist, dass die Summe der Soll-Beträge gleich der Summe der Haben-Beträge ist.

Ein **Buchungssatz** lautet also

Sollbuchung Anlagevermögen 100 / Habenbuchung Fremdkapital 100

oder in Worten ausgedrückt: „Das Unternehmen hat eine Maschine für 100 gekauft und den Kaufpreis noch nicht bezahlt, d. h. es schuldet dem Lieferanten noch 100."

Abgekürzt wird ein Buchungssatz wie folgt:

per Konto Soll Betrag an Konto Haben Betrag

also:	per Anlagevermögen	100	an Fremdkapital	100
oder kürzer:	Anlagevermögen		an Fremdkapital	100
oder noch kürzer:	AV / FK 100			

8.3.2 Arten von Geschäftsvorfällen I – Bilanzbuchungen

Es gibt vier grundlegende Arten von Bilanzbuchungen.

Bilanzverlängerung

> **Beispiel 8.1** **Erhöhung des Eigenkapitals durch Einzahlung von Barmitteln**
>
> Sachverhalt: Die Unternehmensgründer zahlen Eigenkapital von 100 auf das Bankkonto ein.
>
> **1.** Eröffnungsbilanz
>
> | Aktivseite | | Passivseite | |
> |---|---|---|---|
> | Anlagevermögen | 0 | Eigenkapital | 0 |
> | Bank | 0 | Fremdkapital | 0 |
> | **Gesamt** | **0** | **Gesamt** | **0** |
>
> **2.** Buchung auf Kontenebene mit Buchungssatz
>
> per Bank an Eigenkapital 100
>
> **Konto Bank**
>
> | Soll | | Haben | |
> |---|---|---|---|
> | Anfangsbestand | 0 | | |
> | Zugänge | 100 | | |
>
> **Konto Eigenkapital**
>
> | Soll | | Haben | |
> |---|---|---|---|
> | | | Anfangsbestand | 0 |
> | | | Zugänge | 100 |
>
> **3.** Schlussbilanz
>
> | Aktivseite | | Passivseite | |
> |---|---|---|---|
> | Anlagevermögen | 0 | Eigenkapital | 100 |
> | Bank | 100 | Fremdkapital | 0 |
> | **Gesamt** | **100** | **Gesamt** | **100** |

Beispiel 8.2 — Aufnahme eines Bankkredits (Fortführung des Beispiels)

Sachverhalt: Das Unternehmen erhält ein Darlehen von einer Bank in Höhe von 100.

1. Eröffnungsbilanz

Aktivseite		Passivseite	
Anlagevermögen	0	Eigenkapital	100
Bank	100	Fremdkapital	0
Gesamt	**100**	**Gesamt**	**100**

2. Buchung auf Kontenebene mit Buchungssatz:

per Bank an Fremdkapital 100

Konto Bank

Soll		Haben	
Anfangsbestand	100		
Zugänge	100		

Konto Fremdkapital

Soll		Haben	
		Anfangsbestand	0
		Zugänge	100

3. Schlussbilanz

Aktivseite		Passivseite	
Anlagevermögen	0	Eigenkapital	100
Bank	200	Fremdkapital	100
Gesamt	**200**	**Gesamt**	**200**

Bilanzverkürzung

Beispiel 8.3 — **Rückzahlung Bankkredit (Fortführung des Beispiels)**

Sachverhalt: Es wird ein Teil des Darlehens in Höhe von 50 zurückgezahlt.

1. Eröffnungsbilanz

Aktivseite		Passivseite	
Anlagevermögen	0	Eigenkapital	100
Bank	200	Fremdkapital	100
Gesamt	**200**	**Gesamt**	**200**

2. Buchung auf Kontenebene mit Buchungssatz

per Fremdkapital an Bank 50

Konto Bank

Soll		Haben	
Anfangsbestand	200	Abgänge	50

Konto Fremdkapital

Soll		Haben	
Abgänge	50	Anfangsbestand	100

3. Schlussbilanz

Aktivseite		Passivseite	
Anlagevermögen	0	Eigenkapital	100
Bank	150	Fremdkapital	50
Gesamt	**150**	**Gesamt**	**150**

Beispiel 8.4 — Auszahlung einer Dividende (Fortführung des Beispiels)

Sachverhalt: Das Unternehmen zahlt den Eigentümern eine Dividende von 50.

1. Eröffnungsbilanz

Aktivseite		Passivseite	
Anlagevermögen	0	Eigenkapital	100
Bank	150	Fremdkapital	50
Gesamt	**150**	**Gesamt**	**150**

2. Buchung auf Kontenebene mit Buchungssatz

per Eigenkapital an Bank 50

Konto Bank

Soll		Haben	
Anfangsbestand	150	Abgänge	50

Konto Eigenkapital

Soll		Haben	
Abgänge	50	Anfangsbestand	100

3. Schlussbilanz

Aktivseite		Passivseite	
Anlagevermögen	0	Eigenkapital	50
Bank	100	Fremdkapital	50
Gesamt	**100**	**Gesamt**	**100**

Aktivtausch

> **Beispiel 8.5** **Kauf eines Vermögensgegenstands (Fortführung des Beispiels)**
>
> Sachverhalt: Das Unternehmen kauft eine Maschine für 20.
>
> **1.** Eröffnungsbilanz
>
> | Aktivseite | | Passivseite | |
> |---|---|---|---|
> | Anlagevermögen | 0 | Eigenkapital | 50 |
> | Bank | 100 | Fremdkapital | 50 |
> | **Gesamt** | **100** | **Gesamt** | **100** |
>
> **2.** Buchung auf Kontenebene mit Buchungssatz
>
> per Anlagevermögen an Bank 20
>
> **Konto Bank**
>
> | Soll | | Haben | |
> |---|---|---|---|
> | Anfangsbestand | 100 | Abgänge | 20 |
>
> **Konto Anlagevermögen**
>
> | Soll | | Haben | |
> |---|---|---|---|
> | Anfangsbestand | 0 | | |
> | Zugänge | 20 | | |
>
> **3.** Schlussbilanz
>
> | Aktivseite | | Passivseite | |
> |---|---|---|---|
> | Anlagevermögen | 20 | Eigenkapital | 50 |
> | Bank | 80 | Fremdkapital | 50 |
> | **Gesamt** | **100** | **Gesamt** | **100** |

Beispiel 8.6 — Gewährung eines Darlehens (Fortführung des Beispiels)

Sachverhalt: Das Unternehmen gewährt einem Kunden einen Kredit in Höhe von 10.

1. Eröffnungsbilanz

Aktivseite		Passivseite	
Anlagevermögen	20	Eigenkapital	50
Bank	80	Fremdkapital	50
Gesamt	**100**	**Gesamt**	**100**

2. Buchung auf Kontenebene mit Buchungssatz

per Darlehen an Bank 10

Konto Bank

Soll		Haben	
Anfangsbestand	80	Abgänge	10

Konto Darlehen

Soll		Haben	
Anfangsbestand	0		
Zugänge	10		

3. Schlussbilanz

Aktivseite		Passivseite	
Anlagevermögen	20	Eigenkapital	50
Darlehen	10	Fremdkapital	50
Bank	70		
Gesamt	**100**	**Gesamt**	**100**

Passivtausch

Beispiel 8.7 — **Refinanzierung eines Bankdarlehens (Fortführung des Beispiels)**

Sachverhalt: Das Unternehmen wandelt ein kurzfristiges Bankdarlehen in Höhe von 10 in ein langfristiges Bankdarlehen um.

1. Eröffnungsbilanz

Aktivseite		Passivseite	
Anlagevermögen	20	Eigenkapital	50
Darlehen	10	Fremdkapital	50
Bank	70		
Gesamt	**100**	**Gesamt**	**100**

2. Buchung auf Kontenebene mit Buchungssatz

per Fremdkapital (kurzfristig) an Fremdkapital (langfristig) 10

Konto Fremdkapital (kurzfristig)

Soll		Haben	
Abgänge	10	Anfangsbestand	50

Konto Fremdkapital (langfristig)

Soll		Haben	
		Anfangsbestand	0
		Zugänge	10

3. Schlussbilanz

Aktivseite		Passivseite	
Anlagevermögen	20	Eigenkapital	50
Darlehen	10	Fremdkapital (lfr.)	10
Bank	70	Fremdkapital (kfr.)	40
Gesamt	**100**	**Gesamt**	**100**

Beispiel 8.8 — Umwandlung Fremdkapital in Eigenkapital (Fortführung des Beispiels)

Sachverhalt: Die Bank wandelt ihr langfristiges Darlehen in eine Unternehmensbeteiligung um.

1. Eröffnungsbilanz

Aktivseite		Passivseite	
Anlagevermögen	20	Eigenkapital	50
Darlehen	10	Fremdkapital (lfr.)	10
Bank	70	Fremdkapital (kfr.)	40
Gesamt	**100**	**Gesamt**	**100**

2. Buchung auf Kontenebene mit Buchungssatz

per Fremdkapital (langfristig) an Eigenkapital 10

Konto Fremdkapital (langfristig)

Soll		Haben	
Abgänge	10	Anfangsbestand	10

Konto Eigenkapital

Soll		Haben	
		Anfangsbestand	50
		Zugänge	10

3. Schlussbilanz

Aktivseite		Passivseite	
Anlagevermögen	20	Eigenkapital	60
Darlehen	10	Fremdkapital (lfr.)	0
Bank	70	Fremdkapital (kfr.)	40
Gesamt	**100**	**Gesamt**	**100**

8.3.3 Arten von Geschäftsvorfällen II – Erfolgswirksame Buchungen in der Gewinn- und Verlustrechnung (GuV)

Die bisher behandelten vier möglichen Grundgeschäftsvorfälle waren rein bilanzielle Vorgänge, sie verändern – wenn überhaupt – das Eigenkapital des Unternehmens nicht durch einen wirtschaftlichen Erfolg oder Misserfolg (sondern nur durch Einzahlung/Auszahlung/Umwandlung Kapital). Ziel eines Unternehmens ist es aber, das Eigenkapital durch wirtschaftlichen Erfolg zu erhöhen.

Durch welche Vorgänge kann ein Unternehmen einen wirtschaftlichen Erfolg erzielen und wie wird dieser buchhalterisch erfasst? Es handelt sich hierbei um Vorgänge, die den Wert des Anteils der Unternehmenseigner (= Eigenkapital) verändern. Solche Sachverhalte können z. B. der Verkauf von Dienstleistungen oder die Zahlung von Gehältern sein. Diese Sachverhalte könnten direkt im Eigenkapital abgebildet werden. Entsprechend der Buchungen im Konto Eigenkapital (Passivkonto) werden Vorgänge, die zu einem positiven Ergebnis führen (Mehrung des Eigenkapitals), im Haben und Vorgänge, die ein negatives Ergebnis erzeugen (Minderung des Eigenkapitals), im Soll gebucht.

Zum Zweck einer besseren Übersichtlichkeit und aufgrund gesetzlicher Vorgaben werden diese Buchungen jedoch regelmäßig nicht direkt im Eigenkapital gebucht. Stattdessen wird die zeitpunktbezogene Sicht der Bilanz um eine zeitraumbezogene Darstellung der innerhalb einer Periode anfallenden erfolgswirksamen Sachverhalte erweitert. Diese eigene Rechnung ist die sogenannte Gewinn- und Verlustrechnung (GuV). Die GuV bzw. das GuV-Konto ist folglich ein Unterkonto des Eigenkapitals. Jede GuV-Buchung ist also immer eine Buchung im Eigenkapital des Unternehmens.

Zur noch besseren Übersichtlichkeit wird das GuV-Konto weiter in einzelne Konten unterteilt.

Mehrungen des Eigenkapitals (Erfolge, positive Ergebnisbeiträge) werden als Ertrag bezeichnet, sie werden auf sogenannte Ertragskonten gebucht. Buchungen auf Ertragskonten erfolgen regelmäßig im Haben (dies entspricht einer Erhöhung des Eigenkapitals).

- **Ertragskonten:** Ertrag bedeutet Wertzufluss. Auf Ertragskonten wird der Wertzuwachs des Eigenkapitals erfasst. Die zentrale Ertragsart eines Unternehmens sind in der Regel Umsatzerlöse, es gibt aber auch weitere Ertragsformen. Erträge werden immer im „Haben" gebucht.

Minderungen des Eigenkapitals (Misserfolge, negative Ergebnisbeiträge) werden als Aufwand bezeichnet, sie werden auf sogenannte Aufwandskonten gebucht. Buchungen auf Aufwandskonten erfolgen regelmäßig im Soll (dies entspricht einer Minderung des Eigenkapitals).

- **Aufwandskonten:** Aufwand bedeutet Werteverzehr. Auf Aufwandskonten wird eine Minderung des Eigenkapitals erfasst. Beispiele sind Personalkosten und Abschreibungen. Aufwände werden immer im „Soll" gebucht.

Die Summe der Erfolgskonten (Aufwands- und Ertragskonten) wird als Gewinn- und Verlustrechnung bezeichnet.

- **Erfolgskonten** erfassen erfolgswirksame Vorgänge, d. h. Gewinne und Verluste des Unternehmens. Diese Konten bilden zusammen die Gewinn- und Verlustrechnung (GuV) des Jahresabschlusses.

8.3 Grundlagen der Buchführung

Beispiel 8.9 — Erfolgswirksame Buchungen

Sachverhalt: Ein Unternehmen berät einen Kunden für 20, es fallen Personalkosten von 15 an.

1. Eröffnungsbilanz

Aktivseite		Passivseite	
Bank	100	Eigenkapital	50
		Fremdkapital	50
Gesamt	**100**	**Gesamt**	**100**

2. Buchung auf Kontenebene mit Buchungssatz

per Bank an Umsatzerlöse 20

per Personalkosten an Bank 15

Konto Bank

Soll		Haben	
Anfangsbestand	100	Abgänge	15
Zugänge	20		

=> Es ist ersichtlich, dass das Bankkonto saldiert um 5 ansteigt.

Konto Umsatzerlöse (Ertragskonto)

Soll		Haben	
		Leistung an Kunden	20

Konto Personalkosten (Aufwandskonto)

Soll		Haben	
Zahlung Gehälter	15		

=> Saldiert man die Erträge (20) und die Aufwendungen (15), ergibt sich ein Periodenergebnis („Gewinn") von 5. Dieses erhöht das Eigenkapital.

3. Schlussbilanz

Aktivseite		Passivseite	
Bank	105	Eigenkapital	50
		Periodengewinn	5
		Fremdkapital	50
Gesamt	**105**	**Gesamt**	**105**

8.3.4 Kontenrahmen und Organisation der Buchführung

Kontenrahmen

Zwischen den übergeordneten Bilanzbezeichnungen (auch Kontenklasse genannt) und einzelnen Buchungskonten (auch Sachkonten genannt) gibt es noch die Gliederungsebenen Kontengruppe und Kontenart:

Kontenklasse, z. B. Anlagevermögen

    Kontengruppe, z. B. Grundstücke und Gebäude

        Kontenart, z. B. Bürogebäude

            Konto, z. B. Immobilie Schlossallee

Kontenklasse, z. B. Fremdkapital

    Kontengruppe, z. B. Darlehensverbindlichkeiten

        Kontenart, z. B. Bankverbindlichkeiten

            Konto, z. B. Kredit für Immobilie Schlossallee

Alle Konten (d. h. Bilanzkonten und GuV-Konten) werden nummeriert und in einem sogenannten Kontenrahmen zusammengefasst, der auch die obige Struktur aufweist.

In der Regel werden die Kontenklassen logisch durchnummeriert, z. B.

Kontenklasse 0	Anlagevermögen
Kontenklasse 1	Umlaufvermögen
Kontenklasse 2	Eigenkapital
Kontenklasse 3	Fremdkapital
Kontenklasse 4	Ertragsbuchungen
Kontenklasse 5	Aufwandsbuchungen

Organisation der Buchführung

In der Praxis der Buchführung werden Buchungen in einem sogenannten Journal und in einem sogenannten Hauptbuch erfasst. Hier finden sich die einzelnen Sachkonten, d. h. die Konten, auf denen die Buchungen stattfinden.

Das Journal dokumentiert alle Geschäftsvorgänge chronologisch (zeitlich) mit Datum, Betrag, Verweis auf einen Beleg und Kontierung auf dem Sollkonto bzw. Habenkonto. Das Journal stellt das Grundbuch der Buchführung dar und beinhaltet die Buchungsanweisung für das Hauptbuch.

Das Hauptbuch erfasst alle Buchungen des Grundbuchs auf den in den Buchungssätzen genannten Konten. Die Bestandskonten werden zu Beginn eines jeden Geschäftsjahres mit den Endbeständen des Vorjahres eröffnet. Durch die Aufzeichnungen im Hauptbuch wird also die sachlich geordnete Auflistung der einzelnen Geschäftsvorfälle durchgeführt.

Einzelne Teilgebiete der Buchführung werden auch in sogenannten Nebenbüchern erfasst, man unterscheidet dabei u. a.:

- **Debitorenbuchhaltung:** hier werden Kunden und Forderungen erfasst
- **Kreditorenbuchhaltung:** hier werden Lieferanten und Verbindlichkeiten erfasst
- **Anlagebuchhaltung:** hier werden Gegenstände des Anlagevermögens erfasst
- **Personalbuchhaltung:** hier werden Löhne und Gehälter erfasst
- **Materialbuchhaltung:** hier werden Lager und Vorratsvermögen erfasst
- **Weitere Nebenbücher:** z. B. Mietbuchhaltung für Immobilien

Alle diese Nebenbücher gehen in das Hauptbuch ein, aus dem die Bilanz abgeleitet wird.

8.4 Bilanzierung und Jahresabschluss

8.4.1 Grundsätze ordnungsmäßiger Buchführung

Generalnormen für Buchführung und Bilanzierung

Die **Grundsätze ordnungsmäßiger Buchführung** (GoB) sind zum Teil kodifizierte, übergeordnete Normen zur Steuerung des Bilanzierungsverhaltens. Sie fangen dem Grundsatz des deutschen Rechtsverständnisses folgend alle vom Gesetzgeber nicht explizit geregelten Sachverhalte auf und sollen so die „Richtigkeit" eines Jahresabschlusses ermöglichen.

§ 238 Abs. 1 S. 1 HGB (Generalnorm für die Buchführung)

„Jeder Kaufmann ist verpflichtet, Bücher zu führen und in diesen seine Handelsgeschäfte und die Lage seines Vermögens nach den Grundsätzen ordnungsmäßiger Buchführung ersichtlich zu machen."

§ 243 Abs. 1 HGB (Generalnorm für den Jahresabschluss)

„Der Jahresabschluss ist nach den Grundsätzen ordnungsmäßiger Buchführung aufzustellen."

§ 264 Abs. 2 S. 1 HGB (Zusätzliche Generalnorm für Kapitalgesellschaften)
„Der Jahresabschluss der Kapitalgesellschaft hat unter Beachtung der Grundsätze ordnungsmäßiger Buchführung ein den tatsächlichen Verhältnissen entsprechendes Bild der Vermögens-, Finanz- und Ertragslage der Kapitalgesellschaft zu vermitteln."

Vergleichbare Grundsätze finden sich auch in anderen Rechnungslegungsvorschriften, häufig werden sie mit *„true and fair view"* bezeichnet.

Grundlagen ordnungsmäßiger Buchführung

Die Buchführung basiert auf einer Vielzahl verschiedener Vorschriften (Gesetze und Verordnungen sowie Empfehlungen und Gepflogenheiten der Praxis). Sie stellen ein System allgemeiner Anforderungen an die Buchführung dar, das die praktische Buchführung in eine festgelegte Ordnung bringen soll, um damit den Zielen und Aufgaben des Rechnungswesens gerecht werden zu können.

- **Grundsatz der Klarheit und Übersichtlichkeit:** Die Buchführung muss so beschaffen sein, dass sie einem sachverständigen Dritten innerhalb angemessener Zeit einen Überblick über die Geschäftsvorfälle und über die Lage des Unternehmens vermitteln kann. Die Geschäftsvorfälle müssen sich in ihrer Entstehung und Abwicklung verfolgen lassen.
- **Grundsatz der Vollständigkeit:** Alle Geschäftsvorfälle müssen lückenlos in der Art und Weise erfasst werden, in der sie sich tatsächlich ereignet haben, wobei keine Vorgänge anders dargestellt, hinzugefügt oder weggelassen werden dürfen.
- **Grundsatz der Richtigkeit und Wahrheit:** Die verwendeten Konten müssen korrekt bezeichnet werden. Hierzu dienen u. a. der oben erläuterte Kontenrahmen und die hieraus abgeleiteten Kontenpläne.
- Zudem müssen zahlreiche **formelle Vorschriften** berücksichtigt werden, zu denen u. a. folgende zählen:
    - Fortlaufende Nummerierung der verwendeten Blätter bzw. Seiten
    - Unzulässigkeit von Bleistifteintragungen
    - Vermeidung von Zwischenräumen zwischen Buchungen
    - Nachprüfbarkeit von Buchungen durch entsprechende Belege
    - Herstellung eines Zusammenhanges zwischen Geschäftsfall, Beleg und Konto der Buchführung
- **Grundsätze der Zeitgerechtigkeit und Ordnung:** Die Aufzeichnung der Geschäftsfälle soll in zeitlicher Nähe zu ihrer Entstehung stattfinden. Die geordnete Eintragung und Aufbewahrung dient dem Zweck der späteren Nachprüfbarkeit.

Grundlagen ordnungsmäßiger Bilanzierung

Über die reinen Buchführungsgrundsätze hinaus gibt es weitere Regelungen, die eine sachgerechte, periodengerechte, einwandfreie und nachvollziehbare Bilanzierung sicherstellen sollen. Zur Strukturierung dieser Grundsätze ordnungsmäßiger Bilanzierung gibt es unterschiedliche Möglichkeiten. Häufig verwendet wird die Einteilung in Rahmengrundsätze, Systemgrundsätze, Grundsatz der Gewinnermittlung und Grundsätze der Kapitalerhaltung.

8.4 Bilanzierung und Jahresabschluss

Rahmengrundsätze

- **Wirtschaftlichkeit**: Entsprechend seinen Zielsetzungen hat der Jahresabschluss zwar zu informieren, dies darf jedoch nicht zu einer übermäßigen wirtschaftlichen Belastung des Unternehmens führen.
- **Klarheit** (§ 243 Abs. 2 HGB): Der Jahresabschluss ist klar und übersichtlich aufzustellen.
- **Vollständigkeit** (§ 246 Abs. 1 HGB): Es sind sämtliche Vermögensgegenstände, Schulden, Rechnungsabgrenzungsposten, Aufwendungen und Erträge in den Jahresabschluss aufzunehmen, soweit gesetzlich nichts anderes bestimmt ist (also nicht ein Bilanzierungsverbot besteht oder ein Bilanzierungswahlrecht ausgeübt wird).
- **Stichtagsprinzip** (§ 252 Abs. 1 Nr. 3 HGB): Wesentlich sind die Wertverhältnisse am Bilanzstichtag. Ereignisse nach dem Bilanzstichtag, die einen Wert begründen (wertbegründende Tatsachen) sind deshalb nicht zu berücksichtigen, Erkenntnisse, die einen Wert genauer berechnen lassen (wertaufhellende Tatsachen) sind bei der Bilanzerstellung zu berücksichtigen.
- **Stetigkeitsprinzip** (§§ 246 Abs. 3 und 252 Abs. 1 Nr. 6 HGB): Die angewandten Ansatz- und Bewertungsmethoden sind beizubehalten, um eine Vergleichbarkeit der Jahresabschlüsse zu gewährleisten. Denn viele Tendenzen sind nicht aus einem einzigen Jahresabschluss, sondern erst im Zeitablauf, d. h. im Vergleich mehrerer Jahresabschlüsse miteinander zu erkennen.

Systemgrundsätze

- **Bilanzidentität** (§ 252 Abs. 1 Nr. 1 HGB): Die Wertansätze der Eröffnungsbilanz eines Jahres müssen mit den Werten der Schlussbilanz des Vorjahres übereinstimmen.
- **Unternehmensfortführung** (§ 252 Abs. 1 Nr. 2 HGB): Dies bedeutet, dass keine Liquidations- oder Zerschlagungswerte angesetzt werden, sondern Fortführungswerte der Bilanzpositionen. Dies wird als Going-Concern-Bilanzierung bezeichnet.
- **Einzelbewertung/Verrechnungsverbot** (§§ 252 Abs. 1 Nr. 3 HGB und 246 Abs. 2 HGB): Jeder Vermögensgegenstand und jeder Schuldposten sind einzeln zu bewerten. Wertminderungen bei einer Position dürfen nicht durch Wertsteigerungen bei einer anderen Position ausgeglichen werden.
- **Periodisierungsprinzip** (§ 252 Abs. 1 Nr. 5 HGB): Aufwendungen und Erträge des Geschäftsjahres sind unabhängig von den Zeitpunkten der entsprechenden Zahlungen im Jahresabschluss zu berücksichtigen. Dies wird auch als Prinzip der Periodenabgrenzung bezeichnet.
- **Pagatorisches Prinzip** (§ 252 Abs. 1 Nr. 5 HGB): Aufwendungen und Erträge beruhen in letzter Konsequenz immer auf Ein- und Auszahlungen. Im Gegensatz dazu steht das wertmäßige Prinzip der Kosten- und Leistungsrechnung, das auch mit kalkulatorischen Positionen arbeitet.

Grundsatz der Gewinnermittlung

- **Realisationsprinzip** (§ 252 Abs. 1 Nr. 4 HGB): Eine Ertragsrealisation darf erst mit Lieferung oder Leistung des Unternehmens erfolgen, nicht bereits bei einer Angebotserstellung oder einem Vertragsabschluss, aber auch nicht erst bei Zahlungseingang.

Grundsätze der Kapitalerhaltung

- **Imparitätsprinzip** (§ 252 Abs. 1 Nr. 4 HGB): Verlustbeiträge müssen im Zeitpunkt ihres Erkennens antizipiert werden, Gewinnbeiträge dürfen nicht antizipiert werden, diese dürfen gemäß dem Realisationsprinzip erst mit Lieferung oder Leistung erfasst werden. Als Konsequenz ergibt sich, dass Verluste vorwegzunehmen sind, sobald sie erkennbar sind,
- **Vorsichtsprinzip** (§ 252 Abs. 1 Nr. 4 HGB): Die Konkretisierung dieses aus dem Gläubigerschutzprinzip folgenden Grundsatzes zeigt sich auf der Aktivseite im Anschaffungskostenprinzip und dem (strengen und gemilderten) Niederstwertprinzip sowie einem Höchstwertprinzip auf der Passivseite.

8.4.2 Grundzüge der Bilanzierung nach deutschen Rechnungslegungsvorschriften

Positionen der Aktivseite

Ansatz

Auf der Aktivseite werden nach § 246 Abs. 1 HGB Vermögensgegenstände (VGG) und Rechnungsabgrenzungsposten ausgewiesen.

Nach dem Vollständigkeitsprinzip (§ 246 Abs. 1 HGB) sind sämtliche VGG in die Bilanz aufzunehmen, soweit gesetzlich nichts anderes bestimmt ist, d. h. sofern nicht ein Bilanzierungsverbot (der VGG darf nicht aktiviert, d. h. nicht in die Bilanz aufgenommen werden) oder ein Bilanzierungswahlrecht (der Bilanzierende kann selbst entscheiden, ob er den VGG bilanziert) besteht.

Bilanzierungsverbote sind explizit in § 248 Abs. 1 HGB geregelt, beispielsweise sind Gründungskosten und Kosten der Eigenkapitalbeschaffung nicht aktivierungsfähig. Darüber hinaus sind teilweise selbst geschaffene immaterielle VGG des Anlagevermögens (Marken, Kundenlisten etc.) nicht aktivierungsfähig. Hintergrund ist der Gläubigerschutz, es soll verhindert werden, dass das Unternehmen sich in seiner Bilanz zu „reich" darstellt.

Darüber hinaus werden sogenannte geringwertige Wirtschaftsgüter (GWG) aus Praktikabilitätsgründen nicht bilanziert. Als GWG bezeichnet man VGG, die weniger als 150 Euro kosten, sie werden im Zeitpunkt des Erwerbs sofort aufwandswirksam abgeschrieben.

Bilanzierungswahlrechte bestehen beispielsweise hinsichtlich der Aktivierung eines Disagio nach § 250 Abs. 3 HGB. Ein weiteres Bilanzierungswahlrecht besteht teilweise für selbst geschaffene immaterielle VGG des Anlagevermögens (z. B. selbst erstellte Software).

Das Vermögen wird nach § 247 Abs. 1 HGB in Anlage- und Umlaufvermögen unterschieden, beim Anlagevermögen sind nach § 247 Abs. 2 Gegenstände, die dauernd dem Geschäftsbetrieb dienen, auszuweisen. Dies kann für einzelne Gegenstände von Unternehmen zu Unternehmen unterschiedlich sein, z. B. können Immobilien entweder im Anlagevermögen (bei einem eigengenutzten Bürogebäude) oder im Umlaufvermögen (bei einem Immobilienhändler) bilanziert werden.

Bewertung

Hinsichtlich der Bewertung ist zunächst das Gläubigerschutzprinzip und daraus folgend das Vorsichtsprinzip anzuführen. Das führt dazu, dass die Positionen der Aktivseite eher niedrig bewertet werden. Denn bei einer Erhöhung einer Aktivposition würde konsequenterweise das Eigenkapital ansteigen und es gäbe die Möglichkeit zu die Haftungsmasse reduzierenden Ausschüttungen an die Eigentümer.

Darüber hinaus ist die Fortführungsprämisse (§ 252 Abs. 1 Nr. 2 HGB) anzuführen, d. h. die Bewertung der VGG erfolgt unter dem Gesichtspunkt der Unternehmensfortführung und nicht etwa einer Liquidation.

Man unterscheidet zeitlich die Zugangsbewertung (ein VGG wird das erste Mal in die Bilanz aufgenommen) und die Folgebewertung (zu welchem Wert ist der VGG an den folgenden Bilanzstichtagen auszuweisen?).

Bei der Zugangsbewertung unterscheidet man zwischen Anschaffungskosten (AK) und Herstellungskosten (HK), zusammengefasst auch als Anschaffungs- oder Herstellungskosten (AHK) bezeichnet.

Anschaffungskosten (AK) entstehen, wenn ein Unternehmen VGG von extern anschafft. Die Anschaffungskosten setzen sich nach § 255 Abs. 1 HGB zusammen aus:

Erwerbskosten

+ Anschaffungsnebenkosten (z. B. Grunderwerbsteuer)

+ nachträgliche Anschaffungskosten (z. B. Kaufpreisnachzahlungen)

+ Kosten der Herstellung der Betriebsbereitschaft (z. B. Betonierungskosten für Hochofen)

− Anschaffungspreisminderungen (Rabatte, Skonti)

= Anschaffungskosten

Beispiel 8.10 **Anschaffungskosten**

Ein Unternehmen kauft ein Grundstück für 100. Die Gebühren für Notar und Grundbuch betragen 5. Das Grundstück wird an das öffentliche Leitungsnetz angeschlossen, hierfür fallen 3 an. Die Anschaffungskosten setzen sich zusammen aus:

Erwerbskosten	100
+ Anschaffungsnebenkosten	5
+ nachträgliche Anschaffungskosten	3
= Anschaffungskosten gesamt	108

Herstellungskosten (HK) entstehen, wenn ein Unternehmen einen VGG selbst erstellt. In den Rechnungslegungssystemen gibt es Vorgaben, welche Positionen dabei angesetzt werden müssen, welche angesetzt werden können und welche nicht angesetzt werden dürfen.

Aufwands-/Kostenart	§ HGB	Handelsrecht
Einzelkosten	255 Abs. 2 S. 2	Aktivierungspflicht
Teile notwendiger Gemeinkosten	255 Abs. 2 S. 2	Aktivierungspflicht
Kosten der allgemeinen Verwaltung	255 Abs. 2 S. 3	Aktivierungswahlrecht
Forschungs- und Vertriebskosten	255 Abs. 2 S. 4	Aktivierungsverbot
Zinsen für Fremdkapital	255 Abs. 3	Aktivierungswahlrecht

Das Unternehmen hat hier einen Spielraum bei der Bewertung der selbst erstellten VGG. Entweder werden nur die Mindestkosten angesetzt. Dies bedeutet einen niedrigeren Bilanzansatz des VGG, höhere Aufwendungen in der aktuellen Periode sowie einen niedrigeren Bestandsabgang in Folgeperioden. Denkbar ist auch, dass zusätzliche Kosten aktiviert werden, dies führt im Vergleich zum Mindestwert zu einem höheren Bilanzansatz in der aktuellen Bilanz, niedrigeren Aufwendungen in der aktuellen Periode sowie einem höheren Bestandsabgang in Folgeperioden.

Beispiel 8.11 — Herstellungskosten

Kostenart	Wert	Mindestwert	Höchstwert
Einzelkosten	10.000	10.000	10.000
+ Teile notwendiger Gemeinkosten	5.000	5.000	5.000
+ Kosten der allgemeinen Verwaltung	2.000		2.000
+ Vertriebskosten	1.000		
+ Zinsen für Fremdkapital	500		500
= Herstellungskosten gesamt	18.500	15.000	17.500

Die Herstellungskosten liegen im Beispiel zwischen 15.000 und 17.500. Folglich wird der VGG mit einem Wert zwischen 15.000 und 17.500 bilanziert. Je höher der Bilanzansatz in dieser Periode, desto höher ist auch das Eigenkapital (und das Jahresergebnis) in dieser Periode.

Wird der VGG in einer späteren Periode veräußert oder abgeschrieben, sind die Aufwendungen jedoch dann im Vergleich ebenfalls höher. Summiert man die Ergebnisse über alle Perioden, ergibt sich das gleiche Gesamtergebnis.

Hinsichtlich der **Folgebewertung** ist zunächst auf die planmäßige Abschreibung des Anlagevermögens (§ 253 Abs. 3 HGB) hinzuweisen. Die AHK für Güter des Anlagevermögens sind auf die planmäßige Nutzungsdauer zu verteilen, dies geschieht mit der Abschreibung.

Wichtig ist das sogenannte Anschaffungs- oder Herstellungskostenprinzip (§ 253 Abs. 1 HGB). Dieses fordert, dass Positionen der Aktivseite maximal mit ihren Anschaffungs- oder Herstellungskosten bewertet werden dürfen, als Obergrenze fungieren also immer die Anschaffungs- oder Herstellungskosten. Steigt der Wert eines VGG also über die Anschaffungs- oder Herstellungskosten, darf das Unternehmen den höheren Wert nicht bilanzieren.

Der Wertansatz ist jedoch nach unten zu korrigieren, wenn der beizulegende Zeitwert für den Vermögensgegenstand unter dem aktuellen Buchwert liegt. Dies führt dann zu sogenannten außerplanmäßigen Abschreibungen, also zusätzlichem Aufwand für das Unternehmen. Dabei unterscheidet man das strenge Niederstwertprinzip im Umlaufvermögen, das besagt, dass niedrigere Wertansätze immer zu bilanzieren sind, sowie das gemilderte Niederstwertprinzip im Anlagevermögen, das Ausnahmen für nur vorübergehende Wertminderungen vorsieht.

Positionen der Passivseite

Ansatz

Auf der Passivseite unterscheidet man nach Kapital, das den Eigentümern des Unternehmens zusteht (Eigenkapital), und Kapital, das Dritten zusteht (Fremdkapital).

Zum Eigenkapital gehören das gezeichnete Kapital, „Übereinzahlungen" der Gesellschafter, die in der sogenannten Kapitalrücklage erfasst werden, und einbehaltene Gewinne, die entweder als Gewinnrücklage oder als Ergebnisvortrag ausgewiesen werden. Auch das laufende Jahresergebnis (Gewinn/Verlust) ist Bestandteil des Eigenkapitals, da es den Gesellschaftern zusteht.

Zum Fremdkapital zählen Verbindlichkeiten und Rückstellungen. Unterschieden werden sichere Verpflichtungen (Verbindlichkeiten) und unsichere Verpflichtungen (Rückstellungen). Die Unsicherheit kann hinsichtlich Existenz, Höhe und/oder Zeitpunkt der Inanspruchnahme des Unternehmens bestehen. Bei dem Grunde, der Höhe und dem Zeitpunkt nach sicheren Verpflichtungen werden Verbindlichkeiten angesetzt, ansonsten Rückstellungen.

Darüber hinaus werden auch auf der Passivseite Rechnungsabgrenzungsposten ausgewiesen.

Bewertung

Als erster Grundsatz ist die Fortführungsprämisse (§ 252 Abs. 1 Nr. 2 HGB) zu nennen, d. h. die Bewertung der Schulden erfolgt unter dem Gesichtspunkt der Unternehmensfortführung und nicht etwa einer Zerschlagung, bei der z. B. liquidationsbedingt zusätzliche Verbindlichkeiten oder Rückstellungen entstehen könnten. Darüber hinaus sind das Einzelbewertungsprinzip (§ 252 Abs. 1 Nr. 3 HGB) und das Verrechnungsverbot (§ 246 Abs. 2 HGB) anzuführen, d. h. die Bewertung der Schulden erfolgt einzeln.

Die **Zugangsbewertung** der Positionen der Passivseite ist mit Ausnahme der Rückstellungsbewertung regelmäßig unproblematisch, da es sich hierbei normalerweise um feststehende Geldbeträge handelt, die als Wertansatz übernommen werden können.

Das Eigenkapital ist mit dem Nominalbetrag, d. h. dem Nennbetrag anzusetzen.

§ 253 Abs. 1 S. 2 HGB fordert, dass Verbindlichkeiten mit ihrem Rückzahlungsbetrag anzusetzen sind.

Nur bei Rückstellungen gibt es einen Ermessensspielraum und damit Bewertungsspielräume, da diese nach § 253 Abs. 1 S. 2 HGB mit dem Betrag anzusetzen sind, der nach vernünftiger kaufmännischer Beurteilung zu ihrer Erfüllung notwendig ist. Hier ergeben sich also Bilanzierungsspielräume, denn die Bildung von Rückstellungen ist immer aufwandswirksam (per Aufwand an Rückstellung).

Hinsichtlich der **Folgebewertung** gilt, dass Rückstellungen mit einer Laufzeit von mehr als einem Jahr erfolgswirksam abzuzinsen sind. Das heißt, wenn die (potenzielle) Inanspruchnahme des Unternehmens mehr als ein Jahr in der Zukunft liegt, ist der Rückstellungsbetrag um einen Zinsanteil zu reduzieren (dies bedeutet eine Ertragsbuchung) und die Rückstellung über die Laufzeit wieder aufzubauen (dies bedeutet Aufwandsbuchungen).

8.4.3 Grundzüge des Jahresabschlusses

Stellung des Jahresabschlusses innerhalb des externen Rechnungswesens

Die wesentlichen Aufgaben des externen Rechnungswesens (Information/Dokumentation, Einkommensmessung, Vermögensverteilung) werden durch die Aufstellung und Veröffentlichung des Jahresabschlusses erfüllt. Der Jahresabschluss besteht aus der zeitpunktbezogenen Bilanz sowie der zeitraumbezogenen Gewinn- und Verlustrechnung, bei Kapitalgesellschaften erweitert um einen Anhang sowie ergänzt um einen Lagebericht. Der Jahresabschluss stellt insofern das jährlich wiederkehrende Ziel und das dokumentierte Ergebnis der Buchführung dar.

Bestandteile des Jahresabschlusses[3]

Bilanz

Ein vereinfachtes Bilanzschema in Anlehnung an § 266 HGB sieht folgende Positionen vor:

Aktivseite		Passivseite	
Anlagevermögen	Immaterielles AV	Eigenkapital	gezeichnetes Kapital
	Sachanlagevermögen		Kapitalrücklage
	Finanzanlagevermögen		Gewinnrücklage
Umlaufvermögen	Wertpapiere des UV		Ergebnisvortrag
	Vorräte		Jahresergebnis
	Forderungen	Verbindlichkeiten	
	liquide Mittel	Rückstellungen	
Rechnungsabgrenzungsposten		Rechnungsabgrenzungsposten	

Gewinn- und Verlustrechnung

Die Gewinn- und Verlustrechnung nach § 275 HGB sieht folgenden Aufbau vor, der es ermöglicht, das Ergebnis des Unternehmens in mehreren Stufen darzustellen:

Umsatzerlöse

./. Kosten

= (Ordentliches) Betriebsergebnis

+/– Finanzergebnis

= Ergebnis der gewöhnlichen Geschäftstätigkeit

+/– außerordentliches Ergebnis

= Ergebnis vor Steuern

./. Steuern

= Jahresüberschuss/Jahresfehlbetrag

Durch das Einfügen von Stufen und Zwischensummen erhält der Jahresabschlussadressat einen Einblick in die Quellen des Unternehmensergebnisses, d. h. in welcher Höhe es durch das operative Geschäft, durch das Finanzergebnis und durch das außerordentliche Ergebnis beeinflusst wird.

Das ordentliche Betriebsergebnis kann durch zwei unterschiedliche Verfahren ermittelt werden.

Beim Gesamtkostenverfahren (GKV) werden alle Kosten der hergestellten Erzeugnisse (produktionsorientiert) ausgewiesen, etwaige Veränderungen des Lagers werden über Bestandsveränderungen abgebildet.

Beim Umsatzkostenverfahren (UKV) werden (nur) die Kosten der abgesetzten Erzeugnisse (absatzorientiert) ausgewiesen

Beide Verfahren führen zum gleichen Betriebsergebnis, jedoch ist die Darstellungsweise unterschiedlich.

Anhang

Der in §§ 284 bis 288 HGB geregelte Anhang stellt für Kapitalgesellschaften einen Bestandteil des Jahresabschlusses dar. Der Anhang liefert Informationsarten hinsichtlich Angabe, Ausweis, Aufgliederung, Erläuterung, Darstellung und Begründung. Er hat vier Funktionen:

1. Erläuterungsfunktion (§ 284 Abs. 2 Nr. 1 HGB): Der Anhang soll Zahlen aus Bilanz und GuV erläutern, z. B.
   - Allgemeine Angaben zu Inhalt und Gliederung von Bilanz und GuV
   - Angabe zu Bilanzierungs- und Bewertungsmethoden

2. Ergänzungsfunktion (§ 285 HGB): Der Anhang liefert über Bilanz und GuV hinausgehende Informationen, z. B.
   - Angaben zu Mitarbeitern
   - Aufstellung des Anteilsbesitzes

3. Entlastungsfunktion (§284 Abs. 1 HGB): Der Anhang kann Informationen anstelle von Bilanz oder GuV enthalten, z. B.
- Anlagespiegel (§ 268 Abs. 2 HGB)
- Verbindlichkeitsspiegel

4. Korrekturfunktion: Vermitteln Bilanz oder GuV kein den tatsächlichen Verhältnissen entsprechendes Bild der Vermögens-, Finanz- und Ertragslage der Kapitalgesellschaft (sogenannte Generalnorm § 264 Abs. 2 HGB), so hat der Anhang nach § 264 Abs. 2 S. 2 HGB diese falschen Aussagen zu korrigieren.

Lagebericht

Im Lagebericht geht die Unternehmensführung auf die Lage und die zukünftige Entwicklung der Gesellschaft ein. Dabei werden die folgenden Inhalte dargestellt:

1. **Verlauf des Geschäftsjahres** (sogenannter Wirtschaftsbericht, § 289 Abs. 1 S. 1 HGB): Die Erläuterung erfolgt meistens anhand von Kennzahlen zu Vermögens-, Finanz- und Ertragslage.

2. **Lage am Bilanzstichtag** (sogenannter Wirtschaftsbericht, § 289 Abs. 1. S. 1 HGB): Hier werden Aussagen zur Situation der Kapitalgesellschaft am Stichtag getroffen.

3. **Wesentliche Vorkommnisse nach dem Abschlussstichtag vor der Bilanzerstellung** (sogenannter Nachtragsbericht, § 289 Abs. 2 Nr. 1 HGB): Liegt zwischen Abschlussstichtag und Bilanzerstellung ein längerer Zeitraum, so sind besondere Vorkommnisse innerhalb dieses Zeitraums zu berichten, z. B. Wertverlust bei wesentlichen Beteiligungen, außergewöhnliche Steuerbescheide.

4. **Ausblick auf die zukünftige Entwicklung der Gesellschaft** (sogenannter Prognosebericht, § 289 Abs. 1 S. 4 HGB): Die Unternehmensführung hat darüber hinaus die geplante und/oder erwartete weitere Entwicklung der Kapitalgesellschaft einzuschätzen.

Darüber hinaus sind Aussagen zu Niederlassungen (Niederlassungsbericht), Forschung & Entwicklung (F&E-Bericht) und zu Risiken (Risikobericht) (§ 289 Abs. 2 Nr. 2a HGB) des Unternehmens zu treffen.

Nach § 289a HGB haben die gesetzlichen Vertreter börsennotierter Aktiengesellschaften zusätzlich eine Erklärung zur Unternehmensführung sowie eine Erklärung zur Anwendung des Corporate Governance Kodex nach § 161 AktG abzugeben.

Eigenkapitalspiegel

Der Eigenkapitalspiegel nach § 297 Abs. 1 S. 1 HGB zeigt die gesamte Veränderung des Eigenkapitals innerhalb der Berichtsperiode auf. Es gibt unterschiedliche Sachverhalte, die zu Veränderungen des Eigenkapitals führen können:

- **Periodenergebnis**: Jahresüberschuss/Jahresfehlbetrag
- **Auszahlungen an Gesellschafter**: Dividenden und sonstige Ausschüttungen
- **Einzahlungen der Gesellschafter**: Kapitalerhöhungen und sonstige Einzahlungen
- **Sonstige Wertänderungen**: z. B. aufgrund von Änderungen in der Bilanzierung oder nicht ergebniswirksam gebuchten Veränderungen des Eigenkapitals (dies kommt im HGB selten vor, häufiger sind solche Änderungen in internationalen Rechnungslegungsvorschriften zu finden).

Die einzelnen Positionen des Eigenkapitals müssen dabei konsequenterweise mit den in der Bilanz ausgewiesenen Anfangs- und Endbeständen übereinstimmen.

Beispiel 8.12 **Eigenkapitalspiegel**

Eigenkapitalposition	Stand 1.1.	Periodenergebnis laut GuV	Dividende	Kapitalerhöhung	Stand 31.12.
Gezeichnetes Kapital	500			100	600
Kapitalrücklage	1.000			400	1.400
Gewinnrücklage	300		–100		200
Bilanzgewinn	500	300			800
Summe	2.300	300	–100	500	3.000

Erläuterung:

Das Eigenkapital betrug am 1.1. des Jahres 2.300, es wurde im Lauf des Jahres erhöht durch den Gewinn des Geschäftsjahres (+300) sowie durch eine Kapitalerhöhung (+500), vermindert wurde es durch die Zahlung einer Dividende (–100). Hieraus ergibt sich ein Eigenkapital zum 31.12. des Jahres in Höhe von 3.000.

Kapitalflussrechnung/Cashflow-Rechnung

Die Kapitalflussrechnung erläutert die Veränderung des Zahlungsmittelbestands innerhalb einer Periode. Sie dient folglich der Erklärung der Veränderung der liquiden Mittel (Positionen Kasse, Bank und Zahlungsmitteläquivalente). Die Positionen Zahlungsmittelbestand, Periodenanfang und Zahlungsmittelbestand Periodenende müssen dabei konsequenterweise mit den in der Bilanz ausgewiesenen Anfangs- und Endbeständen übereinstimmen. Ähnlich wie die GuV weist auch die Kapitalflussrechnung mehrere Ebenen auf.

Zahlungsmittelbestand am Anfang der Periode

+/– Mittelzufluss/Mittelabfluss aus der laufenden Geschäftstätigkeit

+/– Mittelzufluss/Mittelabfluss aus der Investitionstätigkeit

+/– Mittelzufluss/Mittelabfluss aus der Finanzierungstätigkeit

= Zahlungsmittelbestand am Ende der Periode

Beispiel 8.13 **Kapitalflussrechnung**

Zahlungsmittelbestand Periodenanfang	100
Mittelzu-/abfluss aus Geschäftstätigkeit	+50
Mittelzu-/abfluss aus Investitionstätigkeit	–30
Mittelzu-/abfluss aus Finanzierungstätigkeit	+20
Zahlungsmittelbestand Periodenende	140

Erläuterung:

Die liquiden Mittel des Unternehmens betrugen am 1.1. des Jahres 100. Sie wurden erhöht durch Zuflüsse aus dem operativen Geschäft (+50) sowie aus Finanzierungsaktivitäten (+20), vermindert wurden sie durch Investitionen (–30). Hieraus ergibt sich ein Endbestand der liquiden Mittel zum 31.12. des Jahres in Höhe von 140.

Segmentberichterstattung

Diese nach § 297 Abs. 1 S. 2 HGB für Konzerne freiwillig zu erstellende Aufstellung zu Teilbereichen des Unternehmens enthält wesentliche GuV- und Bilanzpositionen (sogenanntes Segmentergebnis und Segmentvermögen) nach Geschäftsbereichen (primäres Segment) und nach Regionen (sekundäres Segment).

Beispiel 8.14 Segmentberichterstattung

	Segment 1: Privatkunden	Segment 2: Firmenkunden	Segment 3: Interne Bereiche	Summe aller Segmente (entspricht in der Regel den Werten der GuV)
Umsatz	100	50	0	150
dem Segment zuordenbare Aufwendungen	−20	−20	−40	−80
Segmentergebnis	80	30	−40	70

Erstellung des Jahresabschlusses

Der Jahresabschluss wird nach Ablauf des Geschäftsjahrs durch die Unternehmensleitung erstellt. Dabei räumt das Gesetz einen gewissen Ermessensspielraum ein. Dieser wird durch das Prinzip der vernünftigen kaufmännischen Beurteilung begrenzt. Dieses Objektivierungskriterium zielt darauf ab, dass Annahmen auf Grundlage von betriebswirtschaftlichen Kenntnissen und ohne Anwendung von Willkür getroffen werden. Das Ergebnis dieser Beurteilungen sollte auch für Außenstehende nachvollziehbar sein.

Für die Erstellung des Jahresabschlusses werden auf Basis der buchhalterischen Erfassung der laufenden Geschäftsvorfälle unter Beachtung der Grundsätze ordnungsmäßiger Bilanzierung sowohl erstens Abgrenzungsbuchungen vorgenommen als auch zweitens Entscheidungen über Wertansätze getroffen.

Abgrenzungsbuchungen

Abgrenzungsbuchungen sind erforderlich, um die Grundsätze ordnungsmäßiger Buchführung zu berücksichtigen. Insbesondere das Periodisierungsprinzip bedingt, dass bereits erfolgte oder noch ausstehende Zahlungsflüsse in eine Rechnungsperiode abgegrenzt werden müssen.

Zu den Abgrenzungsbuchungen zählen u. a. die planmäßigen Abschreibungen von VGG des Anlagevermögens, deren Nutzungsdauer zeitlich begrenzt ist. Wird beispielsweise eine Maschine im Jahr 1 für einen Betrag von 100 gekauft, so führt dies sofort zu einer Reduzierung des Bestands an liquiden Mitteln (Auszahlung), jedoch noch nicht zu einem Aufwand in gleicher Höhe, d. h. das Eigenkapital sinkt nicht um 100. Der korrespondierende Aufwand entsteht nicht durch die Anschaffung, sondern erst durch Nutzung der Maschine. Dieser Aufwand wird als Abschreibung erfasst, die die Anschaffungskosten auf die planmäßige Nutzungsdauer verteilt. Weist die Maschine im Beispiel eine planmäßige Nutzungsdauer von zehn Jahren auf und verteilt das Unternehmen die Anschaffungskosten gleichmäßig (sogenannte lineare Abschreibung), so wird in jedem Geschäftsjahr ein Aufwand in Höhe von 10 erfasst.

> **Beispiel 8.15** **Abgrenzung von vorausgezahlten Versicherungsprämien**
>
> Sachverhalt: Ein Unternehmen zahlt am 01.07. eines Jahres eine Versicherungsprämie für zwölf Monate in Höhe von 120.
>
> **1.** Eröffnungsbilanz des ersten Geschäftsjahres
>
> | Aktivseite | | Passivseite | |
> |---|---|---|---|
> | Anlagevermögen | 500 | Eigenkapital | 1.000 |
> | Bank | 500 | Fremdkapital | 0 |
> | **Gesamt** | **1.000** | **Gesamt** | **1.000** |
>
> **2.** Buchung auf Kontenebene
>
> per Aufwand für Versicherungen 120
>
> an Bank 120
>
> **3.** Vorläufige Schlussbilanz des ersten Geschäftsjahres
>
> | Aktivseite | | Passivseite | |
> |---|---|---|---|
> | Anlagevermögen | 500 | Eigenkapital | 880 |
> | Bank | 380 | Fremdkapital | 0 |
> | **Gesamt** | **880** | **Gesamt** | **880** |
>
> Diese Bilanz ist nicht korrekt, da sie nicht das Periodisierungsprinzip beachtet!
>
> Die Zahlung der Versicherungsprämie führt zu einer Reduzierung des Bestands an liquiden Mitteln, das ist korrekt.
>
> Allerdings betrifft die Zahlung von 120 nicht nur das aktuelle Geschäftsjahr, ein Teil (genauer gesagt die Hälfte) betrifft das kommende Geschäftsjahr. Aus diesem Grund ist eine Abgrenzungsbuchung erforderlich:

8.4 Bilanzierung und Jahresabschluss

4. Buchung auf Kontenebene

per Aktive Rechnungsabgrenzung (ARAP) 60
an Aufwand für Versicherungen 60

5. Endgültige Schlussbilanz des ersten Geschäftsjahres

Aktivseite		Passivseite	
Anlagevermögen	500	Eigenkapital	940
Bank	380	Fremdkapital	0
ARAP	60		
Gesamt	**940**	**Gesamt**	**940**

Durch die Abgrenzungsbuchung ist zum einen die Aktivseite gestiegen, der ARAP ist eine Art „Merkposten" der bereits geleisteten Zahlung. Zum anderen steigt auch das Eigenkapital, da ein Teil der im Soll erfassten Aufwendungen wieder neutralisiert wird, dadurch wird das Ergebnis erhöht.

Im Folgejahr ist der „Merkposten" ARAP wieder aufzulösen, was zu einer periodengerechten Zuordnung der Aufwendungen führt:

6. Buchung auf Kontenebene

per Aufwand für Versicherungen 60
an Aktive Rechnungsabgrenzung (ARAP) 60

7. Schlussbilanz des zweiten Geschäftsjahres

Aktivseite		Passivseite	
Anlagevermögen	500	Eigenkapital	880
Bank	380	Fremdkapital	0
Gesamt	**880**	**Gesamt**	**880**

Entscheidung über Wertansätze

Aufgrund zahlreicher Wahlrechte bei der Bilanzierung und Bewertung von Vermögensgegenständen und Schulden ist der Ersteller des Jahresabschlusses in der Lage, die Vermögens-, Finanz- und Ertragslage des Unternehmens zumindest teilweise zu beeinflussen.

Beispiel 8.16 **Bildung und Bewertung von Rückstellungen**

Sachverhalt: Ein Unternehmen erwartet, dass es aufgrund einer Schadensersatzklage einen Betrag von 100 zahlen muss.

1. Eröffnungsbilanz des ersten Geschäftsjahres

Aktivseite		Passivseite	
Anlagevermögen	500	Eigenkapital	1.000
Bank	500	Fremdkapital	0
Gesamt	**1.000**	**Gesamt**	**1.000**

2. Buchung auf Kontenebene

per Erhöhung Rückstellung (Aufwandskonto) für Schadensersatz 100

an Rückstellungen für Schadensersatz 100

3. Schlussbilanz des ersten Geschäftsjahres

Aktivseite		Passivseite	
Anlagevermögen	500	Eigenkapital	900
Bank	500	Fremdkapital	100
Gesamt	**1.000**	**Gesamt**	**1.000**

Durch die Bildung der Rückstellung (Aufwand) sind das Jahresergebnis und in der Folge das Eigenkapital gesunken, obwohl noch kein Schadensersatz geleistet werden musste.

Wird der Schadensersatz in der Folgeperiode gezahlt, sinkt der Zahlungsmittelbestand und die Rückstellung wird aufgelöst.

8.4 Bilanzierung und Jahresabschluss

4. Buchung auf Kontenebene

per Rückstellungen für Schadensersatz 100
an Bank 100

5. Schlussbilanz des zweiten Geschäftsjahres

Aktivseite		Passivseite	
Anlagevermögen	500	Eigenkapital	900
Bank	400	Fremdkapital	0
Gesamt	**900**	**Gesamt**	**900**

Beispiel 8.17 **Abwandlung des Fallbeispiels**

1. Eröffnungsbilanz des ersten Geschäftsjahres

Aktivseite		Passivseite	
Anlagevermögen	500	Eigenkapital	1.000
Bank	500	Fremdkapital	0
Gesamt	**1.000**	**Gesamt**	**1.000**

Bildet das Unternehmen allerdings im ersten Jahr eine Rückstellung mit einem anderen Wert, so verändern sich das Jahresergebnis und das Eigenkapital. Setzt die Unternehmensleitung z. B. einen Wert von 80 an, ergibt sich folgende Schlussbilanz des ersten Jahres:

2. Buchung auf Kontenebene

per Erhöhung Rückstellung (Aufwandskonto) für Schadensersatz 80
an Rückstellungen für Schadensersatz 80

3. Schlussbilanz des ersten Geschäftsjahres

Aktivseite		Passivseite	
Anlagevermögen	500	Eigenkapital	920
Bank	500	Fremdkapital	80
Gesamt	**1.000**	**Gesamt**	**1.000**

Durch die Bildung der Rückstellung (Aufwand) sind das Jahresergebnis und in der Folge das Eigenkapital gesunken, obwohl noch kein Schadensersatz geleistet werden musste. Allerdings ist in diesem Beispiel der Aufwand geringer, so dass auch das Jahresergebnis höher ausfällt!

Wird der Schadensersatz in Höhe von 100 in der Folgeperiode gezahlt, sinkt der Zahlungsmittelbestand und die Rückstellung wird aufgelöst. Dabei entsteht ein zusätzlicher Aufwand, da die Rückstellung im ersten Geschäftsjahr nicht in ausreichender Höhe gebildet worden ist.

4. Buchung auf Kontenebene

per Rückstellungen für Schadensersatz 80

an Bank 80

und

per Aufwand für Schadensersatz 20

an Bank 20

5. Schlussbilanz des zweiten Geschäftsjahres

Aktivseite		Passivseite	
Anlagevermögen	500	Eigenkapital	900
Bank	400	Fremdkapital	0
Gesamt	**900**	**Gesamt**	**900**

Das Unternehmen hat folglich im ersten Geschäftsjahr einen „zu hohen" Gewinn ausgewiesen, wodurch im zweiten Geschäftsjahr ein zusätzlicher Aufwand entstanden ist.

Anhand dieser grundlegenden Beispiele wird deutlich, dass der Weg von der Erstellung des Jahresabschlusses zur Bilanzpolitik, d. h. zur zielgerichteten Gestaltung des Jahresabschlusses, fließend ist.

Prüfung des Jahresabschlusses

Pflichtprüfung und freiwillige Prüfung

Mittelgroße und große Kapitalgesellschaften haben nach § 316 HGB ihren Jahresabschluss und ihren Lagebericht prüfen zu lassen. Dies trifft auch auf große Personengesellschaften zu. Neben dieser sogenannten Pflichtprüfung gibt es auch freiwillige Prüfungen für kleinere Unternehmen, beispielsweise wenn das Unternehmen Fremdkapital aufnimmt und der Kapitalgeber einen Nachweis verlangt, dass die Buchhaltung den gesetzlichen Bestimmungen entspricht.

Die Prüfung der Jahresabschlüsse erfolgt durch einen unabhängigen Abschlussprüfer. Dieser prüft nach § 317 HGB, ob die Buchführung und der Jahresabschluss den GoB entsprechen, gemäß Gesetz und Satzung erstellt worden sind, und ob der Lagebericht in Einklang mit dem Jahresabschluss steht. Über das Ergebnis berichtet der Abschlussprüfer in einem nur dem Unternehmen zur Verfügung gestellten sehr detaillierten sogenannten Prüfungsbericht (§ 321 HGB) sowie einem zu veröffentlichenden Bestätigungsvermerk, das sogenannte Testat (§ 322 HGB). Dieses Testat kann, wenn leichte Mängel in der Jahresabschlusserstellung vorliegen, eingeschränkt werden. Bei schwerwiegenden Mängeln ist das Testat zu versagen.

Deutsche Prüfstelle für Rechnungslegung

Eine weitere Prüfungsinstanz für börsennotierte Gesellschaften ist die Deutsche Prüfstelle für Rechnungslegung (DPR e. V., umgangssprachlich als „Bilanzpolizei" bezeichnet). Diese überprüft im Auftrag der Deutschen Börse auf Stichprobenbasis oder anlassbezogen die veröffentlichten Abschlüsse der börsennotierten Gesellschaften. Ziel dieser zusätzlichen Prüfung ist eine Stärkung des Finanzplatzes Deutschland durch eine transparente Rechnungslegung, deren Einhaltung auch überprüft wird.

Offenlegung des Jahresabschlusses

Der Jahresabschluss von Kapitalgesellschaften ist nach § 325 HGB beim elektronischen Bundesanzeiger (*https://ebundesanzeiger.de/*) einzureichen und zu veröffentlichen. Veröffentlicht ein Unternehmen seinen Jahresabschluss nicht, können Bußgelder verhängt werden.

Vereinfachungen für Kapitalgesellschaften unterschiedlicher Größenklassen

Da es Unternehmen mit unterschiedlichen Größenklassen gibt, ermöglicht der Gesetzgeber Vereinfachungen für Erstellung, Prüfung und Offenlegung des Jahresabschlusses. Die Werte zu Einteilung der Größenklassen sind in § 267 HGB festgelegt:

	Bilanzsumme	Umsatzerlöse	Arbeitnehmer
Kleine Kapitalgesellschaft	< 4.840.000 €	< 9.680.000 €	< 50
Mittelgroße Kapitalgesellschaft	< 19.250.000 €	< 38.500.000 €	< 250
Große Kapitalgesellschaft	höher	höher	höher

Börsennotierte Gesellschaften gelten dabei stets als große Kapitalgesellschaften.

Es gibt u. a. folgende Vereinfachungen hinsichtlich der **Erstellung** des Jahresabschlusses:

- Nach § 264 Abs. 1 S. 3 HGB dürfen kleine Kapitalgesellschaften den Jahresabschluss innerhalb von sechs Monaten (Regelfall drei Monate) erstellen.
- Nach § 288 HGB dürfen kleine und mittelgroße Kapitalgesellschaften weniger Informationen in den Anhang aufnehmen.
- Nach § 264 Abs. 1 S. 3 HGB brauchen kleine Kapitalgesellschaften keinen Lagebericht zu erstellen.

Es gibt folgende Vereinfachungen hinsichtlich der Prüfung des Jahresabschlusses:
- Kleine Kapitalgesellschaften sind nicht prüfungspflichtig (§ 316 Abs. 1 HGB).
- Mittelgroße Kapitalgesellschaften können von einem vereidigten Buchprüfer geprüft werden (§ 319 Abs. 1 S. 2 HGB).

Es gibt folgende Vereinfachungen hinsichtlich der Offenlegung des Jahresabschlusses:
- Nach § 326 HGB brauchen kleine Kapitalgesellschaften nur die Bilanz und den Anhang zu veröffentlichen.
- Nach § 327 HGB brauchen mittelgroße Kapitalgesellschaften nur eine verkürzte Bilanz sowie GuV und den Anhang zu veröffentlichen.

8.5 Besonderheiten des externen Rechnungswesens nach internationalen Rechnungslegungsvorschriften (IFRS)

8.5.1 Grundlagen der internationalen Rechnungslegung

Aufgaben

Die Zielsetzung der internationalen Rechnungslegung nach den *International Financial Reporting Standards*[4] (*IFRS*) liegt insbesondere in der Informationsvermittlung für gegenwärtige und potenzielle Investoren, es werden aber auch nachgeordnet die Ansprüche weiterer Adressaten berücksichtigt. Keine Zielsetzung der IFRS Rechnungslegung ist dagegen im Gegensatz zur deutschen bzw. kontinentaleuropäischen Rechnungslegung die Ermittlung eines ausschüttungsfähigen Gewinns oder der Erhalt des Kapitals des Unternehmens.

Adressaten

Neben den bereits genannten gegenwärtigen und potenziellen Investoren werden in den IFRS Rechtsgrundlagen auch Mitarbeiter, Gläubiger, Lieferanten, Kunden, der Staat sowie die Öffentlichkeit genannt. Vor dem Hintergrund der besonderen Informationsfunktion der IFRS sind deren Zielsetzungen (z. B. Kapitalerhalt, um Verbindlichkeiten zu begleichen) aber von nachgeordneter Bedeutung.

Rechtsgrundlagen

Die IFRS stellen kein geschlossenes System dar wie die Regelungen des HGB, dies entspricht der angelsächsischen Denkweise des case law, d. h. der Einzelfallbehandlung. Regelungswürdige Sachverhalte werden in einzelnen Standards behandelt, mit denen alle denkbaren Möglichkeiten erfasst werden sollen. Dennoch gibt es auch in den IFRS eine grundlegende Basis für die Rechnungslegung, das sogenannte framework, in dem konzeptionelle Grundsätze, wie z. B. das Prinzip der Unternehmensfortführung (*Going-Concern Principle*, siehe Abschnitt 8.4.1) oder das Prinzip der Periodenabgrenzung (*Accrual Principle*, siehe Abschnitt 8.4.1), festgelegt sind.

Da die IFRS länderübergreifende Rechtsnormen sind, entfalten sie nur dann eine nationale Wirkung, wenn in den entsprechenden Landesgesetzen entsprechende Öffnungsklauseln enthalten sind. So sieht z. B. das deutsche HGB vor, dass unter bestimmten Umständen ein Konzernabschluss nach IFRS anstelle eines eigentlich erforderlichen Konzernabschlusses nach HGB erstellt werden kann.

Bestandteile

Die Bestandteile der Rechnungslegung nach IFRS ähneln im Wesentlichen den dargestellten, nach deutscher Rechnungslegung vorgesehenen Teilen.

- Bilanz (*Balance sheet*)
- Gewinn- und Verlustrechnung (*Income statement*)
- Gesamtergebnisrechnung (*Statement of comprehensive income*)
- Anhang (*Notes*)
- Kapitalflussrechnung (*Cashflow statement*)
- Eigenkapitalspiegel (*Statement of changes in equity*)
- Segmentberichterstattung (*Segment reporting*)

Es gibt innerhalb der IFRS keinen eigenen Lagebericht, die in den sonstigen Bestandteilen vorgeschriebenen Informationen gehen jedoch zum Teil deutlich über die in einem HGB Abschluss enthaltenen Informationen hinaus.

8.5.2 Wesentliche Bilanzierungsgrundsätze nach IFRS

Aktivseite

Ansatz

Grundsätzlich sind die Aktivierungskriterien, d. h. die Voraussetzungen für einen Ansatz eines Vermögenswerts, der deutschen Rechnungslegung vergleichbar. In Teilen sind jedoch weitergehende Ansatzmöglichkeiten vorgesehen, um der Zielsetzung einer umfassenden Information der Eigentümer gerecht zu werden. Beispielsweise ist die Möglichkeit, selbst erstellte Vermögenswerte anzusetzen, in den IFRS weiter ausgeprägt.

Bewertung

Vermögenswerte werden auch in den IFRS grundsätzlich mit ihren AHK aktiviert und planmäßig abgeschrieben. Es bestehen jedoch zahlreiche Ausnahmen, die einen Ansatz über den Anschaffungskosten zu Marktwerten erlauben oder vorschreiben (sogenannte *Fair value Bilanzierung*). Dies ist beispielsweise bei Finanzderivaten und bei als Finanzinvestition gehaltenen Immobilien der Fall. Wertänderungen, d. h. Erhöhungen oder Verminderungen des Bilanzwertes, werden hier häufig direkt im Eigenkapital bilanziert. Hierüber berichtet dann die oben erwähnte Gesamtergebnisrechnung, in der nicht nur laufende Aufwendungen und Erträge, sondern auch ergebnisneutrale Eigenkapitaländerungen ausgewiesen werden.

Passivseite

Ansatz

Grundsätzlich sind die Passivierungskriterien, d. h. die Voraussetzungen für einen Ansatz einer Schuldposition, der deutschen Rechnungslegung vergleichbar. In Teilen sind die Ansatzpflichten jedoch eingeschränkt, um der Zielsetzung einer umfassenden Information der Eigentümer gerecht zu werden. Beispielsweise ist die Verpflichtung, Rückstellungen zu bilden, in den IFRS nicht so umfassend gestaltet wie im HGB.

Bewertung

Bewertet werden Passivposten und insbesondere Rückstellungen mit dem bestmöglichen Betrag. Dies soll sicherstellen, dass der Bilanzierende weniger Spielraum für Bilanzpolitik hat, denn die Zielsetzung der IFRS ist ja die Informationsfunktion und nicht primär der Kapitalerhalt.

> **Exkurs**
>
> ## Einheitliche Rechnungslegungsstandards – Quo vadis Konvergenz?
>
> Die meisten Länder haben individuelle Rechnungslegungsvorschriften. Dies erschwert oder verhindert eine Vergleichbarkeit von Unternehmen und ihren Jahresabschlüssen. Darüber hinaus sind die Regelungen hinsichtlich einzelner Bilanzpositionen unterschiedlich und insofern für den Bilanzleser nicht eindeutig zu interpretieren. Deshalb wird regelmäßig die Forderung nach weltweit einheitlichen Rechnungslegungsstandards gestellt. So wurde beispielsweise von den Staats- und Regierungschefs der G20-Staaten das Schaffen von einheitlichen und weltweit gültigen Bilanzierungsstandards als ein zentrales Ziel formuliert. Es ist unbestritten, dass konvergente, d. h. einheitliche Standards einen entscheidenden Beitrag für die Integration und die Effizienz der Kapitalmärkte leisten. Die Funktionsfähigkeit internationaler Kapitalmärkte setzt einheitliche Finanzinformationen als wesentliche Entscheidungsgrundlage für Investoren voraus.
>
> Für Kreditinstitute kommt zusätzlich der Aspekt der aufsichtsrechtlichen Konvergenz hinzu. Damit ist die Angleichung an internationale Rechnungslegungsstandards und einheitliche Aufsichtsnormen gemeint. Die aufsichtsrechtliche Eigenkapitalermittlung erfolgt auf der Grundlage der Bilanzwerte. Ohne einheitliche Rechnungslegungsvorschriften kann es insofern keine international einheitlichen Regulierungsvorschriften geben.
>
> **Die Konvergenzbestrebungen von IASB und FASB**
>
> Bereits im September 2002 haben sich das International Accounting Standards Board (IASB), das für die IFRS verantwortlich zeichnet, und der US-amerikanische Standardsetzer Financial Accounting Standards Board (FASB) darauf verständigt, ihre Arbeiten aufeinander abzustimmen, um zu weltweit akzeptierten Rechnungslegungsstandards zu gelangen. Auf dieser Grundlage wurden ein umfangreiches Konvergenzprogramm aufgesetzt und in den folgenden Jahren viele Rechnungslegungsunterschiede zwischen IFRS und US-GAAP beseitigt.

Mittlerweile werden die IFRS in mehr als 120 Ländern angewandt. Weitere Länder planen den Übergang auf bzw. eine Angleichung an die IFRS. Während also die IFRS in den letzten Jahren als international akzeptierte Sprache der Rechnungslegung etabliert werden konnten, ist eine vollständige Angleichung von IFRS und US-GAAP jedoch bis heute nicht gelungen.

Kriterien für die Entwicklung konvergenter Standards

Um zu konvergenten, qualitativ hochwertigen Vorschriften zu gelangen, sollte idealerweise eine gemeinsame Weiterentwicklung der Standards angestrebt werden. Dies ist allerdings insofern problematisch, als angelsächsisch geprägte Rechnungslegungssysteme eher einzelfallorientiert sind, während andere, insbesondere kontinentaleuropäische Rechnungslegungssysteme, eher allgemein formuliert sind. Entscheidend ist, dass Vergleichbarkeit, Informationsgehalt und Transparenz der Finanzinformationen gesichert sind. Praktikabilitäts- und Kosten-Nutzen-Aspekte müssen ebenfalls berücksichtigt werden. Notwendige Voraussetzung für „gute" Standards ist, dass sie praktisch umsetzbar sind. Schon bei der Standardsetzung sollten daher der zeitliche und personelle Aufwand für die Implementierung der Standards beachtet werden.

Konvergenz noch nicht erreicht

Nicht zuletzt im Zuge der Finanz- und Wirtschaftskrise hat sich gezeigt, dass eine einheitliche Bilanzierung nicht (immer) zu den gewünschten, zum Teil auch politischen, Zielen gehört. So verlangen einzelne Standards beispielsweise eine Marktwertbilanzierung (Fair Value Accounting) von Finanzinstrumenten, während nach anderen Standards fortgeführte Anschaffungskosten zu bilanzieren sind. Damit verbunden sind große Auswirkungen auf die Vermögens-, Finanz- und Ertragslage der Unternehmen, nicht zuletzt deshalb, weil der Fair Value mithilfe von Bewertungsmodellen auf der Grundlage von individuellen Einschätzungen und Annahmen der jeweiligen Unternehmensführung ermittelt wird, was die Vergleichbarkeit deutlich einschränkt.

So lässt sich feststellen, dass die Regelungen zur Klassifizierung und Bewertung von Finanzinstrumenten nicht vom Konvergenzgedanken geprägt sind. Im Gegenteil, sie gehen in unterschiedliche Richtungen. Ein Grund für diese Entwicklung liegt darin, dass sowohl der IASB als auch der FASB jeweils ein eigenständiges separates Überarbeitungsprojekt verfolgt haben und eine Angleichung der Regelungen erst in einem zweiten Schritt erfolgen soll. Im Hinblick auf die angestrebte Konvergenz erschiene es jedoch zielführender, die wesentlichen Standards gemeinsam zu erarbeiten und zu konsultieren.

Reflexionsfragen

1. Warum liegt es im Interesse aller am Rechnungswesen Beteiligten, weltweit Bewertungsstandards anzugleichen?

2. Welche Probleme sind mit einer Standardisierung verbunden?

ZUSAMMENFASSUNG

Folgende Inhalte wurden in diesem Kapitel behandelt:

- Es wurden Aufgaben und Teilbereiche des betrieblichen Rechnungswesens vorgestellt.
- Das externe Rechnungswesen wurde mit Aufgaben, Adressaten und Rechtsgrundlagen dargestellt und inhaltlich sowie begrifflich von anderen Teilsystemen des betrieblichen Rechnungswesens abgegrenzt.
- Die gesetzlich geregelten Bestandteile der externen Rechnungslegung Jahresabschluss, Bilanz, Gewinn- und Verlustrechnung, Anhang, Lagebericht, Kapitalflussrechnung und Eigenkapitalspiegel wurden vorgestellt.
- Es wurde die Systematik der doppelten Buchführung erläutert und anhand von Beispielen verdeutlicht, wie Aktivkonten, Passivkonten und Erfolgskonten zusammenhängen und die integralen Bestandteile von Bilanz und Gewinn- und Verlustrechnung bilden.
- Es wurden wesentliche Grundlagen der Aktivseite und der Passivseite der Bilanz dargelegt sowie daraus die Erstellung des Jahresabschlusses abgeleitet.
- Es wurden Gemeinsamkeiten und Unterschiede zu internationalen Rechnungslegungsvorschriften erörtert.

AUFGABEN

1. Bitte grenzen Sie das externe Rechnungswesen vom internen Rechnungswesen anhand von drei Kriterien ab.

2. Welche Anspruchsgruppen sind an der Veröffentlichung der externen Rechnungslegung interessiert und welche Zielsetzungen haben sie jeweils?

3. Welche Bestandteile hat die externe Rechnungslegung für Personengesellschaften?

   Welche zusätzlichen Bestandteile hat die externe Rechnungslegung für Kapitalgesellschaften?

   Welche zusätzlichen Bestandteile hat die externe Rechnungslegung für Konzerne?

4. Welche Positionen werden auf der Aktivseite einer Bilanz ausgewiesen?

5. Welche Positionen werden auf der Passivseite einer Bilanz ausgewiesen?

Weitere Aufgaben mit Lösungen befinden sich in begleitendem Übungsbuch als E-Text.

Fallstudie: Der Jahresabschluss der Daimler AG

Abbildung 8.3: Mercedes-Benz SLS AMG, Exterieur
Quelle: Daimler AG

Die Daimler AG mit Sitz in Stuttgart ist ein börsennotierter Hersteller von Personenkraftwagen und Nutzfahrzeugen. Die bekannteste Marke ist Mercedes-Benz. Das Unternehmen ist außerdem Anbieter von Finanzdienstleistungen.

Das Geschäftsjahr der Daimler AG entspricht dem Kalenderjahr.

Daimler vertreibt seine Fahrzeuge und Dienstleistungen in nahezu allen Ländern der Welt und hat Produktionsstätten auf fünf Kontinenten. Zum heutigen Markenportfolio zählen neben Mercedes-Benz die Marken smart, Freightliner, Western Star, BharatBenz, Fuso, Setra und Thomas Built Buses. Im Jahr 2013 setzte der Konzern mit 275.000 Mitarbeitern über 2,3 Mio. Fahrzeuge ab. Der Umsatz lag bei rund 118 Mrd. €, das EBIT betrug 10,8 Mrd. €.

Bei den folgenden Darstellungen ist darauf hinzuweisen, dass die abgebildete Bilanz und die Gewinn- und Verlustrechnung aus dem Konzernabschluss der Daimler AG nach internationalen Grundsätzen entnommen sind, der Anhang der Daimler AG aus dem Einzelabschluss des Unternehmens entspricht den Rechnungslegungsvorschriften nach deutschem HGB.

Konzernbilanz.

F.03

in Millionen €	Anmerkung	Daimler-Konzern 31. Dezember 2013	Daimler-Konzern 31. Dezember 2012 (angepasst)[1]	Daimler-Konzern 1. Januar 2012 (angepasst)[1]	Industriegeschäft (ungeprüfte Zusatzinformationen) 31. Dezember 2013	Industriegeschäft (ungeprüfte Zusatzinformationen) 31. Dezember 2012 (angepasst)[1]	Daimler Financial Services (ungeprüfte Zusatzinformationen) 31. Dezember 2013	Daimler Financial Services (ungeprüfte Zusatzinformationen) 31. Dezember 2012 (angepasst)[1]
Aktiva								
Immaterielle Vermögenswerte	10	9.388	8.885	8.259	9.289	8.808	99	77
Sachanlagen	11	21.779	20.599	19.180	21.732	20.546	47	53
Vermietete Gegenstände	12	28.160	26.058	22.811	13.207	12.163	14.953	13.895
At-equity bewertete Finanzinvestitionen	13	3.432	4.304	4.304	3.419	4.291	13	13
Forderungen aus Finanzdienstleistungen	14	27.769	27.062	25.007	-29	-33	27.798	27.095
Verzinsliche Wertpapiere	15	1.666	1.539	947	6	9	1.660	1.530
Übrige finanzielle Vermögenswerte	16	3.523	3.890	2.957	-767	-216	4.290	4.106
Aktive latente Steuern	9	1.829	2.733	2.820	1.348	2.178	481	555
Übrige Vermögenswerte	17	531	534	383	-1.818	-1.753	2.349	2.287
Langfristige Vermögenswerte		**98.077**	**95.604**	**86.668**	**46.387**	**45.993**	**51.690**	**49.611**
Vorräte	18	17.349	17.720	17.081	16.648	17.075	701	645
Forderungen aus Lieferungen und Leistungen	19	7.803	7.543	7.849	7.208	6.864	595	679
Forderungen aus Finanzdienstleistungen	14	23.001	21.998	20.560	-14	-17	23.015	22.015
Zahlungsmittel und Zahlungsmitteläquivalente		11.053	10.996	9.576	9.845	9.887	1.208	1.109
Verzinsliche Wertpapiere	15	5.400	4.059	1.334	5.297	3.832	103	227
Übrige finanzielle Vermögenswerte	16	2.718	2.070	2.007	-6.670	-6.625	9.388	8.695
Übrige Vermögenswerte	17	3.117	3.072	2.711	447	536	2.670	2.536
Kurzfristige Vermögenswerte		**70.441**	**67.458**	**61.118**	**32.761**	**31.552**	**37.680**	**35.906**
Summe Aktiva		**168.518**	**163.062**	**147.786**	**79.148**	**77.545**	**89.370**	**85.517**
Passiva								
Gezeichnetes Kapital		3.069	3.063	3.060				
Kapitalrücklagen		11.850	12.026	11.895				
Gewinnrücklagen		27.628	22.017	20.332				
Übrige Rücklagen		133	799	389				
Eigene Anteile		–	–	–				
Den Aktionären der Daimler AG zustehendes Eigenkapital		42.680	37.905	35.676				
Nicht beherrschende Anteile		683	1.425	1.582				
Eigenkapital	20	**43.363**	**39.330**	**37.258**	**36.767**	**33.238**	**6.596**	**6.092**
Rückstellungen für Pensionen und ähnliche Verpflichtungen	22	9.869	11.299	7.866	9.726	11.151	143	148
Rückstellungen für Ertragsteuern		823	727	2.498	823	726	0	1
Rückstellungen für sonstige Risiken	23	5.270	5.150	5.309	5.152	4.992	118	158
Finanzierungsverbindlichkeiten	24	44.746	43.340	35.466	13.542	10.950	31.204	32.390
Übrige finanzielle Verbindlichkeiten	25	1.701	1.750	1.943	1.575	1.613	126	137
Passive latente Steuern	9	892	268	418	-1.300	-1.808	2.192	2.076
Rechnungsabgrenzungsposten	26	2.728	2.444	2.118	2.283	1.989	445	455
Übrige Verbindlichkeiten	27	18	38	56	15	32	3	6
Langfristige Schulden		**66.047**	**65.016**	**55.674**	**31.816**	**29.645**	**34.231**	**35.371**
Verbindlichkeiten aus Lieferungen und Leistungen		9.086	8.832	9.515	8.778	8.515	308	317
Rückstellungen für Ertragsteuern		517	1.006	1.030	438	900	79	106
Rückstellungen für sonstige Risiken	23	6.619	6.292	6.782	6.230	5.983	389	309
Finanzierungsverbindlichkeiten	24	32.992	32.911	26.701	-12.218	-8.067	45.210	40.978
Übrige finanzielle Verbindlichkeiten	25	6.575	6.699	7.798	4.797	5.023	1.778	1.676
Rechnungsabgrenzungsposten	26	1.868	1.640	1.548	1.351	1.153	517	487
Übrige Verbindlichkeiten	27	1.451	1.336	1.480	1.189	1.155	262	181
Kurzfristige Schulden		**59.108**	**58.716**	**54.854**	**10.565**	**14.662**	**48.543**	**44.054**
Summe Passiva		**168.518**	**163.062**	**147.786**	**79.148**	**77.545**	**89.370**	**85.517**

1 Informationen zu den Anpassungen der Vorjahresangaben können Anmerkung 1 entnommen werden.

Der nachfolgende Konzernanhang ist integraler Bestandteil des Konzernabschlusses.

Abbildung 8.4: Konzernbilanz der Daimler AG
Quelle: Jahresabschluss 2013 der Daimler AG

Fallstudie: Der Jahresabschluss der Daimler AG

Konzern-Gewinn- und Verlustrechnung.

F.01

in Millionen €	Anmerkung	Daimler-Konzern 2013	Daimler-Konzern 2012 (angepasst)[1]	Industriegeschäft (ungeprüfte Zusatzinformationen) 2013	Industriegeschäft (ungeprüfte Zusatzinformationen) 2012 (angepasst)[1]	Daimler Financial Services (ungeprüfte Zusatzinformationen) 2013	Daimler Financial Services (ungeprüfte Zusatzinformationen) 2012 (angepasst)[1]
Umsatzerlöse	4	117.982	114.297	103.460	100.747	14.522	13.550
Umsatzkosten	5	-92.457	-88.821	-80.154	-77.572	-12.303	-11.249
Bruttoergebnis vom Umsatz		25.525	25.476	23.306	23.175	2.219	2.301
Vertriebskosten	5	-10.875	-10.455	-10.414	-10.060	-461	-395
Allgemeine Verwaltungskosten	5	-3.865	-3.974	-3.337	-3.337	-528	-637
Forschungs- und nicht aktivierte Entwicklungskosten	5	-4.101	-4.179	-4.101	-4.179	–	–
Sonstige betriebliche Erträge	6	1.530	1.507	1.467	1.446	63	61
Sonstige betriebliche Aufwendungen	6	-399	-291	-380	-276	-19	-15
Ergebnis aus at-equity bewerteten Finanzinvestitionen	13	3.345	1.198	3.344	1.214	1	-16
Übriges Finanzergebnis	7	-349	-462	-342	-456	-7	-6
Zinserträge	8	212	233	212	232	–	1
Zinsaufwendungen	8	-884	-937	-878	-925	-6	-12
Ergebnis vor Ertragsteuern[2]		10.139	8.116	8.877	6.834	1.262	1.282
Ertragsteuern	9	-1.419	-1.286	-874	-825	-545	-461
Konzernergebnis		8.720	6.830	8.003	6.009	717	821
davon auf nicht beherrschende Anteile entfallendes Ergebnis		1.878	402				
davon Anteil der Aktionäre der Daimler AG am Konzernergebnis		6.842	6.428				
Ergebnis je Aktie (in €) auf Basis des Ergebnisanteils der Aktionäre der Daimler AG	35						
Unverwässert		6,40	6,02				
Verwässert		6,40	6,02				

1 Informationen zu den Anpassungen der Vorjahresangaben können Anmerkung 1 entnommen werden.
2 Die Überleitung des Konzern-EBIT auf das Ergebnis vor Ertragsteuern ist in Anmerkung 33 enthalten.

Abbildung 8.5: Gewinn- und Verlustrechnung der Daimler AG
Quelle: Jahresabschluss 2013 der Daimler AG

Grundlagen und Methoden

Der Jahresabschluss der Daimler AG wird nach handelsrechtlichen Rechnungslegungsvorschriften und den aktienrechtlichen Vorschriften aufgestellt und in Millionen EURO (»€«) unter Gegenüberstellung der Werte zum 31. Dezember 2012 ausgewiesen.

Die in der Bilanz und der Gewinn- und Verlustrechnung zusammengefassten Posten sind im Anhang gesondert aufgeführt und erläutert.

Zur übersichtlicheren Darstellung wurde das Gliederungsschema nach § 266 HGB modifiziert. Unter den übrigen Forderungen und sonstigen Vermögensgegenständen sind Forderungen gegen Unternehmen, mit denen ein Beteiligungsverhältnis besteht, und sonstige Vermögensgegenstände zusammengefasst. Unter den übrigen Rückstellungen sind die Steuerrückstellungen und die sonstigen Rückstellungen zusammengefasst. Die übrigen Verbindlichkeiten enthalten Verbindlichkeiten gegenüber Unternehmen, mit denen ein Beteiligungsverhältnis besteht, Anleihen und Schuldverschreibungen, Verbindlichkeiten gegenüber Kreditinstituten sowie sonstige Verbindlichkeiten.

Die Gewinn- und Verlustrechnung wird nach dem international vorherrschenden Umsatzkostenverfahren erstellt. Zur besseren Darstellung der Finanzaktivitäten wurde das Gliederungsschema nach § 275 HGB modifiziert. Die Finanzaktivitäten werden als Beteiligungsergebnis, Zinsergebnis und übriges Finanzergebnis dargestellt.

Bilanzierungs- und Bewertungsgrundsätze

Immaterielle Vermögensgegenstände werden zu Anschaffungskosten, vermindert um planmäßige lineare Abschreibungen, bewertet. Sie haben eine Nutzungsdauer zwischen 2 und 30 Jahren.

Das Aktivierungswahlrecht für selbst erstellte immaterielle Vermögensgegenstände des Anlagevermögens wird nicht in Anspruch genommen.

Forschungs- und Entwicklungskosten werden sofort im Aufwand erfasst.

Sachanlagen sind mit den Anschaffungs- oder Herstellungskosten, vermindert um planmäßige Abschreibungen, bewertet.

Die Herstellungskosten der selbsterstellten Anlagen umfassen Einzelkosten sowie die anteiligen Material- und Fertigungsgemeinkosten einschließlich Abschreibungen, soweit sie durch die Fertigung veranlasst sind. Zusätzlich werden produktionsbezogene Kosten der allgemeinen Verwaltung sowie produktionsbezogene Aufwendungen für soziale Einrichtungen des Betriebs, für freiwillige soziale Leistungen und für die betriebliche Altersversorgung einbezogen, soweit diese auf den Zeitraum der Herstellung entfallen.

Bei den planmäßigen Abschreibungen wird für technische Anlagen und Maschinen, andere Anlagen sowie Betriebs- und Geschäftsausstattung von einer Nutzungsdauer von 3 bis 33 Jahren ausgegangen. Für im Mehrschichtbetrieb eingesetzte Anlagen gelten entsprechend kürzere Zeiträume.

Mobilien, die vor dem 1. Januar 2008 zugegangen sind, werden grundsätzlich degressiv abgeschrieben. Von der degressiven wird auf die lineare Abschreibungsmethode übergegangen, sobald die gleichmäßige Verteilung des Restbuchwertes auf die verbleibende Nutzungsdauer zu höheren Abschreibungsbeträgen führt. Mobilien, die ab dem 1. Januar 2008 zugegangen sind, werden planmäßig linear abgeschrieben. Außerplanmäßige Abschreibungen werden vorgenommen, soweit der Ansatz mit einem niedrigeren Wert erforderlich ist. Geringwertige Anlagegegenstände bis 150 € Anschaffungs- oder Herstellungskosten werden ab 1. Januar 2008 sofort aufwandswirksam erfasst. Für Vermögensgegenstände mit Anschaffungs- oder Herstellungskosten von 150 € bis 1.000 €, die zwischen dem 1. Januar 2008 und dem 31. Dezember 2009 zugegangen sind, wurde ein Sammelposten gebildet, der jährlich mit 20 % linear abgeschrieben wird. Ab dem 1. Januar 2010 werden Vermögensgegenstände mit Anschaffungs- oder Herstellungskosten bis 1.000 € sofort aufwandswirksam erfasst.

Vermietete Gegenstände werden zu Anschaffungs- oder Herstellungskosten angesetzt und planmäßig abgeschrieben. Bei den planmäßigen Abschreibungen wird von einer Nutzungsdauer von 3 bis 12 Jahren ausgegangen. Bei Anwendung der degressiven Abschreibung wird auf die lineare Abschreibungsmethode übergegangen, sobald die gleichmäßige Verteilung des Restbuchwertes auf die verbleibende Nutzungsdauer zu höheren Abschreibungsbeträgen führt. Vermietete Gegenstände, die ab dem 1. Januar 2008 zugegangen sind, werden planmäßig linear abgeschrieben. Abhängig von den unterschiedlichen Leasingnehmern werden die vermieteten Gegenstände, die vor dem 1. Januar 2008 zugegangen sind, linear zeitanteilig beziehungsweise degressiv abgeschrieben.

Die Anteile an verbundenen Unternehmen, die Beteiligungen und die übrigen Finanzanlagen sind zu Anschaffungskosten oder bei Vorliegen von voraussichtlich dauernden Wertminderungen zu niedrigeren beizulegenden Werten angesetzt. Bestehen die Gründe für eine dauernde Wertminderung nicht mehr, erfolgt eine Zuschreibung. Niedrig verzinsliche beziehungsweise unverzinsliche Ausleihungen sind mit ihrem Barwert angesetzt.

Zur besseren Übersicht haben wir den Anlagenspiegel bei den Sachanlagen um den Posten vermietete Gegenstände erweitert.

Roh-, Hilfs- und Betriebsstoffe sowie Waren werden zu Anschaffungskosten oder niedrigeren Tagespreisen bewertet, unfertige und fertige Erzeugnisse zu Herstellungskosten. Die Herstellungskosten umfassen neben dem Fertigungsmaterial und den Fertigungslöhnen anteilige Material- und Fertigungsgemeinkosten einschließlich Abschreibungen, soweit sie durch die Fertigung veranlasst sind. Zusätzlich werden produktionsbezogene Kosten der allgemeinen Verwaltung sowie produktionsbezogene Aufwendungen für soziale Einrichtungen des Betriebs, für freiwillige soziale Leistungen und für die betriebliche Altersversorgung einbezogen, soweit diese auf den Zeitraum der Herstellung entfallen. Abwertungen werden vorgenommen, soweit der Ansatz mit einem niedrigeren Wert erforderlich ist. Forderungen und sonstige Vermögensgegenstände werden mit dem Nennwert unter Berücksichtigung aller erkennbaren Risiken bewertet und – soweit unverzinslich – bei Restlaufzeiten von über einem Jahr auf den Bilanzstichtag abgezinst.

Für das allgemeine Kreditrisiko wird eine Pauschalwertberichtigung von den Forderungen abgesetzt. Auf fremde Währung lautende Forderungen und sonstige Vermögensgegenstände mit einer Restlaufzeit von bis zu einem Jahr werden mit dem Devisenkassamittelkurs am Bilanzstichtag umgerechnet. Langfristige Vermögensgegenstände in fremder Währung werden mit dem Devisenkassamittelkurs am Buchungstag oder dem jeweils niedrigeren Kurs am Bilanzstichtag umgerechnet. Wertpapiere sind zu Anschaffungskosten oder zum niedrigeren Börsenkurs am Bilanzstichtag bewertet.

Unter dem aktiven Rechnungsabgrenzungsposten werden Ausgaben vor dem Abschlussstichtag ausgewiesen, soweit sie Aufwendungen für einen bestimmten Zeitraum danach darstellen. Ein Unterschiedsbetrag zwischen Erfüllungs- und niedrigerem Ausgabebetrag von Verbindlichkeiten wird aktiviert und durch planmäßige Abschreibungen über die Laufzeit der Verbindlichkeiten getilgt.

Latente Steuern werden für zeitliche Unterschiede zwischen den handelsbilanziellen und steuerlichen Wertansätzen von Vermögensgegenständen, Schulden und Rechnungsabgrenzungsposten unter Einbeziehung von berücksichtigungsfähigen Verlust- und Zinsvorträgen ermittelt. Verlust- und Zinsvorträge sind berücksichtigungsfähig, wenn eine Verrechnung mit steuerpflichtigem Einkommen innerhalb des gesetzlich festgelegten Zeitraums von fünf Jahren genutzt werden kann. Die Ermittlung der latenten Steuern erfolgt auf Basis des kombinierten Ertragsteuersatzes des steuerlichen Organkreises der Daimler AG von aktuell 29,825 %. Der kombinierte Ertragsteuersatz umfasst Körperschaftsteuer, Gewerbesteuer und Solidaritätszuschlag. Aktive und passive latente Steuern werden saldiert. Eine sich insgesamt ergebende Steuerbelastung wird in der Bilanz als passive latente Steuer angesetzt. Im Falle einer Steuerentlastung wird entsprechend dem Aktivierungswahlrecht auf die Bilanzierung verzichtet.

Rückstellungen für Pensionen und ähnliche Verpflichtungen für Pensionspläne, die eine vordefinierte Leistung im Alter vorsehen, werden in Höhe des nach vernünftiger kaufmännischer Beurteilung notwendigen Erfüllungsbetrages angesetzt. Die Bewertung erfolgt nach dem versicherungsmathematischen Anwartschaftsbarwertverfahren (*projected unit credit method*«). Für die Abzinsung wird der von der Bundesbank veröffentlichte durchschnittliche Marktzinssatz berücksichtigt, der sich bei einer angenommenen Restlaufzeit von 15 Jahren ergibt. Rückstellungen für Altersversorgungsverpflichtungen für Pensionspläne, aus denen sich spätere Ansprüche nach dem beizulegenden Zeitwert von Wertpapieren oder vergleichbaren Vermögenswerten bestimmen, werden mit dem beizulegenden Zeitwert dieser Vermögenswerte angesetzt, soweit dieser einen garantierten Mindestbetrag übersteigt.

Vermögensgegenstände, die dem Zugriff aller übrigen Gläubiger entzogen sind und ausschließlich der Erfüllung von Schulden aus Altersversorgungsverpflichtungen oder vergleichbaren langfristig fälligen Verpflichtungen dienen, werden mit den Pensionsverpflichtungen verrechnet. Die Bewertung der verrechneten Vermögensgegenstände erfolgt zum beizulegenden Zeitwert. Aufwendungen und Erträge aus der Abzinsung werden mit den Aufwendungen und Erträgen der verrechneten Vermögensgegenstände im Finanzergebnis saldiert.

Sonstige Rückstellungen werden in Höhe des nach vernünftiger kaufmännischer Beurteilung notwendigen Erfüllungsbetrags bewertet. Künftige Preis- und Kostensteigerungen im Zeitpunkt der Erfüllung der Verpflichtung werden berücksichtigt. Rückstellungen mit einer Restlaufzeit von mehr als einem Jahr werden mit dem ihrer Restlaufzeit entsprechenden und von der Deutschen Bundesbank veröffentlichten durchschnittlichen Marktzinssatz abgezinst. Für unsichere Ertragssteuerpositionen, bei denen das Risiko besteht, dass sie nicht realisiert werden, wird eine Steuerrückstellung gebildet. Der Einschätzung wird die beste Schätzung der erwarteten Steuerzahlung zugrunde gelegt.

Die derivativen Finanzgeschäfte werden entsprechend § 254 HGB als Bewertungseinheit mit einem Grundgeschäft zusammengefasst, soweit ein unmittelbarer Sicherungszusammenhang zwischen Finanzgeschäft und Grundgeschäft besteht. Finanzgeschäfte, für die keine Bewertungseinheit gebildet wurde, werden einzeln zu Marktpreisen bewertet. Daraus resultierende unrealisierte Verluste werden ergebniswirksam berücksichtigt.

Verbindlichkeiten sind mit ihren Erfüllungsbeträgen angesetzt. Auf fremde Währung lautende Verbindlichkeiten mit einer Restlaufzeit von bis zu einem Jahr werden mit dem Devisenkassamittelkurs am Bilanzstichtag umgerechnet. Langfristige Verbindlichkeiten in fremder Währung werden mit dem Devisenkassamittelkurs am Buchungstag oder dem jeweils höheren Kurs am Bilanzstichtag umgerechnet.

Unter dem passiven Rechnungsabgrenzungsposten werden Einnahmen vor dem Abschlussstichtag ausgewiesen, soweit sie Erträge für einen bestimmten Zeitraum danach darstellen.

Umsatzerlöse werden aus dem Verkauf von Fahrzeugen, Ersatzteilen und anderen damit in Zusammenhang stehenden Produkten und Dienstleistungen sowie aus Vermietung erzielt. Die Umsatzerlöse werden abzüglich Skonti, Preisnachlässen, Kundenboni und Rabatten ausgewiesen. Für Umsatzgeschäfte mit mehreren

Teilleistungen, wie z. B. bei Fahrzeugverkäufen mit kostenfreien Wartungsverträgen, erfolgt eine Aufteilung der Umsatzerlöse auf die verschiedenen Leistungen auf der Grundlage ihrer objektiv und verlässlich ermittelten beizulegenden Zeitwerte. Die noch nicht erbrachten Teilleistungen werden im passiven Rechnungsabgrenzungsposten gezeigt.

Reflexionsfragen

1. Welches sind die wesentlichen Aktivpositionen in der Konzernbilanz der *Daimler AG*? Erläutern Sie besondere Auffälligkeiten.

2. Welches sind die wesentlichen Passivpositionen in der Konzernbilanz der *Daimler AG*? Erläutern Sie besondere Auffälligkeiten.

3. Vergleichen Sie die Gewinn- und Verlustrechnung für das Industriegeschäft (= Automobilherstellung) für die Jahre 2012 und 2013. Welche Besonderheiten erkennen Sie hinsichtlich Umsatzerlösen und Konzernergebnis (= Gewinn)?

Siehe auch begleitende Fallvideos dazu.

Verwendete Literatur

Baetge, J.; Kirsch, H.-J.; Thiele, S.: „Bilanzen", 12. Aufl., IDW, Düsseldorf 2012.

Coenenberg, A. G.; Haller, A.; Schultze, W.: „Jahresabschluss und Jahresabschlussanalyse", 23. Aufl., Schäffer-Poeschel, Stuttgart 2014.

Döring, U.; Buchholz, R.: „Buchhaltung und Jahresabschluss", 13. Aufl., Erich Schmidt Verlag, Berlin 2013.

Küting, K.; Pfitzer, N.; Weber, C.-P.; Vinken, H.: „IFRS oder HGB? Systemvergleich und Beurteilung", 2. Aufl., Schäffer-Poeschel, Stuttgart 2013.

Weiterführende Literatur

Boemle, M.; Lutz, R.: „Der Jahresabschluss", 5.Aufl., Verlag SKV, 2008.

Coenenberg, A. G.; Haller, A.; Schultze, W.: Jahresabschluss und Jahresabschlussanalyse, 23. Aufl., Schäffer-Poeschel, Stuttgart 2014.

Scherrer, G.: „Rechnungslegung nach neuem HGB: Eine anwendungsorientierte Darstellung mit zahlreichen Beispielen", 3. Aufl., Vahlen, 2011.

Schultz, V.: „Basiswissen Rechnungswesen: Buchführung, Bilanzierung, Kostenrechnung, Controlling Taschenbuch", 7. Aufl., Deutscher Taschenbuch Verlag, 2014.

Endnoten

1 Siehe hierzu u. a. Döring und Buchholz (2013).
2 Siehe hierzu u. a. Baetge, Kirsch, Thiele (2012).
3 Siehe hierzu u. a. Coenenberg, Haller und Schultze (2014).
4 Siehe hierzu u. a. Küting, Pfitzer, Weber und Vinken (2013).

If you can't measure it, you can't manage it.

Peter Drucker (1909–2005), US-amerikanischer
Ökonom österreichischer Herkunft

Lernziele

In diesem Kapitel wird das Wissen zu folgenden Inhalten vermittelt:
- Abgrenzung des internen Rechnungswesens zu anderen Teilsystemen des betrieblichen Rechnungswesens
- Kenntnis von Aufgaben und Bestandteilen der Kosten- und Leistungsrechnung
- Erlernen der Systeme der Kosten- und Leistungsrechnung
- Kennenlernen von Bedeutung, Zielsetzungen und Funktionen des Controllings
- Kenntnis von grundlegenden Aufgaben und Instrumenten des Controllings

Quelle: © Alterfalter/fotolia.com

Internes Rechnungswesen – Kostenrechnung und Controlling

9

- **9.1 Grundlagen der Kosten- und Leistungsrechnung**   356
  - 9.1.1 Aufgaben der Kosten- und Leistungsrechnung...... 356
  - 9.1.2 Begriffliche Grundlagen der Kosten- und Leistungsrechnung........................... 357
  - 9.1.3 Gestaltungsvarianten der Kosten- und Leistungsrechnung........................... 359

- **9.2 Systeme der Kosten- und Leistungsrechnung** 361
  - 9.2.1 Vollkostenrechnung........................... 361
  - 9.2.2 Teilkostenrechnung 369
  - 9.2.3 Ausblick auf weitere Systeme der Kosten- und Leistungsrechnung........................... 373

- **9.3 Grundlagen des Controllings** 374
  - 9.3.1 Begriffsbestimmung Controlling 375
  - 9.3.2 Funktionen des Controllings 375
  - 9.3.3 Abgrenzung des Controllings von anderen Unternehmensfunktionen 377
  - 9.3.4 Organisation des Controllings 378

- **9.4 Darstellung grundlegender Controllingaufgaben** .. 378
  - 9.4.1 Zur Wechselwirkung zwischen Unternehmensführung und Controlling 378
  - 9.4.2 Unterstützung bei der strategischen Ausrichtung des Unternehmens 380
  - 9.4.3 Koordination der operativen Unternehmensplanung .. 381
  - 9.4.4 Erstellung des Berichtswesens.................. 384

- **9.5 Darstellung ausgewählter Controllinginstrumente**   386
  - 9.5.1 SWOT-Analyse 386
  - 9.5.2 Durchführung von Abweichungsanalysen 387
  - 9.5.3 Kennzahlen und Kennzahlensysteme 389
  - 9.5.4 Balanced Scorecard als Beispiel eines integrierten Controllinginstruments 393

ÜBERBLICK

9.1 Grundlagen der Kosten- und Leistungsrechnung

Abbildung 9.1: Kosten- und Leistungsrechnung: Reisekosten
Quelle: © Marco2811/fotolia.com

9.1.1 Aufgaben der Kosten- und Leistungsrechnung

Die Kostenrechnung[1] hat in Konkretisierung der allgemeinen Aufgaben des betrieblichen Rechnungswesens drei zentrale Aufgabenbereiche.

Abbildung und Dokumentation der betrieblichen Leistungserstellung

Aufgabe ist u. a. die Darstellung des operativen Geschäfts eines Unternehmens, die Abbildung innerbetrieblicher Leistungsbeziehungen, die Prognose zukünftiger Ergebnisse, d. h. Erlöse und Kosten im Plan, sowie die Ermittlung des erzielten Ergebnisses, d. h. Erlöse und Kosten im Ist. Der Schwerpunkt liegt auf der betrieblichen Komponente eines Unternehmens, d. h. Aspekte, die nicht mit der eigentlichen Tätigkeit des Unternehmens in Zusammenhang stehen, bleiben weitgehend unberücksichtigt.

Bereitstellung von Informationen für Planung, Steuerung und Kontrolle

Konkret werden u. a. die folgenden Informationen ermittelt:

- **Generierung von Informationen zur Steuerung der betrieblichen Leistungserstellung:** Dadurch ist die Kostenrechnung u. a. geeignet, die Festlegung des Produktions- und Absatzprogramms zu unterstützen. Darüber hinaus ist es durch Kostenrechnung möglich, unter verschiedenen Produktionsverfahren das für das Unternehmen optimale Verfahren auszuwählen.

- **Ermittlung von Preisuntergrenzen für Verkaufspreise:** Die Daten der Kostenrechnung sind Grundlage für die Kalkulation der Selbstkosten. Jedes auf Gewinnerzielung ausgerichtete Unternehmen wird bestrebt sein, zumindest seine Selbstkosten durch den Verkaufspreis zu decken. Aufgrund dessen stellen die Daten des internen Rechnungswesens wesentliche Informationen für die Preisfindung und insbesondere für die Festlegung von Preisuntergrenzen bereit.
- **Ermittlung von Preisobergrenzen für Einkaufspreise:** Auf der anderen Seite kann die Beschaffungsabteilung aufgrund der Kostenrechnungsinformationen eine Preisobergrenze für Lieferanten vorgeben.
- **Verrechnungspreise für innerbetriebliche Leistungen:** In einem Unternehmen werden nicht ausschließlich Leistungen erstellt, die an die Märkte abgegeben werden, sondern es werden auch Leistungen zwischen den einzelnen betrieblichen Abteilungen ausgetauscht. Um unternehmenspolitische Entscheidungen treffen zu können, ist es erforderlich, auch diese Leistungen zuzuordnen und zu bewerten.
- **Nachweis der Selbstkosten bei öffentlichen Aufträgen**

Ermittlung des Betriebsergebnisses

Durch die Gegenüberstellung der in einer Periode angefallenen Kosten und der in diesem Zeitraum erzielten Erlöse kann eine kurzfristige Erfolgsrechnung durchgeführt werden. Die Kosten- und Leistungsrechnung liefert dadurch eine Entscheidungshilfe, die die Gewinn- und Verlustrechnung nicht zur Verfügung stellen kann. So wird auch im Laufe eines Geschäftsjahres eine Vielzahl an Informationen benötigt. Darüber hinaus weist die Gewinn- und Verlustrechnung das Ergebnis des gesamten Unternehmens aggregiert aus. Die Kostenrechnung zeigt dagegen differenziert, welche Produkte, Produktgruppen oder Geschäftsbereiche in welchem Umfang an der Entstehung des Betriebsergebnisses beteiligt sind. Mithilfe der kurzfristigen Erfolgsrechnung werden demnach detaillierte Informationen gewonnen, die der Unternehmenssteuerung dienen.

9.1.2 Begriffliche Grundlagen der Kosten- und Leistungsrechnung

Kosten und Leistungen

In der Kosten- und Leistungsrechnung wird zwischen Kosten und Leistung unterschieden.

Unter Leistung versteht man den Wert des Zugangs an Gütern, Dienstleistungen und Geld, der aufgrund der betrieblichen Tätigkeit innerhalb einer Periode entstanden ist. Leistung ist folglich das Ergebnis der Realisierung des Produktions- und Absatzprogramms eines Unternehmens.

Um eine betriebliche Leistung erstellen zu können, müssen Produktionsfaktoren eingesetzt werden. Da diese Produktionsfaktoren nicht in beliebiger Menge vorhanden, sondern knapp sind, muss dafür ein Preis bezahlt werden. Die Preise für die Produktionsfaktoren sind betriebliche Kosten. Kosten sind somit charakterisiert als der leistungsbedingte Werteverzehr des ordentlichen Betriebsgeschehens. Sie stellen negative Ergebnisbeiträge dar.

Der Verbrauch an Produktionsfaktoren muss dabei immer in Bezug zur Leistungserstellung stehen, d. h. betrieblich bedingt sein. Kosten können im Ergebnis definiert werden als betriebsbedingter oder sachzielbezogener Leistungsverzehr.

Zusammengefasst sind die Definitionen von Kosten und Leistung:

- **Kosten** bezeichnen den ordentlichen, betrieblich bedingten und bewerteten Verzehr an Gütern und Dienstleistungen während einer bestimmten Periode oder den Werteinsatz an Gütern und Dienstleistungen für die Leistungserstellung.
- **Leistung** ist das Ergebnis einer betrieblichen Handlung, die einen Wertzuwachs eines Unternehmens darstellt. Das interne Rechnungswesen versteht unter „Leistung" eine quantifizierbare Erfassung des genannten Wertzuwachses. Als Synonyme gelten die Begriffe Erlös, Betriebsertrag oder auch betrieblicher Ertrag.

In den meisten Fällen stehen den buchhalterisch erfassten Aufwendungen betriebliche Kosten in der gleichen Höhe gegenüber, man spricht dann von Zweckaufwand bzw. Grundkosten. Kosten, die dem Grunde oder der Höhe nach keine Aufwendungen sind, sind kalkulatorische Kosten. Diese unterscheiden sich in Anderskosten, d. h. die Kosten sind auch Aufwandspositionen, jedoch werden sie in der Kostenrechnung in anderer Höhe verrechnet (z. B. kalkulatorische Abschreibungen) und Zusatzkosten, d. h. die Kosten werden zusätzlich zu den buchhalterischen Aufwendungen verrechnet (z. B. kalkulatorischer Unternehmerlohn).

Aufwendungen, die nicht als Kosten verrechnet werden, sind neutrale Aufwendungen. Diese unterscheiden sich in betriebsfremde (z. B. Spende für das Rote Kreuz), periodenfremde (z. B. Nachzahlung Gewerbesteuer Vorjahre) und außerordentliche (z. B. Brand Fabrikgebäude) Aufwendungen.

Bezüglich der Auslegung von Kosten gibt es zwei verschiedene Sichtweisen:

- **Pagatorischer Kostenbegriff:** Dieser Kostenbegriff bezieht sich nicht auf den Wert, der mit dem Verbrauch von Gütern und Dienstleistungen verbunden ist, sondern nur auf die Auszahlungen, die damit zusammenhängen. Somit findet ein Werteverzehr nur dann statt, wenn damit eine Auszahlung verbunden ist. Dieser Kostenbegriff ist folglich rein zahlungsorientiert und entspricht im Wesentlichen dem Aufwandsbegriff aus der Bilanzierung.
- **Wertmäßiger Kostenbegriff:** Dieser Kostenbegriff schließt auch den Werteverzehr mit ein, der nicht durch eine Auszahlung entstanden ist. Das heißt konkret, Kosten entstehen durch jeglichen Verbrauch von Gütern und Dienstleistungen, der zur Erstellung der betrieblichen Leistung und zur Aufrechterhaltung der Betriebsbereitschaft dient, eine Auszahlung ist nicht zwingend erforderlich. Auf Basis dieses wertorientierten Kostenbegriffs können kalkulatorische Kosten definiert werden.

Variable Kosten/fixe Kosten bzw. Einzelkosten/Gemeinkosten

Kosten können in variable und fixe Kosten eingeteilt werden.

Variable Kosten sind ausbringungsmengenabhängige Kosten, d. h. variable Kosten sind Kosten, die mit steigendem Leistungsumfang steigen bzw. mit sinkendem Leistungsumfang sinken. Sie sind von der Nutzung der Kapazität durch die Erstellung von Leistungen abhängig und variieren mit der Menge des Outputs.

Beispiele:
- Materialkosten
- Herstellkosten
- Vertriebskosten

Fixe Kosten sind dagegen unabhängig vom Leistungsumfang, d. h. nicht von der Höhe der Ausbringungsmenge abhängig. Bevor ein Unternehmen eine Produktion aufnehmen kann, müssen bestimmte Grundvoraussetzungen (z. B. Kauf oder Miete von Betriebsmitteln, Aufbau einer Organisation usw.) erfüllt sein. Die Herstellung der Betriebsbereitschaft verursacht Kosten, die man als fixe Kosten bezeichnet, sie bleiben in der Höhe unverändert, egal ob z. B. 50 Autos pro Tag hergestellt werden oder 500.

Beispiele:
- Mieten
- Personalkosten für Angestellte
- Zinsen für Fremdkapitalnutzung

Für die unternehmensindividuelle Frage, ob eine Kostenart zu den fixen oder variablen Kosten zu rechnen ist, sind vor allem zwei Kriterien wichtig. Wie lang ist der Entscheidungszeitraum und wie teilbar sind die Produktionsfaktoren?

Langfristig gesehen sind alle Kosten variabel. Beispielsweise ist bei Angestellten eine sofortige Kündigung nicht möglich, da die Kündigungsfrist u. U. sechs Wochen oder länger zum Quartalsende beträgt. Auf ein Jahr betrachtet sind die hier verursachten Kosten jedoch variabel. Ob Kosten also fix oder variabel sind, hängt somit von der jeweiligen Entscheidungssituation ab.

Einzelkosten sind Kosten, die einem Bezugsobjekt (regelmäßiger Kostenträger) direkt zugerechnet werden können. Einzelkosten (auch direkte Kosten genannt) sind die Kosten für Material, Lohn etc., die das Unternehmen zuordenbar für ein bestimmtes Stück, einen einzelnen Auftrag oder eine einzelne Dienstleistung aufgewendet hat.

Gemeinkosten lassen sich nicht direkt auf eine bestimmte Leistung zurechnen, da sie für mehrere oder alle Leistungen eines Kostenbereichs entstanden sind.

Die Entscheidung, ob variable Kosten/fixe Kosten bzw. Einzelkosten/Gemeinkosten vorliegen, hängt vom jeweiligen Unternehmen, dem Betrachtungsstandpunkt und der jeweiligen Entscheidungs-/Kontrollaufgabe ab, ist also nicht allgemein zu beantworten.

9.1.3 Gestaltungsvarianten der Kosten- und Leistungsrechnung

Während das externe Rechnungswesen von einer Vielzahl an handels- und steuerrechtlichen Vorschriften bestimmt ist, bestehen für die Kostenrechnung weder formale noch inhaltliche Vorgaben.

Es liegt folglich weitgehend im Ermessen der Unternehmungsleitung, ob eine Kostenrechnung eingeführt, welches Kostenrechnungssystem eingesetzt und wie die Gestaltung der Kostenrechnung konkret vorgenommen wird.

Gestaltungsoptionen ergeben sich auf Basis
- des Abrechnungswegs der Kosten,
- des Umfangs der Kostenverrechnung sowie
- des Zeitbezugs der Kosten.

Kostenartenrechnung / Kostenstellenrechnung / Kostenträgerrechnung

Nach dem Kriterium „*Abrechnungsweg der Kosten*" lassen sich folgende Kostenrechnungssysteme unterscheiden:

Die Kostenartenrechnung steht am Anfang der Kostenrechnung und dient der Erfassung und Gliederung aller im Laufe der jeweiligen Abrechnungsperiode angefallenen Kostenarten. Die Fragestellung lautet: „Welche Kosten sind angefallen?" Die Erfassung der Kosten erfolgt in Zusammenarbeit mit dem externen Rechnungswesen. Regelmäßig werden dazu die dort erfassten gesamten Aufwendungen um die neutralen Aufwendungen gekürzt, in Kosten übergeleitet und um kalkulatorische Kosten ergänzt.

Einzelkosten werden dabei direkt auf die Kostenträger erfasst, während Gemeinkosten über die Kostenstellenrechnung verteilt/geschlüsselt werden.

In der Kostenstellenrechnung werden die Kosten auf die Betriebsbereiche (Abteilungen, Regionen u. Ä.) verteilt, in denen sie angefallen sind. Diese Verteilung wird im Zuge der Betriebsabrechnung vorgenommen und verfolgt zwei Zielsetzungen: Erstens ist es für die Kostenkontrolle und -beeinflussung wichtig zu wissen, wo die Kosten entstanden sind. Zweitens ist eine genaue Stückkostenberechnung nur möglich, wenn die betrieblichen Leistungen (Kostenträger) mit den Kosten derjenigen organisatorischen Stellen (Abteilungen) belastet werden, die diese Leistungen erbringen. Die Fragestellung lautet: „Wo sind die Kosten angefallen?"

Die Kostenträgerrechnung (Selbstkostenrechnung, Stückkostenrechnung, Kalkulation, Betriebsergebnisrechnung) hat die Aufgabe, für alle erstellten Güter und Dienstleistungen die Stückkosten zu ermitteln sowie das Betriebsergebnis der Periode zu berechnen. Die Fragestellungen hierfür lauten: „Wofür sind die Kosten angefallen?" und „Welches Ergebnis wurde mit den Kostenträgern innerhalb eines Zeitraums erzielt?"

Zusammengefasst sieht der Abrechnungsweg der Kosten wie folgt aus:

Abbildung 9.2: Abrechnungsweg der Kosten

Vollkostenrechnung / Teilkostenrechnung

Nach dem Kriterium „*Verrechnungsumfang der Kosten*" lassen sich folgende Kostenrechnungssysteme unterscheiden:

In der Vollkostenrechnung werden sämtliche Kosten auf die Kostenträger geschlüsselt/verteilt.

In der Teilkostenrechnung werden nur die Kosten einem Kostenträger zugerechnet, die durch diesen Kostenträger verursacht wurden. Kosten, die durch mehrere Kostenträger entstanden sind, werden zu einem gemeinsamen Block zusammengefasst und nicht auf die einzelnen Kostenträger verteilt.

Istkostenrechnung / Normalkostenrechnung / Plankostenrechnung

Nach dem Kriterium „*Zeitbezug der Kosten*" lassen sich folgende Kostenrechnungssysteme unterscheiden:

- **Istkostenrechnung:** Die Istkostenrechnung ermittelt die tatsächlich angefallenen Kosten einer Kostenart, einer Kostenstelle oder eines Kostenträgers. Istkosten sind die in der Vergangenheit tatsächlich angefallenen Kosten.
- **Normalkostenrechnung:** Die Normalkostenrechnung ist eine Variante der Istkostenrechnung. Sie ersetzt die in der Istkostenrechnung ermittelten und periodisch schwankenden Istkosten durch konstante Normalkosten. Die Normalkostenrechnung baut folglich ebenfalls auf Vergangenheitswerten auf.
- **Plankostenrechnung:** Die Plankostenrechnung ist ein Verfahren, bei dem im Voraus bestimmte und bei planmäßigem Betriebsablauf als erreichbar angesehene Kosten ermittelt werden. Nach Ablauf einer Periode können sie mit den tatsächlich angefallenen Kosten verglichen werden.

Die Einteilungskriterien Abrechnungsweg, Verrechnungsumfang und Zeitbezug treten stets kombiniert auf, da die Ist-, Normal- und Plankostenrechnungen jeweils als Voll- oder Teilkostenrechnung ausgestaltet werden können und regelmäßig eine Einteilung in Kostenarten-, Kostenstellen- und Kostenträgerrechnung vorgenommen wird.

9.2 Systeme der Kosten- und Leistungsrechnung

Die beiden wesentlichen Systeme der Kosten- und Leistungsrechnung sind die Vollkostenrechnung und die Teilkostenrechnung. Sie und weitere solche Systeme werden im Folgenden vorgestellt.

9.2.1 Vollkostenrechnung

Die Vollkostenrechnung verteilt alle Kosten auf die Kostenträger. Dies wird insbesondere bei der Kostenträgerrechnung deutlich, die als Kostenträgerzeitrechnung und als Kostenträgerstückrechnung auftritt. Bevor jedoch Kalkulationen und Ergebnisrechnungen angestellt werden können, sind eine systematische Erfassung der Kosten und ihre organisatorische Zuordnung erforderlich.

Kostenartenrechnung

In der Kostenartenrechnung werden alle anfallenden Kosten systematisch, vollständig und zeitnah erfasst. Die Grundlage hierfür bildet die Aufwandsrechnung des externen Rechnungswesens, auf deren Basis die Kosten abgeleitet werden.

Die wichtigsten Kostenarten sind: Materialkosten, Personalkosten, Kosten für Fremdleistungen und kalkulatorische Kosten. Sie werden nun im Einzelnen behandelt.

Materialkosten

Materialkosten bezeichnen Kosten für den betriebszweckbezogenen Verbrauch von Stoffen und Energien und bestehen aus Kosten für:

- Rohstoffe: Hierunter sind die Kosten der (Fertigungs-) Materialien zu verstehen, die den Hauptbestandteil des Kostenträgers bilden (z. B. Holz für einen Tisch). Rohstoffkosten sind regelmäßig Einzelkosten, weil sie je Leistungseinheit unmittelbar erfasst werden und jeder Leistungseinheit auch unmittelbar (d. h. ohne Schlüsselung) zugerechnet werden können.
- Hilfsstoffe: Hierunter sind die Kosten der Materialien zu verstehen, die zwar wie Rohstoffe in die jeweilige Leistung einfließen, aber keine wesentlichen Bestandteile bilden (z. B. Leim für einen Tisch). Hilfsstoffe werden meist (aus Wirtschaftlichkeitsgründen) nicht je Leistung erfasst. In diesem Fall sind die Hilfsstoffkosten Gemeinkosten. Sie werden kostenstellenweise erfasst und je nach Beanspruchung der Kostenstelle durch den jeweiligen Kostenträger diesem indirekt über einen Kostenverrechnungssatz zugerechnet.
- Betriebsstoffe: Hierunter sind die Kosten der Materialien zu verstehen, die der Fertigung dienen, aber nicht in die Kostenträger eingehen (z. B. Maschinenschmierstoffe, Reinigungsmaterial). Betriebsstoffe werden meist nicht kostenträgerweise erfasst, sondern als Gemeinkosten auf die Kostenstellen verrechnet.

Personalkosten

Personalkosten sind Kosten für Gehälter und Löhne (Lohnkosten). Dazu gehören auch Kosten für soziale Aufwendungen sowie Personalnebenkosten wie Entgeltfortzahlungen oder Fortbildungsmaßnahmen. Zahlungen von Versicherungsbeiträgen für Kranken-, Renten-, Arbeitslosen- oder Unfall- und Arbeitslosenversicherung sind ebenfalls Bestandteil der Personalkosten.

Kosten für Fremdleistungen

Als Kosten für Fremdleistungen werden alle Kosten für Leistungen bezeichnet, die durch andere Unternehmer oder Unternehmen erbracht werden. Hierzu zählen insbesondere Kosten für Dienstleistungen (z. B. Steuerberater) sowie sonstige bezogene Leistungen (z. B. Marketingkosten).

Kalkulatorische Kosten

Kosten, die dem Grunde und/oder der Höhe nach keine buchhalterischen Aufwendungen sind, werden als kalkulatorische Kosten bezeichnet. Kalkulatorische Kosten sollen die gemäß handels- und steuerrechtlichen Vorschriften ermittelten Daten der

Buchhaltung für die Zwecke der Kostenrechnung aufbereiten. Durch den Ansatz von kalkulatorischen Kosten soll der aus kostenrechnerischer Sicht „richtige" Werteverzehr von Produktionsfaktoren erfasst werden.

> **Beispiel 9.1** **Kalkulatorische Kosten**
>
> Ein Unternehmen kauft eine Maschine für 50.000 €, die Nutzungsdauer beträgt 10 Jahre. Der Preis für die Wiederbeschaffung einer vergleichbaren Maschine nach 10 Jahren beträgt 60.000 €.
>
> Buchhalterisch wird die Maschine über 10 Jahre mit jeweils 5.000 € abgeschrieben.
>
> In der Kostenrechnung sollte jedoch eine Abschreibung in Höhe von 6.000 € pro Jahr angesetzt werden. Dadurch ist sichergestellt, dass das Unternehmen nach Ablauf der Nutzungsdauer über die entsprechenden Mittel (im Beispiel 60.000 €) verfügt, eine gleichwertige Maschine (zu dem dann gestiegenen Preis) erneut zu erwerben.

Kostenstellenrechnung

In der Kostenstellenrechnung werden die anfallenden Kosten auf die Organisationsbereiche verteilt, in denen sie anfallen. Dies dient sowohl einer Überwachung der Kosten als auch einer Vorbereitung der Kostenträgerstückrechnung (Kalkulation), weil hier die innerbetriebliche Leistungsverrechnung, d. h. die Weiterverrechnung von Gemeinkosten, stattfindet.

Die Einteilung des Unternehmens in Kostenstellen kann nach verschiedenen Kriterien erfolgen, z. B. nach betrieblichen Funktionen (Materialstellen, Fertigungsstellen, Vertriebsstellen, Verwaltungsstellen) oder nach der Art der Abrechnung (Vorkostenstellen, Endkostenstellen). Je detaillierter die Kostenstelleneinteilung ist, desto eher lassen sich exakte Maßstäbe der Kostenverursachung finden und desto genauer werden Kostenkontrolle und Kalkulation. Gleichzeitig steigt damit aber auch der Aufwand in der Kostenrechnung an.

Ein organisatorisches Hilfsmittel der Kostenstellenrechnung ist der Betriebsabrechnungsbogen (BAB). Der BAB ist eine Tabelle, in der regelmäßig vertikal die Kostenarten und horizontal die Kostenstellen aufgeführt werden.

Die innerbetriebliche Leistungsverrechnung wird vorgenommen, indem die (Gemein-)Kosten der Vorkostenstellen nach bestimmten Schlüsseln auf die Endkostenstellen verteilt werden. Von den Endkostenstellen werden dann die gesammelten (Gemein-)Kosten in die Kostenträger(stück)rechnung übernommen.

> **Beispiel 9.2** **Innerbetriebliche Leistungsverrechnung mit dem BAB**
>
> Die Endkostenstellen „Produktion" und „Verwaltung" haben jeweils Kosten von 30.000 €. In der Vorkostenstelle „Kantine" sind Kosten von 10.000 € angefallen. Die innerbetriebliche Leistungserbringung der „Kantine" an „Produktion" betrug 3.000 Einheiten, die innerbetriebliche Leistungserbringung an „Verwaltung" betrug 1.000 Einheiten.
>
> | | Kantine | Produktion | Verwaltung |
> |---|---|---|---|
> | Gemeinkosten vor Umlage | 10.000 € | 30.000 € | 30.000 € |
> | Leistungserbringung | 4.000 Einheiten | | |
> | Leistungsinanspruchnahme | | 3.000 Einheiten | 1.000 Einheiten |
>
> Auf Basis dieser Informationen werden die Kosten von 10.000 € an die Endkostenstellen im Verhältnis 3:1 verteilt, d. h. die Kostenstelle „Produktion" erhält Kosten von 7.500 €, die Kostenstelle „Verwaltung" erhält Kosten von 2.500 €.
>
> | | Kantine | Produktion | Verwaltung |
> |---|---|---|---|
> | Gemeinkosten vor Umlage | 10.000 € | 30.000 € | 30.000 € |
> | innerbetriebliche Leistungsverrechnung | −10.000 € | +7.500 € | +2.500 € |
> | Gemeinkosten nach Umlage | 0 € | 37.500 € | 32.500 € |
>
> Anschließend werden die Gesamtkosten von 37.500 € (Kostenstelle Produktion) und 32.500 € (Kostenstelle Verwaltung) in die Kostenträger(stück)rechnung übernommen.

Die beiden Kostenträgerrechnungen, Kostenträgerzeit- und Kostenträgerstückrechnung, werden nachfolgend vorgestellt.

Kostenträgerrechnung

Kostenträgerzeitrechnung

Die Kostenträgerzeitrechnung ist eine Periodenrechnung, die nach Leistungsarten gegliedert die in der Abrechnungsperiode insgesamt anfallenden Leistungen und Kosten sowie das Betriebsergebnis ermittelt. Die Fragestellung lautet: Welches Ergebnis erzielen die Kostenträger innerhalb eines Zeitraums?

Im Rahmen der Kostenträgerzeitrechnung werden die Kosten einer bestimmten Abrechnungsperiode gegliedert nach Kostenarten festgestellt und den betrieblichen Leistungen zugeordnet. Es wird damit der betriebliche Periodenerfolg ermittelt. In der Kostenträgerzeitrechnung findet durch Einbeziehung der Erfolgsseite der Schritt von der reinen Kostenrechnung zur Kosten- und Leistungsrechnung statt. Die Perioden, in denen Kostenträgerzeitrechnungen durchgeführt werden, sind kürzer als die Abschlussintervalle im externen Rechnungswesen. Man bezeichnet sie deshalb auch als kurzfristige Erfolgsrechnung oder Betriebsergebnisrechnung (BER).

Das ordentliche Betriebsergebnis kann durch zwei unterschiedliche Verfahren ermittelt werden.

- **Gesamtkostenverfahren:** Beim Gesamtkostenverfahren (GKV) werden alle Kosten der hergestellten Erzeugnisse (produktionsorientiert) ausgewiesen, etwaige Veränderungen des Lagers werden über Bestandsveränderungen abgebildet.
- **Umsatzkostenverfahren:** Beim Umsatzkostenverfahren (UKV) werden (nur) die Kosten der abgesetzten Erzeugnisse (absatzorientiert) ausgewiesen.

Beide Verfahren führen zum gleichen Betriebsergebnis, jedoch ist die Darstellungsweise unterschiedlich.

Beispiel 9.3 Kostenträgerzeitrechnung (nach UKV)

	Produkt 1	Produkt 2	Produkt 3	Gesamt
Erlöse	100	120	110	330
− Kosten	80	90	100	270
= Ergebnis	20	30	10	60

Kostenträgerstückrechnung

Die Kostenträgerstückrechnung ist eine einzelleistungsbezogene Rechnung. Sie ermittelt die Herstell- bzw. Selbstkosten der betrieblichen Leistungseinheiten (Kostenträger) und ist damit die eigentliche Kalkulation. Die Fragestellung lautet: Wofür fallen die Kosten an?

Innerhalb der Kostenträgerstückrechnung werden die (Gesamt-)Kosten der betrieblichen Leistung je Stück ermittelt. Die Einzelkosten werden direkt aus der Kostenartenrechnung übernommen, die Gemeinkosten über die Kostenstellenrechnung den einzelnen Produkten zugerechnet. Aufgabe ist, die bei der Herstellung eines Produkts bzw. bei der Erstellung einer Dienstleistung anfallenden Herstellkosten und Selbstkosten zu errechnen: Gefragt wird folglich, was die Erstellung dieser Leistung konkret gekostet hat.

Nach dem Zeitpunkt der Kalkulationsdurchführung unterscheidet man die Vorkalkulation (Kalkulation vor der Leistungserstellung für Planungszwecke zur Ermittlung von Angebotspreisen, z. B. Preisuntergrenzen für Verkauf, Preisobergrenzen für Einkauf), die Zwischenkalkulation (Kalkulation während der Produktion bei längerer Produktionsdauer) und die Nachkalkulation (Kalkulation nach der Leistungserstellung).

Je nach Produkt und Fertigungsverfahren kommen unterschiedliche Kalkulationsverfahren (Verfahren zur Verteilung der Kosten auf die Kostenträger) zur Anwendung. Die wichtigsten sind dabei die Divisionskalkulation und die Zuschlagskalkulation.

Divisionskalkulationen dividieren die Gesamtkosten eines Betriebes, eines Betriebsbereiches oder eines Produkts durch die produzierten oder die verkauften Einheiten, wodurch die Stückkosten des Kostenträgers ermittelt werden. Divisionskalkulationsverfahren nehmen keine Trennung der Gesamtkosten in Einzel- und Gemeinkosten vor. Es werden folglich nur die Einheitskosten des Kostenträgers durch Division ermittelt.

$$k = K/m$$

k Durchsrchnittskosten (€/Einheit)

K Gesamtkosten des Betriebes / Betriebsbereiches / Produkts

m produziete (oder verkaufte) Menge des Kostenträgers

Beispiel 9.4   **Divisionskalkulation**

Die Kosten für die Herstellung eines Produkts betragen 1.045.000 €, die Fertigungsmenge beträgt 35.000 Stück.

Die Stückkosten belaufen sich auf $k = K/m$ = 1.045.000 €/35.000 Stück = 29,86 €/Stück.

Die Divisionskalkulation existiert auch in der Form der mehrstufigen Divisionskalkulation, bei der die Kosten je Fertigungsschritt in einem Produktionsprozess auf die jeweilige Produktionsmenge verteilt werden.

Zuschlagskalkulationen: Werden im betrieblichen Produktionsprozess verschiedene Produkte in mehrstufigen Fertigungsabläufen mit unterschiedlicher Kostenverursachung gefertigt, so wird in der Kostenträgerrechnung die Zuschlagskalkulation angewendet. Im Gegensatz zur Divisionskalkulation trennt die Zuschlagskalkulation Einzel- und Gemeinkosten. Die Einzelkosten werden den Kostenträgern direkt zugerechnet, die Gemeinkosten werden mittels Zuschlagssätzen, die sich aus der innerbetrieblichen Leistungsverrechnung im Rahmen der Kostenstellenrechnung ergeben, weiterverrechnet.

Die Reihenfolge, in der die einzelnen Kosten dem Kostenträger zugerechnet werden, wird im Kalkulationsschema festgelegt. In einem allgemeinen Kalkulationsschema für Produktionsbetriebe unterscheidet man meist folgende Kostenbestandteile in der angegebenen Reihenfolge:

9.2 Systeme der Kosten- und Leistungsrechnung

Position	Betrag	Zuschlag	Bezugsgröße
Materialeinzelkosten	80.000 €		
+ Materialgemeinkosten	27.000 €	33,75 %	bezogen auf Materialeinzelkosten
+ Fertigungseinzelkosten	150.000 €		
+ Fertigungsgemeinkosten	80.000 €	53,33 %	bezogen auf Fertigungseinzelkosten
= Herstellkosten	337.000 €		
+ Verwaltungsgemeinkosten	30.000 €	8,90 %	bezogen auf Herstellkosten
+ Vertriebsgemeinkosten	45.000 €	13,35 %	bezogen auf Herstellkosten
= Selbstkosten	402.000 €		

Die Zuschlagssätze werden regelmäßig auf Basis von Istkosten ermittelt und anschließend für zukünftige Produktkalkulationen angewendet, bei denen die Einzelkosten ermittelbar sind und für die Gemeinkostenzuschläge erforderlich sind.

> **Beispiel 9.5** **Zuschlagskalkulation**
>
> Ein Unternehmen rechnet mit Einzelkosten von 100.000 €. Es kalkuliert mit den folgenden Zuschlagssätzen:
>
> Gemeinkosten: 30 %, Verwaltungs- und Vertriebskosten: 40 %
>
> Wie hoch sind die Herstellkosten? Wie hoch sind die Selbstkosten?
>
> | Position | Betrag | Zuschlag |
> |---|---|---|
> | Einzelkosten | 100.000 € | |
> | + Gemeinkosten | 30.000 € | 30 % |
> | = Herstellkosten | 130.000 € | |
> | + Verwaltungs- und Vertriebskosten | 42.000 € | 40 % |
> | = Selbstkosten | 172.000 € | |

Ermittlung von Preisunter- und -obergrenzen

Eine Erweiterung des einfachen Schemas der Zuschlagskalkulation führt ausgehend von den Selbstkosten zur Ermittlung eines Angebotspreises (sogenannte progressive Kalkulation). Diese Vorgehensweise kann auch bei allen anderen Kalkulationsverfahren angewendet werden, bei denen die Selbstkosten nicht auf Basis von Zuschlagssätzen (sondern z. B. durch Divisionskalkulation) ermittelt wurden.

Die Ermittlung von Preisobergrenzen errechnet sich vom Verkaufspreis zurück zu den einzelnen Kostenpositionen (sogenannte retrograde Kalkulation).

Beispiel 9.6 — Ermittlung von Preisuntergrenzen

Position	Betrag	Zuschlag	Bezugsgröße
Selbstkosten	410.000 €		
+ Gewinnzuschlag	41.000 €	10 %	bezogen auf Selbstkosten
= Nettozielpreis/Nettoerlös	451.000 €		
+ Rabatte/Skonto	13.950 €	3 %	bezogen auf Bruttozielpreis ohne USt.
= Bruttozielpreis (Angebotspreis) ohne USt.	464.950 €		
+ Umsatzsteuer	88.340 €	19 %	bezogen auf Bruttozielpreis ohne USt.
= Bruttozielpreis (Angebotspreis) mit USt.	553.290 €		

Beispiel 9.7 — Ermittlung von Preisobergrenzen

Position	Betrag	Zuschlag	Bezugsgröße
= Bruttozielpreis (Angebotspreis) mit USt.	553.290 €		
./. Umsatzsteuer	88.340 €	19 %	bezogen auf Bruttozielpreis ohne USt.
= Bruttozielpreis (Angebotspreis) ohne USt.	464.950 €		
./. Rabatte/Skonto	13.950 €	3 %	bezogen auf Bruttozielpreis ohne USt.
= Nettozielpreis/Nettoerlös	451.000 €		
./. Gewinnzuschlag	41.000 €	10 %	bezogen auf Selbstkosten
= Selbstkosten	410.000 €		
./. Vertriebsgemeinkosten	45.000 €		
./. Verwaltungsgemeinkosten	30.000 €		
= Herstellkosten	342.000 €		
./. Fertigungskosten	235.000 €		
= Materialkosten	107.000 €		

9.2.2 Teilkostenrechnung

Gründe für den Einsatz von Teilkostenrechnungen

Teilkostenrechnungen vertreten dabei die Auffassung, dass die Kostenträger nicht mit den Kosten belastet werden dürfen, die nicht nach dem Verursachungsprinzip zugerechnet werden können. Deshalb übernimmt die Teilkostenrechnung nur eine Verteilung der direkt zurechenbaren Kosten auf die Kostenträger und rechnet die restlichen Kosten als einen Block ab.

Der wesentliche Unterschied zwischen der Voll- und der Teilkostenrechnung besteht folglich darin, dass in der Teilkostenrechnung nicht alle Kosten auf die Kostenträger verteilt werden. Insofern ist die Kostenträgerzeitrechnung strukturell unterschiedlich aufgebaut und in der Kostenträgerstückrechnung wird mit anderen Wertansätzen gerechnet als bei der Vollkostenrechnung.

Eingesetzt werden Teilkostenrechnungen, um einen bei Vollkostenrechnungen systemimmanenten Fehler zu vermeiden: Grundlegender Mangel der Vollkostenrechnung ist die Umlage der Gemeinkosten auf einzelne Leistungseinheiten, denn jede Schlüsselung von Gemeinkosten widerspricht dem Verursachungsprinzip der Kostenrechnung. Dieses besagt, dass einer einzelnen Leistungseinheit nur diejenigen Kosten zuzurechnen sind, die durch den Werteverzehr der Erstellung dieser Einheit ausgelöst werden. Da Gemeinkosten nicht den hergestellten Produkten zugeordnet werden können, bleiben sie bei dieser verursachungsorientierten Sichtweise unberücksichtigt.

Die Anwendung von Vollkostenrechnungssystemen kann zu fehlerhaften Ergebnissen und unternehmerischen Fehlentscheidungen führen.

Beispiel 9.8 — **Fehlentscheidungen auf der Basis der Vollkostenrechnung**

Plandaten: Menge 100 Stück, Einzelkosten 50 € je Stück, Gemeinkosten 3.000 €

=> Plan-Vollkosten pro Stück = 50 €/Stück + (3.000 € / 100 Stück) = 80 €/Stück

=> Der Verkaufspreis pro Stück wird in der Folge mit 85 € festgelegt.

=> Erwartetes Betriebsergebnis: (85 €/Stück · 100 Stück − 80 €/Stück · 100 Stück) = 500 €

Sinkt nun die tatsächlich produzierte und verkaufte Menge auf z. B. 60 Stück, wird jedes einzelne Stück „teurer", denn es muss mehr anteilige Gemeinkosten tragen:

=> Ist-Vollkosten pro Stück = 50 €/Stück + (3.000 € / 60 Stück) = 100 €/Stück

=> Der Verkaufspreis mit 85 € war zu niedrig kalkuliert.

=> Realisiertes Betriebsergebnis: (85 €/Stück · 60 Stück − 100 €/Stück · 60 Stück) = −900 €

> **Beispiel 9.9** — **Fehlentscheidungen auf der Basis der Vollkostenrechnung**
>
> Die Schlüsselung der Gemeinkosten erfolgt im Beispiel nach der Anzahl der Produkte.
>
> **Mit „Verlustprodukt"**
>
> | | Produkt 1 | Produkt 2 | Produkt 3 | Gesamt |
> |---|---|---|---|---|
> | **Umsatz** | 1.000 | 1.000 | 700 | 2.700 |
> | ./. **Einzelkosten** | 300 | 300 | 600 | 1.200 |
> | ./. **Gemeinkosten** | 200 | 200 | 200 | 600 |
> | = **Betriebsergebnis** | 500 | 500 | −100 | 900 |
>
> Auf Basis dieser Analyse entscheidet sich das Unternehmen dafür, Produkt 3 einzustellen.
>
> **Ohne „Verlustprodukt"**
>
> | | Produkt 1 | Produkt 2 | Produkt 3 | Gesamt |
> |---|---|---|---|---|
> | **Umsatz** | 1.000 | 1.000 | | 2.000 |
> | ./. **Einzelkosten** | 300 | 300 | | 600 |
> | ./. **Gemeinkosten** | 300 | 300 | | 600 |
> | = **Betriebsergebnis** | 400 | 400 | | 800 |
>
> Die Einstellung von Produkt 3 führt zu einer Reduzierung des Betriebsergebnisses und ist insofern eine Fehlentscheidung.

Vorgehen beim Einsatz von Teilkostenrechnungen

Damit ein Teilkostenrechnungssystem eingesetzt werden kann, ist es zunächst erforderlich, die Gesamtkosten in variable Kosten und fixe Kosten aufzuteilen. Eine der wichtigsten Voraussetzungen für den Erfolg einer Teilkostenrechnung ist eine möglichst genaue Kostenauflösung.

Die Deckungsbeitragsrechnung als bekanntestes Beispiel einer Teilkostenrechnung ist eine Form der Erfolgsrechnung, die auf dieser Trennung zwischen variablen Kosten und fixen Kosten beruht. Dabei werden nur die variablen Kosten ihren Kostenträgern zugeordnet. Die Fixkosten werden als Block betrachtet. Man geht davon aus, dass die Fixkosten nicht durch die Produktion eines bestimmten Produkts entstehen, sondern durch die gesamte Leistungserstellung. Der Deckungsbeitrag wird als Differenz zwischen Erlösen und produktionsabhängigen (variablen) Kosten ermittelt: $db = u - k_v$

Mithilfe des Deckungsbeitrags lassen sich unterschiedliche unternehmerische Entscheidungen im Bereich Beschaffung, Produktion und Vertrieb treffen.

Anwendung der Deckungsbeitragsrechnung im Produktionsbereich

Ein Unternehmen verfügt über eine Maschinenkapazität von 100 Stunden pro Monat. Für den kommenden Monat liegen nachstehende, beliebig teilbare Aufträge vor:

Auftrag	I	II	III
Kapazitätsbelastung	30 h	40 h	50 h
Deckungsbeitrag	1.000 €	1.100 €	1.200 €

In welcher Reihenfolge sollen die Aufträge abgearbeitet werden und wie wird die Gesamtkapazität auf die einzelnen Aufträge aufgeteilt?

Auftrag	Kapazitätsbelastung	Deckungsbeitrag	Deckungsbeitrag pro h	Reihenfolge	Menge	Deckungsbeitrag
I	30 h	1.000 €	33,3 €	1	30 h	1.000 €
II	40 h	1.100 €	27,5 €	2	40 h	1.100 €
III	50 h	1.200 €	24 €	3	30 h	720 €

Es wird deutlich, dass die Reihenfolge der Produktion nicht vom absoluten Deckungsbeitrag, sondern vom Deckungsbeitrag je Engpassfaktor (im Beispiel Maschinenstunden) abhängt.

Anwendung der Deckungsbeitragsrechnung im Vertriebsbereich (Break-even-Analyse)

Die Break-even-Analyse berechnet den Punkt bzw. das Absatzvolumen, bei dem die Summe der erzielten Deckungsbeiträge gleich dem Fixkostenblock ist. Das Betriebsergebnis ist an diesem Punkt genau 0. Der Kostendeckungspunkt (break even point, „toter Punkt") berechnet sich wie folgt:

$U = K$

$p \cdot n = k_v \cdot n + K_f$

$=> n = K_f / (p - k_v)$

$=> U = n \cdot p = K_f / (1 - (k_v / p))$

Mit

U = Umsatz

K = Kosten

n = Menge

p = Preis

k_v = variable Stückkosten

K_f = Fixkosten

9 Internes Rechnungswesen – Kostenrechnung und Controlling

Beispiel 9.10 **Berechnung des Break-even-Punktes**

Preis = 1.000 €/Stück, k_v = 500 €/Stück, K_f = 5.000 €

Menge	0	5	10	15	20
Umsatz	0 €	5.000 €	10.000 €	15.000 €	20.000 €
Variable Kosten	0 €	2.500 €	5.000 €	7.500 €	10.000 €
Fixe Kosten	5.000 €	5.000 €	5.000 €	5.000 €	5.000 €
Gesamtkosten	5.000 €	7.500 €	10.000 €	12.500 €	15.000 €
Betriebsergebnis	−5.000 €	−2.500 €	0 €	2.500 €	5.000 €

Break-even-Menge: 5.000 € / (1.000 €/Stück − 500 €/Stück) = 10 Stück

Break-even-Umsatz: 5.000 € / (1 − (500 €/Stück / 1.000 €/Stück)) = 10.000 €

Abbildung 9.3: Ermittlung des Break-even-Punktes

9.2.3 Ausblick auf weitere Systeme der Kosten- und Leistungsrechnung

Abgesehen von den bisher behandelten Kosten- und Leistungsrechnungssystemen gibt es noch weitere solche Systeme. Dazu gehören die Plankostenrechnung, die Prozesskostenrechnung und schließlich die Zielkostenrechnung.

Sie werden nachfolgend beschrieben.

Plankostenrechnung

Die Plankostenrechnung ist ein zukunftsorientiertes Kostenrechnungssystem.

Im Rahmen der Plankostenrechnung werden zunächst eine Leistung sowie die dafür anfallenden Kosten (Plankosten) für eine zukünftige Periode geplant. Nach Ablauf der Periode werden die tatsächliche Istleistung sowie die hierfür angefallenen Kosten (Istkosten) ermittelt. Auf dieser Basis kann eine Abweichungsanalyse (Soll-Ist-Vergleich) stattfinden.

In Anlehnung an eine klassische funktionale Organisation (Einkauf, Fertigung, Verkauf) werden die folgenden Abweichungen ermittelt:

- **Preisabweichung:** Die Preisabweichung gibt an, ob es im Bereich der Beschaffung zu Preisüber- oder Preisunterschreitungen gekommen ist.
- **Verbrauchsabweichung:** Die Verbrauchsabweichung ermittelt auf Basis der sogenannten Sollkosten, ob es im Bereich der Produktion zu Preisüber- oder Preisunterschreitungen gekommen ist.
- **Beschäftigungsabweichung:** Die Beschäftigungsabweichung gibt an, welcher Teil der fixen Kosten aufgrund von Mengenänderungen nicht gedeckt werden konnte bzw. ob „zu viele" Fixkosten in die Kostenträger verrechnet worden sind.

Prozesskostenrechnung

Die Prozesskostenrechnung ist ein Vollkostenrechnungssystem, das versucht, die in den indirekten Leistungsbereichen anfallenden Gemeinkosten besser auf die Kostenträger zu verteilen, als dies mithilfe von Zuschlagssätzen im Rahmen der normalen Zuschlagskalkulation erfolgt.

Dazu werden die in den einzelnen Unternehmensbereichen anfallenden Tätigkeiten analysiert und mithilfe von geeigneten Schlüsseln auf die Produkte verteilt. Denkbar ist es z. B. die Tätigkeiten in der Verwaltung auf Basis von für das Produkt (indirekt) angefallenen Arbeitsstunden in der Verwaltung zu schlüsseln und nicht auf Basis der Einzelkosten des Produkts.

Die Prozesskostenrechnung ist damit erstens ein Instrument zur Verbesserung der Kalkulation, da sie eine durch eine möglichst verursachungsgerechte Verteilung der Gemeinkosten eine genauere Kostenträgerstückrechnung ermöglicht. Zweitens wird sie auch als Instrument des „Gemeinkostenmanagements" eingesetzt, da die Analyse der Gemeinkosten und ihrer Einflussgrößen Möglichkeiten einer anschließenden Reduzierung aufzeigt.

Zielkostenrechnung

Die Zielkostenrechnung unterstützt das Ziel, ein wettbewerbsfähiges Produkt zu gestalten, dessen Funktionen und Qualität den Kundenanforderungen entsprechen und das dabei eine angemessene Rentabilität für das Unternehmen sichert. Die Zielkostenrechnung wird folglich in erster Linie in Unternehmen eingesetzt, die auf wettbewerbsintensiven Märkten tätig sind und kurzen Produktlebenszyklen sowie einem hohen Preisdruck ausgesetzt sind.

Im Rahmen der klassischen Kostenrechnung steht die Frage im Vordergrund: „Was wird das Produkt kosten?" Die Fragestellung der Zielkostenrechnung ist dagegen: „Was darf das Produkt höchstens kosten?", ergänzt durch die marktorientierte Sichtweise: „Was muss das Produkt aus Sicht des Kunden wirklich können?"

Deutlich wird dies beim Vergleich mit „klassischen" Kostenrechnungssystemen:

	Klassische Kostenrechnung	Deckungsbeitrags-rechnung	Zielkosten-rechnung
Gegeben	Kosten	Marktpreis	Marktpreis
	+ Gewinn(zuschlag)	− Kosten	− Gewinn
Gesucht	= Angebotspreis	= Gewinn	= Kosten

Ausgehend von einem marktorientierten Zielpreis wird durch Abzug des Zielgewinns ein Höchstwert für die Zielkosten ermittelt. Ein Vergleich mit den intern ermittelten Standardkosten eines Produktes zeigt auf, an welchen Stellen Kostensenkungen erforderlich werden bzw. möglich sind.

9.3 Grundlagen des Controllings

Abbildung 9.4: Controlling: Cost and performance managment
Quelle: © zagandesign/fotolia.com

9.3.1 Begriffsbestimmung Controlling

In zunehmend komplexer werdenden Organisationen spielt das Controlling[2] als Unterstützungsfunktion der Unternehmensführung eine Schlüsselrolle: Controlling koordiniert Planungs-, Steuerungs-, Kontrollaufgaben und liefert relevante und verlässliche Informationen, die Manager für ihre Entscheidungen benötigen. Das Controlling hilft auf diese Weise bei der Umsetzung der Unternehmensstrategie und dem Erreichen der unternehmerischen Zielsetzungen.

Bei Controlling handelt es sich daher um eine komplexe Tätigkeit, welche je nach Aufgabenstellung unterschiedliche Formen annehmen kann. Controlling bedeutet mehr als eine reine Kontrolle.

In der Theorie sind mehrere Definitionen für das „Controlling-Konzept" zu finden, die jedoch nicht einheitlich sind und mit der Zeit laufend weiterentwickelt wurden bzw. werden. Alle Definitionen weisen jedoch auf die Komplexität der Aufgaben und Instrumente hin, mit denen die unterschiedlichen Zeithorizonte des Managements langfristig wie kurzfristig erfasst werden sollen.

Folgt man der Sichtweise, die die International Group of Controlling (IGC), der Internationale Controllerverein (ICV e. V.) sowie weitere Autoren vertreten, lassen sich die folgenden Begriffe voneinander abgrenzen:

- **Controlling** ist die Bezeichnung für eine Tätigkeit. Es handelt sich hierbei um eine Führungs- und Managementfunktion, die von unterschiedlichen Aufgabenträgern wahrgenommen werden kann. Dies können neben Controllern auch Führungskräfte sein.
- **Controller** ist die Bezeichnung für eine Person. Es handelt sich hierbei um den Inhaber einer Stelle, der eine Vielzahl von Aufgaben für Dritte (im Wesentlichen Führungskräfte, aber auch andere Empfänger der Dienstleistung Controlling) erledigt.
- **Controllership** ist die Bezeichnung für eine Abteilung. Hier findet organisatorisch eine Zusammenfassung von Controllerstellen statt.

9.3.2 Funktionen des Controllings

Controller beschaffen Daten, bereiten diese auf, analysieren sie und liefern dadurch verantwortlichen Führungskräften die erforderlichen Informationen für zielorientierte Entscheidungen. Häufig wird der Controller auch als „Berater des Managements" bezeichnet.

Auf Basis der oben erwähnten unterschiedlichen Controlling-Theorien kann man vier wichtige Funktionen des Controllings ableiten:

- Informationsversorgung
- Planung
- Steuerung
- Kontrolle

Informationsversorgung ist eine wichtige Grundlage aller Controllingtätigkeiten, denn um unternehmerische Aktivitäten durchführen zu können, sind Informationen nötig.[3] Informationen müssen von Controllern so bereitgestellt werden, dass Führungskräfte möglichst problemlos Entscheidungen treffen können. In diesem Zusammenhang ist es notwendig, Aspekte wie Häufigkeit der Informationsbereitstellung, Transparenz und Analysemöglichkeiten zu beachten. Die zentralen Quellen zur Informationsgewinnung sind das externe und das interne Rechnungswesen, es werden aber auch unternehmensexterne Daten, wie z. B. Statistiken und Benchmarkanalysen, genutzt.

Planung ist eine grundlegende Aufgabe von Führungskräften. Controlling hat in diesem Prozess eine unterstützende und begleitende Rolle. Ausgangspunkt ist die Generierung von Zielen, die auf Basis der Planung erreicht werden sollen. Die Planung selbst wird von der Führungskraft angestoßen und vom Controller unterstützt, indem er die Informationen vorbereitet und das passende Instrumentarium erarbeitet. Zusätzlich hat er noch Planungsalternativen zu entwickeln bzw. zu bewerten und Entscheidungen der Führungskräfte zu begleiten. Darüber hinaus ist der Controller als Gegenpol der Führungskraft in der Verantwortung, Pläne kritisch auf Plausibilität zu hinterfragen.

Steuerung ist eine unterstützende, zukunftsgerichtete, regulierende Funktion, die das Unternehmen auf dem Weg zur Zielerreichung begleitet.

Mit Hilfe der **Kontrolle** kann festgestellt werden, ob die festgelegten Ziele erreicht wurden, in welchem Umfang dies erfolgt ist sowie welche Gründe für Abweichungen bestehen. Die Kontrolle durch die Erstellung von Soll-Ist-Vergleichen dient als Grundlage für Steuerungsmaßnahmen.

Eine anwendungsbezogene, strukturierte Übersicht von in der Praxis vorherrschenden Controllingaufgaben ist in der folgenden Aufstellung zu finden.

Tabelle 9.1

Strukturierung wesentlicher Controllinginhalte in der Praxis

Controllingebene	Beteiligungscontrolling Unternehmenscontrolling
Stellung im Managementprozess	Strategisches Controlling Taktisches Controlling Operatives Controlling
Funktionsbezogenes Controlling	Marketing-Controlling F&E-Controlling Beschaffungs-Controlling Logistik-Controlling Produktions-Controlling Finanz-Controlling Personal-Controlling IT-Controlling
Projekte	Unternehmensgründung Unternehmenskauf, -verkauf, -fusion Sonderprogramme, wie z. B. EDV-Systemumstellungen Sanierungen und Restrukturierungen Leistungssteigerungsprogramme Unternehmensverlagerungen und -stilllegungen

9.3.3 Abgrenzung des Controllings von anderen Unternehmensfunktionen

Die genaue Zuständigkeit des Controllings und das Zusammenspiel mit anderen Unternehmensbereichen sind immer unternehmensindividuelle Organisationsentscheidungen. Dennoch lassen sich einige grundlegende Überlegungen zur Abgrenzung des Controllings von Unternehmensbereichen mit ähnlichen Aufgabenstellungen anstellen.

Controlling dient der Entscheidungs- und Führungsunterstützung. Eine Charakterisierung kann anhand der folgenden Kennzeichen erfolgen.

- Zielorientierte Steuerung als wesentliches inhaltliches Kriterium
- Zukunftsorientierung
- Keine bzw. geringe gesetzliche Vorgaben
- Orientierung an Planung
- Verwendung von Daten des externen Rechnungswesens
- Informationsverarbeitungsfunktion
- Keine oder nur geringe eigene operative Verantwortung

Das **externe Rechnungswesen** (*siehe Kapitel 8*) dient der Aufstellung des Jahresabschlusses mit folgenden Kriterien:

- Vergangenheitsorientierung
- Entspricht gesetzlichen Vorgaben
- Abbildung des Unternehmens in doppelter Buchführung
- Dokumentationsfunktion

Der **Finanzbereich** bzw. die Finanzwirtschaft (auch als Treasury bezeichnet, *siehe Kapitel 8*) dient der Sicherstellung und Überwachung der Liquidität mit folgenden Kriterien:

- Zukunftsorientierung
- Liquiditätsorientierung
- Finanzdisposition
- Verantwortung für eigenes (operatives) Ergebnis

Die **Interne Revision** dient der Überprüfung der Ordnungsmäßigkeit und Dokumentation mit folgenden Kriterien:

- Vergangenheitsorientierung
- Einzelfallbezug
- Prozessunabhängigkeit
- Keine operative Ergebnisverantwortung

9.3.4 Organisation des Controllings

Die organisatorische Einbindung des Controllings (bzw. an dieser Stelle wohl deutlicher der Abteilung Controllership) ist wiederum eine unternehmensindividuelle Entscheidung. Bei der Organisation des Controllings lässt sich festhalten, dass die Einflussmöglichkeiten des Controllings von der konkreten organisatorischen Gestaltung im Unternehmen abhängen. Das heißt, das Controlling kann nur so viel zum Unternehmenserfolg beitragen, wie ihm organisatorisch an Kompetenzen zugewiesen wird.

Grundsätzlich kann Controlling einerseits als eigene organisatorische Stelle geschaffen werden oder aber Controlling wird direkt in den einzelnen Unternehmensbereichen durchgeführt, ohne dass zwingend eine übergeordnete bzw. koordinierende Stelle existiert. In der Praxis finden sich daneben häufig auch Mischformen dieser Organisationsalternativen.

Vorteile einer eigenen Controllingabteilung/Controllership:
- Es existieren eine einheitliche Struktur und klare Abläufe.
- Ein Eigenleben der dezentralen Einheiten erschwert die Koordination in Bezug auf die Erfüllung der Unternehmensziele.
- Gibt es keine eigene Instanz, könnte die unternehmensweite Einstellung zu Controlling nur eine untergeordnete Bedeutung haben.
- Zuständigkeiten sind besser nachzuvollziehen.

Nachteile einer eigenen Controllingabteilung/Controllership:
- Controlling ist organisatorisch zu weit von der eigentlichen operativen Tätigkeit entfernt.
- Es gibt zusätzlichen Koordinationsaufwand zwischen Controlling und den Unternehmensbereichen.
- Ein zu straffes Controlling kann in den operativen Unternehmensbereichen zu einer Demotivation führen.

9.4 Darstellung grundlegender Controllingaufgaben

Nachfolgend werden grundlegende Controllingaufgaben beschrieben.

9.4.1 Zur Wechselwirkung zwischen Unternehmensführung und Controlling

Nach dem Zeithorizont lassen sich die folgenden Dimensionen der Unternehmensführung sowie des korrespondierenden Controllings unterscheiden:
- Die **strategische Ebene** betrifft diejenigen Tätigkeiten und Entscheidungen, die zur Festlegung der übergeordneten oder langfristigen Organisationsziele beitragen. Beispiele dafür sind Produktstrategien oder die Planung neuer Produktionsstätten. Strategische Unternehmensführung und strategisches Controlling haben folglich einen Zeithorizont von mehr als fünf Jahren.

- Die **taktische Ebene** betrifft die kurzfristige und mittelfristige Umsetzung der Strategie durch das möglichst wirksame und möglichst effiziente Ressourcenmanagement. Beispiel hierfür ist der Einsatz neuer Maschinen und neuer Software, um die strategische Ebene zu unterstützen. Taktische Unternehmensführung und taktisches Controlling haben folglich einen Zeithorizont von zwei bis fünf Jahren.
- Die **operative Ebene** betrifft den laufenden Betrieb, d. h. die kurzfristigen Umsetzungen von Strategie und Taktik. Beispiel dafür ist die konkrete Arbeit mit eingesetzten Maschinen. Operative Unternehmensführung und operatives Controlling haben folglich einen Zeithorizont von bis zu einem Jahr.

Dabei ist die zeitliche Abgrenzung zwischen den einzelnen Bereichen nicht immer eindeutig oder überschneidungsfrei. Häufig findet sich auch nur eine Unterscheidung in strategisches und operatives Controlling.

Das strategische Controlling hat die Aufgabe, die Unternehmensführung bei ihren langfristigen Entscheidungen zu unterstützen. Entscheidungen im strategischen Bereich sind von besonderer Bedeutung für ein Unternehmen. Es geht dabei um Fragestellungen, in welchen Bereichen und mit welcher Ausrichtung das Unternehmen tätig sein sollte, während der operative Bereich sich damit beschäftigt, diese Überlegungen zu berücksichtigen und darauf aufbauend die kurzfristige Umsetzung möglichst effizient zu gestalten. Durch die damit einhergehende höhere Komplexität und Unsicherheit sowie den angesprochenen längeren Zeitraum ist es für das strategische Controlling sinnvoller sich auf eine Grobplanung zu beschränken, während in den operativen Teilplänen Details betrachtet werden sollten.

Tabelle 9.2

Abgrenzung zwischen strategischem, taktischem und operativem Controlling

Ebene des Controllings	Entsprechende Ebene im Entscheidungsprozess	Rolle des Controllings
Strategisches Controlling	Strategische Ebene	Sicherstellung der langfristigen Relevanz der strategischen Entscheidungen
Durchführungs-Controlling	Taktische Ebene	Sicherstellung der Relevanz und der Überwachung der operativen Pläne
Operatives Controlling	Betriebliche Ebene	Sicherstellung der Wirksamkeit und der Effizienz der Maßnahmen

In Anlehnung an diese Strukturierung können im Folgenden wesentliche Aufgaben des Controllings charakterisiert werden.

9.4.2 Unterstützung bei der strategischen Ausrichtung des Unternehmens

Grundlagen der strategischen Unternehmensplanung

Die Strategie eines Unternehmens legt fest, in welchen Märkten, für welche Kunden und mit welchen Produkten ein Unternehmen aktiv sein möchte und auf welche Weise der Wettbewerb bestritten werden soll. Das Geschäftsmodell, auch Business Model genannt, ist eine modellhafte Beschreibung der Unternehmensstrategie. Die Beschreibung von Geschäftsmodellen soll dabei helfen, die Schlüsselfaktoren des Unternehmenserfolges zu erläutern. Typischerweise setzt sich ein Geschäftsmodell aus drei wesentlichen Elementen zusammen, dem Nutzenversprechen, der Wertschöpfung und dem Ertragsmodell.

Die wesentlichen Aspekte der strategischen Unternehmensplanung sind insbesondere das Auffinden von Erfolgspotenzialen, das Ableiten von Wettbewerbsstrategien und die Entwicklung von Programmen zur strategischen Positionierung des Unternehmens im Wettbewerb.

Im Rahmen der strategischen Planung werden zunächst Prämissen festgelegt, um die Planung zu strukturieren und die Planungskomplexität zu reduzieren. Hiervon ausgehend werden Erfolgspotenziale identifiziert, Zwischenziele sowie Meilensteine abgeleitet und der Weg beschrieben, wie die formulierten Ziele im Rahmen des strategischen Managements erreicht werden sollen. Anschließend erfolgen mehrere Analyseschritte zur Positionierung des Unternehmens:

- Marktanalyse
- Unternehmens- und Wettbewerbsanalyse
- Technologie- und Umfeldanalyse

Aufgaben des Controllings im Rahmen der strategischen Unternehmensplanung

Der strategischen Unternehmensführung steht (ebenso wie in den operativen Prozessen) das strategische Controlling als „Spiegelbild" gegenüber. Im Wirkungsbereich des strategischen Controllings hat der Controller drei wesentliche Aufgabengruppen.

Unterstützung der Strategieentwicklung

Controller liefern hier relevante Daten für die Bereiche Marktanalyse, Unternehmensanalyse, Wettbewerbsanalyse usw. Darüber hinaus fungieren Controller als inhaltlicher Ansprechpartner für die Unternehmensleitung, wenn langfristig wirkende Investitionsalternativen erarbeitet werden sollen.

Bewertung unterschiedlicher Strategiealternativen

Die Strategiebewertung versteht eine Strategie als eine Investition mit einem Chancen- und Risikoprofil und stellt die Frage nach der Sinnhaftigkeit, d. h. Wirtschaftlichkeit dieser Investition: Dies erfolgt vor dem Hintergrund der strategischen Zielsetzungen des Unternehmens, d. h. beispielsweise durch die Analyse des potenziellen Beitrags zum Unternehmenswert unterschiedlicher strategischer Alternativen unter Berücksichtigung des einzusetzenden Kapitals und dessen risikoadäquater Verzinsung.

Begleitung der Strategieumsetzung

Im Rahmen der Umsetzung von Unternehmensstrategien hat das strategische Controlling drei Aufgaben zu erfüllen:

- **Strategische Überwachung:** Hier analysiert das strategische Controlling, ob es zu schwerwiegenden Brüchen in der Unternehmensumwelt kommt. Beispielsweise werden hier gesetzliche Änderungen und ihre Auswirkungen auf die zukünftige Entwicklung des Unternehmens überprüft.
- **Prämissenkontrolle:** Hierunter wird die Überprüfung der Grundannahmen der strategischen Planung verstanden. Beispielsweise wird untersucht, ob die langfristigen Annahmen für die Entwicklung von Marktpreisen korrekt waren.
- **Durchführungskontrolle:** Aufgabe des strategischen Controllings ist es hier zum einen, die Umsetzung festgelegter Maßnahmen zu überprüfen. Zum anderen ist festzustellen, ob die durchgeführten Maßnahmen die gewünschten Ergebnisse erbracht haben. Beispielsweise wird untersucht, ob die Produktentwicklung zeitlich im Plan liegt oder ob erforderliche Personalkapazitäten zur Verfügung stehen.

9.4.3 Koordination der operativen Unternehmensplanung

Grundlagen der operativen Unternehmensplanung

Die operative Unternehmensplanung ist aus den Ergebnissen der strategischen Unternehmensplanung abzuleiten. Dadurch sollen die strategischen Ziele des Unternehmens über kurzfristige Maßnahmen erreicht werden.

Zur Durchführung der operativen Unternehmensplanung sind grundsätzlich drei Vorgehensweisen denkbar:

- **Top-down-Vorgehen:** Die Unternehmensleitung legt fest, welche Ziele erreicht werden sollen. Diese Zielvorgaben werden dann auf die nachgeordneten Unternehmensbereiche heruntergebrochen.
- **Bottom-up-Vorgehen:** Hier geben die nachgeordneten Unternehmensbereiche Zielvorstellungen ab, die zu einer Gesamtplanung aggregiert werden.
- **Gegenstromverfahren:** Dies stellt eine Mischung aus Top-down und Bottom-up dar. Zunächst werden von der Unternehmensleitung erste Zielideen vorgegeben. Die nachgeordneten Unternehmensbereiche bauen diese Vorgaben in ihre Überlegungen ein und erstellen ihre Planung. Anschließend werden die Ergebnisse miteinander kombiniert. In einer „Knetphase" werden dann Anpassungen vorgenommen.

Bei der Erstellung der operativen Planung wird regelmäßig zwischen zwei Bereichen unterschieden. Die Sachzielplanung beschäftigt sich mit dem Erreichen der unternehmerischen Sachziele, die Formalzielplanung leitet hieraus finanzielle bzw. monetäre Ergebnisse ab. Sachzielplanung und Formalzielplanung sind eng miteinander verknüpft.

Abbildung 9.5: Zusammenhang zwischen Sachzielplanung und Formalzielplanung

Aufgaben des Controllings im Rahmen der operativen Unternehmensplanung

Die Steuerung des Planungsprozesses und die Mitarbeit bei der Unternehmensplanung stellen in der täglichen Controllerpraxis einen der wesentlichen Tätigkeitsbereiche dar. Im Einzelnen erfüllt der Controller die folgenden Aufgaben im Rahmen der Unternehmensplanung.

Steuerung des Planungsprozesses

Controller erfüllen hier mit ihrem prozessspezifischen Wissen die folgenden Aufgaben:

- Gestaltung des Planungsprozesses, z. B. Festlegung von Terminen
- Gestaltung des Planungsrahmens, z. B. Festlegung der Detailtiefe
- Bereitstellung und Pflege des Planungssystems, z. B. EDV-Systeme
- Aggregation der Teilpläne zum Gesamtplan mit Abstimmarbeiten zur Vermeidung von Inkonsistenzen
- Dokumentation der Unternehmensplanung

Unterstützung von Führungskräften bei der Unternehmensplanung

Controller erfüllen hier mit ihrem betriebswirtschaftlichen Wissen die folgenden Aufgaben:

- Informationsbereitstellung, z. B. Vorjahresdaten, externe Benchmarks
- Erarbeitung von Entscheidungsalternativen, z. B. Aufstellung von Planungsvarianten
- Bewertung von Entscheidungsalternativen in Bezug auf das Erreichen der Unternehmensziele, z. B. Sensitivitätsanalysen

9.4 Darstellung grundlegender Controllingaufgaben

Sicherstellung der Zielkonformität der Unternehmensplanung

Controller erfüllen hier mit ihren fachlichen, aber auch psychologischen Kenntnissen die folgenden Aufgaben:

- Analyse des Planentstehungsprozesses, z. B. Einhaltung von Fristen, Zuverlässigkeit der Planenden
- Analyse der Planentwürfe, z. B. Hinterfragen der Annahmen und Erreichbarkeit der Unternehmensplanung
- Unvoreingenommene Prüfung der Vereinbarkeit der Unternehmensplanung mit den Unternehmenszielen

Neuere Ansätze der operativen Unternehmensplanung

Da die operative Unternehmensplanung in der Praxis häufig mit hohem Aufwand betrieben wird und nicht immer die angestrebten prozessualen Ziele erreicht werden, gibt es eine Reihe alternativer Planungsverfahren zur Vereinfachung der Komplexität des Planungsprozesses bzw. zur Erhöhung der Planungsgenauigkeit.

- **Rollierende Planung:** Dies bedeutet, dass nicht mehr in festen 12-Monats-Rhythmen geplant wird. Stattdessen werden (z. B. je Quartal) Planwerte durch Istwerte ersetzt und neue Planwerte hinzugefügt. Dadurch erhält man eine laufende Vorschau, die nicht nur das aktuelle Jahr, sondern auch zukünftige Perioden umfasst.
- **Zero Base Budgeting:** Beim Zero Base Budgeting beginnt die Unternehmensplanung jedes Mal wieder bei „null". Das heißt, Führungskräfte planen das Unternehmen so, als würde es „neu auf der grünen Wiese" entstehen und stellen Anträge auf Zuweisung von Mitteln. Die Unternehmensleitung priorisiert diese Anträge und entscheidet damit über die Rangfolge der Mittelvergabe.
- **Better Budgeting:** Unter dem Begriff des Better Budgeting werden diejenigen Ideen zusammengefasst, die die traditionelle operative Unternehmensplanung vereinfachen sollen. Dies ist kein in sich geschlossenes Konzept, sondern eher eine Sammlung unterschiedlicher Möglichkeiten. Beispiele für Better Budgeting sind eine Reduzierung der Anzahl der Planungsebenen, eine Verkürzung des Planungsprozesses sowie eine Verbesserung der EDV-Unterstützung.
- **Beyond Budgeting:** Dies ist ein Konzept aus den 90er-Jahren des letzten Jahrhunderts. Wesentliche Aussage ist, dass moderne Unternehmen in sich ständig ändernden globalisierten Märkten auf Planung beinahe vollkommen verzichten können. Denn wichtiger als die Planung von Produktionskapazitäten, Lagerbeständen u. Ä. seien Absatzmärkte und intellektuelles Kapital. Dieses Konzept geht über die eigentliche Planungsidee hinaus und entwickelt auch Gestaltungsmöglichkeiten für Strukturen und Prozesse im Unternehmen.

9.4.4 Erstellung des Berichtswesens

Funktionen von Berichten

Unter Berichtswesen wird die Erstellung und Weiterleitung von Berichten mit einer mehr oder weniger verdichteten Darstellung von Zahlen, Leistungen sowie sonstigen finanziellen und nicht finanziellen Ergebnissen verstanden. Wesentliches Ziel eines Berichtes ist, dem Adressaten ein Bild über den Stand und die Fortentwicklung des Unternehmens zu vermitteln und so interne Empfänger bei ihren Planungs-, Steuerungs- und Kontrolltätigkeiten zu unterstützen.

Berichtsarten

Nachfolgend werden die Berichtsarten analytische Berichte und Trendberichte vorgestellt.

Analytische Berichte

Analytische Berichte informieren über kurzfristig bedeutende Sachverhalte. Sie sollen dem Empfänger Zusammenhänge, Ursachen und Tendenzen verdeutlichen, damit dieser Korrekturmaßnahmen erkennen und ableiten kann. Unterschieden werden Standardberichte und Sonderberichte.

Trendberichte

Trendberichte informieren über langfristig wirkende Sachverhalte, die dem Auffinden, Aufbau und/oder Bewahren von Erfolgspotenzialen dienen. Sie unterstützen somit vorrangig die strategische Planung und Kontrolle.

Gestaltung von Berichten

Die Gestaltung des Berichtswesens hängt von verschiedenen Kriterien ab, die je nach Unternehmenszweck, Größe und Rechtsform unterschiedlich zu gestalten sind:

- Adressaten des Berichtswesens
- Auswahl der Informationen
- Festlegung der Berichtsintervalle
- Aggregation der Einzelinformationen
- Darstellung der Informationen

Die aufgeführten Aspekte bedingen sich zum großen Teil gegenseitig, sodass sie simultan zu entscheiden sind, z. B. werden die Informationen für das Top-Management höher aggregiert sein als die für einen Kostenstellenverantwortlichen.

9.4 Darstellung grundlegender Controllingaufgaben

Beispiel 9.11 **Gestaltung von Berichten**

Dies ist ein Beispielbericht zu Umsatz, Kosten und Betriebsergebnis.

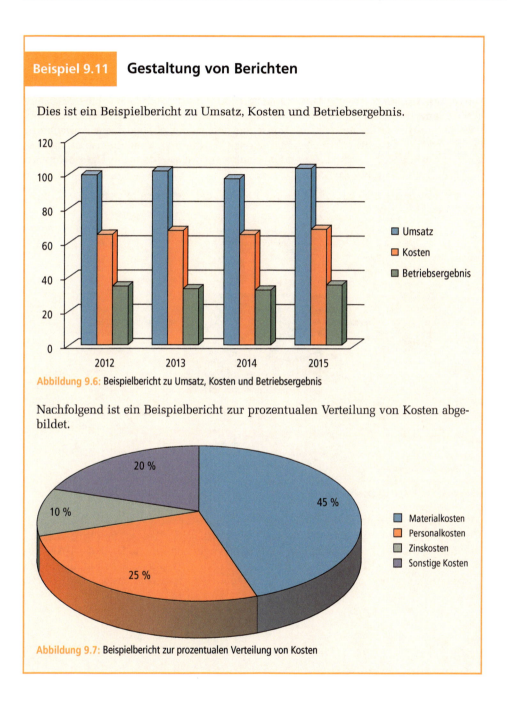

Abbildung 9.6: Beispielbericht zu Umsatz, Kosten und Betriebsergebnis

Nachfolgend ist ein Beispielbericht zur prozentualen Verteilung von Kosten abgebildet.

Abbildung 9.7: Beispielbericht zur prozentualen Verteilung von Kosten

9.5 Darstellung ausgewählter Controllinginstrumente

9.5.1 SWOT-Analyse

Die SWOT-Analyse[4] wird als Werkzeug (engl. *Tool*) des strategischen Controllings eingesetzt, um die Handlungsfelder eines Unternehmens oder eines Produktes genauer darzustellen sowie daraus weitere Konsequenzen in der strategischen Ausrichtung abzuleiten. Häufig wird sie im Rahmen der strategischen Unternehmensplanung eingesetzt, um die dort durchzuführenden Analysen, insbesondere die Unternehmens- und Wettbewerbsanalyse, zu unterstützen.

Basis für die Analyse ist häufig das 5-Kräfte-Modell der Wettbewerbskräfte[5] (Five Forces Model) von M.E. Porter:[6]

Abbildung 9.8: 5-Kräfte-Modell nach Porter

SWOT ist ein Akronym für unternehmensinterne **S**trengths (Stärken), **W**eaknesses (Schwächen) und unternehmensexterne **O**pportunities (Chancen), **T**hreats (Gefahren), und fasst diese in einer sogenannten SWOT-Übersicht zusammen. Die SWOT-Analyse bietet so die Möglichkeit, eigene Potenziale zu erkennen und externe Rahmenbedingungen für Entscheidungs- und Veränderungsprozesse zu visualisieren.

9.5 Darstellung ausgewählter Controllinginstrumente

> **Beispiel 9.12** **Darstellung einer SWOT-Analyse**
>
> **Externe Chancen**
> - Neue Märkte/Segmente
> - Vorwärtsintegration durch mögliche Übernahme
> - Zunahme der Nachfrage in nördlichen Märkten
>
> **Externe Risiken**
> - Härtere Gesetzgebung
> - Bevorstehende Wahlen
> - Neue Wettbewerber
> - Stagnierende südliche Märkte
> - Wandel der Kaufgewohnheiten
> - Aufkommende, neue Distributionskanäle
>
> **Interne Stärken**
> - Technologische Kompetenz
> - Gutes Image
> - Finanzielle Ressourcen
> - Personalkompetenz
> - Loyaler Kundenstamm
>
> **Interne Schwächen**
> - Unklare strategische Richtung
> - Wenig Marktkenntnis
> - Fehlende Spezialfähigkeiten
> - Aufwändige Abläufe
> - Hohe Kosten
>
> **Abbildung 9.9:** Beispiel einer SWOT-Analyse

9.5.2 Durchführung von Abweichungsanalysen

Erstellung von Forecasts

Im Rahmen von Steuerung und Kontrolle werden neben **Plan-** und **Istwerten** häufig auch **erwartete Werte** für Abweichungsanalysen herangezogen. Diese Prognosen werden in der Praxis meistens als Forecast bezeichnet. Für die Hochrechnung gibt es unterschiedliche Möglichkeiten, die anhand eines Beispiels mit Planzahlen auf Monatsbasis und Istwerten für die ersten drei Monate erläutert werden sollen.

> **Beispiel 9.13** **Erstellung eines Forecasts**
>
> Diese Tabelle soll die Erstellung eines Forecasts veranschaulichen.
>
> | | 01 | 02 | 03 | 04 | 05 | 06 | 07 | 08 | 09 | 10 | 11 | 12 | SUMME |
> |------|----|----|----|----|----|----|----|----|----|----|----|----|-------|
> | Plan | 10 | 10 | 10 | 25 | 20 | 15 | 10 | 20 | 10 | 20 | 20 | 20 | 180 |
> | Ist | 10 | 7 | 7 | | | | | | | | | | |
>
> **Tabelle 9.1:** Beispiel zur Erstellung eines Forecasts

Bei der linearen Hochrechnung werden die Istwerte proportional auf Jahreswerte hochgerechnet. Im Beispiel ergibt sich als Hochrechnung für das Gesamtjahr (Summe Istwerte 01–03/Anzahl der Istperioden · Anzahl Gesamtperioden): 24 / 3 · 12 = 96.

Bei der Abweichungshochrechnung wird die Abweichung proportional auf Jahreswerte hochgerechnet. Im Beispiel ergibt sich als Hochrechnung für das Gesamtjahr: Nach drei Monaten ist das Ergebnis 20 % unter Plan (Istwerte 24, Planwerte 30), daraus folgt für das Gesamtjahr eine Planunterschreitung von 20 % bzw. 36, als erwartetes Ergebnis also 180 − 36 = 144.

Bei der kombinierten Hochrechnung (auch als eigentlicher Forecast bezeichnet) werden bis zum Betrachtungszeitpunkt die Istwerte und ab dem Betrachtungszeitpunkt bis zum Jahresende die Planwerte verwendet. Im Beispiel ergibt sich als Hochrechnung für das Gesamtjahr: Istwerte für die Monate eins bis drei zuzüglich Planwerte für die Monate vier bis zwölf: 24 + 150 = 174.

Je nachdem, welche Methode angewendet wird, ergeben sich unterschiedliche Jahreswerte, die zum Teil deutlich voneinander abweichen.

Möglichkeiten der Abweichungsanalyse im Ergebnis- und Kostenbereich

Fehlerarten

Im Rahmen der Unternehmensplanung und Planumsetzung können Fehler auf verschiedenen Ebenen entstehen, welche nachfolgend aufgelistet werden:

- **Planungsfehler:** Diese liegen vor, wenn z. B. eine zu optimistische Entwicklung der Nachfrage nach den Produkten oder Dienstleistungen des Unternehmens angenommen wird. Dies kann durch größere Sorgfalt bei Analysetätigkeiten vermieden werden.
- **Auswertungsfehler:** Diese liegen vor, wenn z. B. im Planungssystem (Formel-)Fehler existieren. Dies kann durch größere Sorgfalt im Umgang mit Systemen und Prozessen vermieden werden.
- **Realisationsfehler:** Diese entstehen z. B. bei Ineffizienzen in der Produktion. Dies kann durch aussagefähige Abweichungsanalysen, Ableitung zielgerichteter Steuerungsmaßnahmen und konsequente Umsetzung der Maßnahmen vermieden werden.

Abweichungen können sowohl auf der Kosten- als auch auf der Erlösseite entstehen. Zu beachten ist, dass nicht nur negative Abweichungen (d. h. Kosten höher als im Plan und/oder Umsatz niedriger als im Plan) zu analysieren sind, sondern auch positive Abweichungen (d. h. Kosten niedriger als im Plan und/oder Umsatz höher als im Plan). Denn auch hier ist zu untersuchen, ob die Planabweichung durch nicht beeinflussbare bzw. nicht vorhersehbare Sachverhalte (z. B. starke Rohstoffpreisschwankungen durch Spekulationsgeschäfte) oder durch ungenaue oder fehlerhafte Planung begründet ist, die zukünftig vermieden werden sollte.

Differenzierung von Kostenabweichungen

- **Preisabweichung:** Für die verbrauchten Güter oder Leistungen ist ein höherer oder niedrigerer Preis bezahlt worden als geplant.
- **Verbrauchsabweichung:** Es entsteht ein höherer oder geringerer Verbrauch von Gütern oder Leistungen als geplant.
- **Beschäftigungsabweichung:** Die Auslastung ist geringer oder höher als geplant. Damit entsteht im Vergleich zur Planung ein höherer oder geringerer Anteil an Fixkosten pro Stück.
- **Strukturabweichung:** Es sind andere Güter oder Leistungen eingesetzt worden als geplant.

Differenzierung von Umsatzabweichungen

- **Mengenabweichung:** Bei einer Mengenabweichung sind mehr oder weniger Produkte oder Leistungen abgesetzt worden.
- **Preisabweichung:** Bei einer Preisabweichung konnte für die abgesetzten Produkte oder Leistungen ein höherer oder geringerer Preis erzielt werden.
- **Strukturabweichung:** Bei einer Strukturabweichung ergibt sich ein gegenüber der Planung veränderter Absatzmix.

9.5.3 Kennzahlen und Kennzahlensysteme

Definition von Kennzahlen und Kennzahlensystemen

Kennzahlen[7] sind quantitative Daten, die als bewusste Zusammenfassung der Unternehmenswirklichkeit über betriebswirtschaftliche Sachverhalte informieren sollen. Kennzahlen dienen dazu, ökonomische Sachverhalte schnell und aussagefähig darzustellen, für die prinzipiell eine Vielzahl relevanter Einzelinformationen vorliegt, deren Auswertung jedoch zu zeitintensiv und zu aufwendig ist. Kennzahlensysteme umfassen eine geordnete Anzahl an betriebswirtschaftlichen Kennzahlen, die miteinander in Verbindung stehen.

Kennzahlen und Kennzahlensysteme sind wesentliche Hilfsmittel bzw. *Tools* des Controllings sowohl bei Planungs- als auch bei Steuerungs- und Kontrollaufgaben. Im Bereich von Kennzahlen wird häufig die Aussage von Kaplan und Norton[8] angeführt: „*If you can't measure it, you can't manage it.*" Wenn ein Sachverhalt nicht gemessen werden kann, kann er auch nicht aktiv gesteuert werden.

Klassifikation von Kennzahlen

Kennzahlen sind immer unternehmensindividuell und/oder branchenbedingt. Sie dienen der Fundierung von Entscheidungen im Unternehmen und können Einblicke in Sachverhalte geben, die bei einer Analyse der reinen Zahlen oder einer qualitativen Analyse nicht möglich wären. Kennzahlen können anhand verschiedener Kriterien klassifiziert werden.

Tabelle 9.3

Klassifikation von Kennzahlen

Funktionsbereiche	Forschung&Entwicklung, Beschaffung, Produktion, Lager, Absatz, Personal, Finanzen			
Zeitliche Struktur	Zeitpunktgrößen		Zeitraumgrößen	
Inhaltliche Struktur	Wertgrößen		Mengengrößen	
Dimension	Strategisch		Operativ	
Quelle Rechnungswesen	Bilanz, Gewinn- und Verlustrechnung, Kostenrechnung			
Relevanz der Aussage	Gesamtunternehmen		Teilbetrieb	
Orientierung	Soll-Kennzahlen		Ist-Kennzahlen	
Statistik/Methodik	Absolute Werte	Mittelwerte	Verhältniswerte	Indexzahlen

Nachteilig bei der Kennzahlenbildung ist allerdings, dass wichtige Erkenntnisse durch Zusammenfassung von Einzelposten zu Sammelposten verloren gehen können. Darüber hinaus gibt es aufgrund der Individualität keine objektiven Vergleichsmaßstäbe für Kennzahlen.

Erweiterung von Kennzahlen zu Kennzahlensystemen

Unter einem Kennzahlensystem versteht man eine Zusammenstellung von quantitativen Größen in einer sinnvollen Beziehung, die entweder mathematisch begründet werden kann oder die in einem sachlichen Zusammenhang stehen. Diese Zusammenhänge sind entweder empirisch bestätigt, d. h. aus der Unternehmenspraxis als Erfahrungswerte gewonnen, oder aber theoretisch behauptet, d. h. die zugrunde liegenden Zusammenhänge werden rein theoretisch begründet.

Der Vorteil von Kennzahlensystemen besteht vor allem in der nachvollziehbaren Vorgehensweise und der dadurch weniger subjektiven Einflüssen unterliegenden Urteilsbildung. Die Aussagefähigkeit eines Kennzahlensystems ist allerdings davon abhängig, ob es in seiner Konstruktion alle wichtigen Einflussfaktoren der Ausgangskennzahl enthält und ob es trotz standardisierter Anwendung auch die Besonderheiten des Unternehmens abbilden kann. Die Aussagefähigkeit nimmt ab, wenn verschiedene, nicht separat erfasste Einflussgrößen auf eine übergeordnete Kennzahl einwirken und sich überlagern.

Beispiele für Kennzahlen

Finanzwirtschaftliche Kennzahlen

- **Rentabilität:** Die Rentabilität ist das Verhältnis zwischen erzieltem Erfolg (z. B. Gewinn) und eingesetztem Kapital (Gesamt- oder Eigenkapital). Die Rentabilität ist eine Kennzahl für das relative Ergebnis einer Investition und wird als Prozentsatz angegeben. Häufig wird der Begriff Rendite als Synonym für Rentabilität verwendet. Je nach der Ergebnis- und Bezugsgröße werden verschiedene Arten der Rentabilität unterschieden:

- **Eigenkapitalrentabilität:** Die Eigenkapitalrentabilität, auch Return on Equity genannt (ROE) misst, wie hoch das vom Eigenkapitalgeber investierte Kapital innerhalb einer Rechnungsperiode verzinst wurde.

$$\text{Eigenkapitalrendite} = \frac{\text{Gewinn}}{\text{Eigenkapital}}$$

- **Gesamtkapitalrentabilität:** Die Gesamtkapitalrentabilität, wird häufig auch Kapitalrendite, Gesamtkapitalrendite, Return on Assets (ROA) genannt. Sie zeigt, wie effizient der gesamte Kapitaleinsatz des Unternehmens war. Das Gesamtkapital besteht aus Eigen- und Fremdkapital, folglich ist als Ergebnisgröße auch die gesamte Leistung, die mit diesem Kapital erzielt wurde, anzusetzen, d. h. Gewinn zuzüglich Fremdkapitalzinsen.

$$\text{Gesamtkapitalrentabilität} = \frac{\text{Gewinn} + \text{Fremdkapitalzinsen}}{\text{Gesamtkapital}}$$

- **Return on Investment:** Eine Variante der Gesamtkapitalrentabilität ist der Return on Investment (ROI), bei dem Fremdkapitalzinsen nicht berücksichtigt werden.

$$ROI = \frac{\text{Gewinn}}{\text{Gesamtkapital}}$$

- Die Umsatzrentabilität wird aus dem Verhältnis zwischen Gewinn und Umsatz errechnet.

$$\text{Umsatzrentabilität} = \frac{\text{Gewinn}}{\text{Umsatzerlöse}}$$

- **Verschuldungsgrad:** Der Verschuldungsgrad (debt to equity ratio) eines Unternehmens ist eine Kennzahl, die das Verhältnis von Fremdkapital und Eigenkapital angibt. Die Kennzahl informiert über die Finanzierungsstruktur eines Unternehmens.

$$\text{Verschuldungsgrad} = \frac{\text{Fremdkapital}}{\text{Eigenkapital}}$$

- **Economic Value Added:** Der Economic Value Added (EVA) misst die Wertschöpfung durch ein Unternehmen in einer Periode, indem er feststellt, um wie viel der operative Gewinn die Mindestanforderungen der Kapitalgeber (Kapitalkosten) übersteigt.

$$EVA = \text{operatives Ergebnis} - \text{Kapitalkostensatz} \cdot \text{Investiertes Kapital}$$

Operative Kennzahlen

- **Wirtschaftlichkeit:** Dieses Maß wird generell für die Effizienz und den rationalen Umgang mit knappen Ressourcen eines Unternehmens oder Teilen eines Unternehmens genommen. Die Wirtschaftlichkeit wird als das Verhältnis zwischen einem erreichten Erfolg und dem dafür benötigten Mitteleinsatz definiert. Ziel ist es hierbei, entweder einen vorgegebenen Ertrag mit möglichst geringem Aufwand zu erreichen oder mit einem gegebenen Aufwand einen möglichst hohen Ertrag zu erzielen.

$$\text{Wirtschaftlichkeit} = \frac{\text{Ertrag}}{\text{Aufwand}}$$

- **Produktivität:** Produktivität ist ein Maß für die Leistungsfähigkeit. Sie entspricht dem Verhältnis von produzierten Gütern und den dafür benötigten Produktionsfaktoren. Unter Produktivität wird das (Mengen-)Verhältnis zwischen dem produzierten Output und dem dafür eingesetzten Input (Produktionsfaktoren) verstanden.

$$\text{Produktivität} = \frac{\text{Ausbringungsmenge}}{\text{Einsatzmenge}} = \frac{\text{Output}}{\text{Input}}$$

Nicht finanzielle Leistungsindikatoren

Neben finanzwirtschaftlichen und operativen Kennzahlen und Kennzahlensystemen existiert eine Vielzahl an nur qualitativ messbaren und/oder nicht auf finanzielle Sachverhalte bezogenen Indikatoren. Beispielsweise wird gemessen:

Der **Forschungsquotient** gibt an, welcher Teil der Umsatzerlöse in F&E investiert wird. Er ist Ausdruck des Innovationswillens eines Unternehmens.

Die Kennzahl **Young Revenues** gibt an, welcher Teil der Umsatzerlöse in einem Geschäftsbereich durch Produkte erzielt wird, die jünger sind als ein festgelegtes Alter (z. B. 3/5) Jahre. Sie ist Ausdruck der Innovationsfähigkeit eines Unternehmens.

Möglichkeiten, die Kundenzufriedenheit zu messen, sind der **Kundenzufriedenheitsindex** und die **Weiterempfehlungsquote**. Ähnliche Überlegungen lassen sich hinsichtlich der Mitarbeiterzufriedenheit anstellen.

Tabelle 9.4

Ausgewählte Kennzahlen

Qualität	Zeit	Flexibilität	Finanzen	Kundenzufriedenheit	Personal
Produkt Performance	Durchlaufzeit	Fertigungseffektivität	Cash Flow	Marktanteil	Mitarbeiterverhältnisse
Lieferungsreliabilität	Lieferungsreliabilität	Ressourcenauslastung	Marktanteil	Service	Mitarbeiterinvolvierung
Verschwendung	Prozessdurchlaufzeit	Mengenflexibilität	Overhead-Kostenreduktion	Image	Arbeitskräftepotenzial
Verlässlichkeit	Prozesszeit	Produktneueinführung	Bestandsperformance	Kundenintegration	Mitarbeiterfähigkeiten
Innovation	Produktivität	Computersysteme	Kostenkontrolle	Wettbewerbsfähigkeit	Lernen
	Durchlaufzeit	Zukünftiges Wachstum	Umsatz	Innovation	Arbeitseffektivität
	Liefergeschwindigkeit	Produktinnovation	Profitabilität	Lieferungsreliabilität	Qualität der Arbeit
	Arbeitseffektivität		Effektivität		Ressourenauslastung
	Ressourcenauslastung		Produktkostenreduzierung		Produktivität

9.5.4 Balanced Scorecard als Beispiel eines integrierten Controllinginstruments

Die **Balanced Scorecard** von Kaplan und Norton (1992)[9] ist ein sehr bekanntes *Tool* (Werkzeug), das zur Messung, Visualisierung und Steuerung von Unternehmen in der unternehmerischen Praxis verwendet wird. Als Strategieinstrument führt sie qualitative und quantitative Kennzahlen aus den Perspektiven Finanz, Kunde, Mitarbeiter und Geschäftsprozesse zusammen. Auf Basis einer vorgegebenen Vision werden aus diesen Perspektiven strategische Ziele abgeleitet, in eine kausale Beziehung zueinander gesetzt sowie durch Kennzahlen operationalisiert und messbar gemacht. Dabei besteht eine Ausgewogenheit zwischen kurz- und langfristigen Zielen, monetären und nicht monetären Kennzahlen sowie zwischen externen und internen Messgrößen. Zielsetzung ist eine ganzheitliche und ausgewogene Betrachtung des Unternehmens.

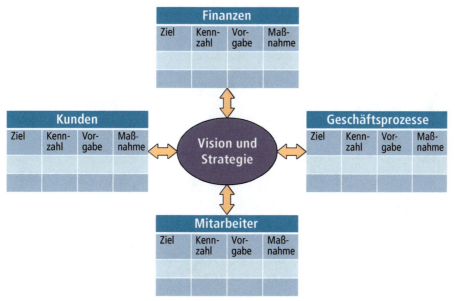

Abbildung 9.10: Die vier Perspektiven einer Balanced Scorecard

Die Zielsetzungen der *Balanced Scorecard* sind unterschiedlich und können wie folgt zusammengefast werden:

- Erhöhung der Transparenz und Schaffung eines gemeinsamen Verständnisses der Strategie und der strategischen Ziele auf allen Unternehmensebenen
- Umsetzung der Unternehmensstrategie in messbare Zielgrößen
- Ermittlung leistungsorientierter Ergebnis- und Werttreiber
- Erhöhung von Akzeptanz, Motivation und Identifikation bei Mitarbeitern

Zwischen den einzelnen Perspektiven und ihren Inhalten sollten Verbindungen bestehen, die als sogenannte **Ursache-Wirkungs-Beziehungen** bezeichnet werden. Dadurch können die Zusammenhänge und Auswirkungen unternehmerischer Entscheidungen auf den einzelnen Ebenen verdeutlicht werden. Die Summe der Ursache-Wirkungs-Beziehungen zwischen den Unternehmensperspektiven wird auch als *Strategy Map*[10] (strategische Landkarte) bezeichnet.

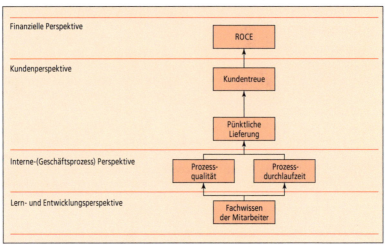

Abbildung 9.11: Ursache-Wirkungs-Beziehungen in einer Balanced Scorecard

Exkurs — Der Umgang mit Kenntnissen

Das Sammeln und Verteilen von Informationen bringt den Controller im Unternehmen mit zahlreichen Ansprechpartnern in Kontakt. Er wird vor allem wegen seiner Fähigkeit geschätzt, geeignete Instrumente einzusetzen, um der Unternehmensführung zuverlässige und klare Informationen zu übermitteln. Dadurch wird er häufig zum Berater des Managements. Damit der Controller seinen Beruf erfolgreich ausüben kann, muss er zusätzlich zu seinen Fachkenntnissen – die klassischerweise vor allem im Rechnungswesen und in den Finanztechniken liegen – gute Analysefähigkeiten, einen kritischen Geist sowie Organisations- und Planungsfähigkeiten besitzen. Gerade von einem Controller wird verlangt, dass er die Stärke besitzt, Dinge vorwegzunehmen, aktiv und dynamisch zu sein. Er muss zudem ein gutes Verhältnis zu anderen Menschen aufbauen können, sodass im Kontakt mit seinen Ansprechpartnern eine vertrauensvolle Atmosphäre entsteht. Zusätzlich muss er diplomatisches Geschick beweisen.

Allerdings ist diese besondere Situation, die sich aus der Stellung an der Schnittstelle zwischen der Unternehmensführung und den operativen Einheiten ergibt, das Paradox der Doppelbindung („double-bind"), dem der Controller in seinem Beruf stark ausgesetzt ist. Seine bevorzugte Stellung bei der Informationserlangung verschafft dem Controller Kenntnis von Umständen und Entscheidungen, die im Unternehmen nicht jedem zugänglich sind. Es kann zudem vorkommen, dass sich zwei Informationen widersprechen: Wie soll der Controller in einem solchen Fall handeln?

Reflexionsfrage

1. Diskutieren Sie die Aufgaben des Controllers und gehen Sie auf die Spannungsfelder ein, in denen er sich bewegen muss.

ZUSAMMENFASSUNG

Folgende Inhalte wurden in diesem Kapitel behandelt:

- Es wurde das interne Rechnungswesen, insbesondere die Kosten- und Leistungsrechnung, hinsichtlich Grundbegriffen und Aufgaben von anderen Teilsystemen des betrieblichen Rechnungswesens, insbesondere der Gewinn- und Verlustrechnung, abgegrenzt.
- Es wurden allgemeine Gestaltungsvarianten und konkrete Systeme der Kosten- und Leistungsrechnung vorgestellt. Der Schwerpunkt lag hierbei auf grundlegenden Strukturen (Kostenarten-, Kostenstellen- und Kostenträgerrechnung) und Konzepten (Vollkostenrechnung und Teilkostenrechnung).
- Der Begriff des Controllings wurde eingeführt, die Unternehmensfunktion Controlling wurde von anderen Unternehmensbereichen abgegrenzt.
- Es wurden primäre Aufgabenbereiche im strategischen Controlling und operativen Controlling, insbesondere im Bereich von Planung, Steuerung und Kontrolle dargestellt.
- Es wurden ausgewählte Controllinginstrumente behandelt sowie mit Beispielen illustriert.

AUFGABEN

1. Welche Aufgaben erfüllt die Kosten- und Leistungsrechnung?

2. Unterscheiden Sie variable und fixe Kosten sowie Einzel- und Gemeinkosten. Wie stehen die einzelnen Begriffe zueinander in Beziehung?

Weitere Aufgaben mit Lösungen befinden sich in begleitendem Übungsbuch als E-Text.

Fallstudie: Die heimlichen Co-Piloten

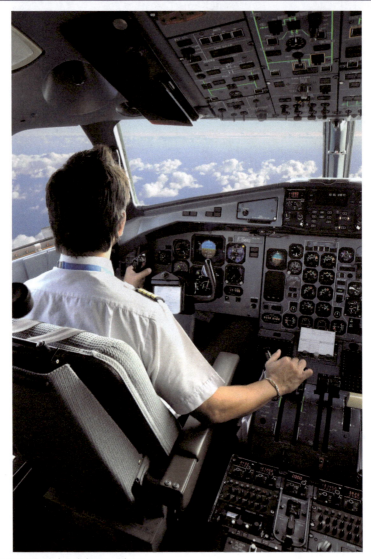

Abbildung 9.12: Die heimlichen Co-Piloten
Quelle: © pixel974/fotolia.com

Mittlerweile sind die „Herren der Zahlen" von Erbsenzählern zu meinungsstarken Kommunikatoren geworden: Von Controllern wird verlangt, ihre Chefs bei der Hand zu nehmen und sie so sicher wie möglich durch jene verwirrenden Zahlengebirge zu führen, die die IT-Systeme Tag für Tag auftürmen.

„Manager werden heute mit Informationen überschüttet. Wir müssen sie sortieren und die Zahlen dann vorstands- und kindergartengerecht aufbereiten." So sagt es ein Top-Controller aus einem DAX-30-Konzern. Das Zitat spricht Bände über das Selbstverständnis, das die Experten heute haben. Ihnen, den „Herren der Zahlen" zu folgen, rechnet sich, so sind sie überzeugt. Denn, weiteres Zitat: „Controlling bedeutet, aus Zahlen Geld zu machen." Erbsen zählen längst die Computer, Aufgabe der Controller ist es, sie leicht verdaulich zu verpacken.

Und die Zukunft? Überflüssig wird die Berufsgruppe auf keinen Fall. Einer der Chef-Controller eines DAX-Unternehmens formuliert es so: „Je komplexer die Welt, umso wichtiger wird Controlling. Die Frage ist nur, wann der Zeitpunkt erreicht ist, wo auch wir nicht mehr helfen können."

Reflexionsfragen

1. Erklären Sie das Zitat „Controlling bedeutet, aus Zahlen Geld zu machen" und nehmen Sie dazu Stellung.

2. Erklären Sie die Rolle des Controllings für das Unternehmen und nennen Sie dessen Aufgabenfelder. Beziehen Sie sich dabei auf die Fallstudie wie auch auf die Inhalte aus dem Kapitel.

3. Beschreiben Sie neue Herausforderungen des Controllings und dessen Bedeutung für das strategische Handeln. Beziehen Sie sich dabei auf die Fallstudie wie auch auf die Inhalte von Kapitel 9.

Quelle: In Anlehnung an C. Lixenfeld: „Neue Anforderungen für Controller. Die heimlichen Co-Piloten", Handelsblatt vom 18.12.2007, www.handelsblatt.com/unternehmen/management/strategie/die-heimlichen-co-piloten/2906866.html?p2906866=0 (Stand: 11.07.2011).

Verwendete Literatur

Coenenberg, A. G.; Fischer, T. M.; Günther; T.: „Kostenrechnung und Kostenanalyse", 8. Aufl., Schäffer-Poeschel, Stuttgart 2012.

Däumler, K.-D.; Grabe, J.: „Kostenrechnung 1 – Grundlagen", 11. Aufl., NWB Verlag, Herne/Berlin 2013.

Däumler, K.-D.; Grabe, J.: „Kostenrechnung 2 – Deckungsbeitragsrechnung", 10. Aufl., NWB Verlag, Herne/Berlin 2013.

Däumler, K.-D.; Grabe, J.: „Kostenrechnung 3 – Plankostenrechnung und Kostenmanagement", 8. Aufl., NWB Verlag, Herne/Berlin 2009.

Friedl, G.; Hofmann, C.; Pedell, B.: „Kostenrechnung", 2. Aufl., Vahlen, München 2013.

Kaplan, R. S.; Norton, D. P.: „The balanced scorecard: measures that drive performance", in: Harvard Business Review, Jan.-Feb., 1992.

Kaplan, R. S.; Norten, D. P.: „The Balanced Scorecard: Translating Strategy into Action", Harvard Business Review Press, 1996.

Kaplan, R. S.; Norten, D. P.: „Der Weg von immateriellen Werten zum materiellen Erfolg",7. Aufl., Schäffer-Poeschel, Stuttgart 2004.

Krause H.-U.; Arora, D.: „Controlling-Kennzahlen – Key Performance Indicators", Oldenburg Wissenschaftsverlag, 2010.

Porter, M. E.: „Competitive Strategy: Techniques for analyzing industries and competitors", Free Press, New York 1980.

Tilles, S.: „Making Strategy explicit", in: Ansoff, H. I.: Business Strategy, Harmondsworth, 1969, S.180–209.

Vollmuth, J. H.; Zwettler, R.: „Kennzahlen",2. Aufl., Haufe-Lexware, 2013.

Weber, J.; Schäffer, U.: „Einführung in das Controlling", 13. Aufl., Schäffer-Poeschel, Stuttgart 2011.

Weiterführende Literatur

Coenenberg, A. G.; Fischer, T. M.; Günther; T.: „Kostenrechnung und Kostenanalyse", 8. Aufl., Schäffer-Poeschel, Stuttgart 2012.

Däumler, K.-D.; Grabe, J.: „Kostenrechnung 1 – Grundlagen", 11. Aufl., NWB Verlag, Herne/Berlin 2013.

Däumler, K.-D.; Grabe, J.: „Kostenrechnung 2 – Deckungsbeitragsrechnung", 10. Aufl., NWB Verlag, Herne/Berlin 2013.

Däumler, K.-D.; Grabe, J.: „Kostenrechnung 3 – Plankostenrechnung und Kostenmanagement", 8. Aufl., NWB Verlag, Herne/Berlin 2009.

Friedl, G.; Hofmann, C.; Pedell, B.: „Kostenrechnung", 2. Aufl., Vahlen, München 2013.

Kaplan, R. S.; Norten, D. P.: „Der Weg von immateriellen Werten zum materiellen Erfolg",7. Aufl., Schäffer-Poeschel, Stuttgart 2004.

Horváth, P.: „Controlling", 12. Aufl., Vahlen, München 2011.

Küpper, H.-U.; Friedl, G; Hofmann, C.; Hofmann Y. v.: „Controlling Konzeption, Aufgaben, Instrumente", 6. Aufl., Schäffer-Poeschel, Stuttgart 2013.

Weber, J.; Schäffer, U.: „Einführung in das Controlling", 13. Aufl., Schäffer-Poeschel, Stuttgart 2011.

Endnoten

1. Coenenberg et al. (2012); Däumler und Grabe (2009, 2013); Friedl, G.et al. (2013).
2. Siehe hierzu einleitend: Weber et al. (2011).
3. Siehe hierzu auch *Kapitel 11 Wissensmanagement und Informationssysteme*.
4. Die Idee die SWOT Analyse als zusammenfassende Graphik für Strategische Entscheide zu benutzen, existiert seit relativ langer Zeit. Siehe beispielsweise Tilles, S. in Ansoff (Hrsg) (1969).
5. Siehe hierzu Porter (1980).
6. Siehe *Kapitel 2*.
7. Siehe hierzu als einfacher Einstieg u. a. Vollmuth und Zwettler (2013) oder in wissenschaftlicher Form: Krause und Arora (2010).
8. Kaplan and Norton (1996), S. 21.
9. Siehe hierzu einleitend: Weber et al. (2011).
10. Siehe hierzu einleitend: Weber et al. (2011).

Eine vollkommene Ordnung wäre der Ruin allen Fortschritts und Vergnügens.

Robert Musil (1880–1942), österreichischer Schriftsteller und Theaterkritiker

Lernziele

In diesem Kapitel wird das Wissen zu folgenden Inhalten vermittelt:

- Grundlagen der Organisation
  - Ursprung
  - Rolle und Bedeutung
- Ganzheitliche Sichtweise: Tools und Umsetzung
  - Spannungsfelder einer Organisation
  - Bausteine und Basiskonfiguration von Organisationen
  - Organigramm
- Klassische Organisationsformen
  - Eindimensionale Konzepte
  - Mehrdimensionale Konzepte
  - Produktmanagement-Organisation
- Moderne Organisationsformen
  - Virtuelle Organisation
  - Clusterorganisation
- Führungsorganisation *(Corporate Governance)*

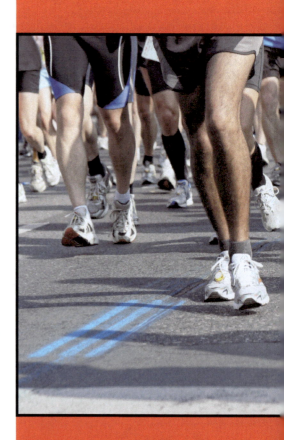

Quelle: © chaya1/fotolia.com

Organisation

10

10.1 Grundlagen.. 402
    10.1.1 Wieso gibt es Organisationen?................... 402
    10.1.2 Geschichtliche Entstehung 403
    10.1.3 Rolle und Bedeutung 405

10.2 Ganzheitliche Sichtweise: Tools und Umsetzung 407
    10.2.1 Spannungsfelder einer Organisation.............. 407
    10.2.2 Bausteine und Basiskonfigurationen von
            Organisationen................................ 412
    10.2.3 Organigramm 414

10.3 Klassische Organisationsformen................. 416
    10.3.1 Eindimensionale Konzepte 418
    10.3.2 Mehrdimensionale Konzepte..................... 423
    10.3.3 Organisation des Produktmanagements 426

10.4 Moderne Organisationsformen.................. 429
    10.4.1 Virtuelle Organisation 429
    10.4.2 Clusterorganisation 431

10.5 Führungsorganisation (Corporate Governance).. 432
    10.5.1 Aufsichtsratsmodell............................ 433
    10.5.2 Board-Modell 433

ÜBERBLICK

10 Organisation

10.1 Grundlagen

Wären Unternehmen nicht organisiert, würde in ihrer Führung Chaos vorherrschen. Da sich jedoch nicht alle Abläufe im Voraus organisieren lassen, steht stets die Frage offen, ob eine **organisatorische Maßnahme** (z. B. Aufstellen eines übergreifenden Regelwerkes) ergriffen oder aber eine **Einzelentscheidung** (z. B. Bewilligung eines Bonus für einen einzelnen Mitarbeiter) gefällt werden soll. Die Organisation von Unternehmen darf keinesfalls dem Zufall überlassen werden. In diesem Kapitel wird daher die Notwendigkeit ersichtlich, die Arten und die Vielschichtigkeit von Organisationen im strukturellen Sinne zu beschreiben. Zunächst soll im ersten Abschnitt den Gründen nachgegangen werden, weswegen Unternehmen in Form von Strukturen entstehen und existieren.

10.1.1 Wieso gibt es Organisationen?

Betrachtet man die Umwelt als umfassenden Rahmen, in dem sich Aktivitäten, gleichgültig ob wirtschaftlicher, politischer oder gesellschaftlicher Natur, abspielen, so stellen Unternehmen in gewisser Weise ein **Subsystem** dar. Dieses Subsystem stellt eine kleinere Einheit des Marktes dar, das aufgrund seiner Leistungsfähigkeit und Effizienz existiert. Unternehmen beinhalten Strukturen, Regeln, Kultur und viele andere Aspekte, die ein Unternehmen vom anderen abgrenzt und definiert.

Die Abgrenzung des Subsystems als Unternehmen oder Organisation von der Umwelt hat den Ursprung darin, dass Pflichten, Kontrolle und Zuständigkeiten erst nachgelagert definiert und ausgeübt werden können. Das Subsystem, wie es in diesem Abschnitt beschrieben wird, beinhaltet im Kern feste Strukturen und ein kollektives Gedächtnis, welches essenziell für dessen Wirtschaftlichkeit und dessen Entwicklung ist. Generell lassen sich zwei Perspektiven für die Erklärung der Existenz von Organisationen festhalten:

Gründe für die Existenz von Organisationen

- *Outside-in-Perspektive:* Eines der Hauptmotive für die Existenz von Organisationen aus Outside-in-Perspektive stellt in diesem Zusammenhang das **Effizienzkriterium** dar. Jenes besagt, dass Strukturen und ein kollektives Gedächtnis hauptverantwortlich für die Entwicklung von Routinen, Regeln und einer homogenisierten Leistungserstellung sind. In diesem abgegrenzten Rahmen wird die komplexe Umwelt reduziert (Simplifizierung) und zu einem gewissen Grad kontrolliert. Dieses Vorgehen macht eine effizientere und stärker kontrollierte Leistungserstellung möglich.

- *Inside-out-Perspektive:* Aus Inside-out-Perspektive sind andere Hauptmotive für den Aufbau von organisationalen Strukturen relevant. Vor dem industriellen Zeitalter bestanden Unternehmen zumeist aus einer einzelnen Person, die jegliche Tätigkeit – vom Einkauf über die Erstellung bis hin zum Verkauf – selbst ausführte. Da in der Zeit der Industrialisierung die Unternehmen und die Komplexität der Leistungserstellung wuchsen, wurde die **Arbeitsteilung** unabdingbar. Aus dem Unternehmer, der alle Angelegenheiten selbst ausführte, wurde ein „Dirigent", der zahlreiche Mitarbeiter führte, delegierte und die Arbeit aufteilte. Es entstand das Bedürfnis nach Organisation, das Bedürfnis danach, verschiedene Tätigkeiten, Rollen und Aufgaben zu ordnen und zu strukturieren.

Abgesehen davon sollte man die Organisationsstruktur zugleich im Kontext zur Strategie und Kultur eines Unternehmens sehen. Einer isolierten Betrachtungsweise soll insofern vorgebeugt werden, da ansonsten ein unrealistisches und fiktives Bild von Strukturen ohne Kontextbezug geschaffen wird. Stets sollte man sich das Zusammenspiel von Strategie, Kultur und Struktur vor Augen halten.

Nach Chandlers Erkenntnis *„structure follows strategy"*[1] sind nur diejenigen Unternehmen erfolgreich, denen es gelingt, die Struktur derart zu gestalten, dass die Strategie permanent mit operativen Maßnahmen unterstützt wird. Längerfristigen Erfolg erzielt nur derjenige, der fähig ist, Strategie, Struktur und Kultur aufeinander abzustimmen. Die Frage nach erfolgreichen Organisationsstrukturen stand lange im Vordergrund. In der Vergangenheit wurde ebendieser Sachverhalt unterschiedlich diskutiert.[2]

10.1.2 Geschichtliche Entstehung

Zu Beginn ist die organisatorische Gestaltung im Unternehmen durch Arbeitsteilung und Rationalisierung gekennzeichnet, sprich durch funktionale Strukturen. In einem weiteren Entwicklungsschritt der Unternehmensstrukturierung erfolgen Dezentralisierungsmaßnahmen in Form von Spartenorganisationen (Divisionen) und Konzepte mit Produktverantwortlichen (Matrix). Als Folge der vermehrten Orientierung auf die Wertschöpfung, auf die Kunden und auf die Prozesse sind heute Ansätze wie *Lean Management, Netzwerkorganisation, virtuelle Organisationsmodelle*[3], *Clusterorganisation* oder *Prozessmanagement* aktuell.

Abbildung 10.1: Ausgewählte organisatorische Entwicklungsphasen

Moderne Unternehmen als soziale Systeme benötigen, wie jedes biologische System, eine Organisation. Dabei hat sich gezeigt, dass nicht unbedingt die Frage nach der *einen* erfolgreichen Organisation im Vordergrund stehen sollte, sondern dass Funktionalität und Zweckmäßigkeit auf verschiedene Weisen (Organisationsarten) erreicht werden können.

Biologische Systeme verdeutlichen die Funktionsweise und belegen, dass eine große Anzahl verschiedener Strukturen existiert und zeitgleich erfolgreich sein kann. Betrachtet man die Unternehmen als soziale Organismen, können differierende organisatorische Lösungen gefunden werden, die zu dem gewünschten Unternehmensziel führen. Das Management hat demnach nicht nach der erfolgreichsten Organisation zu suchen, sondern hat zur Aufgabe, diejenige Organisation zu entwickeln und anzuwenden, die die anstehenden Aufgaben optimal bewältigen und gleichzeitig die Eigenheiten des Unternehmens nutzen kann.

Es ist zwar unbestritten, dass organisatorische Strukturen im Management notwendig sind, doch stellt sich diesbezüglich die Frage, in welchem Ausmaß, mit welchen Prinzipien, mit welchen Instrumenten und in welcher organisatorischen Form diese aufgebaut werden. Hierauf Bezug nehmend sind oftmals divergierende Antworten in der Betriebswirtschaftslehre vorzufinden, sei es in der Praxis oder in der Organisationsforschung. Eine pointierte, praxisorientierte Antwort gibt unter anderem Nicolas G. Hayek[4], wie dem folgenden Beispiel zu entnehmen ist.

Beispiel 10.1 Der Bananenkiosk

„…. Ich hasse wie die Pest alles, was mit sturen Organisationsstrukturen zu tun hat. Organisation ist etwas vom Unmöglichsten, was es auf dieser Welt gibt. Völlig wider die menschliche Natur. Und wenn Sie mir nun sagen, dass ich selbst doch auch Organisation und Strukturen schaffe, dann erzähle ich Ihnen zur Erklärung die Geschichte vom Bananenkiosk. Sie eröffnen einen Bananenkiosk am Flughafen Zürich. Sie kaufen und verkaufen Bananen und entscheiden, wie viel Sie vom eingenommenen Geld auf die Bank bringen wollen und für wie viel Sie neue Bananen zu kaufen gedenken. Dazu brauchen Sie keine Organisation, bloß unternehmerisches Flair und Können. Wenn aber eines Tages Ihre Frau kommt und sagt: „…. ich möchte auch einen solchen Kiosk am Hauptbahnhof eröffnen", und wenn Sie das dann auch macht, dann benötigen Sie ein Minimum an Organisation. Dabei geht es lediglich um Informationen – der Informationsfluss ist der wichtigste Teil einer jeden Organisation –, damit, wenn einer von Ihnen seine Bananen verkauft und der andere noch Bananen auf Lager hat, Sie sich gegenseitig aushelfen können. Wenn Sie aber mit Ihrer Frau so erfolgreich werden, dass Sie entscheiden, in 30.000 Gemeinden Kioske zu eröffnen und überdies neben Bananen auch noch Äpfel, Orangen, Kaugummi, Zigaretten, Zeitungen und vieles andere zu verkaufen, dann ist – ob man will oder nicht – eine feste Organisationsstruktur erforderlich, welche dieses System sichert und wachsen lässt. Denn kein menschliches Gehirn kann ein derart komplexes System ohne Organisation und ohne Absprache mit allen Beteiligten beherrschen.

Also wird zähneknirschend eine Organisation erstellt, bestenfalls bloß eine, welche nur die wesentlichen Funktionen umfasst, die unbedingt notwendig sind, um dieses System einwandfrei zum Funktionieren zu bringen.

(…) Meine Philosophie war immer folgende: Jede Organisationsstruktur sollte nur die absolut notwendigen und maximalen Funktionen beinhalten."

Quelle: Hayek (2005), S. 64f.

Das Beispiel des Bananenkiosks verdeutlicht die Auffassung, dass eine Organisation nicht zum Selbstzweck betrieben werden sollte. Organisieren bedeutet in diesem Sinn, einzelne Tätigkeiten in einem Unternehmen zielorientiert und effizient zu gestalten. Organisiert wird in jedem Unternehmen in drei verschiedenen Bereichen bzw. Dimensionen, welche im Folgenden behandelt werden.

10.1.3 Rolle und Bedeutung

Dem Begriff Organisation können grundlegend drei Bedeutungen beigemessen werden: *Organisation als Instrument*, als *Unternehmensfunktion* und als *Institution*.

- **Instrument:** Der Begriff „Organisation" kann im Sinne eines Instruments verstanden werden und beschreibt den Prozess des Strukturierens und Organisierens.
- **Unternehmensfunktion:** In diesem Zusammenhang ist die Organisation als eine Einheit innerhalb eines Unternehmens zu sehen, die für das Organisieren und Strukturieren von Abläufen und Prozeduren verantwortlich ist.
- **Institution:** Der Begriff „Organisation" kann im Sinne einer Institution verstanden werden und damit eine soziale Struktur beschreiben, die zum Ziel hat, seine Mitglieder zu zielorientiertem Zusammenwirken zu veranlassen. Eine Organisation als solche grenzt sich von ihrer Umwelt ab und kann als Synonym für den Begriff „Unternehmen" oder gar „Firma" verstanden werden.

Verantwortlich für die Unternehmensfunktion „Organisation" ist in der Regel der sogenannte **Chief Operating Officer** *(COO)*, welcher sich primär auf das operative Geschäft eines Unternehmens konzentriert. Seine wesentliche Aufgabe besteht darin, sämtliche Prozesse und Leistungen des Unternehmens zu führen, zu organisieren und zu steuern.

In einem Unternehmen spielt Organisation eine wesentliche Rolle und lässt sich in folgende Einsatzbereiche aufteilen: In *Prozess-* und *Ablauforganisation*, in *Struktur-* bzw. *Aufbauorganisation* und schließlich in *Führungskonzepte*.

Abbildung 10.2: Einsatzbereiche der Organisation

▶*Abbildung 10.2* zeigt, dass die jeweiligen Bereiche von Organisation auf unterschiedliche Aufgaben und Ziele ausgerichtet sind.

Einsatzbereiche der Organisation

a) **Prozess- und Ablauforganisation:** Dieser Einsatzbereich konzentriert sich primär auf die Optimierung interner Prozesse, insbesondere auf die Sicherstellung und Verbesserung der organisatorischen Effizienz (Verteilungsbeziehungen).
b) **Struktur- oder Aufbauorganisation:** Dieser Einsatzbereich ist darauf fokussiert, Voraussetzungen für das Erreichen unternehmerischer Ziele bezüglich der Produkte und Märkte zu schaffen. Im Mittelpunkt steht hierbei die Erhöhung der Effektivität (Arbeitsbeziehung). Eng mit der Aufbauorganisation ist die Regelung der Verantwortlichkeiten verbunden.
c) **Führungskonzepte:** Dieser Einsatzbereich steht in unmittelbarem Zusammenhang mit *Corporate Governance*. Im Sinne der strategischen Ziele gilt es, Führungskonzepte aufzubauen, die die Lenkbarkeit des Unternehmens garantieren und sicherstellen. Dies geschieht in erster Linie durch Regelungen und Verantwortlichkeiten.

Somit befasst sich die Organisation eines Unternehmens mit Optimierungsvorgängen unterschiedlicher Art. Dadurch, dass Aufgaben und Tätigkeiten einem permanenten Wandel unterworfen sind und unvorhergesehen anfallen, ist die organisatorische Gestaltung dieser Aufgaben und Tätigkeiten ein fortlaufender Prozess in Abstimmung mit der Unternehmensstrategie und -kultur. Ein Unternehmen ist dann **optimal organisiert**, wenn alle regelmäßigen und gleichartigen Vorgänge mittels allgemeingültiger Regelungen entschieden und vollzogen werden.[5] In der beruflichen Praxis ist dieser Optimalzustand aufgrund der Veränderungen vielfach nur von kurzer Dauer: Je nach Situation ereignet sich eine Überorganisation oder auch eine Unterorganisation des Unternehmens.

Über- und Unterorganisation[6]

- **Überorganisation:** Werden ungleichartige, unregelmäßige Vorgänge durch Dauerregelungen erfasst und organisiert, ist ein Unternehmen überorganisiert.
- **Unterorganisation:** Sind zu wenig repetitive Tätigkeiten geregelt und organisiert, ist ein Unternehmen unterorganisiert.

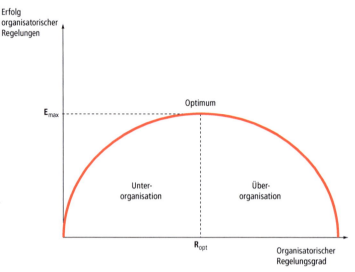

Abbildung 10.3: Substitutionsprinzip der Organisation
Quelle: Gutenberg (1983), S. 293

▶*Abbildung 10.3* beschreibt einen **Substitutionsvorgang**. Organisieren kann aufgefasst werden als das Ersetzen von fallweisen Regelungen durch generelle Anweisungen.[7] Je mehr jedoch veränderbare betriebliche Situationen vorhanden sind, desto weniger können generelle Regelungen angewandt werden. Das Suchen nach dem optimalen Organisationsgrad stellt in der heutigen beruflichen Organisationspraxis eine wesentliche Herausforderung dar.

Es ist festzuhalten: Organisatorische Regelungen, Prinzipien und Instrumente prägen alle Bereiche einer Organisation auf unterschiedlichstem Niveau, auf operativer, ausführender Ebene ebenso wie auf Führungsebene.

Nachfolgend werden basierend auf einer ganzheitlichen Sichtweise die Tools und die Umsetzung von Organisation behandelt. Es sollen die Spannungsfelder einer Organisation und das Organigramm als wichtiges Instrument beschrieben werden.

10.2 Ganzheitliche Sichtweise: Tools und Umsetzung

Die Organisation eines Unternehmens ist nicht nur auf aufbaustrukturelle Fragen zu reduzieren, sondern ganzheitlich zu betrachten. Die Organisationstheorie wurde in diesem Kontext stark von der Systemtheorie beeinflusst.[8] Folgende Fragen sind hierbei von Bedeutung:

- Worin besteht eine ganzheitliche Sichtweise des Organisationsphänomens?
- Welches sind die Leitlinien, die sich daraus für die Analyse und Gestaltung der Organisation ableiten lassen?
- Welche Kriterien bezeichnen den Gesundheitszustand einer Organisation am besten?
- Welche Prinzipien und Instrumente sind in Bezug auf die organisatorische Gestaltung zu verwenden?

Es ist hilfreich, bei diesen Fragestellungen davon auszugehen, dass eine Organisation eine komplexe Konfiguration unterschiedlicher Spannungsfelder darstellt. Die Konfiguration einer Organisation setzt sich aus verschiedenen Elementen zusammen und macht dementsprechend eine differenzierte Betrachtungsweise notwendig.[9] Im Folgenden werden daher Spannungsfelder einer Organisation beschrieben.

10.2.1 Spannungsfelder einer Organisation

Die Organisation eines Unternehmens kann nach *Bleicher* (1991) anhand verschiedener Dimensionen charakterisiert werden. Die Dimensionen stellen Spannungsfelder dar und verdeutlichen die Pole, zwischen denen sich die strategiegerechte Organisation orientieren kann.

Die einzelnen Spannungsfelder lassen sich in vier Gruppen aufteilen: **Technostruktur** versus **Soziostruktur**, **mechanische** versus **organische Struktur**, **Hierarchie** versus **Netzwerke**, **Fremdorganisation** versus **Selbstorganisation**.

Tabelle 10.1

Spannungsfelder in der Organisation

Sachorientierung		Personenorientierung
Formalisierung		Symbolorientierung
Effizienzorientierung		Effektivitätsorientierung
Organisation auf Zeit		Organisation auf Dauer
Monolithische Orientierung	versus	Polyzentrische Orientierung
Steile Konfiguration		Flache Konfiguration
Identitätsentwicklung		Kontextuelle Anpassung
Fremdgestaltung		Eigengestaltung

Quelle: In Anlehnung an Bleicher (1991), S. 60

Technostruktur versus Soziostruktur

Diese ersten beiden Dimensionen können kombiniert werden und umschreiben zwei Typologien:

- Die Technostruktur
- und die Soziostruktur

Die aufgabengebundene **Technostruktur** generiert die sachorientierte Gestaltung sowie die Formalisierung, die personengebundene **Soziostruktur** umfasst hingegen die Personen- und die Symbolorientierung.

- **Sachorientierung versus Personenorientierung:** Die Gestaltung einer Organisation kann sachorientiert oder auch personenorientiert erfolgen. Orientiert sich die Organisation an sachlich-rationalen Aspekten, so steht die Aufgabengliederung gemäß eines klar definierten Anforderungsprofils im Vordergrund; die dazu passenden Aufgabenträger werden gesucht *(Organisation ad instrumentum)*. Organisatorische Instrumente stehen hierbei im Vordergrund.

  Die personenorientierte Ausprägung *(Organisation ad personam)* bündelt die Aufgaben, sodass die Motivation und die Fähigkeiten der Mitarbeiter optimal zum Tragen kommen. Sie richtet sich im Kern an die Mitarbeiter und besitzt daher spezifischen, persönlichen Charakter (z. B. Stellenprofil an einen Mitarbeiter angepasst).

  Die sachorientierte Gestaltung ereignet sich hingegen unpersönlich und charakterisiert sich aufgabenorientiert. Auf diese Weise kann eine Organisation die Mitarbeiter mit Namen in einem Organigramm oder den Schriftverkehr (Personenorientierung) oder auch lediglich dessen Funktion (Sachorientierung) aufnehmen (z. B. Stellenprofil wird an die objektiven Unternehmensanforderungen angepasst).

- **Formalisierung versus Symbolorientierung:** Die Formalisierung versinnbildlicht die schriftliche Fixierung organisatorischer Regelungen und deren Dokumentation. Aufgaben, Kompetenzen, Verantwortung und Arbeitsprozesse werden explizit formalisiert. Diese Technostruktur beabsichtigt, die einwandfreie Aufgabenerfüllung durch eine hohe Anzahl von Regelungen zu erreichen (z. B. exakt formuliertes Stellenprofil mit genauen Anweisungen).

Die Symbolorientierung charakterisiert sich durch Verhaltensnormen, Artefakte, Gewohnheiten und Tabus und wirkt auf diese Weise gestaltend. In Kombination mit personenorientierten Aspekten wird versucht, die Loyalität der Mitarbeiter dem Unternehmen gegenüber zu stärken. Bei dieser Dimension steht die Organisation vor der Wahl, explizit oder implizit Regelungen zu kommunizieren. Während die explizite, formalisierte Art konkret und unmissverständlich ist, wirkt die Symbolorientierung vage und verlangt den Mitarbeitern einen gewissen Grad an Reflektion ab, um die Regelung auf eine konkrete Situation anwenden zu können. Dies ist auch der Vorteil von Symbolen, da sie einen Grad an Flexibilität bei der Anwendung bieten. Sie decken somit mehr Situationen ab, als es die Formalisierung je abdecken kann. Eine Vorschrift ist ein typisches Beispiel eines formalisierten Vorgehens: Eine gewisse Verhaltensform in einem Unternehmen in der Unternehmenskultur zu verankern, entspricht einer typischen symbolorientierten Lösung. (z. B. internes Stellenprofil ohne genaue Beschreibung, aber mit Unternehmenszielen und verhaltensorientiert).

Mechanische versus organische Struktur

Bei diesen Dimensionen wird der Regelungscharakter einer Organisation definiert. Die Effizienzorientierung und die Organisation auf Dauer sind geprägt durch eine **mechanische Struktur**, während die Effektivitätsorientierung und die organisatorischen Regelungen auf Zeit durch eine **organische Struktur** geprägt sind. Beide Arten weisen Vor- und Nachteile auf. Für die Organisation ist es entscheidend, dass die jeweilige Struktur zweckmäßig eingesetzt wird. In einem Bereich wie beispielsweise der Forschungs- und Entwicklungsabteilung macht es keinen Sinn, mechanische Strukturen aufzubauen. In einer Verwaltungsabteilung hingegen können mechanische Strukturen durchaus sinnvoll und funktional sein. Eine Organisation sollte die Fähigkeit besitzen, den sinnvollen Regelungscharakter für ihre Abteilungen, Funktionsbereiche oder auch eine zeitliche Phase auszuwählen, um erfolgreich zu sein.

- **Effizienzorientierung versus Effektivitätsorientierung:** Im Fall der Effizienzorientierung wird versucht, die Teilaufgaben mit eindeutigen Regelungen und geringen Variationen so gut wie möglich zu zerlegen und zu programmieren. Diese Vorgehensweise hat Rationalisierung und Kostensenkung zum Ziel. Häufig ist in diesem Kontext die Rede von Taylorismus.

    Im Rahmen der Effektivitätsorientierung werden hingegen durch offene, unbestimmte Regelungen die Teilaufgaben und Arbeitsprozesse mit einem hohen Variationsgrad festgelegt. Im Zentrum steht die zweckbezogene Bildung der Aufgabenkomplexe. Der organisatorische Aufbau der strategischen Einheiten erfolgt zielgerichtet und flexibel und kann je nach Einzelfall variieren.

- **Organisation auf Zeit versus Organisation auf Dauer:** Die Organisation auf Zeit ist geprägt durch permanenten Wandel und durch die daraus resultierende Notwendigkeit organisatorische Regelungen permanent anpassen zu müssen. Hierbei werden daher die Regeln nur für einen begrenzten Zeitraum festgelegt: Den Zeitpunkt kann ein bestimmter Termin oder aber auch das Ende einer spezifischen Aufgabe bilden.

Bei der Organisation auf Dauer werden hingegen organisatorische Regelungen ohne Zeitbeschränkung festgelegt und Zuständigkeiten grundlegend geregelt. Die organisatorische Struktur wird nur sehr selten verändert. In einer stabilen Branche ist demnach die Organisation auf Dauer umzusetzen. Die Organisation auf Zeit findet in einer turbulenten Branche Anwendung, in der Produkte und Dienstleistungen nur kurze Lebenszyklen aufweisen. In Bezug auf den Wandel von Organisationsstrukturen im zeitlichen Verlauf wird häufig auch von *Change Management (Management des Wandels)* gesprochen.[10]

Hierarchie versus Netzwerke

Hierarchien und Netzwerke können unterschiedlich ausgeprägt (orientiert und konfiguriert) sein:

- **Monolithische versus polyzentrische Orientierung:** Die monolithische Orientierung zeichnet sich durch eine Zentralisierung der Entscheidungsgewalt an der Führungsspitze aus. Unternehmen wie Boeing oder Microsoft treffen die Mehrheit von wichtigen Entscheidungen im jeweiligen Mutterkonzern.

    Polyzentrische Konfigurationen stehen hingegen für eine Dezentralisierung der Verantwortung auf der Ebene mit der höchsten Sachkompetenz. Sie bietet somit den Funktionsbereichen oder Divisionen einen gewissen Grad an Autonomie. Unternehmen wie Nestlé, die Produkte in vielen Ländern herstellen, bei denen sich die Geschmäcker (Bedürfnisse) der Kunden stark von denen anderer Länder unterscheiden, sind polyzentrisch organisiert.

- **Steile versus flache Konfiguration:** Eine steile Konfiguration ist oft die Folge der Arbeitsteilung in Organisationen (z. B. im Sinne von Bandarbeit). Zahlreiche organisatorische Bereiche werden gebildet und auf verschiedene Hierarchieebenen verteilt. Enge Leitungsspannen sind ein offensichtliches Merkmal steiler Konfiguration. Als Leitungsspanne wird die Anzahl der Mitarbeiter verstanden, die sich hierarchisch unter einer Person oder Organisation befinden.

    Im Gegensatz dazu versucht eine flache Konfiguration wenige Bereiche mit geringer Aufgabengliederung zu bilden. Ein Beispiel dafür ist Gruppenarbeit. Breite Leitungsspannen und eine kleine Anzahl von Leitungsstufen sind prägend für eine flache Konfiguration. Die flache Konfiguration ist häufig bei kleinen Unternehmen sowie bei Unternehmen in einem dynamischen und innovativen Marktumfeld vorzufinden.

Hierarchien sind typischerweise die Folge einer monolithischen Gestaltung und einer steilen Konfiguration. **Netzwerke** sind in diesem Kontext Ergebnis einer polyzentrischen Strukturierung und einer flachen Konfiguration.

Fremdorganisation versus Selbstorganisation

Fremdorganisation und Selbstorganisation sind unterschiedlich ausgeprägt:

- **Identitätsentwicklung versus kontextuelle Anpassung:** Bei der **Identitätsentwicklung** streben Organisationen nach Einheitlichkeit und geben wenig Freiraum für die Eigengestaltung organisatorischer Einheiten. Die Integration bzw. Zentralisierung ist wichtig, damit klar abgegrenzte Verantwortungsbereiche gebildet werden können. Identitätsentwicklung wird in der beruflichen Praxis häufig mit dem Begriff *Corporate Identity*[11] verbunden. *Corporate Identity* ist Synonym für die Selbstdarstellung eines Unternehmens durch z. B. sein Logo, die Stilrichtung, die Gebäude. Der Begriff beschreibt somit sämtliche Elemente, mit denen sich ein Unternehmen identifiziert. *Corporate Identity* ist sehr stark in amerikanischen Unternehmen wie auch Universitäten ausgeprägt. *Dress Code (Kleidervorschrift)* oder eine gemeinsame Sprache können Ausdruck dafür sein. *Corporate Identity* hat sowohl nach außen als auch nach innen eine Bedeutung: Nach außen kann sie in einem Alleinstellungsmerkmal für Kunden gegenüber Wettbewerbern begründet sein. Nach innen kann sie die Unternehmenskultur und den Zusammenhalt stärken und zu einer besseren Kommunikation beitragen.

Die kontextuelle Anpassung (exogene Orientierung) stellt das Gegenprofil zur Identitätsentwicklung dar. Sie beabsichtigt, die Erwartungen und Veränderungen der Umwelt möglichst zu reflektieren. (Bottom-up-) Initiativen und Eigenentwicklung von organisatorischen Einheiten werden gefordert. Die Vernetzung des Unternehmens mit der Außenwelt steht hierbei im Vordergrund.

- **Fremdgestaltung versus Eigengestaltung:** Die Fremdgestaltung bezieht sich auf die Entwicklungsform und die Lenkung einer Organisation. Fremdgestaltung ist geprägt durch eine *Top-down-Organisation*. Das heißt, dass sich vom Topmanagement abgesehen die Mitarbeiter in einem vorgegebenen Rahmen bewegen. Die organisatorische Gestaltung wird von der Geschäftsleitung ausgeführt und nicht durch die betroffenen Mitarbeiter. Im Gegensatz dazu erfolgt die Eigengestaltung nach dem *Bottom-up-Prinzip* und versucht, eine breite Mitarbeiteranzahl in die Gestaltung von Organisation miteinzubeziehen.

- **Fremdorganisation** ist die Folge von Identitätsentwicklung und Fremdgestaltung. Das Unternehmen strebt danach, Doppelspurigkeit (doppelte Arbeit in einzelnen Abteilungen) durch Zentralisierung zu vermeiden.

- **Selbstorganisation** ergibt sich aus kontextueller Anpassung und Eigengestaltung. Die kontextuelle Anpassung strebt nach Flexibilität.

Abbildung 10.4: Dimensionen der Organisationsstruktur
Quelle: Bleicher (1991), S. 60

Die beschriebenen Dimensionen eignen sich in der beruflichen Praxis dafür, organisatorische Situationen und Praktiken eines Unternehmens zu **analysieren** *(Ist-Profil)* und zu **konzipieren** *(Soll-Profil),* und bilden ein Klassifikationsraster. Liegen die Ausprägungen einer Organisation eher im Innenkreis[12], so handelt es sich um eine stabile Organisation. Orientiert sich das Profil jedoch an den Ausprägungen des Außenkreises, ist die Rede von einer entwicklungsfähigen und flexiblen Organisation. Jedes Profil hat seine Praxisberechtigung. In Phasen des Wandels ist die entwicklungsfähige und flexible Organisation zu wählen, während in Phasen der Stabilität die stabile Form zu bevorzugen ist.[13]

10.2.2 Bausteine und Basiskonfigurationen von Organisationen

Mintzberg (1979) entwickelte einen Ansatz, der sich mit den grundlegenden Bausteinen und den Basiskonfigurationen von Organisationen befasst. Er betrachtete Organisationen in diesem Zusammenhang als ganzheitlich und reduzierte sie nicht auf deren Aufbaustruktur. Organisationen können nach Mintzberg als komplexe Konfigurationen von Bausteinen aufgefasst werden, zwischen denen koordinierende Mechanismen bestehen. Mintzberg unterscheidet dabei **fünf Bausteine**[14]:

1. **Strategische Spitze:** Die strategische Spitze wird auch als „Topmanagement" bezeichnet. Hier werden zentrale Entscheidungen gefällt, die die Organisation betreffen.

2. **Mittleres Linienmanagement:** Das mittlere Management ist das Bindeglied zwischen dem operativen Kern und der strategischen Spitze.

3. **Operativer Kern:** Innerhalb des operativen Kerns finden die grundlegenden Wertschöpfungsarbeiten statt.

4. **Technostruktur:** Im Rahmen der Technostruktur finden die Entwicklung von Managementsystemen sowie die Kontrolle der Arbeitsprozesse der operativen Bereiche (Finanzspezialisten, Computerspezialisten, Ingenieure etc.) statt.

5. **Unterstützende Einheiten:** Zu unterstützenden Einheiten zählen diejenigen Mitarbeiter, die die operativen Bereiche unterstützen (Kantinenarbeiter, Hilfskräfte, Sekretärinnen etc.).

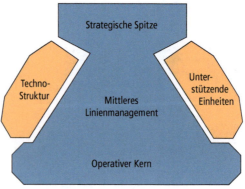

Abbildung 10.5: Konfigurationsbausteine der Organisation
Quelle: Mintzberg (1979), S. 65

Die in ▶Abbildung 10.5 dargestellten Bausteine und Koordinationsmechanismen können bezüglich ihrer Größe und Bedeutung in Abhängigkeit von der unternehmensspezifischen Situation und den Umweltbedingungen stark variieren. Koordinationsmechanismen können einerseits die Überwachung des Topmanagements und des mittleren Managements bedeuten. Andererseits eignen sich verschiedene Standardisierungen dazu, eine Koordinationsfunktion auszuüben. Auf diese Weise können Arbeitsprozesse und die dazu benötigten Fähigkeiten standardisiert werden.

Abbildung 10.6: Basiskonfigurationen
Quelle: Mintzberg (1979), S. 65

Die Bausteine und Mechanismen der Koordination lassen sich nach Mintzberg (1979) in unterschiedliche Basiskonfigurationen unterscheiden: In die einfache Struktur, die industrielle Bürokratie, die Expertokratie, die Divisionalisierung und die Adhocratie. Im Folgenden werden die Bausteine und Mechanismen der einzelnen Basiskonfigurationen näher erläutert.

- **Einfache Struktur:** Die einfache Struktur wird vor allem von kleinen und mittleren Unternehmen (KMUs) angewandt und besteht in der Regel aus nur einer strategischen Spitze und einem operativen Kern. Auf eine explizite Technostruktur und auf Hilfsstäbe wird aus unterschiedlichen Gründen verzichtet. Bei spezifischen Problemen greifen solche Unternehmen auf externe Dienstleister zurück (z. B. auf Berater, IT-Spezialisten). Bei der Anwendung der einfachen Struktur besteht die Gefahr, dass die Unternehmensspitze überlastet wird und ein Mangel an interner Entwicklung von strategisch relevantem Wissen einsetzt.[15]

- **Industrielle Bürokratie:** Die industrielle Bürokratie besteht aus einer ausgeprägten Technostruktur und weist starke Standardisierungen in unterschiedlichen Bereichen auf. Um den steigenden Informationsfluss zu beherrschen, werden Stäbe und technische Hilfsstrukturen aufgebaut. Diese Konfiguration ermöglicht es, große Unternehmen mit Tausenden von Mitarbeitern zu organisieren. Wesentliche Nachteile dieser Koordinationsform bestehen in der Anzahl der Hierarchieebenen und der Gefahr des unkontrollierten Ausbaus der Stabsstellen und der Technostruktur.

- **Expertokratie:** Die Expertokratie wird häufig als professionelle Bürokratie bezeichnet. Hierbei kommt den Hilfsstäben und den Experten im operativen Kern eine große Bedeutung zu. Da das mittlere Linienmanagement nur schwach ausgeprägt ist, werden betriebliche und strategische Entscheidungen rasch an die Experten vor Ort delegiert. Ein wesentlicher Nachteil ist, dass Stäbe keine wesentlichen Impulse für die Unternehmensentwicklung geben.
- **Divisionalisierung:** Die Divisionalisierung ist eine Struktur, die oft von wachsenden Unternehmen bevorzugt wird. Die Divisionalisierung bzw. Einteilung setzt bei den Vorteilen der einfachen Struktur an und versucht, die Nachteile der industriellen Bürokratie zu entkräften. Das Topmanagement benötigt für die Koordination relativ wenige Linienmanager, eine kleine Technostruktur und zudem wenige Stabsstellen. Die einzelnen Divisionen besitzen einen großen Entscheidungsspielraum auf dem Markt und in den eigenen internen Prozessen.
- **Adhocratie:** Die Adhocratie, auch Projektstruktur genannt, weist nur bedingt feste Strukturen auf. In dieser fließenden Struktur werden die Experten verschiedener Disziplinen in Teams zusammengebracht. Die Aktivitäten werden durch Projektorganisation und durch informelle Kommunikation koordiniert. Die Experten sind über die ganze Organisation verstreut und verändern kontinuierlich die Kräfteverhältnisse innerhalb des Unternehmens. Die Entscheidungen werden in erster Linie nicht hierarchisch gefällt, sondern aufgrund des Fachwissens. Da fixe Strukturen fehlen, kann es vorkommen, dass die Koordination der Aktivitäten dadurch erschwert wird. Kreative Expertenteams können sich verselbstständigen. Aufgrund der Vorteile wird diese Konfiguration, zumindest für eine gewisse Zeit, in erster Linie von kleinen, innovativen Unternehmen gewählt.

10.2.3 Organigramm

Die Anwendung und der regelmäßige Einsatz wichtiger organisatorischer Instrumente können einen Wettbewerbsvorteil eines Unternehmens darstellen. Dabei werden Instrumente zur organisatorischen Analyse, zur Gestaltung und Implementierung eingesetzt. Vor allem für eine organisatorische Analyse und Gestaltung sind Tools wie das Organigramm und das Kommunikationsdiagramm äußerst relevant.[16] Das primäre Ziel eines Organigramms ist die Darstellung der Aufgabenverteilung eines Unternehmens sowie die Einstufung und Verbindung zwischen den einzelnen Stellen. In einem Organigramm werden in der Regel die Namen der Stelleninhaber, die Stellennummern sowie die Kostenstellen angegeben.

Organigramme können auf unterschiedliche Art und Weise dargestellt werden. Um die Lesbarkeit und Aussagekraft beizubehalten, sollten jedoch bestimmte Elemente beachtet werden.

10.2 Ganzheitliche Sichtweise: Tools und Umsetzung

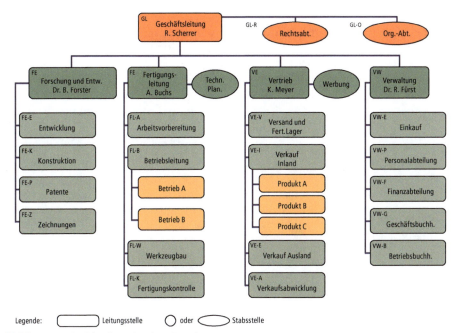

Abbildung 10.7: Basiskonfiguration eines Organigramms
Quelle: Nauer (1993), S. 147 ff.

Wichtige Elemente eines Organigramms
- Darstellung der grundsätzlichen Aufgabenteilung
- Klare Darstellung der Unterstellungsverhältnisse
- Verständliche Bezeichnung von Aufgabenpaketen

Folgende Merkmale können dabei ergänzend berücksichtigt werden:
- Unterscheidung von Linien- und Stabsstellen
- Darstellung der hierarchischen Einordnung
- Kennzeichnung wichtiger Querbeziehungen

Die Aussagekraft von Organigrammen allein, trotz Einhaltung der obigen Kriterien, ist in der beruflichen Praxis begrenzt. Organigramme geben zum Teil nicht Auskunft über die real existierenden Zusammenhänge zwischen Einheiten und Ebenen einer Organisation, sondern informieren über die rein formale Struktur eines Unternehmens. Geübten und erfahrenen Lesern von Organigrammen ist es dennoch möglich, gewisse Eigenheiten und Problembereiche einer Organisation zu erkennen. Das Organigramm gibt Auskunft über das Vorhandensein und über die Anzahl von Planstellen, von vollamtlichen Stellvertretern, von Stabsstellen, von Projektteams, über das Ausmaß der Kontrollspanne[17] oder auch über die doppelt vergebenen Kompetenzen an eine Person. Das Organigramm ist ein sehr hilfreiches Instrument, das auf schnelle Art eine Grobübersicht über ein Unternehmen bietet. In Bezug auf das Lesen eines Organigramms ist es wichtig, die Grenzen dieser Darstellungsart zu kennen und im Auge zu behalten, um dem Ziehen falscher Schlüsse vorzubeugen. So bilden beispielsweise die offiziellen hierarchischen Strukturen die Realität oft nur teilweise ab. In der beruflichen Praxis kann es durchaus vorkommen, dass ein Mitarbeiter zwar formal keine oder kaum Wichtigkeit besitzt, jedoch mittels seiner informellen Kontakte realiter sehr einflussreich ist. Demnach kann die umgekehrte Situation ebenfalls der Fall sein: Eine Führungsposition existiert zwar formal in einem Organigramm, wird *de facto* jedoch nicht als solche innerhalb der Organisation wahrgenommen.

10.3 Klassische Organisationsformen

Das Ziel von Organisationsformen besteht darin, den organisatorischen Ablauf eines Unternehmens bestmöglich auf dessen Zweck, die Vision, die Mission und schließlich auf die konkreten Ziele abzustimmen.[18] Im Rahmen der zeitlichen Unternehmensentwicklung sind permanent organisatorische Anpassungen vorzunehmen. In diesem Zusammenhang wird oft von den Herausforderungen der **organisatorischen Lücke** gesprochen, welche den Unterschied zwischen dem organisatorischen Soll- und dem organisatorischen Ist-Zustand eines Unternehmens beschreibt.

Abbildung 10.8: Übersicht über verschiedene Organisationsformen
Quelle: Baldegger (2007), S. 311

Im Rahmen der organisatorischen Arbeitsteilung und Arbeitsverknüpfung stehen verschiedene Grundformen zur Auswahl.[19] Organisationsformen können einerseits in Strukturtypen unterschieden werden, welche eine **langfristige fixe Verankerung** anstreben. Andererseits gibt es Organisationsformen, die **zeitlich befristet** sind. Darüber hinaus existieren **eindimensionale** und auch **mehrdimensionale** Organisationsformen. Bei den eindimensionalen Organisationsformen ist auf jeder Hierarchieebene ein Gliederungskriterium maßgebend. Gliederungskriterien können hierbei die Funktionen, die Produkte und Dienstleistungen oder die Regionen und die Märkte sein.[20] Im Gegensatz dazu berücksichtigen mehrdimensionale Organisationsmodelle gleichzeitig mehrere wesentliche Gliederungskriterien. Im Prinzip können beispielsweise zwei Gliederungskriterien für ein Unternehmen von gleich großer Bedeutung sein. Diese Mehrdimensionalität findet sich bei fixen Organisationsformen, aber vor allem auch bei zeitlich befristeten Projektorganisationen.

Die Variationsmöglichkeiten werden unter anderem im Ansatz des Multi-Projektmanagements von *Cusumano und Nobeoka* (1999) beschrieben. An Beispielen aus der Automobilindustrie zeigen *Cusumano und Nobeoka* unterschiedliche Projektorganisationen, die maßgebend für eine erfolgreiche Produktentwicklung sind. So stehen auch der Unternehmensleitung eine immer größere Auswahl an organisatorischen Ansätzen und Formen zur Verfügung. Im Sinne einer Optimierungsaufgabe ist diejenige zu wählen, die die Strategie des Unternehmens am besten unterstützt. Jede Organisationsform wirkt sich spezifisch auf die Unternehmenseffizienz und -effektivität aus.[21]

So spielen laut *Greiner* (1972)[22] das Alter einer Organisation und quantitative wie qualitative Kriterien eine entscheidende Rolle. Je nach Phase eines Unternehmens ist eine bestimmte Organisationsform erfolgsversprechender als andere. Die Organisationsform ist somit an die jeweilige Situation, in der sich ein Unternehmen befindet, anzupassen.

Abbildung 10.9: Phasen im Entwicklungsprozess einer Organisation
Quelle: Greiner (1972), S. 41

In ▶Abbildung 10.9 sind die entsprechend optimalen Organisationsformen den einzelnen Phasen eines Unternehmens zugeordnet. Die Organisationsformen reichen hierbei von der Einmannspitze für junge und extrem kleine Unternehmen, bis hin zu neuerungsorientierten Formen der Projekt- und Matrixorganisation für ältere und relativ große Unternehmen.

In den folgenden *Abschnitten 10.3.1*, *10.3.2* und *10.3.3* werden nun die klassischen Organisationsformen, insbesondere die eindimensionalen und mehrdimensionalen Konzepte, sowie die Organisation des Produktmanagements vorgestellt und erörtert.

10.3.1 Eindimensionale Konzepte

Zu den **eindimensionalen Konzepten** gehören folgende drei Organisationsformen:

1. Funktionale Organisation
2. Divisionale Organisation
3. Holdingorganisation

Funktionale Organisation

Die eindimensionale funktionale Organisationsform orientiert sich an den Kerntätigkeitsfeldern eines Unternehmens. Es werden hierbei verschiedene Unternehmensfunktionen unterschieden wie Produktion, Marketing, Human Resource Management, Finanzen und Sales (Verkauf).[23] Zum einen spiegelt die funktionale Organisation den Fluss der Realgüter vom Eingang der Rohstoffe bis hin zum Verkauf der Produkte wider. Zum anderen zeigt sie den Auftragsdurchlauf von der Auftragsannahme im Verkauf (Sales) über die Auftragsabwicklung in der Produktion bis zur Bereitstellung der Ressourcen.[24]

Abbildung 10.10: Funktionale Organisation
Quelle: Straub nach Bleicher (1991), S. 389

Die funktionale Organisation als älteste Organisationsform ist heute vor allem in kleineren und mittelständischen Betrieben anzutreffen. Bei größeren Unternehmen nimmt die Koordination der funktionalen Stellen überproportional zu, weswegen diese Organisationsform dort eher selten vorzufinden ist.[25] Die funktionale Organisationsstruktur eignet sich besonders, wenn die Rahmenbedingungen des Unternehmens stabil und überschaubar sind, eine Arbeitsteilung möglich ist, das Unternehmen eine homogene Produktpalette aufweist und wenn Routineaufgaben überwiegen. Die Vor- und Nachteile dieser Organisationsform sind in ▶*Tabelle 10.2* zusammengefasst.

Mit zunehmendem Wachstum eines Unternehmens, beispielsweise durch eine Erweiterung der Produktpalette, nimmt der Koordinationsbedarf zu. Des Weiteren nehmen die Spezialisierungsvorteile der funktionalen Organisation dadurch ab. Verändern sich auch noch die Umweltbedingungen (z. B. durch eine veränderte Markt- und Wettbewerbssituation), bietet die funktionale Organisationsstruktur keine ausreichende Flexibilität. Ein Wechsel zu einer divisionalen Organisation ist daher oft sinnvoll.

Tabelle 10.2

Vor- und Nachteile der funktionalen Organisation

Vorteile	Nachteile
Einfache, überschaubare Strukturen	Viele Schnittstellen und Interdependenzen können zu Koordinationsproblemen führen
Maximale Nutzung von Spezialisierungseffekten	Gefahr von Bereichsegoismen
Klar definierte und abgegrenzte Aufgaben und Kompetenzen	Überlastung der Unternehmensführung (Nicht-Routine-Aufgaben und Kamineffekt)
Funktionale Aufteilung	Überbetonung des Spezialistentums
Bereichsinterne Kommunikation und Koordination wird begünstigt	Eingeschränkte Möglichkeit der Personalentwicklung
	Geringe Motivationskraft, bedingt durch den fehlenden Sinnbezug der einzelnen Aufgaben

Divisionale Organisation

Die divisionale Organisation ähnelt bezüglich ihrer Struktur der funktionalen Organisation,[26] basiert jedoch nicht auf den Funktionen, sondern auf den Kernprodukten bzw. auf den Objekten eines Unternehmens. Häufig wird die divisionale Organisation als eindimensionale Objektorganisation, Spartenorganisation oder auch als Geschäftsbereichsorganisation bezeichnet. Die Bildung einer divisionalen Organisationsstruktur ist geprägt durch ein differenziertes Produkteprogramm eines Unternehmens. Die produktspezifischen Tätigkeiten bei einem heterogenen Leistungsangebot werden zusammengelegt und in logische Sparten aufgeteilt. Es ist zu beachten, dass kaum alle Tätigkeiten an die Divisionen dezentralisiert werden können. Einige Verwaltungsaufgaben wie das Finanz- und Rechnungswesen oder das Personalmanagement (Human Resource Management) werden oft zentral gesteuert. Dies führt zu unterschiedlich geregelten Zentralabteilungen, auch *Corporate Centers* oder *Zentrale Dienste* genannt. In den 60er- und 70er-Jahren wurden diese Zentralabteilungen in traditionsreichen Unternehmen stark ausgebaut. Seither ist ein Trend zur Dezentralisierung der Verwaltungsaufgaben zu beobachten. Der Trend hin zu Holdingstrukturen unterstützt und limitiert diese Entwicklung.

Die divisionale Organisation kann nach Produkten, Kunden oder auch nach Märkten gegliedert werden. Eine Produktorientierung geht hierbei von einem heterogenen Leistungsangebot oder einer heterogenen Kundenstruktur aus. Insofern kann es sinnvoll sein, einzelne Tätigkeiten in Sparten zusammenzufassen. Dabei sollten soweit wie möglich die Kosten und Erträge der einzelnen Divisionen ausreichend voneinander abgegrenzt werden können.

Während bei der produktorientierten Organisationsform die unterschiedlichen Technologien und Produkteigenschaften zur Spartenbildung führen, ist die Einteilung nach Regionen oder nach Märkten von der Distanz zu den entsprechenden Märkten und einer heterogenen Kundenstruktur geleitet. Die regionale Marktsegmentierung kann auf nationaler Ebene (z. B. bei Handelsbetrieben) beobachtet werden. Regionale Konzepte sind jedoch auch bei internationalen Großunternehmen anzutreffen, wenn diese in ihren mehrdimensionalen Organisationsformen sowohl eine Produktstruktur als auch eine Struktur nach Märkten integrieren.

Die divisionale Organisationsform weist wie jede Organisationsform Stärken und Schwächen auf:

Tabelle 10.3

Vor- und Nachteile der divisionalen Organisation

Vorteile	Nachteile
Entlastung der Unternehmensführung	Gefahr des Spartenegoismus und der kurzfristigen Gewinnorientierung
Bessere Koordination und Entscheidungen in den Divisionen	Mehrbedarf an Leitungsstellen
Ganzheitliche Delegation von Aufgaben, Verantwortung und Kompetenzen	Erforderliche Zentralfunktionen (Personal, Logistik usw.)
Weitgehende unternehmerische Selbstständigkeit der Spartenleiter erhöht die Motivation	Aufgaben werden zum Teil doppelt bewältigt (beschränkte Synergieeffekte)
Kleinere Organisationseinheiten sind flexibler gegenüber Veränderungen der Umwelt	Hoher administrativer Aufwand
Vielfältige Möglichkeiten der Unternehmensentwicklung	
Schnelle Entscheidung und kurze Kommunikationswege	
Maximale Nutzung des spartenspezifischen Know-hows	

Quelle: Nauer (1993), S. 237 ff.

Reine divisionale Organisationsformen sind in der beruflichen Praxis relativ selten. Meist existieren **Mischformen** mit unterschiedlichem Dezentralisationsgrad[27], beispielsweise von funktionaler und divisionaler Organisationsstruktur. Dabei werden bestimmte Funktionen zentralisiert wie Marketing, Forschung und Entwicklung oder auch Sales. Die zentralen Abteilungen fungieren als zentraler Servicebereich und koordinieren unternehmensübergreifend sämtliche Kompetenzen und Ressourcen die entsprechenden Bereiche betreffend. Eine weitere Mischform kann im Zuge einer Internationalisierung von Unternehmen beobachtet werden. Hierbei werden Sparten und Regionen miteinander gemischt. Die Geschäftstätigkeiten und der Zentralisationsgrad der einzelnen Sparten können von Organisation zu Organisation variieren.

Den Extremfall stellen global organisierte Geschäftsbereiche dar, in denen eine zentrale Koordination der Aktivitäten stattfindet. Auf diese Weise kann ein Zulieferer für einen weltweit tätigen Massenproduzenten die gesamte Einkaufspolitik zentral managen. Der Zentralisierungsgrad des Zulieferers folgt dem Zentralisierungsgrad des bzw. der Schlüsselkunden. Die Relevanz globaler Geschäftsbereiche ist in den letzten Jahren überdurchschnittlich gestiegen. Daraus ergeben sich in der beruflichen Praxis schwer lösbare Schnittstellenprobleme zwischen den zentralen und dezentralen Regionalbereichen.

Die divisionale Organisation stellt die Organisationsform der zweiten Hälfte des 20. Jahrhunderts schlechthin dar und findet Anwendung in den unterschiedlichsten Wirtschaftszweigen (z. B. Elektroindustrie, Bankwesen, chemische Industrie).

Holdingorganisation

Im Zuge der Diversifikation von Unternehmen wurden Holdingstrukturen vermehrt eingesetzt, indem diversifizierte Unternehmen eine Umgestaltung von einer divisionalen Organisation hin zu einer Holdingstruktur vornahmen. Die Divisionen wurden zu selbstständigen Einheiten mit eigenständiger Leitung. Eine Holdingorganisation, oft kurz *Holding* genannt, beschreibt die organisationale Struktur eines Unternehmens, welches Beteiligungen an mehreren rechtlich selbstständigen Unternehmen hält, aber nicht selbst am Markt auftritt und keine operativen Tätigkeiten ausführt. Diese Holding, auch Holding-Dachgesellschaft genannt, kann Beteiligungen an einer Vielzahl von Gesellschaften besitzen. Holdingstrukturen können unterteilt werden in eine **Finanz-Holding** und in eine **Management-Holding**.

- **Finanz-Holdingstruktur:** In der Finanz-Holdingstruktur besitzt die Dachgesellschaft keine strategischen Führungsaufgaben bezüglich der Einzelgesellschaften. Sie ist konzentriert auf das Portfolio-Management ihrer Beteiligungen. Gegebenenfalls können dabei Synergien identifiziert und umgesetzt werden. Die Holding-Dachgesellschaft führt in erster Linie Verwaltungs- und Kontrolltätigkeiten aus.

- **Management-Holdingstruktur:** Die Management-Holdingstruktur unterscheidet sich von der Finanz-Holdingstruktur in erster Linie dadurch, dass die Dachgesellschaft die strategische Führung der Einzelgesellschaften übernimmt. Sie wird deshalb auch Konzern-Holding, geschäftsführende Holding, Führungs-Holding oder auch Strategie-Holding genannt. Die Holding-Direktion führt keine operativen und marktorientierten Aktivitäten aus.

Abbildung 10.11: Holdingstruktur
Quelle: Bleicher (1991), S. 638 ff.

Die Management-Holding kann als spezielle Form der divisionalen Organisation betrachtet werden, in der die Sparten rechtlich verselbstständigt sind und organisatorische Identität besitzen. Eine Management-Holding kann entstehen, wenn operative Unternehmensbereiche rechtlich verselbstständigt werden. Die Aktiva werden an bestehende oder neu gegründete Tochtergesellschaften übertragen, die Unternehmensleitung wird zur Dachgesellschaft der Holding umstrukturiert. Das Vermögen wird direkt an die neu gegründete Holding übertragen, wobei Geschäftsführer gegebenenfalls übernommen und deren Beteiligungsgrade verändert werden.

Der spezielle Charakter der Management-Holding besteht in der Möglichkeit, Zentralisierung und Dezentralisierung optimal miteinander vereinen zu können. Die strategische Führung durch die Dachgesellschaft wird kombiniert mit dezentralen Autonomieelementen der Holdinggesellschaften. Die Vorteile der Management-Holding aufgrund der **Zentralisierung** liegen in der Koordination, der Integration und der potenziellen Synergiebildung. Die Management-Holding ermöglicht eine Zentralisierung von Bereichen wie dem Finanzmanagement, der IT oder auch dem Personalmanagement (Human Resource Management). Synergien können beispielsweise bei Produkten und Verfahren realisiert werden oder es können beschaffungs- und vertriebsspezifische Synergien zwischen Holdinggesellschaften zustande kommen. Folgende **Vorteile einer Management-Holding** ergeben sich durch **Dezentralisierung**:[28]

- **Flexibilität:** Die Anpassung der eigenen Wertschöpfungskette an diejenige der Marktpartner kann wie bei der Spartenorganisation schnell erfolgen. Ein wesentlicher Vorteil liegt darin, dass Käufe und Verkäufe von Teilbereichen unverzüglich durchführbar sind.
- **Marktnähe:** Die kleineren verselbstständigten Bereiche verhalten sich unternehmerischer, können Veränderungen am Markt besser wahrnehmen und individueller auf Veränderungen reagieren.
- **Kooperationsfähigkeit und -bereitschaft:** Rechtliche Selbstständigkeit der Sparten fördert die Bildung von Kooperationen. Entscheidungen können schneller getroffen werden, mögliche Kooperationspartner können schneller entdeckt werden. Das Führen von Verhandlungen erweist sich zudem als effizienter. Im Gegenzug ist für den Kooperationspartner der Ansprechpartner leichter erkennbar, größenmäßig reduzierter und überschaubar. Zugleich verfügt die Holdinggesellschaft über eine Finanzkraft im Rücken.
- **Offenheit und Transparenz**
- **Innovationskraft**
- **Finanzkraft**

Aufgrund des **dezentralen Charakters** einer Management-Holding existieren jedoch auch **Nachteile**:

- **Distanz zur strategischen Spitze:** Die Distanz zwischen den rechtlich verselbstständigten Sparten und der strategischen Spitze kann sich ausweiten und die Probleme der Holdinggesellschaften können nicht ausreichend verstanden werden.
- **Quersubventionen:** Müssen defizitäre Holdinggesellschaften subventioniert werden, kann die Gesamteffizienz und -effektivität negativ beeinflusst werden.
- **Kosten für Synergiebestreben:** Das Anstreben operativer Synergien zwischen den Holdinggesellschaften kann zu einer Kostensteigerung führen.
- **Starrheit:** Im Vergleich zu einer Kooperationsstrategie sind Holdingstrukturen strategisch unflexibler und nicht anpassungsfähig.
- **Machtkämpfe:** Kompetenzabgrenzungen zwischen der Dachgesellschaft und den Holdinggesellschaften können zu personellen Machtkämpfen und Motivationsproblemen führen.

An dieser Stelle ist Folgendes festzuhalten: Eine erfolgreiche Umsetzung einer Holdingstruktur verlangt viel Kompetenz, da sie sehr anspruchsvoll ist. Diese Struktur verleiht einer Organisation ein großes Maß an Freiraum bei deren Ausgestaltung.

10.3.2 Mehrdimensionale Konzepte

Mehrdimensionale Organisationsmodelle sind dadurch charakterisiert, dass auf derselben hierarchischen Stufe gleichzeitig zwei (Matrixorganisation) oder mehrere (Tensororganisation) Gliederungskriterien integriert werden.

Matrixorganisation

Die Matrixorganisation basiert auf zwei unternehmerischen Dimensionen, die gleichberechtigt in einer Organisation kombiniert werden. Die Matrixorganisation eignet sich, sobald für die Erreichung der unternehmerischen Ziele zwei Dimensionen (z. B. Funktionen, Produkte oder Märkte) als gleichwertig eingestuft werden. Durch die Überlagerung beider Dimensionen wird erreicht, dass der Zugriff der Fachspezialisten auf die koordinierenden Stellen erleichtert wird.

Ein wichtiges Ziel der Matrixorganisation ist die Verbesserung der Zusammenarbeit zwischen den einzelnen Dimensionen. Damit dieses Ziel erreicht werden kann, bedarf es gewisser Regeln. Grundlegend geht es darum, die Kompetenzen der beiden Dimensionen abzustecken, damit es diesbezüglich keine Überschneidungen bzw. Lücken gibt. Die Verteilung von Macht und Kompetenzen sind folglich elementare Grundprinzipien der Matrixstruktur.

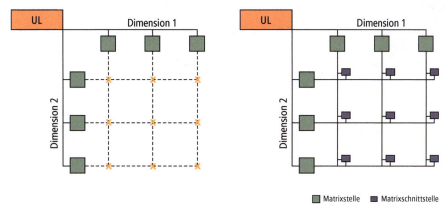

Abbildung 10.12: Matrixorganisation ohne und mit organisatorischer Einheit
Quelle: Bleicher (1993), S. 569 ff.

▶ *Abbildung 10.12* zeigt, dass die Matrixorganisation durch die **Schnittstelle zweier Dimensionen** geprägt ist. Diese Matrix-Schnittstelle kann **unterschiedlich ausgestaltet** werden[29].

1. **Problemorientierte Lösung:** Eine Möglichkeit stellt der gemeinsame Problemlösungsansatz dar. Im Schnittpunkt der beiden Dimensionen steht keine verantwortliche organisatorische Einheit, sondern ein gemeinsam zu lösendes Problem. Die Beteiligten lösen hierbei auf nicht formelle Art und Weise anstehende Probleme.

2. **Problembezogene Arbeitsgruppen auf Zeit:** Eine weitere Möglichkeit stellen problembezogene Arbeitsgruppen auf Zeit oder aufgabenbezogene Kollegien als kooperative Arbeitsformen dar. Im Matrixteam treffen sich die Vertreter verschiedener Dimensionen. Ein Problem wird daher aus verschiedenen Perspektiven heraus analysiert, diskutiert und bearbeitet. Der Vorteil dieser demokratischen Struktur ist, dass im Rahmen des Matrixteams viele Mitarbeiter an einer Entscheidungsfindung bzw. Problemlösung teilnehmen.

3. **Feste organisatorische Einheit:** Eine dritte Variante ist es schließlich, die Schnittstelle der beiden Dimensionen mit einer festen organisatorischen Einheit zu besetzen. Die organisatorischen Einheiten tragen die Verantwortung und werden an der Problemlösung gemessen. Folglich sind drei Bausteine für eine in dieser Weise geformte Struktur zu unterscheiden: Die Matrixleitung, die Matrixstellen und die Schnittstellen.

Die Matrixorganisation kommt in erster Linie bei größeren Unternehmen mit mehr als 250 Mitarbeitern zum Einsatz. Diese Unternehmen verfügen in der Regel über mehrere verschiedene Leistungsangebote und über mindestens zwei relevante unternehmerische Dimensionen. ▶*Tabelle 10.4* fasst die Vor- und Nachteile der Matrixorganisation zusammen.

Tabelle 10.4

Vor- und Nachteile der Matrixorganisation

Vorteile	Nachteile
Verbesserung der innerbetrieblichen Kommunikation und Zusammenarbeit	Doppelunterstellung der Mitarbeiter kann zu Kompetenzproblemen führen
Effizienter Einsatz von Spezialisten	Kompetenzkonflikte können durch Mitarbeiter provoziert werden
Förderung der Teamarbeit durch erhöhte Interaktion	Unterschiedliche Denkweisen in den beiden Dimensionen können zu Problemen führen
Interdisziplinäre Zusammenarbeit fördert Innovationsfähigkeit	Höhere Anforderungen (Flexibilität, Teamarbeit und unternehmerisches Denken) an die Mitarbeiter
Matrixfunktion erhöht Flexibilität und Dynamik	Hohe Ansprüche an die Informationsverarbeitung
Partizipative Lösungsfindung fördert das Betriebsklima	Gefahr der Bürokratisierung durch Überregulierung von Kompetenzen
Spezialisierte Leitungsfunktionen entlasten die Geschäftsleitung	Großer Bedarf an qualifizierten Führungskräften
Flexiblere Anpassung der Strukturen an veränderte Markt- und Wettbewerbsbedingungen	
Vielfältige Möglichkeiten der Personalentwicklung	

10.3 Klassische Organisationsformen

Beispiel 10.2 **Matrixorganisation bei ABB bis 1998**

Abbildung 10.13: Matrixorganisation am Beispiel der ABB (1988–1998)
Quelle: SMUV 2001, S. 8

ABB ist heute weltweit führend in der Energie- und Automationstechnik. Das Unternehmen ermöglicht seinen Kunden in der Energieversorgung und der Industrie, Leistungen zu verbessern und gleichzeitig die Umweltbelastung zu reduzieren. ABB beschäftigt etwa 124.000 Mitarbeiter in rund 100 Ländern. Die vier Geschäftsbereiche Stromerzeugung, Stromübertragung und -verteilung, Industrie- und Gebäudesystemtechnik sowie Verkehr werden seit 1993 von einem Business Area-Manager geleitet. Dieser hält die weltweite Verantwortung. Er bestimmt die Strategie, die Entwicklung und Umsetzung von Produktinnovationen und definiert die Produktprogramme der einzelnen Betriebe. Die regionale Dimension dieser internationalen Matrixorganisation wird durch drei Regionalmanager für die wichtigsten Absatzmärkte Europa, Asien-Pazifik und Amerika abgedeckt. Im Schnittpunkt der Matrix befinden sich die lokalen Einheiten und Profit Center des Unternehmens. Die organisatorisch verankerten Schnittpunkte sind konsequent auf die lokalen Gegebenheiten und Bedingungen ausgerichtet. Dadurch konnte das Unternehmen gleichzeitig lokal und global agieren. Die weltweite Ausnutzung und Koordination länderübergreifender Synergien wurde dank der beiden Matrixdimensionen ermöglicht.

Quelle: SMUV 2001; ABB Schweiz AG, www.abb.ch/cawp/chabb119/
2e584befbc16e6a4c1256b310046595e.aspx?v=3C22&leftdb=global/chabb/
chabb119.nsf&e=ge&leftmi=e235576c46dfb60d412567b0003bc98f (Stand: 06.06.2011)

Wie bei anderen Organisationskonzepten muss die Zweckmäßigkeit des Konzepts in Bezug auf die Bedürfnisse des Unternehmens überprüft werden. Nur so stellt man sicher, dass Nachteile, wie hoher Kommunikationsaufwand, durch eine hohe Innovationskraft kompensiert werden. Dieses Fazit ist auch dem obigen Beispiel-Exkurs zu entnehmen.

Nachdem eindimensionale wie zweidimensionale Konzepte und Organisationsstrukturen beschrieben und diskutiert wurden, soll in folgendem *Abschnitt 10.3.3* die Organisation des Produktmanagements erläutert werden.

10.3.3   Organisation des Produktmanagements

Das wesentliche Ziel der Organisation des Produktmanagements ist es, stets die Anpassungsfähigkeit an Markt- und Wettbewerbsbedingungen eines Unternehmens zu gewährleisten. Produktmanagement wird vor allem dann eingesetzt, wenn ein Unternehmen über eine vielfältige und heterogene Produktpalette verfügt, was eine produktbezogene Koordination sinnvoll macht. Die entsprechenden Märkte zeichnen sich durch hohe Komplexität und Dynamik aus. In Bezug auf die verschiedenen Märkte werden durch das Produktmanagement die Flexibilität und die Aktionsfähigkeit erhöht.

Das Produktmanagement überlagert in der Regel die eigentliche Organisationsform (z. B. funktionelle Organisation) mit einer produktbezogenen Sekundärstruktur. Dieses Matrix-Produktmanagement ist eine mögliche organisatorische Form der Verankerung eines Produktmanagers. Alternativen hierzu sind das Stabs- und das Linien-Produktmanagement sowie der Produktausschuss.

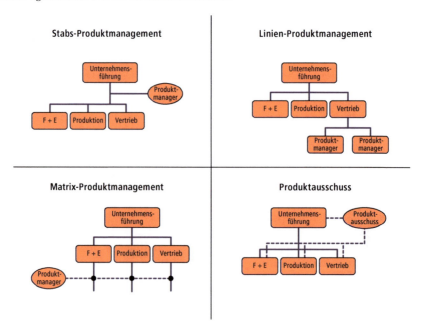

Abbildung 10.14: Formen des Produktmanagements
Quelle: Vahs (1997), S. 151

Bezüglich des Matrix-Produktmanagements erhält der Produktmanager formale Weisungsrechte gegenüber den Fachstellen. Auf diese Weise werden die bekannten Eigenschaften der Matrixorganisation auf das Produktmanagement übertragen.

Abbildung 10.15: Doppelunterstellungsverhältnis im Matrix-Produktmanagement
Quelle: Baldegger (2007), S. 330

Die **Aufgaben des Produktmanagers (PM)** sind umfassend und vielseitig. Seine Tätigkeiten lassen sich grob in **fünf Funktionen** unterteilen:

1. **Analyse:** Die Analysefunktion ist eine zentrale Tätigkeit des PM. Es gilt, die Analyse bezüglich Marktdaten, Kennzahlen und Stärken wie Schwächen durchzuführen, ohne deren Resultat keine fundierten Entscheidungen getroffen und bei den Linieninstanzen umgesetzt werden können.

2. **Innovation:** Der PM muss stets bestrebt sein, das betreute Produkt weiterzuentwickeln und nach neuen Anwendungsmöglichkeiten zu suchen (Innovationsfunktion). Vor allem innerhalb des Marketings kommt ihm große Verantwortung zu: Es werden konkrete Vorschläge zu neuen Marketinginitiativen erwartet, die dementsprechend durch einen größeren Personenkreis umgesetzt werden.

3. **Planung:** Eine weitere zentrale Aufgabe ist die Planungsfunktion. Zu den wichtigsten Planungsaufgaben des PM gehört die Absatzplanung. Dazu gehören beispielsweise die Bestimmung der Zielgruppe, die konkrete Definition des Angebots, Budgetplanung, Verkaufsförderung sowie Preiskalkulation.

4. **Koordination:** Der PM koordiniert zudem sämtliche produktspezifischen Aktivitäten in einem Unternehmen (Koordinationsfunktion). Dazu gehören Produktionsplanung und Verfahren, Corporate Identity und Brand-Management, Abstimmung der Werbemaßnahmen, Betreuung des Außendienstes und kontinuierliche Fortschrittskontrolle.

5. **Kontrolle:** Die getroffenen Maßnahmen müssen gemäß der Richtigkeit und Zweckmäßigkeit überprüft werden (Kontrollfunktion). Die Analyse der Soll-Ist-Situation bietet die Grundlage für Maßnahmepläne der nächsten Phase.

▶Tabelle 10.5 fasst die wesentlichen Vor- und Nachteile der Produktmanagement-Organisation zusammen.

Tabelle 10.5

Vor- und Nachteile der Produktmanagement-Organisation

Vorteile	Nachteile
Verbesserte Umsetzung von Teilstrategien	Produktmanagement als zweite unternehmerische Dimension schafft vor allem Kompetenzprobleme
Erhöhte Schlagkraft der Absatzkraft	Die fachtechnischen und persönlichen Anforderungen an den Produktmanager sind enorm
Entlastung der Geschäftsleitung von Koordinationsaufgaben	
Erhöhte Innovationsmöglichkeiten	

Quelle: Straub in Anlehnung an Baldegger (2007), S. 331

10.4 Moderne Organisationsformen

In diesem Abschnitt werden zwei grundlegende und aktuelle Organisationsformen vorgestellt und diskutiert: Die **virtuelle Organisation** und die **Clusterorganisation**.

10.4.1 Virtuelle Organisation

Bei der virtuellen Organisation, oft auch Netzwerkorganisation genannt, handelt es sich um ein kleines Kernunternehmen, das wichtige Arbeitsschritte an Außenstehende (Externe) weitergibt. Virtuelle Organisationen sind stark dezentralisiert, funktionieren raum- und zeitunabhängig, sind durch temporäre virtuelle Wertschöpfungsnetzwerke charakterisiert und nur selten durch physische Attribute zu beschreiben.[30]

Aus dem Bestreben nach mehr Flexibilität ergeben sich Tendenzen hin zu einer virtuellen Organisation. Ein Netzwerk von Beziehungen ermöglicht es, wichtige wertschöpfende Aktivitäten an temporäre Partnerfirmen weiterzuvergeben, und auf diese Art und Weise Aufträge besser und kostengünstiger zu erledigen.

Eine wichtige Kernkompetenz eines virtuellen Unternehmens besteht in der Koordination der eigenen Aktivitäten sowie der Beziehungen nach außen. Diese Koordinationsfunktion nach innen und außen wurde erst durch die Fortschritte in der Computer- und Kommunikationstechnologie ermöglicht.[31] Hierin liegt der wesentliche Grund für die Existenz und die starke Popularität von virtuellen Organisationen in heutiger Zeit.

Zielsetzung und Grundidee der virtuellen Organisation ist es, die Wertschöpfungskette durch virtuelle Verknüpfung mit anderen Unternehmen zu optimieren. Das bedeutet eine Konzentration auf die Kernkompetenzen und Auslagerung von Supportprozessen sowie anderen unterstützenden Prozessen und Aktivitäten. Gelingt es, diese Grundidee ohne Nachteile für interne und externe Kunden und ohne übermäßige Koordination umzusetzen, ist die Rede von einem *virtuellen Unternehmen*.

Scholz (1997) definiert darüber hinaus folgende Merkmale einer virtuellen Organisation:

- **IT-Infrastruktur:** Eine adäquate IT-Infrastruktur mit entsprechendem Know-how zur Verbindung der einzelnen Einheiten im virtuellen Unternehmensverbund.
- **Vertrauen:** Gewachsenes Vertrauen zwischen den einzelnen Akteuren.
- **Kernkompetenzen:** Individuelle Kernkompetenzen und die Fähigkeit zur synergetischen Kombinierbarkeit der erwähnten Kernkompetenzen.

Durch den Wegfall physischer Merkmale und durch spezielle Zusatzmerkmale erlangen virtuelle Organisationen zusätzliche Nutzenaspekte. Auf diese Weise sind sie flexibler, anpassungsfähiger und weisen zwischen den Organisationspartnern Synergiepotenzial auf.

> **Beispiel 10.3** **Puma – Ein virtueller Konzern**
>
> *Puma* ist heute eines der weltweit führenden Sportlifestyle-Unternehmen, das Schuhe, Textilien und Accessoires designt und entwickelt. *Puma* setzt sich dafür ein, Kreativität zu fördern, umwelt- und sozialverträglich zu handeln und zum Frieden beizutragen. Gemäß den Unternehmensprinzipien möchte das Unternehmen fair, ehrlich, positiv und kreativ handeln.
>
>
>
> Quelle: © Thomas Becker/123rf.com
>
> Im Jahr 1993 war der damalige Sportartikelhersteller in eine schwere Krise geraten. Der Aktienkurs sank auf 7 Euro und das Image des Sportschuhherstellers war ruiniert. Der damals 29-jährige neue CEO Jochen Zeitz setzte daher auf einen radikalen Wandel und kombinierte Sport konsequent mit Lifestyle und Mode. Er hatte unter anderem zum Ziel, das Unternehmen in einen virtuellen Konzern umzuwandeln: Ein konsequent dezentral organisiertes und weltweit tätiges Unternehmen sollte realisiert werden. Als Erstes wurde die eigene Produktion eingestellt und nach Osteuropa und Asien verlagert. Die Produktion und das Netz der Partnerbetriebe werden heute von der Unternehmenszentrale in Hongkong kontrolliert. Die virtuelle Organisation half Puma wesentlich, sich den neuen Herausforderungen der Branche zu stellen.
>
> Quelle: David (2004), S. 27; www.puma.com (Stand: 06.06.2011)

10.4.2 Clusterorganisation

Die Clusterorganisation ist eine weitere moderne Organisationsform, bei der für die wichtigsten unternehmerischen Prozesse Subsysteme, sogenannte Cluster gebildet werden. Diese umfassen in der Regel maximal 30 bis 40 Mitarbeiter und sind relativ lose mit dem Gesamtunternehmen vernetzt. Die Clusters oder Teams werden durch unterstützende Einheiten, sogenannte *Support-Groups*, unterstützt.[32]

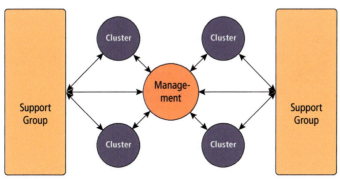

Abbildung 10.16: Clusterorganisation nach Gomez und Zimmermann
Quelle: Straub in Anlehnung an Gomez und Zimmermann (1993), S. 188 f.

Die einzelnen Teams setzen sich ihre Ziele weitgehend selbst, ihnen stehen eigene organisatorische Ressourcen zur Verfügung. Das Gewicht liegt bei der Clusterorganisation nicht auf Regelungen wie Pflichtenheften, auf Titeln, auf Dienstwegen oder auf definierten Prozessen, sondern auf Eigenschaften wie Eigendynamik, Initiative, *Job Rotation*, *Job Enrichment* sowie Kooperation. Indem die Entscheidungsmacht auf der möglichst untersten Hierarchiestufe liegt, sollen das Verantwortungsbewusstsein und die Flexibilität der Teams gefördert werden. Eine Netzwerkstruktur in einem Unternehmen kann zu folgenden Vor- und Nachteilen führen:

Tabelle 10.6

Vor- und Nachteile der Clusterorganisation

Vorteile	Nachteile
Unternehmerisches Verhalten der Mitarbeiter	Instabilität des Systems
Hohe Flexibilität	Abhängigkeit von wenigen Teamverantwortlichen
Gutes Klima für Innovationen	Einsatz traditioneller Kontrollinstrumente nicht möglich
Variationsreicher, strategiekonformer Einsatz der Mitarbeiter	Hohe soziale Anforderungen an Mitarbeiter
Geringe Overhead-Kosten dank flacher Struktur	

In der beruflichen Praxis stößt die Clusterorganisation häufig beim mittleren Management auf großen Widerstand. Mit der konsequenten Delegation von Verantwortung an Bereichsteams kommt es vor allem für das mittlere Management zu Autoritäts- und Machtverlust. Im Extremfall können einzelne Führungskräfte komplett wegrationalisiert werden. Diese Organisationsform ist vor allem in innovativen und sich rasch wandelnden Bereichen oder Betrieben vorzufinden, wie beispielsweise in der Telekommunikationsbranche oder generell in der Forschung und Entwicklung.

▶Abbildung 10.17 zeigt den Vergleich der Clusterorganisation mit den Eigenschaften traditioneller Organisationsformen, insbesondere der Linien- und der Matrixorganisation.

Formen \ Kriterien	Linien-Organisation	Matrix-Organisation	Cluster-Organisation
Grundlagen	technische Arbeitsteilung	Koordination von Funktionen/Produkten	Networking Produkte-Teams
Führungsstufen	viele	einige	sehr wenige
Leitungsspanne	eher klein	begrenzt	sehr groß
Kommunikation	vorwiegend vertikal	beschränkt auf Konfliktlösung	unbegrenzt, Networking
Leistungsbeurteilung	durch übergeordneten Chef	durch Linien- und Fachvorgesetzten	durch Teammitglieder/Kunden
Managementprinzip	Koordination	Kooperation	Kollaboration
Zielsetzung	Top-Down	verschiedene Stellen	Eigenziele durch Vision
Entscheidungsfindung	übergeordnete Instanzen	Linien- und Fachvorgesetzter	auf der tiefstmöglichen Stelle
Zuteilung Ressourcen	Top-Management	funktional Verantwortlicher	Vereinbarung zwischen Team-Chef und Zentrale

Abbildung 10.17: Eigenschaften der Linien-, Matrix- und Clusterorganisation
Quelle: Baldegger (2007), S. 346

10.5 Führungsorganisation (Corporate Governance)

Führungsorganisation, häufig auch *Corporate Governance* genannt, befasst sich mit der Struktur der Geschäftsführung und ihrer Kontrolle. Die Führungsorganisation eines Unternehmens hat demnach zu gewährleisten, dass das Unternehmen führbar bzw. lenkbar ist.

Unterschiedliche Problemstellungen, die je nach Rechtsform und Größe des Unternehmens in unterschiedlicher Form angegangen werden, gilt es hierbei zu lösen. Bei einem kleinen Unternehmen ist die Führung in der Regel auf eine Person bzw. auf wenige Personen beschränkt. Oft sind es auch Familienmitglieder, die die Führungsrolle übernehmen. Die Existenz einer Eigentümerfamilie hat großen Einfluss auf die Konstellation der Führungsorganisation. Entsprechend dem *Swiss Code of Best Practices for Corporate Governance* der *Economiesuisse* bedeutet **Corporate Governance** bzw. **Führungsorganisation** die *„Gesamtheit der auf Aktionärsinteressen ausgerichteten Grundsätze, welche unter Wahrung von Entscheidungsfähigkeit und Effizienz auf der obersten Unternehmensebene Transparenz und ein ausgewogenes Verhältnis von Führung und Kontrolle anstreben"*.[33]

Aufgrund unterschiedlicher regulatorischer Rahmenbedingungen, welche sich im geschichtlichen Zeitablauf entwickelt haben, lassen sich Corporate Governance-Systeme verschiedener Marktwirtschaften voneinander unterscheiden. Weltweit haben sich drei wichtige *Governance-Typen* herausgebildet: USA bzw. UK, Kontinentaleuropa, und Japan bzw. Korea. Wissenschaftliche Untersuchungen zeigen, dass sich diese drei Systeme in der Wirkung, sprich in dem produzierten Resultat, nicht wesentlich unterscheiden, wohl aber in der Anpassungsgeschwindigkeit.[34] Nachfolgend werden zwei wichtige Governance-Systeme vorgestellt: Das *Board-Modell* (einstufiges System) und das *Aufsichtsratsmodell* (zweistufiges System).

10.5.1 Aufsichtsratsmodell

Das Aufsichtsratssystem beschreibt ein duales Corporate Governance-System. Es besteht aus einem Zweikammernsystem, das Führung und Kontrolle auf zwei Organe aufteilt. Dieses Modell ist vorwiegend in Deutschland, Österreich, den Niederlanden und Dänemark verbreitet. Es schreibt die Organe Aufsichtsrat, Vorstand und Hauptversammlung der Aktionäre vor. Der Aufsichtsrat als Überwachungsorgan überwacht im Interesse der Stakeholder das geschäftsführende Organ, sprich den Vorstand eines Unternehmens. Der Aufsichtsrat und der Vorstand werden durch einen Vorsitzenden präsidiert. Das System ermöglicht zudem, dass im Aufsichtsrat Mitarbeiter vertreten sind (Mitarbeitervertretung). Für Unternehmen mit mehr als 2.000 Mitarbeitern ist es Vorschrift, im Aufsichtsrat zur Hälfte eine Vertretung der Mitarbeiter aufzuweisen.

Der Vorstand wird aus internen Mitgliedern zusammengesetzt und besitzt als Kollektiv eine uneingeschränkte Führungsverantwortung. Er übernimmt vollumfänglich die Aufgaben des strategischen Managements. Der Aufsichtsrat hat somit nur indirekt Einfluss auf die Unternehmensstrategie, indem er die Zusammensetzung des Vorstandes bestimmen kann. Diese klare Trennung zwischen Führung und Kontrolle wird als wesentlicher Vorteil des Aufsichtsratsmodells betrachtet.

Folgende Punkte stehen in diesem Zusammenhang im Wesentlichen zur Diskussion:

- Die Beteiligung der Arbeitnehmerseite im Aufsichtsrat
- Die Möglichkeit, eine Fülle von Aufsichtsratsmandaten gleichzeitig wahrzunehmen
- Die Möglichkeit, gleichzeitig Aufsichtsratsmandate bei Wettbewerbern wahrzunehmen
- Die häufig anzutreffende Praxis, dass Vorstandsvorsitzende nach dem Ausscheiden aus dem Vorstand die Position des Aufsichtsratsvorsitzenden einnehmen

10.5.2 Board-Modell

Das Board-System beschreibt ein monistisches *Corporate Governance-System*. Führung und Kontrolle sind in einem Gremium zusammengefasst. Es ist vorwiegend in den angelsächsischen Ländern, aber auch in Italien, Frankreich und Spanien anzutreffen. Ziel eines Unternehmens ist es in diesem Zusammenhang vor allem, den *Shareholder Value* zu steigern. Einstufig ist das System in dem Sinne, dass Führung und Kontrolle des Unternehmens integriert wahrgenommen werden. Das *Board* ist das einzige Verwaltungsorgan und setzt sich aus internen und externen Direktoren zusammen. Der *Chairman of the Board (Verwaltungsratspräsident)* steht an der Spitze und kann unter anderem gleichzeitig die Position des *President and Chief Executive Officer (CEO)* einnehmen. Somit verfügt der Chairman über große Macht, was in den letzten Jahren zu häufigen Diskussionen geführt und sich zu einem zentralen Thema in den Medien entwickelt hat.

Die Aufgaben des *Boards* werden häufig ergänzt durch spezielle Ausschüsse. Ein *Audit Committee* aus externen Direktoren und Fachexperten wird gebildet, damit die Überwachung des *Boards* unabhängig geschehen kann. Mit diesen möglichen Ausschüssen kommt das angelsächsische System dem deutschen Aufsichtsratsmodell sehr nahe.

> **Beispiel 10.4** **Board-Modell der Southwest-Airlines**
>
> Anbei sind die wichtigsten Funktionen des *Board-Modells* der *Southwest Airlines* aufgeführt:
> - **Chairman of the Board:** Gary C. Kelly (seit 2008)
> - **President and Chief Executive Officer (CEO):** Gary C. Kelly (seit 2004)
> - **Chief Operating Officer (COO):** Michael G. Van de Ven (seit 2008)

Beim *Board-Modell* werden die externen Direktoren stärker in strategische Entscheide der Unternehmensführung eingebunden. Dies wird häufig als Vorteil gesehen. Zugleich bedeutet dies jedoch auch, dass die externen Direktoren besser informiert sein und eine höhere zeitliche Verfügbarkeit aufweisen müssen. Als Nachteil ist die mögliche Machtfülle zu erwähnen, wenn eine Personalunion aus *Chairman* und CEO vorliegt. Zudem existiert generell die Gefahr, dass eine ungleiche Machtverteilung im Unternehmen entsteht.

> **Exkurs** *Governance* in der Schweiz – Das Verwaltungsratsmodell
>
> Das einstufige **Verwaltungsratsmodell** in der Schweiz unterscheidet sich vom *Board-Modell* durch hohe Flexibilität und weist drei Organe – den Verwaltungsrat, die Generalversammlung und die Kontrollstelle – auf. Es bietet den Unternehmen die Möglichkeit, die Führungs- und die Überwachungsfunktion zu trennen, indem die Führungsfunktion an einen oder mehrere Delegierte außerhalb des Verwaltungsrates übertragen werden kann. Somit kann auf Grundlage des schweizerischen Obligationenrechts eine institutionelle Trennung zwischen Führung und Überwachung vorgenommen werden. Es existieren verschiedene Varianten der Überwachung und Führung eines Unternehmens:
>
> 1. **Insider-Board:** Die Führung und Überwachung der Unternehmen wird von dem Verwaltungsrat als Kollektiv übernommen.
> 2. **Insider-Outsider-Board:** Die Führungsaufgabe wird von dem Verwaltungsrat an einen oder mehrere Mitglieder des Verwaltungsrates delegiert. Der Verwaltungsrat übernimmt diesbezüglich die Überwachung.
> 3. **Outsider-Board:** Die Führungsaufgabe wird von dem Verwaltungsrat an einen Direktor bzw. an mehrere Direktoren delegiert, die nicht dem Verwaltungsrat angehören. Die Überwachung nimmt der Verwaltungsrat vor.

4. Board-Aufsichtsrat: Die Geschäftsführung wird zusammengesetzt aus einem bzw. aus mehreren Verwaltungsratsdelegierten und aus einem Direktor bzw. aus mehreren Direktoren, die nicht dem Verwaltungsrat angehören. Die Überwachungsaufgabe übernimmt der Verwaltungsrat.

UBS

Laut eines Zeitungsberichts der Sonntagszeitung hat die *„UBS bezüglich Qualität der Geschäftsberichterstattung einen ausgezeichneten Stand und die transparenten Angaben zur Corporate Governance werden gelobt. Für die Zukunft stellen sich bei der Großbank aber völlig neue Fragen zur Kontrolle und Überwachung der Geschäftsführung. Im April 2006 besitzen die Angestellten 10 Prozent der 667 Millionen Stimmrechte der Großbank. In den Jahren 2007–2009 werden die Mitarbeiter weitere 19 Prozent aufgrund der Options- und Aktienprogramme erhalten. Es wird davon ausgegangen, dass die Mitarbeiter im Jahre 2011 die Hälfte der stimmberechtigten Aktien besitzen. Mithin werden in Zukunft sehr wahrscheinlich nicht mehr die institutionellen Anleger dominieren, sondern im Sinne einer Selbstverwaltung die Aktionäre".*

Quelle: Sonntagszeitung, Jg.19, 13, 65, 2006

Die Vorteile des schweizerischen Verwaltungsratsmodells liegen in seiner großen Flexibilität. Obwohl die Verantwortung der Unternehmensführung bei dem Verwaltungsrat bleibt, kann eine unechte Trennung der Führung von der Überwachung vorgenommen werden. Nachteile dieses Modells liegen, wie auch bei dem *Board-Modell*, in der Asymmetrie der Machtverteilung. Somit spielt auch in der Schweiz der *Swiss Code of Best Practices* eine wichtige Rolle. Die Funktionen des Verwaltungsrates und seiner Untergruppen werden klar beschrieben.

Auf diese Weise kommt der Zusammensetzung des Verwaltungsrates eine maßgebliche Rolle zu. Die Größe des Verwaltungsrates sollte so bestimmt sein, dass eine effiziente Willensbildung möglich ist und dass seine Mitglieder Erfahrung und Wissen aus verschiedenen Bereichen in das Gremium einbringen und die Funktionen von Leitung und Kontrolle unter sich verteilen können. Die Größe des Gremiums ist auf die Anforderungen des einzelnen Unternehmens abzustimmen. Dem Verwaltungsrat sollen Personen mit nötigen Fähigkeiten angehören, damit eine eigenständige Willensbildung in kritischem Gedankenaustausch mit der Geschäftsleitung gewährleistet ist. Eine Mehrheit besteht in der Regel aus Mitgliedern, die im Unternehmen keine operativen Führungsaufgaben erfüllen, diese werden „nicht exekutive Mitglieder" genannt.

Reflexionsfragen

1. Diskutieren Sie mögliche Vorteile und Nachteile des Schweizer Systems.
2. Vergleichen Sie das Schweizer System mit dem angelsächsischen und deutschen System.
3. Welches Risiko könnte der oben geschilderte Kontext für die UBS bergen?

ZUSAMMENFASSUNG

Folgende Inhalte wurden in diesem Kapitel behandelt:

- In diesem Kapitel wurde erläutert, warum es Organisationen gibt und diese notwendig sind: Hierfür sind vor allem das Effizienzkriterium sowie die Simplifizierung und Beherrschung der Umwelt verantwortlich. Die Organisationsstruktur sollte nicht alleine, sondern immer zugleich mit der Unternehmenskultur und -strategie betrachtet werden. Zwischen diesen drei Dimensionen besteht eine starke Interdependenz. Der Begriff „Organisation" kann als Instrument, als Unternehmensfunktion und als Institution verstanden werden.

- Verantwortlich für die Unternehmensfunktion Organisation ist in der Regel der *Chief Operating Officer (COO)*. Seine wesentliche Aufgabe besteht darin, sämtliche Prozesse und Leistungen eines Unternehmens zu führen, zu organisieren und zu steuern. Die Rolle der Organisation lässt sich in folgende Einsatzbereiche aufteilen: In Prozess- und Ablauforganisation, in Struktur- oder Aufbauorganisation und schließlich in Führungskonzepte. Darüber hinaus gibt es unterschiedliche Spannungsfelder einer Organisation: Technostruktur versus Soziostruktur, mechanische versus organische Struktur, Hierarchie versus Netzwerke und schließlich Fremdorganisation versus Selbstorganisation. Je nach Ziel und Situation einer Organisation gilt es immer wieder von Neuem, das richtige Gleichgewicht in Bezug auf die Spannungsfelder zu finden.

- Nach Mintzberg existieren folgende Bausteine einer Organisation: strategische Spitze, Linienmanagement, operativer Kern, Technostruktur und unterstützende Einheiten. Es wurden unterschiedliche Basiskonfigurationen von Organisationen beschrieben, insbesondere die einfache Struktur, die industrielle Bürokratie, die Expertokratie, die Divisionalisierung und die Adhocratie. Das Organigramm stellt ein wichtiges Instrument der Organisation dar, es bildet das formale Gerüst eines Unternehmens schematisch ab.

- Es wurden sowohl klassische als auch moderne Organisationsformen vorgestellt und diskutiert. Es ist festzuhalten, dass es nicht die ideale Organisationsform per se gibt. Jede Organisationsform weist Vorteile wie Nachteile auf. In der beruflichen Praxis findet man meist Mischformen vor, die für den Erfolg und Erhalt eines Unternehmens ausschlaggebend sind. Bei der Analyse eines Unternehmens kann man sowohl die formale Struktur als auch die damit verbundene Entscheidungsfindung, Orientierung und Positionierung der Organisation bzw. der Abteilungen oder Elemente bestimmen.

- Die Führungsorganisation *(Corporate Governance)* befasst sich mit der Struktur der Geschäftsführung und ihrer Kontrolle. Zwei wichtige Ansätze im internationalen Vergleich sind das *Aufsichtsratsmodell* und das *Board-Modell*.

AUFGABEN

1. Wodurch begründet sich die Existenz von Organisationen in der Umwelt?
2. Nennen und beschreiben Sie die Rolle und Bedeutung von Organisationen.
3. Beschreiben Sie die Spannungsfelder einer Organisation.
4. Welches sind die Vor- und Nachteile eines der genannten eindimensionalen Organisationskonzepte.
5. Welche Anforderungen sollten in einem Unternehmen gegeben sein, damit die Vorzüge einer Matrixorganisation zum Tragen kommen?
6. Erörtern Sie die wesentlichen Unterschiede zwischen Aufsichtsratsmodell und Board-Modell.

Weitere Aufgaben mit Lösungen befinden sich in begleitendem Übungsbuch als E-Text.

Fallstudie: W. L. Gore & Associates – Möglichst viel Freiraum und möglichst wenig Regeln

Hohe Kreativität und Innovation durch flache Hierarchien und unorthodoxe Führungsformen – das Erfolgsrezept der Firma

„Make money and have fun". Mit dieser Vision gründete der Ex-DuPont-Chemiker Bill Gore 1958 eine außergewöhnliche High-Tech-Company im US-Bundesstaat Delaware, die von Anfang an darauf abzielte, die Kreativität und Innovationskraft der Beschäftigten durch unorthodoxe Organisationsformen zu fördern. Ohne klassische Kontrollmaßnahmen wollte der Amerikaner die Mitarbeiter dazu motivieren, in einer flexiblen, teamorientierten Kultur über ihre Stärken zu wachsen und durch neue Erfindungen und originelle Problemlösungen die technologische Führerschaft des jungen Unternehmens zu behaupten und auszubauen.

Betrachtet man den Siegeszug der Gore-Produkte seit der Firmengründung, so verwundert es nicht, dass die ungewöhnliche Unternehmensphilosophie, die anfangs für „exotisch" gehalten wurde, zunehmend in der Wirtschaftswelt Respekt und Anerkennung gefunden hat. Als weltweit führender Spezialist in der Verarbeitung von Fluorpolymeren, speziell des PTFE (Polytetrafluorethylen), steht der Name Gore für innovative Produkte und Technologien – ein Ruf, der allein schon in den vergangenen knapp zwei Jahrzehnten der Firma weit über vierzig Preise und Auszeichnungen eingebracht hat. Zudem hat sich die Gore-Unternehmenskultur insbesondere in Nordamerika und Europa als äußerst attraktiv erwiesen. In den USA liegt sie seit Jahren auf den Top Ten Plätzen der Fortune-Liste „100 Best Companies to work for".

Gore Schottland belegte heuer wie schon mehrfach in den vergangenen Jahren die Spitzenposition des Sunday-Times-Rankings in Großbritannien. In Deutschland, wo Gore seit Einführung des Wettbewerbs „Deutschlands Beste Arbeitgeber" 2003 teilnimmt, erhielt das Unternehmen in diesem Jahr wiederum die „Gold Trust Champion" Auszeichnung. Damit ist Gore eines von nur drei Unternehmen, das ununterbrochen seit Beginn des Wettbewerbs neunmal in Folge zu den ausgezeichneten Unternehmen zählt. Gore Frankreich platzierte sich 2011 auf Rang 2 und Gore Schweden sogar erneut auf Platz 1 bei ihrem jeweiligen Landeswettbewerb. In Italien rangiert die Gore Gesellschaft ebenfalls seit Jahren unter den anerkanntesten Arbeitgebern des Wettbewerbes.

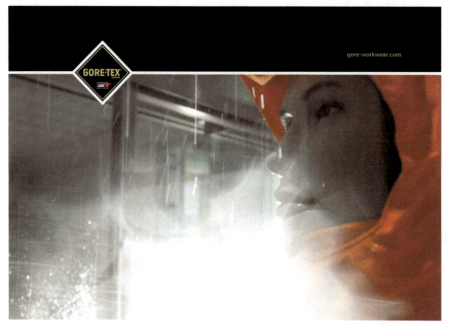

Quelle: W. L. Gore & Associates

In Europa hat Gore Produktionsstandorte und Verkaufsbüros in Schottland und Deutschland, zusätzlich gibt es Verkaufsgesellschaften in allen wichtigen Märkten Europas.

Das US-Unternehmen mit einem Umsatz von rund 3 Milliarden US-$ weltweit ist vor allem auf dem Gebiet der Funktionstextilien weltbekannt – nicht zuletzt durch seine GORE-TEX Produkte, die von Outdoor-Fans über Extremsportler bis hin zu Feuerwehrleuten besonders geschätzt werden. Aber darüber hinaus ist Gore auch in den Märkten der Elektronik-, Medizin- und Industrieprodukte tätig. Rund um den Globus sind Gore-Fachleute damit beschäftigt, zukunftsweisende Problemlösungen mit Fluorpolymeren zu finden und auf neuen Märkten zu präsentieren – sei es in wasserdichten Sportschuhen, Schutzkleidung, Prothesen, Brennstoffzellen, Handy-Dichtungen, Raumfahrtleitungen, medizinischen Diagnosegeräten oder als textile Architekturmembrane. Überall, wo höchst widerstandsfähige, flexible Kunststoffe gebraucht werden, ist Gore dabei: im Space Shuttle wie im menschlichen Körper.

Strategisch ist Gore auf Product Leadership und die fortlaufende Entwicklung innovativer Produkte mit besonderem Kundennutzen ausgerichtet. Konsequenterweise investiert das Unternehmen fortlaufend in Forschung und Entwicklung, wohl wissend, dass der Schlüssel zum Erfolg in der Innovationskraft seiner mehr als 9.500 Associates liegt. Und dazu gehört wiederum ein entsprechend kreatives Umfeld, um Produkte und Prozesse auf den neuesten Stand zu bringen. Im Falle von Gore heißt das: die Einbettung in eine spezielle Kultur, die sowohl soziologische und philosophische als auch wirtschaftliche Grundwerte in sich vereint.

Leitmotiv dabei ist die Grundüberzeugung des Firmengründers, dass man am kreativsten in einem Team gleichberechtigter Personen arbeitet – und zwar vernetzt in einer gitterähnlichen Struktur („lattice"), die flach und eng verknüpft sein müsste. Für ihn war der Mitarbeiter kein Untergebener, sondern „Teilhaber". Eine Idee, die im Firmennamen „W. L. Gore & Associates" fest verankert und in den 70er-Jahren mit einem Aktien-Beteiligungs-Programm erweitert wurde. Demnach sollen alle Gore-Mitarbeiter vom Erfolg ihres Unternehmens profitieren, indem sie zusätzlich zum normalen Gehalt regelmäßig Anteile von (nicht börsennotierten) Gore-Aktien erhalten. Das sind für jeden Einzelnen – unabhängig von seiner Funktion – profitable Aussichten: Je nach Dauer seiner Betriebszugehörigkeit und der Aktienkursentwicklung kann sich dann daraus ein beachtlicher Betrag ergeben.

Grundlage der Gore-Welt ist ein Netzwerk von überschaubaren Einheiten mit direkten Kommunikationswegen: „Small is beautiful". Natürlich bringt ein solches Konzept aufwendige Infrastrukturen mit sich. Aber die Vorteile liegen ebenso auf der Hand, wie Eduard Klein, Mitglied der Geschäftsführung der deutschen Gore Tochtergesellschaft in Putzbrunn, betont: „Bei einer Anzahl von etwa 250 bis 300 Associates kennen sich die Einzelnen noch und können in persönlicher Atmosphäre miteinander arbeiten. Das war die Idee von Bill Gore." Aus betriebswirtschaftlicher Sicht ist ihm und seinen Kollegen in der Geschäftsleitung sehr wohl bewusst, dass kleine Einheiten mehr Kapital binden können. „Daher wägen wir bei jeder Einheit sorgfältig ab, welche Größenordnung die beste ist, um flexibel auf den Markt zu reagieren."

Bei allen Handlungen gelten für Associates vier Prinzipien: Freiheit, Selbst-Verpflichtung („Commitment"), Fairness und Waterline. Jeder arbeitet produktbezogen in Projekt-Gruppen oder funktionalen Teams und soll sich möglichst frei nach seinen Stärken entwickeln. „Wer eine gute Geschäftsidee hat und seine Kollegen dafür gewinnt, kann rasch ein Projekt initiieren", erklärt Klein. Das Waterline-Prinzip, wonach das Unternehmen mit einem Schiff verglichen wird, dient hierzu als Regulativ. Jeder darf experimentieren und dabei Fehler machen, solange er sich dabei oberhalb der Wasserlinie des Bootes befindet, in dem alle sitzen. Was aber langfristig dem Erfolg oder Image der Firma schaden könnte, sollte vermieden werden. Daher gelten für jedes neue Projekt zwei Kriterien: Lohnt es sich, so viel Energie zu investieren? Falls alles schiefgeht, wäre das Scheitern zu verkraften? Beantwortet das Team beide Fragen mit „Ja", kann das Projekt beginnen.

In einer solchen Arbeitskultur hat eine traditionelle Stellenbeschreibung wenig zu suchen. Man spricht nicht von Positionen, sondern Funktionen. In diesem Sinne handeln Mitarbeiter nach ihrem persönlichen Verständnis von „Commitment". Die Associates werden nicht beauftragt, etwas zu tun, sondern verpflichten sich, auch fachfremde Aufgaben zu übernehmen, von denen sie sagen: „Ich mache das, ich kümmere mich darum."

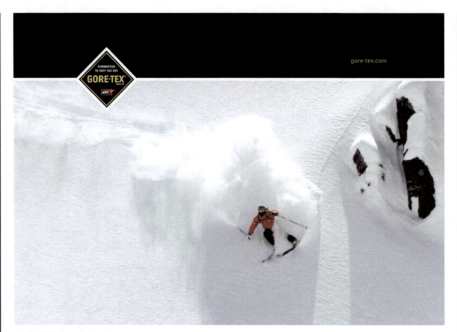

Quelle: W. L. Gore & Associates

Chefs im herkömmlichen Sinn gibt es nicht, obwohl Klein einräumt, dass die vielfach zitierte Gore-Vorstellung von „No ranks, no titles" nicht wortwörtlich zu verstehen ist. „Ohne eine gewisse Ordnung kommen wir natürlich nicht aus. Aber im Vergleich zu vielen anderen Unternehmen stimmt es schon, dass es bei uns nur wenig Titel gibt. Auch die klassische Rang- und Machthierarchie findet sich bei Gore kaum. Da wo Hierarchie die Geschäfte sinnvoll unterstützt, ist sie durchaus vorhanden." Während früher allein das Prinzip des „Natural Leadership" bestimmte, wer bei Gore für eine Führungsfunktion infrage kam, sind heute die Auswahl-Kriterien etwas differenzierter. Jahrzehntelang galt der Grundsatz: Keiner durfte Personalverantwortung übernehmen, ohne sich vorher als normales Mitglied in der zugeteilten Projekt-Gruppe hochgearbeitet zu haben. Erst im Laufe der Zeit, so war es gedacht – sollte man durch Risikonahme und soziale Kompetenz die entsprechende Anerkennung als „Natural Leader" vom Team gewinnen. Dieser langfristig angelegte Reifungsprozess ist immer noch aktuell, aber Führungskräfte können mittlerweile (oft wegen „economies of speed") von außen geholt werden.

Nichtsdestoweniger: Egal ob intern als „Natural Leader" aus der Gruppe hervorgegangen oder als firmenexterner Kandidat für Führungsaufgaben auserwählt, ein Gore-Leader wird ein anderes Rollenverständnis als sein Gegenpart in konventionellen Unternehmen verinnerlichen: Er agiert in und zwischen wechselnden Teams als Primus inter pares, kommuniziert mit den Mitarbeitern ohne die Blockade von Sekretariat oder Reporting Lines – und bleibt durch eine Politik der offenen Tür jederzeit zugänglich. Besonders wichtig dabei: die Priorität einer vertrauensvollen Atmosphäre zu schaffen, in der beiderseits Eigenverantwortlichkeit und Fairness-Regeln herrschen. Nur so lässt sich erklären, wieso eine Reisekosten-Abrechnung nicht durch einen Vorgesetzten unterschrieben, sondern direkt vom Associate selbst erledigt wird. Kleins Fazit ist simpel. „Wir organisieren uns nach der Devise: Möglichst viel Freiraum und möglichst wenig Regeln".

Zur persönlichen Orientierung bei all diesen Freiräumen steht jedem Mitarbeiter ein Sponsor zur Seite, der über die Stärken und Schwächen seines Schützlings kritisch aber fair zu urteilen hat. Dies soll dem Sponsee helfen, den richtigen Platz in der Firma zu finden und sein volles Potenzial zu erreichen. Einmal im Jahr erhält jeder Associate über den Sponsor ein ausführliches Feedback von den Kollegen, mit denen er eng zusammengearbeitet hat. Das bietet einen Ausblick auf die beruflichen Perspektiven bei Gore. In diesem Rückkoppelungs-Prozess spielt neben dem Fachwissen auch das Sozialverhalten des Associate eine wichtige Rolle.

Insbesondere bei der Leadership Entwicklung wird das sogenannte 360-Grad-Feedback eingesetzt, das das Augenmerk auf die Stärken, Talente und Ziele des Mitarbeiters legt. „Wir glauben, dass es besser ist, aus einer guten Leistung eine Spitzenleistung zu machen und im Sinne des „Job Sculpting" die Aufgaben auf die Person zuzuschneiden. Es bringt dagegen wenig, auf eine schwache Leistung zu fokussieren und daraus höchstens Durchschnittliches zu realisieren", resümiert Klein. „Eine Schwäche", betont er, „wird nur dann ins Visier genommen, wenn sie den Fortschritt ernsthaft verhindert."

Eine Herausforderung ist die Gore-Kultur schon – eine, die mit ihren großzügigen Freiräumen und flachen Hierarchien nicht unbedingt für jeden geeignet ist. So dürften sich risikoscheue Menschen, die eine klare Struktur und feste Aufgaben bevorzugen, nicht wohlfühlen. Auch Karrieristen, die den klassischen, linearen Weg nach oben anstreben, sind ebensowenig zu Hause. Gefragt sind dagegen flexible, neugierige Teamworker, für die „thinking out of the box" zum Naturell gehört – Eigenschaften, die zum Tüfteln in einer Product Leadership Company wie Gore gut passen.

Reflexionsfragen

1. Bilden Sie die derzeitige Situation des Unternehmens gemäß dem Organisationsprofil nach Gomez/Zimmermann (*Clusterorganisation nach Gomez und Zimmermann, Quelle: Straub in Anlehnung an Gomez und Zimmermann (1993), S. 188f., Abbildung 10.16*) ab.

2. Identifizieren Sie organisatorische Strukturen bei Gore, die nach Ihrer Meinung Innovationen begünstigen.

3. Welche organisatorischen Änderungen würden Sie bei dem Unternehmen anstreben? Diskutieren Sie Möglichkeiten und Formen einer zukünftigen Organisation.

Quelle: W. L. Gore & Associates; www.gore.com[35]

Siehe auch begleitende Fallvideos dazu.

Verwendete Literatur

Baldegger, R. J.: „Management: Strategie, Struktur, Kultur", Growth Publisher, 2007.

Bea, F. X.; Haas, J.: „Strategisches Management", 5. Aufl., UTB, 2009.

Becker, J.; Rosemann, M.; Uthmann, Ch.: „Guidelines of Business Process Modeling", in: W. Van der Aalst; J. Desel; A. Oberweis, A. (Hgg.), Business Process Management, 2000, S. 30–49.

Benz, Ch.; Reichart, M.: „Abläufe haben viele Gesichter", in: IO New Management, Bd. 11 (2003), S. 28–33.

Bickmann, R.: „Chance Identität: Impulse für das Management von Komplexität", Springer, 1999.

Bleicher, K.: „Organisation: Strategien, Strukturen, Kulturen", Gabler Verlag, 1991.

Bleicher, K.: „Das Konzept Integriertes Management", 8. Aufl., Campus, 2011.

Bühner, R.: „Management-Holding", in: Die Betriebswirtschaft, Bd. 47 (1987), S. 40–49.

Chandler, A. D.: „Strategy and structure: Chapters in the history of the industrial enterprise", M.I.T. Press, 1962.

Crowe, M.; Beeby; R. Gammack, J.: „Constructing systems and information: A process view", McGraw-Hill, 1996.

Cusumano, M. A.; Nobeoka, K.: „Le management multi-projets: Optimiser le développement de produits", Dunod, 1999.

Davidow, W. H.; Malone, M.: „Das virtuelle Unternehmen: Der Kunde als Co-Produzent", Campus Verlag, 1993.

Dernbach, W.: „Geschäftsprozessoptimierung: Der neue Weg zur marktorientierten Unternehmensorganisation", in: M. Nippa, A. Picot (Hgg.), Prozessmanagement und Reengineering: Die Praxis im deutschsprachigen Raum, Campus Verlag, 1995, S. 187–205.

Drucker, P.F.: „The Essential Drucker: The Best of Sixty of Peter Drucker' s. Essential Writings on Management", Harper Collins, 2005.

Dubs, R.; Euler; D.; Rüegg-Stürm; J.; Wyss, Ch. E. (Hrsg.): „Einführung in die Managementlehre", Bd. 3, Haupt Verlag, 2004.

Gaitanides, M.: „Prozessorganisation", 2. Aufl., Vahlen, 2007.

Griese, J.; Sieber, P.: „Betriebliche Geschäftsprozesse: Grundlagen, Beispiele, Konzepte", Haupt Verlag, 1999.

Gomez, P.; Zimmermann, T.: „Unternehmensorganisation: Profile, Dynamik, Methodik", 2. Aufl., Campus Verlag, 1993.

Gutenberg, E.: „Grundlagen der Betriebswirtschaftslehre", „Die Produktion", Bd. 1, 24. Aufl., Springer, 1983.

Haid, J.A.: „Organisationswissen: Einführung einer Prozessorganisation am Beispiel eines mittelständischen Unternehmens", SGO, Nr. 7 (1999).

Hammer, M.; Champy, J.: „Business Reengineering: Die Radikalkur für das Unternehmen", 5. Aufl., Campus Verlag, 1995.

Hammer, M.: „Das prozessorientierte Unternehmen: Die Arbeitswelt nach dem Reengineering", Campus Verlag, 1997.

Harrington, H. J.: „Business Process Improvement: The Breaktrough Strategy for Total Quality", Mcgraw-Hill, 1991.

Hayek, N. G.; Bartu, F.: „Nicolas G. Hayek im Gespräch mit Friedemann Bartu. Ansichten eines Vollblut-Unternehmers", 1. Aufl., NZZ Libro, 2005.

Hodgkinson, G. P.; Sparrow, P. R.: „The competent organization: A psychological analysis of the strategic management process", Open University Press, 2002.

Hopfenbeck, W.: „Allgemeine Betriebswirtschaftslehre und Managementlehre: Das Unternehmen im Spannungsfeld zwischen ökonomischen, sozialen und ökologischen Interessen", 13. Aufl., Moderne Industrie Verlag, 2000.

Kiessling, W.; Babel; F.: „Corporate Identity: Strategie nachhaltiger Unternehmensführung", 4. Aufl., Ziel-Verlag, 2011.

Krüger, W.: „Excellence in Change. Wege zur strategischen Erneuerung", 4. Aufl., Gabler, 2009.

Littmann, P.; Jansen, S.A.: „Oszillodox: Virtualisierung: Die permanente Neuerfindung der Organisation", Klett-Cotta, 2000.

Maier, P.(Hrsg.): „Reegineering: Fluch oder Segen? Die Erfahrungen namhafter Unternehmen", Gabler Verlag, 1997.

Mintzberg, H.: „The structuring of organizations", Prentice Hall, 1979.

Nauer, E.: „Organisation als Führungsinstrument", 2. Aufl., Haupt Verlag, 1993.

Nizel, J.; Pichault, F.: „Comprendre les organisations: Mintzberg à l'épreuve des faits", Gaetan Morin: 1995.

Osterloh, M.; Frost, J.: „Prozessmanagement als Kernkompetenz: Wie Sie Business Reengineering strategisch nutzen können", 4. Aufl., Gabler Verlag, 2003.

Porter, M.E.: „Wettbewerbsvorteile. Spitzenleistungen erreichen und behaupten", 7. Aufl., Campus Verlag, 2010.

Robbins, St. P.: „Organisation der Unternehmung", 9. Aufl., Pearson Studium, 2001.

Scheer, A.W.: „Wirtschaftsinformatik", Springer, 1998.

Schmidt, G.: „Méthode et techniques de l'organisation", SGO, 1994.

SFAA: „Handbook of Best Practice: Economiesuisse Corporate Governance Swiss Code of Best Practice", Kap. 11, 2007.

SMUV Gewerkschaft Industrie, Gewerbe, Dienstleistung (Hrsg.): „ABB: Ein Konzern im permanenten Wandel, Analyse der organisatorischen Neuausrichtung des ABB Konzerns", *www.smuv.ch/statisch/files/abb.pdf* (14.05.2003), Bern 2001.

Suter, R.: „Corporate Governance and Management Compensation: Wertsteigerung durch Lösung des Manager-Investoren-Konflikts", Versus Verlag, 2000.

Thom, N.; Wenger, A. P.: „Organisationswissen: Die effiziente Organisation – Bewertung und Auswahl von Organisationsformen", SGO, Nr. 9 (2002).

Vahs, D.: „Organisation: Einführung in die Organisationstheorie und -praxis", Schäffer-Poeschel, 1997.

Weiterführende Literatur

Baldegger, R. J.: „Management: Strategie, Struktur, Kultur", Growth Publisher, 2007.

Bleicher, K.: „Das Konzept Integriertes Management", 8. Aufl., Campus, 2011.

Jones, G. R.; Bouncken, R. B.: „Organisation: Theorie, Design und Wandel", 5. aktual. Aufl., Pearson Studium, 2008.

Kim, K.; Nofsinger, J.; Mohr, D.: „Corporate Governance", International Edition, 3. Aufl., Pearson, 2009.

Krüger, W.: „Excellence in Change. Wege zur strategischen Erneuerung", 4. Aufl., Gabler Verlag, 2009.

Mintzberg, H.; Bertheau, N.: „Managen", 2. Aufl., GABAL, 2011.

Nauer, E.: Organisation als Führungsinstrument", 2. Aufl., Bern/Stuttgart/Wien 1993.

Roberts, J.: „Management. Über die Gestaltung effektiver Organisationen", Pearson Studium: 2007.

Robbins, S.P.: „Organisation der Unternehmung", 9. Aufl., Pearson Studium, 2001.

Schreyögg, G.: „Organisation: Grundlagen moderner Organisationsgestaltung", 5. Aufl, Gabler, 2010.

Stadtler, L.; Schmitt, A.; Klamer, P.; Straub, T.: „ More than Bricks in the Wall: Organizational Perspectives for Sustainable Success: A tribute to Professor Dr. Gilbert Probst", Gabler, 2010.

Endnoten

1. Siehe Chandler (1962).
2. Siehe Drucker (2005), S. 73ff.
3. Siehe Davidow und Malone (1993).
4. Siehe Bartu und Hayek (2005), S. 64f.
5. Siehe *Abbildung 10.3*.
6. Siehe Vahs (1997), S. 13.
7. Siehe Gutenberg (1983), S.238ff.
8. Siehe Crowe (1996), S.121ff.
9. Mit diesem Thema befassen sich unterschiedliche Ansätze, so Bleicher (1991), Gomez und Zimmermann (1993) sowie Mintzberg (1979).
10. Siehe Krüger (2009).
11. *Corporate Identity* bezieht sich auf die Identität einer Organisation. Sie drückt die Gesamtheit der kennzeichnenden Merkmale aus, durch die sich eine Organisation von anderen Organisationen unterscheidet. Siehe hierzu Bickmann (1999) oder Kissling und Babel (2011).
12. Siehe Krüger (2009).
13. Siehe Gomez und Zimmermann (1993), S. 83ff.
14. Siehe *Abbildung 10.5*.
15. Siehe Bleicher (1993), S. 65ff.
16. Siehe Nauer (1993), S. 147ff.

Endnoten

17 Die **Kontrollspanne** gibt Auskunft über die Anzahl der Mitarbeiter, die von einer Führungskraft direkt geleitet wird. In der beruflichen Praxis sollte in diesem Zusammenhang ein Mittelmaß in Bezug auf die Distanz zwischen Vorgesetztem und Mitarbeiter gefunden werden. Ist die Distanz zu groß, so ist es schwer möglich eine genaue Kontrolle durchzuführen. Die Festlegung der Kontrollspannengröße hängt von einer Vielzahl von Faktoren ab: Beispielsweise von Aufgabenkomplexität, Führungsstil, räumlicher Entfernung zwischen Vorgesetztem und Mitarbeitern, Charakteristischen Eigenschaften des Mitarbeiters, Anzahl der Autoritätsebenen, Frequenz der Arbeitswiederhblungen, Homogenität der Arbeitsplätze etc.
18 Siehe *Kapitel 2, Abschnitt 2.2.2*
19 Siehe *Abbildung 10.8.*
20 Alternativ wird auch von „Verrichtungen" (Funktionen) und von „Objekten" (Produkten) gesprochen. Siehe hierzu Bleicher (1993), S. 388.
21 Siehe Thom und Wenger (2002), S. 103ff.
22 Siehe Greiner (1972), S. 37ff.
23 Siehe hierzu die einzelnen Kapitel dieses Buches.
24 Siehe Bleicher (1993), S. 389.
25 Die einzelnen Funktionen einer Organisation wurden detailliert bereits im Vorwort vorgestellt. Siehe *Vorwort, Abschnitt* Aufbau des Buches: Die Funktionen eines Unternehmens.
26 Siehe *Abbildung 10.10.*
27 Siehe Bleicher (1993), S. 537ff.
28 Siehe Büchner (1987), S. 44ff.
29 Siehe Bleicher (1993), S. 568ff.
30 Siehe Littman und Jansen (2000), Robbins (2001, S. 497f.), Scholz (1997).
31 Siehe *Kapitel 11.*
32 Siehe *Abbildung 10.16.*
33 SFAA (2007).
34 Suter (2000, S. 38ff.) sind ausführliche Informationen zu den theoretischen Konzepten und den Modellen in den einzelnen Ländern zu entnehmen.
35 Für weitere Informationen:
W. L. Gore & Associates GmbH,
D-85639 Putzbrunn,
Michael Haag, Public Relations
D-85639 Putzbrunn
Tel. + 49/89/4612–2773, Fax -2329;
Mobil + 49/172/815 14 83
E-Mail: mhaag@wlgore.com
www.gore.com

Zu wissen, was man weiß, und zu wissen, was man tut, das ist Wissen.

Konfuzius (551 v. Chr.–479 v. Chr.), chinesischer Philosoph

Lernziele

In diesem Kapitel wird das Wissen zu folgenden Inhalten vermittelt:
- Grundlegende Aspekte des Wissensmanagements
  - historische Aspekte
  - Rolle des Wissensmanagements für Unternehmen
  - Wissen als Unternehmenskapital und dessen Schutz
- Bildung von Wissen und Kernkompetenzen
  - Der Prozess der Wissensbildung
  - Kernkompetenzen als Wettbewerbsvorteil
- Managen von Wissen und Kernkompetenzen
  - Systemischer Ansatz
  - *Communities of Practice* als *Tool*
- Informationssysteme
  - Grundlagen
  - Informations- und Kommunikationstechnologien

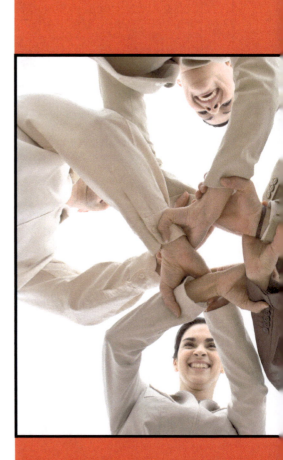

Quelle: © nyul/fotolia.com

Wissensmanagement und Informationssysteme

11.1 Grundlagen des Wissensmanagements 448
    11.1.1 Historische Aspekte 448
    11.1.2 Rolle für das Unternehmen 449
    11.1.3 Physisches versus geistiges Kapital 451

11.2 Bildung von Wissen und Kernkompetenzen 454
    11.2.1 Prozess der Wissensbildung: Zwischen implizitem und explizitem Wissen 454
    11.2.2 Kernkompetenzen als Wettbewerbsvorteil 456

11.3 Management von Wissen und Kernkompetenzen . 460
    11.3.1 Wissen managen: Ein systemischer Ansatz 460
    11.3.2 Wissensverteilung und -teilung: Das Tool Community of Practice 462

11.4 Informationssysteme 464
    11.4.1 Grundlagen der Informationssysteme 464
    11.4.2 Informations- und Kommunikationstechnologien ... 465

11.1 Grundlagen des Wissensmanagements

11.1.1 Historische Aspekte

Im Vergleich zur heutigen Zeit war im Jahr 1700 der Unterschied zwischen den Pro-Kopf-Einkünften eines reichen Landes und denen eines Entwicklungslandes quasi gleich null. Der Reichtum dieser Länder zeichnete sich in dieser Zeit vorwiegend im Wert der produzierten Güter ab. Fast 100 Prozent der aktiven Bevölkerung arbeiteten in der Landwirtschaft mit den wesentlichen Produktionsmitteln „Werkzeuge" und „Tiere". Hierbei spricht man von dem **Primärsektor (Urproduktion)**, der zumeist die Rohstoffe für ein Produkt liefert. Landwirtschaft, Forstwirtschaft und Fischerei (inklusive Wasserkraft) zählen zu diesem Sektor. Im Wesentlichen bestand die Arbeit aus Handarbeit. Die Hälfte des Weltreichtums befand sich in China und Indien. Der Grund dafür war, dass zu dieser Zeit, im Jahr 1700, ca. 50 Prozent der Weltbevölkerung in diesen beiden Ländern lebte.

Einhundert Jahre später, im Jahr 1800, war dieser Pro-Kopf-Einkommensunterschied weiterhin niedrig und betrug nur etwa 20 Prozent. Zu dieser Zeit fand jedoch ein außergewöhnliches Ereignis statt: Die Erfindung der Dampfmaschine. Die Menschheit trat zu diesem Zeitpunkt in die Ära ein, die Wirtschaftshistoriker als die **erste industrielle Revolution** bezeichnen und die sehr schnell die Vorherrschaft der Landwirtschaft verdrängte, welche die Hauptaktivität während 8.000 Jahren darstellte. Konkret bedeutete dies, dass eine Nation gezwungen war, an dieser industriellen Revolution teilzunehmen, wenn sie reich werden wollte. Die drei reichsten Länder zu dieser Zeit waren Großbritannien, Deutschland und die Vereinigten Staaten von Amerika.

Gemäß Wirtschaftshistorikern trat die Menschheit ab dem Jahr 1900 in die **zweite industrielle Revolution** ein. Diese Revolution zeichnete sich durch eine einzigartige Idee und durch eine große Erfindung aus. Die einzigartige Idee basierte auf dem Gedanken, auf systematische Weise in die Industrieforschung und -entwicklung zu investieren und somit in die Wissenschaft und akademische Forschung. Diese neue Herangehensweise hatte ihren Ursprung in Deutschland. Zur selben Zeit erfolgte in Deutschland eine starke Entwicklung der Chemieindustrie, was zu einer Beschleunigung der bereits stattfindenden technologischen Veränderung beitrug. Die zweite industrielle Revolution beschreibt den Ursprung der Art von Forschung und Entwicklung, wie wir sie heute in Unternehmen vorfinden.

Ein weiteres einflussreiches Ereignis stellte die Erfindung der Elektrizität dar. Es ist in diesem Zusammenhang anzumerken, dass der Zeitpunkt der Erfindung von Elektrizität nicht genau feststeht.

Im Jahr 1950 endete die zweite industrielle Revolution. Der Unterschied im Pro-Kopf-Einkommen zwischen dem reichsten und dem ärmsten Land entsprach nun einer Ratio von etwa 140:1. Asien stellte die ärmste Region der Welt dar und nahm an keiner der beiden industriellen Revolutionen teil.

Heute lässt sich mit Sicherheit sagen, dass wir uns inmitten der **dritten industriellen Revolution** befinden. Die gegenwärtige Revolution hat ihren Ursprung in der raschen Entwicklung von sechs wichtigen Kerntechnologien: Der Mikroelektronik, den Computern, der Telekommunikation, dem Industriedesign (Produktdesign), der Robotertechnik und schließlich der Biotechnologie.

11.1.2 Rolle für das Unternehmen

Die Gemeinsamkeit der wichtigen Kerntechnologien in Bezug auf die dritte industrielle Revolution besteht in der **Wissensintensität**, auch als Wissenskapital bezeichnet. In diesem Kontext ermöglicht das Internet oder die Informationstechnologie (IT) eine schnellere, weltweite Verbreitung von Wissen und Information innerhalb und zwischen Unternehmen.

In Firmen stellt Wissen das Kapital von Kompetenzen dar, das Individuen in unterschiedlichen Unternehmensbereichen besitzen. Ist die Rede von *Wissen*, sollte dieser Begriff klar **von Information und Daten abgegrenzt** werden.

- **Daten:** Daten sind logisch gruppierte Informationseinheiten (Codes), welche innerhalb von Systemen übertragen werden oder auf Systemen gespeichert sind. Sie codieren häufig einen Gegenstand, eine Wirtschaftstransaktion oder ein Ereignis. Daten können alphabetisch, numerisch oder in Form von Bildern abgespeichert werden.
- **Information:** Eine Information stellt eine Summe von Daten in einem klar definierten Kontext dar.
- **Wissen:** Wissen stellt die Kapazität dar, unterschiedliche Informationen zu kombinieren, um ein spezifisches Problem zu lösen. Wissen ist somit anwendungsorientiert.

> **Beispiel 11.1** **Daten, Information und Wissen am Beispiel der Lektüre eines Artikels der Süddeutschen Zeitung**
>
> Leser der *Süddeutschen Zeitung* können einen Artikel des Wirtschaftsteils auf unterschiedliche Arten wahrnehmen.
>
> Ein Leser, der keine bzw. kaum Finanz- und Wirtschaftskenntnisse hat, wird wohl aufgrund der Menge an Daten (Grafiken, Statistiken, Bilder, Zahlen etc.) die Übersicht verlieren. Diese Daten tragen kaum zu einem umfangreichen Verständnis eines Artikels bei.

Abbildung 11.1: Daten, Information, Wissen am Beispiel der Lektüre des Wirtschaftsteils einer Zeitung
Quelle: © svort/fotolia.com

> Für einen Leser, der hingegen ein Mindestmaß an Finanz- und Wirtschaftskenntnissen aufweist, stellen die kombinierten Daten des Wirtschaftsartikels diejenige Information dar, die der Autor des Artikels ursprünglich vermitteln wollte.
>
> Schließlich wird ein Fondsmanager als Experte in der Lage sein, denselben Artikel auf eine gänzlich andere Art und Weise zu lesen. Dieser kann in der Regel die im Artikel vorhandenen Informationen mit seinem eigenen, bereits bestehenden Wissen kombinieren. Diese Erfahrung befähigt den Fondsmanager, erfolgversprechendere Investitionsentscheidungen als andere zu treffen, die ohne das Wissen aus dem Artikel nicht zustande gekommen wären.
>
> Für denjenigen Leser, der keine Finanz- und Wirtschaftskenntnisse besitzt, stellt der Wirtschaftsartikel lediglich *Daten* dar; für denjenigen Leser, der im Besitz von Finanz- und Wirtschaftskenntnissen ist, stellt der Inhalt des Artikels eine *Information* dar. Für den Fondsmanager stellt schließlich der Inhalt des Wirtschaftsartikels *Wissen* dar.

Im Sinne des Human Resource Managements (Personalmanagements) überdenken moderne Unternehmen demnach ihre Art und Weise zu arbeiten, indem sie die Charakteristiken ihrer Mitarbeiter unter dem Wissensaspekt wahrnehmen. Im Allgemeinen wird heute ein Mitarbeiter weniger für seine physische Arbeit *(muscle power)* als vielmehr für seine geistige Arbeit *(brain power)* bezahlt. In den sogenannten entwickelten Ländern, beispielsweise in den USA, praktizieren ca. 70 Prozent der aktiven Bevölkerung eine Arbeit, die mit dem Management von Information und Wissen zu tun hat *(knowledge working)*. In Skandinavien beträgt dieser Anteil etwa 80 Prozent, in Großbritannien sind es 60 Prozent und im Fernen Osten, wie Japan, Korea, China, sind es ca. 40 Prozent. Darüber hinaus deuten Entwicklungen in diesen Regionen einheitlich auf eine Zunahme dieses Anteils für die kommenden Jahre hin. **Das Wissensmanagement hat somit in vielen Unternehmen einen zentralen Stellenwert:** Es kann *dezentral*, sprich durch jeden einzelnen Mitarbeiter, oder *zentral*, sprich durch die Geschäftsleitung, gesteuert werden. Es zeichnet sich zunehmend in großen Organisationen eine Entwicklung hin zu zentralen Abteilungen ab, welche sich ausschließlich mit Wissensmanagement beschäftigen. Auch wenn innerhalb einer Organisation keine solche Abteilung existiert, stellt das Managen von Wissen dennoch ein wichtiges Element der Geschäftsleitung, aber auch eines jeden einzelnen Mitarbeiters dar. Mitarbeiter in Unternehmen können somit als *Wissensträger* gesehen werden. Häufig wird in diesem Kontext auch von *Knowledge Workern* gesprochen.

Wissensträger bzw. **Knowledge Worker** sind Individuen, die aufgrund ihres Einsatzes von intellektueller Leistung einen wirtschaftlichen Mehrwert für ihr Unternehmen generieren. *Knowledge Worker* sind beispielsweise Manager, Berater, Designer, Lehrer, Wissenschaftler, Ingenieure, Architekten, Informatiker, Mediziner oder auch Rechtsanwälte. Die Berufsentwicklung dieser *Knowledge Worker* basiert auf vier Dimensionen: Der Kommunikation, der Zusammenarbeit, dem ständigen Lernen und der zwischenmenschlichen Wissensteilung.

Sofern optimal umgesetzt, kann Wissensmanagement den Unternehmenserfolg messbar steigern, beispielsweise indem Mitarbeiter Erkenntnisse aus herausragenden Projekten und lokalen Innovationen global nutzen können.

11.1 Grundlagen des Wissensmanagements

> **Beispiel 11.2** **Unternehmenserfolg durch Wissensmanagement**
>
> Wissensmanagement kann einen wesentlichen Beitrag zu einem Unternehmenserfolg leisten. So half beispielsweise eine Lösung der Start-up-Firma *The AGiLiENCE Group* einem internationalen Pharma-Unternehmen, welches die Erfahrungen und Ergebnisse seiner weltweit verteilten Labors zusammenführen wollte, um neue Medikamente schneller auf den Markt bringen zu können. Die Start-up-Firma *AGiLiENCE* wurde von Siemens Venture Capital unterstützt und entwickelte das Expertensystem Mona, mit dem Entwickler eilige Anfragen über eine einfache Bedienoberfläche als Word-Dokument eingeben können. Im Unterschied zu einer E-Mail, bei der ein Empfänger eingegeben werden muss, leitet Mona die Anfrage an die besten Experten weiter. Verfügbare Antworten auf ähnliche Fragen erkennt das System und stellt diese sofort bereit. Auf diese Weise erhalten auch neue Mitarbeiter schnellstmöglich qualifizierte Informationen.
>
> *Quelle: S. Saphörster: „Wissensgesellschaft: Knowledge Management", 2011, www.siemens.com/innovation/pool/de/Publikationen/Zeitschriften_pof/ PoF_Fruehjahr_2004/Wissensgesellschaft/Knowledge_Management/ PoF104art15_1172109.pdf (Stand: 20.07.2011)*

Tatsächlich charakterisiert sich unsere heutige Wissensgesellschaft *(Knowledge Economy)* durch eine Zusammenlegung von Wissensressourcen und durch eine schnellere Wissensentwicklung innerhalb von Arbeitsgruppen. In diesem Kontext ist die Wissensteilung eines jeden *Knowledge Workers* entscheidend für die Entwicklung von neuen Produkten und Dienstleistungen eines Unternehmens.

11.1.3 Physisches versus geistiges Kapital

Die Weltwirtschaft unterliegt seit den 90er-Jahren verstärkt einem Wandel, der weg von der industriellen und hin zur Informations- und Wissensgesellschaft führt. Dieser Wandel charakterisiert sich vor allem durch eine starke Zunahme von Information und Wissen. Unternehmen sind daher zunehmend mit der neuen Herausforderung konfrontiert, Information und Wissen zu managen.

Die Summe des Wissens eines Unternehmens stellt dessen **geistige bzw. immaterielle Vermögenswerte** dar. Diese sind geistig bzw. immateriell, da sie im Vergleich zu materiellen Vermögenswerten nicht physisch greifbar sind (geistiges Kapital).

Die wesentlichen Vermögenswerte eines Unternehmens bestehen immer weniger aus **physischen bzw. materiellen Vermögenswerten**, wie beispielsweise aus Maschinen, Lagern, Immobilienwerten, aus Land oder anderen greifbaren Werten (physisches Kapital). ▶*Abbildung 11.2* veranschaulicht diese Entwicklung.

Von der Agrar- zur Wissensgesellschaft

Geistiges Kapital	Geistiges Kapital	
Physisches Kapital		Geistiges Kapital
	Physisches Kapital (Materielle Vermögenswerte)	
Arbeit		Physisches Kapital
	Arbeit	
		Arbeit
Agrargesellschaft	Industriegesellschaft	Wissensgesellschaft

Abbildung 11.2: Von der Agrar- zur Wissensgesellschaft

Die heutigen Vermögenswerte eines Unternehmens (geistiges Kapital) bestehen hauptsächlich aus einem guten Management und einer ausgezeichneten Digitalisierung von Information, moderner Forschung und Entwicklung, intra- und interorganisatorischen Wirtschaftsnetzwerken, neuestem technologischen Wissen sowie aus Marketing-Know-how.[1] All dieses Know-how oder geistiges Kapital ist in den Köpfen der Mitarbeiter eines Unternehmens oder in denen seiner Stakeholder gespeichert. In einer sich zunehmend schneller verändernden Umwelt, in der die Erfordernisse des Marktes stets ansteigen, ist dieses Know-how von wichtiger Bedeutung. Dank eines bereits bestehenden Wissenskapitals fällt es einem Unternehmen leichter, basierend auf vorhandenem Wissen neues Wissen zu akkumulieren oder zu entwickeln. Dies kann für dessen nachhaltige Wettbewerbsfähigkeit von zentraler Bedeutung sein. So illustrieren z. B. Microsoft oder Facebook die Wichtigkeit eines bestehenden Wissenskapitals (geistiges Kapital) sehr deutlich, da dies in etwa 90 Prozent des Unternehmenswertes ausmacht.

Wie ▶*Abbildung 11.3* veranschaulicht, bedeutet Wissen für ein Unternehmen zugleich Kapital. Eben dieses Kapital besteht sowohl aus physischem und greifbarem als auch aus immateriellem und geistigem Wissen.

Beispiele für geistige Vermögenswerte eines Unternehmens sind Urheberrechte bzw. Copyrights, Patente, eingetragene Warenzeichen und Marken oder der Goodwill des Firmenwertes. Zwar sind diese geistigen Vermögenswerte identifizierbar, doch sind sie weder sichtbar, tastbar noch physisch messbar. Im Laufe der Zeit sind diese Vermögenswerte in Bezug auf einen Aufwand entstanden und haben sich zu Kapital entwickelt.

11.1 Grundlagen des Wissensmanagements

Abbildung 11.3: Wissen bedeutet Kapital

Beispiele für geistige Vermögenswerte:

- **Copyright:** Ein Copyright ist ein exklusives Urheberrecht über einen limitierten Zeitraum an einem Schöpfungsgegenstand, wie beispielsweise an einem Text, einem Gemälde oder gar an einem musikalischen Werk. Dieses Recht schließt die Veröffentlichung, die Vermarktung und das Anpassen der Schöpfung mit ein. Im Anschluss an den limitierten Zeitraum erlischt das Urheberrecht, die Schöpfung wird öffentlich zugänglich und ist somit kostenlos für andere Personen oder Unternehmen verwertbar. Ein Urheberrecht bezieht sich auf jegliche Form einer substanziellen Idee oder einer Information, die auf einem physischen oder virtuellen Medium festgehalten bzw. gespeichert werden kann.

- **Patent:** Ein Patent ist ein exklusives Recht, das ein Staat einem Erfinder (Privatperson oder Unternehmen) während eines limitierten Zeitraums gewährt, indem die Erfindung hinterlegt und publiziert wird. Die Erfindung muss neu, originell und nützlich oder industriell anwendbar sein. Dieses Exklusivrecht schützt den Erfinder gegenüber Dritten oder gegenüber anderen Unternehmen, welche die Erfindung ohne die Einwilligung des Urhebers nachbauen, nutzen, verkaufen oder vermarkten möchten. Beispiele für Patente sind chemische Formeln und Herstellungsprozesse für pharmazeutische Produkte oder die Zusammensetzung und der Herstellungsprozess von hydraulischen Bremssystemen.

- **Eingetragenes Warenzeichen:** Ein eingetragenes Warenzeichen, auch Marke genannt, stellt einen eindeutigen Hinweis durch eine Privatperson, durch ein Unternehmen oder durch eine andere Rechtsperson dar, welcher dazu dient, das betreffende Produkt oder die Dienstleistung dem entsprechenden Erfinder zuzuordnen. Dieses eindeutige Warenzeichen dient des Weiteren dazu, das Produkt oder die Dienstleistung von denen der Konkurrenz zu unterscheiden und gegebenenfalls zu schützen. Ein eingetragenes Warenzeichen ist eine bestimmte Art geistigen Eigentums: ein Name, ein Wort, ein Slogan, ein Logo, ein Symbol, das Design, ein Bild oder die Kombination aus all diesen Elementen.

- **Goodwill:** Wird ein Unternehmen zu einem höheren Preis als dem aktuellen buchhalterischen Wert verkauft, so spricht man von einem Goodwill. Der buchhalterische Wert ist die Summe der identifizierten Vermögenswerte (z. B. Boden, Gebäude, Maschinen). Die Differenz aus dem Verkaufspreis und dem buchhalterischen Wert ist der Goodwill. Dieser Mehrwert, den der Käufer bereit ist zu bezahlen, findet seine Begründung in dem Wissen der Mitarbeiter, der Marke oder gar in einem guten Image des zu verkaufenden Unternehmens.

Es lässt sich somit für die *Wissensgesellschaft*, sprich die *Knowledge Economy* festhalten, dass der größte Anteil des Unternehmenswertes häufig in den geistigen und immateriellen Vermögenswerten liegt. Wissen stellt den wichtigsten Unternehmenswert dar und Unternehmen sollten fähig sein, ihr kollektives Wissen in innovative Produkte und Dienstleistungen umzuwandeln. Wissen stellt folglich einen wichtigen Unternehmenswert dar, auf den sich das Management konzentrieren sollte.

11.2 Bildung von Wissen und Kernkompetenzen

11.2.1 Prozess der Wissensbildung: Zwischen implizitem und explizitem Wissen

Die Wissensbildung ist intrinsisch mit der Wissens(ver)teilung innerhalb eines Unternehmens verbunden. Dieses neue Wissen sollte in die tägliche Arbeit der Mitarbeiter einfließen und genutzt werden. Die Wissensbildung ist das Ergebnis eines menschlichen Prozesses, der aus zwei unterschiedlichen Arten von Wissen besteht: Dem impliziten und dem explizitem Wissen.

- **Implizites Wissen** ist tief in den Köpfen von Mitarbeitern verankert und kann daher häufig schwer verbalisiert, kodifiziert oder niedergeschrieben werden. Implizites Wissen ist entweder angeboren oder erworben worden. Man verbindet das implizite Wissen von Personen mit deren Know-how oder deren Erfahrung, da sie erlernte Regeln und Prinzipien je nach Kontext anwenden, ohne dabei zwingend erklären zu können, weshalb sie diese anwenden.
- **Explizites Wissen** kann im Gegensatz dazu artikuliert, sprich leicht zwischen Personen schriftlich oder verbal übertragen werden. Typischerweise kann explizites Wissen in Form eines Dokuments, einer Software oder der Programmierung einer Maschine kodifiziert werden.

Im Unternehmenskontext ist es deshalb einfacher, explizites Wissen von einer individuellen auf eine kollektive Ebene, wie beispielsweise auf die Ebene einer Gruppe oder Abteilung, zu transferieren. Im Gegensatz dazu ist implizites Wissen im kognitiven Bereich von Mitarbeitern verankert und dadurch schwieriger zu (ver)teilen oder von der individuellen Ebene auf die Gruppenebene zu transferieren. Um den Entstehungs- bzw. Bildungsprozess von Wissen in einer Organisation zu beschreiben, kann man sich, wie in ▶*Abbildung 11.4* abgebildet, eine Spirale vorstellen.

11.2 Bildung von Wissen und Kernkompetenzen

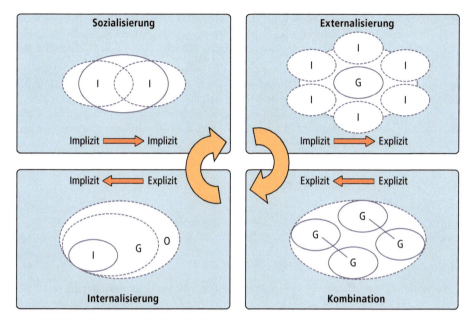

I = Individuum; G = Gruppe; O = Organisation

Abbildung 11.4: Die Wissensspirale
Quelle: Straub in Anlehnung an Nonaka (1994)

Der Entstehungsprozess von neuem zu kollektivem Wissen, wie in *Abbildung 11.4* dargestellt, kann anschaulich anhand eines neuen Rhabarber-Sorbets eines großen Restaurants verdeutlicht werden.

Zu Beginn solch eines Prozesses entsteht die Idee, überhaupt ein neuartiges Rhabarber-Sorbet zuzubereiten, welche in diesem Fall durch die Kreativität und die Erfahrung (implizites Wissen) des Starkochs veranlasst ist. Dieser wird sodann die anderen Köche des Restaurants über seine Kreation informieren, damit das Sorbet in der Küche zubereitet werden kann. Diese erste Phase nennt man **Sozialisierung** und kann als Austausch von implizitem Wissen wie beispielsweise Erfahrung, Know-how und Geschichten über die Zubereitung eines Sorbets beschrieben werden. Im Anschluss an die Phase der Sozialisierung folgt die Phase der **Externalisierung**. Der Starkoch und seine Köche versuchen nun, das implizite Wissen explizit zu formulieren. Sie tun dies, indem sie die Zutaten, die Mengen und den Prozess der Zubereitung des Sorbets in Form eines Rezepts niederschreiben. Die dritte Phase nennt man **Kombination**. Während dieser Phase übermitteln die Köche das Rezept an ihre jeweiligen Arbeitsgruppen. Schließlich sind es jene, welche tagtäglich das Sorbet zubereiten werden. Man spricht von Kombination, da die Köche und die Arbeitsgruppen dieses neue Kochrezept mit ihren üblichen Arbeitsprozessen, die sie stets anwenden, und schließlich auch den Arbeitsressourcen, die zur Verfügung stehen, verbinden. Mit der Zeit kann es zu einer Verbesserung der Zubereitung des Sorbets kommen, da das Know-how der Arbeitsgruppen diesbezüglich zunimmt. Man spricht hierbei von **Internalisierung**, da sich neues Wissen in dem mentalen Wissensrepertoire der Beteiligten (Arbeitsgruppen und Köche) bildet. Aufgrund der wiederholten Zubereitung des Sorbets nimmt die Erfahrung der Beteiligten zu und sie beginnen, mit dem ursprünglichen Rezept zu experimentieren. Dies führt häufig zu einer Verbesserung des Rezepts, indem beispielsweise eine neue Zutat hinzugefügt wird. Im Fall des Rhabarber-Sorbets könnte dies durch Zugabe von etwas Zwetschgenlikör der Fall sein. Ab diesem Zeitpunkt tritt eine neue Phase der Sozialisierung ein und eine neue Schleife der Wissensbildungsspirale erfolgt.

Die Spirale der Wissensbildung in einem Unternehmen zielt einerseits darauf ab, kollektives und nutzbares Wissen einer großen Anzahl an Mitarbeitern zugänglich zu machen. Andererseits erlaubt sie eine ständige Verbesserung des Wissens. Ein Unternehmen generiert insbesondere durch diesen Prozess häufig das Wissen, was man Kernkompetenz nennt.

11.2.2 Kernkompetenzen als Wettbewerbsvorteil

Die Autoren *Prahalad* und *Hamel* nutzten den Begriff Kernkompetenzen, um zu beschreiben, auf welche Art von Wissen sich Unternehmen zur Erzielung eines Wettbewerbsvorteils konzentrieren sollten. Der Begriff der Kernkompetenzen floss durch den von *Prahalad* und *Hamel* im Jahr 1990 in der *Harvard Business Review* erschienenen Artikel in die Management-Theorien ein.

Eine **Kernkompetenz** bezeichnet den immateriellen Vermögenswert, sprich das *Know-how*, welches Unternehmen ausschöpfen, um im Markt erfolgreich zu sein. Eine Kernkompetenz eines Unternehmens ist Wissen, das es im Vergleich zu seinen Konkurrenten auszeichnet. Dies kann jegliche Art von Know-how für die Entwicklung von neuen Produkten oder Know-how für deren Vermarktung sein. Kernkompetenzen resultieren häufig aus einer einzigartigen Abstimmung von Technologien oder komplexen Tätigkeiten.

Prahalad und *Hamel* betonen, dass die Unternehmensaktivitäten, die keine Kernkompetenzen darstellen, ausgelagert werden sollten. Entsprechend den beiden Autoren erzeugt eine Kernkompetenz für das Unternehmen einen nachhaltigen Wettbewerbsvorteil. Eine Kernkompetenz sollte des Weiteren **drei Kriterien** erfüllen:

1. **Marktzugang:** Potenziellen Zugang zu einer Vielzahl an Märkten geben

2. **Nutzenbeitrag:** Einen wesentlichen wahrgenommenen Nutzenbeitrag für den Endkonsumenten eines Produktes oder einer Dienstleistung leisten

3. **Schwere Kopierbarkeit:** Schwer imitierbar für Wettbewerber sein (typischerweise aufgrund der Abstimmung komplexer Technologien oder komplexer Tätigkeiten)

Es liegt daher nahe, dass dieses wichtige und besondere *Unternehmens-Know-how* nicht externalisiert werden sollte, da das Unternehmen sonst einen Teil seines Wettbewerbsvorteils verlieren würde. Gewissermaßen stellt eine Kernkompetenz das Herz der Kompetenzen eines Unternehmens dar. *Prahalad* und *Hamel* haben das Unternehmen metaphorisch als Baum abgebildet, bei dem die Wurzeln die Kernkompetenzen darstellen, die Äste die organisatorischen Unternehmenseinheiten (z. B. Marketing-,

Finanz-, Produktionsabteilung) und die Blätter die Produkte oder Dienstleistungen (z. B. Autos, Motorräder). Diese Art von Darstellung verdeutlicht, dass es die Wurzeln (Kernkompetenzen) sind, die dem ganzen Baum (Unternehmen) Stabilität und Nachhaltigkeit verleihen.

Kernkompetenzen und organisatorische Unternehmenseinheiten

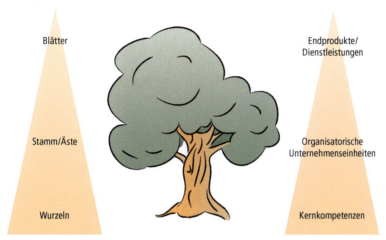

Abbildung 11.5: Kernkompetenzen und organisatorische Unternehmenseinheiten
Quelle: Straub in Anlehnung an Prahalad und Hamel (1990)

Die folgenden Abbildungen ▶Abbildung 11.6, ▶Abbildung 11.7 und ▶Abbildung 11.8 dienen der Veranschaulichung von Kernkompetenzen unterschiedlicher Branchen und Unternehmen.

Abbildung 11.6: Kernkompetenzen bei einem Automobilunternehmen

Abbildung 11.7: Kernkompetenzen bei einem Optik-und-Druck-Unternehmen

Abbildung 11.8: Kernkompetenzen bei einem PC-Unternehmen

Im Falle der PC-Industrie hat Apple beispielsweise Kernkompetenzen im Bereich Produktentwicklung, Design und Marketing, die dem „Apfel der Informatik" die Entwicklung und Markteinführung von bahnbrechenden Produkten (z. B. iPod, iPhone, iPad) ermöglicht (siehe *Abbildung 11.8*).

Schließlich ist es für Unternehmen immer häufiger der Fall, ihre Kernkompetenzen mit denen anderer Unternehmen in sogenannten Unternehmens- bzw. Firmennetzwerken zu bündeln, um so neue Endprodukte (oder Dienstleistungen) zu schaffen. Heutzutage existieren in der Wirtschaft zunehmend mehr von diesen zwischenbetrieblichen Netzwerken, bei denen jedes beteiligte Unternehmen seine eigenen Kernkompetenzen einbringt, um so zur Umsetzung eines Endprodukts (oder einer Dienstleistung) beizutragen. ▶*Abbildung 11.9* veranschaulicht solch ein Netzwerk am Beispiel einer Maschinenbaufirma. Die Abbildung zeigt, wie Kernkompetenzen mit denen anderer Unternehmen in Netzwerken gebündelt werden.

11.2 Bildung von Wissen und Kernkompetenzen

Abbildung 11.9: Die Struktur von interorganisatorischen Netzwerken

---

Beispiel 11.3 — **Die Struktur von interorganisatorischen Netzwerken – Am Beispiel einer Maschinenbaufirma**

Abbildung 11.9 bildet die wesentlichen Elemente des Unternehmensnetzwerks einer Maschinenbaufirma (Unternehmen A) ab. Die hauptsächliche Kernkompetenz des Unternehmens A, Innovationsfähigkeit im Maschinenbau, resultiert nicht aus der Summe der eigenen Kernkompetenzen gepaart mit denen seiner Partnerunternehmen. In Wirklichkeit ist es vielmehr die Art und Weise, *wie* das Unternehmen A die Gesamtheit der eigenen Kernkompetenzen mit denen anderer koordiniert. Aufgrund dieser Form von Zusammenarbeit gelingt es dem Unternehmen, eine größere Innovationsfähigkeit zu erzielen. Resultierend aus der häufig unsichtbaren Komplexität des erfolgreichen Funktionierens solch eines Netzwerkes fällt es Wettbewerbern außerhalb des Netzwerks oft schwer, dieses zu imitieren. In der Tat stellt die Koordination des ständigen Wissenstransfers zwischen den einzelnen Partnerfirmen eine große Herausforderung dar.

In anderen Branchen ist dies ebenso der Fall: Einem Außenstehenden fällt es in der Regel schwer zu verstehen, wie beispielsweise der Pharmagigant Novartis seine Forschung in Zusammenarbeit mit Universitäten, Laboren, Forschungszentren und spezialisierten *Start-up-Firmen* koordiniert. Doch genau diese Fähigkeit, Kernkompetenzen von Unternehmen im eigenen Netzwerk zu koordinieren, gepaart mit intensiver Forschung und Entwicklung, ist ein wesentlicher Grund für stabiles Wachstum und für den nachhaltigen Erfolg eines Unternehmens wie Novartis.

Folgende Punkte lassen sich in Bezug auf Kernkompetenzen festhalten:

- Eine Kernkompetenz ist Wissen *(Know-how)*, welches ein Unternehmen besser als seine Konkurrenten beherrscht und welches diesem einen nachhaltigen Wettbewerbsvorteil im Markt verleiht.
- Eine Kernkompetenz sollte drei Kriterien erfüllen:
  1. Einen potenziellen Zugang zu einer Vielzahl von Märkten bieten.
  2. Einen wichtigen Anteil zum wahrgenommenen Wert des Endproduktes für den Verbraucher beitragen.
  3. Schwer imitierbar für andere Wettbewerber sein.
- Eine Kernkompetenz kann als Herz der Kompetenzen eines Unternehmens gesehen werden und sollte in keinem Falle ausgelagert werden.
- Viele Unternehmen bündeln Kernkompetenzen in zwischenbetrieblichen Netzwerken, in denen jedes Partnerunternehmen seine spezifischen Kernkompetenzen einbringt und so zur Entstehung des Endprodukts beiträgt.

11.3   Management von Wissen und Kernkompetenzen

11.3.1   Wissen managen: Ein systemischer Ansatz

Spricht man von Kernkompetenzen und deren Bedeutung für die Wettbewerbsfähigkeit von Unternehmen, so handelt es sich darum, wie Unternehmen tagtäglich Wissen leiten und managen. ▶*Abbildung 11.10* veranschaulicht diesen Prozess. Kernkompetenzen können durch ein unternehmensumfassendes, organisationales Wissensmanagement (WM^2) gemanagt werden. Wissensmanagement sollte im Zentrum des organisatorischen Ökosystems und sämtlicher Unternehmensaktivitäten stehen, um einem Unternehmen zu helfen, nachhaltige Gewinne zu erzielen.

Wie in *Abbildung 11.10* veranschaulicht, werden Kernkompetenzen in unterschiedlichen Unternehmensaktivitäten wie in der Entwicklung von Humanressourcen, Management von immateriellen Werten sowie von Innovationsmanagement angewendet und umgesetzt. Diese Maßnahmen sollen helfen, ein Unternehmen durch seine Wettbewerbsstrategie, durch dessen Unternehmenskultur, dessen Wirtschaftsethik und durch soziale Verantwortung und schließlich durch dessen strategische Kapazitäten am Markt gewinnbringender zu positionieren. Eine gute Position am Markt garantiert in der Regel eine hohe und nachhaltige Rentabilität. Die gute Positionierung eines Unternehmens am Markt generiert in der Regel eine Erhöhung der Leistungsfaktoren,[3] wie beispielsweise des *Return on Investment*[4] *(ROI)*, des *Shareholder Value*[5], des *Return on Assets*[6] *(ROA)* oder des Umsatzes[7]. Neben dem privaten Sektor gelten hingegen im Non-Profit-Sektor meist andere Leistungs- bzw. Performance-Faktoren. Hier könnten die soziale Wirkung *(Social Impact)* oder die Gesundheitswirkung *(Health Impact)* als wichtige Faktoren betrachtet werden. Beispiele hierfür sind die Bekämpfung von Armut, die Verbesserung von Gesundheit, die verstärkte Achtung von Menschenrechten oder auch ein erhöhtes Bildungs- bzw. Infrastrukturniveau. Positive Performance-Faktoren einer Organisation signalisieren, dass die Umsetzung der Kernkompetenzen richtig durchgeführt worden ist. Sinkende Performance-Faktoren einer Organisation deuten darauf hin, dass die Art und Weise, wie sie ihre Kernkompetenzen handhabt, geändert werden sollte.

11.3 Management von Wissen und Kernkompetenzen

Abbildung 11.10: Wissens- und Informationsmanagement bei einem Unternehmen

Wissensmanagement ist eine junge Disziplin, bei der systematisch versucht wird, Wissen in Bezug auf die Kernkompetenzen einer Organisation, eines Organisationsverbunds, Gruppen oder Mitarbeitern zu identifizieren, zu erwerben, zu schaffen, zu verteilen bzw. zu teilen, zu speichern und anzuwenden, um dadurch die Leistungsziele dieser Organisation besser zu erreichen.

Nachfolgende ▶ *Abbildung 11.11* stellt die einzelnen Elemente des sogenannten Wissensmanagementsystems und deren Beziehungen untereinander grafisch dar.

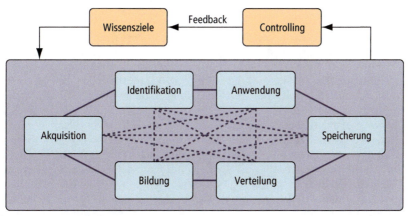

Abbildung 11.11: Das System des Wissensmanagements
Quelle: Probst, Raub und Romhardt (2013)

Wissensmanagements kann man sich als System vorstellen. Am Anfang des Systems stehen **Wissensziele** und am Ende steht das **Wissenscontrolling**. Dieses System schließt zwangsläufig mit ein, dass ein Unternehmen auf nachhaltige Art und Weise Wechselbeziehungen zwischen den sechs Bausteinen des Wissensmanagements koordiniert: insbesondere zwischen den Bausteinen Identifikation, Erwerb, Schaffung, Verteilung bzw. Teilung, Speicherung und Anwendung von Wissen. Abgesehen von den sechs Bausteinen sollte sich ein Unternehmen auf zwei wichtige Funktionen konzentrieren, welche von der Unternehmensleitung ausgeführt werden sollten:

- **Wissensziele:** Die Wissensziele sollten für alle Mitarbeiter klar formuliert sein.
- **Controlling:** Die Unternehmensleitung stellt sicher, dass die vereinbarten Wissensziele nach geraumer Zeit auch tatsächlich umgesetzt wurden (Wissenscontrolling). Diese systematische Kontrolle ermöglicht der Unternehmensleitung, gegebenenfalls Korrekturmaßnahmen durchzuführen, um die Wissensziele optimaler umzusetzen.

Studien haben gezeigt, dass ein erfolgreiches Wissensmanagementsystem nicht ohne regelmäßige Unterstützung und Führung der Unternehmensleitung funktioniert. Im besten Fall ernennt das Unternehmen einen sogenannten *Chief Knowledge Officer (CKO)*, der die Umsetzung und Überwachung des WM-Systems leitet.

11.3.2 Wissensverteilung und -teilung: Das Tool *Community of Practice*

Der Austausch von Informationen und explizitem Wissen innerhalb eines Unternehmens stellt eine große Herausforderung dar, mit der Manager täglich konfrontiert sind. Als Antwort auf diese Problematik hat sich in vielen Organisationen eine besondere, institutionalisierte Form von intra- und interorganisatorischen Netzwerken, sprich von Netzwerken innerhalb oder zwischen Firmen entwickelt: die Community of Practice *(CoP)*. Dieses Wissensmanagement-Tool beschreibt eine Netzwerkstruktur, welche sich durch den Austausch von Informationen, Wissen und Lernen zwischen den einzelnen Netzwerkmitgliedern auszeichnet. Eine *Community of Practice* besteht in der Regel aus einer Gruppe von Personen, die ihre Interessen und Probleme zu einem bestimmten Thema teilen. Dadurch wird ihr eigenes Wissens- und Know-how-Niveau zu diesem Thema durch die Interaktion mit anderen auf kontinuierlicher Basis vertieft.[8]

Der Austausch von spezifischem Wissen quer über die organisatorischen Grenzen hinweg stellt somit den intrinsischen, zentralen Motivationsvektor dar, welcher die Mitglieder dazu bewegt, Informationen und Wissen zu teilen, um dadurch gemeinsam zu lernen. In einigen *Communities* erfolgt ein großer Teil dieses Austauschs mittels *Face-to-Face-Kommunikation* zwischen den Teilnehmern. In anderen *Communities* kann es durchaus vorkommen, dass der Austausch überwiegend virtuell stattfindet. Dies ist typischerweise der Fall bei *Communities of Practice*, die geografisch sehr weit verstreut sind. Die langfristige Aufrechterhaltung stellt hierbei eine Herausforderung dar. Es müssen daher geeignete Maßnahmen ergriffen werden, um eine dauerhafte Zusammenarbeit in diesen sogenannten intra- oder interorganisatorischen Netzwerken langfristig aktiv zu fördern. ▶*Abbildung 11.12* veranschaulicht die Konfiguration einer *Community of Practice* eines multinationalen Unternehmens, deren Mitglieder auf verschiedenen Kontinenten verstreut sind.

11.3 Management von Wissen und Kernkompetenzen

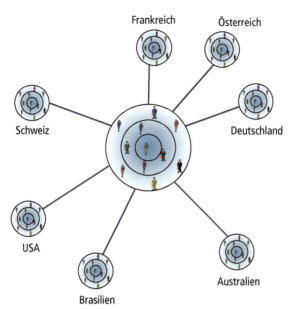

Abbildung 11.12: Konfiguration einer Community of Practice
Quelle: Straub in Anlehnung an Borzillo (2007)

Folgende Punkte wurden bisher in Bezug auf das Wissensmanagement behandelt:

- Kernkompetenzen sollten durch ein organisationales Wissensmanagement (WM) gemanagt werden.
- Wissensmanagement ermöglicht es einem Unternehmen, systematisch Wissen in Bezug auf seine Kernkompetenzen zu identifizieren, zu erwerben, zu schaffen, zu verteilen bzw. zu teilen, zu speichern und anzuwenden, um seine Leistungsziele optimaler zu erreichen.
- Wissensmanagement ist ein wichtiges Element einer Vielzahl von Aktivitäten, das Unternehmen eine nachhaltige Performance verschafft. Beispiele hierfür sind die Entwicklung der Humanressourcen, der Umgang mit immateriellen Werten und Innovation oder die Positionierung des Unternehmens.
- Das Verteilen bzw. Teilen von Informationen und Wissen quer durch die ganze Organisation stellt eine wichtige und permanente Herausforderung für ein Unternehmen dar. Als Reaktion auf diese Problematik entwickeln sich in vielen Unternehmen sogenannte *Communities of Practice*.
- Eine *Community of Practice* ist ein Netzwerk von Personen, welche ihre Interessen und Probleme zu einem bestimmten Thema teilen, um dadurch ihr Wissens- und Know-how-Niveau zu ebendiesem Thema durch die Interaktion auf kontinuierlicher Basis zu vertiefen.[9]

11.4 Informationssysteme

Informationssysteme bilden häufig die Grundlage für die erfolgreiche Umsetzung von Wissensmanagement. Für ein erfolgreiches organisationales Wissensmanagement bedarf es einer virtuellen und auf Informationstechnologie basierten Unterstützung im Unternehmen. Diese wird durch spezielle IT-Abteilungen sichergestellt. Aus diesem Grund werden in diesem Abschnitt Grundlagen und verschiedene Tools der Informationssysteme vorgestellt und behandelt.

11.4.1 Grundlagen der Informationssysteme

Eine von der Unternehmensberatung *Accenture* im Jahr 2007 durchgeführte Studie ergab bei der Befragung von mehr als 1.000 Managern, dass Manager im Durchschnitt mehr als zwei Stunden pro Tag mit der Suche nach Informationen verbringen. Hinzu kommt, dass über 50 Prozent dieser Informationen keinen operativen Wert für Manager besitzen und keine direkte Anwendung finden. Wie anhand des Beispiels „Unternehmenserfolg durch Wissensmanagement" in *Abschnitt 11.1.2* zu erkennen ist, sind „Wissensmanagement" und „Informationssysteme" zwar unterschiedliche Begriffe, in der beruflichen Praxis sind sie jedoch häufig eng miteinander verbunden. Mit der Zunahme neuer Entwicklungen im Bereich des Informationsmanagements steigt auch die Intensität der Verbindung beider Bereiche.

Man spricht von **Informationssystemen (IS)**, sofern man sich auf Interaktionen zwischen Individuen, Technik, Daten und Prozesse bezieht. Informationssysteme erlauben es, technologische und menschliche Ressourcen zu kombinieren, um Informationen und explizites Wissen innerhalb einer Organisation zu speichern, zu schützen, zu bearbeiten, zu verteilen bzw. zu teilen und schließlich, um einen sicheren Zugang zu diesen Informationen zu haben. IS und Informatik sind zwei unterschiedliche Begriffe und nicht miteinander zu verwechseln.

Informatik wird definiert als die Wissenschaft von den elektronischen Datenverarbeitungsanlagen und den Grundlagen ihrer Anwendung. Zur Anwendung von Informationssystemen bedienen sich Unternehmen oft vieler IT- und Elektronik-Tools und Telekommunikationsmedien. Diese Tools und Medien ermöglichen es, eine Vielzahl an organisatorischen Abläufen zu automatisieren. Das Informationssystem könnte auch als Fusion zwischen den Bereichen Datenverarbeitung und Telekommunikation betrachtet werden. Es gibt daher mehrere Bedeutungen des Begriffs der Informationssysteme, die sich zum Teil ergänzen.

Bedeutung des Begriffs Informationssysteme:

a) **Sammlung von Ressourcen zur Entscheidungsfindung:** Einerseits enthalten Informationssysteme eine strukturierte Sammlung von Ressourcen (z. B. Daten, Prozeduren, Software), was den Austausch und die Speicherung von Informationen (z. B. Texte, Bilder, Daten) in Organisationen ermöglicht. Einige dieser Informationssysteme besitzen eine reine Unterstützungsfunktion für das Ausführen von Operationen (z. B. zur Abwicklung von Transaktionen, zur Überwachung von Prozessen, zur Unterstützung von Bürotätigkeiten, zur Bürokommunikation). Andererseits werden Informationssysteme verwendet, um bestimmte Entscheidungen der Unternehmensleitung zu unterstützen, beispielsweise durch einfacheres Generieren von Berichten oder durch einen vereinfachten Zugang zu Informationen als Grundlage für die Entscheidungsfindung.

b) **System von Geräten:** Des Weiteren stellen Informationssysteme (z. B. Datenverarbeitung, Telekommunikation) ein System von miteinander verbundenen Geräten dar, welches mithilfe einer Software dazu dient, Daten in Form von Texten, Bildern oder Tönen zu erwerben, zu speichern, zu organisieren, zu verwalten, zu verteilen bzw. zu teilen (senden oder empfangen) und anhand eines Displays anzuzeigen.

c) **Komplexe Netzwerke:** Ebenso versteht man unter Informationssystemen komplexe Netzwerke von strukturierten, geordneten Beziehungen, die aus Personen, Computern und Prozeduren bestehen. Diese Netzwerke haben zum Ziel, einen geordneten Fluss von relevanten Informationen unterschiedlicher Herkunft zu generieren.

Alles in allem dienen die durch das Informationssystem generierten Informationen dazu, die Tätigkeiten eines Unternehmens optimaler zu koordinieren, um dadurch seine Ziele besser zu erreichen. Darüber hinaus bilden Informationssysteme eine zentrale **Kommunikationsplattform** eines Unternehme. IS sammeln, speichern, verarbeiten und kommunizieren Informationen. Somit verwaltet das System „Mensch-Maschine" Informationen, um dadurch der Geschäftsleitung und Mitarbeitern im Unternehmen zu helfen, stets ihre Aufgaben in Bezug auf Festlegung, Entwicklung und Umsetzung zu erfüllen und die richtigen Entscheidungen zu treffen.[10]

11.4.2 Informations- und Kommunikationstechnologien

In Unternehmen sind die Informations- (IT) und Kommunikationstechnologien (KT) in das übergeordnete Informationssystem eingebunden. **Informations- und Kommunikationstechnologien** (IKT) umfassen die Konzeption und Entwicklung von Computersystemen, um Informationen zu verwalten, unter anderem durch Software-Anwendungen und Hardware. Genauer gesagt basieren Informations- und Kommunikationstechnologien auf einer Software, welche den Nutzern erlaubt, Information zu sammeln, zu sortieren, zu speichern, zu verarbeiten, zu ordnen, zu verteilen bzw. zu teilen und darüber hinaus einen sicheren Zugang zu diesen Informationen zu gewährleisten, sprich diese zu schützen.

Die Nutzung von Computern und die Nutzung von Information gehen intrinsisch miteinander einher und sind heute nahezu untrennbar miteinander verbunden.

Fachkräfte der Informations- und Kommunikationstechnologie führen eine Vielzahl von Tätigkeiten aus: von der Installation bis hin zum Design von komplexen IT-Netzwerken und EDV-Anlagen. Diese Tätigkeiten können folgende Bereiche umfassen: Daten- und Netzwerkmanagement, das Einrichten und die Instandhaltung von Computern, Software, Datenbanken und EDV-Anlagen sowie das Management des gesamten Informations- und Kommunikationssystems.

Die Informations- und Kommunikationstechnologien sind eine sehr wichtige Ressource, die Führungskräften zur Verfügung steht. Viele Unternehmen schaffen hierfür die Position des *Chief Information Officers (CIO)*[11], welcher häufig Mitglied des Vorstands bzw. der Geschäftsleitung ist. Es kann durchaus vorkommen, dass der *Chief Technical Officer (CTO)*[12] als CIO agiert und umgekehrt. Der *Chief Information Security Officer (CISO)* ist zuständig für die Informationssicherheit innerhalb einer Organisation und ist in der Regel direkt dem CIO unterstellt.

Typischerweise werden Informations- und Kommunikationssysteme sowohl in klein- und mittelständischen Unternehmen als auch in großen Unternehmen genutzt. Ein sogenanntes *Enterprise Resource Planning-System (ERP-System)* integriert hierbei alle Computersysteme für die Geschäftsplanung eines Unternehmens.

Ein ERP-System ist ein integriertes System zur Geschäftsplanung und beinhaltet alle Aspekte und Computermethoden, welche benötigt werden, um eine effektive Geschäftsplanung durchzuführen. ERP-Systeme sorgen für die unternehmensweite Ressourcen-Planung und verbinden *Back-Office-Systeme* (z. B. Produktions-, Finanz-, Personal-, Vertriebs-, Sales-Systeme) und Materialwirtschaftssysteme.[13]

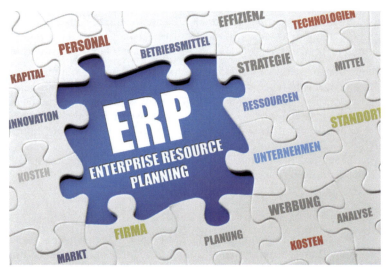

Abbildung 11.13: ERP-System im Kontext
Quelle: © Coloures-pic/fotolia.com

ERP-Systeme werden in der Regel an die Bedürfnisse des jeweiligen Unternehmens angepasst und sind daher maßgeschneidert. Sie beinhalten unter anderem EDV-Anwendungen, um mithilfe von Daten der Produktion oder anderen Unternehmensfunktionen und Abteilungen Kosten für die Abrechnung zu kalkulieren. ERP-Systeme werden an die entsprechenden Bedürfnisse einer Organisation angepasst. Der maßgeschneiderte Anteil von ERP-Systemen variiert sehr stark von einem Unternehmen zum anderen.

Es ist nicht ungewöhnlich, dass sich ein Unternehmen einer Vielzahl von unterschiedlichen Softwarepaketen je nach Tätigkeitsbereich bedient. In diesem Fall sind die Softwarepakete jedoch im Gegensatz zu einem klassischen ERP-System meist nicht in vollem Umfang integriert. Die üblichen Softwarepakete eines Unternehmens enthalten im Wesentlichen folgende Anwendungen:

- *Customer Relationship Management (CRM)*[14] vereint die Funktionen, welche es einem Unternehmen ermöglichen, dessen Kundendaten in sein Informationssystem integrieren zu können.
- *Supply Chain Management (SCM)*[15] umfasst jene Funktionen, welche es dem Unternehmen ermöglichen, seine Lieferantendaten und Logistikdaten in sein Informationssystem zu integrieren.
- *Human Resource Management (HRM)*[16] enthält alle Informationen der Mitarbeiter, z. B. Funktion, Niveau an hierarchischer Verantwortung, Zeit der Betriebszugehörigkeit in der Firma, Gehalt, vorherige Ausbildung.
- *Product Data Management (PDM)*[17] bietet Hilfsfunktionen für die Speicherung und das Management von technischen Produktdaten.

Informations- und Kommunikationstechnologien besitzen folgende **Eigenschaften** für Unternehmen:

- **Sammlung von Informationen:** Ein Informationssystem (IS) unterstützt Interaktionen zwischen Individuen, Technik, Daten und Prozessen innerhalb einer Organisation, um Informationen zu sammeln, zu sortieren, zu speichern, zu verarbeiten, zu ordnen, zu verteilen bzw. zu teilen und darüber hinaus einen sicheren Zugang zu diesen Informationen zu gewährleisten, sprich die Daten zu schützen.
- **Koordination von Informationen:** Durch die im Informationssystem enthaltenen Informationen gelingt es, Tätigkeiten innerhalb von Unternehmen besser zu koordinieren. Dies unterstützt das Erreichen von Unternehmenszielen.
- **Interaktionsfunktion:** Informationssysteme beziehen sich auf Interaktionen zwischen Individuen, Technik, Daten und Prozesse.
- **Verwaltung von Information:** Die Informations- und Kommunikationstechnologien umfassen das Design und die Entwicklung von Computersystemen. Dies geschieht zur besseren Verwaltung von Informationen mittels entsprechender Softwareanwendungen und Hardware.
- **Schutz von Informationen:** Informations- und Kommunikationstechnologien basieren neben der erforderlichen Hardware auf Softwareprogrammen, welche den Nutzern ermöglichen, Informationen zu speichern, zu schützen, zu bearbeiten, zu verteilen bzw. zu teilen und schließlich einen sicheren Zugang zu diesen Informationen zu haben.
- **Enterprise Resource Planning (ERP) Software:** Ein sehr bekanntes Beispiel von Informations- und Kommunikationstechnologien stellt das Enterprise Resource Planning dar. Der wohl bekannteste Vertreter dieser betriebswirtschaftlichen Standardsoftware ist unter dem Namen SAP bekannt. ERP-Systeme integrieren sämtliche Computersysteme, die die Geschäftsplanung und die Geschäftsabwicklung eines Unternehmens unterstützen. Ein ERP-System besteht aus Modulen, die verschiedene Tätigkeitsbereiche der Organisation abdecken, wie beispielsweise Produktionsmanagement, Customer Relationship oder auch Rechnungs- und Personalwesen.

Obwohl sich Informations- und Kommunikationssysteme ständig verbessern, bestehen nach wie vor **Herausforderungen in Bezug auf die Übertragung von Informationen und Wissen:**

- **Übertragung von implizitem Wissen:** Durch ihre digitale Schnittstelle erlauben Informations- und Kommunikationssysteme keine Übertragung von implizitem Wissen zwischen Mitarbeitern.
- **Usability:** Informations- und Kommunikationssysteme stellen häufig nach wie vor ein Hindernis für einen erheblichen Teil der Arbeitnehmer dar, da diese solche Systeme nur ungenau zu nutzen und anzuwenden wissen. Dies wird auch mit dem Begriff *Usability (Anwenderfreundlichkeit)* in Verbindung gebracht.
- **Vertrauen:** Informations- und Kommunikationssysteme werden von deren Nutzern oftmals als wesentliche Barriere für die Entwicklung von Vertrauen zwischen Mitarbeitern wahrgenommen.

> **Exkurs** — **Nutzung von vorhandenem Wissen (Exploration) und Erforschung neuen Wissens (Exploitation)**
>
> Eine der grundlegenden Schwierigkeiten für Unternehmen ist die Prioritätenabwägung zwischen der Erforschung von neuem Wissen *(Exploration)* und der Nutzung von bereits vorhandenem Wissen *(Exploitation)*.
>
> Die *Exploration* nach neuem Wissen umfasst hierbei die Forschung, die Entdeckung und die Erprobung von neuen Ideen. In der Regel führen Investitionen in die Ressourcen, verbunden mit einer gewissen Risikobereitschaft, zu mehr Innovation.
>
> Im Gegensatz dazu konzentriert sich die *Exploitation* auf die effiziente Nutzung von Wissen, über welches das Unternehmen bereits verfügt, wie beispielsweise das bereits vorhandene Wissen in Bezug auf Fabrikations-, Logistik- und Verwaltungsprozesse oder in Bezug auf das Personalmanagement (Human Resource Management).[18]
>
> Jene Unternehmen, die sich zu stark auf die Erforschung neuer Erkenntnisse konzentrieren und vorwiegend dort investieren, gehen ein enorm hohes Risiko ein, vor allem wenn sie dabei keine unmittelbaren Gewinne erwirtschaften. In der Tat laufen diese Organisationen Gefahr, zu viele Ideen zu verfolgen, die letzten Endes nicht unbedingt zu einer konkreten Anwendung führen und so keinen Nutzen in Form eines neuen Produkts oder einer neuen Dienstleistung generieren.
>
> Umgekehrt müssen Unternehmen, die sich ausschließlich auf die Nutzung ihrer bestehenden Wissensbasis konzentrieren, damit rechnen, langfristig einen Verlust hinnehmen zu müssen. Der Verlust ergibt sich daraus, dass sie sich nicht ausreichend um Innovationen gekümmert haben, welche ggfs. auf einem sich stets verändernden Markt vonnöten sind.
>
> ### Reflexionsfragen
>
> **1.** Diskutieren Sie, wie Unternehmen ein optimales Gleichgewicht zwischen der Erforschung von neuen Erkenntnissen und dem Nutzen ihres vorhandenen Wissens finden können. Von welchen Faktoren könnte dieses Gleichgewicht abhängen?
>
> **2.** Wer in einem Unternehmen sollte sich um Exploration und wer um Exploitation kümmern? Begründen Sie Ihre Antwort.

ZUSAMMENFASSUNG

Folgende Inhalte wurden in diesem Kapitel behandelt:

- Der wesentliche Wert eines Unternehmens besteht in der heutigen Wissensgesellschaft verstärkt aus dessen immateriellen Vermögenswerten, wie dem Know-how, den Patenten und den Urheberrechten. Wissen ist somit ein wichtiges Unternehmenskapital, weil heute ein starker Innovationsdruck auf Unternehmen liegt. Um wettbewerbsfähig in ihrem Markt zu bleiben, müssen Unternehmen in der Lage sein, ihr kollektives Wissen in Produkte und Dienstleistungen umzuwandeln. Deshalb investiert eine wachsende Anzahl von Unternehmen in ihr Wissensmanagement. Sie verfolgen hierbei das Ziel den Prozess der Wissensschaffung, Wissensverteilung bzw. Wissensteilung und Wissensspeicherung zu systematisieren und somit ihre jeweiligen Performance-Ziele besser zu erreichen.

- Die Wissensbildung ist eng mit der Wissensverteilung bzw. -teilung innerhalb eines Unternehmens verbunden. Vor dem Hintergrund der kontinuierlichen Wissensbildung empfiehlt die Theorie des *Knowledge Managements*, dass sich eine Organisation zuerst auf die Bildung einer ganz besonderen Art von Wissen konzentrieren sollte, nämlich auf ihre Kernkompetenzen. Eine Kernkompetenz bezeichnet das Wissen bzw. Know-how, das ein Unternehmen besser als seine Konkurrenten beherrscht und ihm einen nachhaltigen Wettbewerbsvorteil in seinem Markt verleiht. Eine Kernkompetenz sollte drei Merkmale erfüllen: Einen potenziellen Zugang zu einer Vielzahl von Märkten ermöglichen, einen wesentlichen Beitrag für den wahrgenommenen Nutzen des Endverbrauchers leisten und schließlich für Konkurrenten schwer imitierbar sein. Schließlich ist eine Kernkompetenz das Herz der Kompetenzen eines Unternehmens und sollte keinesfalls ausgelagert werden.

- Nicht jede Information oder jedes Wissen kann allein durch Worte oder in *Face-to-Face*-Meetings zwischen Mitarbeitern übertragen werden. Die Größe einer Organisation, ihre internationale Konfiguration und die Komplexität der Informationsflüsse erfordern leistungsfähige Informationssysteme, mit denen man auf einfachem Wege kommunizieren kann. Solch ein Informationssystem erleichtert die Interaktionen zwischen Individuen, Technik, Daten und Prozessen innerhalb einer Organisation. Ein Informationssystem stellt also ein Bindeglied zwischen technologischen und humanen Ressourcen dar. Informationssysteme umfassen sowohl Informations- als auch Kommunikationstechnologien. Informations- und Kommunikationstechnologien basieren auf Softwareprogrammen, die den Nutzern ermöglichen, Informationen zu sammeln, zu sortieren, zu speichern, zu verarbeiten, zu ordnen, zu verteilen bzw. zu teilen und darüber hinaus einen sicheren Zugang zu diesen Informationen zu gewährleisten, sprich sie zu schützen. Ein typisches Beispiel hierfür sind *Enterprise Resource Planning*-Systeme (ERP-Systeme). Oftmals ist diese betriebswirtschaftliche Standardsoftware auch unter dem Namen SAP bekannt. ERP-Systeme enthalten Module, welche unterschiedliche Bereiche des Unternehmens abdecken und unterstützen, wie beispielsweise *Sales*[19], Produktion[20], Rechnungswesen[21] und Human Resource Management[22].

AUFGABEN

1. Versuchen Sie anhand eines konkreten Beispiels, die Unterschiede zwischen Daten, Informationen und Wissen zu erklären.

2. Wählen Sie eine beliebige Branche aus und erklären Sie, wie der Übergang von physischem und greifbarem Kapital zu immateriellem und geistigem Kapital stattgefunden hat. Bedienen Sie sich weiterer konkreter Beispiele, um diese Frage zu beantworten.

3. Wählen Sie drei Organisationen aus. Versuchen Sie für jede dieser Organisationen zu erklären, welche Kernkompetenzen sie wohl jeweils haben. Begründen Sie, weshalb es sich hierbei um Kernkompetenzen für die entsprechende Organisation handelt.

4. Beschreiben Sie anhand eines Beispiels Ihrer Wahl den Wissensbildungsprozess innerhalb einer Organisation.

5. Erklären Sie den Begriff *Community of Practice* und dessen Nutzen für die betriebliche Praxis.

6. Versuchen Sie zu erklären, worin der Nutzen eines Informationssystems liegt.

Weitere Aufgaben mit Lösungen befinden sich in begleitendem Übungsbuch als E-Text.

Fallstudie: Holcim – Eine lernende Organisation dank des Einsatzes von Wissensmanagement

Holcim ist ein Schweizer Zementhersteller, der im Jahr 1912 im schweizerischen Dorf Holderbank gegründet wurde. Diese Organisation hat seit seinen bescheidenen Anfängen einen langen Weg zum heute global agierenden Unternehmen und einem der weltweit größten Produzenten von Zement zurückgelegt. Derzeit ist die *Holcim-Gruppe* in über 70 Ländern vertreten und beschäftigt mehr als 48.000 Menschen. *Holcim* produziert Zement, Ziegel und andere verwandte Baustoffe. Das Unternehmen bietet zudem Dienstleistungen in den Bereichen Beratung und Engineering für den gesamten Prozess der Zementherstellung.

Die *Holcim-Gruppe* verfügt über eine dezentrale Struktur mit einer klar definierten Gruppen-Strategie. Dies gibt den einzelnen Konzerntöchtern ein hohes Maß an Autonomie und Flexibilität, um die operativen Geschäfte individuell zu führen. Entscheidungen von einzelnen Unternehmen werden vor Ort und unabhängig getroffen, sodass die spezifischen Kunden und Marktgegebenheiten berücksichtigt werden können.

Abbildung 11.14: Produktion von Zement
Quelle: © oelixdorf1/fotolia.com

Holcim ist eine Holding-Gesellschaft, in der jede Gruppe bzw. Tochtergesellschaft auf einem lokalen Markt unter eigenem Namen firmiert und agiert. Diese lokalen Unternehmen koordinieren die Produktionszentren in ihren jeweiligen Regionen und werden von lokalen Managern geführt. Aufgrund der dezentralen Struktur der Unternehmensgruppe wurden die einzelnen Unternehmen allein nach ihren finanziellen Ergebnissen beurteilt. Dies räumte der lokalen Management-Ebene ein hohes Maß an Autonomie ein.

Das Tätigkeitsfeld der *Holcim-Gruppe* ist vielfältig: Unterschiedliche Märkte, unterschiedliche Unternehmenskulturen und unterschiedliche nationale Kulturen. Diese Vielfalt ist ein Vorteil, da die Chance besteht, *„die Wünsche und Bedürfnisse von unterschiedlichen Märkten zu erfassen und dadurch einen enormen Wissenspool in verschiedenen Umwelten aufzubauen"*.

Anfang des 21. Jahrhunderts ist die Globalisierung eine Tatsache, die nicht ignoriert werden kann: Unternehmen sind global tätig und müssen sich einem wachsenden, härter werdenden Wettbewerb stellen. So ist es für die *Holcim-Gruppe* zunehmend relevant, die gesammelte Erfahrung innerhalb der ganzen Organisation zu teilen und schnellstmöglich zu implementieren. Konzernchef Thomas Schmidheiny stellt sich folgende Fragen: *„Was ist die Bedeutung von Wissen? An welchem Punkt ist Teilung und Vermehrung von Wissen strategisch wichtig speziell für den Zementmarkt? Welche Rolle spielt Wissen in einem Unternehmen wie Holcim und folglich für dessen Management?"*

Man würde annehmen, dass diese Industrie mehr auf Technologie und Ausstattung als auf Wissen beruht. Dies ist jedoch ein Irrtum: In vielerlei Hinsicht spielt Wissen eine zentrale Rolle bei der Leistungsfähigkeit eines Zementherstellers. Um dies zu verstehen, müssen die Vielfalt der Märkte berücksichtigt werden, in denen *Holcim* tätig ist. Wie bereits erwähnt ist jeder Markt anders und erfordert tiefes und spezifisches Verständnis sowie Kenntnis der jeweiligen Umwelt und deren Funktionsweise. Da die Konsumnachfrage durch die verschiedenen Kulturen und Bräuche teilweise stark variiert, ist Wissen über diese Unterschiede von entscheidender Bedeutung für die Leistungsfähigkeit des Unternehmens. Solches Wissen kann nicht über Nacht erworben werden: Fachwissen wird durch langjährige Erfahrung und Interaktion mit der jeweiligen Umwelt aufgebaut. Dieses Prinzip erklärt, warum sich *Holcim* für eine dezentrale Konzernstruktur entschieden hat: Diese Struktur trägt den oben genannten Herausforderungen Rechnung.

Auf der anderen Seite ist es von Vorteil, Teil eines global agierenden Unternehmens zu sein. Es besteht keine Notwendigkeit „das Rad neu zu erfinden", da es möglich ist, stets auf den Wissenspool des gesamten Unternehmens zuzugreifen. Das folgende Beispiel demonstriert, wie Wissen durch Erfahrung erworben wird und wie es innerhalb des Unternehmens geteilt wird.

Alsen Breitenberg, eine Anlage von *Holcim* in Lägerdorf (Deutschland), musste seine Produktionskapazitäten erhöhen, um die dortige Marktnachfrage zu befriedigen. Das verantwortliche Team hatte für dieses Projekt ein Budget von 77 Millionen Euro veranschlagt, was jedoch von der Firmenzentrale als zu teuer erachtet wurde. Die verantwortlichen Manager für das Projekt wussten, dass sie für die Zustimmung der Zentrale die Gesamtkosten des Projekts um 13–15 Millionen Euro reduzieren mussten. Sie wandten sich an *Holcim Mexico*, wo bereits eine neue Produktionsplattform im Rahmen des Projekts *Stripped Down* aufgebaut wurde. Das deutsche Projektteam besuchte daraufhin die mexikanische Niederlassung und ließ sich das Konzept durch die Projektleiter vor Ort erklären. Das deutsche Team war überzeugt, dass unter Verwendung des gleichen Konzepts „hohe Qualität bzw. niedrige Kosten" eine deutliche Kostensenkung der Erweiterung des deutschen Werkes auf 58 Millionen Euro möglich wäre. Das Projekt wurde schließlich umgesetzt. Die Anlage kostete nicht nur 17 Millionen Euro weniger als ursprünglich geplant, sondern auch die Fertigstellung wurde drei Monate vor dem Zeitplan geschafft.

Dieses Beispiel zeigt deutlich, welche Bedeutung Wissenstransfer für die Leistung eines Unternehmens besitzen kann. Relevantes Wissen, das durch Erfahrung und Experimente erworben wurde, muss aus strategischer Sicht schnell im Unternehmen ausgetauscht werden, da es sowohl Kosten- als auch Zeitersparnisse mit sich bringt. Die schnelle Verbreitung des Wissens kann daher von strategischer Bedeutung für eine ganze Unternehmensgruppe sein.

Aus diesem Grund initiierte Thomas Schmidheiny ein Programm, dessen Ziel es war, die Geschwindigkeit des Lernens in der *Holcim-Gruppe* zu erhöhen. Um dies durchzusetzen, mussten Werkzeuge und Prozesse entwickelt werden, die sicherstellten, dass der beschriebene Erfolg nicht nur eine „Eintagsfliege" blieb. Dies wäre geschehen, wenn keine dieser Erfahrungen dokumentiert und somit auch nicht in der Unternehmenskultur eingebettet werden würde. Als Folge unternahm *Holcim* mehrere Initiativen, um dieser Herausforderung gerecht zu werden. Zunächst entwickelte das Unternehmen eine Datenbank mit bewährten Verfahren: Jedes lokale Unternehmen hatte drei erfolgreiche Praktiken zu identifizieren und zu beschreiben. Betriebsinterne Gelbe Seiten wurden geschaffen. Auf diesen Seiten werden die Erfahrungen von Gruppen und deren Mitgliedern festgehalten. Dies erleichtert die spätere Identifikation von Expertisen. Walter Baumgartner (Leiter des Trainings) stellte jedoch leider fest, dass keine dieser Initiativen „zündete".

Eine Lehre aus dieser fehlgeschlagenen Initiative ist, dass die Informationstechnologie allein keine Lösung darstellt. Um dieses Problem zu überwinden, wurden daher *Communities of Practice* gegründet. Diese *Communities* sind nach strategischen Themen und Erfahrungen, wie beispielsweise die Instandhaltung von Anlagen, gegliedert. Für gut funktionierende *Communities* ist es notwendig, dass deren Teilnehmer das Interesse teilen und genügend Motivation besitzen, um Wissen untereinander weiterzugeben. Dies wird unter anderem durch *Face-to-Face*-Transfer gefördert. Um sicherzustellen, dass sich Mitarbeiter mit einem gemeinsamen Interesse finden, wurden systematisch Veranstaltungen organisiert. Die Herausforderungen des Wissensaustausches sollten somit unterstützt werden.

Einige Jahre später wurde ein *„Project Management Approach" (PMA)* in die Wege geleitet, um die Lehren von vorherigen Projekten *(Lessons learned)* bei der Projektplanung zu integrieren. Um dies zu verwirklichen, müssen die Projektteilnehmer in der letzten Phase eines Projektes (*project evaluation* und *transfer*) eine sogenannte *After Action Revue* vornehmen. In dieser *After Action Revue* werden *Lessons learned* erfasst, welche in zukünftigen Projekten berücksichtigt werden können. Die Summe der *Lessons learned* nennt man *Learning summary*. Die *Lessons learned* und die *Learning summary* wurden dann verwendet, um sogenannte *Best* oder *Proven Practices* für zukünftige Projekte transferieren zu können.

Das Management von *Holcim* erkannte, dass die Unternehmenskultur für den Austausch von Wissen empfänglich sein muss. Um die Kulturvielfalt innerhalb der internationalen Gruppe zu überbrücken und den Wissensaustausch zu fördern, lancierte *Holcim* ein Trainingsprogramm für alle Funktionen, Länder und hierarchischen Ebenen des Unternehmens.

Ziel dieses Programms ist es, Fähigkeiten der Mitarbeiter zu entwickeln und den Aufbau gemeinsamer Modelle der Arbeitsorganisation zu fördern. Die Erfüllung dieses Ziels spiegelt sich in einer „gemeinsamen Sprache" wider. Die Teilnehmer tauschen ihre Erfahrungen während des Trainings aus und bilden im zweiten Schritt ein internationales Netzwerk von Beziehungen. So wurde der Grundstein für eine einheitliche und globale Marke und ein einheitliches Unternehmen *Holcim* gelegt. Es ist einfacher, intern Wissen zu teilen, wenn sich die Mitarbeiter zum Unternehmen zugehörig fühlen, wobei zugleich ein hoher Grad an Autonomie auf betrieblicher Ebene aufrechterhalten bleiben kann.

Reflexionsfragen

1. Strukturieren Sie das Fallgeschehen und charakterisieren Sie die verschiedenen Phasen des Unternehmens Holcim.

2. Welche weiteren Maßnahmen wären möglich gewesen, um den Wissenstransfer zu erhöhen? Nehmen Sie bei Ihrer Begründung Bezug auf das System des Wissensmanagements (siehe *Abbildung 11.11*).

3. Formulieren Sie Lösungsvorschläge für ein zentral gesteuertes Unternehmen und zeigen Sie die Unterschiede zu einem dezentral gesteuerten Unternehmen auf.

4. Erörtern Sie mögliche Grenzen des Wissenstransfers anhand des vorliegenden Falles.

Quelle: Straub und Shibib, in Anlehnung an Probst, G.; Büchel, B.: „Holcim Group Support: Managing Knowledge Initiative", Case Study, HEC University of Geneva and IMD, Lausanne 2000; Webseite unter: www.holcim.de (Stand: 17.07.2010)

Siehe auch begleitende Fallvideos dazu.

Verwendete Literatur

Argote, L.: „Organizational learning: Creating, retaining and transferring knowledge", Kluwer Academic Publisher, 1999.

Bogan, C.; English, M.: „Benchmarking for Best Practices: Winning through innovative adaptation", McGraw-Hill, 1994.

Borzillo, S.: „Communities of Practice to Actively Manage Best Practices", Gabler Verlag, 2007.

Brown, J.; Duguid, P.: „Organizational learning and communities of practice: Toward a unified view of working, learning, and innovation", in: Organization Science, Bd. 2, 1991, S. 40–57.

Cortada, J.: „Making the Information Society: Experience, Consequences, and Possibilities", Prentice-Hall 2001.

Davenport, T.H.; Prusak, L.: „Working Knowledge", Harvard Business School Press, 1998.

Hamel, G.; Prahalad, C. K.: „The Core Competence of the Corporation", in: Harvard Business Review, Bd. 68, Nr. 3 (1990), S. 79–93.

Hearn, D.; Mandeville, T.; Joseph, R.: „Public Policy in Knowledge-Based Economies: Foundations and Frameworks", Edward Elgar, 2003.

Lave, J.; Wenger, E.: „Situated learning: Legitimate peripheral participation (Learning in doing: Social, cognitive and computational perspectives)", Cambridge University Press, 2003.

Nonaka, I.: „A dynamic theory of organizational knowledge creation", Organization Science, Bd. 5, Nr. 1 (1994), S. 14–35.

Nonaka, I.; Takeuchi, H.: „The Knowledge-Creating Company: How Japanese Companies Create the Dynamics of Innovation", Oxford University Press, 1995.

Probst, G.; Büchel, B.: „Organisationales Lernen. Wettbewerbsvorteil der Zukunft", 2. Aufl.; SGO Stiftung, Gabler Verlag, 1997.

Probst, G.; Raub, S.; Romhardt, K.: „Wissen managen", 7. Aufl., Gabler Verlag, 2013.

Prahalad, C. K.; Hamel, G.: „The Core Competence of the Corporation", in: Harvard Business Review, Bd. 68, Nr. 3 (1990), S. 79–91.

Prax, J. Y.: „Le Manuel de Knowledge Management: Une approche de deuxième génération", Dunod 2003.

Rooney, D.; Hearn, G.; Ninan, A.: „Handbook on the Knowledge Economy", Edward Elgar, 2005.

Saphörster, S.: „Wissensgesellschaft: Knowledge Management", 2011, *www.siemens.com/innovation/pool/de/Publikationen/Zeitschriften_pof/PoF_Fruehjahr_2004/Wissensgesellschaft/Knowledge_Management/PoF104art15_1172109.pdf* (Stand: 20.07.2011).

Wenger, E.; McDermott, R.; Snyder, W.: „Cultivating Communities of Practice: A guide to managing knowledge", Harvard Business School Press, 2002.

Weiterführende Literatur

Argyris, C.; Schön, D.: „Organizational Learning: A Theory of Action Perspective", Addison-Wesley, 1978.

Borzillo, S.: „Communities of Practice to Actively Manage Best Practices", Gabler Verlag, 2007.

Borzillo, S.; Probst, G.: „Piloter les communautés de pratique avec succès", in: La Revue Française de Gestion, Bd. 170 (2007), S. 135–153.

Borzillo, S.; Probst, G.: „Why communities of practice succeed and why they fail", in: The European Management Journal, Bd. 26, Nr. 5 (2008), S. 335–347.

Borzillo, S.: „Top management sponsorship to guide communities of practice", in: Journal of Knowledge Management, Bd. 13, Nr. 3 (2009), S. 60–72.

Borzillo, S.; Straub, T.; Touali, M.: „Les Communautés de Pratique inter organisationnelles et IT Management entre Multinationales", in: Revue Economique et Sociale, Bd. 67 (2009), S. 109–119.

Davenport, T.: „Working Knowledge: How Organizations Manage What They Know", Harvard Business Review Press, 2000.

Davenport, T.; Probst, G.: „Knowledge Management Case Book (Siemens)", Springer, 2002.

Frey-Luxemburger, M.: „Wissensmanagement – Grundlagen und praktische Anwendung: Eine Einführung in das IT-gestützte Management der Ressource Wissen (IT im Unternehmen)", 2. Aufl., Springer Vieweg, 2014.

Gerhards, S. von; Trauner, B.: „Wissensmanagement: 7 Bausteine für die Umsetzung in der Praxis", 4. Aufl., Carl Hanser Verlag, 2011.

Lehner, F.: "Wissensmanagement: Grundlagen, Methoden und technische Unterstützung", 4. Aufl., Carl Hanser Verlag, 2012.

Nonaka, I.; Takeuchi, H.: „The Knowledge-Creating Company: How Japanese Companies Create the Dynamics of Innovation", Oxford University Press, 1995.

Probst, G.; Büchel, B.: „Organisationales Lernen. Wettbewerbsvorteil der Zukunft", 2. aktual. Aufl., SGO-Stiftung, Gabler Verlag, 1998.

Probst, G.; Raub, S.; Romhardt, K.: „Wissen managen. Wie Unternehmen ihre wertvollste Ressource optimal nutzen", 7. Aufl., Gabler Verlag, 2013.

O'Dell, C.; Jackson Grayson, C.: „If Only We Knew What We Know: the transfer of internal knowledge and best practice", Free Press, 2012.

Willke, H.: „Einführung in das systemische Wissensmanagement", 3. Aufl., Carl Auer Verlag, 2011.

Endnoten

1. Siehe *Abbildung 11.2*.
2. Wissensmanagement (WM) wird auch, wie im Englischen, *Knowledge Management (KM)* genannt.
3. Die Leistungsfaktoren werden auch, wie im Englischen, *Performance-Faktoren* genannt.
4. Der *Return on Investment (ROI)* wird auch *Kapitalertrag* genannt.
5. Der *Shareholder Value* wird auch *Aktionärsvermögen* genannt.
6. Der *Return on Assets (ROA)* wird auch *Gesamtkapitalrentabilität (GKR)* oder *Gesamtkapitalrendite* oder *Kapitalrendite* genannt.
7. Siehe *Kapitel 8*: Rechnungswesen; und *Kapitel 9*: Controlling.
8. Siehe Wenger et al. (2002); bezüglich des Lernens als sozialer Prozess und bezüglich der Communities of Practice siehe auch Lave und Wenger (2003).
9. Siehe Wenger et al. (2002).
10. Siehe *Kapitel 2*: Strategisches Management, *Abbildung 2.3* „Die Strategiepyramide".
11. Der *Chief Information Officers (CIO)* wird auch IT-Direktor bzw. IT-Leiter genannt.
12. Der *Chief Technical Officer (CTO)* wird auch Technischer Direktor bzw. Leiter genannt.
13. Diese Softwaresysteme beziehen sich auf die informationstechnische Verarbeitung von Informationen bezüglich der Prozesse entsprechender Unternehmensfunktionen, wie sie in diesem Buch beschrieben werden (vgl. Vorwort: Aufbau des Buches: Die Funktionen eines Unternehmens).
14. *Customer Relationship Management (CRM)* wird auch Kundenbeziehungsmanagement genannt. Gemeint sind dabei Systeme und Software, welche als Hilfsprogramme für Unternehmen entwickelt wurden, um ihre Kundendateien und somit Kundenbindung besser managen zu können.
15. *Supply Chain Management (SCM)* befasst sich mit denjenigen Prozessen, die die Nachfrage eines Gutes bzw. einer Dienstleistung mit deren Wertschöpfungskette verbinden: Die physische Infrastruktur von Supply Chain Management, beispielsweise Distributionszentren oder Produktionswerke, wird von IT-Systemen unterstützt. Diese IT-Systeme organisieren die Planung und Durchführung von Business-Prozessen, um sicherzustellen, dass die Rollen und Verantwortlichkeiten innerhalb des Unternehmens sowie über die Unternehmensgrenzen hinweg optimal abgestimmt sind.
16. Der Begriff *Human Resource Management (HRM)* wertet den Begriff *Personalmanagement* auf, da er das Personal mit einer Ressource gleichsetzt, die es zu managen und zu motivieren gilt.
17. *Product Data Management (PDM)* ist ein Konzept, das zum Ziel hat, produktdefinierende, produktrepräsentierende Daten und Dokumente als Ergebnis der Produktentwicklung zu speichern, zu verwalten und in nachgelagerten Phasen des Produktlebenszyklus zur Verfügung zu stellen. Grundlage dieses Wirkens ist ein integriertes Produktmodell. Des Weiteren ist die Unterstützung der Produktentwicklung durch geeignete Methoden auf Basis von Prozessmodellen dem PDM zuzurechnen. Zusätzlich zum PDM entwickelt sich das *Produktinformationsmanagement (PIM)*, welches für die Produktinformationen und deren Bereitstellung für die verschiedenen Vertriebswege verantwortlich ist. Bevor der Begriff Produktdatenmanagement (PDM) allgemein gebräuchlich wurde, verwendete man in den 80er-Jahren vorwiegend den Terminus *Engineering Data Management (EDM)*.
18. Siehe *Kapitel 12*: Human Resource Management und *Kapitel 13*: Leadership.
19. Siehe *Kapitel 4*: Sales.
20. Siehe *Kapitel 6*: Produktion.
21. Siehe *Kapitel 8*: Rechnungswesen.
22. Siehe *Kapitel 12*: Human Resource Management.

Die Investition in die Mitarbeiter ist heute das Aufwendigste, was es im Unternehmen gibt. Gerade darum liegt es nahe, das Beste daraus zu machen.

Claus Henninger (1929–2011), Kommunalpolitiker der CSU

Lernziele

In diesem Kapitel wird das Wissen zu folgenden Inhalten vermittelt:

- Ursprung des Human Resource Managements (HRM)
- Rolle und Stellung des Human Resource Managements innerhalb einer Organisation
- Aufgabengebiete des Human Resource Managements
- Wichtige Funktionen des Human Resource Managements: Einstellungsprozess, Personalbewertung und Vergütung
- Aktuelle Trends

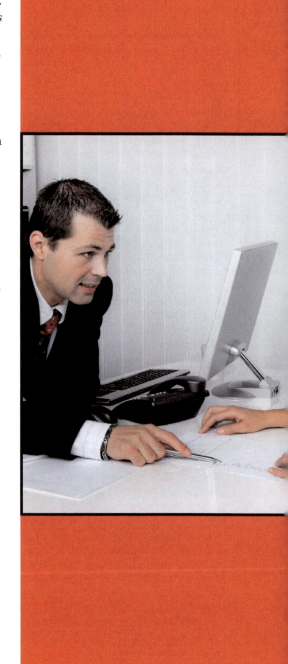

Quelle: © Gina Sanders/fotolia.com

Human Resource Management

12.1	**Grundlagen**....................................	480
	12.1.1 Ursprung.......................................	480
	12.1.2 Rolle im Unternehmen.........................	483
12.2	**Aufgabengebiete des Human Resource Managements**	485
	12.2.1 Administrative Aufgabe.......................	486
	12.2.2 Befriedigung von Ansprüchen..................	487
	12.2.3 Kompetenzmanagement..........................	488
12.3	**HRM-Funktionen**	489
	12.3.1 Einstellungsprozess	489
	12.3.2 Personalbewertung............................	495
	12.3.3 Vergütung	501
12.4	**Aktuelle Trends**...............................	502

12

ÜBERBLICK

12.1 Grundlagen

Das **Human Resource Management (HRM)**[1] bezeichnet denjenigen Bereich der Betriebswirtschaft, der sich mit dem Produktionsfaktor „Arbeit" und folglich mit dem Personal befasst. Die Unternehmensfunktion des Human Resource Management besteht heutzutage in sämtlichen Unternehmen.[2] Die klassischen Kernaufgaben bestehen in der Bereitstellung von Personal sowie in dessen zielorientiertem Einsatz.

Die Aufgabe des **Human Resource Managements** besteht somit darin, strategische Zielsetzungen, Visionen und Missionen von Organisationen mit dem derzeitigen und zukünftigen Bedarf an Personal und an Kompetenzen zu decken. Ebenso gilt es die Erwartungen und Interessen der Mitarbeiter und anderer Stakeholder unter Berücksichtigung der geltenden Normen zu erfüllen.

Leadership oder Führung[3] bildet im Gegensatz zu Human Resource Management eine methodisch geplante und kontrollierte Einflussnahme auf die Geführten und ihre Kompetenzen. Dennoch sind beide Begriffe eng miteinander verbunden.

12.1.1 Ursprung

Der Urspung des Human Resource Managements liegt laut *Klimecki* und *Gmür* (1998) in den wechselseitigen Personalbeziehungen, welche Rechte und Pflichtverhältnisse zwischen Arbeitgebern und Arbeitnehmern regeln. Diese wechselseitigen Verhältnisse entstanden zu der Zeit, als sich hierarchische Beziehungen zwischen Herren und Sklaven, Herrschern und Beherrschten, Anführern und Gefolgsleuten bildeten. Im Kontext dieser Beziehungen stellen führende Personen unterstellte Personen aufgrund materieller oder sozialer Überlegenheit in ihre Dienste. Dementsprechend stellen Personalbeziehungen ein wichtiges Element der Vergesellschaftung dar, welche allgemein die Verwandlung von Ungesellschaftlichem in Gesellschaftliches bezeichnet. Erste Beispiele in der Geschichte sind hierfür die Hofstaaten Mesopotamiens und auch Ägyptens und deren miliärische wie religiöse Organisation, Sklavenordnung und deren umfangreiche Bauprojekte. Als diese Organisationsformen eine bestimmte Größe erreicht hatten, regte sich das Bedürfnis nach Regelung. Der Kodex des babylonischen Herrschers *Hammurabi* (ca. 1750–1686 v. Chr.) bestand aus Bestimmungen, die die Rechtsbeziehungen zu Lohnarbeitern und Sklaven regelten.[4]

Im Mittelalter verpflichtete man Leibeigene (oft Bauern) zu Frondiensten, d. h. zu einer persönlichen Leistung für den Leibherrn (oft Grundherrn). Geschriebenes Recht zur Bemessung der Fronen gab es nicht. Wer die Arbeiten nicht nach den Vorstellungen des Gutsherrn ausführte, konnte ohne Inanspruchnahme eines Gerichts körperlich gezüchtigt werden.

Siedelt *Ling* (1965)[5] die Ursprünge der Personallehre im 15. Jahrhundert an, dürften jedoch bereits in der Antike Ausgangspunkte dafür vorzufinden sein. Laut *Ling* sind **fünf** Entwicklungen als **Vorläufer des modernen Human Resource Managements** auszumachen, die bereits Ende des 19. Jahrhunderts einsetzten:

1. **Technologische und industrielle Entwicklung** im Sinne der Entstehung großer Organisationskomplexe

2. **Erziehungswesen** als Grundlage des betrieblichen Aus- und Weiterbildungssystems

3. **Arbeiterbewegung und Arbeitsgesetzgebung** im Sinne von organisierter Interessensverfolgung (z. B. Bergbau, Handwerk, industrielle Fertigung)

4. **Fabrikgesetzgebung** als staatlicher Regelungseingriff seit dem 19. Jahrhundert (v. a. bezüglich der Arbeitszeit und Arbeitssicherheit)

5. **Welfare-Bewegung** im Kontext der Vergesellschaftung, der Industrialisierung und der wachsenden Verantwortung von Unternehmen bezüglich des Personals

Lange Zeit galt die Unternehmensfunktion Human Resource Management in Unternehmen als unterstützende Funktion: Das Personal wurde als Produktionsfaktor gesehen. Heute hat sich durchgesetzt, dass das Human Resource Management eine entscheidende Komponente zur Sicherstellung der Wettbewerbsfähigkeit und der Nachhaltigkeit eines Unternehmens darstellt. Es ist daher notwendig, dass sich die Unternehmensfunktion weniger administrationsorientiert und passiv, sondern vielmehr proaktiv und strategisch verhält, um seiner neuen Rolle gerecht zu werden. Indikatoren wie „Mehrwert", „Nachhaltigkeit" und „Leistung" sind zunehmend von Interesse.

Bei jeder Art von Organisationsform ist das Management des Personals notwendig. Unabhängig von der Größe oder dem Geschäftsbereich einer Organisation gilt zu jedem Zeitpunkt in der Geschichte: Sobald Menschen zur Realisierung eines Geschäfts *zusammenarbeiten*, wird es unerlässlich, die *Arbeit zu organisieren* und *Kompetenzen zu mobilisieren*.

In der Unternehmensgeschichte ist Human Resource Management, das von einer Abteilung ausgeübt wird, welche sich ausschließlich mit Personalthemen befasst, relativ neu. Seit Anfang der Industrialisierung zur Mitte des 18. Jahrhunderts lassen sich in der Entwicklung dieser Unternehmensfunktion drei relevante Epochen festhalten.

Wichtige Epochen

Die erste wichtige Epoche ereignete sich Anfang des 19. Jahrhunderts. Die **industrielle Revolution** wandte sich den Belangen des sogenannten Arbeitnehmertums und der Arbeitsteilung zu und setzte diesbezüglich Lösungen in der Praxis um. Bereits zu dieser Zeit bestand das Bewusstsein, dass die Anwendungen „falscher" Arbeitsmethoden unnötige Kosten für Unternehmen verursachen und sich letztlich negativ auf deren Leistungen auswirken.

Ab diesem Zeitpunkt begann die Forschung, sich fundiert mit dem Thema der Arbeitsorganisation auseinanderzusetzen: Sinnbildlicher Vertreter dieser Epoche ist der US-Amerikaner *Frederick Winslow Taylor* (1856–1915), dem es durch Anwendung seiner Methode, dem sogenannten **Taylorismus**, gelang, die Arbeitsproduktivität zu steigern. *Taylor* etablierte das Prinzip der Prozesssteuerung von Arbeitsabläufen, welches auf Arbeitsstudien basierte. Der Begriff **Scientific Management (wissenschaftliche Betriebsführung)** wurde durch *Taylor* stark geprägt. Bei *Scientific Management* handelt es sich um ein Managementkonzept, welches *Taylor* im Laufe seines Lebens entwickelte und im Jahr 1911 in seinem gleichnamigen Hauptwerk niederschrieb. *Taylor* glaubte fest daran, Management, Arbeit und Unternehmen mit einer rein wissenschaftlichen Herangehensweise optimieren zu können, um soziale Probleme lösen und „Wohlstand für alle" erreichen zu können.

Nach dem Jahr 1882 führte *Taylor* umfassende Zeitstudien durch. Er entwickelte Leistungslohnsysteme und neue, wissenschaftlich fundierte, detaillierte Arbeits- und Bewegungsabläufe, um die Leistung von Mitarbeitern zu steigern. In Betrieben fand dadurch eine zunehmende Rationalisierung statt. Mitarbeitern wurde eine normgerechte Umgebung zugewiesen, die Beleuchtung wurde standardisiert, Werkzeuge und Betriebsabläufe wurden im Detail definiert. Die Mitarbeiter traten im Laufe der Zeit zunehmend Selbstbestimmtheit und Selbstverantwortung ab: Von nun an war der Mitarbeiter rein für die operative Arbeitsausführung zuständig. Planung, Vorbereitung und Problemlösung waren nicht mehr Teil des auszuführenden Handelns des Mitarbeiters. Als Ergebnis der Forschungen *Taylors* gingen unter anderem typische Praktiken des Human Resource Managements hervor (z. B. Analyse von Arbeitsplätzen, spezifische Anforderungen des Arbeitsplatzes) wie die Stellenbeschreibung und die Bedeutung von Ausbildung sowie innovative Denkansätze zur Vergütung (z. B. Leistungslohn, Lohn mit leistungsabhängigen Zuschlägen).

Seit den 1920er-Jahren wird *Taylors* Forschung infrage gestellt: Die sogenannte **Human Relations Bewegung** beschäftigt sich seit den 30er-Jahren damit, Verfahren zur Verbesserung der zwischenmenschlichen Beziehungen innerhalb von Betrieben zu entwickeln. Der herausragende Vertreter dieser Bewegung ist der australische Soziologe *Georges Elton Mayo* (1880–1949)[6]. *Mayos* Interesse richtete sich auf die Verbesserung der Arbeitsbedingungen und der Beziehungen zwischen Mitarbeitern und Vorgesetzten: Die Praktiken der Motivationssteigerung der Arbeitnehmer gewannen an Bedeutung. Wie bei *Taylor* wird von der *Human Relations Bewegung* eine Verbindung zwischen den Praktiken des Human Resource Managements und der Unternehmensleistung angenommen und postuliert.

Diese Bestrebungen und der Denkansatz über den Bezug zwischen Personal und Leistung führten jedoch in Unternehmen nicht sofort zur Schaffung von Abteilungen, die auf Personalmanagement spezialisiert waren. Lange Zeit blieben diese Praktiken in Unternehmen auf verschiedene Abteilungen verteilt (z. B. Verwaltung, Buchhaltung, bei dem unmittelbaren Vorgesetzten, Meister oder Abteilungsleiter).

Personalabteilungen, wie sie etwa heutzutage beschaffen sind, traten in Europa in wenigen großen Unternehmen nach dem Ersten Weltkrieg in Erscheinung. In den 50er-Jahren wurden Personalabteilungen in Großunternehmen allgemein üblich. In der Schweiz fand die Schaffung der Personalabteilungen beispielsweise erst vorwiegend in den 70er-Jahren statt.

Professionalisierung

Die Entstehung der Unternehmensfunktion „Personalwesen" durch die Zentralisierung von Tätigkeiten, welche das Personalmanagement betreffen, sollte zu dessen Professionalisierung führen. Zu Beginn dieses Prozesses ging es primär um administrative Belange, beispielsweise um Lohnzahlungen, um Personalbögen oder auch um gesetzliche Aspekte. Mit dem Aufkommen der ersten HR-Tools und der ersten HRM-Praktiken entwickelte sich die Unternehmensfunktion weiter: Als Beispiele sind Arbeitsplatz- und Funktionsbeschreibungen, Lohnskalen, Schulungspläne oder auch jährliche Beurteilungsgespräche, die in der gesamten Organisation einheitlich angewendet werden sollten, zu nennen.

Durch *Mayos* Forschungsarbeit erkannten Organisationen, dass motivationsbezogene Faktoren die Produktivität der Mitarbeiter beeinflussen können. Von nun an war das Interesse auf die Menschen, auf ihre Kompetenzen, auf ihre Erfahrung, aber auch auf ihre Arbeitsbedingungen gerichtet. Zugleich ist heute eine Aufteilung der Zuständigkeiten zwischen der Unternehmensfunktion „Human Resource Management" und den operativen Managern zu beobachten. In der heutigen Zeit wird von der Unternehmensfunktion verlangt, dass sie sich auf die strategischen Aspekte konzentriert, beispielsweise darauf, Wettbewerbsvorteile zu schaffen. Das Profil der Unternehmensfunktion hat sich äußerst schnell und tiefgehend gewandelt. Es ist ein erheblicher Sprung von einer „traditionellen" Rolle hin zu einer „neuen" Rolle auszumachen, deren Konturen noch nicht eindeutig erkennbar sind. Der Leitgedanke dieser neuen Rolle ist jedoch, dass sich die Unternehmensfunktion „Human Resource Management" stärker im strategischen Bereich aufstellt und in diesem den Schwerpunkt setzt. Rein administrativen Aspekten soll weniger Bedeutung beigemessen werden.

- **Human Resource Management (HRM):** Gesamtheit der Prozesse und Tätigkeiten, die zur Bearbeitung der Personalfragen bzw. der Fragen von HRM erforderlich sind
- **Human Resource Direktion bzw. Human Resource Director (HRD):** Leitende Stelle, die für das HRM verantwortlich ist; HRD bezeichnet nicht nur eine Person, sondern steht auch für das steuernde Organ
- **Human Resource (HR):** Das Personal eines Unternehmens oder auch die Abteilung HRM

12.1.2 Rolle im Unternehmen

Die neue Rolle des Human Resource Managements wurde bereits als strategischer Akteur für ein Unternehmen beschrieben. Diese neue Rolle entspricht einer unvermeidlichen Weiterentwicklung der Unternehmensfunktion und wird nur durch eine Rationalisierung der administrativen Tätigkeiten möglich, beispielsweise durch die Nutzung von Datenverarbeitungssystemen oder durch Outsourcing bestimmter administrativer Tätigkeiten, um Freiräume für strategische Tätigkeiten zu schaffen. In der beruflichen Praxis befindet sich das Human Resource Management häufig in einer komplexen Situation. Einerseits wird dem Human Resource Director klassischerweise die Rolle des Dienstleisters zugeschrieben, andererseits übernimmt er zunehmend die Rolle eines Beraters und Business-Partners. *Dave Ulrich* (1997) nennt die Rolle des Business-Partners den *„Seat at the management table"*.

Der **Business-Partner-Ansatz** von *Dave Ulrich* wurde in den 90er-Jahren in den USA entwickelt. Ein wesentlicher Aspekt dieses Ansatzes ist die konsequente Business- bzw. Kundenorientierung: Einem Kunden wird für personalrelevante Angelegenheiten eine direkte Kontaktperson zugewiesen, welche diesen als strategischer Partner berät. Der Ansatz ist in der strategischen Überlegung begründet, dass Human Resource Management näher mit dem Geschäft zusammenrücken sollte, um dadurch effektiver zu werden. So wie es bereits bei anderen Funktionen – wie etwa der Produktion, der Finanzen oder dem Sales (Verkauf) – der Fall ist. *Ulrichs* Modell hat den Vorteil, dass es die unterschiedlichen und zuweilen gegensätzlichen Rollen des Personalleiters anschaulich beschreibt. Für *Ulrich* besteht das übergeordnete Ziel der Unternehmensfunktion „Human Resource Management" im Wesentlichen in der Wertschöpfung. Human Resource Management soll zur unternehmerischen Gesamtleistung beitragen. *Ulrich* definiert zwei Achsen, an denen sich die Rollen des Human Resource Directors (HRD) orientieren. Die vertikale Achse bewegt sich von kurzfristigen und operativen Aspekten (Tagesgeschäft) bis hin zu langfristigen und strategischen Aspekten. Die horizontale Achse reicht von den Prozessen und Tätigkeiten einerseits bis hin zu den Personen andererseits. Somit leiten sich **vier Rollen des Human Resource Directors** ab: strategischer Partner, Verwaltungsexperte, Champion der Arbeitnehmer (Motivation) und Förderer des Wandels.

Abbildung 12.1: Das Modell von Dave Ulrich

HRD als strategischer Partner

Die Rolle des HRD besteht darin, die Unternehmensstrategie im Alltag umzusetzen (für die Unternehmensfunktion Human Resource Management zu operationalisieren). Dazu muss er die HRM-Praktiken mit der allgemeinen Strategie der Organisation in Einklang bringen. Es ist für den HRD notwendig, die einzelnen Elemente des strategischen Managements zu beherrschen. Nur so kann er sich als relevanter Partner der Generaldirektion behaupten und seine Zielsetzungen begründen und vertreten.

HRD als Verwaltungsexperte

Zwar ist die Rolle als Verwaltungsexperte ebenfalls auf die Prozesse ausgerichtet, doch ist sie eher operativ, da sie auf eine kurze Zeitspanne bezogen ist. In dieser Rolle besteht die wesentliche Aufgabe des HRD darin, eine wirksame Infrastruktur zu schaffen, die es ermöglicht, Exzellenz und Qualität von existierenden administrativen Prozessen zu gewährleisten. Hier geht es vor allem darum, die Leistungsqualität sicherzustellen (z. B. die Kosten der Unternehmensfunktion HRM).

HRD als Champion der Arbeitnehmer (Motivation)

Die Rolle des HRD als Champion der Arbeitnehmerschaft ist ebenfalls kurzfristig ausgerichtet. Der Fokus liegt hierbei auf den Mitarbeitern, deren Motivation durch den HRD gefördert und deren Kompetenzen durch diesen entwickelt werden. Die Herausforderung liegt darin, zwischen den Ansprüchen der Arbeitnehmer und denen des Arbeitgebers, sprich des Unternehmens, ein Gleichgewicht zu finden.

HRD als Förderer des Wandels

Die Rolle als Förderer des Wandels ist schließlich auf die Mitarbeiter ausgerichtet und orientiert sich langfristig. Es geht darum, den Wandel, welchem Organisationen ausgesetzt sind, zu begleiten. Die Aufgabe des HRD besteht darin, Veränderung und Anpassung an die Umwelt zu fördern und so zur Maximierung der Erfolgschancen dieses Prozesses die Akteure bestmöglich einzubeziehen.

Ulrichs Denkansatz fokussiert weniger auf das, *was* HRM leistet (z. B. Prozesse der Personalbeschaffung, Schulung, Lohnzahlung), sondern fokussiert vielmehr, *auf welche Weise* HRM diese Prozesse durchführt.

Das Modell stellt vor allem eine Aufwertung der Human Resource Direktion dar: Die Aufwertung der HRD in den Rang eines strategischen Partners und die aktive Mitgestaltung der Organisationsstrategie zeugen von einer Neuausgestaltung der HRM-Funktion. *Ulrichs* Modell ist sehr umfassend und knüpft an folgende Themen an:

- Wie lassen sich Talente halten?
- Wie lassen sich Kompetenzen entwickeln?
- Wie können Arbeitnehmer motiviert werden?
- Wie können Wettbewerbsfähigkeit und Produktivität der Organisation erlangt werden?

Jegliche Organisation, ob klein oder groß, ob öffentlich oder privat, kann *Ulrichs* Modell für sich anpassen, verwenden und dessen Vorteile nutzen.

12.2 Aufgabengebiete des Human Resource Managements

Die mit der Unternehmensfunktion HRM verbundenen Aufgabengebiete sind sehr unterschiedlich.

1. Die **administrative Aufgabe**, die vorwiegend mit der Verwaltung von Personal verbunden wird

2. Die **Befriedigung derjenigen Ansprüche**, die mit dem Management und der Entwicklung von Human Resource Management verknüpft sind

3. Das **Kompetenzmanagement**, das die HRM-Politik und -Strategie betrifft

12.2.1 Administrative Aufgabe

Die personalverwaltungsbezogene Aufgabe ist die älteste der HRM- Unternehmensfunktionen. Auch diese administrativen Aufgaben unterliegen einer fortlaufenden Veränderung bis hin zu einer Neudefinition der Rolle von HRM innerhalb von Unternehmen. Im klassischen Verständnis umfassen diese Tätigkeiten die Erfassung von Ereignissen in der Personaldatenbank (z. B. Einstellungsdaten, Änderung der Wohnanschrift, Versetzung, Arbeitsplatzwechsel, Arbeitsvertrag). Die Verarbeitung all dieser Daten (z. B. für die Berechnung der Vergütung des Mitarbeiters) steht hierbei im Mittelpunkt. Folgende **Eigenschaften** sind charakteristisch für **administrative HRM-Aufgaben**:

- **Wiederholung der Abläufe:** Die administrativen Abläufe wiederholen sich häufig. Der Lohn des Mitarbeiters wird in der Regel monatlich berechnet. Bei jeder Einstellung eines neuen Mitarbeiters werden stets viele Arbeitsprozesse wiederholt.
- **Gesetzlicher Rahmen:** Häufig sind administrative Aufgaben an einen festgelegten gesetzlichen Rahmen gebunden. Beispiele hierfür sind die Einhaltung von Tarifverträgen, die Beachtung des Arbeitsrechts, die Sozialversicherung oder die Unfallversicherung von Arbeitnehmern.
- **Komplexität:** Generell ist eine Tendenz zu zunehmender Komplexität der administrativen HRM-Tätigkeiten zu beobachten. Einerseits wird der angeführte gesetzliche Rahmen kontinuierlich komplexer und unübersichtlicher, andererseits gibt es einen Trend hin zu zunehmender Individualisierung der Arbeitsbedingungen und zu zunehmender Mobilität des Personals.
- **Hohe Kosten:** Schließlich nehmen HRM-Verwaltungstätigkeiten einen beträchtlichen Zeit- und Personalressourcenaufwand in Anspruch, ebenso umfangreiche Mittel der Informationssysteme (*Kapitel 11*). Dies erklärt, warum die administrativen HRM-Tätigkeiten häufig mit Outsourcing in Verbindung gebracht werden.

Beispiel 12.1 **Die Individualisierung der Arbeitsbedingungen**

In Unternehmen ist ein starker Trend zur Individualisierung der Arbeitsbedingungen festzustellen. Für diese Erscheinung lassen sich zwei Gründe nennen.

Die Ansprüche und Wünsche einzelner Mitarbeiter ändern sich. Arbeitszeitanpassungen sind immer häufiger erwünscht. Gründe hierfür sind beispielsweise Schulungen, Sabbatjahre (Sabbaticals) für Fortbildungen, verfügbare Zeit für die Familie oder gar für die Ausübung eines Hobbys. Die Individualisierung ist ebenfalls oft Thema in den Verhandlungen bezüglich der Vergütung. Beispiele hierfür sind individuelle Beteiligungsanreize, der an die Leistung des Unternehmens gebundene Lohnanteil oder auch Sachleistungen (z. B. Firmenwagen, Büro).

Zudem ändern sich die Ansprüche der Unternehmen. Es ist ein Trend hin zur Individualisierung der Arbeitsbedingungen in Bezug auf Arbeitsort oder Arbeitszeit zu beobachten. Zeitweiliges oder fest angestelltes Personal, projektgebundene Arbeit, Heim- oder Telearbeit sind diesbezüglich nur wenige Beispiele.

12.2.2 Befriedigung von Ansprüchen

Die Befriedigung von Ansprüchen ist ein weiteres Aufgabengebiet des Human Resource Managements. Je nach Organisation lassen sich verschiedene Anspruchsgruppen[7] unterscheiden, von denen jede einzelne bestimmte Erwartungen an die Unternehmensfunktion HRM hat. **Wichtige Anspruchsgruppen** bilden die **Arbeitnehmer** oder auch die Untergruppen von Arbeitnehmern, die **Führungskräfte (Unternehmensleitung)**, die **Gewerkschaften** und der **Staat** bzw. die Gesellschaft.

- **Arbeitnehmer:** Arbeitnehmer sind Personen, die im rechtlichen Rahmen eines Arbeitsverhältnisses auf Basis eines Arbeitsvertrags privatrechtlich verpflichtet sind, ihre Arbeitskraft an Weisungen gebunden und gegen Entgelt zur Verfügung zu stellen. Keine Arbeitnehmer sind beispielsweise Kinder, Jugendliche und Studenten, Arbeitslose, Selbstständige (Gewerbetreibende und Freiberufler), Beamte, Soldaten, Zivildienstleistende (kein privatrechtliches Dienstverhältnis) und schließlich Rentner.
- **Führungskräfte:** Führungskräfte sind Personen, die Führungsaufgaben in Unternehmen verrichten. Führung[8] stellt eine bestimmte Managementaufgabe dar, welche u. a. die Planung, Organisation, Motivation und Kontrolle von Mitarbeitern umfasst. Der Begriff des Managers wird häufig synonym verwendet. Führungskräfte sollten über Leadership-Kompetenzen verfügen, Manager hingegen über Managementkompetenzen.[9]
- **Gewerkschaften:** Eine Gewerkschaft ist z. B. in Deutschland eine auf freiwilliger Basis gebildete, privatrechtliche Vereinigung von Arbeitnehmern, welche als satzungsgemäße Aufgabe den Zweck der Wahrnehmung und Förderung ihrer Mitglieder verfolgt. Eine Gewerkschaft besitzt die rechtliche Fähigkeit, die Arbeitsbedingungen der Mitglieder tarifvertraglich mit normativer Wirkung zu regeln.[10]
- **Staat bzw. Gesellschaft:** Der Staat ist die Organisationsform einer Gesellschaft. Ein Staat bezeichnet eine politische Ordnung, welche ein gemeinsames, durch territoriale Souveränität abgegrenztes Staatsgebiet und ein dazugehöriges Staatsvolk und eine Machtausübung umfasst.[11] Der Staat benennt jedes hoheitlich tätige Wirtschaftssubjekt, beispielsweise eine Regierung oder auch eine Verwaltung. Staatliches Handeln umfasst die Tätigkeit sämtlicher politischer Ebenen, sprich kommunaler, regionaler und bundesstaatlicher Instanzen. Der Staat wird als wirtschaftlich agierendes Subjekt angesehen, ist Träger der Wirtschaftspolitik und stellt die Funktionsfähigkeit des Wirtschaftssystems sicher.

Arbeitnehmer haben in diesem Zusammenhang einen Anspruch auf die Zuverlässigkeit der Lohnzahlungen. Der Lohn sollte korrekt berechnet und fristgerecht ausgezahlt werden. Eine weitere Forderung betrifft die Verfügbarkeit administrativer Daten der Mitarbeiter: Hierbei handelt es sich beispielsweise um Daten bezüglich der Rentenkasse, bestimmter anderer Zuwendungen oder bezüglich Schulungen. Transparenz, beispielsweise in Bezug auf die Arbeitsbedingungen, kann ebenfalls ein Bedürfnis an das HRM darstellen. Führungskräfte der mittleren Ebene (z. B. Abteilungs- und Teamleiter) benötigen, abgesehen von den Bedürfnissen als Arbeitnehmer, genaue Informationen (z. B. Urlaubsbewilligung, Ferienplanung der Mitarbeiter). Für die Unternehmensleitung sind die Beachtung des gesetzlichen Rahmens und die Wahrung des Images des Unternehmens wichtig. Wirtschaftlichkeit des Human Resource Managements stellt ebenfalls einen Anspruch der Unternehmensleitung dar. Gewerkschaften vertreten die Interessen ihrer Mitglieder gegenüber Unternehmen, welche in der Regel von den jeweiligen Human Resource Direktionen vertreten werden.

Der Staat hat somit auch den Anspruch, sämtliche HRM-Tätigkeiten gerecht zu reglementieren, um Arbeitnehmer wie Arbeitgeber zu schützen.

12.2.3 Kompetenzmanagement

Kompetenzmanagement[12] hat die Aufgabe, Mitarbeiterkompetenzen zu beschreiben, zu visualisieren und transparent zu machen sowie diese zu entwickeln, sie zu verteilen bzw. zu teilen und deren Nutzung in Bezug auf die strategischen Unternehmensziele sicherzustellen.[13] Wissensmanagement ist daher eng mit Kompetenzmanagement verbunden.[14]

Kompetenzmanagement ist das Aufgabengebiet, welches dem HRD seine neue Rolle als strategischer Partner verleiht. Unternehmen müssen der Art, in der sie ihre Ressourcen und Kompetenzen nutzen und entwickeln, notwendigerweise besondere Bedeutung beimessen, damit sie die erforderliche Flexibilität aufgrund der sich ständig verändernden Umwelt und des ständig schärferen Wettbewerbs aufrechterhalten können.

Die Elemente des Kompetenzmanagements

- **Identifizierung:** Eine eindeutige Identifizierung der Kompetenzen, die gegenwärtig und künftig erforderlich sind, damit die Organisation die in der Strategie definierten Ziele erreichen kann
- **Priorisierung:** Qualifizierung, Messung oder Hierarchisierung dieser Kompetenzen entsprechend ihrer Wichtigkeit oder ihrer strategischen Bedeutung
- **Gestaltung und Entwicklung:** Management und Entwicklung dieser Kompetenzen entsprechend den strategischen Zielen des Unternehmens (z. B. durch Outsourcing, Lehrgänge, Jobrotation)

Die Human Resource Direktion setzt eine Reihe von Techniken, Tools und Indikatoren für die **Analyse der vorhandenen und zukünftigen Kompetenzen** ein:

- **Zielvorgaben:** Hierbei werden zunächst systematisch die strategisch wichtigen und die in einem Unternehmen befindlichen Kompetenzen analysiert: Geschäftsfelder, Wertschöpfungsprozesse, Geschäftsprozesse, Produkte, Dienstleistungen, Projekte und Technologien werden hinsichtlich geschäftsrelevanter Kompetenzen untersucht. Aufbauend auf diesen Erkenntnissen wird eine strategische Zielrichtung für das Kompetenzmanagement bestimmt.[15]
- **Stellenpläne:** Ein Stellenplan bezeichnet eine Aufstellung und Darstellung von Arbeitsstellen und dient der Bewirtschaftung des Personalhaushalts.
- **Alterspyramiden:** Alterspyramiden bezeichnen statistische Altersverteilungen von Gruppen und Personen innerhalb eines Unternehmens.
- **Zugangs- und Abgangstabellen:** Zugangs- und Abgangstabellen werden für die quantitative Personalplanung verwendet und dienen dazu, den geplanten Personalbestand zu einem gegebenen Zeitpunkt zu ermitteln.

Häufig ist im Kontext von Kompetenzmanagement auch von Personalentwicklung die Rede. **Personalentwicklung** umfasst sämtliche Maßnahmen, mit denen Qualifikations- und Motivationspotenziale von bisherigen Unternehmensmitgliedern erzeugt und für das Unternehmen aktiviert werden. Beispiele hierfür sind Ausbildung, Umschulung, Weiterbildung, Training, Supervision sowie Coaching.[16] Externe **Personalbeschaffung** bezeichnet den Erwerb neuer Unternehmensmitglieder und Kompetenzen. Mehrere Entwicklungen sind hierbei von Bedeutung: Die Arbeitswelt ist durch spürbare Fluktuationen der Nachfrage gekennzeichnet, welche sich auf den quantitativen Arbeitskräftebedarf auswirken und beispielsweise zu neuen Organisationsformen wie *Just In Time*-Organisation führen, und damit zu Arbeit auf Abruf und bei Bedarf. Die zweite Veränderung liegt in der zunehmend stärkeren Forderung nach Polykompetenz, sprich nach der Fähigkeit, sich permanent neuen Arbeitsmethoden bzw. -techniken anzupassen und sich weiterzubilden.

Diese neuen HRM-Herausforderungen verlangen nach Flexibilität des Personals, nicht nur bezogen auf die Belegschaft oder die Arbeitszeiten, sondern auch im Bereich der Kompetenzen oder Fähigkeiten. Deshalb führen immer mehr Organisationen Kompetenzmanagement-Programme ein.

12.3 HRM-Funktionen

In Bezug auf die Funktionen und Handlungsfelder des Human Resource Managements liegen je nach Forschungsliteratur unterschiedliche Einteilungen vor.[17] Im folgenden Abschnitt wird eine beschränkte Auswahl von HRM-Funktionen und Handlungsfeldern behandelt:

1. Einstellungsprozess
2. Personalbewertung
3. Vergütung

12.3.1 Einstellungsprozess

Die **Einstellung** bezeichnet den Abschluss eines Arbeitsvertrages zwischen einem Arbeitgeber und einem Arbeitnehmer. Ab diesem Zeitpunkt stellt der Arbeitnehmer dem Arbeitgeber eine festgelegte Arbeitsleistung zur Verfügung. Im Gegenzug dazu erhält der Arbeitnehmer vom Arbeitgeber eine finanzielle Gegenleistung (Arbeitslohn). Die Einstellung ist eng mit der **Personalbeschaffung (Recruiting)** verbunden, welche sich mit dem Decken eines definierten Personalbedarfs befasst.

Unter den HRM-Tätigkeiten nimmt die *Einstellung* einen besonderen Platz ein. Für die Mitarbeiter eines Unternehmens, aber auch nach außen, ist die Einstellung die sichtbarste Aufgabe der HRM-Unternehmensfunktion. Analysten interpretieren Einstellungskampagnen als Zeichen der Gesundheit eines Unternehmens.

Die Einstellungstätigkeit ist als **Prozess** zu betrachten, welcher sich in vier Phasen aufteilen lässt. Jede Phase besteht aus einer Reihe von Entscheidungen, welche maßgeblichen Einfluss auf den Erfolg des Prozesses ausüben.

Abbildung 12.2: Der Einstellungsprozess in vier Phasen

Identifizierung des Bedarfs und Festlegung des Bewerberprofils

Zu Beginn des Einstellungsprozesses lässt sich der Zeitpunkt festmachen, zu dem eine Stelle *vakant* wird. Diesbezüglich ist es unerheblich, ob die Vakanz *zeitweilig* (z. B. durch Krankheit), *dauerhaft* (z. B. Kündigung) oder im Rahmen einer *Stellenneuschaffung* erhoben wird. Um diese Vakanz zu bewerkstelligen, geht es letztlich darum, das Profil des Bewerbers festzulegen, sprich die Kompetenzen, die Erfahrung, letztlich alle Merkmale zu bewerten, welche von dem Bewerber aufgrund der bisherigen Stelle oder aufgrund der geschaffenen Stelle erwartet werden.

Die Angaben bezüglich der erwarteten Kompetenzen sind nach ihrer Bedeutung zu ordnen. Dieser Schritt ist wichtig, da er ausschlaggebend für das gesamte Unterfangen, künftig einen Mitarbeiter einzustellen, ist. Zunächst geht es darum festzulegen, welche Person *kompetent* ist: Hierbei sollten die Meinungen des direkten Vorgesetzten und des HRM-Verantwortlichen berücksichtigt werden. Darüber hinaus können auch Kollegen des künftigen Mitarbeiters in den Prozess einbezogen werden, da diese den Arbeitsplatz und dessen Anforderungen kennen und schließlich mit der neuen Person ständig in Kontakt treten. Das Profil des künftigen Bewerbers kann je nachdem, wer an dessen Festlegung mitwirkt, äußerst unterschiedlich ausfallen.

Das Bewerberprofil lässt sich mithilfe von Unterlagen wie Funktions- oder Stellenbeschreibung oder denen des **Aufgabenverzeichnisses** erarbeiten. Das Aufgabenverzeichnis beschreibt die Gesamtmenge der Aufgaben, die zu erledigen sind.

Eine **Stellenbeschreibung**, häufig auch Arbeitsplatzbeschreibung (engl. *job description*) genannt, bezeichnet eine objektive, schriftliche Beschreibung einer Arbeitsstelle (Arbeitsplatz) in Bezug auf die Arbeitsziele, auf die Aufgaben und Kompetenzen sowie auf das Verhältnis zu den Stakeholdern.

Mit anderen Worten sollen folgende Fragen in Bezug auf die Arbeitsstelle beantwortet werden: Wer? Was? Wie? Zu welchem Ziel? Mit welcher Verantwortung? Diese Unterlagen sollten ständig aktualisiert sein, da sich die Anforderungen an den Arbeitsplatz im Lauf der Zeit ändern können.

Die für die Arbeitsstelle erforderlichen Eigenschaften (Kompetenzen, Persönlichkeitsmerkmale) sollten hierarchisch geordnet werden. Hierbei liegt die Schwierigkeit darin, dass sich die Beteiligten über den Stellenwert der einzelnen Merkmale einigen. ▶*Tabelle 12.1* kann als Auswertungstabelle für die Formulierung der Anzeige verwendet werden und bei der Suche des Bewerbers sowie als Leitfaden beim Sortieren eingegangener Bewerbungen helfen. *Tabelle 12.1* dient als Beispiel dafür, auf welche Weise die von einem Bewerber erwarteten Kompetenzen hierarchisch geordnet werden können.[18]

Tabelle 12.1

Tabelle zur hierarchischen Ordnung der erwarteten Kompetenzen

		Späterer Erwerb möglich	
für die Stelle unbedingt erforderlich	ja	Feld 1	Feld 2
	nein	Feld 3	–

Tabelle 12.1 zeigt, dass sich in Feld 1 bestimmte Kriterien, welche für die zu besetzende Stelle ab dem ersten Arbeitstag unerlässlich sind, festhalten lassen. Dies können beispielsweise bestimmte Fachkenntnisse oder Sprachkenntnisse sein. Des Weiteren lassen sich in Feld 2 Kompetenzen festhalten, welche zwar für die künftige Position erforderlich sind, aber problemlos zu einem späteren Zeitpunkt erworben werden können. Dies tritt beispielsweise in dem Fall auf, in welchem sich der neue Mitarbeiter mit einer im Unternehmen eingesetzten spezifischen Software vertraut machen soll. Schließlich gibt es Merkmale (Feld 3), welche für den Arbeitsplatz nicht unbedingt erforderlich, jedoch wünschenswert sind und von Vorteil wären (z. B. Fremdsprachenkenntnisse, bestimmte Verhaltenseigenschaften). Falls alle weiteren Kompetenzen verhältnismäßig ähnlich ausfallen, können diese Angaben helfen und ausschlaggebend für die Wahl eines Bewerbers sein.

Wahl der Personalbeschaffungsquellen und Bewerbungsausschreibung

Die Wahl der Personalbeschaffungsquellen hat zum Ziel, einen Zustrom von Bewerbungen auszulösen, die den Anforderungen des festgelegten Bewerberprofils entsprechen. Die Personalbeschaffungsquellen können unterschiedlich sein.

- **Interne Personalbeschaffung:** Eine Einstellung kann intern erfolgen. Hierbei geht es um Mitarbeiter eines Unternehmens, die an einem anderen Arbeitsplatz interessiert sind oder in den Genuss einer Beförderung kommen.

- **Externe Personalbeschaffung:** Zudem kann eine Einstellung extern erfolgen. In diesem Fall können zeitweilige oder feste Arbeitsvermittlungsagenturen (z. B. regionale Arbeitsvermittlungsämter) eingeschaltet werden. Ebenso kann in der örtlichen oder nationalen Presse, auf spezialisierten Internetseiten (Jobbörsen) oder auf der Unternehmenswebseite ein Stellenangebot veröffentlicht werden. Darüber hinaus können verschiedene Netzwerke wie Absolventen- und Berufsvereinigungen und das Mitarbeiternetzwerk eingeschaltet werden. *Recruiting*-Veranstaltungen und Hochschulmarketing sind weitere Möglichkeiten, externe Bewerbungen zu fördern. Schließlich sollten auch Initiativbewerbungen oder Bewerbungen, die zu einer vorausgegangenen Ausschreibung eingegangen sind, berücksichtigt werden.

Die Wahl der Personalbeschaffungsquellen sollte in Abhängigkeit von den Spezifika der Stelle getroffen werden.

Für den Fall, es gehen keine oder keine brauchbaren Bewerbungen ein, ist es ratsam, dies genauer zu analysieren. Dieses Problem an sich kann zwei unterschiedliche Gründe haben, die jeweils sehr unterschiedliche Reaktionen verlangen:

Zunächst kann es sich um ein Problem bei der Profilfestlegung des gesuchten Bewerbers handeln (z. B. zu hohe oder unverhältnismäßige Anforderungen bezogen auf die Stelle). Es muss zudem die Angemessenheit zwischen dem gesuchten Profil und der gewählten Personalbeschaffungsquelle hinterfragt werden. Die Suche nach einem sehr spezifischen, hochqualifizierten und internationalen Profil über eine Annonce in einer örtlichen Tageszeitung wird eher zu schlechten Ergebnissen führen.

In erstem Fall sollte zur Verbesserung des Ergebnisses über die Definition der Stelle und das Bewerberprofil nachgedacht werden. Im zweiten Fall muss die Frage nach dem richtigen Personalbeschaffungskanal gestellt werden.

Selektion

Obwohl die Selektion für Bewerber und Mitarbeiter die sichtbarste Phase ist, stellt diese nur eine unter den genannten vier Phasen innerhalb des Einstellungsprozesses dar. Im Allgemeinen erfolgt eine erste Auswahl auf der Grundlage des Lebenslaufes und des Anschreibens. Die ausgewählten Bewerber werden folgend zu einem Vorstellungsgespräch oder zu mehreren Vorstellungsgesprächen eingeladen. **Vorstellungsgespräche** sind persönliche Gespräche zwischen einem Unternehmen und einem Bewerber, die zwei Hauptziele verfolgen: Die von dem Bewerber gemachten Angaben zu bestätigen oder zu vervollständigen sowie die Art der Stelle und ihre Anforderungen mit diesem zu besprechen.

Einstellungen ohne Vorstellungsgespräche sind äußerst selten. Die Anzahl der Vorstellungsgespräche eines Bewerbers für eine Stelle ist je nach Unternehmen verschieden. Das Besondere des Gesprächs liegt darin, dass Bewerber und Einstellender einander physisch direkt gegenüberstehen. Die Ergebnisse des Gesprächs haben beträchtliches Gewicht, oft sind sie maßgebend für die Einstellungsentscheidung. Das Vorstellungsgespräch kann als Einzelgespräch oder als Gruppengespräch, mit mehreren Bewerbern oder mehreren Teilnehmern seitens des Unternehmens, geführt werden. Schließlich kann der Bewerber, in der Gruppe oder einzeln, auf unterschiedliche Gesprächspartner treffen: Zum Beispiel auf einen HRM-Verantwortlichen und den direkten Vorgesetzten.

Folgende Tabelle zeigt ein Muster eines Bewertungsbogens.

Tabelle 12.2

Muster eines Bewertungsbogens

Datum/Uhrzeit						
Stelle						
Name						
Alter						
Familienstand						
Bewertung	1	2	3	4	5	6
erster Eindruck						
Pünktlichkeit						
fachlich						
Ausbildung						
Berufserfahrung						
Fachkenntnisse						
Fortbildung						

Muster eines Bewertungsbogens *(Forts.)*

Branchenkenntnisse

persönlich

Auffassungsgabe

Flexibilität

Mobilität

Belastbarkeit

Kreativität

Verantwortungsbereitschaft

Entscheidungsfähigkeit

Verhandlungsgeschick

Zuverlässigkeit

Ehrgeiz

Motivation

Sympathie

Umgangsformen

Erscheinungsbild

Gesamteindruck

Quelle: http://www.infoquelle.de/Management/Personalmanagement/Bewertungsbogen.php vom 01.08.2011

Selektionsinstrumente: Für die Selektion werden häufig bestimmte Instrumente, beispielsweise das Assessment-Center, Rollenspiele und Tests verwendet. Bei einem **Assessment-Center (AC)** werden die Bewerber vor verschiedene Probleme gestellt und anschließend im Umgang mit diesen *bewertet*. Bei **Rollenspielen** bekommen Spieler die Rollen fiktiver Personen (z. B. Teilnehmer eines Verkaufsgespräches) und handeln in fiktiven Situationen der ausgeschriebenen Stelle. Es geht hierbei darum, den Bewerber mit Arbeitssituationen zu konfrontieren, die dem realen Arbeitsplatz nachempfunden sind.

Assessment-Center oder Rollenspiele können des Weiteren durch **Tests** ergänzt werden, deren Zweck darin besteht, die Bewerber hierarchisch zu ordnen oder bestimmte, im Gespräch empfundene Persönlichkeitsfaktoren zu überprüfen. Eingesetzt werden können psychometrische Tests, deren Zweck in der Messung besonderer (physischer oder intellektueller) Fähigkeiten für eine bestimmte Aufgabe besteht. Es kann sich beispielsweise um Tests handeln, mit denen untersucht wird, welche Denkweise der

Bewerber mobilisiert, um ein Problem zu lösen. Eine weitere Testkategorie besteht aus Wissens-, Eignungs-, Fähigkeitstests. Diese Tests sollen helfen festzustellen, inwiefern ein Bewerber für die Stelle geeignet ist und inwiefern dieser die Sollanforderungen erfüllt. Zudem gibt es Tests zur Persönlichkeitsbewertung des Bewerbers. Es darf jedoch nicht außer Acht gelassen werden, dass auch Selektionsinstrumente ihre Grenzen haben.

Ein Instrument bzw. Test kann sich als nützlich erweisen, wenn dabei folgende **drei Bedingungen** erfüllt werden:

1. **Zweckdienlichkeit:** Der Test muss Zweckdienliches zur Entscheidungsfindung beitragen.

2. **Selektivität:** Der Test muss die Unterscheidung (Aussonderung) der Bewerber möglich machen.

3. **Beständigkeit:** Der Test sollte stets identische Ergebnisse liefern, wenn er unter gleichartigen Bedingungen durchgeführt wird.

Die wesentliche Herausforderung beim Einsatz von Tests besteht in der Interpretation der Ergebnisse. Letztlich wird eine Reihe von Kriterien für die Wahl der eingesetzten Instrumente und Techniken maßgebend sein. Die Dringlichkeit der Einstellung, das verfügbare Budget, die Kompetenz der Rekrutierenden oder die zu bewertenden Kandidaten können eine Rolle spielen. Einige Rekrutierende stehen dem Rollenspiel als effektives Rekrutierungsinstrument zurückhaltend gegenüber. Gründe hierfür können sein, dass es sich nach wie vor um ein Spiel und nicht um die Wirklichkeit handelt. Ebenso werden Rollenspiele in der beruflichen Praxis von Fachkräften durchgeführt, welche keine entsprechende Ausbildung dafür vorweisen. Obwohl einfacher zu verwaltende Instrumente oder Methoden (wie Tests) nicht so leistungsfähig sind, werden diese bevorzugt.

Oft wird die Personalauswahl als Quelle von Personalbeschaffungsfehlern betrachtet. Dies ist teilweise insofern richtig, als dass die verwendeten Instrumente und Techniken die gewünschte umfassende Zuverlässigkeit oder Gültigkeit keinesfalls gewährleisten können. Ein Irrtum ist immer möglich. Die Gründe für möglichen Misserfolg bei der Personalbeschaffung können eine Folge von Fehlern in jeder der beschriebenen Phasen des Einstellungsprozesses sein.

Integration des Bewerbers

Der Einstellungsprozess endet mit der **Integrationsphase**. Diese wichtige Phase müsste vor Antritt der Stelle durch die Mitarbeiter und Kollegen beginnen. Es geht hierbei darum, die Eingliederungskosten zu begrenzen – sprich die Zeit, die Schulungen und die Unterstützung, die der Arbeitnehmer benötigt, damit er operativ tätig werden kann. Die Integration des Mitarbeiters besteht in der Vorbereitung seines Eintreffens und in seinem Empfang, aber auch darin, sicherzustellen, dass ihm alle materiellen Mittel zur Verfügung stehen, die er benötigt. Zur Integrationsphase zählt das Bekanntmachen des neuen Mitarbeiters mit seiner Umgebung (Kollegen, Stakeholder) und seinen Tätigkeiten. Idealerweise könnte davon ausgegangen werden, dass diese Phase endet, wenn der Mitarbeiter an seinem Platz vollkommen einsatzfähig ist, doch endet die Integrationsphase in der beruflichen Praxis erst nach einer bestimmten, festgelegten Zeit (z. B. am Ende der Probezeit).

Ausblick: Tendenzen der Personalbeschaffung

In der beruflichen Praxis lassen sich im Hinblick auf die Einstellung von Mitarbeitern (Personalbeschaffung) eine Reihe von Tendenzen erkennen:

- **Testphasen:** Bezüglich arbeitssuchender Bewerber praktizieren Organisationen zunehmend eine Vorabeinstellung in Form von Praktika, zeitweiligen Aufgaben, Auftragsarbeit oder Wiedereingliederungsprogrammen. Diese befristeten Verträge haben zum Ziel, den Mitarbeiter zu testen und münden des Öfteren in eine Festanstellung.

- **Nutzung interner Netzwerke:** Ist eine Stelle zu besetzen, bitten immer mehr Unternehmen ihre Mitarbeiter, deren eigene Netzwerke zu mobilisieren und Bewerber vorzuschlagen. In einigen Fällen ist diese Praxis an finanzielle Anreize, sprich an sogenannte *Incentives* gebunden. Wird auf solche Weise vorgegangen, gibt der HRD einen Teil der Auswahlaufgabe an den Mitarbeiter ab. Diese Methode weist mehrere Vorteile auf: Die Quelle ist relativ verlässlich. Kein Mitarbeiter würde auf die Gefahr hin, sich selbst in Verruf zu bringen, einen inkompetenten Kandidaten empfehlen. Die Erfolgsrate der Einstellungen bezüglich der Nutzung eigener Netzwerke ist daher relativ hoch. Es ist festzustellen, dass bestimmte atypische, aber dennoch positiv zu wertende Bewerbungsprofile, welche bei einer traditionelleren Ausschreibung keinen Erfolg gehabt hätten, auf diese Weise geschätzt und gesichtet werden können. Zudem wird diese Praktik von den angesprochenen Mitarbeitern als aufwertend empfunden.

12.3.2 Personalbewertung

Die **Personalbewertung**[19] der Mitarbeiter dient in einem Komplex von Prozessen und Methoden zwei Zielen: Zunächst geht es darum, die Leistung des Mitarbeiters, seine Ergebnisse oder seinen Beitrag zum Mehrwert der Organisation zu beurteilen. In den Entscheidungen, die im Ergebnis der Bewertung getroffen werden, geht es darum, dem Mitarbeiter die Möglichkeit zu geben, sich zu verbessern bzw. seine Fähigkeiten oder Kompetenzen weiterzuentwickeln.

Die Bewertung ist ein Prozess, der mehrdeutige Gefühle weckt und sowohl bei den Bewerteten als auch bei den Bewertern häufig zu Unzufriedenheit führt. Dabei ist es bei Beachtung einiger Vorsichtsmaßnahmen durchaus möglich, die Effektivität des Prozesses und damit die Zufriedenheit der Beteiligten zu verbessern.

Abbildung 12.3: Bewertungsgespräch
Quelle: © Adam Gregor/Shutterstock.com

Chancen und Herausforderungen der Bewertung

Wenn von Bewertung des Personals die Rede ist, geht es de facto darum, die Leistung des Arbeitnehmers bzw. seinen Beitrag zu den Ergebnissen der Organisation zu messen. Die Ergebnisse der Bewertung können Auswirkungen auf andere HRM-Tätigkeiten haben (z. B. Weiterbildung, Vergütung, Mobilität des Mitarbeiters). Für den Mitarbeiter ist die Bedeutung der Bewertung groß: Zunächst geht es darum, eine Rückkopplung (Feedback) darüber zu erhalten, wie die verrichtete Arbeit bzw. sein Beitrag für die Organisation gesehen wird, doch gibt dem Mitarbeiter die Bewertung auch Gelegenheit, die ihm zugeordneten Ziele oder Mittel zu erörtern. Schließlich kann die Personalbewertung Anlass sein, bestimmte Aufgaben voranzutreiben oder Entwicklungs- bzw. Beförderungsperspektiven zu besprechen.

Für die Organisation liegt die Bedeutung der Bewertung darin, sich zu vergewissern, wie hoch der Grad der Erreichung der Ziele ist, die dem Mitarbeiter in Übereinstimmung mit den in der Strategie verankerten Zielen gestellt wurden. Es geht also auch darum, die festgelegten Ziele zu präzisieren und sicherzustellen, dass sie richtig verstanden worden sind. Personalbewertung kann als ein Prozess verstanden werden, welcher nun beschrieben wird.

Personalbewertungsprozess

Der Personalbewertungsprozess kann in unterschiedliche Phasen aufgeteilt werden:

1. Bewertungskriterien bzw. Bewertungsgebiet
2. Auswahl der Bewertungsmethoden und -instrumente

3. Festlegung von Bewertungsmodalitäten

4. Bewertung

Zunächst müssen die *Bewertungskriterien* festgelegt werden, nach denen die Mitarbeiter beurteilt werden. Die Kriterien müssen mit den Verantwortlichkeiten bzw. den Anforderungen des Arbeitsplatzes in Verbindung stehen, die der zu bewertende Mitarbeiter besitzt (1). Der folgende Prozess besteht darin, die zu verwendende *Bewertungsmethode* und die entsprechenden *Instrumente* auszuwählen (2). Es folgt die Festlegung der *Bewertungsmodalitäten* (3). Zudem werden Ursachen für möglicherweise festgestellte Differenzen gesucht und *Korrekturmaßnahmen* formuliert (4). In dieser Phase erhält der bewertete Mitarbeiter Feedback über die Schlussfolgerungen der Bewertung.

1. Bewertungskriterien bzw. Bewertungsgebiet:

Die Bewertungskriterien zielen darauf ab, die Zielstellung der Bewertung zu formulieren: Will das Unternehmen die persönlichen Eigenschaften der Mitarbeiter bewerten (z. B. kommunikative Fähigkeiten, Eignung zur Teamführung)? Oder entscheidet man sich vielmehr dafür, den Fokus auf Verhaltensweisen (z. B. gute Beziehungen zu Kunden bzw. innerhalb des Teams) zu setzen. Schließlich muss festgelegt werden, inwiefern die Bewertung die Ergebnisse der geleisteten Arbeit betreffen soll.

2. Auswahl der Bewertungsmethoden und -instrumente:

Das sogenannte **Mitarbeitergespräch** zwischen einer Führungskraft und einem Mitarbeiter ist ein beliebtes Bewertungsinstrument, bei welchem die Beteiligten regelmäßig (in der Regel jährlich und ggf. mit zusätzlichen Review-Terminen) Inhalte wie beispielsweise Zielvereinbarungen, Leistungsbeurteilungen, Weiterbildung, persönliche Rückmeldungen, Entwicklungsmöglichkeiten und offene Fragen besprechen. Da davon ausgegangen wird, dass der direkte Vorgesetzte die Anforderungen des Arbeitsplatzes und die Leistungen des Mitarbeiters am besten kennt, wird die Bewertung häufig von diesem vorgenommen. Es besteht jedoch in diesem Fall die Gefahr, dass die übergeordnete Stellung des Bewerters den Bewertungsablauf entstellt bzw. Probleme im weiteren Arbeitsverhältnis schafft. Es kann vorkommen, dass der Vorgesetzte weder die Motivation noch die Ausbildung oder die erforderlichen Fähigkeiten für die Bewertung des ihm Unterstellten hat. Deshalb sollten andere Personen, wie z. B. ein HRM-Verantwortlicher, in den Prozess eingebunden werden. Es können auch Kollegen oder untergeordnete Mitarbeiter in die Bewertung einbezogen werden. Ein weiteres mögliches Modell ist die **Selbstbeurteilung**, bei der sich der zu Bewertende an seiner Bewertung beteiligt. Diese Art der Beurteilung beugt mit dem Bewertungsprozess verbundenen Spannungen vor.

Beispiel 12.2 Mitarbeitergespräch

Diese Tabelle soll Ihnen nur als Anregung dienen:

In diesem Beispiel werden mögliche Inhalte und Qualitätskriterien zu Fragebereichen eines Mitarbeitergesprächs beschrieben. Pro Fragebereich werden Stärken und Schwächen sowie Entwicklungspotenziale besprochen.

1. Fragen zu Fachkompetenz und Arbeitsorganisation	
Fragebereich	**Mögliche Qualitätskriterien**
1.1 Pädagogische Fähigkeiten	• aktualisiert eigenes pädagogisches Wissen • kennt bildungspolitische Diskussion • diskutiert und überprüft (Alltags-)Theorien • festigt und überprüft Verständnis von Schulqualität • Leistung, Lehren und Lernen, Integration u. a.
1.2 Lern- und Entwicklungsfähigkeit	• ist offen für Neues • ist gewandt in komplexen Situationen • denkt konzeptionell • ist selbst auf dem Lernweg und lebt es auch vor • ist selbstkritisch, kennt eigene Möglichkeiten und Grenzen • ist initiativ und motiviert; nutzt Freiräume
1.3 Persönliche Arbeitsorganisation	• Effizienz • Arbeitsvolumen • Arbeitsmethoden • Prioritäten setzen • Flexibilität • Umgang mit Sachwerten, Wirtschaftlichkeit • Sorgfalt, Ordnung, Sauberkeit • Zuverlässigkeit, Einhalten von Abmachungen, Pünktlichkeit
1.4 Didaktisch-methodische Fähigkeiten	• Plant und strukturiert Unterricht • setzt vielfältige Methoden ein • individualisiert den Unterricht • schafft günstiges Lernklima • ist Lernberater

2. Selbstkompetenz, Selbstverantwortung
- Selbstständiges Arbeiten
- Initiative und Kreativität
- Übernahme von Verantwortung, Umsetzen von Kompetenzen
- Holen und Vermitteln von Informationen
- Belastbarkeit
- Einhalten von Vorschriften und Terminen
- Vorbildfunktion

Tabelle 12.3: Anregungen für ein Mitarbeitergespräch

3. Fragen zu Sozialkompetenz, Zusammenarbeit

Fragebereich	Mögliche Qualitätskriterien
3.1 Zusammenarbeit	• ist zu Vereinbarungen bereit • ist verlässlich • wirkt ziel- und lösungsorientiert • respektiert Unterschiede • pflegt partnerschaftlichen Umgang • sucht Zusammenarbeit auch mit anderen Abteilungen und außerschulischen Partnern
3.2 Kommunikation	• kommuniziert direkt und transparent • fördert Verständigung • ist klar und verständlich • ist wertschätzend • hat Humor • ist konflikt- und kritikfähig • ist feedbackfähig • hält Widersprüche aus

4. Beurteilung der Zielerreichung der vergangenen
- Qualifikationsperiode: ....
- Ziel Nr. Erzielte Verbesserungen
- Tätigkeiten für die Zielerreichung / Bemerkungen

5. Neue Zielvereinbarungen
- Ziel Nr., Zielbeschreibung und Kriterien der Zielerreichung
- Entwicklungsmaßnahmen/Termine

6. Wünsche und Anliegen des Mitarbeiters
- Fühlt sich der Mitarbeiter im jetzigen Tätigkeitsfeld ausgefüllt, ist er damit zufrieden?
- Zukunftsvorstellungen (Aufgaben und Funktionen)
- Weitere Bemerkungen, Wünsche des Mitarbeiters

7. Kommentar der Beteiligten zum Gespräch

Quelle: ULEF – Institut für Unterrichtsfragen und Lehrer/-innenfortbildung, http://www.ulef.bs.ch/instrument.pdf, 01.08.2011

Tabelle 12.3: Anregungen für ein Mitarbeitergespräch *(Forts.)*

3. **Festlegung von Bewertungsmodalitäten:**

Zur Vermeidung der eventuell durch diesen Prozess entstehenden Unzufriedenheit ist die Vorbereitung der Bewertung enorm wichtig. Hierbei sollten vorab die Bewertungsmodalitäten festgelegt werden. Im Kontext der Festlegung der Bewertungsmodalitäten gibt es zwei wesentliche Aspekte, die beachtet werden müssen:

– **Vorbereitung des Bewerters:**

Das Bewertungsgespräch muss vorbereitet werden. Für den Bewerter gehört zu dieser Vorbereitung, dass er sich ausreichend Zeit freihält, um das Gespräch zu einem Erfolg zu führen. Der Bewerter sollte alle erforderlichen Unterlagen und Daten zur Hand haben, insbesondere den Aufgabenplan, die Stellen- oder Funktionsbeschreibung sowie die gesteckten Ziele. Der Termin des Gesprächs sollte dem Mitarbeiter rechtzeitig bekanntgegeben werden. Auch der Gesprächsablauf muss, zumindest in Grundzügen, vorbereitet sein.

– **Vorbereitung des Mitarbeiters:**

Der zu Bewertende muss sich auch vorbereiten dadurch, dass er über seine Erfolge und Schwierigkeiten, über seinen Arbeitsplatz und seine derzeitigen Tätigkeiten sowie Möglichkeiten und Wünsche hinsichtlich Mobilität oder auch Weiterbildung reflektiert.

Risiken beim Bewertungsgespräch

Wie jede Situation der direkten Gegenüberstellung, stößt auch das Bewertungsgespräch an bestimmte Grenzen: Die häufigsten Verzerrungen ergeben sich aufgrund der jeweiligen Stellung und Rolle der verschiedenen Personen. Erwähnt sei beispielsweise eine zu große Nachsicht des Bewerters: Um Konflikte zu vermeiden, tendiert der Bewertende zu einer Überbewertung der Ergebnisse bei Mitarbeitern, deren Arbeit oder Verhalten er beurteilen soll. Dieses häufig auftretende Problem haben Bewerter, die sich bezüglich der Personalbewertung zu wenig Erfahrung aneignen konnten oder diejenigen Bewerter, für die Personalbewertungen nicht zu den Hauptaufgaben gehört. Umgekehrt kann ein Bewerter in seiner Bewertung zu streng vorgehen, strebt er danach, Autorität zu demonstrieren. Schließlich tritt sehr häufig der Fall ein, dass ein Bewerter keine Stellung nehmen will oder, da er die Arbeit der Mitarbeiter nicht kennt, seine Mitarbeiter systematisch mit einer Durchschnittsnote beurteilt.

Ein typischer Fehler, der einem Beurteiler unterlaufen kann, ist beispielsweise der Halo-Effekt.[20] Unter dem Effekt werden Beurteilungsfehler durch die Wahrnehmung verstanden. Genauer gesagt wird unter dem Effekt die Tendenz verstanden, faktisch unabhängige oder nur mäßig zusammenhängende Eigenschaften von Personen oder Sachen fälschlich als zusammenhängend zu betrachten. Eigenschaften einer Person, wie beispielsweise Attraktivität, Behinderung oder sozialer Status, erzeugen positive oder negative Eindrücke, welche die weitere Wahrnehmung der Person in den Schatten stellen und auf diese Weise einen wesentlichen Einfluss auf den Gesamteindruck nehmen. Ein typisches Beispiel für einen Halo-Effekt wäre, wenn ein Vorgesetzter die Leistungen einer gutaussehenden und freundlichen Mitarbeiterin höher bewertet, als er es objektiv im Vergleich mit anderen Mitarbeitern tun würde.

Wie kann der Personalbewertungsprozess verbessert werden?

Die Personalbewertung ist ein komplexer Prozess und birgt viele Herausforderungen. Es ist daher notwendig, die Qualität des Personalbewertungsprozesses zur Vermeidung der bereits beschriebenen potenziellen Risiken möglichst zu wahren. Hierbei müssen vor allem zwei Aspekte im Blick bleiben:

Zunächst muss sichergestellt werden, dass die mit der Bewertung beauftragten Personen über ausreichende Ressourcen zur erfolgreichen Bewertung verfügen. Zur Vorbereitung und Durchführung des Prozesses ist zum einen Zeit erforderlich, zum anderen bedarf es auch an Kompetenz-Ressourcen (z. B. Schulung).

Der zweite Aspekt ist mit der Formalisierung des Prozesses verbunden: Wie zweifellos für die meisten HRM-Tätigkeiten oder -Prozesse gilt auch hier, dass eine Formalisierung des Prozesses mit Sicherheit zur Steigerung seiner Effektivität beiträgt. Für das Unternehmen geht es darum, in einem Verfahren die Rolle jedes einzelnen Mitarbeiters zu klären und die Bewertungsziele sowie die Bewertungskriterien herauszuarbeiten und dafür entsprechende Methoden und Formulare zu entwickeln. Auf diese Weise kann sich der Bewerter anhand eines Verzeichnisses orientieren und klar definierte Aufgaben und Ziele vorfinden. Der zu Bewertende ist somit in der Lage, die Erwartungen, die an ihn gestellt werden, einzuschätzen.

12.3.3 Vergütung

Diese HRM-Funktion hat die Aufgabe, die Art der Vergütung der Mitarbeiter des Unternehmens zu definieren. Die von dem Unternehmen gezahlten Löhne machen einen beträchtlichen Teil seiner Betriebskosten aus. Zur Erarbeitung des **Vergütungssystems** muss die Unternehmensfunktion HRM **drei wichtige Komponenten** berücksichtigen.

1. **Finanzielles Gleichgewicht:** Die Vergütung darf das finanzielle Gleichgewicht des Unternehmens nicht gefährden. Oft ist vorrangiges Ziel eines nach einer guten Vergütungspolitik strebenden HRD die Kontrolle dieser Lohnmasse bezogen auf die Mittel (Einnahmen) der Organisation.

2. **Fairness:** Die Vergütung sollte von den Mitarbeitern als fair empfunden werden.

3. **Motivation und Bindung:** Schließlich sollte die Vergütung so gestaltet sein, dass die Mitarbeiter durch sie angezogen, motiviert, gebunden und einbezogen werden können. Die Vergütung trägt zur Attraktivität bzw. zur Wettbewerbsfähigkeit des Unternehmens auf seinem Markt bei. Somit werden Kompetenzen erhalten, welche für das Unternehmen wichtig sind.

In Bezug auf die Fairness ist festzuhalten, dass Mitarbeiter aller Ebenen unabhängig vom Wirtschaftszweig und der Größe eines Unternehmens erwarten, dass ihre Arbeit gerecht und fair vergütet wird. Grundsätzlich stellen Mitarbeiter drei **Forderungen an ihre Vergütung**:

1. **Interne Logik:** Interne Lohnvergleiche zwischen Kollegen müssen plausibel sein. Es wird erwartet, dass für die Festlegung der Lohnstufe der Schwierigkeitsgrad der Tätigkeiten, die individuellen Leistungen und die eingebrachte Erfahrung maßgebend sind.

2. **Leistungsabhängigkeit:** Mit Blick auf unternehmerisches Denken und Handeln fordern Mitarbeiter zunehmend die Teilhabe an den Ergebnissen des Unternehmens – wohlwissend, dass damit gleichermaßen ein bestimmtes finanzielles Risiko verbunden ist.

3. **Konkurrenzfähigkeit von Löhnen:** Speziell nach einer wettbewerbsfähigen Vergütung ist der Vergleich des eigenen Lohns mit dem der Konkurrenz die Basis der dritten Forderung.[21]

Bestandteile der Vergütung sind der feste Lohnanteil, der variable Lohnanteil sowie der zusätzliche Lohnanteil. Der **feste Lohnanteil** der Vergütung ist garantiert, ist mit dem Arbeitsplatz und den Qualifikationen verbunden und erhöht sich in der Regel mit den Betriebsjahren in einem Unternehmen. Der **variable Lohnanteil** umfasst Gewinnbeteiligungen, Boni (Zurechnung von Punkten, Geld oder anderen Quantitäten) sowie Prämien und stellt die Vergütung für die Ergebnisse oder die Leistung der Person, des Teams oder des Unternehmens dar. Schließlich umfasst der zusätzliche Anteil so unterschiedliche Komponenten wie Sonderprämien für besondere Verpflichtungen des Mitarbeiters, Sachleistungen wie die Nutzung von Hardware oder Infrastrukturen, Vorzugstarife für besondere Freizeit- oder Versicherungsangebote.

12.4 Aktuelle Trends

Human Resource Management sieht sich heute bei der Vergütung unterschiedlichen Trends gegenübergestellt: Das Vergütungssystem des Unternehmens und die für die Berechnung geltenden Regeln werden zunehmend formalisiert. Immer mehr Unternehmen entwerfen detaillierte Lohntabellen, genaue Regeln und elektronische Steuerinstrumente, um die Lohnmasse bezogen auf das Budget einerseits und auf die Anforderungen hinsichtlich Fairness und Gerechtigkeit andererseits streng kontrollieren zu können.

Individualisierung

Zugleich ereignet sich eine Individualisierung der Vergütung, die zuweilen mit einer Zunahme der Ungleichheiten im Unternehmen einhergeht: Der an die individuellen Ergebnisse gebundene variable Teil der Vergütung[22] gewinnt zunehmend an Bedeutung. Die Arbeitnehmer besitzen jedoch immer öfter Handlungsspielraum bei der Wahl der Bestandteile ihrer Vergütung (z. B. größerer bzw. kleinerer variabler Anteil, Wahl zwischen Sachleistungen, Versicherungsleistungen, Vorsorge- bzw. Rentenkomponenten, Schulungen bzw. Seminaren).

HRM als Business Partner

Als strategischer Partner (siehe *Abschnitt 12.1.2*) besteht die Herausforderung für das HRM darin, eine konsequente Business- und Kundenorientierung zu entwickeln. Nur so kann gewährleistet werden, dass die ausgeführten Tätigkeiten in sich geschlossen sind und mit der Unternehmensstrategie[23] übereinstimmen.

Zugleich besteht für den HRD die Herausforderung darin, mit der Unternehmensstrategie konform zu gehen und diese bestmöglich zu unterstützen. Der HRD sollte das Geschäftsmodell des Unternehmens und dessen Positionierung verstehen. Nur so kann die HRM-Strategie in sich geschlossen, konsistent und wertschöpfend für das Unternehmen sein. In der beruflichen Praxis gilt es, sich bewusst mit diesen Herausforderungen zu beschäftigen und sinnvolle Lösungen dafür zu finden.

> **Exkurs** — **Psychologie und HRM – It takes two to tango**
>
> *„Es geht eben letztlich doch um den Menschen"*, lautet die häufige Antwort auf die Frage an HRM Professionals, weswegen sie sich für die Psychologie im HRM interessieren würden. Das HRM ist jedoch vor allem ein Teil der Betriebswirtschaftslehre. Die Funktionslogiken beider Gebiete sind unterschiedlich.
>
> Als Teil der Betriebswirtschaftslehre befasst sich das HRM mit dem Beschreiben und Erklären betrieblicher Entscheidungen, im Speziellen personeller Gestaltungsmaßnahmen, ausgerichtet an dem Unternehmensziel bzw. an wirtschaftlichem Erfolg. Die Psychologie konzentriert sich auf das Beschreiben und Erklären von menschlichem Erleben und Verhalten.
>
> ### Menschliches Verhalten ist oft konträr zur rationalen Wirtschaftslogik
>
> Wer sich mit Menschen im Arbeitskontext befasst, wird konfrontiert mit dem Spannungsfeld zwischen dem Individuum einerseits und der Organisation als wirtschaftendem System andererseits. Die Organisation will sich am Markt behaupten und ihre ökonomischen Ziele erreichen. In ihrer Steuerung bedient sich die Organisation einer rationalen Logik: Ziele – Planung – Entscheidung – Umsetzung – Kontrolle. Das Individuum will Unterschiedliches zu verschiedenen Zeiten. Es entwickelt sich mit einiger Variation in vorhersagbaren Phasen und Schritten, verfolgt darin explizite Lebens- und Lebensabschnittsziele, wird dann aber auch von inneren oder äußeren Ereignissen auf andere Wege gebracht.
>
> Der Mensch verhält sich nicht immer nutzenmaximierend und berechnend und ist daher schwer einschätzbar. Für die rationalitätsorientierte Wirtschaftslogik ist das Management von Humanressourcen daher eine Herausforderung.
>
> Zwei Funktionsgruppen sind innerhalb der Organisation damit beschäftigt, diese Herausforderung zu managen: Die Führungskräfte und das Human Resource Management. Beide versuchen auf unterschiedlichen Steuerungsebenen, mit der bestehenden Grundspannung zwischen Organisation und Individuum so umzugehen, dass beide Systeme in eine gleiche Ausrichtung kommen.

Den Führungskräften wird dafür Leadership empfohlen: Eine interaktionelle Steuerung, ein *Management of Meaning*[24], das auf die Konstruktion sozialer Realitäten in direktem Kontakt mit den Mitarbeitern setzt. Im Human Resource Management ist dies anders: Dort wird nicht die Person im Einzelfall über direkte Interaktion gesteuert, sondern das ganze Personal über Strukturen und Instrumente. Das Ausgleichen der Grundspannung muss somit primär in der Gestaltung der HRM-Systeme und der HRM-Politik stattfinden. Daneben auch in der Vertretung der Personalinteressen gegenüber der Unternehmensleitung und in der Beratung der Linie in der Systemanwendung.

In dem HRM-Modell des *Harvard-Ansatzes* findet sich der Anspruch eines solchen Ausgleichens sinngemäß als *Congruence* unter den vier Ergebnisdimensionen eines gelungenen HRM wieder: *Congruence, Cost-Effectiveness, Commitment, Competence.*[25]

Reflexionsfragen

1. Diskutieren Sie, wie es einer Organisation gelingt, die verschiedenen eigenen Interessen und die des Individuums in Einklang zu bringen *(Congruence)*.

2. Diskutieren Sie, wie es einer Organisation gelingt, den Anforderungen des guten Wirtschaftens Rechnung zu tragen *(Cost-Effectiveness)*.

3. Wie gut gelingt es der Organisation durch ihr HRM, die Individuen für sich zu interessieren und als Organisationsmitglied zu gewinnen?

Quelle: HR Today, Nr. 7 und 8 (2011). Text Birgit Werker

ZUSAMMENFASSUNG

- Folgende Inhalte wurden in diesem Kapitel behandelt: Die Wurzeln des Human Resource Managements liegen in der wechselseitigen Personalbeziehung, die Rechte und Pflichtenverhältnisse zwischen Arbeitgebern und Arbeitnehmern regelt, zu finden. Wichtige Epochen – die *industrielle Revolution*, *Taylorismus* und die *Human Relations-Bewegung* – haben das Human Resource Management geprägt. Es kann ein Entwicklungsprozess von einem administrativ und passiv ausgerichteten Personalwesen (Personalwirtschaft) hin zu einem proaktiven Business Partner Human Resource Management beobachtet werden. Die Unternehmensfunktion HRM nimmt in der beruflichen Praxis zunehmend die Rolle eines strategischen Partners, eines Verwaltungsexperten, eines für Motivation zuständigen Champions der Arbeitnehmer und eines Förderers für Wandel ein.
- Die Aufgabe des Human Resource Managements besteht darin, strategische Zielsetzungen, Visionen und Missionen von Unternehmen, den derzeitigen und zukünftigen Bedarf an Personal und an Kompetenzen sowie die Erwartungen und Interessen der Mitarbeiter und anderer Stakeholder unter Berücksichtigung geltender Normen zu erfüllen.
- Zu den wichtigen Funktionen des HRM gehören der Einstellungsprozess, die Personalbewertung und die Vergütung.
- Der Einstellungsprozess teilt sich wie folgt auf in: Identifizierung des Bedarfs und Bestimmung des Bewerberprofils, Auswahl der Personalbeschaffungsquellen und des Stellenangebots, Selektion und schließlich Integration des neuen Mitarbeiters.
- Die Personalbewertung ist ein Prozess, der sich in Bewertungskriterien (Bewertungsgebiet), Auswahl der Bewertungsmethoden und -instrumente, Festlegung von Bewertungsmodalitäten und der Bewertung selbst unterteilen lässt. Dem Personalbewertungsgespräch ist besondere Beachtung zu schenken.
- Finanzielles Gleichgewicht, Fairness, Motivation und Bindung bilden die Komponenten einer erfolgreichen Vergütung.
- Es liegt im Interesse des Unternehmens, seine Strategie unter Einbeziehung von Personalfragen zu entwickeln. Ebenso liegt es im Interesse der Unternehmensfunktion HRM, bei der Strategiefindung mitzuwirken. Für die Erhaltung eines Wettbewerbsvorteils ist es für ein Unternehmen wichtig, dass es mit dem Human Resource Management Hand in Hand zusammenarbeitet und die Unternehmensfunktion als strategischen Partner wahrnimmt.

AUFGABEN

1. Warum gewinnt Ihrer Meinung nach die Unternehmensfunktion HRM in einer Organisation an Bedeutung?

2. Beschreiben Sie die neue Rolle als strategischer Partner des HRM.

3. Welche Erwartungen haben die Mitarbeiter bezogen auf die administrativen Aufgaben der HRM-Abteilung?

4. Welche Ziele verfolgt das Kompetenzmanagement?

5. Wie sollte man sich auf ein Bewertungsgespräch vorbereiten?
   a) Als Bewerter?
   b) Als Bewerteter?

6. Nennen Sie Komponenten einer fairen Vergütung.

7. Nennen Sie Risiken und Vorteile für einen Mitarbeiter, der aufgefordert wird, Bewerber für eine freigewordene Stelle vorzuschlagen.

Weitere Aufgaben mit Lösungen befinden sich in begleitendem Übungsbuch als E-Text.

Fallstudie: Google – Eine starke Unternehmenskultur

Die Geschichte des Internet-Suchmaschinenbetreibers *Google* begann im Jahr 1995, als zwei Informatik-Absolventen der Universität Stanford namens *Larry Page* und *Sergey Brin* gemeinsam eine neue Suchtechnologie entwickelten. Sie erkannten die Beschränkungen der aktuellen Suchsysteme und hatten bis zum Jahr 1998 eine überlegene Technologie programmiert. Sie waren überzeugt, diese Technologie auch online bringen zu können. Über ihre Familien, Freunde und Business-Angels beschafften sie sich 1 Mio. US-Dollar Risikokapital, um die Hardware erwerben zu können, die dafür notwendig war, *Google* mit dem Internet zu verbinden. Zunächst beantwortete *Google* 10.000 Anfragen pro Tag, aber nach einigen Monaten waren es bereits 500.000 – im Herbst 1999 3 Mio., im Herbst 2000 60 Mio. Anfragen. Im Frühling 2001 erreichte *Google* 100 Mio. Anfragen pro Tag. In den ersten Jahren des neuen Jahrtausends wurde *Google* die führende Suchmaschine und ist heute unter den „Top 5" der meistgenutzten Internetunternehmen. Wettbewerber wie *Yahoo!* und *Microsoft* arbeiten hart daran, aufzuschließen und *Google* bei seinem eigenen Spiel zu schlagen.

Das explosive Wachstum von *Google* liegt zu einem großen Teil an der von Gründergeist und Innovationen geprägten Unternehmenskultur, die von den beiden mehr als 2.000 Mitarbeiter weltweit angewachsen ist, behaupten die Gründer, dass immer noch die Atmosphäre eines Kleinunternehmens aufrechterhalten werde, da die Unternehmenskultur die Mitarbeiter – „Staffer" oder „Googler" genannt – dazu anspore, die bestmögliche Software zu erstellen. *Larry Page* und *Sergey Brin* schufen die Unternehmenskultur mit einer starken Gründeratmosphäre bei *Google* auf mehrere Arten.

Zu Beginn, als die Betriebsfläche noch knapp war und die Betriebskosten niedrig gehalten werden sollten, arbeiteten die *Google*-Staffer in *„High-Density*-Clustern": Drei oder vier Mitarbeiter – von denen jeder mit einem leistungsstarken Linux-Rechner ausgestattet wurde – teilten sich einen Schreibtisch, eine Couch und große Gummibälle, die als Stühle fungierten, und arbeiteten zusammen, um die genutzten Technologien zu verbessern. Sogar als *Google* in eine geräumigere Umgebung, in das *„Googleplex"*-Hauptquartier, umzog, arbeiteten die Staffer weiterhin in geteilten Räumlichkeiten. *Google* konzipierte das Gebäude so, dass die Staffer einander ständig begegneten: In der unkonventionellen Lobby; im *Google*-Café, in dem alle zusammen essen, in den Erholungseinrichtungen, die alle auf dem neuesten Stand sind, und in den *„Snack-Rooms"*, in denen man Müsli, Gummibären, Joghurt, Karotten und natürlich auch Cappuccino bekommt.

Es wurden auch soziale Zusammenkünfte für die Mitarbeiter geschaffen, beispielsweise das offene *TGIF-(Thank God it's Friday)*-Treffen und das alle zwei Wochen stattfindende Rollerhockey-Spiel, in dem die Staffer dazu ermutigt werden, die Gründer zu schlagen. All diese Bemühungen, das zu schaffen, was das coolste Unternehmens-Hauptquartier der Welt sein könnte, entstanden nicht zufällig. *Brin* und *Page* wussten, dass die wichtigste Stärke von *Google* die Fähigkeit sein würde, die besten Softwareentwickler der Welt anzuziehen und sie zu hoher Leistung anzuspornen. Gemeinsame Büros, Lobbys, Cafés etc. bringen die Staffer in engen Kontakt miteinander, sodass sich Kollegialität entwickelt und diese dazu ermutigt werden, ihre neuen Ideen mit ihren Kollegen zu teilen. Auf diese Weise soll die Suchtechnologie konstant verbessert und es sollen neue Wege für das Wachstum des Unternehmens gefunden werden. Die Freiheit, die *Google* seinen Staffern bei dem Verfolgen neuer Ideen lässt, ist ein klares Zeichen für den Wunsch der beiden Gründer, die Mitarbeiter dazu zu ermutigen, innovativ zu sein und über den Tellerrand hinaus nach neuen Ideen zu suchen. Da die Gründer von *Google* erkannten, dass die Staffer, die wichtige neue Software-Applikationen entwickelten, für ihre Leistungen belohnt werden sollten, erhielten die Mitarbeiter Anteile an der Firma, sodass die Staffer letztlich auch Miteigentümer von *Google* sind.

Das Verständnis der Gründer von *Google* dafür, dass erfolgreiche Innovationen eine starke Unternehmenskultur erfordern, hat sich ausgezahlt. Im August 2004 ging *Google* an die Börse, und die Aktien waren bei einem Ausgabepreis von 85 US-Dollar am Ende des ersten Handelstages mehr als 100 US-Dollar wert. Im Dezember 2005 betrug der Wert einer Aktie mehr als 440 US-Dollar! Der Anteilswert von *Brin* und *Page* stieg dadurch auf mehrere Milliarden und viele der Mitarbeiter sind jetzt Multimillionäre.

Reflexionsfragen

1. Beschreiben Sie die verschiedenen Phasen, die *Google* seit seiner Gründung aus HRM-Perspektive durchläuft.

2. Nennen Sie die wesentlichen Herausforderungen, die *Googles* HRM in den verschiedenen Entwicklungsphasen begegnen.

3. Was könnten zukünftige Herausforderungen für das HRM in einem rasant wachsenden Unternehmen wie *Google* sein?

Quelle: Jones (2008)

Siehe auch begleitende Fallvideos dazu.

Verwendete Literatur

Bergmann, G.; Daub, J.: „Systemisches Innovations- und Kompetenzmanagement. Grundlagen, Prozesse, Perspektiven", 2. Aufl., Gabler Verlag, 2008.

Berthel, J.; Becker, F. G.: „Personal-Management: Grundzüge für Konzeptionen betrieblicher Personalarbeit",10. Aufl., Schäffer-Poeschel, 2013.

Campoy, E.; Maclouf, E. et al.: „Gestion des ressources humaines", 2. Aufl., Pearson Education, 2011.

Drumm, H. J.: „Personalwirtschaft", 6. Aufl., Springer Verlag, 2008.

Frank, M.: „Kompetenzmanagement", Institut für e-Management e. V. (IfeM), 2004.

Gaugler, E.; Oechsler, W. A.; Weber, W.: „Personalwesen", in: Handwörterbuch des Personalwesen, 3. Aufl., Schäffer-Poeschel, 2004.

Gechter, S.; Jochmann, W.: „Strategisches Kompetenzmanagement", Springer Verlag, 2006.

George, C.: „The History of Management Thought". Prentice Hall, 1968.

Heer, F.: „Die großen Dokumente der Weltgeschichte", Krüger Verlag, 1978.

Hentze, J.; Graf, A.: „Personalwirtschaftslehre", Teil 2, 7. Aufl., UTB, 2005.

Klimecki, R.; Gmür, M.: „Personalmanagement: Funktionen, Strategien, Entwicklungsperspektiven", 3. Aufl., Lucius und Lucius, 2001.

Kment, M.: „Grenzüberschreitendes Verwaltungshandeln", Mohr Siebeck, 2010.

Ling, C. C.: „The Management of Personnel Relations: History and Origins", Irwin, 1965.

North, K.; Reinhardt, K.: „Kompetenzmanagement in der Praxis: Mitarbeiterkompetenzen systematisch identifizieren, nutzen und entwickeln", 2. Aufl., Gabler Verlag, 2013.

Raub, S. P.: „Kompetenz Management", Gabler Verlag, 2000.

Robbins, S. P.; DeCenco, D.A.; Coulter, M.: „Fundamentals of Management", 8. Aufl., Prentice Hall, 2012.

Taylor, Frederick W.: „The principles of scientific management", Harper & Brothers, 1911.

Trahair, R. C. S.; Mayo, E.: „The Humanist Temper", Transaction Publishers, 2005.

ULEF – Institut für Unterrichtsfragen und Lehrer/innenfortbildung, *http://www.ulef.bs.ch/instrument.pdf, 01.08.2011.*

Ulrich, D.: „Human Resource champions: The next agenda for adding value and delivering results", Harvard Business Press, 1997.

Bedeian, D. A.; Wren A. G.: „The Evolution of Management Thought", 6. Aufl., Wiley, 2008.

Wucknitz, U. D.: „Handbuch Personalbewertung: Messgrößen, Anwendungsfelder, Fallstudien", 2. Aufl., Schäffer-Poeschel, 2009.

Zaugg, R. J.: „Nachhaltiges Personalmanagement: Eine neue Perspektive und empirische Exploration des Human Resource Management", Gabler Verlag, 2009.

Weiterführende Literatur

Bartscher, T.; Stöckl, J.; Träger, T.: „Personalmanagement: Grundlagen, Handlungsfelder", Praxis, Pearson Studium, 2012.

Bergmann, G.; Daub, J.: „Systemisches Innovations- und Kompetenzmanagement. Grundlagen, Prozesse, Perspektiven", 2. Aufl., Gabler Verlag, 2008.

Berthel, J.; Becker, F. G.: „Personal-Management: Grundzüge für Konzeptionen betrieblicher Personalarbeit",10. Aufl., Schäffer-Poeschel, 2013.

CapGemini: „Studie HR Business Partner", CapGemini 2006.

Drumm, H.J.: „Personalwirtschaft", 6. Aufl., Springer Verlag, 2008.

Heer, T.; Daneschwar Roux, T.: „Rémunération: Des instruments modernes pour une rémunération équitable" [Vergütung: Moderne Instrumente für eine faire Vergütung], Jobindex Media AG Zurich, 2010.

Igalens, J.; Roger, A.: „Master Resources humaines", 2. Aufl., Edition Eska, 2013.

Klimecki, R.; Gmür, M.: „Personalmanagement: Funktionen, Strategien, Entwicklungsperspektiven", 3. Aufl., Lucius und Lucius, 2001.

Losely, M.; Meisinger, S.; Ulrich, D.: „The Future of Human Resource Management", John Wiley & Sons, 2005.

Raub, S. P.: „Kompetenz Management", Gabler Verlag, 2000.

Robbins, S.P.: „Organisation der Unternehmung", 9. Aufl., Pearson, 2001.

Robbins, S. P.; DeCenco, D.A.; Coulter, M.: „Fundamentals of Management", 8. Aufl., Prentice Hall, 2012.

Rowold, J. von: „Human Resource Management: Lehrbuch für Bachelor und Master", Springer Gabler, 2013.

Scholz, C.: „Personalmanagement: Informationsorientierte und verhaltenstheoretische Grundlagen", 6. Aufl., Vahlen, 2013.

Ulrich, D.: „Human Resource champions", Harvard Business School Press, 1997.

Zaugg, R. J.: „Nachhaltiges Personalmanagement: Eine neue Perspektive und empirische Exploration des Human Resource Management", Gabler Verlag, 2009.

Endnoten

1. Das *Human Resource Management (HRM)* wird auch als *Personalwesen, Personalwirtschaft, Personalpolitik* oder *Personalmanagement* bezeichnet.
2. Siehe Gaugler et al. (2004).
3. Siehe *Kapitel 13*: Leadership.
4. Siehe Heer (1978), Bedeian und Wren (2008) sowie George (1968).
5. Siehe Ling (1965), S. 19ff.
6. Siehe Trahair (2005) bezüglich einer ausführlichen Ausführung zu Mayo.
7. Siehe Zaugg (2009).
8. Siehe *Kapitel 13*: Leadership.
9. Siehe Robbins et al. (2012).
10. Siehe hierzu den Beschluss des Bundesarbeitsgerichts (BAG) vom 19. September 2006.
11. Siehe Kment (2010), S. 77ff.
12. Siehe zu *Kompetenzmanagement* Gechte und Jochman (2006), Bergman und Daub (2008) und Raub (2000).
13. In Anlehnung an North und Reinhardt (2013).
14. Siehe *Kapitel 11*: Wissensmanagement.
15. Siehe Frank (2004).
16. Siehe North und Reinhard (2013).
17. Siehe Drumm (2008), S. 195 ff. sowie Hentze und Graf (2005).
18. Siehe hierzu Berthel und Becker (2013), Drumm (2008), S. 195 ff.; Klimecki und Gmür (2001).
19. Siehe Wucknitz (2009).
20. Diese Fehler sind auch bei Einstellungsgesprächen wiederzufinden.
21. Siehe Heer und Daneschwar Roux (2010).
22. Siehe *Abschnitt 12.3.3*: Vergütung.
23. Siehe *Kapitel 2*: Strategisches Management.
24. Siehe Smircich und Morgan (1982).
25. Siehe Beer et al. (1985) zit. nach Ortlieb (2010), S.15.

Motivation is the art of getting people to do what you want them to do because they want to do it.

Dwight D. Eisenhower (1890–1969), ehemaliger Präsident der USA

Lernziele

In diesem Kapitel wird das Wissen zu folgenden Inhalten vermittelt:

- Die wesentlichen Elemente von Führung
- Die wirtschaftliche Auswirkung von „guter Führung" auf das Unternehmen
- Die Komplexität von Führung und das Spannungsfeld, in dem sich Führungspersönlichkeiten bewegen
- Führung als das „Führen von Individuen"

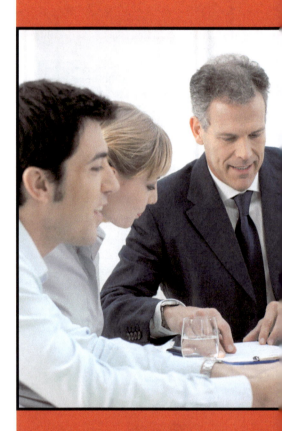

Quelle: © Rido/Shutterstock.com

Leadership

13.1 Warum Führung in Unternehmen? 514

13.2 Akzeptanz, Abgrenzung und Funktion von Führung.. 515
    13.2.1 Akzeptanz von Führung....................... 515
    13.2.2 Führungsfunktionen............................ 516
    13.2.3 Die Abgrenzung zwischen Unternehmens- und Mitarbeiterführung............................. 517

13.3 Motivation 518

13.4 Führungsstile: Führung als „Stil"? 519
    13.4.1 Eindimensionale Führungsstile.................. 520
    13.4.2 Zweidimensionaler Führungsstil: Verhaltensgitter nach Blake und Mouton........................ 523
    13.4.3 Dreidimensionale bzw. situative Führungsstile 524
    13.4.4 Management-Modelle.......................... 530

13.5 Führung in der Praxis............................. 532
    13.5.1 Wie werde ich ein „guter" Vorgesetzter?........... 532
    13.5.2 Führungserfolg messen 535

13 Leadership

13.1 Warum Führung in Unternehmen?

Warum wird Führung generell in einem Unternehmen benötigt? Wissen die Mitarbeiter nicht selbst, was sie zu tun haben? Der Mitarbeiter kennt sich in seinem Fachgebiet meist besser aus als sein Vorgesetzter: Ist der Vorgesetzte in diesem Fall nicht mehr Last als Unterstützung, mehr Bremse als Triebkraft?

Die Antwort auf diese Fragen ist „nein". Auch wenn es im ersten Moment so erscheinen mag, als wäre es ohne eine vorgesetzte Stelle möglich, unternehmerische Pläne „zielgerichtet" zu verfolgen, so ist es ersichtlich, dass selbst eine Gruppe der schnellsten und besttrainierten Läufer nicht gemeinsam ans Ziel kommt, wenn nicht zumindest einer weiß, in welcher Richtung das Ziel liegt und die Gruppe dorthin führt.

Betrachtet man Mitarbeiterführung[1] im biologischen Sinn, so zeigt sich, dass es keiner ausgefeilten unternehmerischen Organigramme bedarf, um Führung notwendig zu machen. Jede Herde im Tierreich besitzt einen Anführer: Sei dies nun die „Leitkuh", das Alphatier einer Herde oder eines Rudels oder aber der vorausfliegende Schwan in der Flugformation, der den anderen vorübergehend den Weg weist und diesen die Möglichkeit gibt, mit weniger Energieaufwand in seinem Windschatten zu fliegen.

Im unternehmerischen Sinn wird Führung dann notwendig, wenn Arbeitsteilung herrscht. Zumindest eine Person sollte die übergeordneten Abläufe kennen und koordinieren, damit ein Produkt fertiggestellt werden kann. Darunter gibt es meist noch jemanden, der Gruppen koordiniert, um flüssige Arbeitsabläufe zu schaffen, eventuelle Ausfälle zu kompensieren und die Zeiten zu überwachen.

Der Bürgermeister ist beispielsweise im Rahmen der gesetzlich festgelegten Kompetenzen eine Führungsperson des Ortes. Historisch betrachtet war der Lehnsherr die Führungsperson seiner Vasallen, nicht ohne sie für sein Lehen und die damit verbundene Führung bezahlen zu lassen. Menschliches Zusammenleben und Zusammenarbeiten ist ohne Führung nicht möglich. Wichtig in diesem Zusammenhang ist die psychologische Tatsache, dass Menschen Führung wollen. Wie sehr ist im Geschäftsleben ein „schwacher Vorgesetzter" verhasst, der seinen Mitarbeitern nicht „den Rücken freihält". Eltern führen ihre Kinder, Vorgesetzte ihre Mitarbeiter, Geschäftsführer ein Unternehmen.

Obwohl es von Natur aus gegeben scheint: Gute Führung will dennoch gelernt sein! Dies gilt für Personalführung ebenso wie für Unternehmensführung. Schätzungen zufolge mussten in den letzten Jahren vier von fünf Unternehmen aufgrund von Fehlentscheidungen des Managements, sprich aufgrund von Fehlern in der Unternehmensführung, Konkurs anmelden.[2] Abertausende Mitarbeiter wurden dadurch arbeitslos. Fehler in der Mitarbeiterführung sind meist nicht so leicht in Zahlen zu fassen wie Fehler in der Unternehmensführung. Ein demotivierter Mitarbeiter, der „Dienst nach Vorschrift" verrichtet und dem Unternehmen bereits innerlich gekündigt hat, wird zwar seine Zielvorgaben erfüllen, doch wird er darüber hinaus nichts leisten, um den Erfolg seines Unternehmens positiv zu beeinflussen.

Demotivation von Mitarbeitern ist ein häufiger Fehler in der Mitarbeiterführung eines Vorgesetzten: Ein nicht den Fähigkeiten der Mitarbeiter entsprechender Arbeitsplatz, schlechte Arbeitsorganisation oder des Fehlen von Entwicklungsmöglichkeiten, das Fehlen eigener Arbeitsgestaltung oder auch Überlastung, um einige Beispiele zu nennen. Auch schlechte Arbeitsplatzgestaltung und zu hoher Druck können zu zusätzlichen Problemen und in einen sogenannten **Burn-out** führen. Der Krankenstand in der Schweiz aufgrund von Burn-out ist in den letzten Jahren stark angestiegen und kostet die Schweiz 18 Mrd. Franken im Jahr 2005.[3] In Deutschland waren letztes Jahr fast zehn Millionen Krankheitstage aufgrund von Burn-out-Symptomen aufgelaufen. Damit fehlten rund 40.000 Arbeitskräfte über das ganze Jahr im Büro oder an der Werkbank, weil sie sich ausgebrannt fühlten. Besonders beunruhigend ist dabei, dass die Zahl der Burn-out-Krankschreibungen innerhalb der letzten fünf Jahre um 17 Prozent angestiegen ist.[4] Dies geht zulasten von Krankenversicherungen, Unternehmen und letztlich auch Arbeitnehmern durch ihre Beiträge. Ein großer Teil dieser Kosten ist auf schlechte und unsachgemäße Mitarbeiterführung zurückzuführen. Man kann daher nicht genug betonen: *Mitarbeiterführung will und muss gelernt sein!*

13.2 Akzeptanz, Abgrenzung und Funktion von Führung

13.2.1 Akzeptanz von Führung

Zum Begriff der Führung gibt es unterschiedliche Konzepte und Definitionen. Führung ist kein gegebener formaler Umstand, sondern bedarf der Akzeptanz des Geführten. Nur im Zusammenspiel gegenseitiger Akzeptanz zwischen Führendem und Geführten ist ein gemeinsames zielgerichtetes Arbeiten möglich. Nach *Weibler* (2001) bedeutet dies:

> *Führung heißt andere durch eigenes, sozial akzeptiertes Verhalten so zu beeinflussen, dass dies bei den Beeinflussten mittelbar oder unmittelbar ein intendiertes Verhalten bewirkt.*

Quelle: Weibler (2001), S. 29

Erst durch das Merkmal der *sozialen Akzeptanz* lässt sich Führung von einer formalen Weisung abgrenzen. Eine beliebige Person kann zwar formal Vorgesetzter (engl. *headship*) eines Mitarbeiters sein, wird jedoch erst im Zusammenspiel mit dessen Akzeptanz zu einer Führungskraft (engl. *leadership*).

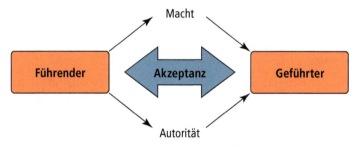

Abbildung 13.1: Akzeptanz als Bindeglied zwischen Führendem und Geführten

Es gibt die unterschiedlichsten Möglichkeiten, Akzeptanz zu gewinnen. Barack Obama, dem 44. Präsidenten der Vereinigten Staaten von Amerika, wurde während seines Wahlkampfes im Jahr 2008 und vor seiner Amtsübernahme vor allem Charisma zugeschrieben. Sein Charisma führte zu Akzeptanz bei den Amerikanern und kann damit als Initiator seiner Führungsfunktion betrachtet werden. Diese Akzeptanz kann durch gute Leistungen des Führenden („Vorbildfunktion"), positives Einwirken auf die Leistungen des Geführten („Motivationsfunktion") oder durch Verteidigung der Belange der Geführten nach innen und außen („Beschützerfunktion") hervorgerufen werden. Diesbezüglich liegt eine *funktionale Sichtweise* vor.

Akzeptanz kann auch durch Autorität, beispielsweise durch hierarchische Autorität, Persönlichkeit oder Fachautorität hervorgerufen werden. In diesem Fall liegt eine *hierarchische Sichtweise* vor.

13.2.2 Führungsfunktionen

Die Mitarbeiterführung findet nicht in luftleerem Raum statt. Unternehmen strukturieren *formell*, beispielsweise durch Organigramme, oder auch *informell*, beispielsweise durch Verhaltensnormen, um Führenden und Geführten einen Rahmen zu setzen.

Innerhalb dieses Rahmens findet Führung im Sinne einer beabsichtigten und zielorientierten Verhaltensbeeinflussung von Mitarbeitern zur Erreichung der Unternehmensziele statt.

Führung ist eine methodisch geplante und kontrollierte Einflussnahme auf die Geführten und auf deren künftige Kompetenzgestaltung unter gleichzeitiger Legitimierung der leitenden Interessen.

Funktionen der Führung:

- die **Lokomotionsfunktion** zur Erreichung der Ziele (aufgabenorientiert)
- die **Kohäsionsfunktion** innerhalb einer Gruppe, um diese zu erhalten und zu stärken (personenorientiert)

Unter der **Lokomotionsfunktion** einer Führungskraft wird die Erfüllung folgender Aufgaben verstanden:

- Informationen zur rechten Zeit und am rechten Ort bereitstellen
- die zur Aufgabenerfüllung für die Mitarbeiter erforderlichen Ressourcen zur Verfügung stellen
- Sorge dafür tragen, dass Entscheidungen gefällt werden, die die Aufgabenerfüllung der Mitarbeiter unterstützen und nicht blockieren
- Sorge dafür tragen, dass die richtigen Mitarbeiter mit den richtigen Kompetenzen zur richtigen Zeit am richtigen Ort vorhanden sind und mit den richtigen Aufgaben betraut werden können

Unter der **Kohäsionsfunktion** einer Führungskraft versteht man die Aufgabe, mittels der Führung einen Zusammenhalt zwischen den Geführten als Gruppe zu bewirken:

- Ansprechen eventueller Spannungen; Wahrnehmen der Klärungs-, Ausgleichs- und Vermittlungsfunktion des Führenden
- Diagnose und Steuerung von Gruppenprozessen
- Schaffen und Erhalt einer entspannten und vertrauensvollen Arbeitsatmosphäre
- Integration neuer Mitarbeiter in das Team
- Schaffen eines Klimas der gegenseitigen Akzeptanz und Unterstützung

Das Ergebnis der Kohäsionsfunktion wird durch den Zusammenhalt des Teams und durch andere Merkmale, beispielsweise durch eine gute Arbeitsatmosphäre, deutlich.

13.2.3 Die Abgrenzung zwischen Unternehmens- und Mitarbeiterführung

Die heutige Unternehmenswelt ist arbeitsteilig organisiert. Die Führung eines Unternehmens, in welchem Mitarbeiter mit unterschiedlichen Qualifikationen unterschiedliche Tätigkeiten ausführen, gegebenenfalls zu unterschiedlichen Zeitpunkten und an unterschiedlichen Orten überall auf der Welt, erfordert im Wesentlichen folgende Schritte:

- das **Ableiten von Teilaufgaben** (z. B. Nähen der Sitzbezüge) aus dem Gesamtziel eines Unternehmens (z. B. Bau eines Autos)
- die **Koordination von Tätigkeiten** der einzelnen im Unternehmen beschäftigten Mitarbeiter und Teams zu einem sinnvollen Ganzen (z. B. Einbau der überzogenen Sitze in das richtige Auto zum richtigen Zeitpunkt innerhalb der Produktion)

Daraus ergibt sich eine Aufteilung der (unternehmerischen) Führungstätigkeit in planerische, organisatorische und kontrollierende Aspekte. Nach *Klaus Birker* (1997) gliedert sich Führung in **fünf Schritte**.

1. Zielbestimmung durch Planen und Entscheiden
2. Aufgabenverteilung und Koordination
3. Mitarbeiter zum Handeln anleiten
4. Sachbezogene Kontrolle der Arbeiten
5. Auswahl, Förderung, Bewertung der Mitarbeiter

Abbildung 13.2: Fünf Dimensionen der Führung
Quelle: Birker (1997), S. 16

1. Schritt:

Die **Zielbestimmung durch Planen und Entscheiden** erfordert eine genaue Kenntnis der heutigen wie zukünftigen Unternehmensziele und die Fähigkeit, diese systemisch und gestalterisch umzusetzen. Die Planung im engeren Sinne dient dabei der Entscheidungsvorbereitung. Hier ist vor allem unternehmerische Führung gefordert.

2. Schritt:

Die **Aufgabenverteilung und Koordination** beinhaltet das Aufbrechen der Unternehmensziele in einzelne operative Schritte und damit Arbeitspakete sowie die Zuteilung der jeweils vorhandenen oder gegebenenfalls neu zu rekrutierenden personellen Ressourcen. An dieser Stelle dominiert noch immer die unternehmerische Führung, bei der Ressourcenzuteilung gerät jedoch auch die Führung der Mitarbeiter ins Blickfeld.

3. Schritt:

Das **Anleiten der Mitarbeiter zum Handeln** ist das typische Feld der Mitarbeiterführung. Führung entspricht einer bewussten, zielgerichteten Beeinflussung der Tätigkeiten bzw. des Verhaltens der Mitarbeiter: Im Extremfall durch Anordnung oder Befehl (v. a. im Militär) oder durch Motivation der Mitarbeiter durch Einbeziehung ihrer Meinungen und Vorstellungen in den Planungs- und Entscheidungsprozess.

4. Schritt:

Die **sachbezogene Kontrolle der Arbeiten** ist in ihrem Ansatz zunächst ein Ziel der unternehmerischen Führung, doch dient diese dem frühzeitigen Erkennen von möglichen Abweichungen und deren frühzeitiger Korrektur, sprich Mitarbeiterführung.

5. Schritt:

Die **Auswahl, Förderung und Bewertung der Mitarbeiter** ist ein überwiegender Aspekt der Mitarbeiterführung. Die Auswahl der Mitarbeiter kann *intern* durch Versetzung oder *extern* durch Rekrutierung erfolgen. Mitarbeiterförderung erfolgt durch das sogenannte „Human Resources Development", sprich durch Weiterbildungen, welche das Unternehmen den Mitarbeitern zur Verfügung stellt. Bewertungen der Mitarbeiter erfolgen vor allem im Rahmen der jährlich wiederkehrenden Beurteilungsgespräche.

Es zeigt sich, dass die Aspekte der Unternehmensführung und der Mitarbeiterführung in der betrieblichen Praxis nicht eindeutig abgrenzbar sind. Grundsätzlich sind die Dimensionen dem einen oder anderen Bereich zuzuordnen. In dem Moment jedoch, in dem reine Sachaspekte und personenbezogene Aspekte verwischen, verschmelzen Unternehmens- und Mitarbeiterführung.

13.3 Motivation

Was motiviert Personen, einem bestimmten Unternehmen beizutreten und dort zu bleiben? Was motiviert Mitarbeiter, einen produktiven Beitrag für das „Unternehmensziel", zu leisten?

Diesen Fragen ging im Jahr 1954 besonders *Abraham Harold Maslow*, ein bekannter amerikanischer Psychologe, nach. Er entwickelte eine **Bedürfnispyramide**, die den einzelnen menschlichen Bedürfnissen Hierarchiestufen zuweist.

Abbildung 13.3: Bedürfnispyramide nach Maslow
Quelle: Maslow (1954), S. 388 ff.

Die einzelnen Stufen der Maslow'schen Bedürfnispyramide sind von unten nach oben hierarchisch geordnet: Die jeweils nächsthöhere Stufe kann erst nach Befriedigung der unteren Stufe erreicht werden. Soll sich ein Mitarbeiter innerhalb eines Unternehmens bis hin zur Selbstverwirklichung entwickeln können, müssen alle darunterliegenden Bedürfnisse erfüllt sein.

Es ist eine Frage der Unternehmensführung, die Grund- und Sicherheitsbedürfnisse des Mitarbeiters in Form von Arbeitsplatzsicherheit und „gerechter" Entlohnung zu erfüllen. Ab der dritten Stufe, den sozialen Bedürfnissen, tritt zunehmend die Mitarbeiterführung in den Vordergrund. Indem der Vorgesetzte seine Lokomotionsfunktion und seine Kohäsionsfunktion erfüllt, schafft er für den Mitarbeiter einen Rahmen, welcher bis hin zur Selbstverwirklichung führen kann.

Im Gegenzug führt dies wiederum bei einem Mitarbeiter, der sich in seiner Arbeit verwirklichen kann, zu einer Steigerung seiner Arbeitsleistung, einer Erhöhung der Flexibilität und zu einer Identifikation mit den Unternehmenszielen.

13.4 Führungsstile: Führung als „Stil"?

Laut *Klaus Birker* ist ein *„Führungsstil (...) die Grundhaltung und das sich daran orientierende Verhaltensmuster, mit denen jemand seine Führungsaufgaben – bezogen auf Gruppen oder Einzelpersonen – wahrnimmt"*.[5]

Der „richtige" Führungsstil besitzt einen entscheidenden Einfluss auf Motivation und Arbeitsleistung der Geführten. Der „richtige" Führungsstil ist jedoch auch von dem jeweiligen Kontext abhängig: So erfordern unternehmerische Krisenzeiten ein anderes Führungsverhalten der Vorgesetzten als „business as usual". Vorgesetzte, Mitarbeiter und Situationen stehen somit in einem Wechselwirkungsprozess, in welchem jedes Element von dem anderen abhängig ist und dieses gleichzeitig beeinflusst.

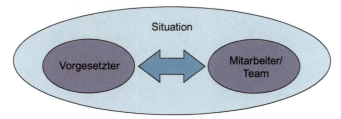

Abbildung 13.4: Wechselwirkungen zwischen Vorgesetztem und Mitarbeiter in einer bestimmten Situation

Ein motivierter Mitarbeiter steigert nicht nur direkt oder indirekt den Gewinn, sondern auch indirekt den Wert eines Unternehmens.[6]

Innerhalb der Führungsforschung unterscheidet man nach *eindimensionalen*, *zweidimensionalen* und *dreidimensionalen* Führungsstilen, je nachdem, wie viele unabhängige „Einflussfaktoren" über die Wahl des „richtigen" Führungsstils bestimmen.

13.4.1 Eindimensionale Führungsstile

Klassische Führungsstile nach Kurt Lewin

Die klassischen Führungsstile gehen auf *Kurt Lewin* (1890–1947), einen der bedeutendsten und einflussreichsten Sozialpsychologen seiner Zeit zurück. Er untersuchte in den Jahren 1937 und 1938 am Beispiel von Jugendgruppen die Wirkungen unterschiedlicher Führungsstile in Bezug auf *Gruppenatmosphäre*, *Produktivität*, *Zufriedenheit*, *Gruppenzusammenhalt* und *Effizienz* der Jugendlichen bei der Erfüllung gemeinsamer Aufgaben.

Lewin unterscheidet in seinen Untersuchungen drei unterschiedliche Führungsstile: Den *autoritären bzw. hierarchischen Führungsstil*, den *demokratischen bzw. kooperativen Führungsstil* und den *Laissez-Faire-Führungsstil*.[7]

Der **autoritäre Führungsstil** ist geprägt durch eine klare Trennung zwischen der Entscheidung durch den Vorgesetzten und der Ausführung der Entscheidungen durch die Mitarbeiter. Die Mitarbeiter werden an der Entscheidungsfindung nicht beteiligt, die Führung erfolgt streng hierarchisch. Dieser Führungsstil hat ein distanziertes Verhältnis zwischen Vorgesetztem und Mitarbeitern zur Folge.

Tabelle 13.1

Vor- und Nachteile des autoritären Führungsstils

Vorteile	Nachteile
schnelle Entscheidungen	Demotivation der Mitarbeiter
schnelle Handlungsfähigkeit	Verlust von Eigeninitiative der Mitarbeiter
klare Verantwortlichkeiten	Überforderung des Vorgesetzten
hohe Produktivität der Mitarbeiter bei Routinetätigkeiten	Tendenz zu häufigeren Fehlentscheidungen, da die Erfahrung der Mitarbeiter nicht berücksichtigt wird
gute Kontrollmöglichkeiten der Mitarbeiter	Einschränkung der persönlichen Freiheit der Mitarbeiter
kurzfristige Leistungssteigerung der Mitarbeiter	bei Abwesenheit des Vorgesetzten keine Entscheidungsfähigkeit

Bei der Ausübung des **kooperativen Führungsstils** werden die Mitarbeiter in den Entscheidungsprozess einbezogen. Eine Übertragung von (Teil-)Entscheidungen ist möglich und wird in der betrieblichen Praxis häufig, vor allem im Bereich von Expertenwissen, an die Mitarbeiter übertragen. Die innerhalb des autoritären Führungsstils gelebte Fremdkontrolle durch den Vorgesetzten wird im kooperativen Führungsstil weitestgehend durch Eigenkontrolle ersetzt. Fehler bzw. Fehlentscheidungen werden als normale Prozesse betrachtet, die zu minimieren, aber nicht zu sanktionieren sind.

Tabelle 13.2

Vor- und Nachteile des demokratischen Führungsstils

Vorteile	Nachteile
Förderung der Motivation der Mitarbeiter	langsamere Entscheidungsprozesse durch Einbeziehen der Mitarbeiter (nicht bei Delegation von Entscheidungen!)
Entlastung des Vorgesetzten durch Delegation	Gefahr unklarer Entscheidungen
Förderung der Mitarbeiterintegration	Machtverlust des Vorgesetzten
angenehmes Arbeitsklima	reduzierte Effizienz bei geringer Selbstdisziplin
fachgerechte Entscheidungen	
Förderung von Kreativität und Engagement	

Der **Laissez-Faire-Führungsstil** ist ein Begriff aus dem Französischen, der übersetzt „lasst machen" bedeutet. Dieser sogenannte Führungsstil zeichnet sich aus durch die Übertragung der vollen Entscheidungsgewalt auf die Mitarbeiter. Die Mitarbeiter bestimmen demnach Art und Inhalt ihrer Arbeit, ihre Organisation und das „Wann" und „Wie" der zu erledigenden Aufgaben selbst. Die Entscheidungen und die Kontrolle obliegen allein der Gruppe. Der Informationsfluss ist im Grunde dem Zufall überlassen und nicht institutionalisiert. Der Vorgesetzte greift keineswegs in das Geschehen ein – weder lobend noch tadelnd.

Tabelle 13.3

Vor- und Nachteile des Laissez-Faire-Führungsstils

Vorteile	Nachteile
Motivation durch Selbstbestimmung	Tendenz zur Desorientierung
Mitarbeiter können ihre Stärken einbringen	Kompetenzstreitigkeiten und Unordnung
	Kontrolle kaum durchführbar

In der Praxis sind Führungsstile wie folgt anzutreffen: Während ein autoritärer Führungsstil vor allem im Militär gelebt wird, ist ein kooperativer Führungsstil in vielen europäischen Unternehmen vorzufinden. Dem Laissez-Faire-Führungsstil begegnet man selten in Reinform.

Über diese relativ klar abzugrenzenden Führungsstile hinaus existieren viele weitere Möglichkeiten, Mitarbeiter innerhalb eines Unternehmens zum Erbringen von Leistung anzuleiten. Eine Auswahl davon soll in den folgenden Abschnitten vorgestellt werden.

Eindimensionales Führungskontinuum nach Tannenbaum und Schmidt

Das **eindimensionale Führungskontinuum** ist eine von *Robert Tannenbaum* und *Warren H. Schmidt* (1958) entwickelte Führungstheorie[8], die die von *Kurt Lewin* entwickelten Führungsstile autoritär und demokratisch an beide Pole ihres Kontinuums stellt.

Entscheidungsspielraum des Vorgesetzten						Entscheidungsspielraum der Mitarbeiter
autoritär	patriarchalisch	informierend	beratend	kooperativ	delegativ	demokratisch
Vorgesetzter entscheidet alleine und ordnet an.	Vorgesetzter entscheidet; er versucht aber die Mitarbeiter von seiner Entscheidung zu überzeugen, bevor er anordnet.	Vorgesetzter entscheidet, er gestattet jedoch Fragen zu seiner Entscheidung, um dadurch Akzeptanz bei den Mitarbeitern zu erhalten.	Vorgesetzter informiert Mitarbeiter über beabsichtigte Entscheidungen; Mitarbeiter können ihre Meinung äußern, bevor der Vorgesetzte die endgültige Entscheidung trifft.	Mitarbeiter/Gruppe entwickelt Vorschläge; Vorgesetzter entscheidet sich für die von ihm favorisierte Alternative.	Mitarbeiter/Gruppe entscheidet, nachdem der Vorgesetzte die Probleme aufgezeigt und die Grenzen des Entscheidungsspielraumes festgelegt hat.	Mitarbeiter/Gruppe entscheidet; Vorgesetzter fungiert als Koordinator nach innen und außen.

Abbildung 13.5: Führungskontinuum nach Tannenbaum und Schmidt
Quelle: Tannenbaum und Schmidt (1958), S. 96

Selbst wenn dieser Ansatz aufgrund seiner Eindimensionalität nur einen eingeschränkten Realitätsbezug besitzt, so ist er doch als Basis für weitere Ansätze, wie beispielsweise für den des kooperativen oder delegativen Führungsstils, anzusehen.

Gerade in den letzten Jahren lässt sich infolge einer veränderten Wertehaltung gegenüber den Mitarbeitern eine Verstärkung kooperativer und delegativer Modellansätze beobachten. Die Rolle der Mitarbeiter hat sich dabei von einer abhängigen hin zu einer mitgestaltenden Rolle gewandelt.[9]

Tabelle 13.4

Vor- und Nachteile des eindimensionalen Führungskontinuums

Vorteile	Nachteile
Modell gibt Bandbreite vor	Kein situativer Bezug
Einfachheit des Modells	Nur bedingter Realitätsbezug
	Grad der Mitentscheidung alleine nicht aussagekräftig genug

13.4.2 Zweidimensionaler Führungsstil: Verhaltensgitter nach Blake und Mouton

Während die eindimensionalen Führungsstile ausschließlich den Grad der Mitbestimmung durch die Mitarbeiter im Fokus haben, beziehen die mehrdimensionalen Führungsstile weitere Unterscheidungsmerkmale in ihr Kalkül mit ein. So konzentriert sich das **Verhaltensgitter („Managerial Grid"[10])** von *Blake* und *Mouton* auf die Dimensionen der Sachorientierung und der Personenorientierung.

Dieses Verhaltensgitter spiegelt die Wechselbeziehung zwischen den beiden Führungsdimensionen *Sachorientierung* (concern for production) und *Personenorientierung* (concern for people) wider.[11] Jede Dimension ist gekennzeichnet durch neun Ausprägungsgrade, bei welchen 1 die geringste und 9 die höchste Ausprägung bezeichnet. Es lassen sich somit insgesamt 81 Führungsstile unterscheiden.

In der Wissenschaft werden nur die *fünf wichtigsten Schlüssel-Führungsverhalten 1.1, 1.9, 9.1, 5.5* und *9.9* beschrieben (siehe ▶Abbildung 13.6). Die übrigen Führungsstile befinden sich je nach Ausprägung zwischen den Graden.

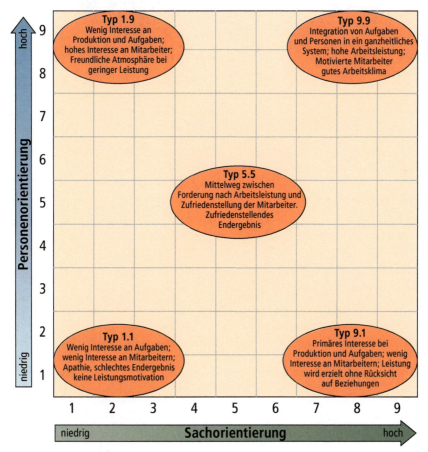

Abbildung 13.6: Managerial Grid nach Blake und Mouton
Quelle: Blake und Mouton (1964)

Blake und Mouton betrachten den *Führungsstil 9.9 „Integration von Aufgaben und Personen in ein ganzheitliches System"* als erstrebenswertes Ziel für die Vorgesetzten jedes Unternehmens und propagieren somit die Existenz eines optimalen Führungsstils für jede unternehmerische Situation. Um dieses Ziel zu erreichen, bedarf es einer zielgerichteten Schulung der Führungskräfte.

Das Verhaltensgitter („Managerial Grid") zeichnet sich durch eine klare und übersichtliche Darstellung aus. In leicht verständlicher Weise wird der Spielraum möglicher Führungsstile abgebildet. Kritisch anzumerken ist jedoch, dass *Blake* und *Mouton* einen einzigen Führungsstil für allgemeingültig deklarieren und als universell effizient anwendbar empfehlen. Bei einem speziellen Führungsverhalten ist jedoch stets die jeweilige Situation zu berücksichtigen: Ist ein Führungsstil in einer Situation angebracht bzw. effizient, so bedeutet dies in keiner Weise, dass er dies ebenfalls in einer anderen Situation ist.

Tabelle 13.5

Vor- und Nachteile des zweidimensionalen Führungsstils

Vorteile	Nachteile
Modell orientiert sich an mehreren Dimensionen	für alle Situationen wird nur ein optimaler Stil propagiert
	Unterschiede in den Abstufungen nicht klar beschreibbar

13.4.3 Dreidimensionale bzw. situative Führungsstile

Die 3D-Theorie von Reddin

Die 3D-Theorie von *William J. Reddin* (1977) umfasst *acht verschiedene Formen* von Führungsstilen, die sich hinsichtlich ihrer *Effektivität* voneinander unterscheiden. Die 3D-Theorie der Führung ist eine *Weiterentwicklung des Ansatzes von Blake und Mouton*. Reddin unterscheidet in seinem Modell wie folgt:

Drei Dimensionen der Führung

1. Aufgabenorientierung *(task orientation)*
2. Beziehungs- bzw. Kontaktorientierung *(relationship orientation)*
3. Effektivität *(effectiveness)*

Im Gegensatz zu *Blake* und *Mouton* postuliert *Reddin* in seiner 3D-Theorie der Führung nicht die Existenz eines universal gültigen und optimalen Führungsstils, sondern fordert vielmehr einen der jeweiligen Situation angepassten Stil.[12]

> Das Kernstück der 3D-Theorie ist eine sehr einfache Idee. Sie wurde in einer langen Reihe von Forschungsstudien entdeckt, die von Psychologen in den Vereinigten Staaten durchgeführt wurden. Sie stellten fest, dass die beiden Hauptelemente im Verhalten von Führungskräften mit der zu erledigenden Aufgabe und mit Beziehungen zu anderen Menschen zu tun hatten.

Quelle: Reddin (1977), S. 25

Laut Reddin lassen sich **vier Grundstile der Führung** unterscheiden.

1. Der **Aufgabenstil** entspricht einer hohen Aufgabenorientierung und einer geringen Beziehungsorientierung.

> Der Aufgabenstil-Manager neigt dazu, andere zu beherrschen. Er gibt seinen Mitarbeitern viele mündliche Anweisungen. Seine Zeitperspektive liegt in der unmittelbaren Gegenwart. [...] In Ausschüssen spielt er gerne eine sehr aktive Rolle, initiiert, bewertet und leitet. [...] Stresssituationen löst er durch Dominanz.

Quelle: Reddin (1977), S. 50

2. Der **Integrationsstil** ist das ausgleichende, kommunikative Element zwischen verschiedenen Meinungen und Interessen von Einzelnen und Gruppen innerhalb des Unternehmens. Dieser Stil weist in beiden Orientierungsdimensionen, sprich in der Aufgabenorientierung und in der Beziehungsorientierung, hohe Werte auf.

> Der Integrationsstil-Manager wird gerne zu einem integrierten Teil der Dinge. Grundsätzlich möchte er gerne dabei sein und gibt sich große Mühe, zu Einzelpersönlichkeiten oder Gruppen bei der Arbeit besten Kontakt zu finden. Kommunikation mit anderen pflegt er gerne im Rahmen von Gruppen oder in häufigen Konferenzen und Besprechungen. Hier kann er die von ihm bevorzugte Zweiweg-Kommunikation verwirklichen.

Quelle: Reddin (1977), S. 51

3. Der **Beziehungsstil** zeichnet sich durch hohe Beziehungsorientierung und niedrige Aufgabenorientierung aus.

> Der Beziehungsstil-Manager akzeptiert andere so, wie sie sind. Er hat Freude an langen Gesprächen als Möglichkeit, andere besser kennenzulernen. [...] Er sieht Organisationen primär als soziale Systeme und beurteilt seine Mitarbeiter danach, wie gut sie andere verstehen. Er beurteilt Vorgesetzte nach der Wärme, die sie Mitarbeitern zeigen. In Ausschusssitzungen unterstützt er andere, gleicht Differenzen aus und hält andere dazu an, ihr Bestes zu geben.

Quelle: Reddin (1977), S. 47

4. Zuletzt bleibt noch der **Verfahrensstil**, der sich sowohl in Aufgabenorientierung als auch in Beziehungsorientierung durch ein niedriges Niveau auszeichnet und daher den passivsten Charakter darstellt.

Dem Verfahrensstil-Manager liegt viel an der Korrektur von Abweichungen. Er bevorzugt die schriftliche gegenüber der mündlichen Kommunikation. [...] Von der Zeitperspektive ist er vergangenheitsorientiert und richtet sich danach, „wie wir es das letzte Mal schon gemacht haben." [...] In Ausschusssitzungen verfolgt er gern einen unterkühlten parlamentarischen Stil, versucht Positionen abzuklären, andere bei Erledigung der Tagesordnung zu lenken und alle Beiträge über den Vorsitzenden zu leiten. Er ist offensichtlich gut geeignet für Positionen in der Verwaltung, im Rechnungswesen, in der Statistik oder in der Konstruktion. [...] Wenn Dinge falsch laufen, reagiert er meistens mit dem Vorschlag strengerer Kontrollen.

Quelle: Reddin (1977), S. 48

Ausgehend von den **vier Grundstilen** ergeben sich durch das Einbeziehen der dritten Dimension je Grundstil **effektive** und **ineffektive Entwicklungsmöglichkeiten**.

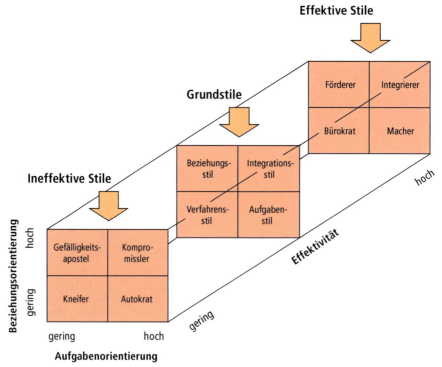

Abbildung 13.7: Führungsstile nach der 3D-Theorie von Reddin
Quelle: Reddin (1977), S. 28

Die in ▶*Abbildung 13.7* dargestellten Ausprägungen der einzelnen Führungsstile werden im Folgenden beschrieben.

- Der **Aufgabenstil** bietet die Entwicklungsmöglichkeit hin zu einem ineffektiven Autokraten (kritisch, auf Gehorsam pochend, unbeliebt) oder zu einem effektiven Macher (entscheidungsfreudig, effizient, ergebnisorientiert).
- Der **Integrationsstil** ermöglicht eine Entwicklung hin zu einem ineffektiven Kompromissler (zu viel Mitspracherechte, schwach, nachgiebig) oder zu einem effektiven Integrierer (Engagement fördernd, Entscheidungen in der Gruppe herbeiführend, koordinierend).
- Die Möglichkeiten der Entwicklung innerhalb des **Beziehungsstils** gehen hin zu einem ineffektiven Gefälligkeitsapostel (konfliktvermeidend, passiv) oder zu einem effektiven Förderer (verständig, vertrauenswürdig, Fähigkeit des Zuhörens).
- Ausgehend von dem **Verfahrensstil** kann sich die Führungskraft zu einem ineffektiven Kneifer (unkreativ, unkooperativ, behindernd) oder zu einem effektiven Bürokraten (zuverlässig, gerecht, rational, logisch, selbstbeherrscht) entwickeln.

Reddin vertritt die Meinung, dass in unterschiedlichen Arbeitsumgebungen unterschiedliche Führungsstile eingesetzt werden müssen und dass Führungskräfte damit ihren persönlichen Führungsstil an unterschiedliche Verhältnisse anpassen müssen. Eine effektive Führungskraft nach Reddin braucht daher *Situationsgespür*, *Flexibilität in der Anwendung von Führungsstilen* und die *Fähigkeit zur Situationsbeeinflussung*.

Tabelle 13.6

Vor- und Nachteile des 3D-Führungsstils

Vorteile	Nachteile
der Situation angepasst	Fokus auf Führungskraft
kein optimaler Stil für alle Situationen propagiert	Unterschiedlichkeit der Mitarbeiter wird vernachlässigt

Das situative Reifegradmodell von Hersey und Blanchard

Das situative Reifegrad-Führungsmodell nach *Paul Hersey* und *Kenneth H. Blanchard* (1969) unterscheidet **vier verschiedene Führungsmethoden**:

1. **Unterweisen** bzw. **Anweisen** *(telling)*: Der Mitarbeiter wird durch Anweisungen und Vorschriften geführt. Der Vorgesetzte definiert die Rollen, die von den Mitarbeitern eingenommen werden sollen, und gibt Zeit, Art und Ort der Tätigkeiten vor. Dieser Führungsstil ist gekennzeichnet durch eine geringe Beziehungs- und Aufgabenorientierung.

2. **Verkaufen** *(selling)*: Dieser Führungsstil ist durch eine niedrige Beziehungsorientierung bei gleichzeitig hoher Aufgabenorientierung gekennzeichnet. Der Vorgesetzte bietet seinen Mitarbeitern rationale Argumente an, um sie sowohl zur Akzeptanz der Aufgabenstellung als auch zu Leistung zu bewegen.

3. **Beteiligen *(participating)*:** Hier herrscht eine hohe Beziehungsorientierung bei zugleich niedriger Aufgabenorientierung vor. Der Vorgesetzte bindet seine Mitarbeiter in Prozesse der Zielfindung und Implementierung ein. Entscheidungen werden gemeinsam getroffen, Lösungen gemeinsam erarbeitet. Der Vorgesetzte hält jedoch möglichst die Fäden in der Hand.

4. **Delegieren *(delegating)*:** Der Vorgesetzte definiert die Ziele, überlässt jedoch die konkrete Aufgabenerfüllung den Mitarbeitern und beschränkt die Ausübung seiner Führung auf gelegentliche Kontrollen. Sowohl Beziehungs- als auch Aufgabenorientierung sind hoch ausgeprägt.

Als Variable, die die „Situation" beschreibt, verwenden Hershey und Blanchard die Fähigkeiten der Mitarbeiter hinsichtlich der zu realisierenden Aufgaben, sprich deren Maß an Erfahrung, Fachwissen, Fertigkeiten sowie deren Bereitschaft und Motivation zur Aufgabenbewältigung.

Der Reifegrad des Mitarbeiters wird dabei bestimmt durch:

- seine fachliche **Fähigkeit**, die sich aus Kenntnissen und Fertigkeiten zusammensetzt und die aufgrund von Ausbildung, Übung und Erfahrung erworben wurde. Man spricht in diesem Zusammenhang auch von der Arbeitsreife.
- seine **Motivation**, die als eine Kombination aus Selbstvertrauen und Engagement angesehen wird, wobei sich Engagement aus Interesse und Begeisterung für die gestellten Aufgaben ergibt. Man spricht in diesem Zusammenhang auch von der psychologischen Reife.

Ausgehend vom Entwicklungsstand des Mitarbeiters wird der geeignete Führungsstil definiert.

Abbildung 13.8: Wahl des Führungsstils in Abhängigkeit vom Reifegrad des Mitarbeiters
Quelle: Hershey und Blanchard (1969)

13.4 Führungsstile: Führung als „Stil"?

Die Wahl des geeigneten Führungsstils ist abhängig von der Fähigkeit und Motivation des Mitarbeiters hinsichtlich der zu erfüllenden Aufgabe. In Bezug auf die vier vorgegebenen Kombinationsmöglichkeiten bedeutet dies:

Tabelle 13.7

Wahl des Führungsstils in Abhängigkeit vom Reifegrad des Mitarbeiters

Reifegrad	Fähigkeit und Motivation	Empfohlener Führungsstil
4	Mitarbeiter ist fähig und motiviert	**Delegieren (delegating):** Verantwortung und Entscheidungsfindung kann dem Mitarbeiter übergeben werden
3	Mitarbeiter ist fähig, aber unmotiviert	**Beteiligen (participating):** Vorgesetzter bindet den Mitarbeiter in Zielfindung ein und fordert ihn zur Entscheidungsfindung auf
2	Mitarbeiter ist nicht fähig, aber motiviert	**Verkaufen (selling):** Vorgesetzter erklärt Entscheidungen und Anweisungen und gibt Gelegenheit für Verständnisfragen
1	Mitarbeiter ist nicht fähig und unmotiviert	**Anweisen (telling):** Klare Führung; Vorgesetzter gibt genaue Anweisungen und übt Kontrolle aus

Quelle: Hershey und Blanchard (1969)

Tabelle 13.8

Vor- und Nachteile des situativen Reifegradmodells

Vorteile	Nachteile
Einbeziehen der Situation und der Mitarbeiter	Einbeziehung von nur einer Situation ist zu wenig
hohe Akzeptanz durch Vorgesetzte	ein reifer Mitarbeiter muss nicht Organisationsziele, sondern kann auch eigene Ziele verfolgen (z. B. Karriereziele)
Entwicklungsspielraum für Mitarbeiter ist gegeben	Modell konnte empirisch bislang nicht bestätigt werden
gibt Handlungsanleitung für Führungskräfte	ist nicht zur Führungskräfteauswahl geeignet, da dort Eigenschaften beurteilt werden
reifegradabhängiges Führen ist in der Tendenz in der Praxis durchaus richtig	eigenes Verhalten lässt sich gut legitimieren
	hohe Ansprüche an Führungsflexibilität der Vorgesetzten

13.4.4 Management-Modelle

Management-Konzeptionen sind Konstrukte aus Regeln, Verfahren und Instrumenten, die geschaffen und eingesetzt werden, um arbeitsteilige Institutionen effizienter zu führen. Ihnen liegt das Bestreben zugrunde, durch eine systematische Ordnung der Verfahrens-, Aktions- und Verhaltensweisen die Leistungsfähigkeit aller in der Unternehmung wirkenden Kräfte auf ein gemeinsames Ziel zu optimieren. Dies gelingt umso besser, je erfolgreicher die einzelnen Bestandteile aufeinander abgestimmt sind und je systematischer diese gehandhabt werden.[13]

In der Literatur wird eine Vielzahl verschiedener sogenannter „Management-by-Techniken" als Führungskonzeptionen beschrieben, welche wie folgt in die Gruppe der sachbezogenen Führungstechniken und in die Gruppe der personenbezogenen Führungstechniken eingeteilt werden können.

Tabelle 13.9

Sach- und personenbezogene Führungstechniken

Sachbezogene Führungstechniken	Personenbezogene Führungstechniken
Management by Alternatives	Management by Conflicts
Management by Breakthrough	Management by Control and Direction
Management by Crisis	Management by Communication
Management by Exception	Management by Delegation
Management by Innovation	Management by Information
Management by Objectives	Management by Motivation
Management by Results	Management by Participation
Management by Systems	Management by Communication and Participation

Im Folgenden werden drei der am häufigsten in der Praxis umgesetzten Management-Modelle beschrieben:

- **Management by Exception**
- **Management by Delegation**
- **Management by Objectives**

Management by Exception: „Führen nach dem Ausnahmeprinzip"

Bezüglich des *Management by Exception* handelt es sich um ein Führungsmodell, bei welchem die Mitarbeiter innerhalb eines vorgegebenen Rahmens selbstständig Entscheidungen treffen dürfen. Ziel dieses Management-Konzepts ist die Entlastung der Vorgesetzten von Routinearbeiten durch die Delegation von Entscheidungen und von Verantwortung auf die jeweils nachfolgende Führungsebene.

Der Vorgesetzte greift nur dann ein, wenn starke Abweichungen von dem angestrebten Unternehmensziel auftreten. Dies entspricht der *Exception* des Management-Modells. Wichtig sind eine exakte Definition der Verantwortungs- und Entscheidungskompetenz jedes einzelnen Mitarbeiters durch den Vorgesetzten sowie ein gut funktionierendes Informationssystem.

Ein *positiver Aspekt* ist die Tatsache, dass bei normalisiert ablaufenden Prozessen die Kontrollaktivitäten reduziert und das Management entlastet werden können. Da die Mitarbeiter innerhalb ihrer Spielräume weitgehend selbstständig entscheiden und arbeiten können, wird die Arbeitszufriedenheit gesteigert.

Als *problematisch* wird die Tatsache angesehen, dass der Vorgesetzte nur dann eingreift, wenn Zielabweichungen festzustellen sind – sprich bei negativen Ereignissen. Dies kann nach und nach zu einer Demotivation der Mitarbeiter führen, da der Vorgesetzte als immer tadelnd wahrgenommen wird. Ein weiterer negativer Aspekt ist die problematische Eingliederung von Prozessen, bei denen intellektuelle Fähigkeiten erforderlich sind. Kreativität und Initiative werden tendenziell den Vorgesetzten vorbehalten.

Eine Selbstverwirklichung, wie von Maslow in seiner Bedürfnispyramide als höchstes Ziel beschrieben, kann für hochqualifizierte Mitarbeiter bei diesem Führungsmodell nur schwer erreicht werden.

Management by Delegation: Das Harzburger Modell der „Führung im Mitarbeiterverhältnis"

Das auf *Reinhard Höhn*[14] zurückgehende Modell stellt die Verhaltensänderung der Mitarbeiter als Führungsziel in den Mittelpunkt. Ausgangspunkt der Überlegungen von *Höhn* war die Feststellung, dass der traditionelle autoritäre Führungsstil unserer auf demokratischen Leitbildern beruhenden Staatsordnung nicht mehr entspricht und den Ansprüchen und Fähigkeiten des heutigen, hochqualifizierten und selbstständig denkenden Menschen nicht mehr gerecht werden kann.[15] Durch die *Führung im Mitarbeiterverhältnis* sollen bei den Mitarbeitern brachliegende Motive aktiviert und selbstständiges Handeln gefördert werden. Intention ist hierbei, unternehmerisch denkende und handelnde Mitarbeiter an die Stelle von Befehlsempfängern treten zu lassen.[16]

Die Basis dieses Management-Modells ist die Übertragung eines selbstständig zu bearbeitenden Aufgabenbereichs *(Management by Delegation)* an jeden einzelnen Mitarbeiter. Dies geschieht durch den Prozess der Delegation. Dabei werden nicht nur die Aufgaben und Kompetenzen, sondern auch die Verantwortung derjenigen Hierarchieebene zugewiesen, welcher sie inhaltsmäßig zugehörig sind. Als eine wichtige Voraussetzung dafür sind exakte, von der Person unabhängige Stellenbeschreibungen anzusehen. Selbstständiges Handeln der Mitarbeiter ist unerlässlich, doch nur innerhalb des in der Stellenbeschreibung zugewiesenen Kompetenzbereichs zulässig. Die zur Umsetzung notwendigen Maßnahmen werden in einer allgemeinen Führungsanweisung für alle Mitarbeiter verbindlich festgelegt. Es handelt sich hierbei um schriftlich vereinbarte Regeln und Grundsätze, die die Pflichten und Rechte jedes einzelnen Mitarbeiters fixieren.

Kritik am Harzburger Modell ist weit verbreitet. Meist wird auf den hohen Grad an notwendigen Formalitäten (Stellenbeschreibungen, Führungsanweisungen etc.) hingewiesen, die zur praktischen Umsetzung dieses Modells notwendig sind. Es ist kaum möglich, innerhalb dieses Modells bei den Mitarbeitern den „Blick über den Tellerrand" zu fördern bzw. den Mitarbeitern echte Partizipation an wichtigen Entscheidungen zu ermöglichen.

Es gibt jedoch auch Situationen, in denen das Harzburger Modell aufgrund seiner kurzen Entscheidungswege und großen Handlungsspielräume im eigenen Verantwortungsbereich Vorteile bietet.

Management by Objectives: „Führung durch Zielvorgaben"

Das Modell *Management by Objectives* nach *Peter Drucker* gehört zu den bekanntesten Führungsmodellen weltweit. Auch hier liegt das Ziel in der Entlastung der Vorgesetzten, da sie bei der Zielerreichung im Einzelnen nicht mehr beteiligt sind. Die Mitarbeiter haben hinsichtlich des gewählten Weges, der zum vereinbarten Ziel führt, große Freiheiten, wodurch Identifikation mit der Arbeit und Kreativität gefördert werden.[17]

Voraussetzung dieses Management-Modells ist eine klare Definition der von den Mitarbeitern zu erreichenden Ziele. Diese werden gemeinsam mit den Mitarbeitern festgelegt, weswegen man von Ziel*vereinbarung* und nicht von Zielvorgabe spricht. Eine regelmäßig wiederkehrende Kontrolle der Ziele mit einer eventuellen Neufestlegung durch den Vorgesetzten muss gegeben sein, weswegen auch ein funktionierendes Kontrollsystem festgelegt werden muss. Auch innerhalb der Festlegung der Kontrollmechanismen ist der Input der Mitarbeiter gefragt. Die Kontrollmechanismen werden nicht von dem Vorgesetzten allein festgelegt. Das *Management by Objectives* ist ein rein *ergebnisorientiertes* und nicht verfahrenorientiertes *Führungsmodell*.

Die Vorteile dieser ergebnisorientierten Führung liegen vor allem in der Anpassungsfähigkeit und Zukunftsorientierung sowie in der erhöhten Aufgaben- und Leistungsorientierung durch die Mitarbeiterpartizipation. Auch die Entlastung der Führenden von operativen Entscheidungen sowie die Erleichterung der unternehmenspolitischen Steuerungsfunktion und Koordination (Integration) aller Unternehmensteile und -ziele stellen Vorteile dar.

Obwohl dieses Konzept einen sehr hohen Bekanntheitsgrad genießt, steht diesem auch eine Vielzahl von kritischen Aspekten entgegen: Es lassen sich kaum Beispiele für eine konsequente praktische Umsetzung des *Management by Objectives* finden. In der Realität sind meist Mischmodelle anzutreffen. Zudem wird der hohe organisatorische Aufwand als besonders problematisch eingestuft. Vor allem bei der Zurechenbarkeit der Zielerreichung hinsichtlich der Interdependenz der Einzelleistungen verschiedener Mitarbeiter ergibt sich ein Problem. Wem ist das Erreichen bzw. Nicht-Erreichen einer Zielvereinbarung anzurechnen? Kann der Mitarbeiter jede Zielvereinbarung durch seine persönliche Aktivität tatsächlich hundertprozentig beeinflussen?

13.5 Führung in der Praxis

Der „richtige" Führungsstil in der Praxis ist ein komplexes Unterfangen. Viele Dimensionen müssen gleichzeitig beachtet werden, weswegen das tagtägliche Führen von Mitarbeitern zu einer tagtäglichen Herausforderung wird: Gute Mitarbeiterführung muss zunächst erlernt werden.

13.5.1 Wie werde ich ein „guter" Vorgesetzter?

Um eine „gute" Führungskraft zu werden, müssen Wille und Können vorhanden sein. Ist der Wille vorhanden, muss das Können, sprich das Führungspotenzial, aufgebaut werden: Ein guter Vorgesetzter fällt nicht vom Himmel. Führungskräfteentwicklung ist ein Muss – in jedem Unternehmen.

Eine Führungskraft muss sich ihrer Verantwortung – sowohl gegenüber den Mitarbeitern als auch gegenüber dem Unternehmen – bewusst sein und Selbstkritik zulassen. Regelmäßige Schulungen zur Weiterentwicklung sind unerlässlich. Folgende Themen stehen innerhalb von Schulungen zur Führungskräfteentwicklung im Vordergrund:

- Mitarbeiterführung
- Zeit- und Selbstmanagement
- Veränderungsmanagement
- Teambildung
- Kommunikationstraining

Die jeweiligen Trainingskonzepte sind so ausgerichtet, dass sich jeder Einzelne in der Führungskräfteentwicklung mit unterschiedlichen Vorkenntnissen gezielt weiterentwickeln kann und exakt die Förderungen erhält, die für seine aktuelle und nächstangestrebte Position nötig sind. Die Erfahrung zeigt, dass Führungskräfteentwicklung besonders dann erfolgreich ist, wenn diese als ein kontinuierlicher und wiederkehrender Prozess in die Personalentwicklung eines Unternehmens eingebaut ist und es immer wieder Rückkopplungen zwischen Lehrendem und Lernenden in Form von Feedback-Runden gibt.

Auch bei der Führungskräfteentwicklung ist eine regelmäßige Erfolgskontrolle notwendig, um den Erfolg der Maßnahmen zu überprüfen und zu steigern, da die Motivation der Teilnehmenden dadurch in der Regel ebenfalls gesteigert wird. Besonders bewährt haben sich folgende Techniken:

- Rollenspiel
- (Unternehmens-)Planspiel
- Fallstudien in Führungskräftetrainings

Folgt man den Anhängern der **Eigenschaftstheorie**, so gibt es Personen, die zu Führungskräften geboren sind. Dies besagt vor allem, dass Personen bestimmte Eigenschaften aufweisen müssen, um gute Führungskräfte zu werden. Anhand eines Eigenschaftskatalogs wird versucht, die passenden Kandidaten auszuwählen. Anhänger der Eigenschaftstheorie sind davon überzeugt, dass die Persönlichkeitsmerkmale, sprich Führungseigenschaften, den Führungserfolg maßgeblich bestimmen und dass Personen mit ebendiesen bestimmten Eigenschaften *von Natur aus* Führungskräfte sind. In Realität ist dies nur schwer zu beobachten.

Weiterhin gibt es realitätsnähere Ansichten über Führungskräfte der sogenannten **Situationstheoretiker**, die davon ausgehen, dass der Führungserfolg bei gleichem Führungsverhalten stets von der Situation mitbestimmt wird. Dies erfordert eine *situative Führung*.

Gemäß dieses Ansatzes heißt es wie folgt: Es gibt *keine* optimalen Führungseigenschaften, die Situation spielt bei der Führungsentscheidung die entscheidende Rolle. Das hierbei entstehende Prinzip ist das Herausfinden des „passenden" Führungsverhaltens zur „passenden" Situation. Die Führungskräfte müssen demnach in der Lage sein, *entweder* ihr Verhalten an die jeweilige Situation *oder* die Situation an ihr jeweiliges Verhalten anzupassen. Dafür muss sowohl fundiertes Führungswissen als auch die nötige Flexibilität in der Anwendung des jeweils passenden Führungsstils vorliegen.

Nach Auffassung der **Interaktionstheoretiker** kommt neben der *Situation* eine weitere Variable dazu, die über Erfolg oder Misserfolg der Führungskraft entscheidet: Der jeweilige *Interaktionspartner (Mitarbeiter)*. Eine Führungskraft kann sich noch so sehr bemühen, wenn der Mitarbeiter nicht geführt werden will.[18] Somit liegen zusätzlich die sich verändernden *Variablen „Situation"* und *„Geführter"* vor, welche auf den Erfolg der Führung einwirken.

Beispiel 13.1 **Welcher Führungsstil ist der richtige?**

In der Marketing-Abteilung eines Unternehmens aus der Dienstleistungsbranche werden die Mitarbeiter durch Zielvereinbarungen geführt. Dem Leiter der Marketing-Abteilung ist es wichtig, dass die Mitarbeiter eigene Vorstellungen bei der Zielerreichung einbringen können. Der Vorgesetzte praktiziert somit einen partizipativen Führungsstil.

Aufgrund der guten Auftragslage werden unternehmensweit neue Mitarbeiter eingestellt. Der Marketing-Abteilung werden somit zwei neue Mitarbeiter mit guten Referenzen zugewiesen. Nach einer kurzen Einführung in die zu erledigenden Arbeiten und nach dem Kennenlernen des Teams stehen die jährlichen Zielvereinbarungsgespräche für alle Mitarbeiter an. Auch die beiden neuen Mitarbeiter erhalten ihre ersten Zielvereinbarungen. Die Ziele werden bei diesem Unternehmen quartalsweise kontrolliert.

Es ergibt sich, dass die neuen Mitarbeiter in ihrer Zielerreichung auch nach einem Jahr schlechtere Werte aufweisen als der Durchschnitt der übrigen Mitarbeiter der Firma. Die schlechte Performance der neuen Mitarbeiter drückt auf die Gesamtperformance des Teams und wird am Jahresende für alle Teammitglieder eine Verringerung der variablen Gehaltsbestandteile nach sich ziehen. Auch ein intensives Gespräch mit dem Leiter der Marketing-Abteilung konnte dieses Problem nicht lösen. Der Vorgesetzte versucht seitdem, durch direktere Führung und durch autoritäreren Führungsstil gegenüber den beiden neuen Mitarbeitern deren Zielerreichung zu fokussieren, um diese zu höherer Leistungserreichung anzuleiten. Auch dies scheint nicht zu funktionieren, weswegen man einen Coach hinzuzieht, der den Vorgesetzten bei einer zielgerichteten Führung der beiden neuen Mitarbeiter unterstützen soll, um so zu vermeiden, dass alle übrigen Teammitglieder wegen der schlechten Performance ihrer Kollegen am Jahresende einen geringeren Lohn akzeptieren müssen.

Wir nehmen an, Sie sind dieser Coach und analysieren die derzeitige Lage und die zukünftigen Entwicklungsmöglichkeiten für alle Beteiligten: für die neuen Mitarbeiter, für das Team und für den Leiter der Marketing-Abteilung.

Reflexionsfragen

1. Beschreiben Sie die Maßnahmen, die bisher für die Zielerreichung der hinzugestoßenen Mitarbeiter unternommen wurden.

2. Erörtern Sie mögliche Ursachen für diesen Sachverhalt und beschreiben Sie Lösungswege aus Sicht des Vorgesetzten für die Zukunft.

13.5.2 Führungserfolg messen

Da der Erfolg eines Führungsstils von vielen unterschiedlichen Einflussfaktoren abhängt, kann nicht allgemeingültig von einem Führungsstil behauptet werden, er sei der beste. Auch die „Art der Tätigkeit" einer Abteilung bzw. der Mitarbeiter spielt hierbei eine wichtige Rolle.

> **Beispiel 13.2** **Welcher Führungsstil ist der richtige?**
>
> **1. Tätigkeiten im Bereich Forschung und Entwicklung:**
>
> Versuchte ein Vorgesetzter innerhalb einer Forschungsabteilung einen autoritären Führungsstil zu praktizieren, so wäre dies nie von Erfolg gekrönt. Übertriebene Autorität bremst Kreativität und Innovationswillen aus. Der Raum für Ideen würde aufgrund von Vorgaben und Anweisungen beschnitten und die Mitarbeiter könnten sich nicht entfalten. Eine autoritär geführte Forschungsabteilung entwickelt nie neue Produkte und wäre damit für jedes Unternehmen reine Geldverschwendung. Ein kooperativer Führungsstil kann hier jedoch sehr erfolgversprechend sein.
>
> **2. Tätigkeiten im Bereich Rechnungswesen:**
>
> Im Bereich des Rechnungswesens hingegen, zum Beispiel in der Buchhaltung, wäre ein zu kooperativer Führungsstil nicht erfolgversprechend, da die Buchhaltung an sich eine autoritäre Führung mit strengen Vorgaben und klarer Entscheidungsmacht benötigt.
>
> **3. Was gute Führung tatsächlich *nutzen* kann:**
>
> Bernhard Badura, Wolfgang Greiner, Petra Rixgens, Max Ueberle und Martina Behr veröffentlichten eine Studie *„Sozialkapital: Grundlagen von Gesundheit und Unternehmenserfolg"*[19], in der sie unter anderem den direkten Unternehmenserfolg von guter Führung errechneten.
>
> Die Studie wurde in einem Automobilwerk mit ca. 2.700 Festangestellten durchgeführt, mit dem Ziel, die Auswirkungen von Führungsstilen auf die Gesundheit der Mitarbeiter zu analysieren.
>
> Die Ergebnisse der Voruntersuchungen zeigten im Detail:
> - Der Krankenstand lag zwei Prozent über dem Branchendurchschnitt
> - Die Mitarbeiter des Beispielunternehmens wiesen durchschnittlich vier Fehltage im Jahr mehr aus als die Mitarbeiter ähnlicher Unternehmen
> - Ein Arbeitstag kostete das Unternehmen 300 Euro pro Mitarbeiter
>
> Die Mehrkosten aus dem überproportional hohen Krankenstand für den Konzern betrugen damit:
>
> 4 Tage · 300 Euro · 2.700 Mitarbeiter = 3.240.000 Euro pro Jahr

Weiterhin zeigte sich: Die Führungsspanne[20] umfasste im extremsten Fall 195 Mitarbeiter. Im Durchschnitt lag sie bei 150 Mitarbeitern, deren Anzahl eindeutig zu groß ist. In der Studie wurde festgestellt, dass ein signifikanter Zusammenhang zwischen Krankenstand und Führungsspanne vorliegt: Je größer die Anzahl der Geführten, desto höher die Anzahl der Mitarbeiter im Krankenstand.

Befragte Mitarbeiter benannten hierfür folgende Gründe:
- fehlende Kontaktintensität zum Vorgesetzten
- innerbetrieblicher Kommunikationsstil war geprägt von Drohungen und Entlassungsankündigungen
- fehlende soziale Unterstützung[21] der Mitarbeiter
- ungerechtes Verhältnis zwischen Anforderungen und Entlohnung

Im Rahmen dieser Studie wurde in einem folgenden Schritt die Unternehmensleitung von den Ergebnissen in Kenntnis gesetzt. Diese bestätigte, dass man keinen Wert auf übermäßigen Kontakt mit den Arbeitern lege, da diese „lediglich arbeiten" sollten. Der Führungsstil wurde beibehalten, obgleich die Zahlen belegten, dass aufgrund des abweisenden und autoritären Führungsstils ein schlechteres Betriebsergebnis erreicht wird, als es im Falle einer besseren Führung möglich wäre.

Selbst in diesem Unternehmen gab es vereinzelt vorbildliche Abteilungen, in denen Gruppen von Arbeitern als Teams zusammenarbeiteten und der Kontakt zur zuständigen Führungskraft sehr gut war. Zwar meldeten sich auch in diesen Abteilungen Mitarbeiter vereinzelt krank, doch wiesen diese im Gegensatz zu ihren autoritär behandelten Kollegen einen erheblich geringeren durchschnittlichen Krankenstand auf.

Exkurs: Frauen führen anders

Frauen verhalten sich in Führungspositionen anders als Männer. Einer Studie zufolge kooperieren weibliche Spitzenkräfte mit ihren Mitarbeitern auf Augenhöhe und stellen hohe Ansprüche an die Stimmung im Arbeitsumfeld.

Wenn Frauen führen, setzen sie ihre Mitarbeiter mit dem Ziel der bestmöglichen Aufgabenlösung ein. Laut einer Studie der Münchener Kommunikations- und Unternehmensberatung *System+Kommunikation*[22] führen Frauen oft nach dem Prinzip des *„princeps inter pares"*. Indem sie ihren Mitarbeitern Freiräume bieten, fördern Frauen deren Motivation und kreatives Potenzial.

Männer führen dagegen eher hierarchisch und sehen sich als diejenigen, die an der Spitze den Überblick und die nötigen Informationen haben. Dadurch werde aber das Potenzial der Mitarbeiter eingegrenzt. Frauen sind nach den Ergebnissen der Studie darüber hinaus auch deutlich weniger aufstiegsorientiert. Bei der Übernahme einer neuen Position entscheiden sie nicht nach karriererelevanten Gesichtspunkten, sondern danach, ob die Aufgabe für sie interessant ist.

Quelle: © Pressmaster/Shutterstock.com

Weibliche Führungskräfte reagieren somit bei einer Verschlechterung der Unternehmenskultur sehr kritisch und verlassen notfalls auch die Firma. Männer registrieren eine schlechte Unternehmenskultur zwar auch, tendenziell würden sie aber in solchen Fällen an ihren Karriereinvestitionen „bis hin zum Verlust der persönlichen Selbstachtung" festhalten. Mit der Umsetzung von starren Vorgaben und Plänen von oben haben Frauen allerdings eher Probleme. Sie setzen stattdessen lieber auf reagierende Planung, die neue Entwicklungen mit einbezieht. Durch diese Prozess-Orientierung wird bei weiblichen Führungskräften eine kontinuierliche Kunden- und Marktanpassung ermöglicht, jedoch eine starre Planerfüllung schwierig.

Für die Studie wurden jeweils 20 Frauen und Männer in Führungspositionen aus verschiedenen Branchen interviewt. Sie sollten dabei ihre gesamte Arbeitsbiografie erzählen. Durch das „ungefragte" Erzählen könne man erkennen, was für die Befragten wirklich relevant ist, erklärten die Autoren der Untersuchung.

Reflexionsfragen

1. Inwiefern führen laut der Studie Frauen anders als Männer?
2. Inwiefern stimmen die Ergebnisse mit Ihren eigenen Erfahrungen überein?
3. Welches sind die Vor- und Nachteile der in Frage 1 und Frage 2 genannten Eigenschaften für den Geführten?

Quelle: Manager Magazin Online vom 16.11.2001, „Frauen führen anders", www.manager-magazin.de/unternehmen/karriere/0,2828,167733,00.html, (Stand: 20.7.2011)

ZUSAMMENFASSUNG

Folgende Inhalte wurden in diesem Kapitel behandelt:

- Was macht gute Führung aus?
- Gute Führung ist von vielen Faktoren abhängig: Von der Situation, von den Mitarbeitern und von der Art der Geschäftsausübung, um nur einige Faktoren zu nennen.
- Führung muss von den Mitarbeitern akzeptiert werden, da ansonsten keine zielgerichtete Zusammenarbeit möglich ist.
- In der Realität ist selten einer der behandelten Führungsstile in Reinform anzutreffen. Zumeist herrschen Mischstile vor.
- Schlechte Führung geht zulasten der Gesundheit der Mitarbeiter und kostet dem Unternehmen durch den häufigen und ausgedehnten Krankenstand Geld.
- Es lohnt sich also für ein Unternehmen in eine gute Führungskräfteentwicklung zu investieren.

AUFGABEN

1. Nennen Sie zwei Führungsstile und beschreiben Sie diese.
2. Beschreiben Sie die Vorteile der mehrdimensionalen gegenüber den eindimensionalen Führungsstilen.
3. Erklären Sie, in welchen Situationen ein autoritärer Führungsstil trotz seiner Nachteile zielführend und notwendig werden kann.
4. Warum ist Führung in Unternehmen wichtig?
5. Erklären Sie in eigenen Worten die Rolle der Akzeptanz als Bindeglied zwischen Führendem und Geführten.
6. Beschreiben sie die Bedürfnispyramide nach Maslow.
7. Beschreiben Sie kurz, was die Situations- und Interaktionstheoretiker annehmen, und erörtern Sie, inwiefern sich diese Ansätze von den anderen unterscheiden.

Weitere Aufgaben mit Lösungen befinden sich in begleitendem Übungsbuch als E-Text.

Fallstudie: Die Herrscher mit Taktstock

Ein Dirigent ist auch ein Chef – und wie überall gibt es auch im Orchesterbetrieb sehr unterschiedliche Führungsauffassungen. Ein Geiger erzählt.

Wer wissen will, wie Macht funktioniert, kann sich auf den Teppichetagen umsehen. Oder ins Sinfoniekonzert gehen: Wie nirgends sonst kann man dort einem Leader bei der Ausübung von Macht über die Schulter schauen und dabei erleben, was unterschiedliche Führungsstile bewirken oder zerstören können.

„Es gibt keinen anschaulicheren Ausdruck der Macht als die Tätigkeit des Dirigenten", schrieb *Elias Canetti* 1960 in „Masse und Macht", und der Geiger Etienne Abelin kann nachvollziehen, was er gemeint hat. Wie jeder Orchestermusiker hat er seine Erfahrungen gemacht mit musikalischen und anderen Führungsqualitäten von Dirigenten oder auch mit deren Abwesenheit. Davon erzählt er beim Latte Macchiato in Basel – und von seinem Aha-Erlebnis beim Masterstudium in General Management, das er „als Exot" in St. Gallen absolviert hat: *„Viele Führungsmodelle, die dort besprochen wurden, kannte ich aus der Orchesterarbeit."*

Transformational versus transaktional

Parallelen entdeckte Abelin insbesondere für das Begriffspaar der transaktionalen respektive transformationalen Führung. Transaktional heißt: Der Chef verlangt etwas, der Mitarbeiter liefert es. Musikalisch verstanden also: Der Dirigent gibt den Schlag, das Orchester spielt. Als transformational dagegen gilt, was zur Eigenverantwortung einlädt: Der Dirigent vermittelt seine Vorstellung, aber er gibt nicht vor, wie sie umzusetzen sei; er schafft Freiräume, welche die Musiker auf ihre Weise füllen.

Abelin erzählt von einem Kollegen, der einst auf einem amerikanischen Flughafen *Simon Rattle* getroffen hat, der sich die Handgelenke massierte und auf die Frage nach dem Warum sagte: *„I forgot how much you have to beat the sh... out of American orchestras!"* *„Amerikanische Orchester"*, so Abelin, *„verlangen stärker als europäische nach transaktionaler Führung, nach klaren Schlägen, konkreten Anweisungen – bis die Dirigentenhände schmerzen. Auch bei Jugendorchestern kann dieser Stil sinnvoll sein oder bei ad hoc zusammengestellten Ensembles."*

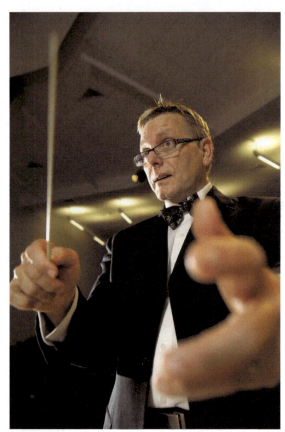

Quelle: © Imagine Corp/fotolia.com

Dirigieren mit den Augen

Ein transformationales Dirigat dagegen setzt die Eigeninitiative der Einzelnen voraus, den gemeinsamen Atem eines Orchesters, die kammermusikalische Kommunikation unter den Musikerinnen und Musikern. In Wirtschaftshandbüchern fallen zu diesem Führungsstil die Stichworte Vision, Charisma, Inspiration. Claudio Abbado mag als Vertreter für einen transformationalen Leitungsstil gelten, mit seinen fast Tai-Chi-artigen, fließenden Bewegungen. Sein Dirigat sei eher Einladung als Anweisung, sagt Abelin, und: Wenn er unter Abbado spiele, sei sofort jede Verspannung weg. Aber er kennt auch Musiker, die mit dieser Art nichts anfangen konnten: *„Sie verstanden ihn nicht, sie vermissten den klaren Schlag."*

Allerdings kann auch Abbado unmissverständliche Hinweise geben: *„Ein Blick genügt, um die Lautstärke einer Instrumentengruppe zu halbieren"*, so Abelin. *„Aber während man solche Regulierungen bei manchen Dirigenten als Zurechtweisung oder Gängelung empfindet, vermittelt er einem den Sinn davon: Es geht um Konzentration, um die Qualität des Ganzen."* Befehl ist nicht gleich Befehl, auch im Konzert nicht.

Es erstaunt kaum, dass die Wirtschaft längst auf die Idee gekommen ist, von der Musik zu lernen. Beim WEF in Davos sind immer wieder Dirigenten zu Gast, die nicht für die klingende Unterhaltung sorgen, sondern über Motivation oder kammermusikalische Interaktion sprechen.

Und bereits seit 1996 bietet der israelische Dirigent Itay Talgam sein „Maestro Program" für Manager an. Firmen wie die Credit Suisse oder Philips haben ihn eingeladen, und auf Youtube kann man sehen, mit welchen Beispielen er die verschiedenen Führungsmodelle illustriert. Da ist Carlos Kleiber, der den Radetzky-Marsch eher vortanzt als leitet; da ist Richard Strauss mit seinen überaus nüchternen Bewegungen; und da ist Leonard Bernstein, der Haydn einmal nur mit den Augen dirigiert – wobei er mehr Impulse gibt als so mancher Dirigent, der heftig mitwedelt.

Rotation nur bedingt möglich

Umgekehrt lernt auch die Musik von der Wirtschaft. Wenn Konzerthäuser (wie auch die Zürcher Tonhalle) die Orchestermusiker eigene Kammermusikreihen veranstalten lassen, dann geht es nicht zuletzt darum, ihnen nach allen Regeln der Personalführungskunst Verantwortung zu übertragen – zwecks Verhinderung des verpönten Musiker-Beamtentums.

Schwieriger ist es mit dem Prinzip der Rotation, das in vielen Betrieben als Rezept gegen lähmende Routine eingesetzt wird; in Orchestern kann man eine Bratschistin schlecht zu den Flöten versetzen. Aber es gibt kaum zufällig immer mehr Streichquartette, in denen die Geiger abwechselnd am ersten Pult sitzen (was früher undenkbar war). Und dann gibt es das venezolanische Simón Bolívar Orchestra, bei dem es vorkommen kann, dass ein Bratschist sein Instrument hinlegt und einen Satz dirigiert, danach das Podium einer Oboistin überlässt, bis wieder der eigentliche Chef Gustavo Dudamel übernimmt.

Riccardo Muti würde einen Orchestermusiker nicht einmal in der Pause auf seinem Platz dulden. Er war wohl der letzte Monarch unter den Dirigenten, bis er 2005 in einer bemerkenswerten Revolution an der Scala vom Podium gestürzt wurde: Mit 700 zu 5 Stimmen sprach sich das Personal der Mailänder Oper damals gegen ihn aus, und es ging nicht nur um die institutionellen Machtkämpfe, sondern auch um die Absage an eine musikalische Haltung. Muti weiß, wie Mozart gespielt werden muss, er signalisiert es mit geradezu überdeutlichen Bewegungen (und befindet sich deshalb ebenfalls in Talgams Beispielsammlung). Von den Musikern erwartet er keine Persönlichkeit, sondern Gehorsam. Damit erreicht er im guten Fall eine konsequente musikalische Gestaltung. Und im schlechtesten den offenen Widerstand.

Per Du mit dem Maestro

Mutis Sturz bestätigte, was schon nach Karajans Tod klar war: Pultdiktatoren haben ausgedient. Es fliegen keine Violinen mehr durchs Orchester wie noch bei Furtwängler, die Musiker sind in der Regel per Du mit den Dirigenten (außer mit Pierre Boulez). Der Ton ist kollegialer geworden. Aber demokratisch, wie oft behauptet wird, ist der Orchesterbetrieb dennoch nicht. Selbst wenn ohne Dirigenten gespielt wird, was immer häufiger vorkommt, gibt immer noch ein Solist oder der Konzertmeister den Takt und mehr an. Und wenn ein Dirigent ein Orchester um seine Meinung fragt, erntet er unter Umständen irritierte Reaktionen.

Claudio Abbado jedenfalls ging es so bei den Berliner Philharmonikern, die er von Karajan geerbt hatte. Als er 1998 seinen Rücktritt erklärte, kritisierte der *Spiegel* unter dem Titel *Menuett in Mitbestimmung* Abbados Probenarbeit, in der die „musikalische Logistik" ebenso gefehlt habe wie eine „sachdienliche Ökonomie".

Authentizität geht über alles

Etienne Abelin erzählt dasselbe mit positiven Vorzeichen. Selbst beim Gustav-Mahler-Jugendorchester sei es vorgekommen, dass Abbado einen Stimmführer fragte, was man denn noch proben solle – weil er die Musiker zur Mitverantwortung anhalten will. Damit findet der transformationale Ansatz seiner Bewegungen seine Entsprechung in der Probenarbeit. Das mag nicht „ökonomisch" sein, es mag bei manchen Orchestern auch schiefgehen. Aber wenn es funktioniert wie beim Lucerne Festival Orchestra, in dem lauter Abbado-Freunde versammelt sind, dann erhält die Musik eine besondere Intensität.

Zeit mag Geld sein, aber die Kunst rechnet nun einmal (auch) mit anderen Währungen: Das ist ein weiterer Grund, weshalb Wirtschaftsleute sich für Musik interessieren. Denn auch in der Welt der Zahlen weiß man, dass neben den messbaren, vergleichbaren, bewertbaren Elementen noch anderes zählt. Kreativitätsforschung oder Innovationsmanagement heißen die Disziplinen, von denen man sich neue Impulse erhofft. Und wenn man Etienne Abelin fragt, wäre dem noch die Glaubwürdigkeitsanalyse hinzuzufügen.

Denn es kommt letztlich nicht darauf an, mit welcher Mischung aus Freiheit und Drill, aus Kontrolle und Vertrauen ein Dirigent arbeitet: *„Entscheidend ist, dass er authentisch wirkt."* So hatte Karajan viele transformationale Elemente in seinen Bewegungen; trotzdem hätte niemand gewagt, seine Autorität infrage zu stellen. Umgekehrt kann eine allzu präzise Vorturnerei ein Zeichen von Unsicherheit sein (auch Mikro-Management ist ein Begriff aus der Sprache der Wirtschaftsführung, der seine Anwendung in der Musik finden kann).

Orchester setzen sich durch

Orchestermusiker merken sofort, was ein Dirigent zu bieten hat (oder nicht). Und sie wissen die Macht, die auch sie haben, im Problemfall durchaus auszuspielen: Ein Orchester kann jeden Dirigenten auflaufen lassen, offen oder subtil. Die Öffentlichkeit bekommt von solchen Kräftemessen selten etwas mit. Der Fall des Berner „Wozzeck", als der Dirigent 2008 aus der Premiere lief, weil das Orchester aus Protest gegen die Lärmbelastung leiser spielte als verlangt, ist eine Ausnahme.

Wie entsteht Glaubwürdigkeit? Abelin spricht von einer „Einheit zwischen Werk und Dirigent". Wer nur kopiert (CDs oder andere Dirigenten) wird von den Musikern schnell ertappt. Auch wer zu viel redet in den Proben, kann Probleme bekommen: einerseits, weil das Orchester lethargisch wird, wenn es zu lange nur zuhören darf. Und andererseits, weil sich oft eine Kluft zwischen den klugen Gedanken und der Körpersprache auftut: *„Wer das, was er sagt, nicht auch nonverbal vermitteln kann, verliert rasch seine Glaubwürdigkeit"*, sagt Abelin, und er verweist noch einmal auf Abbado. Der wurde einst gefragt, warum er in Proben wenig rede. Die Antwort: *„Ich rede im Konzert ja auch nicht."*

Gibt es Schwächen, die sich ein Dirigent auf keinen Fall erlauben darf? Nein, sagt Abelin. *„Selbst wenn einer keine musikalische Vorstellungskraft hat und dazu noch ungeschickt und verkrampft dirigiert, kann es funktionieren – wenn er zum Beispiel das Talent hat, Sponsoren an Land zu ziehen."* Die Musiker würden dann versuchen, ihn sozusagen auszublenden (denn gute Orchester können problemlos ohne Dirigenten durch die Werke kommen) – und sind ansonsten froh, wenn ihr Job gesichert ist. Auch zu diesem „Modell" finden sich durchaus Entsprechungen in der großen Welt der freien Marktwirtschaft.

Etienne Abelin

Der Geiger Etienne Abelin wurde 1972 in Bern geboren. Er ist Mitglied des Lucerne Festival Orchestra und Stimmführer der zweiten Violinen im Orchestra Mozart Bologna, die beide von Claudio Abbado geleitet werden. Schon im Gustav-Mahler-Jugendorchester hatte er unter Abbado gespielt, der ihn überraschend von ziemlich weit hinten ans Stimmführerpult der zweiten Geigen versetzt hat – seither interessiert er sich für das Thema Leadership. Kürzlich schloss er mit einem Executive MBA in General Management an der Universität St. Gallen ab. Nach diversen eigenen Projekten, u. a. mit dem Choreografen Joachim Schlömer, baut er zurzeit eine neue Plattform im Bereich Innovationen in der klassischen Musik auf. 2009/10 war er Artist in Residence im österreichischen Festspielhaus St. Pölten, wo er auch Musikkurator ist. Dazu bildet er sich an der Zürcher Hochschule der Künste zum Dirigenten weiter. Er unterrichtet an der Musikakademie Basel.

Reflexionsfragen

1. Identifizieren Sie unterschiedliche Führungsstile, die in dieser Fallstudie beschrieben werden.[23]

2. Erklären Sie, wann welcher Führungsstil angewandt wird. Welche Gründe gibt es für diese Entscheidungen?

3. Beschreiben Sie, welche Voraussetzungen aufseiten der Mitarbeiter und der Organisation bei den einzelnen Führungsstilen gegeben sein müssen und welche Herausforderungen jeder dieser Führungsstile für die Führungskraft darstellt.

Quelle: S. Kübler: „Die Herrscher mit Taktstock", www.Tages-Anzeiger.ch (06.08.2010): www.tagesanzeiger.ch/kultur/klassik/Die-Macht-der-Dirigenten-/story/26456682/ print.html (Stand: 19.07.2011)

Siehe auch begleitende Fallvideos dazu.

Verwendete Literatur

Badura, B.; Greiner, W.; Rixgens, P. et al.: „Sozialkapital: Grundlagen von Gesundheit und Unternehmenserfolg", 2. Aufl., Springer Gabler, 2013.

Berthel, J.: „Personal-Management, Grundzüge für Konzeptionen betrieblicher Personalarbeit", 10. Aufl., Schäffer-Poeschel, 2013.

Birker, K.: „Führung und Entscheidung", Lehrbuchreihe Praktische Betriebswirtschaft, Cornelesen Verlag, 1997.

Blake, R. R.; Mouton, J. S.: „The Managerial Grid", Gulf Publishing Company, 1964.

Blanchard, K. H.; Hersey, P.: „Management of Organizational Behavior: Utilizing Human Resources", Prentice Hall, 1969.

Dachler, P. H.: „Management and leadership as relational phenomena", in: Cranach M. V.; Doise W.; Mugny G.: „Social representations and the social bases of knowledge", Swiss monographs in psychology, Bd. 1 (1992), S. 178–196.

Höhn, R.: „Das Harzburger Modell in der Praxis", Verlag für Wissenschaft, Wirtschaft und Technik, 1967.

Kieser, A.; Oechsler, W. A.: „Unternehmungspolitik", 2. Aufl., Schäffer-Poeschel, 2004.

Höhn, R.; Böhme, G.: „Stellenbeschreibung und Führungsanweisung: Die organisatorische Aufgabe moderner Unternehmensführung", Verlag für Wissenschaft, Wirtschaft und Technik, 1966.

Josuran, R.; Thierstein, U.; Schär, O.: „Burn-Out kostet die Schweiz 18 Mrd. Franken im Jahr", in: KMU-Magazin, Nr. 2 (März 2009), S. 48–51.

Lewin, K.: „Feldtheorie in den Sozialwissenschaften: Ausgewählte theoretische Schriften", Bern 1963.

Maslow, A. H.: „Motivation and Personality", Harper & Brothers, 1954.

Neuberger, O.: „Miteinander arbeiten: Miteinander reden! Vom Gespräch in unserer Arbeitswelt", Bayrisches Staatsministerium für Arbeit und Sozialordnung, 1987.

Reddin, W. J.: „Das 3D-Programm zur Leistungssteigerung des Managements", Verlag Moderne Industrie, 1977.

System+Kommunikation: Storytelling-Studie zum Thema „Frauen und Führung. Bleibt Dornröschen ungeküsst?", München 2001: *www.system-und-kommunikation.de/files/frauen_und_fuehrung.pdf* (Stand: 19.07.2011).

Tannenbaum, R.; Schmidt, W. H.: „How to choose a leadership pattern", in: Harvard Business Review, Bd. 36 (1958), S. 95–102.

Weibler, J.: „Personalführung", 2. Aufl., Vahlen, 2012.

Weiterführende Literatur

Klimecki, R.; Gmür, M.: „Personalmanagement: Funktionen, Strategien, Entwicklungsperspektiven", UTB für Wissenschaft, Lucius & Lucius, 2001.

Schneider, S.; Stahl, G. K.; Barsoux, J.: „Managing across cultures", 3. Aufl., FT Prentice Hall, 2014.

Malik, F.: „Führen, Leisten, Leben: Management für eine neue Zeit", Campus Verlag, 2013.

Weibler, J.: „Personalführung", 2. Aufl., Vahlen, 2012.

Wunderer, R.: „Führung und Zusammenarbeit: Eine unternehmerische Führungslehre", 8. Aufl., Luchterhand (Hermann), 2009.

Endnoten

1. An dieser Stelle geht es um *Mitarbeiterführung* und nicht Unternehmensführung. Letzteres ist ein anderes Gebiet, doch ist es wiederum zusammenhängend mit der Mitarbeiterführung.
2. Eine Studie des KSV (Kreditschutzverbandes Austria) ermittelte diesen Wert für die österreichischen Firmenpleiten des Jahres 2008. Für Deutschland kam eine Umfrage des Jahres 2005 der Kreditreform auf einen Anteil von 70 Prozent der Unternehmenspleiten des Jahres 2004, die auf Managementursachen zurückzuführen waren. Für die Schweiz ist keine entsprechende Studie bekannt.
3. Josuran, Thierstein und Schär (2009), S. 42.
4. Siehe *Deutsches Ärzteblatt/Aerzteblatt.de*, Ausgabe vom 15.5.2009.
5. Birker (1997), S. 1.
6. Wenn sich eine Bank oder ein Wettbewerber für den Wert eines Unternehmens interessiert, wird dabei die Bewertung nach Basel II nicht allein im Hinblick auf Jahresabschlüsse und Planrechnungen gefällt, sondern auch dahingehend, wie das Unternehmen mit seinen Mitarbeitern aufgestellt und verfasst ist. Nach Basel II machen diese Fragestellungen über 30 Prozent der Bewertungskriterien aus.
7. Siehe Lewin (1963).
8. Siehe Tannenbaum und Schmidt (1958).
9. Kieser und Oechsler (2004).
10. Das *Managerial Grid* basiert auf der Grundlage von Forschungsergebnissen der US-amerikanischen Ohio State University. Es wurde im Jahr 1964 im Rahmen eines Führungstrainings für das Unternehmen Exxon Mobil von *Robert R. Blake* und *Jane Mouton* entworfen.
11. Dies entspricht auch den Ausprägungen der Lokomotionsfunktion und der Kohäsionsfunktion; siehe dazu *Abschnitt 13.2.2*.
12. Neuberger (1987), S. 98.
13. Berthel (2013).
14. Reinhard Höhn leitete nach 1955 die Akademie für Führungskräfte in Bad Harzburg (Deutschland).
15. Siehe Höhn (1967).
16. Siehe Höhn und Böhme (1966), S. 54.
17. Siehe die *Selbstverwirklichung* in der *Maslow'schen Bedürfnispyramide*.
18. Siehe *Abschnitt 13.2.1*: Akzeptanz von Führung.
19. Siehe Badura, Greiner, Rixgens et al. (2013).
20. Die *Führungsspanne* bezeichnet die Anzahl der Mitarbeiter, die von einem Vorgesetzten geführt werden.
21. Hiermit sind einerseits zentrale psychosoziale Bedürfnisse (z. B. Zuneigung, Anerkennung, Identität, Zugehörigkeit und Sicherheit) gemeint. Andererseits werden darunter auch instrumentelle Bedürfnisse (z. B. Informationsbedarf, praktischer und materieller Hilfebedarf) verstanden.
22. System+Kommunikation: Storytelling-Studie zum Thema „Frauen und Führung. Bleibt Dornröschen ungeküsst?", München 2001.
23. Siehe *Abschnitt 13.4*.

Die Autoren

Thomas Straub

Prof. Dr. Thomas Straub ist *Vizedekan für die Weiterbildung und Professor für Internationales Management* an der Geneva School of Economics and Management (GSEM), Universität Genf, Schweiz. Er ist damit verantwortlich für das Management der umfassenden Executive-Education-Aktivitäten (vormals HEC-Executive) mit ca. 500 Teilnehmer in 45 EMBA-, Master-, Diplom- und Zertifikatsprogrammen. Gleichzeitig ist er permanenter Gastprofessor und Präsident des Internationalen Wissenschaftlichen Ausschusses der UNESCO-Abteilung an der Universität Bukarest, Rumänien, und Gastprofessor an der Ecole hôtlière de Lausanne (EHL) in der Schweiz. Er leitet Forschungs- und Entwicklungsprojekte auf nationaler und internationaler Ebene (z. B. Schweizerischer Nationalfonds (SNF) und Schweizerische Eidgenossenschaft – Direktion für Entwicklung und Zusammenarbeit (DEZA). Straub unterrichtet den Kurs Einführung in die Allgemeine BWL und das Fach Strategisches Management. Er veröffentlichte mehrere Bücher zu Themen wie Entrepreneurship, Merges & Acquisitions mit Verlagen wie Gabler Springer, Pearson, Growth Publisher und Haufe Lexware. Prof. Straub ist Mitglied in mehreren Gremien und arbeitet als unabhängiger Berater. Er hat an der Universität Genf in der Schweiz in Wirtschafts- und Sozialwissenschaften promoviert.

Rico Baldegger

Rico Baldegger leitet als *Professor für Strategie, Innovation und Entrepreneurship* die Hochschule für Wirtschaft Freiburg und fungiert als akademischer Verantwortlicher des Masters in Entrepreneurship. Er studierte an der Universität St. Gallen, Schweiz und promovierte an der Universität Freiburg i. Üe., Schweiz. Seine Publikationen befassen sich mit unternehmerischen Gründungsprozessen und Innovation, Internationalisierung von KMU und Neuorientierung von Familienunternehmen. Er ist Autor zahlreicher Publikationen über Unternehmertum, Internationalisierung von KMU und Reorganisation von Familienunternehmen. Darüber hinaus ist er ein Serial Entrepreneur, und demonstrierte dies durch die Gründung diverser Unternehmen.

Die Autoren

Thibaut Bardon

Thibaut Bardon ist *Assistant Professor* an der Audencia Nantes School of Management in Nantes, Frankreich. Er promovierte am HEC der Universität Genf, Schweiz, und an der Universität Paris-Dauphine, CREPA-DRM in Paris, Frankreich. Während seiner Promotion war er als wissenschaftlicher Mitarbeiter für Lehre und Forschung im Bereich Strategisches Management an der Universität Genf. Außerdem absolvierte er einen Master-Studiengang in Corporate Finance an der Singapore Management University. Professor Bardon arbeitete als Unternehmensberater in verschiedenen Branchen und war als solcher bereits in mehrere Change-Management-Prozesse involviert. Er ist darüber hinaus Chefredakteur der Zeitschrift m@n@gement (*http://www.management-aims.com*). Seine Forschungsschwerpunkte sind Management-Praktiken, strategy-as-practice und kritische Management-Studien.

Stefano Borzillo

Stefano Borzillo ist *Associate Dekan* und *Professor für Organisationsentwicklung* an der Ecole hôtelière de Lausanne, HES-SO // University of Applied Sciences Western Switzerland in Lausanne, Schweiz. Zuvor war er Associate Professor of Knowledge Management und Strategie an der SKEMA Business School in Paris. Er erhielt seinen Doktortitel vom HEC der Universität Genf. Er arbeitete als Post-Doc an der Stern School of Business der New York University, USA. Seine Forschungsschwerpunkte sind Wissensmanagement und Innovation, die strategische Balance von Autonomie und Kontrollmechanismen innerhalb von Communities of Practice, Prozesse der Wissensgenerierung und des Wissenstransfers und das Management von Organisatorischen Krisen. Professor Borzillo ist darüber hinaus Berater für Wissensmanagement.

Gaëtan Devins

Gaëtan Devins ist *Head of HR Operations Services* bei einer bekannten Genfer Privatbank. Er war zuvor wissenschaftlicher Assistent für Forschung und Lehre am Lehrstuhl für Organisation & Führung am HEC der Universität Genf, Schweiz. Er studierte Betriebswirtschaftslehre an derselben Institution und schloss sein Studium mit einem Master ab. Dr. Devins gründete seine eigene Immobilienfirma und ist dort Mitglied des Vorstandes. Er war zudem Präsident der Junior Enterprise Genf (JEG). Seine Forschungsschwerpunkte umfassen Ambidextre Organisationen in verschiedenen Branchen. Dr. Devins promovierte in Wirtschafts- und Sozialwissenschaften an der Universität Genf.

Georg Erdmann

Georg Erdmann ist *Professor für Rechnungswesen und Allgemeine Betriebswirtschaftslehre* an der Technischen Hochschule Nürnberg Georg Simon Ohm. Nach einem Studium der Betriebswirtschaftslehre und anschließender Promotion an der Ludwig-Maximilians-Universität München arbeitete Herr Erdmann bei einer großen Bank. Anschließend war er bei einem Immobilienunternehmen tätig, bei dem er den gesamten Finanzbereich aufbaute. Nach dem Börsengang fungierte er als Finanzvorstand des Konzerns. Professor Erdmann verfügt über langjährige Erfahrung im Einsatz von nationalen und internationalen Rechnungslegungsvorschriften und in der Gestaltung und Einführung von Controllingkonzepten.

Benoît Lecat

Benoît Lecat ist Abteilungsleiter und *Professor für Wine Business* an der California Polytechnic State University (Cal Poly), California, USA. Zuvor war er Professor für Wein Marketing an der School of Wine and Spirits Business in Dijon, Frankreich. Professor Lecat verfügt über einen Doktortitel in Wirtschaftswissenschaften der Katholischen Universität (FUCAM) in Mons, Belgien, und der Robert Schuman Universität in Straßburg, Frankreich. Er war Assistenzprofessor (Maître Assistant) am HEC der Universität Genf, Schweiz. Seine Forschungsinteressen liegen im Bereich Luxusgüter, Bank- und Weinmarketing. Seine besonderen Interessen liegen in den Bereichen Politik der Preisgestaltung, Kommunikationsstrategien, Einführung neuer Marken und soziale Netzwerke.

Michael Krupp

Michael Krupp ist *Professor für Allgemeine Betriebswirtschaftslehre, insbesondere Logistik und Supply Chain Management* an der Hochschule Augsburg, Deutschland. Er studierte Sozialwissenschaften und Betriebswirtschaftslehre an der Universität Erlangen-Nürnberg, der Universität Sevilla und der FernUniversität in Hagen. Er arbeitete in der Fraunhofer-Arbeitsgruppe für Supply Chain Services SCS. Professor Krupp schloss am Lehrstuhl für Logistik in Nürnberg seine Dissertationsschrift zum Thema „Kooperatives Verhalten auf der sozialen Ebene einer Supply Chain" ab. Darüber hinaus leitete er im SCS die Gruppe Service Engineering und das Lab Geschäftsmodellentwicklung. Seine Tätigkeitsschwerpunkte sind Prozessoptimierung und Lean Management.

Die Autoren

Olaf Meyer

Olaf Meyer *doziert* seit Jahren an der Universität Genf im Bereich Finanzen. Zudem ist er zum *Kompetenzfeldleiter im Finanzmanagement* der Kalaidos Fachhochschule in Zürich berufen worden. Er hat das Forschungsinstitut Finance, Accounting und Taxes an der Berner Fachhochschule aufgebaut und war anschließend als Professor für Finanzwirtschaft an der Hochschule für Wirtschaft (HSW) in Freiburg, Schweiz, tätig. Dort leitet er heute das Institut für Finanzen und Vorsorge. Professor Meyer studierte an der Helmut-Schmidt-Universität in Hamburg Wirtschafts- und Organisationswissenschaften und promovierte im Gebiet der Finanzen. Er verfügt über langjährige und internationale Erfahrung als Führungskraft im Finanzmanagement eines börsennotierten Reifenkonzerns. Sein Leitmotiv ist die Verbreitung und praktische Anwendung von Finanzwissen im Unternehmensalltag. Zu seinen Tätigkeitsschwerpunkten zählen vor allem die Optimierung von Investitionsentscheidungen, das Treasury (Cash-) Management und die Optimierung von Finanzanlagen im Rahmen der Altersvorsorge. Professor Meyer ist darüber hinaus als Berater von Firmen, Finanzinstituten und Pensionskassen tätig und nimmt Lehraufträge an Universitäten und Hochschulen im In- und Ausland wahr. Er ist Autor zahlreicher Publikationen.

Peter Richard

Peter Richard ist *Professor für Organisation und Logistik* an der Hochschule Augsburg, Deutschland. Er studierte theoretische Physik an der RWTH Aachen. Professor Richard war wissenschaftlicher Mitarbeiter am Forschungszentrum Jülich, Deutschland. In dieser Zeit schloss er seine Dissertation in theoretischer Festkörperphysik an der RWTH Aachen ab. Professor Richard verfügt über langjährige Erfahrung als Entwickler, Berater und Referent bei einem großen deutschen Softwareunternehmen für betriebswirtschaftliche Anwendungen. Zudem verfügt er über langjährige unternehmerische Erfahrung als Inhouse-Berater und Projektmanager in einem internationalen Automobilkonzern. In seinen Schwerpunkten Prozess-, Projekt- und Change Management ist er als Referent und Berater für Unternehmen tätig.

Die Autoren

Mathias Rossi

Professor Rossi ist *Professor für Human Resource Management* an der Hochschule für Wirtschaft (HSW) Freiburg, Schweiz. Er verfügt über einen Master in Politikwissenschaft von der Universität Lausanne. Professor Rossi absolvierte einen Master in Business Information Systems am HEC der Universität Lausanne. Er war Assistent für Forschung und Lehre an der Fakultät HEC (Hautes Etudes Commerciales) der Universität Lausanne. Dort promovierte er in Management. Professor Rossi veröffentlichte zahlreiche Artikel und mehrere Bücher. Seine Forschungsschwerpunkte sind unter anderem Social Entrepreneurship, Wissens- und Kompetenz-Management und Senior Entrepreneurship. Er arbeitet auch als Berater für KMU und multinationale Unternehmen.

Florian Ruhdorfer

Florian Ruhdorfer arbeitet am Institut für Tourismus der IMC Fachhochschule Krems. Er *leitet dort die Stabstelle Wirtschaftsboard & Alumni*. Herr Ruhdorfer studierte an der IMC Fachhochschule Krems Unternehmensführung & E-Businessmanagement. Er ist darüber hinaus als selbstständiger Weinhändler tätig, wobei sein fachliches Interesse vor allem der strategischen Marktentwicklung und der Nutzung neuer Medien gilt.

Achim Schmitt

Achim Schmitt ist *Associate Professor* an der Ecole hôtelière de Lausanne, HES-SO // University of Applied Sciences Western Switzerland in Lausanne, Schweiz. Zuvor war er Assistenzprofessor im Bereich Strategie an der Audencia Nantes School of Management in Nantes, Frankreich. Er erhielt seinen Doktortitel in Wirtschafts- und Sozialwissenschaften am HEC der Universität Genf in der Schweiz. Professor Schmitt war Visiting Research Fellow an der Columbia Business School in New York, USA. Im Rahmen seiner Forschungstätigkeit ist er am Center for Organizational Excellence an der Universität St. Gallen und der Universität Genf als Research Associate engagiert. Professor Schmitt leitet als Managing Head das Geneva Knowledge Forum in der Schweiz.

Die Autoren

Walid Shibib

Walid Shibib *promoviert am Lehrstuhl für Organisation und Strategie* der Fakultät GSEM – Geneva School of Economics and Management der Universität Genf. Er arbeitet dort als *Assistent für Forschung und Lehre*. Herr Shibib ist Diplom-Betriebswirt und studierte an der Universität St. Gallen, Schweiz, und an der Freien Universität Berlin, Deutschland, Betriebswirtschaftslehre mit den Schwerpunkten Organisation und Marketing. Er sammelte Berufserfahrung im Investment-Banking und in den Social-Investments. Seine Forschungsinteressen liegen in den Bereichen Organisationales Lernen, Wissensmanagement und Strategisches Management.

Kerstin Windhövel

Kerstin Windhövel ist *Professorin* an der Kalaidos Fachhochschule in Zürich. Zuvor war sie Professorin für Leadership und Rentenwesen an der Hochschule für Wirtschaft (HSW) Freiburg, Schweiz. Sie studierte an der Friedrich-Alexander Universität zu Erlangen-Nürnberg in Deutschland wirtschaftliche Staats- und Versicherungswissenschaften und promovierte auf dem Gebiet der theoretischen Volkswirtschaftslehre. Sie sammelte langjährige Berufs- und Führungserfahrung als wirtschaftliche Beraterin des Bundesministeriums für Verkehr, Bau und Stadtentwicklung, der Deutschen Rentenversicherung Bund, der Vereinigung der Bayerischen Wirtschaft sowie diverser Versicherungen und Träger der sozialen Sicherung in Deutschland und der Schweiz. Ihre Tätigkeitsschwerpunkte sind die Leitung von Forschungsprojekten zur Verbesserung der zukünftigen Ausgestaltung von Altersvorsorgesystemen, unternehmerischen Steuerung von Pension Funds, sowie Beratung und Coaching von Steuerungsgremien im Versicherungs- und Vorsorgebereich. Professor Windhövel ist Autorin zahlreicher Publikationen.

Glossar

ABC-Analyse
Die ABC-Analyse stellt ein wichtiges Instrument dar, das in vielen Unternehmensfunktionen eingesetzt wird, wie z. B. bei der Materialwirtschaft zur Materialklassifizierung. Sie klassifiziert hierbei Bedarfsprodukte in drei Klassen, je nach relativem Wertanteil am zu produzierenden Endprodukt.

Abgrenzungsbuchungen
Abgrenzungsbuchungen sind erforderlich, um die Grundsätze ordnungsmäßiger Buchführung zu berücksichtigen. Insbesondere das Periodisierungsprinzip bedingt, dass bereits erfolgte oder noch ausstehende Zahlungsflüsse in eine Rechnungsperiode abgegrenzt werden müssen.

Affiliate-Marketing
Affiliate-Marketing umfasst eine Online Vermarktungskooperation, bei welcher ein Händler (Merchant) über die Websites von Partnern (Affiliates) einen neuen Vertriebskanal öffnet. Die betreffenden Partner werden durch Erfolgsprovisionen am Umsatz beteiligt.

Aktive Bestandskonten
Aktive Bestandskonten erfassen das Vermögen, d.h. sämtliche finanzielle Mittel, die ein Unternehmen besitzt (z. B. Grundstücke, Vorräte, Maschinen, Bargeld, Forderungen, immaterielle Vermögensgegenstände wie Lizenzen und Patente).

Analytische Berichte
Analytische Berichte informieren über kurzfristig bedeutende Sachverhalte. Sie sollen dem Empfänger Zusammenhänge, Ursachen und Trends verdeutlichen, damit dieser Korrekturmaßnahmen erkennen und ableiten kann. Unterschieden werden Standardberichte und Sonderberichte.

Anhang
Der in §§ 284 bis 288 HGB geregelte Anhang stellt für Kapitalgesellschaften einen Bestandteil des Jahresabschlusses dar. Der Anhang liefert Informationsarten hinsichtlich Angabe, Ausweis, Aufgliederung, Erläuterung, Darstellung und Begründung. Er hat vier Funktionen: Erläuterungsfunktion, Ergänzungsfunktion, Entlastungsfunktion und Korrekturfunktion.

Anschaffungskosten

Anschaffungskosten (AK) entstehen, wenn ein Unternehmen einen VGG von extern anschafft. Die Anschaffungskosten setzen sich nach § 255 Abs. 1 HGB zusammen aus:

Erwerbskosten

+ Anschaffungsnebenkosten (z. B. Grunderwerbsteuer)

+ nachträgliche Anschaffungskosten (z. B. Kaufpreisnachzahlungen)

+ Kosten der Herstellung der Betriebsbereitschaft (z. B. Betonierungskosten für Hochofen)

− Anschaffungspreisminderungen (Rabatte, Skonti)

= Anschaffungskosten

Aufwand

Der Aufwand beschreibt generell einen Einsatz oder eine Leistungserbringung, um einen gewissen Nutzen zu erzielen. Beispielsweise kann dieser in Geldeinheiten, Arbeitsstunden oder auch in Materialbedarf gemessen werden. Betriebswirtschaftlich bedeutet der Begriff Aufwand den bewerteten Verbrauch sämtlicher Güter, sprich der Waren und Dienstleistungen während einer bestimmten Periode.

Aufwandskonten

Aufwand bedeutet Werteverzehr. Auf Aufwandskonten wird eine Minderung des Eigenkapitals erfasst. Beispiele sind Personalkosten und Abschreibungen. Aufwände werden immer im „Soll" gebucht.

Beschaffung

Die Beschaffung hingegen stellt unternehmerische Tätigkeiten dar, welche der Versorgung eines Unternehmens mit Dienstleistungen, Material, Betriebs- und Arbeitsmitteln sowie Rechten und Informationen aus unternehmensexternen Quellen (Güter- und Dienstleistungsmärkte) dienen. Die Versorgung mit Kapital und Mitarbeitern wird nicht unter das Aufgabenfeld der Beschaffung integriert.

Bestellpunktsystem

Bei einem Bestellpunktsystem wird eine Bestellung immer dann aufgegeben, wenn der Lagervorrat auf ein im Voraus bestimmtes Niveau absinkt. Diesen Punkt bezeichnet man als Bestellpunkt (R) oder auch als kritischen Lagerbestand. Erreicht das Lagerniveau diesen Bestellpunkt, wird eine konstant gleiche Bestellmenge (Q) aufgegeben. Anhand der Bestellmenge (Q) werden die Gesamtlagerhaltungskosten minimiert.

Bestellrhythmussystem

Im Gegensatz zum Bestellpunktsystem ist beim Bestellrhythmussystem der Zeitraum zwischen zwei Bestellungen gleichbleibend (z. B. wöchentlich, monatlich), die Bestellmenge variiert hingegen. Damit ergeben sich fixe Bestellzeitpunkte und variable Bestellmengen. Oftmals besuchen Zulieferer in gewisser Regelmäßigkeit ihre Kunden und überprüfen den Lagervorrat ihrer Produkte. Ist dieser Lagerbestand verbraucht oder hat er einen bestimmten Stand erreicht, bestellt der Zulieferer Material, um wieder einen bestimmten Sollbestand zu erreichen.

Betriebliches Rechnungswesen

Das betriebliche Rechnungswesen erfasst nach bestimmten Regeln sämtliche Geld- und Leistungsströme in einem Unternehmen. Es dient somit der Informationsbeschaffung, -aufbereitung und -weitergabe und bildet häufig die Grundlage für Entscheidungen.

Betriebsstoffe

Hierunter sind die Kosten der Materialien zu verstehen, die der Fertigung dienen, aber nicht in die Kostenträger eingehen (z. B. Maschinenschmierstoffe, Reinigungsmaterial). Betriebsstoffe werden meist nicht kostenträgerweise erfasst, sondern als Gemeinkosten auf die Kostenstellen verrechnet.

Better Budgeting

Unter dem Begriff des Better Budgeting werden diejenigen Ideen zusammengefasst, welche die traditionelle operative Unternehmensplanung vereinfachen sollen. Dies ist kein in sich geschlossenes Konzept, sondern eher eine Sammlung unterschiedlicher Möglichkeiten. Beispiele für Better Budgeting sind eine Reduzierung der Anzahl der Planungsebenen, eine Verkürzung des Planungsprozesses sowie eine Verbesserung der EDV-Unterstützung.

Beyond Budgeting

Dies ist ein Konzept aus den 90er-Jahren. Wesentliche Aussage ist, dass moderne Unternehmen in sich ständig ändernden globalisierten Märkten auf Planung beinahe vollkommen verzichten können. Denn wichtiger als die Planung von Produktionskapazitäten, Lagerbeständen u. Ä. seien Absatzmärkte und intellektuelles Kapital. Dieses Konzept geht über die eigentliche Planungsidee hinaus und entwickelt auch Gestaltungsmöglichkeiten für Strukturen und Prozesse im Unternehmen.

Bilanz

Die Bilanz ist eine Art „Speicher", der Einzahlungen und Auszahlungen des Unternehmens auf einen bestimmten Stichtag zeigt. Es handelt sich somit um einen zeitpunktbezogenen Ausschnitt aus der Unternehmenshistorie, der sich allerdings laufend ändert, denn eine Bilanz wird nicht täglich erstellt. In der Bilanz finden sich historische Werte (sogenannte Buchwerte) und keine Zeitwerte. Abgeleitet wird die Bilanz aus dem (Eröffnungs-)Inventar bzw. fortgeführt aus den Bilanzen der Vorjahre (Bilanzidentitätsprinzip). Die in Kontenform dargestellte Bilanz hat zwei Seiten: Auf der rechten Seite (Passivseite) wird die Herkunft der in das Unternehmen eingezahlten Mittel ausgewiesen. Auf der linken Seite (Aktivseite) wird die Mittelverwendung, d. h. die Nutzung der im Unternehmen eingezahlten Mittel, ausgewiesen. Bilanz und GuV werden zusammen als Jahresabschluss bezeichnet (§ 242 Abs. 3 HGB).

Glossar

Bilanzidentität
Die Wertansätze der Eröffnungsbilanz eines Jahres müssen mit den Werten der Schlussbilanz des Vorjahres übereinstimmen (§ 252 Abs. 1 Nr. 1 HGB).

Bilanzierungsverbote
Bilanzierungsverbote sind explizit in § 248 Abs. 1 HGB geregelt, beispielsweise sind Gründungskosten und Kosten der Eigenkapitalbeschaffung nicht aktivierungsfähig. Darüber hinaus sind teilweise selbst geschaffene immaterielle Vermögensgegenstände des Anlagevermögens (Marken, Kundenlisten etc.) nicht aktivierungsfähig. Hintergrund ist der Gläubigerschutz. Es soll verhindert werden, dass das Unternehmen sich in seiner Bilanz zu „reich" darstellt.

Bilanzierungswahlrechte
Bilanzierungswahlrechte bestehen beispielsweise hinsichtlich der Aktivierung eines Disagio nach § 250 Abs. 3 HGB. Ein weiteres Bilanzierungswahlrecht besteht teilweise für selbst geschaffene immaterielle Vermögensgegenstände des Anlagevermögens (z. B. selbst erstellte Software).

break even point
Der Kostendeckungspunkt (break even point, „toter Punkt") berechnet sich wie folgt:

$U = K$

$p * n = k_v * n + K_f$

$\Rightarrow n = K_f / (p - k_v)$

$\Rightarrow U = n * p = K_f / (1 - (k_v / p))$

Mit

U = Umsatz

K = Kosten

n = Menge

p = Preis

k_v = variable Stückkosten

K_f = Fixkosten

Break-even-Analyse
Die Break-even-Analyse berechnet den Punkt bzw. das Absatzvolumen, bei dem die Summe der erzielten Deckungsbeiträge gleich dem Fixkostenblock ist. Das Betriebsergebnis ist an diesem Punkt genau 0.

Clusterorganisation
Die Clusterorganisation ist eine moderne Organisationsform, bei der für die wichtigsten unternehmerischen Prozesse Subsysteme, sogenannte Cluster, gebildet werden. Diese umfassen in der Regel maximal 30 bis 40 Mitarbeiter und sind relativ lose mit

dem Gesamtunternehmen vernetzt. Die Clusters oder Teams werden durch unterstützende Einheiten, sogenannte *Support-Groups*, unterstützt.

Community of Practice

Dieses Wissensmanagement-Tool beschreibt eine Netzwerkstruktur, welche sich durch den Austausch von Informationen, Wissen und Lernen zwischen den einzelnen Netzwerkmitgliedern auszeichnet. Eine Community of Practice besteht in der Regel aus einer Gruppe von Personen, die ihre Interessen und Probleme zu einem bestimmten Thema teilen. Dadurch wird ihr eigenes Wissens- und Know-how-Niveau zu diesem Thema durch die Interaktion mit anderen auf kontinuierlicher Basis vertieft.

Controlling

Das Controlling weist Funktionen auf, die im Wesentlichen der Unterstützung des Managements bei Planung, Steuerung und Kontrolle dienen. Hierzu werden zahlreiche Instrumente, die über die Kostenrechnung hinausgehen, eingesetzt.

Differenzierung

Porter unterscheidet drei generische Grundstrategien: Kostenführerschaft, Differenzierung und Fokussierung (Nische). Die Differenzierungsstrategie besteht darin, einen Wettbewerbsvorteil anhand einer höheren Wertschätzung des Kunden für das Produkt oder die Dienstleistung im Vergleich zu Mitgliedern derselben strategischen Gruppe (Konkurrenten) zu erlangen.

Divisionale Organisation

Die divisionale Organisation ähnelt bezüglich ihrer Struktur der funktionalen Organisation, basiert jedoch nicht auf den Funktionen, sondern auf den Kernprodukten bzw. auf den Objekten eines Unternehmens. Häufig wird die divisionale Organisation als eindimensionale Objektorganisation, Spartenorganisation oder auch als Geschäftsbereichsorganisation bezeichnet.

Economic Value Added

Der *Economic Value Added* (EVA) misst die Wertschöpfung durch ein Unternehmen in einer Periode, indem er feststellt, um wie viel der operative Gewinn die Mindestanforderungen der Kapitalgeber (Kapitalkosten) übersteigt.

$$EVA = \text{operatives Ergebnis} - \text{Kapitalkostensatz} \cdot \text{Investiertes Kapital}$$

Eigenkapital

Das Kapital, das dem Unternehmen durch den Eigentümer zur Verfügung gestellt wird, ist das Eigenkapital. Dieses Kapital steht dem Unternehmen dauerhaft zur Verfügung. Eine Rückzahlung des Eigenkapitals durch das Unternehmen ist unüblich. Es kann unter gewissen Umständen reduziert werden, aber es besteht prinzipiell keine Rückzahlungspflicht.

Eigenkapitalrentabilität

Die Eigenkapitalrentabilität bzw. Eigenkapitalrendite, auch Return on Equity genannt (ROE), misst, wie hoch das vom Eigenkapitalgeber investierte Kapital innerhalb einer Rechnungsperiode verzinst wurde.

$$\text{Eigenkapitalrendite} = \frac{\text{Gewinn}}{\text{Eigenkapital}}$$

Eigenkapitalspiegel

Der Eigenkapitalspiegel ist eine periodenbezogene Aufstellung zur Erklärung der Veränderung des Eigenkapitals, die neben den erfolgswirksamen Veränderungen, welche in der GuV abgebildet werden, auch die nicht erfolgswirksamen Änderungen (z. B. Kapitalerhöhungen, Dividenden) enthält.

Einkauf

Einkauf stellt die Summe aller operativen und strategischen Tätigkeiten eines Unternehmens dar, die im Rahmen der Beschaffung von Dienstleistungen, Materialien, Betriebsmitteln und Waren durchzuführen sind. Der Begriff Einkauf wird häufig enger verstanden als der Begriff Beschaffung, da sich die Beschaffung zusätzlich mit Tätigkeiten der Beschaffungslogistik beschäftigt. Zielsetzung des Einkaufs ist die Sicherstellung der Versorgung (Ort, Termin, Menge, Qualität) und die Optimierung des Preis-Leistungs-Verhältnisses der Beschaffungsobjekte.

Einzelbewertung

Jeder Vermögensgegenstand und jeder Schuldposten sind einzeln zu bewerten. Wertminderungen bei einer Position dürfen nicht durch Wertsteigerungen bei einer anderen Position ausgeglichen werden (§§ 252 Abs. 1 Nr. 3 HGB und 246 Abs. 2 HGB).

Einzelfertigung

Unternehmen mit Einzelfertigung arbeiten oftmals an einzelnen und gesonderten Kundenaufträgen. Tendenziell implizieren derartige Kundenaufträge einen hohen Ressourceneinsatz und lange Fertigungszeiten, da die Aufträge meist einzigartig sind (z. B. Schiffsbau, Wohnungsbau, Filmproduktion). Die Kundenzielgruppe ist sehr limitiert und die Kunden werden stark in den Produktionsprozess miteinbezogen, beispielsweise bei dem Design des Produktes oder der Auswahl verwendeter Materialien. Die Einzelfertigung beruht daher nicht auf einem vordefinierten Produktionsprogramm und zeichnet sich durch sehr hohe variable Kosten im Vergleich zu den fixen Fertigungskosten aus, welche bei anderen Fertigungstypen (Serien- oder Massenfertigung) üblicherweise geringer ausfallen.

Einzelkosten

Einzelkosten sind Kosten, die einem Bezugsobjekt (regelmäßig Kostenträger) direkt zugerechnet werden können. Einzelkosten (auch direkte Kosten genannt) sind die Kosten für Material, Lohn etc., die das Unternehmen zuordenbar für ein bestimmtes Stück, einen einzelnen Auftrag oder eine einzelne Dienstleistung aufgewendet hat.

E-Mail-Marketing

E-Mail-Marketing ist eine direkte Form bestehende Kunden oder potenzielle Neukunden anzusprechen, welche E-Mails benutzen. Es beinhaltet in der Regel Werbung oder Kaufangebote mit dem Ziel der Kundenakquise bzw. -bindung.

Erfolgskonten

Erfolgskonten erfassen erfolgswirksame Vorgänge, d. h. Gewinne und Verluste des Unternehmens. Diese Konten bilden zusammen die Gewinn- und Verlustrechnung (GuV) des Jahresabschlusses.

Ertrag

Das externe Rechnungswesen verwendet die Begriffe Aufwand und Ertrag, die das Reinvermögen verändern. Die positive Ergebniskomponente ist der Ertrag. Generell bezeichnet Ertrag das Resultat wirtschaftlicher Leistung. Betriebswirtschaftlich bedeutet Ertrag den Wertzuwachs eines Unternehmens. Dieser Wertzuwachs wird gemäß des Prinzips der Erfolgswirksamkeit einer betreffenden Periode zugeordnet.

Ertragskonten

Ertrag bedeutet Wertzufluss. Auf Ertragskonten wird der Wertzuwachs des Eigenkapitals erfasst. Die zentrale Ertragsart eines Unternehmens sind in der Regel Umsatzerlöse, es gibt aber auch weitere Ertragsformen. Erträge werden immer im „Haben" gebucht.

Fixe Kosten

Fixe Kosten sind im Gegensatz zu variablen Kosten unabhängig vom Leistungsumfang, d. h. nicht von der Höhe der Ausbringungsmenge abhängig. Bevor ein Unternehmen eine Produktion aufnehmen kann, müssen bestimmte Grundvoraussetzungen (z. B. Kauf oder Miete von Betriebsmitteln, Aufbau einer Organisation usw.) erfüllt sein. Die Herstellung der Betriebsbereitschaft verursacht Kosten, die man als fixe Kosten bezeichnet. Sie bleiben in der Höhe unverändert, egal ob z. B. 50 Autos pro Tag hergestellt werden oder 500.

Fokussierung

Porter unterscheidet drei generische Grundstrategien: Kostenführerschaft, Differenzierung und Fokussierung (Nische). Die Strategie der Fokussierung, auch Nischenstrategie genannt, besteht darin, ein sehr spezifisches Produkt oder eine Dienstleistung anzubieten, die nur sehr wenige oder häufig gar kein anderer Wettbewerber offerieren (geringes Marktvolumen). Bereits die eingeschränkte Konkurrenz bietet dem fokussierten Unternehmen einen Wettbewerbsvorteil. Man kann häufig beobachten, dass Nischenmärkte kurzlebig sind, da bereits ihr potenzielles Wachstum in der Regel rasch neue Wettbewerber anzieht.

Fremdkapital

Fremdkapital bezeichnet die „Schulden" des Unternehmens, sprich das Kapital, das von Dritten zur Verfügung gestellt wird. Ein typisches Beispiel hierfür ist der Bankkredit.

Glossar

Funktionale Organisationsform

Die eindimensionale funktionale Organisationsform orientiert sich an den Kerntätigkeitsfeldern eines Unternehmens. Es werden hierbei verschiedene Unternehmensfunktionen unterschieden wie Produktion, Marketing, Human Resource Management, Finanzen und Sales (Verkauf). Zum einen spiegelt die funktionale Organisation den Fluss der Realgüter vom Eingang der Rohstoffe bis hin zum Verkauf der Produkte wider. Zum anderen zeigt sie den Auftragsdurchlauf von der Auftragsannahme im Verkauf (Sales) über die Auftragsabwicklung in der Produktion bis zur Bereitstellung der Ressourcen.

Gemeinkosten

Gemeinkosten lassen sich nicht direkt auf eine bestimmte Leistung zurechnen, da sie für mehrere oder alle Leistungen eines Kostenbereichs entstanden sind. Die Entscheidung, ob variable Kosten/fixe Kosten bzw. Einzelkosten/Gemeinkosten vorliegen, hängt vom jeweiligen Unternehmen, dem Betrachtungsstandpunkt und der jeweiligen Entscheidungs-/Kontrollaufgabe ab, ist also nicht allgemein zu beantworten.

Generische Grundstrategien

Porter unterscheidet drei generische Grundstrategien: Kostenführerschaft, Differenzierung und Fokussierung (Nische). Diese stellen Wahlmöglichkeiten für eine Hauptorientierung der Unternehmensstrategie dar.

Gesamtkapitalrentabilität

Die Gesamtkapitalrentabilität wird häufig auch Kapitalrendite, Gesamtkapitalrendite, *Return on Assets* (ROA) genannt. Sie zeigt, wie effizient der gesamte Kapitaleinsatz des Unternehmens war. Das Gesamtkapital besteht aus Eigen- und Fremdkapital, folglich ist als Ergebnisgröße auch die gesamte Leistung, die mit diesem Kapital erzielt wurde, anzusetzen, d. h. Gewinn zuzüglich Fremdkapitalzinsen.

$$\text{Gesamtkapitalrentabilität} = \frac{\text{Gewinn} + \text{Fremdkapitalzinsen}}{\text{Gesamtkapital}}$$

Gesamtkosten

Als Gesamtkosten wird die Summe der fixen und variablen Kosten bezeichnet.

Gesamtkosten der Lagerhaltung

Die Gesamtkosten der Lagerhaltung berechnen sich durch die mathematische Beziehung zwischen Bestellmenge, Beschaffungskosten und Lagerhaltungskosten.

$$TC = CD + \frac{D}{Q}S + \frac{Q}{2}H$$

TC = Gesamtkosten pro Jahr *(total cost)*
C = Kosten pro Einheit *(cost)*
D = Bedarfsmenge *(demand)*
Q = Bestellmenge *(quantity)*
S = fixe Bestellkosten *(set-up cost)*
H = Lagerhaltungskosten *(holding cost)*

Gesamtkostenverfahren

Beim Gesamtkostenverfahren (GKV) werden alle Kosten der hergestellten Erzeugnisse (produktionsorientiert) ausgewiesen, etwaige Veränderungen des Lagers werden über Bestandsveränderungen abgebildet. Das Gesamtkostenverfahren führt zum gleichen Ergebnis wie das Umsatzkostenverfahren (UKV). Der Unterschied ist lediglich die Darstellungsweise.

Gewinn- und Verlustrechnung

Die Gewinn- und Verlustrechnung (GuV) ist Teil der externen Rechnungslegung. Sie ist eine zeitraumbezogene Rechnung mit einer detaillierten Aufgliederung der erfolgswirksamen Geschäftsvorfälle in Konto- oder Staffelform. GuV und Bilanz werden zusammen als Jahresabschluss bezeichnet (§ 242 Abs. 3 HGB).

Going-Concern

Going-Concern-Bilanzierung wird auch Unternehmensfortführung genannt (§ 252 Abs. 1 Nr. 2 HGB). Dies bedeutet, dass keine Liquidations- oder Zerschlagungswerte angesetzt werden, sondern Fortführungswerte der Bilanzpositionen.

Grundsatz der Gewinnermittlung

Über die reinen Buchführungsgrundsätze hinaus gibt es weitere Regelungen, die eine sachgerechte, periodengerechte, einwandfreie und nachvollziehbare Bilanzierung sicherstellen sollen. Zur Strukturierung dieser Grundsätze ordnungsmäßiger Bilanzierung gibt es unterschiedliche Möglichkeiten. Häufig verwendet wird die Einteilung in Rahmengrundsätze, Systemgrundsätze, Grundsatz der Gewinnermittlung und Grundsätze der Kapitalerhaltung. Zum Grundsatz der Gewinnermittlung gehört das Realisationsprinzip (§ 252 Abs. 1 Nr. 4 HGB): Eine Ertragsrealisation darf erst mit Lieferung oder Leistung des Unternehmens erfolgen, nicht bereits bei einer Angebotserstellung oder einem Vertragsabschluss, aber auch nicht erst bei Zahlungseingang.

Grundsätze der Kapitalerhaltung

Über die reinen Buchführungsgrundsätze hinaus gibt es weitere Regelungen, die eine sachgerechte, periodengerechte, einwandfreie und nachvollziehbare Bilanzierung sicherstellen sollen. Zur Strukturierung dieser Grundsätze ordnungsmäßiger Bilanzierung gibt es unterschiedliche Möglichkeiten. Häufig verwendet wird die Einteilung in Rahmengrundsätze, Systemgrundsätze, Grundsatz der Gewinnermittlung und Grundsätze der Kapitalerhaltung. Die Grundsätze der Kapitalerhaltung bestehen einerseits aus dem Imparitätsprinzip (§ 252 Abs. 1 Nr. 4 HGB): Verlustbeiträge müssen im Zeitpunkt ihres Erkennens antizipiert werden, Gewinnbeiträge dürfen nicht antizipiert werden, diese dürfen gemäß dem Realisationsprinzip erst mit Lieferung oder Leistung erfasst werden. Als Konsequenz ergibt sich, dass Verluste vorwegzunehmen sind, sobald sie erkennbar sind. Andererseits bestehen sie aus dem Vorsichtsprinzip (§ 252 Abs. 1 Nr. 4 HGB): Die Konkretisierung dieses aus dem Gläubigerschutzprinzip folgenden Grundsatzes zeigt sich auf der Aktivseite im Anschaffungskostenprinzip und dem (strengen und gemilderten) Niederstwertprinzip sowie einem Höchstwertprinzip auf der Passivseite.

Hauptbuch

In der Praxis der Buchführung werden Buchungen in einem sogenannten Journal und in einem sogenannten Hauptbuch erfasst. Das Hauptbuch erfasst alle Buchungen des Grundbuchs, auf den in den Buchungssätzen genannten Konten. Die Bestandskonten werden zu Beginn eines jeden Geschäftsjahres mit den Endbeständen des Vorjahres eröffnet. Durch die Aufzeichnungen im Hauptbuch wird also die sachlich geordnete Auflistung der einzelnen Geschäftsvorfälle durchgeführt.

Herstellungskosten

Bei der Zugangsbewertung unterscheidet man zwischen Anschaffungskosten (AK) und Herstellungskosten (HK), zusammengefasst auch als Anschaffungs- oder Herstellungskosten (AHK) bezeichnet. Herstellungskosten (HK) entstehen, wenn ein Unternehmen einen Vermögensgegenstand (VGG) selbst erstellt.

Hilfsstoffe

Hierunter sind die Kosten der Materialien zu verstehen, die zwar wie Rohstoffe in die jeweilige Leistung einfließen, die aber keine wesentlichen Bestandteile bilden (z. B. Leim für einen Tisch).

Holdingorganisation

Holdingorganisation, oft kurz Holding genannt, beschreibt die organisationale Struktur eines Unternehmens, welches Beteiligungen an mehreren rechtlich selbstständigen Unternehmen hält, aber nicht selbst am Markt auftritt und keine operativen Tätigkeiten ausführt. Diese Holding, auch Holding-Dachgesellschaft genannt, kann Beteiligungen an einer Vielzahl von Gesellschaften besitzen. Holding-Strukturen können unterteilt werden in eine Finanz-Holding und in eine Management-Holding.

Hypercompetition

Hypercompetition findet in einem Markt statt, wenn Häufigkeit, Kühnheit und Aggressivität des dynamischen Verhaltens von Konkurrenten zunimmt und dadurch eine permanente Unausgeglichenheit und Wandel erzeugt werden.

Imparitätsprinzip

Verlustbeiträge müssen im Zeitpunkt ihres Erkennens antizipiert werden, Gewinnbeiträge dürfen nicht antizipiert werden, diese dürfen gemäß dem Realisationsprinzip erst mit Lieferung oder Leistung erfasst werden (§ 252 Abs. 1 Nr. 4 HGB). Als Konsequenz ergibt sich, dass Verluste vorwegzunehmen sind, sobald sie erkennbar sind.

Inventar

Das Inventar ist eine zeitpunktbezogene Aufstellung des Vermögens und der Schulden des Unternehmens mit Art, Menge und Wert in Staffelform. Erstellt wird das Inventar durch eine körperliche Bestandsaufnahme, die sogenannte Inventur.

Inventur

Erstellt wird das Inventar durch eine körperliche Bestandsaufnahme, die sogenannte Inventur. Diese ist grundsätzlich jährlich durchzuführen, kann jedoch aus Wirtschaftlichkeitsgesichtspunkten durch eines der folgenden Verfahren vereinfacht werden: Stichprobeninventur (§ 241 Abs. 1 HGB), permanente Inventur (§ 241 Abs. 2 HGB) und vor- oder nachgelagerte Stichtagsinventur (§ 241 Abs. 3 HGB).

Istkostenrechnung

Die Istkostenrechnung ermittelt die tatsächlich angefallenen Kosten einer Kostenart, einer Kostenstelle oder eines Kostenträgers. Istkosten sind die in der Vergangenheit tatsächlich angefallenen Kosten.

Jahresabschluss

Für bestehende und potenzielle Eigentümer sind die veröffentlichten Informationen des Jahresabschlusses häufig die einzige Informationsquelle über das Unternehmen. Das externe Rechnungswesen dient der Aufstellung des Jahresabschlusses. Im Jahresabschluss, bestehend aus Gewinn- und Verlustrechnung (GuV), der Bilanz (§ 242 Abs. 3 HGB) sowie weiteren erläuternden Teilen, werden das Vermögen des Unternehmens, seine Finanzierung sowie der Erfolg des Unternehmens innerhalb einer Periode dargestellt.

Journal

In der Praxis der Buchführung werden Buchungen in einem sogenannten Journal und in einem sogenannten Hauptbuch erfasst. Das Journal dokumentiert alle Geschäftsvorgänge chronologisch (zeitlich) mit Datum, Betrag, Verweis auf einen Beleg und Kontierung auf dem Sollkonto bzw. Habenkonto. Das Journal stellt das Grundbuch der Buchführung dar und beinhaltet die Buchungsanweisung für das Hauptbuch.

Kalkulatorische Kosten

In den meisten Fällen stehen den buchhalterisch erfassten Aufwendungen betriebliche Kosten in der gleichen Höhe gegenüber, man spricht dann von Zweckaufwand bzw. Grundkosten. Kosten, die dem Grunde oder der Höhe nach keine Aufwendungen sind, sind kalkulatorische Kosten. Diese unterscheiden sich in Anderskosten, d. h. die Kosten sind auch Aufwandspositionen, jedoch werden sie in der Kostenrechnung in anderer Höhe verrechnet (z. B. kalkulatorische Abschreibungen), und Zusatzkosten, d. h. die Kosten werden zusätzlich zu den buchhalterischen Aufwendungen verrechnet (z. B. kalkulatorischer Unternehmerlohn).

Kapitalflussrechnung

Die Kapitalflussrechnung ist eine periodenbezogene Aufstellung zur Erklärung der Veränderung der liquiden Mittel (durch Positionen von Bilanz und GuV), sie wird auch als Cashflow-Rechnung bezeichnet.

Kennzahlen

Kennzahlen sind quantitative Daten, die als bewusste Zusammenfassung der Unternehmenswirklichkeit über betriebswirtschaftliche Sachverhalte informieren sollen, und somit ein wesentliches Hilfsmittel des Controllings. Kennzahlen dienen dazu, ökonomische Sachverhalte schnell und aussagefähig darzustellen, für die prinzipiell eine Vielzahl relevanter Einzelinformationen vorliegt, deren Auswertung jedoch zu zeitintensiv und zu aufwendig ist.

Kennzahlensysteme

Kennzahlensysteme umfassen eine geordnete Anzahl an betriebswirtschaftlichen Kennzahlen, die miteinander in Verbindung stehen. Kennzahlen und Kennzahlensysteme sind wesentliche Hilfsmittel bzw. Tools des Controllings sowohl bei Planungs- als auch bei Steuerungs- und Kontrollaufgaben.

Kernkompetenz

Eine Kernkompetenz bezeichnet den immateriellen Vermögenswert, sprich das Knowhow, welches Unternehmen ausschöpfen, um im Markt erfolgreich zu sein. Kernkompetenzen resultieren häufig aus einer einzigartigen Abstimmung von Technologien oder komplexen Tätigkeiten. Prahalad und Hamel betonen, dass die Unternehmensaktivitäten, die keine Kernkompetenzen darstellen, ausgelagert werden sollten.

Key-Account Manager

Ein Verkäufer, der für den Verkauf an einen besonders großen Kunden verantwortlich ist, wird als Key-Account Manager bezeichnet.

Kombinierte Hochrechnung

Bei der kombinierten Hochrechnung (auch als eigentlicher *Forecast* bezeichnet) werden bis zum Betrachtungszeitpunkt die Istwerte und ab dem Betrachtungszeitpunkt bis zum Jahresende die Planwerte verwendet.

Kommunikations-Mix

Der Kommunikations-Mix stellt die Mischung aus zwei verschiedenen Kommunikationstypen dar: Werbung *above-the-line* (engl. „über der Linie") und Werbung *below-the-line* (engl. „unter der Linie"). Der Kommunikations-Mix ist so zu gestalten, dass die angestrebte Wirkung, sprich die Information und Überzeugung, mit möglichst geringen Kosten erzielt wird. Anhand des Kommunikationsplans wird eine strukturierte Herangehensweise vorgestellt, die dabei helfen soll, den richtigen Kommunikations-Mix zu ermitteln.

Kosten

Die Kosten sind definiert als leistungsbedingter Werteverzehr, Erlöse als leistungsbedingte Wertentstehung. Insofern sind diese Begriffe mit der betrieblichen Leistungserstellung verbunden, während Aufwand und Ertrag zwar ebenfalls mit dem Unternehmen, aber nicht zwangsläufig mit der betrieblichen Leistungserstellung verbunden sind.

Kosten für Fremdleistungen

Die wichtigsten Kostenarten sind: Materialkosten, Personalkosten, Kosten für Fremdleistungen und kalkulatorische Kosten. Als Kosten für Fremdleistungen werden alle Kosten für Leistungen bezeichnet, die durch andere Unternehmer oder Unternehmen erbracht werden. Hierzu zählen insbesondere Kosten für Dienstleistungen (z. B. Steuerberater) sowie sonstige bezogene Leitungen (z. B. Marketingkosten).

Kostenartenrechnung

Die Kostenartenrechnung steht am Anfang der Kostenrechnung und dient der Erfassung und Gliederung aller im Laufe der jeweiligen Abrechnungsperiode angefallenen Kostenarten. Die Fragestellung lautet: „Welche Kosten sind angefallen?" Die Erfassung der Kosten erfolgt in Zusammenarbeit mit dem externen Rechnungswesen.

Kostenführerschaft

Porter unterscheidet drei generische Grundstrategien: Kostenführerschaft, Differenzierung und Fokussierung (Nische). Die Strategie der Kostenführerschaft besteht darin, sich aufgrund eines Kostenvorteils als kostengünstigster Akteur in der strategischen Gruppe zu positionieren. Die Qualität des Produkts oder der Dienstleistung bleibt dennoch mit dem Niveau direkter Wettbewerber vergleichbar. Notwendige Voraussetzung hierfür ist, dass das Unternehmen eine Kostenstruktur hat, die erlaubt, einen niedrigeren Preis als jenen der Konkurrenz anbieten zu können, um dadurch trotzdem Gewinne zu erwirtschaften.

Kostenstellenrechnung

In der Kostenstellenrechnung werden die Kosten auf die Betriebsbereiche (Abteilungen, Regionen u. Ä.) verteilt, in denen sie angefallen sind.

Kostenträgerrechnung

Die Kostenträgerrechnung (Selbstkostenrechnung, Stückkostenrechnung, Kalkulation, Betriebsergebnisrechnung) hat die Aufgabe, für alle erstellten Güter und Dienstleistungen die Stückkosten zu ermitteln sowie das Betriebsergebnis der Periode zu berechnen. Die Fragestellungen hierfür lauten: „Wofür sind die Kosten angefallen?" und „Welches Ergebnis wurde mit den Kostenträgern innerhalb eines Zeitraums erzielt?"

Kostenträgerstückrechnung

Die Vollkostenrechnung verteilt alle Kosten auf die Kostenträger. Dies wird insbesondere bei der Kostenträgerrechnung deutlich, die als Kostenträgerzeitrechnung und als Kostenträgerstückrechnung auftritt. Die Kostenträgerstückrechnung ist eine einzelleistungsbezogene Rechnung. Sie ermittelt die Herstell- bzw. Selbstkosten der betrieblichen Leistungseinheiten (Kostenträger) und ist damit die eigentliche Kalkulation. Die Fragestellung lautet: „Wofür fallen die Kosten an?"

Glossar

Kostenträgerzeitrechnung

Die Vollkostenrechnung verteilt alle Kosten auf die Kostenträger. Dies wird insbesondere bei der Kostenträgerrechnung deutlich, die als Kostenträgerzeitrechnung und als Kostenträgerstückrechnung auftritt. Im Rahmen der Kostenträgerzeitrechnung werden die Kosten einer bestimmten Abrechnungsperiode gegliedert nach Kostenarten festgestellt und den betrieblichen Leistungen zugeordnet. Es wird damit der betriebliche Periodenerfolg ermittelt.

Kunde

Im Gegensatz zu Konsument oder Verbraucher ist ein Kunde eine Person oder auch eine Institution, die in einer Geschäftsbeziehung mit einem Unternehmen oder auch mit einer Institution steht und von dem oder der sie ein Produkt oder eine Dienstleistung erwerben will.

Lagebericht

Der Lagebericht ist ein Bericht der Unternehmensleitung zum abgelaufenen Geschäftsjahr und Ausblick auf die (nähere) Zukunft (§ 264 Abs. 1 S. 1 HGB).

Lagerplanungssystem

Das Lagerplanungssystem stellt ebenfalls einen wichtigen Bestandteil für die Optimierung der Lagerplanung dar. Aufgabe dieses Systems ist die Minimierung der Lager-, Beschaffungs- und Fehlbestandskosten. Das Lagerplanungssystem umfasst alle organisatorischen Maßnahmen zur optimalen Bestimmung des Beschaffungs- und Lagerprogrammes. In diesem System werden die Höhe des Lagerbestands, der Bestellzeitpunkt und die Bestellmenge festgelegt. Generell kann das Lagerplanungssystem nach zwei Basismodellen unterschieden werden: Das Bestellpunktsystem (kontinuierlich) und das Bestellrhythmussystem (periodisch).

Lagerung

Lagerung bedeutet das geplante Liegen von Gütern im Güterfluss. In logistischen Systemen dient Lagerung der zeitlichen Entkoppelung von Produktion und Konsumtion einer Ware. Im Kontext innerbetrieblicher Logistiksysteme wird bei kurzfristiger Lagerung, beispielsweise vor Produktionseinheiten, auch von Pufferung gesprochen.

Leistung

Unter Leistung versteht man den Wert des Zugangs an Gütern, Dienstleistungen und Geld, der aufgrund der betrieblichen Tätigkeit innerhalb einer Periode entstanden ist. Leistung ist folglich das Ergebnis der Realisierung des Produktions- und Absatzprogramms eines Unternehmens.

Lieferantenmanagement

Das Lieferantenmanagement bezeichnet die Summe der Maßnahmen zur Beeinflussung der Lieferanten und Lieferantenbeziehungen im Sinne der Unternehmensziele. Wesentliche Möglichkeiten zur Beeinflussung der Lieferantenbeziehung stellen Lieferantencontrolling, Lieferantenintegration und Lieferantenentwicklung dar.

Lineare Hochrechnung

Bei der linearen Hochrechnung werden die Istwerte proportional auf Jahreswerte hochgerechnet.

Logistik

Die Logistik beinhaltet alle Aufgaben zu einer integrierten Planung, Koordination, Durchführung und Kontrolle der Güterflüsse. Sie beinhaltet des Weiteren die güterbezogenen Informationen, angefangen von der Entstehung bis hin zum Verbrauch. Oft findet auch die Seven-Rights-Definition nach Plowman Anwendung: „Logistik heißt, die Verfügbarkeit des richtigen Gutes, in der richtigen Menge, im richtigen Zustand, am richtigen Ort, zur richtigen Zeit, für den richtigen Kunden, zu den richtigen Kosten zu sichern."

Losgröße

Die Losgröße stellt im Rahmen der Industriebetriebslehre die Menge der Produkte eines Fertigungsauftrages dar, welche die Stufen des Fertigungsprozesses durchlaufen.

Management-Tools

Management-Tools sind Management-Instrumente bzw. -Werkzeuge, die zu strategischem Denken anregen und helfen sollten, zunehmend komplexere strategische Entscheidungen treffen und diese umsetzen zu können.

Marketingplan

Grundlage für die Planung und die Umsetzung einer Marketingstrategie bildet der Marketingplan, der aus einem mehrstufigen Prozess besteht.

Marketingziele

Es werden drei Arten von Marketingzielen unterschieden: Unternehmensziele, finanzielle Ziele sowie Marktziele. Diese drei Ziele müssen aufeinander abgestimmt sein.

Marktforschung

Marktforschung ist der letzte (Kontroll-)Schritt des Marketingplans. Die Daten der Marktforschung können jedoch nicht nur als Kontrolle, sondern auch als Grundlage für den Marketingplan dienen. So ist die Evaluierung der Wirksamkeit einer Marketingstrategie von besonderer Bedeutung für die Weiterentwicklung und für die Steuerung eines Unternehmens. Um die festgelegten Ziele messen zu können, betreibt ein Unternehmen Marktforschung.

Massenfertigung

Die Massenfertigung ist gekennzeichnet durch die Fertigung eines einzigen Produktes (einfache Massenfertigung) oder mehrerer Produkte mit gleichen Produkteigenschaften (mehrfache Massenfertigung) über einen längeren Zeitraum. Der Produktionsprozess wird dabei ununterbrochen wiederholt und ein hohes Produktionsvolumen erzeugt, beispielsweise bei der Zuckerherstellung. Diese Art der Fertigung ist bei besonders hohen Produktionsvolumina vorzufinden. Die meisten Kosten, die anfallen, sind fixe Kosten.

Glossar

Materialkosten

Materialkosten bezeichnen Kosten für den betriebszweckbezogenen Verbrauch von Stoffen und Energien und bestehen aus Kosten für Rohstoffe, Hilfsstoffe und Betriebsstoffe.

Materialwirtschaft

Die Aufgabe der Materialwirtschaft ist die bedarfsgerechte Versorgung aller betrieblichen Bereiche mit den erforderlichen Gütern sowie die Entsorgung: Bei den zu entsorgenden Materialien handelt es sich häufig um wertvolle Rohstoffe, für die Schrotterlöse erzielt werden können.

Matrixorganisation

Die Matrixorganisation basiert auf zwei unternehmerischen Dimensionen, die gleichberechtigt in einer Organisation kombiniert werden. Die Matrixorganisation eignet sich, sobald für die Erreichung der unternehmerischen Ziele zwei Dimensionen (z. B. Funktionen, Produkte oder Märkte) als gleichwertig eingestuft werden.

Nebenbücher

Einzelne Teilgebiete der Buchführung werden auch in sogenannten Nebenbüchern erfasst. Man unterscheidet dabei u. a. Debitorenbuchhaltung, Kreditorenbuchhaltung, Anlagebuchhaltung, Personalbuchhaltung, Materialbuchhaltung und weitere Nebenbücher. Alle diese Nebenbücher gehen in das Hauptbuch ein, aus dem die Bilanz abgeleitet wird.

Netzwerkorganisation

Bei der Netzwerkorganisation, oft auch virtuelle Organisation genannt, handelt es sich um ein kleines Kernunternehmen, das wichtige Arbeitsschritte an Außenstehende (Externe) weitergibt. Virtuelle Organisationen sind stark dezentralisiert, funktionieren raum- und zeitunabhängig, sind durch temporäre virtuelle Wertschöpfungsnetzwerke charakterisiert und nur selten durch physische Attribute zu beschreiben.

Nichttarifäre Handelshemmnisse

Nichttarifäre Handelshemmnisse bezeichnen indirekte protektionistische Maßnahmen der Außenhandelsbeschränkung. Beispiele hierfür sind Exportquoten, Local-Content-Klauseln, freiwillige Exportbeschränkungen, Normen und Standards, Importlizenzen, Verpackungs- und Kennzeichnungsvorschriften, psychologische Beeinflussung der Konsumenten zum Kauf von einheimischen Produkten sowie Sozial- und Umweltstandards.

Nische

Porter unterscheidet drei generische Grundstrategien: Kostenführerschaft, Differenzierung und Fokussierung (Nische). Die Strategie der Fokussierung, auch Nischenstrategie genannt, besteht darin, ein sehr spezifisches Produkt oder eine Dienstleistung anzubieten, die nur sehr wenige oder häufig gar kein anderer Wettbewerber offerieren (geringes Marktvolumen). Bereits die eingeschränkte Konkurrenz bietet dem fokussierten Unternehmen einen Wettbewerbsvorteil. Man kann häufig beobachten, dass

Nischenmärkte kurzlebig sind, da ihr Wachstum in der Regel rasch neue Wettbewerber anzieht.

Normalkostenrechnung

Die Normalkostenrechnung ist eine Variante der Istkostenrechnung. Sie ersetzt die in der Istkostenrechnung ermittelten und periodisch schwankenden Istkosten durch konstante Normalkosten. Die Normalkostenrechnung baut folglich ebenfalls auf Vergangenheitswerten auf.

Online Marketing

Online Marketing wird häufig auch digitales Marketing genannt und umfasst Marketing-Maßnahmen oder -Maßnahmenbündel, welche versuchen Internetnutzer auf eine gezielte Internetpräsenz zu lenken. Das Ziel ist es hierbei Geschäfte abzuschließen oder in die Wege zu leiten. Man unterscheidet generell zwischen zwei Arten des Online Marketings: Push und Pull Online Marketing.

Optimale Bestellmenge

Um die optimale Bestellmenge (EOQ) zu berechnen, wird die klassische Losformel *(Economic Order Quantity, EOQ-Formel)* angewandt. Die klassische Losformel versucht diejenige Bestellmenge zu ermitteln, bei der die Beschaffungs- und Lagerhaltungskosten optimiert werden. Je nach getroffenen Annahmen gibt es verschiedene Varianten, um die optimale Bestellmenge zu ermitteln.

Organigramm

In einem Organigramm werden in der Regel die Namen der Stelleninhaber, die Stellennummern sowie die Kostenstellen angegeben. Organigramme können auf unterschiedliche Art und Weise dargestellt werden.

Organisation

Ein Unternehmen ist eine wirtschaftliche und juristische Einheit bestehend aus einer einzigen Betriebsstätte oder aber auch aus mehreren Betriebsstätten. Begriffe wie „Unternehmen", „Organisation", „Betrieb" oder „Firma" werden in diesem Buch als Synonyme verwendet. Die Organisation kann auch im Sinne von Struktur verstanden werden. Diese steht stets im Kontext zur Strategie und Kultur eines Unternehmens. Dem Prinzip der Wirtschaftlichkeit folgend hat diese Funktion zum Ziel, bestmögliche Prozesse anhand von Strukturen und Kultur für ein effizientes Funktionieren eines Unternehmens zu schaffen.

Organisation des Produktmanagements

Das wesentliche Ziel der Organisation des Produktmanagements ist es, stets die Anpassungsfähigkeit an Markt- und Wettbewerbsbedingungen eines Unternehmens zu gewährleisten. Produktmanagement wird vor allem dann eingesetzt, wenn ein Unternehmen über eine vielfältige und heterogene Produktpalette verfügt, was eine produktbezogene Koordination sinnvoll macht. Die entsprechenden Märkte zeichnen sich durch hohe Komplexität und Dynamik aus.

Pagatorischer Kostenbegriff

Dieser Kostenbegriff bezieht sich nicht auf den Wert der mit dem Verbrauch von Gütern und Dienstleistungen verbunden ist, sondern nur auf die Auszahlungen, die damit zusammenhängen. Somit findet ein Werteverzehr nur dann statt, wenn damit eine Auszahlung verbunden ist. Dieser Kostenbegriff ist folglich rein zahlungsorientiert und entspricht im Wesentlichen dem Aufwandsbegriff aus der Bilanzierung.

Pagatorisches Prinzip

Aufwendungen und Erträge beruhen in letzter Konsequenz immer auf Ein- und Auszahlungen. Im Gegensatz dazu steht das wertmäßige Prinzip der Kosten- und Leistungsrechnung, das auch mit kalkulatorischen Positionen arbeitet (§ 252 Abs. 1 Nr. 5 HGB).

Passive Bestandskonten

Passive Bestandskonten dokumentieren das Eigenkapital sowie die Schulden des Unternehmens. Zugänge werden im „Haben" und Abgänge im „Soll" gebucht:

Periodisierungsprinzip

Aufwendungen und Erträge des Geschäftsjahres sind unabhängig von den Zeitpunkten der entsprechenden Zahlungen im Jahresabschluss zu berücksichtigen (§ 252 Abs. 1 Nr. 5 HGB). Dies wird auch als Prinzip der Periodenabgrenzung bezeichnet.

Personalkosten

Personalkosten sind Kosten für Gehälter und Löhne (Lohnkosten). Dazu gehören auch Kosten für soziale Aufwendungen sowie Personalnebenkosten wie Entgeltfortzahlungen oder Fortbildungsmaßnahmen. Zahlungen von Versicherungsbeiträgen für Kranken-, Renten-, Arbeitslosen- oder Unfall- und Arbeitslosenversicherung sind ebenfalls Bestandteil der Personalkosten.

PESTEL-Analyse

Um die externe Umwelt in einem strukturierten Rahmen zu analysieren, eignet sich die PESTEL-Analyse. Hierbei sollen die wesentlichen Einflussfaktoren und deren Tendenzen aus der Makro-Umwelt identifiziert, beschrieben und bewertet werden: *Political situation* (politische Faktoren), *Economic situation* (wirtschaftliche Faktoren), *Social situation* (sozio-kulturelle Faktoren), *Technological situation* (technologische Faktoren), *Ecological situation* (ökologische Faktoren), *Legal situation* (rechtliche Faktoren).

Plankostenrechnung

Die Plankostenrechnung ist ein Verfahren, bei dem im Voraus bestimmte und bei planmäßigem Betriebsablauf als erreichbar angesehene Kosten ermittelt werden. Nach Ablauf einer Periode können sie mit den tatsächlich angefallenen Kosten verglichen werden.

Preisdiskriminierung

Preisdiskriminierung findet auf verschiedene Art und Weise statt: Die geläufigsten Preisdiskriminierungen sind die mengenabhängige (z. B. Mengenrabatt) und die dynamische Preisdiskriminierung (z. B. bei frühem Erwerb ist das Ticket günstiger). Somit kann ein Unternehmen seinen Erlös erhöhen und dennoch viele seiner potenziellen Kunden ansprechen.

Preiselastizität

Preiselastizität beschreibt die Änderung der Angebots- bzw. Nachfragemenge aufgrund einer Preisänderung.

Prinzip der Periodenabgrenzung

Aufwendungen und Erträge des Geschäftsjahres sind unabhängig von den Zeitpunkten der entsprechenden Zahlungen im Jahresabschluss zu berücksichtigen (§ 252 Abs. 1 Nr. 5 HGB). Dies wird auch als Periodisierungsprinzip bezeichnet.

Produktionsprozess

Der Produktionsprozess bezeichnet den zielgerichteten Ressourceneinsatz in einem wertschöpfenden Kombinations- und Transformationsprozess zur Erstellung bestimmter Güter. In diesem Sinn spiegelt der Produktionsprozess die Wettbewerbsorientierung und bestimmte Produkt- oder Dienstleistungsentscheidungen zur Erreichung der Unternehmensziele wider.

Produktionsstrategie

Die Produktionsstrategie orientiert sich an der langfristigen Unternehmensausrichtung und legt fest, auf welche Weise die wesentlichen produktionsbezogenen Unternehmensressourcen zur nachhaltigen Gewährleistung der Unternehmensstrategie eingesetzt werden können. Unternehmen können alternativ vier generelle Produktionsstrategien in der Leistungserstellung verfolgen: Kosten-, Qualitäts-, Zeit- oder Diversifikationsstrategie.

Produktivität

Produktivität ist ein Maß für die Leistungsfähigkeit. Sie entspricht dem Verhältnis von produzierten Gütern und den dafür benötigten Produktionsfaktoren. Unter Produktivität wird das (Mengen-)Verhältnis zwischen dem produzierten Output und dem dafür eingesetzten Input (Produktionsfaktoren) verstanden.

$$\text{Produktivität} = \frac{\text{Ausbringungsmenge}}{\text{Einsatzmenge}} = \frac{\text{Output}}{\text{Input}}$$

Prozesskostenrechnung

Die Prozesskostenrechnung ist ein Vollkostenrechnungssystem, das versucht, die in den indirekten Leistungsbereichen anfallenden Gemeinkosten besser auf die Kostenträger zu verteilen, als dies mithilfe von Zuschlagssätzen im Rahmen der normalen Zuschlagskalkulation erfolgt.

Radio Frequency Identification

Radio Frequency Identification (RFID) gilt als innovative Lösung für die Identifikation eines Objektes mittels eines darauf oder darin angebrachten Etiketts. Die Identifikation erfolgt über Funkwellen, ohne Sichtverbindung und evtl. zeitgleich, sodass das Etikett im Pulk mit anderen Etiketten gelesen werden kann.

Rahmengrundsätze

Über die reinen Buchführungsgrundsätze hinaus gibt es weitere Regelungen, die eine sachgerechte, periodengerechte, einwandfreie und nachvollziehbare Bilanzierung sicherstellen sollen. Zur Strukturierung dieser Grundsätze ordnungsmäßiger Bilanzierung gibt es unterschiedliche Möglichkeiten. Häufig verwendet wird die Einteilung in Rahmengrundsätze, Systemgrundsätze, Grundsatz der Gewinnermittlung und Grundsätze der Kapitalerhaltung. Rahmengrundsätze bestehen aus Wirtschaftlichkeit, Klarheit (§ 243 Abs. 2 HGB), Vollständigkeit (§ 246 Abs. 1 HGB, Stichtagsprinzip (§ 252 Abs. 1 Nr. 3 HGB), Stetigkeitsprinzip (§§ 246 Abs. 3 und 252 Abs. 1 Nr. 6 HGB).

Realisationsprinzip

Eine Ertragsrealisation darf erst mit Lieferung oder Leistung des Unternehmens erfolgen, nicht bereits bei einer Angebotserstellung oder einem Vertragsabschluss, aber auch nicht erst bei Zahlungseingang (§ 252 Abs. 1 Nr. 4 HGB).

Return on Investment

Eine Variante der Gesamtkapitalrentabilität ist der Return on Investment (ROI), bei dem Fremdkapitalzinsen nicht berücksichtigt werden.

$$ROI = \frac{\text{Gewinn}}{\text{Gesamtkapital}}$$

Rohstoffe

Rohstoffe sind Materialien, die als wesentliche Bestandteile in Produkte eingehen. Rohstoffe haben seit der Gewinnung aus ihrer natürlichen Quelle keine oder nur wenig Bearbeitung erfahren. Ein Beispiel für einen Rohstoff ist Holz bei der Möbelherstellung.

Rollierende Planung

Dies bedeutet, dass nicht mehr in festen 12-Monats-Rhythmen geplant wird. Stattdessen werden (z. B. je Quartal) Planwerte durch Istwerte ersetzt und neue Planwerte hinzugefügt. Dadurch erhält man eine laufende Vorschau, die nicht nur das aktuelle Jahr, sondern auch zukünftige Perioden umfasst.

Sales

Diese Funktion beschäftigt sich mit dem Verkauf der her- und bereitgestellten Produkte und Dienstleistungen. Sie richtet sich an diejenigen Kunden, deren Bedürfnisse befriedigt werden sollen. Jene werden letztendlich die finanziellen Mittel aufbringen, um entstandene Kosten zu decken und Gewinne zu erzielen. Diese Funktion ist ebenfalls verantwortlich für die Kundengewinnung und die Kundenbindung.

Segmentberichterstattung

Die Segmentberichterstattung ist eine periodenbezogene Aufstellung zu Teilbereichen des Unternehmens. Sie enthält wesentliche GuV- und Bilanzpositionen (sogenanntes Segmentergebnis und Segmentvermögen) gegliedert nach Geschäftsbereichen und nach Regionen.

Sendungsverfolgung

Sendungsverfolgung (Tracking und Tracing) ist ein Mittel, um den Status einer Auslieferung vor der Zustellung verfolgen und feststellen zu können.

Serienfertigung

Die Serienfertigung kennzeichnet einen Produktionsprozess, bei dem eine begrenzte Stückzahl an verschiedenen Produkten auf gleichen oder auf verschiedenen Produktionsanlagen hergestellt wird. Je nach Produktionsvolumen der jeweiligen Serie kann zwischen Kleinserien und Großserien unterschieden werden.

Social Media Marketing

Beim Social Media Marketing werden die verschiedenen Formen sozialer Medien, wie beispielsweise Microblogs, soziale Netzwerke, Media-Sharing-Plattformen, Social Bookmarking, Voting-Seiten, Foren und Blogs, genutzt, um einen Dialog mit den Kunden und potenziellen Abnehmern eines Unternehmens aufzubauen. Wesentliche Elemente für ein erfolgreiches Social Media Marketing sind Ehrlichkeit, Authentizität und Transparenz beim Dialog mit den Nutzern.

Standortfaktoren

Die Standortauswahl eines Unternehmens geht aus der Analyse der Standortfaktoren hervor. Wesentliche Faktoren hierbei sind: Produktionsfaktoren; Infrastrukturfaktoren; Nachfrage vor Ort; politische, wirtschaftliche und soziale Rahmenbedingungen.

Stetigkeitsprinzip

Die angewandten Ansatz- und Bewertungsmethoden sind beizubehalten, um eine Vergleichbarkeit der Jahresabschlüsse zu gewährleisten (§§ 246 Abs. 3 und 252 Abs. 1 Nr. 6 HGB). Denn viele Tendenzen sind nicht aus einem einzigen Jahresabschluss, sondern erst im Zeitablauf, d. h. im Vergleich mehrerer Jahresabschlüsse miteinander zu erkennen.

Stichtagsprinzip

Wesentlich sind die Wertverhältnisse am Bilanzstichtag. Ereignisse nach dem Bilanzstichtag, die einen Wert begründen (wertbegründende Tatsachen), sind deshalb nicht zu berücksichtigen. Erkenntnisse, die einen Wert genauer berechnen lassen (wertaufhellende Tatsachen), sind bei der Bilanzerstellung zu berücksichtigen (§ 252 Abs. 1 Nr. 3 HGB).

Glossar

Strategische Gruppe

Eine strategische Gruppe umfasst alle Unternehmen einer Branche, die direkt miteinander konkurrieren und ähnliche strategische Eigenschaften aufweisen.

Strategische Entscheidungen

Strategische Entscheidungen werden in der Regel von der Geschäftsleitung getroffen, die auch Management genannt wird. Die strategischen Entscheidungen der Geschäftsleitung eines Unternehmens legen die Rahmenbedingungen für sämtliche weiteren Entscheidungen des Unternehmens fest. Strategische Entscheidungen bestimmen im Allgemeinen das Verhalten und die Handlungen eines Unternehmens und im Besonderen den langfristigen Aufbau und Einsatz von Kompetenzen, Ressourcen, Investitionen und die strategische Ausrichtung des Unternehmens.

Subprime-Krise

Die Subprime-Krise begann im Frühjahr 2007 als Banken-, Finanz- und Wirtschaftskrise und ist eine Folge der US-Immobilien- bzw. Hypothekenkrise.

Supply Chain Management

Supply Chain Management (SCM) ist eine neue Perspektive, die die Planung und das Management aller Aufgaben bei Lieferantenwahl, Beschaffung und Umwandlung sowie alle Aufgaben der Logistik umfasst. Der besondere Fokus liegt hierbei auf der Koordinierung und Zusammenarbeit der beteiligten Partner (Händler, Lieferanten, Logistikdienstleister, Kunden). Supply Chain Management integriert das Management über die Unternehmensgrenzen hinweg. Die wesentliche Aufgabe des Supply Chain Managements liegt in der Integration und Koordination der Beteiligten des Wertschöpfungssystems (häufig auch Wertschöpfungsnetzwerk genannt).

SWOT-Analyse

Die SWOT-Analyse wird als Werkzeug (englisch: *Tool*) des strategischen Controllings eingesetzt, um die Handlungsfelder eines Unternehmens oder eines Produktes genauer darzustellen sowie daraus weitere Konsequenzen in der strategischen Ausrichtung abzuleiten. Häufig wird sie im Rahmen der strategischen Unternehmensplanung eingesetzt, um die dort durchzuführenden Analysen, insbesondere die Unternehmens- und Wettbewerbsanalyse, zu unterstützen. SWOT ist ein Akronym für unternehmensinterne **S***trengths* (Stärken), **W***eaknesses* (Schwächen) und unternehmensexterne **O***pportunities* (Chancen), **T***hreats* (Gefahren) und fasst diese in einer sogenannten SWOT-Übersicht zusammen. Die SWOT-Analyse bietet so die Möglichkeit, eigene Potenziale zu erkennen und externe Rahmenbedingungen für Entscheidungs- und Veränderungsprozesse zu visualisieren.

Systemgrundsätze

Über die reinen Buchführungsgrundsätze hinaus gibt es weitere Regelungen, die eine sachgerechte, periodengerechte, einwandfreie und nachvollziehbare Bilanzierung sicherstellen sollen. Zur Strukturierung dieser Grundsätze ordnungsmäßiger Bilanzierung gibt es unterschiedliche Möglichkeiten. Häufig verwendet wird die Einteilung in Rahmengrundsätze, Systemgrundsätze, Grundsatz der Gewinnermittlung und Grundsätze der Kapitalerhaltung. Systemgrundsätze bestehen aus: Bilanzidentität (§ 252 Abs. 1 Nr. 1 HGB), Unternehmensfortführung (§ 252 Abs. 1 Nr. 2 HGB), Einzelbewertung/Verrechnungsverbot (§§ 252 Abs. 1 Nr. 3 HGB und 246 Abs. 2 HGB), Periodisierungsprinzip (§ 252 Abs. 1 Nr. 5 HGB) und dem Pagatorischen Prinzip (§ 252 Abs. 1 Nr. 5 HGB).

Tarifäre Handelshemmnisse

Tarifäre Handelshemmnisse bezeichnen direkte protektionistische Maßnahmen der Außenhandelsbeschränkung. Hierzu gehören insbesondere Zölle, Abschöpfungen (Mindestpreise), Verbrauchersteuern und Exportsubventionen.

Teilkostenrechnung

In der Teilkostenrechnung werden nur die Kosten einem Kostenträger zugerechnet, die durch diesen Kostenträger verursacht wurden. Kosten, die durch mehrere Kostenträger entstanden sind, werden zu einem gemeinsamen Block zusammengefasst und nicht auf die einzelnen Kostenträger verteilt.

Too Big to Fail

Im Zusammenhang mit der sogenannten Subprime-Krise im Frühjahr 2007 schildert *Too Big to Fail* die Vorstellung, dass jegliche Art von Institution, auch Unternehmen ab einer bestimmten Größe, allein wegen ihrer Größe de facto davor geschützt sind, in Insolvenz gehen zu müssen. Der Grund dieses Schutzes ist wie folgt: Als systemische Einrichtungen würden sie rechtzeitig von internationalen staatlichen Organisationen oder dem Staat selbst durch Staatsinterventionen gerettet, um nicht die gesamte Volks- oder Weltwirtschaft bzw. das komplette Wirtschaftssystem zu bedrohen.

Total Quality Management (TQM)

TQM versucht die Produktqualität zu verbessern, indem qualitative Defizite in der Produktion vermieden werden und Qualität als oberste Unternehmensphilosophie eingeführt wird. Die Bedeutung dieser Entwicklung zeigt sich unter anderem in dem heute hohen Bestreben von Unternehmen, die sogenannte Zertifizierung nach ISO 9001 zu erlangen.

Trendberichte

Unter Berichtswesen wird die Erstellung und Weiterleitung von Berichten mit einer mehr oder weniger verdichteten Darstellung von Zahlen, Leistungen sowie sonstigen finanziellen und nicht finanziellen Ergebnissen verstanden. Wesentliches Ziel eines Berichtes ist, dem Adressaten ein Bild über den Stand und die Fortentwicklung des Unternehmens zu vermitteln und so interne Empfänger bei ihren Planungs-, Steuerungs- und Kontrolltätigkeiten zu unterstützen. Trendberichte informieren über langfristig wirkende Sachverhalte, die dem Auffinden, Aufbau und/oder dem Bewahren von Erfolgspotenzialen dienen. Sie unterstützen somit vorrangig die strategische Planung und Kontrolle.

Umsatzkostenverfahren

Beim Umsatzkostenverfahren (UKV) werden (nur) die Kosten der abgesetzten Erzeugnisse (absatzorientiert) ausgewiesen Das Umsatzkostenverfahren führt zum gleichen Ergebnis wie das Gesamtkostenverfahren (GKV). Der Unterschied ist lediglich die Darstellungsweise.

Umsatzrentabilität

Die Umsatzrentabilität wird aus dem Verhältnis zwischen Gewinn und Umsatz errechnet.

$$\text{Umsatzrentabilität} = \frac{\text{Gewinn}}{\text{Umsatzerlöse}}$$

Unternehmen

Ein Unternehmen kann als Teil eines Systems (Unternehmensumwelt), in dem es sich bewegt und mit dem es sich in einer Austauschbeziehung befindet, verstanden werden. Laut Porter ist jedes Unternehmen „eine Ansammlung von Tätigkeiten, durch die sein Produkt entworfen, hergestellt, vertrieben, ausgeliefert und unterstützt wird. All diese Tätigkeiten lassen sich in einer Wertkette darstellen".

Unternehmensfortführung

Unternehmensfortführung (§ 252 Abs. 1 Nr. 2 HGB) ist ein Systemgrundsatz. Er bedeutet, dass keine Liquidations- oder Zerschlagungswerte angesetzt werden, sondern Fortführungswerte der Bilanzpositionen. Dies wird als Going-Concern-Bilanzierung bezeichnet.

Unternehmensziele

Unternehmensziele bzw. Organisationsziele bezeichnen in der Betriebswirtschaftslehre die Zielsetzungen, die dem Unternehmertum zugrunde liegen. Diese Ziele symbolisieren ein gewisses Selbstverständnis und den Anspruch eines Unternehmens. Eine Zielsetzung gehört zu den wesentlichen unternehmerischen Entscheidungen eines Unternehmens und wird in der Regel von der Direktion des Unternehmens entschieden.

Variable Kosten

Variable Kosten sind ausbringungsmengenabhängige Kosten, d. h. variable Kosten sind Kosten, die mit steigendem Leistungsumfang steigen bzw. mit sinkendem Leistungsumfang sinken. Sie sind von der Nutzung der Kapazität durch die Erstellung von Leistungen abhängig und variieren mit der Menge des Outputs.

Verkehrsträger

Entsprechend der Objekteigenschaften der Transportgüter und der Anforderungen an den Transport (Dauer, Distanz, Diebstahlsicherheit, maximale Erschütterungen etc.) werden für außerbetriebliche Transporte unterschiedliche Verkehrsträger gewählt. Die gängigsten Verkehrsträger für den außerbetrieblichen Transport sind: Straßengüterverkehr, Schienengüterverkehr, Binnen- und Seeschifffahrt, Luftverkehr und Pipelinesysteme.

Verschuldungsgrad

Der Verschuldungsgrad (*debt to equity ratio*) eines Unternehmens ist eine Kennzahl, die das Verhältnis von Fremdkapital und Eigenkapital angibt. Die Kennzahl informiert über die Finanzierungsstruktur eines Unternehmens.

$$\text{Verschuldungsgrad} = \frac{\text{Fremdkapital}}{\text{Eigenkapital}}$$

Vertriebspolitik

Die Vertriebspolitik umfasst sämtliche Entscheidungen und Maßnahmen, welche in Beziehung mit dem Weg der Güter von einem Unternehmen zum Endkunden stehen. Durch diese Entscheidung werden die Aufgaben und Herausforderungen der Salesabteilung festgelegt.

Virtuelle Organisation

Bei der virtuellen Organisation, oft auch Netzwerkorganisation genannt, handelt es sich um ein kleines Kernunternehmen, das wichtige Arbeitsschritte an Außenstehende (Externe) weitergibt. Virtuelle Organisationen sind stark dezentralisiert, funktionieren raum- und zeitunabhängig, sind durch temporäre virtuelle Wertschöpfungsnetzwerke charakterisiert und nur selten durch physische Attribute zu beschreiben.

Vollkostenrechnung

Die Vollkostenrechnung verteilt alle Kosten auf die Kostenträger. Dies wird insbesondere bei der Kostenträgerrechnung deutlich, die als Kostenträgerzeitrechnung und als Kostenträgerstückrechnung auftritt. Bevor jedoch Kalkulationen und Ergebnisrechnungen angestellt werden können, sind eine systematische Erfassung der Kosten und ihre organisatorische Zuordnung erforderlich.

Vorsichtsprinzip

Die Konkretisierung dieses aus dem Gläubigerschutzprinzip folgenden Grundsatzes zeigt sich auf der Aktivseite im Anschaffungskostenprinzip und dem (strengen und gemilderten) Niederstwertprinzip sowie einem Höchstwertprinzip auf der Passivseite (§ 252 Abs. 1 Nr. 4 HGB).

Wachstumsstrategie

Harry Igor Ansoff unterscheidet zwischen vier unterschiedlichen strategischen Entwicklungsrichtungen: Marktdurchdringung, Produktentwicklung, Marktentwicklung und Diversifikation.

Glossar

Wechselkosten

Der Begriff Wechselkosten bezeichnet Transaktionskosten, die beispielsweise für eine Fluglinie entstehen, sobald das Personal von einem Flugzeugtyp zu einem anderen Flugzeug wechselt.

Wertmäßiger Kostenbegriff

Dieser Kostenbegriff schließt auch den Werteverzehr mit ein, der nicht durch eine Auszahlung entstanden ist. Das heißt konkret, Kosten entstehen durch jeglichen Verbrauch von Gütern und Dienstleistungen, der zur Erstellung der betrieblichen Leistung und zur Aufrechterhaltung der Betriebsbereitschaft dient, eine Auszahlung ist nicht zwingend erforderlich. Auf Basis dieses wertorientierten Kostenbegriffs können kalkulatorische Kosten definiert werden.

Wirtschaftlichkeit

Über die reinen Buchführungsgrundsätze hinaus gibt es weitere Regelungen, die eine sachgerechte, periodengerechte, einwandfreie und nachvollziehbare Bilanzierung sicherstellen sollen. Zur Strukturierung dieser Grundsätze ordnungsmäßiger Bilanzierung gibt es unterschiedliche Möglichkeiten. Häufig verwendet wird die Einteilung in Rahmengrundsätze, Systemgrundsätze, Grundsatz der Gewinnermittlung und Grundsätze der Kapitalerhaltung. Wirtschaftlichkeit ist einer der Rahmengrundsätze. Er besagt, dass entsprechend seinen Zielsetzungen der Jahresabschluss zwar zu informieren hat, dies jedoch nicht zu einer übermäßigen wirtschaftlichen Belastung des Unternehmens führen darf.

Word-of-Mouth-Effekte

Mundpropaganda (Word-of-Mouth Effekte) ist die Basis für erfolgreiches Viral Marketing, welches sich primär auf die persönliche Weitergabe von Informationen zwischen Konsumenten über Leistungen und Produkte eines Unternehmens bezieht.

Zero Base Budgeting

Beim Zero Base Budgeting beginnt die Unternehmensplanung jedes Mal wieder bei null. Das heißt, Führungskräfte planen das Unternehmen so, als würde es „neu auf der grünen Wiese" entstehen und stellen Anträge auf Zuweisung von Mitteln. Die Unternehmensleitung priorisiert diese Anträge und entscheidet damit über die Rangfolge der Mittelvergabe.

Zielkostenrechnung

Die Zielkostenrechnung unterstützt das Ziel, ein wettbewerbsfähiges Produkt zu gestalten, dessen Funktionen und Qualität den Kundenanforderungen entsprechen und das dabei eine angemessene Rentabilität für das Unternehmen sichert. Die Zielkostenrechnung wird folglich in erster Linie in Unternehmen eingesetzt, die auf wettbewerbsintensiven Märkten tätig sind und kurzen Produktlebenszyklen sowie einem hohen Preisdruck ausgesetzt sind.

Zugangsbewertung

Im Rahmen der Grundzüge der Bilanzierung nach deutschen Rechnungslegungsvorschriften unterscheidet man zeitlich die Zugangsbewertung und die Folgebewertung. Bei der Zugangsbewertung unterscheidet man zwischen Anschaffungskosten (*AK*) und Herstellungskosten (*HK*), zusammengefasst auch als Anschaffungs- oder Herstellungskosten (*AHK*) bezeichnet.

Zuschlagskalkulationen

Werden im betrieblichen Produktionsprozess verschiedene Produkte in mehrstufigen Fertigungsabläufen mit unterschiedlicher Kostenverursachung gefertigt, so wird in der Kostenträgerrechnung die Zuschlagskalkulation angewendet. Im Gegensatz zur Divisionskalkulation trennt die Zuschlagskalkulation Einzel- und Gemeinkosten.

Register

Numerisch

3D-Theorie 524
4P's 104, 110
5-Kräfte-Modell
  (Five Forces Model) 63, 386
5P-Modell der Strategie 59

A

ABC-Analyse 236
Abgrenzungsbuchungen 335
Ablauforganisation 406
Above the line-Maßnahmen 130
Absatz siehe Sales
Abweichungsanalysen 387
Abweichungshochrechnung 388
Abwicklungsrisiko 286
Accrual Principle siehe Prinzip der
  Periodenabgrenzung
Adhocratie 414
Affiliate-Marketing 119
After-Sales-Services 130
Aktiengesetz 308
Aktivseite 326
Allianzen 76
analytische Berichte 384, 553
Anhang 308
Anschaffungskosten 327
Ansoff, Harry Igor 74, 577
Ansoff-Matrix 106
Anspruchsgruppen 56
  siehe Stakeholder
Arbeitsbedingungen 486
Arbeitsplatzbeschreibung siehe Stellen-
  beschreibung
Arbeitsteilung 220
Assessment-Center 493
Aufbauorganisation 406
Aufgabenstil 525
Aufgabenverzeichnis 490
Auftragsfertigung siehe Fertigungs-
  typen

Aufwand 305
Aufwandskonten 320
Aufwendungen 358, 563
Außenfinanzierung 275
autoritärer Führungsstil 520

B

Balanced Scorecard 393
Barilla 206
Barwertfaktor 266
Bedürfnis 30
Bedürfnispyramide (Maslow) 30, 518
Below the line-Maßnahmen 130
Berichtswesen 384, 575
Beschaffung 166, 554
Beschaffungskosten 235, 238
Bestandskonten
  aktive 311
  passsive 311, 570
Bestellmenge 237, 554
Bestellpunkt 237, 554
Bestellpunktsystem 237
Bestellrhythmussystem 237, 241, 554, 566
Beteiligungsfinanzierung 276
Betrieb siehe Unternehmen
Betriebsstoffe 362
Betriebswirtschaftslehre 28
Better Budgeting 383
Bewegungssystematik 198
Bewertung 152
Bewertungskriterien 497
Bewertungsprozess 496
Beyond Budgeting 383
Beziehungsstil 525
Bilanz 274, 308, 310, 330, 555
Bilanzidentität 325, 575
Bilanzierung
  Grundlagen 324
Bilanzsteuerung 278
Bilanzverlängerung 312
Blogs 119, 573
Board-Aufsichtsrat 435
Branche 35

Break-even-Analyse 231, 371, 556
Buchführung 323
    Grundlagen 309
    Grundsätze 323
    Teilgebiete 323, 568
Buchungssatz 311
Business Schools siehe Wirtschaftshochschule
Business-Partner-Ansatz 483

C

Cashflow 259, 289, 294
Casio 68
Change Management 410
Chargenfertigung 230
Chief Information Officer 465
Chief Information Security Officer 465
Chief Operating Officer 405
Chief Technical Officer 465
CIO siehe Chief Information Officer
CISO siehe Chief Information Security Officer
Clusterorganisation 431, 556
Community of Practice 462
Controlling 167
    Definition 375
    Funktionen 375
    operative Ebene 379
    Organisation 378
    strategische Ebene 378
    strategisches 386
    taktische Ebene 379
    Werkzeuge 386, 389, 564, 574
CoP siehe Community of Practice 462
Copyright siehe Urheberrecht
Corporate Governance 56, 406, 432
Corporate Identity 410, 444
CTO siehe Chief Technical Officer
Customer Relationship Management 466

D

Daten 449
Deckungsbeitrag 232
Deckungsbeitragsrechnung 371
Deckungsquote 233
Delegieren 528

demokratischer Führungsstil 521
Dienstleistungsunternehmen 35
differenziertes Marketing 109
Differenzierung 67, 84, 557, 560, 565, 568
Dimensionen der Führung 517
Discounting 289
Diversifikation 75, 421, 577
divisionale Organisation 419, 557
Divisionalisierung 414
Divisionskalkulation 366
Durchladeorganisation siehe Umschlagprozesse

E

Economic Value Added 391
Effektivität 220
Effizienz 219
Effizienzkriterium 402
Eigenkapital 275, 276, 329
Eigenkapitalrendite 288
Eigenkapitalspiegel 309, 333, 558
Eigenschaftstheorie 533
eindimensionale Konzepte 418
einfache Struktur 413
Einkauf 166, 558
Einstellungsprozess 489
Einzelbewertung 325, 575
Einzelfertigung 229, 558
Einzelkosten 359, 366, 558
E-Mail-Marketing 119
Enterprise Resource Planning-System 465
Erfolgskonten 320, 559
ERP-System siehe Enterprise Resource Planning-System
Ertrag 305
Ertragskonten 320
Ethik-Management
    Fallstudie HiPP 87
Expertokratie 414
explizites Wissen 454
Exploitation 468
Exploration 468
Externalisierung 455
Externalitäten
    negative 83

Register

externes Rechnungswesen 563
    Adressaten 306
    Aufgaben 305
    Bestandteile 308
    Grundlagen allgemein 305
    Rechtsgrundlagen 307

F

Facebook 118
Fertigungstypen 229
Feudalismus 28
FiFo siehe First in First out
Finance 259
Finanzierungsentscheidung 273
Finanzplan 275
Finanzwirtschaft 257
Firma siehe Unternehmen
First in First out 197
Flexibilität 429
Fokussierung 67, 84, 557, 560, 565, 568
Folgebewertung 329, 330
Forecasts 387
Formalisierung 408
Fremdgestaltung 411
Fremdkapital 276, 329, 559
Fremdorganisation 410
Friedman, Milton 80
Führung 514
Führungserfolg messen 535
Führungsfunktionen 516
Führungskontinuum 522
Führungskonzept 406
Führungsorganisation siehe Corporate Governance
Führungsstil 519, 532
Funktion von Führung 515
funktionale Organisationsform 418, 560
Fusion 76

G

Gemeinkosten 359, 366, 560
generische Grundstrategien 63, 67, 557, 560, 565, 568
Gesamtkapitalrentabilität 391
Gesamtkosten 232, 560
Gesamtkostenverfahren 365
Gesamtumsatz 232

Geschäftsbereichsorganisation divisionale Organisation 419, 557
Gewerkschaft 487
Gewinn 232, 276
Gewinn- und Verlustrechnung 308, 331
Gewinnermittlung
    Grundsätze 325, 561
Gewinnschwellenanalyse siehe Break-even-Analyse
globale Strategie 80
Going-Concern 325, 576
Going-Concern Principle siehe Prinzip der Unternehmensfortführung
Goodwill 452
Googins 82
Grundelemente der Strategie 57
Grundsatz der Gewinnermittlung 325, 561
Güter 31
    freie 31
    knappe 31
Güterstruktureffekt siehe Transport
GuV siehe Gewinn- und Verlustrechnung

H

Habenbuchung 310
Hauptbuch 323, 562
Herstellungskosten 328, 562
HGB 343
Hierarchie 410
HiFo siehe Highest in First Out
Highest in First Out 197
Hilfsstoffe 362
Holdingorganisation 421, 562
HR siehe Human Resource
HRD siehe Human Resource Direktion
Human Relations Bewegung 482
Human Resource Direktion 483
Human Resource Direktor siehe Human Resource Direktion
Human Resource Management 19, 466, 480, 483, 505
    Einstellungsprozess 489
    Personalbewertung 495
    Prozesse 485
    Rolle im Unternehmen 483
    Tätigkeiten 485
    Trends 502

Register

Ursprung 481
Vergütung 501
hybride Strategien 68
Hypercompetition 55
Hyperwettbewerb siehe Hypercompetition

I

Identitätsentwicklung 410
IFRS siehe International Financial Reporting Standards
IKEA 84
Imparitätsprinzip 326, 561
Implizites Wissen 454
industrielle Bürokratie 413
industrielle Revolution 220
Informatik 464
Informationssysteme 464
Informationstechnologie 449, 465
Innenfinanzierung 276
Insider-Board 434
Insider-Outsider-Board 434
Integrationsphase 494
Integrationsstil 525
Interaktionstheoretiker 534
Interessensgruppen siehe Stakeholder
Internalisierung 455
International Financial Reporting Standards 342
internationale Strategie 77, 80
internationaler Ansatz 100
Internationalisierungsstrategie
Dimensionen 77
Inventur 308, 562
Investition 269, 293
Investitionsentscheidung 268, 269, 271
IS siehe Informationssysteme
Istkostenrechnung 361, 563

J

Jahresabschluss 273, 308, 335, 555, 561
Erstellung 341
Offenlegung 341
Pflichtprüfung 340
Prüfung 342
Journal 323, 563
Jules Verne, Restaurant 73
Just-in-Time 221, 235

K

Kanten 182
Kapitalerhaltung
Grundsätze 326, 561
Kapitalflussrechnung 309, 334, 563
Käuferkategorien 132
Käuferverhalten 100
Kennzahlen 389, 564
Kritik 389
Kennzahlensystem 389, 390, 564
Kernkompetenz 456, 564
Key-Account Manager 147, 564
Klarheit 325, 572
klassische Organisationsformen 416
Knoten-Kanten-Modell 182
Knowledge Economy siehe Wissensgesellschaft
Knowledge Worker siehe Wissensträger
Kohäsionsfunktion 516
Kombination 455
kombinierte Hochrechnung 388, 564
Kommissionierung 197
Kommunikationstechnologie 465
Kompetenz 70
Kompetenzmanagement 488
Konsument 96, 566
Konto 310
Kontrolle 387
konzentriertes Marketing 109
Kooperation siehe Allianzen 76
kooperativer Führungsstil 520
Kosten 119, 358, 359, 560
Einzelkosten 359, 366, 558
fixe 232, 359, 559, 560
Fremdleistungen 362, 565
Gemeinkosten 366
Kalkulatorische 362
Materialkosten 362, 568
pagatorische 358
Personalkosten 362, 570
variable 232, 358, 359, 560, 576
wertmäßige 358
Kostenarten 232
Kostenartenrechnung 360, 362, 565
Kostenführerschaft 67, 84, 557, 560, 565, 568

Kostenrechnung
    Istkosten 361, 563
    Normalkosten 361, 569
    Plankosten 361, 570
Kostenstellenrechnung 360, 363, 565
Kostenträgerrechnung 360, 565
Kostenträgerstückrechnung 365, 565
Kostenträgerzeitrechnung 364
Kramer, Marc R. 83
Kredit 261, 275
Kreditfinanzierung 275
Kundenanalyse 154
Kundenbeziehungen 99

L

Lagebericht 308, 332, 566
Lager
    Kosten 234
Lagerbestand 234
Lagerhaltung
    Gesamtkosten 238, 560
Lagerhaltungskosten 238
Lagerkosten 234
Lagerplanung 234
Lagerplanungssystem 236
Lagerung 193, 566
Laissez-Faire-Führungsstil 521
Last in First out 197
Leistung 357, 358, 566
Leitbild 57
Leverage 288
Lieferantenmanagement 175, 566
Liefertreue 175
LiFo siehe Last in First out
Lift on Lift off 190
lineare Hochrechnung 388, 567
LinkedIn 118
liquide Mittel 334
Liquidität 259
LoFo siehe Lowest in First out
Logistik 166, 567
    IT-Systeme 201
Logistiksysteme 178
Lohnanteil
    fester 502
    variabler 502
Lokomotionsfunktion 516

Losgröße 227, 567
Lowest in First out 197

M

M&A 76
Management by Exception 530
Management by Objectives 532
Management Tools 567
Management-Modelle 530
Management-Tools 55
Marge 265
Marke 453
Market-Based View 60
Marketing 96
    Maßnahmen 118, 569
    Online 118
Marketing-Mix 110
Marketingplan 104
Markt 99
Marktdurchdringung 74, 577
Märkte 31
Marktentwicklung 74, 577
Marktforschung 98, 117, 567
marktorientierter Ansatz 60
Marktrisiken 287
Marktsegment 107
Marktversagen 83
Massenfertigung 230, 567
Materialbedarfsplanung 221
Materialkosten 362, 568
Materialwirtschaft 166, 568
Matrixorganisation 423, 568
maximaler Preis 113
Mayo 483
    siehe Human Relations Bewegung
mehrdimensionale Führungsstile 523
Mehrfachfertigung 230
Merchandising 139
Mergers und Acquisitions 76
Merkantilismus 28
Migros 208
Mindestpreis 113
Mintzberg 59
Mirvis 82
Mischfertigung siehe Fertigungstypen
Mission 58

Mitarbeiterführung 517
Mitarbeitergespräch 497
Mitarbeitervertretung 433
Moral 56
Motivation 518
multinationale Strategie 80
Mundpropaganda siehe Word-of-Mouth-Effekte

N

Nebenbüchern 323, 568
Nestlé 81
Net Present Value 270, 289, 290
Netzwerke 410
Netzwerkorganisation siehe virtuelle Organisation
nichttarifäre Handelshemmnisse 79, 568
Nische 67, 557, 560, 565, 568
Nissan 76
Normalkostenrechnung 361, 569
NPV siehe Net Present Value

O

Objektorganisation
    divisionale Organisation 419
Objektorganisation eindimensionale
    divisionale Organisation 557
Ökonomie siehe Wirtschaft
ökonomisches Prinzip 41
Online Marketing 118, 569
operative Unternehmensplanung 383
    Vorgehensweisen 381
optimale Bestellmenge 238
Organigramm 414
Organisation
    Einsatzbereiche 406
    Rolle 405
    Spannungsfelder 407
    Struktur 407
Organisation siehe auch Unternehmen
Organisationsformen
    klassische 416
    moderne 428
Organisationsziele siehe Unternehmensziele
organisatorische Lücke 416
organisatorische Regelungen 410

organisches Wachstum siehe internes Wachstum
Outsider-Board 434

P

Pagatorisches Prinzip 325, 575
Passivseite 329
Patent 453
Pay per Click 119
Pay per Lead 119
Pay per Order siehe Pay per Sale
Pay per Sale 119
Periodisierungsprinzip 325, 571, 575
Personalbeschaffung 489
Personalbeschaffungsquellen 491
Personalbewertung 495
Personalkosten 362, 570
Personenorientierung 408, 523
PESTEL-Analyse 105
Plankostenrechnung 361, 373, 570
Polar-Uhren 68
Porter, Michael E. 62, 83, 84
Preis 140
Preiselastizität 140
Preisobergrenze
    Ermittlung 367
Preisuntergrenze
    Ermittlung 367
primäre Aktivitäten 68
Primärsektor 35, 448
Prinzip der Nachrangigkeit 278
Prinzip der Periodenabgrenzung 325, 342, 570
Product Data Management 466
Produkt 99
produktbezogene Sekundärstruktur 426
Produktentwicklung 74, 577
Produktion
    Funktionen 245
    Rolle 245
Produktionsmanagement 216
Produktionsprozess 228, 571
Produktionsstrategie 222
Produktionstyp 223
Produktivität 392
Produktmanagement 426, 569
Produktmerkmale 140
Prognosen 387
Promotion 99, 141

Prozesskostenrechnung 373, 571
Prozessorganisation 406

Q

Quellen 182

R

Radio Frequency Identification 194, 572
Rahmengrundsätze 325
Realisationsprinzip 325, 561
Rechnungslegung 273
Rechnungswesen
    betriebliches 302, 555
Recruiting 489
Renault 76
Rendite 262, 390
Rentabilität 390
Resource-Based View 62
Ressourcenorientierter Ansatz 62, 69
Return on Assets 391, 560
Return on Equity siehe Eigenkapital-
    rentabilität
Return on Investment 106, 391
RFID siehe Radio Frequency Identi-
    fication
Risiken beim Bewertungsgespräch 500
Risiko 285, 288
    Arten 286
    Ursachen 285
Risikomanagement 280
ROA siehe Return on Assets
Rohstoffe 362
ROI 391, 572
Roll on Roll off 190
Rollenspiele 493
rollierende Planung 383
Rückstellung 338

S

Sachleistungsunternehmen 35
Sachorientierung 408, 523
Sales 129, 130
    Aufbau eines Salesteams 142
    Entlohnung 149
    Größe des Salesteams 148
    Leitung eines Salesteams 150
Schadensersatz 338

Scientific Management 481
SCM siehe Supply Chain Management
Segmentberichterstattung 309, 334, 573
Segmentierung 107, 108
Sektor 35
sektoraler Ansatz 100
sekundärer Sektor 35
Selbstbeurteilung 497
Selbstorganisation 410
Sendungsverfolgung 187, 213, 573
Senken 182
Serienfertigung 230, 573
Situationstheoretiker 533
situatives Reifegrad-Führungsmodell 527
SMART FIFO 197
Smith, Adam 220
Social Media Marketing 119
Sollbuchung 310
Soll-Ist-Vergleich 280
Sortenfertigung 230
Soziale Verantwortung 82
    Geschichte 56
    Optionen 80
Sozialisierung 455
Spartenorganisation
    divisionale Organisation 419, 557
Stakeholder 42
    externe 306
    interne 306
Standardabweichung 283
Standortfaktoren 33, 573
steile Konfiguration 410
Stellenbeschreibung 490
Stetigkeitsprinzip 325, 572
Steuerung 387
Stichtagsprinzip 325, 572
Strategie
    internationale 77
Strategie siehe Strategisches Manage-
    ment 56
Strategie-Mapping 63, 65
Strategiepyramide 60
strategische Gruppe 65, 574
strategische Vermögenswerte 72
Strategisches Management 53, 54, 56
    Ansätze 60
    Definition 56
    Entscheidungen 54, 574
    Ursprung 54
    wesentliche Grundelemente 57

strategisches Marketing 98
Structure-Conduct-Performance-
 Approach 60
Struktur
   Fremdorganisation 410
   Hierarchie 410
   mechanische 409
   Netzwerke 410
   organische 409
   Selbstorganisation 410
   Soziostruktur 408
   Technostruktur 408
Strukturorganisation 406
Subprime-Krise 39
Substituierung 264
Substitutionspreise 266
Supply Chain Management 167, 204, 466, 574
Swatch 68
SWOT-Analyse 105, 386
Symbolorientierung 408
Systemgrundsätze 325

T

tarifäre Handelshemmnisse 79, 575
Tätigkeitsbereich 535
Taylorismus 55, 409, 481
Techniken der Segmentierung 108
Teilkostenrechnung 361, 369, 575
Tertiärsektor 35
Too Big to Fail 39, 575
Total Quality Management 222
Toyota 76
Tracking und Tracing siehe Sendungsverfolgung
Transformationsprozess 17
transnationale Strategie 80
Transparenz 83
Transport
   Entmaterialisierung 186
Trendberichte 384, 575
Tripadvisor 119

U

Überorganisation 406
Umsatzkostenverfahren 365
Umschlagprozesse 191
Umweltschutz 56
undifferenziertes Marketing 109
Unternehmen 28, 569
Unternehmensfortführung 325, 561, 575
Unternehmensphilosophie
   Fallstudie HiPP 87
Unternehmensplanung 381, 388
   operative 383
Unternehmenspolitik siehe Strategisches Management
Unternehmensstrategie siehe Strategisches Management
Unternehmensziele 42, 576
Unternehmung siehe Unternehmen
Unterorganisation 406
unterstützende Aktivitäten 68
Urheberrecht 453

V

variable Kosten 358, 576
Verbraucher siehe Konsument 96
Verfahrensstil 526
Vergütung 501, 502
   feste 502
   variable 502
Verkauf siehe Sales 130
Verkäufertypen 133
Verkaufsgespräch 153
Verkehr 186
   intermodaler 190
   intramodaler 190
Verkehrsträger 186, 576
Vermögenswerte siehe geistige bzw. immaterielle
Vermögenswerte siehe physische bzw. materielle
Verrechnungsverbot 325
Verschuldungsgrad 391

Vertriebspolitik 132
Verwaltungsratsmodell 434
Viral Marketing 578
virtuelle Organisation 429, 568, 577
Vision 58
Vollkostenrechnung 361, 565, 566, 577
Vollständigkeit 325, 572
Volvo 76
vorratsbezogene Fertigung siehe Fertigungstypen
Vorsichtsprinzip 326, 561
Vorstauorganisation siehe Umschlagprozesse
Vorstellungsgespräch 492
VRIN-Kriterien 71, 72

W

WACC siehe Weighted Average Cost of Capital
Wachstum 76
Wachstumsstrategie 74
Wandel 410, 485
Watt, James 220
Web 2.0 118
Wechselkosten 225, 578
Weighted Average Cost of Capital 279
Weiterentwicklung 533
Wertschöpfung 218
Wertschöpfungskette 63

Wettbewerbsvorteil 73
Wirtschaft 41
Wirtschaftlichkeit 325, 391, 572
Wirtschaftlichkeitsprinzip siehe ökonomisches Prinzip
Wirtschaftshochschule 55
Wissensgesellschaft 451
Wissensmanagement 460, 461
Wissensmanagementsystem 461
Wissensträger 450
Word-of-Mouth-Effekte 119
Wünsche von Konsumenten 97

X

Xing 118

Z

Zero Base Budgeting 383
Ziele 58
Zielkostenrechnung 374, 578
Zins 262
Zufriedenheit des Kunden 97
Zugangsbewertung 329
zukünftige Zahlungen 268
Zuschlagskalkulation 366
Zweck 58